코플스턴 철학사 제7권

18·19세기 독일철학

- 피히테에서 니체까지

A HISTORY OF PHILOSOPHY (VOLUME 7):
18th and 19th Century German Philosophy
by
Frederick Copleston S. J.

Korean translation copyright © 2008, 2024 by Seokwangsa Publishing Co.
Korean translation rights arranged with United Agents LLP
through EYA Co.,Ltd.

코플스턴 철학사 제7권

18·19세기 독일철학

- 피히테에서 니체까지

프레드릭 코플스턴 S. J. 지음 / 표재명 옮김

서광사

이 책은 Frederick Copleston, S. J. 의 *A HISTORY OF PHILOSOPHY* (VOLUME 7): *18th and 19th Century German Philosophy*(Continuum, 2003)를 완역한 것이다.

코플스턴 철학사 제7권

18·19세기 독일철학
- 피히테에서 니체까지

프레드릭 코플스턴 S. J. 지음 / 표재명 옮김

펴낸이 — 이숙
펴낸곳 — 도서출판 서광사
출판등록일 — 1977. 6. 30.
출판등록번호 — 제 406-2006-000010 호

(10881) 경기도 파주시 회동길 77-12 (문발동)
Tel: (031) 955-4331 / Fax: (031) 955-4336 / E-mail: phil6060@naver.com
http://www.seokwangsa.co.kr / http://www.seokwangsa.kr

제1판 제1쇄 펴낸날 · 2008년 6월 30일
제1판 제4쇄 펴낸날 · 2024년 9월 10일

ISBN 978-89-306-1041-4   93160

옮긴이의 말

이 책은 프레드릭 코플스턴(Frederick Copleston, 1906~1994)의 11권으로 된 대저 *A History of Philosophy*의 제7권, *18th and 19th Century German Philosophy*(1963)를 옮긴 것이다. 번역의 대본으로는 최근에 입수한 영국의 continuum판(2003)을 썼다. 코플스턴은 옥스퍼드에서 수학한 후 예수회 신부가 되었으며(1930), 옥스퍼드의 히스롭 칼리지의 철학사 교수(1939)를 시작으로 로마에 있는 그레고리안대학교의 형이상학 교수(1952~1965), 히스롭 칼리지가 런던대학에 편입된 1970년부터는 동대학의 초대 학장과 철학사 교수, 신학대학 학장을 역임하고 1974년에 명예 교수로 퇴임했다.

11권으로 된 기념비적인 그의 《철학사》는 고대 그리스로부터 현대에 이르는 서양의 철학사상을 망라한 것으로 한 사람이 쓴 것이라고는 믿을 수 없을 만큼 광범하고 상세한 서술은 그를 따를 사람이 없다. 우리나라에서도 이미 다음의 네 권이 번역되어 호평 중에 읽히고 있다.

《중세철학사》, 박영도 옮김 (1988), 서광사
《영국경험론》, 이재영 옮김 (1991), 서광사

《합리론》, 김성호 옮김 (1996, 1998 수정판), 서광사
《그리스 로마 철학사》, 김보현 옮김 (1998), 철학과 현실사

저자는 이 책 전반부에서, 칸트 이후에 독일어권의 철학이 어떻게
피히테–셸링–헤겔로 이어지며 저 독일관념론의 웅대한 체계를 이루
어 갔는지를 서술한 다음, 후반부에서 어떻게 헤겔 이후의 형이상학적
관념론이 해체되는가를 쇼펜하우어, 마르크스, 포이어바흐, 키르케고
르, 니체를 중심으로 서술하고 있다. 예수회 신부인 저자를 염두에 둘
때, 저자와 사상적 기반을 달리하는 이들 후반부의 사상가들에 대한
서술에 혹 편견이나 편향이 보이지 않을까 염려하는 독자가 있을지 모
르지만, 이들을 다루는 저자의 자세는 한결같이 공평하고 온당하다.
그러면서도 각 사상가들의 텍스트를 꼼꼼히 읽고 그들에 대한 저자의
독자적인 해석과 비판을 하고 있어 이 책을 읽는 재미를 더해 준다.
　이 책의 번역을 뜻한 지 10년이 넘은 이제야 탈고를 하니 감회가 새
롭다. 그러나 번역의 미진함과 오역의 두려움이 앞서며, 독자 여러분
의 지적과 가르침을 받아 바로잡을 수 있기를 바랄 뿐이다. 그동안 무
언의 독려로 기다려 주신 서광사의 김신혁 사장님과 김찬우 부장님을
비롯한 편집부의 배성진님께 진심으로 감사드린다.

2008년 5월
옮긴이

차 례

옮긴이의 말 5
머리말 15

제 1 부 칸 트 이 후 의 관 념 론 체 계 들

제1장 들어가면서 21
1. 처음에 — 2. 칸트철학과 관념론적 형이상학 — 3. 관념론
의 의의-그의 체계적 방법의 강조와 철학의 기능과 범위
에 대한 확신 — 4. 관념론자와 신학 — 5. 낭만주의운동과
독일관념론 — 6. 관념론의 프로그램을 수행하는 데 따르
는 문제점 — 7. 독일관념론에서의 신인동형설적 요소 —
8. 관념론자의 인간의 철학

제2장 피히테 (1) 67
1. 생애와 저작 — 2. 철학의 근본원리 탐구 — 3. 순수자아와
지적 직관 — 4. 순수자아론에 대한 주석, 의식의 현상학과
관념론적 형이상학 — 5. 철학의 세 가지 근본명제 — 6. 피
히테의 변증법적 방법에 대한 논평 — 7. 지식학과 형식논

리학—8.의식의 두 가지 연역의 전체적 구상—9.이론적
연역—10.실천적 연역—11.피히테의 의식의 연역에 대
한 주석

제3장 피히테 (2)   109
1.처음에—2.여느 도덕의식과 윤리학—3.인간의 도덕적
본성—4.도덕성의 최고원리와 행위의 도덕성의 형식적
조건—5.틀릴 수 없는 기준으로서의 양심—6.형식적 도
덕법칙의 철학적 응용—7.도덕적 사명이라는 관념과 실
재에 대한 피히테의 일반적 견해—8.자기의식의 조건으
로서 세계에서의 자아의 공동체—9.법의 원리 또는 법규
—10.국가의 연역과 그의 본성—11.봉쇄적 상업국가—
12.피히테와 국가주의

제4장 피히테 (3)   137
1.초기 피히테의 종교론—2.지식학의 최초의 서술에서의
신—3.무신론의 고소와 그에 대한 피히테의 응답—4.《인
간의 사명》에서의 무한의지—5.존재의 철학의 발전
(1801~1805)—6.종교론—7.후기의 저작—8.피히테의
존재의 철학에 관한 설명적이고 비판적인 주석

제5장 셸링 (1)   167
1.생애와 저작—2.셸링 사상의 잇따르는 여러 국면—3.
초기의 저작과 피히테의 영향

제 6 장 셸링 (2) 183

1. 자연철학의 가능성과 그의 형이상학적 근거—2. 셸링의 자연철학 개요—3. 초월론적 관념론의 체계—4. 예술철학 —5. 동일성으로서의 절대자

제 7 장 셸링 (3) 217

1. 우주론적 타락의 관념—2. 인간과 신에서의 인격성과 자유-선과 악—3. 소극철학과 적극철학의 구별—4. 신화와 계시—5. 셸링에 대한 전반적 비판—6. 셸링의 영향과 셸링과 유사한 사상가들

제 8 장 슐라이어마허 253

1. 생애와 저작—2. 기초적 종교적 경험과 그 해석—3. 인간의 도덕적인 삶과 종교적인 삶—4. 맺음말

제 9 장 헤겔 (1) 269

1. 생애와 저작—2. 초기의 신학적 논문—3. 피히테와 셸링에 대한 헤겔의 관계—4. 절대자의 삶과 철학의 본성—5. 의식의 현상학

제 10 장 헤겔 (2) 317

1. 논리학—2. 이념, 곧 절대자 자체의 존재론적 자격과 자연으로의 이행—3. 자연철학—4. 정신으로서의 절대자, 주관적 정신—5. 권리 또는 법의 개념—6. 도덕성—7. 가족과

시민사회 — 8. 국가 — 9. 헤겔의 정치철학사상에 대한 주석
— 10. 전쟁의 기능 — 11. 역사철학 — 12. 헤겔의 역사철학에
대한 몇 가지 주석

제11장 헤겔 (3)　　　　　　　　　379
1. 절대적 정신의 영역 — 2. 예술철학 — 3. 종교철학 — 4. 종교
와 철학의 관계 — 5. 철학사의 철학 — 6. 헤겔의 영향과 헤겔
우파와 좌파로의 분열

제 2 부　형이상학적　관념론에　대한　반동

제12장 초기의 반대자들과 비판자들　415
1. 프리스와 그의 제자들 — 2. 헤르바르트의 실재론 — 3. 베
네케와 기초과학으로서의 심리학 — 4. 볼차노의 논리학 —
5. 헤겔 비판자로서의 바이세와 I. H. 피히테

제13장 쇼펜하우어 (1)　　　　　　　435
1. 생애와 저작 — 2. 쇼펜하우어의 박사학위 논문 — 3. 표상
으로서의 세계 — 4. 개념의 생물학적 기능과 형이상학의
가능성 — 5. 삶의 의지의 나타남으로서의 세계 — 6. 형이상
학적 비관주의 — 7. 몇 가지 비판적 주석

제14장 쇼펜하우어 (2)　　　　　　　461
1. 의지에의 예속으로부터 일시적 구원으로서의 미적 관

조 ─ 2. 개개의 예술 ─ 3. 덕과 부정: 구원으로 가는 길 ─
4. 쇼펜하우어와 형이상학적 관념론 ─ 5. 쇼펜하우어의 일
반적 영향 ─ 6. 쇼펜하우어철학의 발전으로서의 에두아르
트 폰 하르트만에 대한 주

제15장 관념론의 전환 (1)　　　　　485
1. 머리말 ─ 2. 포이어바흐와 신학의 인간학으로의 전환 ─
3. 헤겔의 역사적 태도에 대한 루게의 비판 ─ 4. 슈티르너
의 자아의 철학

제16장 관념론의 전환 (2)　　　　　503
1. 머리말 ─ 2. 마르크스와 엥겔스의 생애와 저작 그리고
그들 사상의 발전 ─ 3. 유물론 ─ 4. 변증법적 유물론 ─ 5. 유
물론적 역사 개념 ─ 6. 마르크스와 엥겔스의 사상에 대한
주석

제17장 키르케고르　　　　　547
1. 머리말 ─ 2. 생애와 저작 ─ 3. 개인과 대중 ─ 4. 단계의 변
증법과 주체성으로서의 진리 ─ 5. 실존의 개념 ─ 6. 불안
의 개념 ─ 7. 키르케고르의 영향

제 3 부　　그　후의　사 상 의　흐 름

제18장 비-변증법적 유물론　　　　　575

1.머리말 — 2.유물론적 동향의 첫 국면 — 3.랑게의 유물론 비판 — 4.헤켈의 일원론 — 5.오스트발트의 에네르게티크 — 6.유물론과 관념론의 대립을 극복하려는 시도로서 생각된 경험 비판론

제19장 신칸트학파의 동향　　　　589
1.머리말 — 2.마르부르크학파 — 3.바덴학파 — 4.프래그머틱한 경향 — 5.E. 카시러 : 맺음말 — 6.딜타이에 관한 몇 가지 주석

제20장 형이상학의 부활　　　　609
1.귀납적 형이상학에 대한 의견 — 2.페히너의 귀납적 형이상학 — 3.로체의 목적론적 관념론 — 4.분트 그리고 과학과 철학의 관계 — 5.드리쉬의 생기론 — 6.오이켄의 활동주의 — 7.과거의 충용(充用) : 트렌델렌부르크와 그리스 사상; 토미즘의 부활

제21장 니체 (1)　　　　633
1.생애와 저작 — 2. '가면' 으로서의 니체 사상의 국면 — 3.니체의 초기 저작과 동시대의 문화 비판 — 4.도덕 비판 — 5.무신론과 그 귀결

제22장 니체 (2)　　　　659
1. 힘에의 의지의 가설 — 2. 인식에서 드러난 힘에의 의지 : 니체의 진리관 — 3.자연과 인간에서 힘에의 의지 — 4.초인

과 위계질서—5.영원회귀의 이론—6.니체철학에 대한 주해

제23장 회고와 전망   681
1. 19세기 독일철학에서 생기는 몇 가지 물음— 2. 실증주
의자의 해답—3. 실존철학— 4. 현상학의 성립 : 브렌타노,
후설, 현상학적 분석의 광범한 사용 — 5. 존재론으로의 귀
환 : N. 하르트만 — 6. 존재의 형이상학 : 하이데거, 토마스
주의자들 — 7. 맺음말

붙임 : 간추린 참고문헌   713
찾아보기   753

이 《철학사》의 제6권이 칸트로 끝났기 때문에 이 제7권은 칸트 이후의 독일관념론에 대한 논의로 시작하는 것이 자연스러운 순서였다. 그래서 나는 19세기 초반의 프랑스와 영국의 철학에 손을 댔어야 했다. 그러나 잘 생각해 보니 19세기의 독일철학은 그것만으로 따로 다루어지는 것이 온당하며, 그렇게 하는 것이 어떤 다른 경우보다 이 책에 더 큰 통일을 줄 것이라는 생각이 들었다. 실제로 이 책에서 고찰된 철학자 중에서 독일어를 사용하지 않은 사람은 오직 한 사람 덴마크어로 저술한 키르케고르뿐이다.

이 제7권은 《피히테에서 니체로》라는 제목이었다. 니체는 어떻게 생각해도 세계적으로 유명한 최후의 철학자이기 때문이다. 사실, 《피히테에서 하이데거로》라고 할 수도 있었다. 연대적으로 니체 이후의 많은 훌륭한 철학자들이 언급되었을 뿐 아니라, 마지막 장에서 20세기 초반의 독일철학자들을 일별했기 때문이다. 그러나 나는 이 책을 《피히테에서 하이데거로》라고 부르는 것은 예상되는 독자들을 오도하기 쉽다고 판정했다. 왜냐하면, 말하자면, 그들 자신을 위해, 피히테, 셸링 그리고 헤겔을 다루었듯이, 후설, N. 하르트만, 야스퍼스 그리고 하이데거와 같은 20세기의 철학자들이 다루어진 것 같은 암시를 줄 것이기 때문이다. 사실, 이들은 철학의 본질과 범위에 대한 다른 이념들을 설명하기 위해 간단히 논의되었던 것이다.

이 책에는 앞서 나온 책들에서 일반적으로 따랐던 양식과 한두 가지 달라진 것이 있다. 들어가는 장(章)은 관념론의 운동만 다루었으며, 그리하여 그것은 제1부의 앞이 아니라 안에 놓였다. 그리고 비록 마지막 장에 회고적 고찰이 있지만, 또한, 이미 지적했듯이, 20세기 초반의 사상에 대한 개설이 있는 것이다. 그래서 나는 이 장을 '결론적 개관'이 아니라 '회고와 전망'이라고 했다. 20세기의 사상을 언급하는 본문에서 밝힌 이유와는 별도로, 내가 이 책 속에 20세기의 철학을 전면적으로 포함시킬 생각이 없는 이유가 있다. 동시에 나는 이 책을 이후의 여러 전개를 전혀 고려하지 않고 급하게 끝내는 것을 원치 않는다. 결과는, 물론, 약간의 개요와 논평을 하는 것보다 이 전개들에 대해 아무 말도 하지 않는 것이 좋을지도 모른다는 비평에 몸을 드러내는 것이다. 그러나 나는 이 비판의 위험을 무릅쓰기로 했다.

지면을 줄이기 위해 나는 책 말미의 참고문헌에는 총론서와, 주요 인물들에 의했거나 그들에 대해서 쓴 저작들로 한정했다. 비교적 중요치 않은 철학자들과 그들의 여러 저술들은 본문 중의 적합한 곳에서 언급했다. 19세기의 철학자들과 그들의 간행물의 수에 비추어, 그리고 몇몇 주요 인물들에 대한 방대한 문헌에 비추어 전집 같은 것은 문제 삼지 않았다. 마지막 장에서 언급한 20세기의 사상가들의 경우, 약간의 책들은 본문이나 각주에서 언급되었는데, 정확한 참고문헌에는 올리지 않았다. 지면 문제와는 별도로, 이를테면, 하이데거에 대한 참고문헌을 마련하는 것은 그가 다만 간략하게 언급되었음으로 해서 적합하지 않다는 느낌이다.

저자는 앞으로 나올 이 《철학사》의 제8권을 19세기의 프랑스와 영국 사상의 어떤 국면을 전망하는 데 바치고 싶다. 그러나 나는 나의 그물을 더 넓게 펼칠 생각은 없다. 그 대신 나는 사정이 허락되면, 보충하는 책에서 《철학사》의 철학이라고 할 수 있을, 곧, 철학의 전개에 대한 이야기를 말하는 것보다 철학적 사상의 전개에 대한 고찰로 들어갈 계획이다.

마지막 논평 하나. 어떤 친절한 평자가, 이 저작은 밋밋하게 《철학사》(*A History of Philosophy*)라고 하는 것보다 《서양철학사》(*A History of Western Philosophy*), 또는 《유럽철학사》(*A History of European Philosophy*)라고 부르는 것이 더 적합하다고 논평했다. 이를테면, 인도철학에 대한 언급이 없기 때문이라는 것이다. 물론, 평자는 아주 옳다. 그러나 내가 말하고 싶은 것은, 동양철학을 생략한 것은 간과했거나 저자 쪽의 편견 때문이 아니라는 것이다. 동양철학의 역사를 쓴다는 것은 전문가의 일이며 관련된 언어의 지식을 요구하는 것으로 지금의 나는 그런 지식이 없다. 브레히에는 그의 《철학사》(*Histoire de la philosophie*)에 동양철학 한 권을 포함시켰다. 그러나 그것은 브레히에가 쓴 것이 아니었다.

마지막으로 나는 옥스퍼드대학출판부에 그들이 출판한 키르케고르의 《관점》과 《두려움과 떨림》의 영역본에서의 인용을 허락해 준 친절에 대하여, 마찬가지로 프린스턴대학출판부에 키르케고르의 《죽음에 이르는 병》, 《종결적 비학문적 후서》, 그리고 《불안의 개념》의 영역본에서의 인용을 허락해 준 데 대하여 기쁜 마음으로 감사를 드린다. 키르케고르 이외의 철학자들로부터의 인용은 내가 직접 번역했는데, 원본보다 번역을 참조하기 원하는 독자들을 위해 현존하는 영역본의 쪽

수를 자주 밝혔다. 그러나 덜 중요한 인물들의 경우는 번역에 대한 참
조를 전반적으로 생략했다.

제 1 부 칸트 이후의 관념론 체계들

들 어 가 면 서

1 . 처 음 에

19세기 초기의 독일철학계에서 우리는 서양철학의 긴 역사 중에서도 가장 주목할 만한 형이상학적 사변의 꽃을 볼 수 있다. 우리에게는 일련의 체계, 곧 실재와 인간의 삶과 역사에 대한 일련의 독창적인 해석이 제시되어 있다. 그것들은 거의 이의를 제기할 수 없는, 그리고 적어도 어떤 사람들에게는 독특한 매력을 줄 수 있는 위엄을 가지고 있다. 왜냐하면, 그 시대의 대표적인 철학자들은 저마다 자기가 세계의 수수께끼를 풀고, 우주의 비밀과 인간존재의 의의를 드러낸다고 공언하고 있기 때문이다.

확실히 1854년에 셸링이 죽기 전에, 이미 프랑스의 오귀스트 콩트는 그의 《실증철학강의》를 출판하고 있으며, 거기서 그는 형이상학을 인간 사상의 역사에서 하나의 과도적 단계로 서술하고 있다. 그리고 독일에는, 형이상학을 말살하지 않고 형이상학자들에게 반성을 강요하며, 철학과 개별과학과의 관계를 더 엄밀하게 규정하려는 실증주의자와 유물론자의 운동이 있었다. 그러나 19세기 초에는 실증주의의 그림자는 아직 무대에 나타나지 않았으며, 사변철학은 억제되지 않는 화려한 발전의 시대를 누리고 있었다. 독일의 위대한 관념론자와 함께 우리는 인간의 이성의 능력과 철학의 범위에 대한 당당한 신뢰를 본다. 그들은 현실을 무한한 이성의 자기 드러냄이라고 생각함으로써 이 이성의 자기실현으로서의 삶은 철학적 반성에서 근원으로 돌아갈 수 있다고 생각했다. 그들은 비평가들이 그들을 가리켜, 이론철학이라는 천박한 위장 아래 시적인 말을 내뱉고 있다든지, 그들의 심원함과 난해한 말은 사상의 명석함이 부족한 것을 감추는 가면이라고 수군거려도, 거기에 마음을 쓰는 신경질적인 사람들이 아니었다. 그뿐더러 그들은 인간 정신은 마침내 그의 정당한 자리에 돌아왔다고 확신하고 있었으며, 실재의 본성은 마침내 인간의 의식에 명확히 폭로되었다고 확신하고 있었다. 그리고 그들은 세계에 대한 그들의 선견(先見)이 객관적 진리라는 것을 당당한 확신을 가지고 말했다.

독일관념론은 오늘날 거의 모든 사람에게 자기와는 다른 세계, 다른 사상 풍토에 속하는 것이라는 인상을 주고 있다는 것은 물론 부정할 수 없을 것이다. 그리고 1831년의 헤겔의 죽음은 한 시대의 종말을 알리는 것이라고 할 수 있다. 왜냐하면, 절대적 관념론의 붕괴[1]와 다른 일련의 사상의 출현이 그에 뒤따르고 있기 때문이다. 형이상학조차 다른 형태를 취했다. 그리고 특히 헤겔에게 특징적인, 사변철학의 권능과 범위에 대한 당당한 확신은 다시는 회복되지 않았다. 그러나 독일관념론은 로켓처럼 하늘을 날고 비교적 짧은 시간 후에 분해되어 지상에 떨어졌지만, 그 비행은 극히 인상적이었다. 그 결함이 어떠하였던 간에, 그것

---

1. 후에 영국, 미국, 이탈리아, 그 밖에서 관념론자의 운동이 있었다는 사실은 헤겔 이후, 독일에서 형이상학적 관념론이 실추했다는 사실을 바꾸는 것이 아니다.

은 사상의 역사가 전체로서의 현실과 경험에 대한 통일된 개념적 지배에 이르기 위해 알 수 있었던 가장 일관된 시도의 하나였다. 그리고 비록 관념론의 여러 전제가 부인된다 해도, 관념론적 체계들은 통일적-개념적 종합으로 노력하는 반성적 정신의 자연적 충동을 자극하는 힘을 아직도 가질 수 있다.

확실히, 현실 전체를 바라보는 통일적인 견해를 이룩한다는 것은 과학적인 철학에 합당한 일이 아니라고 확신하고 있는 자도 있다. 그리고 이와 같은 확신을 공유하고 있지 않는 자조차 궁극적인 체계적 종합을 수행하는 일 따위는 어떤 개인의 능력도 능가하며, 그것은 실천적 가능성이라기보다 차라리 이상적 목표에 지나지 않는다고 생각하는 것은 있음 직하다. 그러나 우리는 지적인 재능과 만날 때에는 그 재능을 인정할 준비를 해야 한다. 특히 헤겔은 그를 폄하하려는 아주 많은 사람들을 능가하여 당당히 장대하게 솟아 있다. 그리고 우리는 언제나 뛰어난 철학자에게 배울 수 있다. 비록 그것이 우리가 그에게 동의할 수 없는 여러 이유를 반성함으로써 이루어진다 해도 말이다. 형이상학적 관념론이 역사적으로 붕괴되었다고 해서, 반드시 위대한 관념론자들이 아무 제시할 만한 것을 가지고 있지 않았다는 결론에 이르는 것은 아니다. 과연 독일관념론은 색다른 측면을 가지고 있기는 하다. 그러나 탁월한 관념론자의 저작은 어떠한 공상과도 관계가 없다.

2. 칸트철학과 관념론적 형이상학

하지만 여기서 우리가 고찰하지 않으면 안 되는 것은 독일관념론의 붕괴가 아니라 그 생성이다. 그리고 그것에는 실제로 약간의 설명이 필요하다. 우선, 관념론 운동의 직접적인 철학적 배경은 실재에 대한 이론적 지식을 제시하려고 하는 형이상학자들의 주장을 공격한 임마누엘 칸트의 비판철학에 의하여 준비되었다. 다른 한편, 독일관념론자들은 그들 자신을 칸트의 진정한 정신적 계승자로 여기고, 단순히 칸트에 대한 반항으로 여기지 않았다. 그러므로 우리가 설명해야 할 것은 다음의 것이다. 곧, 그 이름이 언제나 전체로서의 실재, 또는 인간의 지식이나 경험에 대한 아 프리오리한 구조 이외의 실재에 대한 이론적인 지식을 제시하려고 하는 형이상학의 주장에 대한 회의론을 연상시키는 사상가 [칸트]의 체계로부터 어떻게 형이상학적 관념론이 발전할 수 있었는가 하는 것이다.[2]

비판철학으로부터 형이상학적 관념론의 발전을 설명하는 데 가장 알맞은 출발점은 칸트의 물자체(物自體)의 관념이다.[3] 피히테 생각에, 칸트는 이 관념을 버리는 것을 완고히 거부함으로써 자신을 기묘한 입장에 두게 되었다. 만약 칸트가 물자체의 존재를 감각에 주어진 물질적 요소의 원인이라고 주장하는 것이라면, 그는 명백히 모순을 범하고 있는 것이 될 것이다. 왜냐하면, 그 자신의 철학에 의하면, 원인의 관념은 현상을 넘어서 우리의 지식을 확대하는 일에는 사용될 수 없기 때문이다. 다른 한편, 만약 칸트가 물자체의 관념을 단지 개연적인 한계개념으로서 사용하는 것이라면, 이때에는, 바로 비판철학은 그것을 초극하는 것을 자기의 임무로 했던 저 독단론의 유령과 같은 유물을 갖게 되고 만다. 칸트의 코페르니쿠스적 전회는 하나의 위대한 전진이었다. 그리고 피히테로서는 칸트 이전의 입장으로 돌아간다는 것은 생각할 수

---

2. "발전할 수 있었다"고 나는 말한다. 칸트철학에 대한 성찰은 사람이 어느 국면을 강조하느냐에 따라서 다른 경향의 사상을 이끌 수가 있기 때문이다. Vol. VI, pp. 433~4 참조.

3. Vol. VI, pp. 268~72, 384~6 참조.

없는 일이었다. 모름지기 철학의 발전에 대하여, 그리고 현대의 사상의 요구에 대하여 조금이라도 이해하고 있다면, 오로지 전진하여 칸트의 작업을 완성시키는 것뿐이다. 그리고 그것은 물자체를 배제하는 것을 의미했다. 왜냐하면, 칸트의 전제에 의하면, 정신으로부터 독립해서 존재한다고 생각되는 것 같은 신비한 실재에는 어떠한 존재의 여지도 없기 때문이다. 다시 말하면, 비판철학은 일관된 관념론으로 변용되지 않으면 안 된다. 그리고 그것은, 사물은 모두 사유의 소산으로 간주하지 않으면 안 된다는 것을 의미했다.

이제, 우리가 정신의 바깥 세계라고 생각하고 있는 것은 인간 정신에 의한 의식적 창조적 활동의 산물이라고 설명할 수 없음은 즉시 명백하다. 여느 의식으로는, 나는 다양한 방법으로 나에게 작용하고, 또 내가 내 사고와 의지로부터 독립해 있다고 무의식적으로 생각하고 있는, 그러한 대상계 안에 나 자신이 있음을 발견한다. 그러므로 관념론 철학자들은 말하자면, 의식의 배후에까지 거슬러 올라가 의식을 기초 지우고 있는 무의식적 활동의 과정을 추적하지 않으면 안 된다.

그러나 우리는 그보다 한 걸음 더 나아가 세계의 산출은 자아 자신에게 돌릴 수 없다는 것, 자아의 무의식적 활동에조차 돌릴 수 없음을 인정하지 않으면 안 된다. 왜냐하면 세계의 산출이 낱낱의 유한한 자아 자신에 돌려진다면, 본래, 거의 진지하게는 주장할 수 없는 입장인 유아론(唯我論)을 피하기가, 비록 불가능하진 않지만, 매우 곤란할 것이기 때문이다. 따라서 관념론은 유한한 주관의 배후에 있는 개체를 넘어선 지성, 곧 절대적 주관에까지 나가지 않을 수 없게 된다.

그러나 '주관' (subject)이라는 표현은 그것이, 궁극적인 생산적 원리는 말하자면 사유 쪽에 있으며, 감각적 사물 쪽에 있는 것이 아니라고 하는 것을 가리키는 것 말고는, 실제로 적합하지 않다. 왜냐하면 '주관'과 '객관'(object)이란 말은 상관적이기 때문이다. 그런데 궁극적 원리란 것은 본래 객관 없이 존재한다. 그것은 주관-객관 관계에 기초를 주며, 본질적으로 그 관계를 넘어선다. 그것은 주관과 객관과의 동일성이며, 양자가 거기로부터 산출되는 무한한 활동이다.

칸트 이후의 관념론은 그래서 필연적으로 하나의 형이상학이었다. 칸트의 입장에서 출발하여 그것을 관념론으로 전개한 피히테가, 칸트의 초월론적인 자아를 형이상학적, 또는 존재론적인 원리로 전용함으로써 그의 제1원리를 자아(ego)로 한 것은 무리가 아니었다. 피히테는 이 경우, 자아라는 말은 낱낱의 유한한 자아가 아니라 절대 자아를 뜻한다고 설명했다. 그러나 다른 관념론자들은 (그리고 피히테 자신도 후기의 철학에서는), '자아'란 말을 이 문맥으로 쓰지 않았다. 헤겔에서 제1원리는 무한한 이성, 무한한 정신이다. 그리고 우리는 일반적으로, 형이상학적 관념론에게 실재는 무한한 사유, 또는 이성의 자기표현이 아니면 자기 드러냄의 과정이라고 말할 수 있다.

물론 이것은 세계가 여느 의미에서의 사고과정으로 환원될 수 있다는 것을 의미하는 것은 아니다. 절대적 사유 또는 이성은 어떤 활동, 곧 세계에서 자기의 자리를 잡고 표현하는 생산적 이성으로 간주된다. 그리고 세계는 그것이 가지고 있다고 우리가 생각하는 여러 가지 실재를 보유하고 있다. 형이상학적 관념론은, 경험적 현실은 주관적인 관념으로 구성되어 있는 명제를 함유하고 있지는 않지만, 세계와 인간의 역사는 창조적인 이성의 객관적 표현이라고 하는 시각을 함유하고 있다. 이 시각은 독일관념론자의 생각에 근본적이다. 그들은 그것을 피할 수가 없다. 그 까닭은 그들은 비판철학을 관념론으로 전환할 필요성을 받아들였기 때문이다. 그리고 이 전환은, 세계는 고스란히 그대로 창조적 사유나 이성의 소산으로 보지 않으면 안 된다는 것을 의미하고 있었다.

따라서 만약 우리가 칸트철학을 관념론으로 변용시킬 필요성을 전제한다면, 이 전제는 칸트 이후의 관념론자의 기본적인 사고방식을 규정하고 있다고 말할 수 있다. 그러나 현실은 창조적 사유의 과정이라고 함으로써 의미되고 있는 것을 설명할 계제가 되면, 다른 해석, 곧 저마다의 관념론 철학자의 독자적인 생각이 나타난다.

　칸트의 사상의 직접적인 영향은 셸링이나 헤겔에서보다 당연히 피히테에서 더 강하게 느껴진다. 왜냐하면 셸링의 철학은 피히테의 초기의 사상을 전제하고 있으며, 헤겔의 절대적 관념론은 피히테와 셸링의 철학의 초기 단계를 전제하고 있기 때문이다. 그러나 이것은 독일관념론의 운동이 전체로서 비판철학을 전제하고 있다는 사실을 바꾸는 것은 아니다. 그리고 헤겔은 근세철학사에 관한 그의 설명 중에서 칸트의 체계를 사유의 선행 단계에서의 하나의 진보를 표현하는 것으로서, 그리고 또한 후속 단계에서 발전되고 극복될 것을 스스로 요구하는 것으로 서술했다.

　이 절에서는, 주로 물자체를 부정하는 과정과 칸트철학이 형이상학적 관념론으로 변용되어 가는 과정만이 논급되어 왔다. 그러나 내가 시사하려는 것은, 칸트 이후의 관념론자들이 물자체는 부정되어야 하는 것이라는 관념에 의해서만 칸트의 영향을 받은 것이 아님은 물론이다. 그들은 비판철학의 다른 측면에 의해서도 영향을 받았다. 이를테면, 피히테의 특징적인 윤리적 견지에게 칸트의 실천이성 우위의 사상은 강한 매력을 가지고 있었다. 그리고 우리는, 피히테가 절대 자아를, 자연을 도덕적 활동의 터요 도구라고 가정하는 무한한 실천적 이성, 또는 도덕적 의지로 해석하고 있음을 발견한다. 그의 철학에서는 행동과 의무와 도덕적 사명의 관념이 매우 두드러진다. 피히테는 칸트에서의 제1《비판》의 전개를 수단으로 사용함으로써 칸트의 제2《비판》을 형이상학으로 바꾸었다고 말할 수 있을 것이다. 하지만 셸링은 예술철학과 천재의 구실과 미적 직관과 예술적 창조의 형이상학적 의의에 우위를 줌으로써 제1《비판》과 제2《비판》보다 오히려 제3《비판》과 결부되어 있다.

그러나 칸트철학의 여러 가지 부분이나 측면이 각각의 관념론자에게 강한 영향을 주고 있는 그 낱낱의 양식을 서술하는 것보다 비판철학과 형이상학적 관념론 사이의 관계에 대하여, 더 넓고 더 전반적인 고찰을 하는 것이 이 서론적인 장에 적합할 것이다.

실재에 대한 일관된 통일적인 해석을 이룩하려는 욕구는 반성적인 정신에게 자연스럽다. 그러나 수행되어야 하는 실제의 과제는 다른 시대에 다른 양식으로 나타난다. 이를테면, 중세 이후의 세계에서 자연과학의 발달은 다음과 같은 것을 의미했다. 곧, 전체적인 해석을 구축하려는 철학자는 기계적인 체계로서의 세계에 대한 과학적인 견지와 도덕적이고 종교적 의식의 요구와를 조화시키는 문제와 씨름하지 않으면 안 된다는 것을 의미했다. 데카르트는 이 문제에 직면했다. 그리고 칸트도 그랬다.[4] 그러나 칸트는 이 문제에 관해서 그의 철학상의 선구자들에게 특징적으로 볼 수 있는 방법을 거부하고, 그 자신의 독창적인 해석을 제시했지만, 길게 보아 그는 우리에게 '2중의 실재'[5]를 남겼다고 할 수 있다. 한편으로, 우리는 현상 세계, 곧, 필연적인 인과법칙에 의하여 지배되는 뉴턴적 과학의 세계를 가지고 있다.[6] 다른 한편, 자유로운 도덕적 행위와 신의 초감각적 세계가 존재한다. 현상의 세계가 유

---

4. Vol. Ⅳ, pp. 55~6 and Vol. Ⅵ, pp. 233~4; 428~9 참조.

5. Vol. Ⅳ, p. 60.

6. 필연성과 원인성은 칸트에게 아 프리오리한 범주이다. 그러나 그는 과학의 세계는 '현상적으로 실재' 라는 것을 부정하지 않고 실제로 긍정하고 있다.

일한 실재라고 주장하는 아무런 정당한 이유도 없다.[7] 그러나 동시에, 초감각적 실재의 존재에 대한 어떠한 이론적 증명도 없다. 그것은 도덕적 의식에 터 잡고 있는 실천적 신념의 문제이다. 칸트는 제3《비판》속에서, 그가 인간 정신에게 가능하다고 생각하는 한에서, 두 세계 사이의 구렁에 다리를 놓으려고 노력했음이 확실하다.[8] 그러나 다른 철학자들이 칸트가 한 일에 만족할 수 없었다 해도, 그것은 그것으로 이해할 수가 있다. 그리고 독일관념론자들은 칸트철학의 발전과 변용에 의하여 칸트를 넘어서 전진할 수가 있었다. 왜냐하면, 만약 현실이 그것에 의하여 절대적 사유 또는 이성이 자기 자신을 드러내는 통일적 과정이라고 한다면, 현실은 지적인 것이기 때문이다. 그리고 만약 인간 정신은, 말하자면, 절대적 사유가 자기 자신을 반성하는 수단이라면, 현실은 인간 정신에게 이해할 수 있는 것이 되기 때문이다.

이러한 조건은 명백히 중요하다. 만약 장래의 유일 가능한 과학적 형이상학에 대한 칸트의 관념과 형이상학에 대한 관념론자들의 관념 사이에 어떤 관련이 있다고 하면 칸트에게 장래의 형이상학은 인간의 경험과 지식에 대한 초월론적 비판이다. 실제로 그것은 인간 정신에 의한 자기 자신의 자발적 형식적 활동성에 대한 반성적 자각이라고 할 수 있다. 그러나 형이상학적 관념론에서는 정신의 활동은 가장 완전한 의미에서 생산적이다(물자체의 존재는 부정되어 있다). 그리고 이 활동은 유한한 정신 그 자체에게가 아니라 절대적 사유 또는 이성에게 돌려진다. 따라서 인간 정신에 의한 자기 자신에 대한 반성인 철학은 인간

---

7. 이것은 참이다. 적어도 우리가 범주의 적용을 한정된 영역에 한한다는 칸트의 교설을 초감각적인 실재에 대한 어떠한 유의미한 토론을 – 도덕적 신념의 문맥에서조차 – 배제할 정도로 강요하는 것을 삼간다면 말이다.

8. Vol. Ⅵ, ch. 15 참조.

정신이 절대적 견지까지 올라가, 말하자면 절대적 사유 또는 이성의 자기 자신에 대한 반성적 자각의 수단이 되지 않는 한, 절대적 사유에 의한 자기 자신에 대한 반성적 자각으로는 간주되지 않는다. 만약 이 조건이 충족된다고 하면, 유일 가능한 과학적 형이상학에 대한 칸트의 관념과 형이상학에 대한 관념론자의 관념 사이에는 어떤 종류의 밀접한 연관이 있다고 하겠다. 그러나 물론 거기에는, 말하자면 명백한 과장도 있다. 곧, 칸트의 인식론은 실재의 형이상학으로 부풀려졌다. 그러나 이와 같은 과장의 과정은 어느 정도의 연속성을 가지고 있다. 그것은 칸트 자신이 마음에 그리고 있었던 것을 훨씬 넘어서고 있지만, 그러나 그것은 칸트 이전의 형이상학의 관념에로의 한갓된 역행은 아니다.

칸트의 인식론을 실재의 형이상학으로 변용하는 것에는 물론 어떤 중대한 변화가 따른다. 이를테면, 물자체를 폐기함으로써 세계가 사유 또는 이성의 자기 드러냄이 된다고 하면, 칸트가 세운 **아 프리오리와 아 포스테리오리**의 구별은 그 절대적 성격을 잃어버린다. 그리고 범주는 인간 오성의 주관적인 형식 또는 개념적인 형식이 아니라 실재의 범주가 된다. 곧, 그것들은 객관적인 지위를 돌이키는 것이다. 또, 합목적 판단은 이미 칸트에서처럼 주관적이지 않다. 왜냐하면, 형이상학적 관념론에서는, 자연에서의 합목적성의 관념은 인간 정신의 한갓 발견적 또는 통제적 원리일 수 없다. 다시 말하자면, 한갓 유익한 기능을 하는 원리일 수 없으며, 이론적으로는 증명될 수 없는 객관적 타당성을 갖는 것이기 때문이다. 만약 자연이, 목적을 향한 운동에서의 사유나 이성의 표현이고 나타남이라고 한다면, 자연의 과정은 그의 성격상 합목적적이지 않으면 안 된다.

형이상학의 범위와 권능에 대한 칸트의 신중한 생각과 형이상학적 철학이 무엇을 해낼 수 있는가에 대한 관념론자들의 생각 사이에는 아주 큰 상위가 있다는 것을 부정할 수 없다. 칸트 자신이 물자체를 폐기함으로써 비판철학을 순전히 관념론으로 변용하려고 하는 피히테의 요구를 거절했다. 그리고 19세기 후반에 자기들은 관념론자들의 공허한 형이상학에 질렸다. 다시 칸트의 정신으로 돌아갈 때라고 선언한 신칸트학파의 태도를 이해하기는 쉽다. 한편, 형이상학적 관념론에로의 칸트 체계의 발전은 이해하기 어렵다. 하지만 이 절에서 말한 것은 어째서 관념론자들이 자기들을 칸트 정신의 정당한 계승자로 여길 수 있었는가를 설명하는 데 도움이 될 것이다.

3. 관념론의 의의 — 그의 체계적 방법의 강조와 철학의 기능과 범위에 대한 확신

형이상학적 관념론의 발전에 관해서 논급된 이상의 것으로부터 칸트 이후의 관념론자들이 인간 정신은 자기 바깥에 있는 물(物)과는 다른 자기 고유한 관념만을 인식한다고 주장한다는 의미에서의 주관적 관념론자는 아니었음이 분명하다. 하물며 그들은 모든 인식의 대상은 유한한 인간적 주관의 소산이라고 주장한다는 의미에서의 주관적 관념론자는 아니었다. 피히테의 초기 저작에서의 '자아'라는 말의 용법은, 자아란 바로 그(피히테)가 가지고 있는 바의 것이라는 인상을 주는 경향이 있었던 것은 사실이었다. 그러나 이 인상은 잘못이었다. 왜냐하면 피히테는 생산적 주관은 유한한 자아 자체는 아니고 초월론적-초개인적 원리, 곧 절대 자아라고 주장하고 있기 때문이다. 그리고 셸링과 헤겔에 관해 말하자면 사물을 개인적인 유한한 정신의 소산으로 환원한다는 것은 그 어떤 의미로서도 전혀 그들의 사상에 맞지 않는 것이었다.

그러나 칸트 이후의 관념론이 위에서 말한 어떤 의미에서의 주관적 관념론도 포함하고 있지 않다는 것은 쉽사리 이해될 수 있어도, 모든 주요한 관념론자의 체계에 일반적으로 적용되는 동향을 서술하기는 쉬운 일이 아니다. 그들의 체계가 주요한 점에서 서로 다르기 때문이다. 그에 더하여, 특히 셸링의 사상은 연속적인 단계를 통해 발전하고 있기 때문이다. 그러나 다른 한편으로는, 이들 다른 체계들 간에는 일종의 가족유사(家族類似, family likeness)가 있다. 그리고 이 사실이 사람으로 하여금, 감히 몇 개를 개괄화하려고 하는 것을 정당화한다.

현실을 절대적 사유나 이성의 자기표현, 또는 자기전개로 보는 한, 독일관념론에는 인과관계를 내용의 이론적 관계로 동일화시키는 현저한 경향이 보인다. 이를테면, 피히테와 셸링(적어도 그 초기 형태)에서는, 경험계는 궁극적인 생산적 원리에 대해, 전건(前件)에 대한 후건의 관계에 있는 것으로 생각된다. 물론 그것은 세계가 시간적으로가 아니라 논리적으로 **더** 먼저인바 생산적 원리로부터 필연적으로 생긴다는 것을 의미하고 있다. 분명히, 거기에는 어떠한 외적인 강제도 없으며, 또 있을 수도 없다. 절대자는 자발적으로, 그리고 필연적으로 자기 자신을 세계에서 표현한다. 그리고 시간의, 관념적으로 제시할 수 있는 최초의 순간이 있다고 하는 의미에서의, 시간 안의 창조라고 하는 관념이 들어설 여지는 실제로 없는 것이다.[9]

절대적 이성의 자기전개로서의 현실이라고 하는 관념은 관념론자의 체계적 방법의 강조를 설명하는 데 도움이 된다. 왜냐하면, 만약 철학이 역동적인 이성적 과정의 구조에 대한 반성적 재구성이라고 하면, 철

---

9. 헤겔은 종교적 의식의 언어 차원에서의 자유로운 창조라는 관념을 승인하고 있다. 그러나 이 언어는 그에게 형상적이며 표상적이다.

학은 제1원리로써 시작하고 그 원리에서 생기는 현실의 본질적으로 합리적인 구조를 가리키지 않으면 안 된다고 하는 의미에서 체계적이어야 하기 때문이다. 하지만 실제 문제로서 형이상학적 관념론에서는 순수하게 이론적인 연역이라는 관념은 피히테나 특히 헤겔의 변증법적 과정이 표면적으로 암시하고 있는 것만큼은 중요한 위치를 차지하고 있지 않다. 왜냐하면, 관념론 철학은 하나 또는 그 이상의 최초의 근본적 명제의 의미와 내용의 엄밀한 분석이라기보다는 오히려 동적 활동성, 자기전개적인 무한한 삶의 개념적 재구성이기 때문이다. 그러나 전체적인 세계관은 절대적 이성의 자기 나타냄의 과정으로서 세계에 대한 최초의 관념 속에 맹아적으로 함축되어 있다. 그리고 그 과정을 말하자면 반성적 자각의 차원에서 재체험함으로써 이 관념에 체계적 연결을 주는 것이 철학의 할 일이다. 따라서 절대적 이성의 경험적으로 현시된 것으로부터 출발하여 이성 그 자체에로 거슬러 올라가는 일은 가능하겠지만, 형이상학적 관념론은 그것이 체계적으로 합목적 운동을 되 더듬어 간다는 의미에서 연역적 설명 형식을 필연적으로 취하는 것이다.

이제, 만약 현실이 이성적인 과정이며, 또 그 본질적으로 역동적인 구조가 철학자에게 간파될 수 있다고 가정한다면, 그와 같은 가정에는 형이상학의 권능과 범위에 대한 확신이 필연적으로 수반된다. 그리고 그것은 형이상학은 무엇을 해낼 수 있는가에 대한 칸트의 조심스러운 평가와는 두드러진 대조를 이루고 있다. 이와 같은 대조는 만약 사람이 비판철학을 헤겔의 절대적 관념론의 체계와 비교한다면, 극히 명백하다. 사실, 철학의 권능과 범위에 대한 헤겔의 확신은 그 이전의 어떤 저명한 철학자의 그것보다 강하다는 것은 아마 옳을 것이다. 그러나 우리는 앞 절에서 칸트의 철학과 형이상학적 관념론 사이에는 모종의 연속성이 있음을 보았다. 그리고 우리는 역설적인 표현이지만, 관념론이 오직 하나의 가능한 과학적 형이상학의 형태에 대한 칸트의 생각에 가까우면 가까울수록, 철학의 권능과 범위에 대한 확신은 더욱 크다고 할 수 있다. 왜냐하면 만약 철학이 사유의 자발적인 활동에 대한 사유자신의 반성적 자각이라고 하면, 그리고 또 우리가 인간의 인식과 경험에 관한 칸트의 이론의 문맥에, 관념론의 형이상학의 문맥을 대체시킨다면, 그때 우리는 인간의 철학적 반성에서, 그리고 반성을 통해 자각에 이르게 되는 합리적 과정—그것이 현실이다—이라는 관념을 갖게 되기 때문이다. 이 경우, 철학의 역사는 절대적 이성의 자기반성의 역사이다. 다시 말하면, 세계는 인간 정신에서, 그리고 인간 정신을 통해서 자기를 안다. 그리고 철학은 절대자의 자기인식으로서 설명될 수 있다.

실제로, 철학에 대한 이와 같은 생각은 다른 주요한 관념론자의 철학에서보다 헤겔의 철학에서 더 특징적이다. 피히테는 끝에 가서, 그것 자체, 인간의 사유의 범위를 초월한 신적 절대자의 존재를 주장했다. 셸링은 종교에 관한 그의 후기철학에서 스스로를 인간에게 계시하는 인격신의 관념을 강조했다. 모든 현실에 대한 철학자들의 정통함과, 이 정통함을 절대자의 자기반성으로 설명하는 것이 가장 두드러지게 되는 것은 헤겔에서이다. 하지만 이렇게 말하는 것은, 관념론자의 활동을 고취한 사변철학의 권능과 범위에 대한 확신이 그 가장 순수하고 가장 장대한 표현을 보게 되는 것은 형이상학적 관념론의 가장 위대한 성취인 헤겔주의에서라는 것을 단적으로 말하는 것이다.

4. 관념론자와 신학

앞 절의 끝에서 절대자에 대한 피히테의 후기 교설과 셸링의 종교철학에 대해 언급했다. 여기서 독일관념론과 신학과의 관계에 대해 약간 설명해 두는 것이 좋겠다. 왜냐하면, 관념론 운동은 다만 비판철학이 형이상학으로 변용한 결과가 아니라는 것을 이해하는 것은 중요한 일이기 때문이다. 세 사람의 주요한 관념론자는 모두 신학생—피히테는 예나대학의, 셸링과 헤겔은 튀빙겐대학의—으로 출발했다. 그리고 그들이 극히 이른 시기에 철학으로 전향한 것은 사실이지만, 신학적 주제는 독일관념론의 발전에 두드러진 구실을 했다. 이들 철학자들을 숨은 신학자라고 한 니체의 말은, 몇 가지 점에서 사람들을 오해시킬 염려가 있지만, 그러나 그것은 전혀 근거가 없는 것은 아니다.

독일관념론에서 신학적 주제가 담당한 구실의 중요성은 다음과 같은 대비로써도 예증할 수 있다. 칸트는 전문 과학자는 아니었지만, 언제나 과학에 관심을 가지고 있었다. 그의 초기의 저작들은 주로 과학적 논제에 관한 것이었다.[10] 그리고 그의 주요한 문제의 하나는 과학적 인식을 가능하게 하는 조건들에 관한 것이었다. 그러나 헤겔은 신학으로부터 철학으로 전향해 왔다. 그의 최초의 저작들은 주로 신학에 관한 것이었다. 그리고 그는 후에, 철학의 주제는 신이며, 신 이외의 아무것도 아니라고 언명했다. 여기서 사용되고 있는 '신'(God)이라는 용어가 그 어떤 접근에서도 유신론적 의미로 이해되어야 하느냐 아니냐는, 지금 우리를 머뭇거리게 할 문제가 아니다. 중요한 것은 헤겔의 출발점이 무한자와 유한자, 신과 피조물 사이의 관계라고 하는 주제였다는 것이

---

10. Vol. VI, pp. 181~2, 185~7 참조.

다. 그의 정신은 무한한 신과 유한한 존재자를 확실히 구별하는 것으로 만족할 수 없었다. 그는 유한자 속에 무한자를 보고, 무한자 속에 유한 자를 봄으로써 양자를 결합하려고 했다. 그의 사상의 발전의 신학적 단 계에서는 헤겔은, 유한자의 무한자에로의 높아짐은 오직 사랑의 삶에 서만 일어날 수 있다는 생각에 경주되어 있었다. 그리고 거기서부터 그 는 철학은 결국 종교에 종속되지 않으면 안 된다는 결론을 이끌어 냈 다. 철학자로서 그는 무한자와 유한자 사이의 관계를 사상에서 개념적 으로 나타내려고 했다. 그리고 종교적 의식에 특징적인 사고 형식보다 더 고차의 이해 형식으로서 철학적 반성을 그리는 경향이 있었다. 그러 나 그의 철학체계를 꿰뚫고 있는 무한자와 유한자의 관계라는 보편적 테마는 말하자면, 그의 초기의 신학적 반성으로부터 이어받은 것이다.

그러나 그것은 오직 헤겔만의 문제가 아니다. 확실히 피히테의 초기 철학에서 무한자와 유한자 사이의 관계라고 하는 주제는 두드러지게 나타나 있지 않다. 피히테는 칸트의 의식의 연역 완성—이라고 그 자신 은 생각하고 있었다—에 주로 관심을 가지고 있었기 때문이다. 그러나 그의 후기 사상에서는 무한한 신적 삶에 대한 관념이 전면에 나타나고, 그의 철학의 종교적 국면이 전개되었다. 셸링에 관해 말하자면 그는 신 적 무한자와 유한자와의 관계가 철학의 주요 문제라고 말하기를 주저 하지 않았다. 그리고 그의 후기 사상은 극히 종교적이며, 거기서는 인 간의 신으로부터의 소외와 신에로의 귀환은 중요한 구실을 하고 있다.

관념론자들은 물론 철학자로서 무한자와 유한자의 관계를 이해하려 고 했다. 그리고 그들은 그것을 논리적인 함축으로부터의 유추에 의하 여 생각하는 경향이 있었다. 더욱이, 셸링의 후기의 종교철학을 제외하 면, 무한하고 완전히 초월적인 인격신이라고 하는 관념은 관념론자들 에게 불합리하고 부당한 신인동형설(神人同形說)로 생각되었다고 할 수 있다. 따라서 우리는 신의 관념을 모든 것을 포괄하는 전체성이라는 의미에서의 절대자의 관념으로 변용하는 경향을 보게 된다. 하지만 관념론자들은 유한한 것의 실재를 부인할 의도가 없었다. 따라서 그들이 직면한 문제는, 말하자면, 유한자로부터 그 실재성을 빼앗는 일 없이 어떻게 유한자를 무한자 속에 포함시키느냐고 하는 것이었다. 그리고 이 문제의 해결이 곤란한 것은, 형이상학적 관념론이 자기와 유신론 및 범신론과의 관계에 대하여 많은 모호함을 남겼기 때문이다. 그러나 어쨌든, 신학의 중심적 주제인 신과 세계와의 관계의 문제는 독일관념론자의 사색에서 큰 장애가 되어 있었던 것은 분명하다.

위에서 언급했듯이, 독일관념론자를 숨어 있는 신학자라고 하는 니체의 규정은 몇 가지 점에서 오해를 일으킬 염려가 있다. 왜냐하면 그것은 관념론자들이 정통적인 그리스도교를 뒷문으로 다시 들여오려는 관심을 가지고 있다는 것을 암시하고 있기 때문이다. 실제는, 오히려 형이상학으로 신앙을 대신하고, 그리스도교의 계시된 기적을 사변적 이성의 범위 안으로 가져옴으로써 그것들을 합리화하려는 두드러진 경향을 볼 수 있다. 현대식 용어로 말하자면, 그리스도교적 도그마를 사변철학으로 가는 과정에 집어넣음으로써, 그것들을 탈신화화(脫神話化)하는 경향을 볼 수 있는 것이다. 따라서 헤겔을 그리스도교의 가장 위대한 옹호자로 생각하는 J. H. 스털링(Stirling)의 헤겔상(像)은 우리의 웃음을 자아낸다. 차라리 우리는, 헤겔철학은 전통적인 형식에서의 그리스도교의 교의의 합리적 내용을 드러내겠다고 주장하면서, 그리스도교를 말하자면 밑으로부터 침식해 들어갔다고 하는 맥타가르트(McTaggart)나 키르케고르(Kierkegaard)의 견해를 더 받아들이고 싶다. 또 우리는, 피히테가 절대자에 대한 그의 후기철학과 요한복음서 제1장 사이에 확증하려고 한 연관은, 어딘지 근거가 미약하다고 느낄 것이다.

하지만 이를테면 헤겔이 안셀무스와 그의 이해를 추구하는 신앙과 정을 언급할 때, 그는 그의 마음과 정반대의 것을 말하고 있다고 추측할 아무 유력한 이유도 없다. 그의 초기의 논문은 그리스도교의 기성성(旣成性)에 대해 명백한 적의를 나타내고 있었다. 그러나 그는 그의 태도를 변경하고 그리스도교의 신앙을 말하자면 옹호하게 되었다. 확실히 헤겔이 정통적인 그리스도교인이었다고 주장하는 것은 어리석은 일일 것이다. 그러나 헤겔이 그리스도교와 헤겔주의와의 관계를, 동일한 진리 내용을 파악하고 표현하는 두 가지의 다른 방법인 절대적 종교와 절대적 철학과의 관계로 서술하고 있을 때, 그는 의심의 여지없이 진지했다. 정통적인 신학의 입장에서 보자면, 헤겔은 신앙을 이성으로, 그리고 계시를 철학으로 대체하고, 또한 그리스도교를 합리화함으로써 옹호하고, 맥타가르트의 말을 빌리자면, 그것을 공교적(公敎的)인 헤겔주의로 바꾸었다고 판단될 것이 틀림없다. 그러나 이것은, 헤겔 자신은 그리스도교의 진리를 증명하려고 했다는 사실을 바꾸는 것은 아니다. 따라서 니체의 견해는 만약 사람이 특히 피히테의 사상의 종교적 측면에서의 발전과 셸링철학의 후기의 단계를 염두에 둔다면, 전혀 동떨어진 생각이라고 할 수도 없는 것이다. 어떻든, 독일관념론자들은 틀림없이 종교적 의식에 의의와 가치를 부여하고 그러기 위한 장소를 그들의 체계 안에 배당했다. 그들은 신학으로부터 철학으로 전향했는지 모른다. 그러나 그들은 현대적 의미에서의 불신앙적 인간, 또는 합리주의자들과는 먼 인간이었다.

5 . 낭만주의운동과 독일관념론

그러나 또한 형이상학적 관념론에 대해 언급해야 할 다른 국면이 있다. 곧, 그것은 독일에서의 낭만주의운동과의 관계이다. 독일관념론을 낭만주의의 철학으로 규정하는 것은 큰 반론에 부닥칠 것이다. 우선 첫째로 그것은 일방적 영향이라는 관념을 연상시킨다. 곧, 그런 규정은 위대한 관념론자의 체계는 낭만주의의 정신의 이데올로기적 표현에 지나지 않는다고 생각하게 한다.—실제는 피히테와 셸링의 철학은 몇 사람의 낭만주의자에게 적지 않은 영향을 주고 있다. 둘째로, 주요한 관념론 철학자들은 낭만주의자에 대해 각기 다소의 다른 관계에 있었다. 확실히 셸링은 낭만주의운동의 정신에 두드러진 표현을 주었다고 할 수 있다. 그러나 피히테는 비록 낭만주의자들이 피히테의 사상에서 어떤 종류의 영감을 받았다고 해도 그 자신은 낭만주의자들에 대하여 약간의 날카로운 비판을 했다. 그리고 헤겔은 낭만주의의 몇 가지 측면에 대해 공감하기를 꺼렸다. 셋째로, '낭만주의의 철학'이라는 용어는 위대한 관념론자의 체계보다 오히려 프리드리히 슐레겔(Friedrich Schlegel, 1772~1829)이나 노발리스(Novalis, 1772~1801) 같은 낭만주의자에 의하여 전개된 사변적 관념들에 더 잘 적용된다고 주장할 수는 있을 것이다. 그러나 관념론의 운동과 낭만주의운동 사이에는 틀림없이 몇 가지 정신적 유사점이 있었다. 확실히 낭만주의의 정신 자체는 하나의 체계적 철학이라기보다 차라리 생명과 우주에 대한 하나의 태도였다. 아마도 사람은 그것을 루돌프 카르납의 용어를 빌려서 **삶의 감정**(*Lebensgefühl*) 또는 **삶의 태도**(*Lebenseinstellung*)>[11]라고 할 수 있을

---

11. R. 카르납에 의하면, 형이상학적 체계는 삶에의 어떤 감정이나 태도를 표현하고 있다. 그러나 이와 같

것이다. 헤겔이 체계적·철학적 반성과 낭만주의자들 사이에 적지 않은 다름을 보고 있었던 것은 충분히 이해할 수 있다. 그러나 우리가 19세기 초두의 독일의 상황을 돌이켜 본다면, 실제 우리는 양자의 차이성에 부딪히는 동시에 또 그의 유사성에 부딪힌다. 결국, 형이상학적 관념론과 낭만주의는 많건 적건 당시의 독일의 문화적 현상이며, 그 바탕에 있는 정신적 유사성은 발견되게끔 예기되었던 것에 불과했었다.

낭만주의의 정신을 정의하기는 아주 어렵다. 아니, 그것을 정의할 수 있다고 기대할 수도 없다. 그러나 그 약간의 특징을 지적할 수는 물론 있다. 이를테면 계몽주의자가 비판적·분석적·과학적인 오성에 전념하는 데 대해, 낭만주의자는 창조적인 상상력과 감정과 직관의 역할을 강조했다.>[12] 예술적 천재가 **철학자**(*le philosophe*)를 대신했다. 그리고 창조적 상상력과 예술적 천재의 강조는 인간의 개성의 자유롭고 완전한 발전과, 인간의 창조력과, 인간의 가능한 경험이라고 하는 부의 향수에 대한 일반적 강조의 요소가 되었다. 다시 말하면, 강조점은 모든 사람에게 공통되는 것보다 낱낱의 사람의 독창성에 놓였던 것이다. 그리고 이 독창적 개성의 강조는 이따금 윤리적 주관주의의 경향과 결부되어 있었다. 곧, 거기에는 개별적 인격에 뿌리박고 있으며, 인격과 조화된 가치에 일치되는 자기의 자유로운 발전을 위해, 고정된 보편적인 도덕법칙 또는 규칙을 경시하는 경향이 있었다. 그러나 나는 낭만주의자들이 도덕성이나 도덕적 가치에 관심이 없었다는 것이 아니다. 다만

은 용어는, 이를테면, 헤겔의 변증법적 체계보다 낭만주의의 정신에 훨씬 더 잘 들어맞는다.

12. 여기서 두 개의 주해를 해 둘 필요가 있겠다. 첫째는, 실로 낭만주의 정신은 계몽운동 다음에 직접 이어졌다고 내가 말하려는 것이 아니라고 하는 것이다. 그러나 나는 이 둘 사이에 끼어 있는 국면들을 생략하기로 한다. 둘째는, 본문에서의 개괄은 계몽운동의 사람들이 인생에서의 감정의 중요성을 전혀 이해하고 있지 않았다는 의미로 해석되어서는 안 된다는 것이다. 이를테면, Vol. VI, pp. 24~7 참조.

거기에는 이를테면, F. 슐레겔처럼 비개인적인 실천이성에 의하여 명령된 보편적 법칙을 준수하는 것보다 오히려 개인에 의한, 자기 고유의 도덕적 이상의 자유로운 수행(그 자신의 '이데아' 의 실현)이 강조되는 경향이 있었던 것이다.

낭만주의자들의 어떤 사람은 그들의 창조적 개성의 관념을 전개하면서, 피히테의 초기의 사상에서 영감과 자극을 받았다. 이것은 F. 슐레겔에 대해서도, 그리고 노발리스에 대해서도 말할 수 있다. 하지만 그들이 피히테의 사상을 이용했다고 해서 그것이 언제나 피히테의 의도와 일치했다는 것은 물론 아니다. 이 점을 확실히 하기 위해 하나의 보기를 들어 보자. 앞에서 말했듯이, 피히테는 칸트의 철학을 순수한 관념론으로 변용할 때, 그의 궁극적인 창조적 원리로서 무한한 활동이라고 생각되는 초월론적 자아를 취했다. 그리고 그는 의식의 체계적 연역 또는 재구성에서 산출적 구상력의 관념을 빈번히 사용했다. 노발리스는 이 사상을 붙잡았고, 피히테를 창조적 자아의 경이(驚異)를 고찰하는 시초라고 주장했다. 그러나 그는 어떤 중대한 변경을 이룩했다. 피히테는 유한한 주관이 자기에게 주어져 있고, 또 감각에서처럼 자기에 대해 다양한 방식으로 작용을 미치는 대상계에서, 자기 자신을 발견하는 상황을 관념론의 원리로부터 설명하는 일에 관심이 있었다. 그래서 그는 유한한 자아에 작용을 미치는 것, 그리고 의식 아래 차원에서 생기는 것으로서 대상의 존재를 가정할 때는 언제나, 이른바 산출적 구상력의 활동을 주장했다. 이 활동이 일어나는 것은 철학자의 초월론적 반성으로 알 수 있다. 그러나 그것이 일어나는 **대로** 그것을 알 수 있는 사람은 아무도 없다. 왜냐하면, 대상의 가정은 논리적으로 그 어떤 자각이나 의식보다 앞서기 때문이다. 그리고 이와 같은 산출적 구상력의 활동은 유한한 자아의 의지로 변경할 수는 물론 없다. 하지만 노발리스는 산출적 구상력의 활동을 의지로써 변경할 수 있는 것으로 서술했다.
마치 예술가가 예술작품을 창조하듯이, 인간은 도덕적 영역에서뿐 아
니라, 또한 적어도 원리상, 자연의 영역에서도 일종의 창조력을 가지고
있다. 이리하여 피히테의 초월론적 관념론은 노발리스의 '마술적 관념
론'으로 변했다. 다시 말하면, 노발리스는 피히테의 철학 이론의 어떤
것을 붙잡고, 그것을 창조적 자아를 고양하기 위한 시적이며 낭만적인
광상곡을 만드는 데 이용했던 것이다.

더욱이 낭만주의자에 의한 창조적 천재의 강조는 그들을 피히테에
게보다 훨씬 더 많이 셸링에게 결부시키고 있다. 나중에 언급되듯이,
예술의 형이상학적 중요성과 예술적 천재의 구실을 강조한 것은 셸링
이었지 피히테는 아니었다. 프리드리히 슐레겔이 예술의 세계보다 위
대한 세계는 없으며, 예술가는 이데아를 유한한 형식으로 표현한다고
주장할 때, 그리고 노발리스가 시인은 진짜 '마술사'이며 인간적 자아
의 창조력의 구현자라고 주장할 때, 그들은 피히테의 지극히 윤리적인
견해보다 셸링의 사상에 동조하는 방식으로 말했던 것이다.

하지만 창조적 자아의 강조는 낭만주의의 한갓된 한 측면일 뿐이었
다. 다른 중요한 측면은 낭만주의자의 자연의 관념이다. 낭만주의자는
결과적으로 자연과 인간 사이에 (데카르트주의에서와 같은) 날카로운
대립을 형성하지 않을 수 없는 한갓된 기계론적 체계로 자연을 생각하
는 대신에, 자연을 무슨 정신과 유사한, 그리고 아름다움과 신비로 덮
인 살아 있는 유기체로 보는 경향이 있었다. 그리고 그들의 얼마는 스
피노자에게, 곧 낭만주의화된 스피노자에게 두드러진 공감을 보였다.

자연을 정신과 유사한 유기체적 전체성으로 보는 생각은 다시 낭만
주의자를 셸링에 결부시킨다. 자연은 인간보다 낮은, 잠자는 정신이며,
인간 정신은 자연의 자기 자신에 대한 의식의 기관(器官, organ)이라고

하는 셸링의 생각은 전적으로 낭만주의적 울림을 지니고 있다. 시인 휠더린(Hölderlin, 1770~1843)은 튀빙겐대학의 학생이었을 때, 셸링의 친구였다는 것이 중요하다. 살아 있는 포용적 전체로서의 자연이라고 하는 휠더린의 생각은 셸링에게 약간의 영향을 준 것 같다. 반대로, 셸링의 자연철학은 몇 사람의 낭만주의자에게 강한, 자극적인 영향을 주었다. 낭만주의자의 스피노자에 대한 공감에 대해 말하자면, 그것은 신학자이며 철학자이기도 했던 슐라이어마허에 의하여 공유되었다. 그러나 그 공감은 피히테에 의해서는 공유되지 않았다. 피히테는 자연을 신화(神化)하는 어떤 시도에 대해서도 깊은 혐오를 품고 있었다. 그는 자연을 다만 자유로운 도덕적 활동을 위한 영역이나 도구로 볼 뿐이었다. 이 점에서 그의 사고방식은 반-낭만주의였다.

하지만 낭만주의자가 유기적 전체로서의 자연이라는 관념에 애착을 가지고 있다는 것은, 그들이 말하자면 인간을 희생하고서라도 자연을 강조했다는 것을 의미하지 않는다. 이미 우리는 그들이 또한 자유롭고 창조적인 개성을 강조했다는 것을 보았다. 자연은 인간 정신에서 말하자면 그 극점에 달한다. 따라서 낭만주의자의 자연의 관념은 역사적이고 문화적인 발전의 연속성과 인간 정신의 잠재력의 전개로서의 과거의 문화적 시기들의 의의에 대한 두드러진 평가와 결부될 수 있었을 것이며, 또한 실제로 결부되어 있었던 것이다. 이를테면, 휠더린은 고대 그리스의 천재에 대한 낭만적인 열광―그것은 학생시대에 헤겔이 함께 나누어 가지고 있었던 것이다―을 가지고 있었다.>[13] 그러나 여기서는 중세에 대해 다시 환기된 관심에 특히 주의가 쏠린다. 계몽시대의 인간

---

13. 휠더린의 그리스에 대한 애착은 필연적으로 그를 낭만주의자에 반대하는 고전주의자가 되게 한다고 생각하는 것은 잘못이다.

은 중세를 르네상스의 여명과 그에 잇따르는 철학자들(*les philosophes*)
의 출현에 앞서는 어두운 밤이라고 보는 경향이 있었다. 그러나 노발리
스에게, 중세는 비록 그것이 불완전하더라도 신앙과 문화와의 유기적
결합이라고 하는 이상, 다시 회복되어야 할 이상을 나타내고 있었다.
더욱이, 낭만주의자들은 민족정신(*Volksgeist*)의 관념에 강한 애착을 보
이고, 또 언어와 같은 민족정신의 문화적 형태에 관심을 보였다. 이 점
에서 그들은 헤르더[14]와 다른 선구자들의 사상을 이어받고 있었다.

관념론 철학자들이 이와 같은 역사적 연속성과 발전에 대한 인식을
나누어 갖지 않았던 것은 물론 아니다. 왜냐하면, 그들에게 역사는 정
신적 이데아, 텔로스 또는 목적의 시간에서의 전개였기 때문이다. 위대
한 관념론자는 저마다 자기의 역사철학을 가지고 있었다. 그중에서도
헤겔의 역사철학은 유명하다. 피히테는 자연을 주로 도덕적 활동을 위
한 도구로 생각했기 때문에, 당연히 그는 인간 정신의 영역과 이상적인
도덕적 세계질서의 실현을 위한 움직임으로서의 역사에 역점을 두었
다. 셸링의 종교철학에서는 역사는 타락한 인간의, 곧 그의 존재의 참
된 중심에서 멀어진 인간이 신에게 돌아오는 이야기로서 나타난다. 그
리고 헤겔에서는, 이른바 세계사적 개인의 역할이 강조되어 있다고는
하지만, 민족정신의 변증법의 관념이 두드러진 구실을 하고 있다. 그리
고 전체로서, 역사의 움직임은 정신적 자유의 실현을 위한 움직임으로
서 서술되어 있다. 일반으로, 위대한 관념론자들은 그들의 시대를, 인
간 정신이 역사에서의 자기의 활동의 중요성과 역사의 전 과정의 의미
와 방향에 대한 의식을 갖게 된 시대로 생각했다고 할 수 있다.

낭만주의는 무엇보다도 우선 무한한 것에 대한 감정과 동경에 의하

---

14. Vol. VI, pp. 138~46, 172~9 참조.

여 특징지어졌다. 그리고 자연의 관념과 인간의 역사에 대한 관념은 하나의 무한한 삶의 표현, 또는 일종의 신적인 시의 측면으로서, 더불어 그들 개념 속에 들어왔다. 이리하여 무한한 삶이라고 하는 관념은 낭만주의적 세계관에서의 통일적 요소로서의 구실을 했다. 민족정신에 대한 낭만주의자의 애착은 언뜻 보아 그들이 각 사람의 개성의 자유로운 전개를 역설하는 것과 모순되는 것같이 보일지도 모른다. 그러나 거기에는 사실상 근본적인 모순은 없는 것이다. 그것은 일반적으로 말해, 무한한 전체성은 유한한 것에서, 그리고 유한한 것을 통해서 자기 자신을 표현하는 무한한 삶으로 생각되었던 것이고, 반대로 유한한 것을 폐기하는 것으로서, 또는 유한한 것을 한갓 기계적 도구로 낮추는 것으로 생각된 것이 아니었기 때문이다. 그리고 민족정신은 상대적인 전체성으로서, 같은 무한한 삶의 나타남이라고 생각되었다. 곧, 그의 완전한 발전을 위해서는 말하자면, 이 정신의 담지자인 개개인의 개성의 자유로운 표현을 필요로 하는 그러한 상대적 전체성으로서 무한한 삶의 나타남이라고 생각되었던 것이다. 같은 것이 한 민족의 정신의 정치적 구현으로서 생각될 수 있는 국가에 대해서도 말할 수 있을 것이다.

전형적인 낭만주의자는 무한한 전체성을 인간이 자기를 그것과 일체라고 느낄 수 있는 유기적 전체로서, 심미적으로 생각하는 경향이 있었다. 더욱이, 자기와 무한한 전체와의 사이의 이와 같은 통일을 파악하는 수단은 개념적 사유라기보다 차라리 직관이나 감정이라고 생각되었다. 왜냐하면, 개념적 사유는 어쨌든 한정된 한계나 경계를 고정하고 영속시키는 경향이 있는 데 대해, 낭만주의는 여러 가지 한계나 경계를 무한한 삶의 흐름 속으로 용해하는 경향이 있기 때문이다. 다시 말해, 무한한 것에 대한 낭만주의적 감정은 자주 제한되지 않는 것에 대한 감정이었던 것이다. 이와 같은 특징은 무한자와 유한자의 경계를 모호하게 하는 경향 속에서 볼 수 있는 것과 마찬가지로, 철학과 시를 혼동하는 경향 속에서, 또는 예술적 영역 자체 내에서는 뭇 예술을 혼합하는 경향 속에서 볼 수 있다.

물론 그것은 어느 정도 다양한 유형의 인간적 경험에서 유사성을 발견하고 그것을 종합하는 문제였다. 이렇게 해서 F. 슐레겔은 철학과 종교는 다 같이 무한자와 관계하며, 무한자에 대한 인간의 모든 관계는 종교에 귀속한다고 할 수 있다는 이유로 철학을 종교와 같은 종류의 것이라고 생각했다. 참으로, 예술 또한 그 특성상 종교적이다. 왜냐하면, 창조적인 예술가는 미의 형식에서, 유한자에게서 무한자를 보기 때문이다. 하지만 낭만주의자가 명확한 한계나 윤곽이 뚜렷한 형태를 싫어하는 것이, 괴테로 하여금 고전주의자는 건강한 사람이고 낭만주의자는 병자라고 하는 유명한 말을 내뱉게 한 이유의 하나였다. 그 때문에 낭만주의자의 어떤 사람은 그들 자신, 삶과 현실에 대한 그들의 직각적인, 그리고 어느 편이냐고 하면 명료하지 않은 이상상(理想像)에 명확한 형태를 줄 필요성을, 그리고 무한한 것에 대한 향수와 개개인의 자유로운 표현을 명확한 한계의 인식과 결부시킬 필요성을 느끼기 시작했다. 그리고 F. 슐레겔과 같은, 이 운동의 어떤 대표자는 이 요구의 실현을 가톨리시즘에서 찾았다.

무한한 것에 대한 감정은 명백히 낭만주의와 관념론에 공통의 지반을 이루고 있다. 무한한 삶이라고 생각된 무한한 절대자의 관념은, 피히테의 후기철학에서 중요한 구실을 하고 있다. 그리고 절대자는 셸링, 슐라이어마허, 헤겔의 철학에서 중요한 주제가 되어 있다. 더욱이 독일 관념론자는 무한자를, 그 어떤 유한자에 대립하는 것으로서가 아니라, 유한자에서, 그리고 유한자를 통해서 자기 자신을 표현하는 무한한 생명 또는 활동성으로 생각하는 경향이 있었다고 할 수 있다. 특히 헤겔의 경우, 유한자와 무한자를 중개하여, 무한자를 유한자와 동일시하지 않고, 유한자를 비현실적인 것이나 환영으로 물리치지도 않으며, 양자를 결합하려는 신중한 시도를 하고 있다. 전체성은—그것이 무한한 전체성, 곧 절대자이건 또는 국가와 같은 상대적 전체성이건—그 특수한 나타남에서, 그리고 특수한 나타남을 통해서 살고 있다.

이와 같이 낭만주의자의 운동과 관념론자의 운동 사이에 정신적 유사성이 있다는 것은 물어볼 여지도 없다. 우리는 그 보기로서 여러 사례를 들 수가 있다. 이를테면, 헤겔이 절대자에 관한 것으로서 예술과 종교와 철학을 서술할 때, 그 서술하는 방식은 다르지만, 그의 견해와 앞에서 언급한 F. 슐레겔의 사상 사이에는 어떤 종류의 유사성이 발견된다. 하지만 그와 동시에 위대한 관념론자들과 낭만주의자들 사이의 다음과 같은 중대한 차이점이 강조되지 않으면 안 된다.

프리드리히 슐레겔은 철학을 시와 동화시키고 이 둘이 하나가 되는 것을 꿈꾸었다. 그의 생각으로는 철학 한다는 것은 주로 직관적 통찰의 문제이지, 연역적 추론이나 논증의 문제가 아니다. 왜냐하면 그 어떤 증명도 (그것은) 무엇인가에 대한 증명이고, 증명되어야 할 진리의 직관적 파악은 순전히 2차적인 것일 뿐인 모든 논증에 앞서는 것이기 때문이다.[15] 슐레겔이 말하고 있듯이 라이프니츠는 주장하고 볼프는 증명했다. 이 말은 볼프에 대한 찬사를 의도한 것이 아니었음은 분명하다. 그리고 철학은 우주, 곧 전체성에 관계한다. 그리고 우리는 이 전체성을 증명할 수 없다. 그것은 오직 직관으로만 파악될 수 있다. 하물며 우리는 그것을 개물(個物)이나, 개물과 개물과의 관계를 서술하는 것과

---

15. 슐레겔의 견해는 형이상학에 대한 근대의 몇 사람에 의하여 제출된 견해와 비교될 수 있다. 그 견해란, 형이상학적 체계에서 참으로 문제가 되는 것은 '상상력'이며 논증은 하나의 상상력을 천거하거나 승인하도록 하는 설득력을 가진 방책이라는 것이다.

같은 방법으로 서술할 수가 없다. 전체성은 어떤 의미에서는 시와 같은 형식에서 표현되고 제시된다. 그러나 그것이 무엇인지를 정확하게 기술하는 것은 우리의 능력을 능가하고 있다. 따라서 철학자는 진술할 수 없는 것을 진술하려는 시도에 관여하고 있는 것이 된다. 이런 이유로 철학과 철학자 자신은 참철학자에게는 얄궂은 기지의 대상이다.

그러나 우리가 낭만주의자 프리드리히 슐레겔에서 절대적 관념론자 헤겔에 눈을 돌린다면, 거기서 우리는 체계적인 개념적 사유에 대한 단호한 주장과, 신비적인 의지나 감정에 호소하는 데 대한 단호한 거부를 발견한다. 확실히 헤겔은 전체성, 곧 절대자에 관심을 가지고 있었다. 그러나 그때, 그가 관심을 가지고 있었던 것은 그와 같은 절대자를 **사유하는** 것에 대해서이며, 또 무한자의 삶과 무한자의 유한자에 대한 관계를 개념적 사유에서 표현하는 것에 대해서였다. 그가 시까지 포함한 예술을 철학과 같은 주제, 곧 절대적 정신이라고 하는 주제를 가지고 있는 것으로 설명하고 있음은 사실이다. 그러나 그는 또한 동시에 예술이 본질적으로 지니고 있는 형식의 다름도 주장하고 있다. 시와 철학은 별개의 것이고, 이 둘은 혼동되면 안 된다.

철학에 대한 낭만주의자의 생각과 위대한 관념론자의 생각 사이의 차이는, 실제는, F. 슐레겔과 헤겔의 견해의 차이에 흔히 비교되듯이 그렇게 크지 않다고 반론될지도 모른다. 피히테는 순수자아 또는 절대자아의 근본적 지적 직관을 요청했다. 그리고 그것은 몇 사람의 낭만주의자에 의하여 활용되었다. 셸링은 적어도 그의 철학 형성의 한 단계에서, 절대자는 본래, 신비적 직관에서만 파악된다고 주장했다. 그리고 그는 절대자의 본성이 그 자체에서가 아니라 상징적 형식에서 이해되는 것 같은 예술적 직관을 강조했다. 이 점에 관해서는 낭만주의적 특징은 헤겔 식의 변증법적 논리학에서조차 식별된다. 변증법적 논리학은 운동의 논리학이며, 그것은 신적 정신의 내면적 삶을 나타내고, 또 전통적 논리학이 고정화하고 영속화시키는 경향이 있는 개념적 대조물 (對照物)을 극복하려고 한 논리학이다. 사실, 헤겔이 인간 정신을 다양한 심적 태도를 통해 연속적으로 움직여 가는 것으로, 그리고 한 입장에서 다른 입장으로 끊임없이 움직여 가는 것으로 표현하는 방식은 낭만주의적 견지의 타당한 표현이라고 할 수 있다. 헤겔의 논리적 장치 자체는 낭만주의 정신과 맞지 않는다. 그러나 이 장치는 그의 체계의 표면에 지나지 않는다. 그 밑바닥에 우리는 낭만주의운동과의 깊은 정신적 유사성을 볼 수 있다.

그러나 중요한 것은, 형이상학적 관념론과 낭만주의와의 사이에 정신적 유사성이 있음을 부인하는 것이 아니다. 우리는 이미 양자 사이에 그와 같은 유사성이 있다는 것을 논증했다. 중요한 것은 일반적으로, 관념론자는 체계적 사유에 관심을 갖는 데 대해, 낭만주의자는 직관이나 감정의 구실을 강조하고, 철학을 시와 동화하는 경향이 있다는 것을 지적하는 것이다. 확실히 셸링과 슐라이어마허는 피히테나 헤겔보다 낭만주의의 정신에 **더** 다가서 있다. 피히테가 순수자아 또는 절대 자아의 근본적 지적 직관을 요청한 것은 사실이지만, 그러나 그는 이 지적 직관을 모종의 특권적인 신비적 통찰로는 생각하지 않았다. 그것은 그에게 반성적 의식에 자기 자신을 나타내는 활동의 직관적 파악이었다. 요구되는 것은, 신비적이거나 시적인 능력이 아니라 초월적 반성이며, 그것은 원칙적으로 모든 사람에게 열려 있는 것이다. 피히테는 낭만주의자에 대한 그의 공격에서, 그의 철학은 활동성으로서의 자아의 근본적 지적 직관을 요구하지만, 철학은 확실한 지식이라는 의미에서의 과학을 낳는 논리적 사유의 문제라는 것을 주장했다. 철학은 앎의 앎이고 근본적 과학이다. 곧, 그것은 진술할 수 없는 것을 진술하려는 시도가 아니다. 헤겔에 관해 말하자면, 확실히 우리는, 돌이켜 보면, 그의 변증법에서조차 낭만주의의 특징을 식별할 수 있다. 그러나 이것은 그가, 철학은 하늘이 일러 주는 말씀, 또는 시적 광상곡이나 신비적 직관의 문제가 아니라, 그 주제를 개념적으로 사고하고 그것을 명료하게 보여 주는 체계적·논리적 사유의 문제라고 주장한 사실을 조금도 바꾸는 것이 아니다. 철학자의 일은 현실을 이해하고 그것을 다른 사람에게 이해시키는 것이지, 시적인 비유를 써서 의미를 계발하거나 또는 암시하거나 하는 것이 아니다.

6. 관념론의 프로그램을 수행하는 데 따르는 문제점

이미 보았듯이 칸트철학의 순수관념론으로의 최초의 변용은, 현실이란 생산적 사유나 이성의 과정으로 보지 않으면 안 된다는 것을 의미하고 있었다. 다시 말하면, 존재는 사유와 동일한 것으로 보지 않으면 안 된다는 것을 의미하고 있었다. 그리고 관념론의 본래의 프로그램은 이와 같은 존재와 사유를 동일시하는 것이 진리라는 것을, 절대적 사유나 이성의 삶의, 본질적으로 역동적인 구조를 연역적으로 재구성함으로써 보여 주는 것이었다. 더 나아가 만약 철학에 대한 칸트적 개념이 사유 자신의 자발적 활동성에 대한, 사유의 반성적 자각으로서 존속된다고 하면, 철학적 반성은 인간 정신에서의, 그리고 인간 정신을 통한 절대적 이성의 자각이나 자기의식으로 표현되지 않으면 안 되었다. 따라서 또한 철학적 반성에 대한 이 해석이 옳다는 것을 보여 주는 것은, 관념론의 본래의 프로그램에 포함되어 있다.

　그러나 우리가 실제의 관념론 운동의 역사에 눈을 돌린다면, 이 프로그램을 완전히 수행하는 데 관념론자들이 만난 문제점을 우리는 보게 된다. 또는 달리 말하자면, 비판철학으로부터 초월론적 관념론으로의 최초의 변용에 의하여 제시된 모형으로부터의 두드러진 일탈을 보게 된다. 이를테면, 피히테는 의식을 초월한 존재를 그의 최초의 원리로 요청한다는 의미에서 의식을 넘어서 나아가지 않겠다는 결심으로 출발했다. 그리고 그는 그의 제1원리로 순수자아를, 의식에서 표시된 것으로, 곧 사물로서가 아니라 하나의 활동으로 받아들였다. 그러나 그의 초월론적 관념론의 요구는 그를 말하자면 의식의 배후에 있는 궁극적 실재로 되밀었다. 그리고 그의 후기의 철학형식에서 사유를 초월한 절대 무한자를 그가 요청하고 있음을 우리는 본다.

　셸링의 경우, 경과는 어떤 의미에서 거꾸로다. 곧, 그의 철학적 순례의 한 단계에서 그는 인간의 사유와 개념을 넘어선 절대자의 존재를 주장했지만, 그 후의 그의 종교철학에서는 그는 인격신의 본질과 내적 삶을 반성적으로 재구성하려 하고 있다. 하지만 동시에 그는 경험적 현실의 존재와 구조를 아 프리오리한 방법으로 연역하려는 생각을 포기하고, 신의 자유로운 자기계시라는 관념을 강조하고 있다. 그는 유한한 것을 마치 무한한 것의 논리적 귀결인양 생각하는 관념론자의 성향을 완전히 버린 것은 아니지만, 그러나 일단 그가 자유로운 인격신의 개념을 도입한 이상, 그의 사유는 필연적으로 형이상학적 관념론의 원형에서 멀리 떠났다.

　피히테와 셸링의 두 사람, 특히 셸링이 그들의 최초의 입장을 바꾸고 발전시켰다고 하는 사실은, 물론 그 자체로서는 그와 같은 변경과 발전이 부당하다고 여겨질 아무런 증명도 안 된다. 오히려 내가 지적해 두고 싶은 것은, 이것은, 내가 관념론의 프로그램이라고 한 것을 완전히 수행하는 일의 어려움을 예증하고 있다는 것이다. 결국 피히테의 경우도 셸링의 경우도, 존재는 사유로 환원되어 있지 않다고 말할 수 있는 것이다.

관념론의 프로그램을 수행하는, 뛰어나게 일관된 시도는 헤겔에서 볼 수 있다. 그는, 이성적인 것은 현실적이며 현실적인 것은 이성적이라는 것에 아무 의심도 없다. 또한 그의 생각으로는, 인간 정신을 한갓 유한한 것으로 이야기하거나, 무한한 절대자의 자기전개적인 삶을 이해하는 인간 정신의 능력을, 그것이 유한하다고 하는 이유로 의심하는 것은 절대로 잘못이다. 물론 정신은 유한한 측면을 가지고 있다. 그러나 그것은 또한 절대적 사유의 단계까지 고양할 수 있다는 의미에서 무한이기도 하다. 그리고 그 단계에서는 절대자의 자기인식과 절대자에 대한 인간의 인식은 하나이며 동일하다. 그리고 헤겔은, 현실은 자기인식이라는 목적을 향한 운동으로서의 절대적 이성의 삶이라는 것, 그리하여 언제나 본질적으로 존재하는 것, 곧 자기사유적 사유인 것이 현실의 존재가 되는 것을, 체계적으로 그리고 자세히 보여 주는, 의심할 것 없이 가장 인상적인 시도를 하고 있다.

명백히 헤겔이 절대자의 자기인식과 절대자에 대한 인식을 동일시하면 할수록 철학은 절대적 사유나 이성의 자기반성으로 설명되어야 한다는 관념론의 프로그램의 요구를 더 완전히 그는 충족시키고 있다. 만약 절대자가 인격적 신, 곧 인간 정신과는 전혀 상관없이, 완전한 자각을 영원히 향수하고 있는 인격신이라고 하면, 신에 대한 인간의 인식은 말하자면 외면적인 의견이 되고 말 것이다. 그러나 만약 절대자가 인간 정신에서, 그리고 인간 정신을 통해서 자기반성을 얻는 절대적 사유의 자기전개로 설명될 수 있는 모든 현실, 곧 세계라고 하면, 절대자에 대한 인간의 인식은 절대자의 자기인식이다. 그리고 철학은 자기 자신을 사유하는 생산적 사유이다.

허나 그러면 생산적 사유라는 말로 무엇을 의미하는 것일까? 적어도 그것은 목적론적으로 생각된 세계, 곧 자기인식에 이르는 과정으로 생각된 세계 이외의 아무것도 아닐 것이라는 것, 그리고 이 자기인식은 요컨대 자연과 인간 자신과 인간의 역사에 대한 인간의 발전적 인식 이외의 아무것도 아닐 것이라는 것은 입증할 수 있다. 그리고 이 경우 세계의 배후에는 아무것도 존재하지 않는다. 곧, 말하자면 작용인이 그 결과 속에 자기 자신을 표현하듯이 자기 자신을 자연과 인간의 역사에서 사유하는 사유나 이성은 존재하지 않는다. 세계과정에 관한 인간의 인식은 세계과정의 목적으로서, 그리고 세계과정에 의의를 부여하는 것으로 생각될 수 있다는 의미에서 사유는 목적론적으로 **더** 앞선 것이다. 그러나 실제적으로나 역사적으로 **더** 앞선 것은 객관적 자연이라는 형식에서의 존재이다. 그리고 이 경우, 칸트철학의 최초의 변용에 의하여 제창된 관념론의 모든 양식은 변경된다. 왜냐하면 이 변용은 필연적으로 객관적 세계를 산출하거나 창조하는 무한한 사유의 활동에 대한 표상을 시사하고 있지만, 앞에서 말한 표상은 목적론적 과정으로서 설명된 실제의 경험적 세계의 한갓된 표상에 지나지 않기 때문이다. 확실히 그 과정의 목적 또는 목표는 인간 정신에서 그리고 인간 정신을 통한 세계의 자기반성으로 서술된다. 그러나 이 목적 또는 목표는 주어진 시간의 어떤 순간에도 실현되지 않는 이상이다. 따라서 존재와 사유를 동일시하는 것은 실제로는 결코 이루어지지 않는다.

7. 독일관념론에서의 신인동형설적 요소

칸트 이후의 관념론에서 그 본래의 양식에서 일탈한 또 하나의 측면은 다음과 같이 표현될 수 있다. 영국의 절대적 관념론자 F. H. 브래들리(Bradley)는 신의 개념은 필연적으로 절대자의 개념이 된다고 주장했다. 곧, 만약 정신이 무한자를 일관된 양식으로 생각하려고 하면, 결국 무한자란 만유(萬有) 세계, 전체로서의 현실, 전체성 이외의 아무것도 아니라는 것을 승인하지 않으면 안 된다. 그리고 이처럼 신을 절대자로 전환시킴으로써 종교는 소멸된다. "신은 절대자 앞에서 쉴 수가 없다. 그리고 절대자라고 하는 목표에 도달하면, 신은 소멸되고 그와 동시에 종교도 소멸된다."[16] 마찬가지 견해가 R. G. 콜링우드(Collingwood)에 의하여 표명되고 있다. "신과 절대자는 동일하지 않으며, 양자는 돌이킬 수 없을 정도로 다르다. 더욱이 신은 절대자가 자기 자신을 종교적 의식에서 드러내는 상상적 또는 직관적 형식이라고 하는 의미에서 양자는 동일하다."[17] 만약 우리가 사변적 형이상학을 유지하려고 한다면, 유신론은 결국 다신론의 솔직한 신인동형설과 모든 것을 내포하는 절대자의 관념 사이의 타협 방법이라는 것을 승인하지 않으면 안 된다.

확실히 존재의 유사성에 대한 어떤 명확한 관념이 없다면, 존재론적으로 무한자와 구별되는 유한자의 관념이 성립할 수 없다는 것은 명백하다. 그러나 그것이 아무리 중요하다 해도 이 점에 대한 고찰은 생략하고, 그 대신 칸트 이후의 관념론은 사람이 그 본래적인 형식이라고

---

16. *Appearance and Reality* (2nd edition), p. 447.

17. *Speculum Mentis*, p. 151.

부를 것인 바의 것에서 완전히 신인동형설적이라는 것을 지적하겠다. 왜냐하면 인간의 의식의 양식은 전체로서의 현실로 넘겨지기 때문이다. 인간적 자아는 오직 간접적으로만 자기의식에 도달한다고 가정해 보자. 곧, 주의는 처음에 비아(非我)로 향한다. 비아는 자아 또는 주관에 의하여 정립(定立)되지 않으면 안 된다. 그것은, 비아는 존재론적으로 자아에 의하여 창조되어야 한다는 뜻에서가 아니라, 적어도 의식이란 것이 생겨야 한다면, 비아는 하나의 대상으로서 승인되지 않으면 안 된다고 하는 뜻에서이다. 자아는 자기 자신으로 돌아갈 수가 있다. 그리고 그 활동성에서 자기 자신을 반성적으로 자각할 수가 있다. 인간의 의식의 이러한 과정은 칸트 이후의 철학에서는 전체로서의 현실을 설명하기 위한 기본 사상으로 사용되고 있다. 절대 자아 또는 절대적 이성, 또는 그것을 무엇이라고 부르던, 그것은 (존재론적인 의미에서) 인간 정신에서 그리고 인간 정신을 통해서, 자기 자신으로 돌아가기 위한 필요조건으로서의 자연이라는 객관적 세계를 정립하는 것으로 생각된다.

이와 같은 일반적인 도식은 칸트철학의 형이상학적 관념론으로의 변용에서 당연히 생긴다. 그러나 인간의 인식과 의식에 대하여, 칸트에 관한 한, 그의 인식론을 우주론적 형이상학으로 확장하는 것은 불가피하게 전체로서의 현실의 과정을 인간의 의식의 양식에 따라서 설명함을 뜻한다. 그리고 이 의미에서 칸트 이후의 관념론은 두드러지게 신인동형설의 요소를 내포하고 있다. 이것은, 절대적 관념론은 유신론보다 훨씬 신인동형설적이 아니라고 하는 상식적인 견해에서는 주목할 만한 사실이다. 물론 우리는 신을 유추에 의하여서 밖에는 이해할 수 없다. 또 우리는 신의 의식을 인간의 의식과의 유비에 의하여서 밖에는 이해할 수 없다. 그러나 우리는 의식 속의, 유한성과 밀접한 관계에 있는 측면을 사유로써 제거하려고 노력할 수 있다. 그리고 더 조심스럽게 말하 자면, 자기의식이 되는 과정을 무한자에 내속시키는 것은 신인동형설 적 사고의 분명한 표현이라고 할 수는 있다.

그런데 적어도 논리적으로는 자연보다 앞서 있으며, 또 인간에서, 인간을 통해서 자기의식적이 되는 바 정신적 실재가 있다면, 우리는 그 것을 어떻게 이해할 수 있을까? 만약 우리가 그것을 그 자체는 의식적 이 아니고 의식에 기초를 주는 무한정한 활동으로 이해한다면, 우리는 다소간에 피히테의 이른바 절대 자아의 교설을 얻게 된다.

그러나 정신적이면서 동시에 무의식적이기도 한 궁극적 실재라는 개념은 이해하기 어렵다. 하물며, 그것은 물론 그리스도교의 신 개념을 전혀 닮지 않았다. 하지만 만약 우리가 후기의 종교적 철학에서의 셸링 과 더불어, 자연의 배후에 있는 정신적인 실재는 인격신이라고 주장한 다면, 관념론자의 계획의 모형은 필연적으로 변화한다. 왜냐하면 그때 에는 궁극적인 정신적 실재는 세계의 과정에서, 그리고 세계의 과정을 통해서 자기의식적이 된다고 주장할 수 없기 때문이다. 헤겔보다 20년 이나 더 오래 산 셸링에 한정해 말한다면, 칸트의 비판철학을 직접 계 승한 관념론자의 운동은, 연대적으로 말해서, 철학적 유신론에의 재접 근에서 끝났다고 할 수 있다. 이미 말했듯이, 브래들리는 신의 개념은 종교적 의식에 의하여 요구받고 있다. 그러나 철학적 관점에서 보면, 그것은 절대자의 개념으로 변용되지 않으면 안 된다고 주장했다. 아마 도 셸링은 이 주장의 전반을 받아들이고, 후반을, 적어도 브래들리에 의하여 이해되고 있는 의미에서는 거절했을 것이다. 왜냐하면 그의 만 년에 셸링의 철학은 완전히 종교적 의식의 철학이었기 때문이다. 그리 고 셸링은, 종교적 의식은 절대자에 대한 그 자신의 이전의 관념을 인 격신의 관념으로 전환할 것을 요구한다고 믿고 있었다. 그의 신학적 사변에서 셸링은 의심 없이, 뒤에 서술하듯이, 명백한 신인동형설적 요소를 도입했다. 그러나 동시에 그의 생각의 유신론으로의 이행은, 칸트 이후의 관념론에 특징적인 신인동형설의 독특한 각인으로부터의 이탈을 나타내고 있었다.

그러나 여기에 제3의 가능성이 있다. 우리는 자연을 산출하는 정신적 실재라는 관념을 의식적으로든 무의식적으로든 배제할 수가 있다. 더욱이 동시에 우리는 자기의식적이 되는 절대자라는 관념을 보유할 수가 있다. 그 경우 절대자는 우주라는 의미에서의 세계를 의미하고 있다. 그리고 우리는 세계에 대한, 그리고 절대자의 자기인식으로서의 절대자 자신의 역사에 대한 인간의 지식이라는 표상을 갖는다. 이 표상은 헤겔의 절대적 관념론[18]에 대한 하나의 주요한 해석의 개념을 나타내고 있으며, 그와 같은 표상에서는, 말하자면 세계의 과정의 목적론적 설명을 제외하고는, 경험적 세계에 아무것도 덧붙여지지 않는다. 곧, 현존하는 어떠한 초월적 존재도 요청되지 않으며, 우주는 이상적 목표를 향해 움직이는 한 과정으로서, 곧 인간 정신에서 그리고 인간 정신을 통해서 이루어지는 완전한 자기반성의 한 과정으로서 설명된다.

이 해석은, 인간은 세계의 역사 가운데 실제로 나타나며, 자기 자신과 자기의 역사와 자기의 환경에 대한 실제를 알 수가 있으며, 또 그 지식을 늘릴 수 있다는 경험적 주장과 순전히 동일한 것으로 받아들여질 수는 거의 없다. 아마도 우리 가운데 누구도—유물론자이든 관념론자이든, 또 유신론자이든 범신론자이든, 또는 무신론자이든—이러한 주장을 받아들이기를 주저할 것이다. 이 해석은 적어도 하나의 목적론적 범형을, 곧, 우주의 자기인식으로 생각되는, 우주에 대한 인간의 인식

---

18. 이 헤겔 해석의 타당 여부는 논의의 여지가 많다. 그러나 여기서 우리는 이 문제에 지체할 필요는 없다.

으로 나아가는 하나의 동향을 시사하고 있음을 의미한다. 그러나 이것
이 세계의 과정을 고찰하는 오직 하나의 가능한 방법임을 승인하고, 그
리하여 또한 이 특수한 양식의 선택은, 지식을 위한 지식을 구하는 주
지주의자의 편견에 의하여(곧, 특수한 가치판단에 의하여) 결정되어
있다고 하는 반론에 맞설 각오가 없다면, 세계는 인간에게서 그리고 인
간을 통해서 자기인식이라는 목표를 향해, 어떤 내적 필연성에 의하여
움직이고 있는 것같이 보인다고 주장하지 않으면 안 된다. 그렇지만 우
리는 자연 자체는 의식으로 향해 노력하는 무의식적 정신(어쩌면, 셸
링이 말하는 잠자는 정신)이든가, 아니면 자연의 배후에는 인간 정신
에서 그리고 인간 정신을 통해서 의식을 터득하기 위해 없어서는 안 될
전제조건으로서의 자연을, 자발적으로 정립하는 무의식의 정신이나
이성이 있다고 믿는 것이 아니라면, 이러한 주장을 할 그 어떤 근거가
있는 것일까? 그리고 만약 우리가 이들 입장 가운데 어떤 것을 승인한
다면, 우리는 우주를 전체로서 인간 의식의 발전 양식으로 바꾼다. 확
실히 이 절차는 비판철학의 형이상학적 관념론으로의 변용에 의하여
요구될지도 모른다. 그러나 그것은 그 본성상 철학적 유신론과 꼭 마찬
가지로 신인동형설적이다.

8. 관념론자의 인간의 철학

이 장에서 우리는 주로 전체로서의 실재에 대한, 혹은 자기 표현적
절대자에 대한 교설(또는 복수의 교설)로서의 독일관념론을 문제 삼아
왔다. 하지만 인간에 대한 철학 역시 관념론의 운동의 두드러진 특징의
하나이다. 그리고 그것은, 만약 사람이 관념론 철학자들의 형이상학적

전제를 고려한다면, 바로 사람이 예기하게 될 유일한 것이다. 피히테에 따르면, 절대 자아는 무제약적 활동이며 그것은 자기만이 갖는 자유의 의식으로 향하는 노력으로 나타난다. 그러나 의식은 개인적 의식의 형식에서만 존재한다. 따라서 절대 자아는 필연적으로 참된 자유를 획득하려고 노력하는 유한한 주관 또는 자아의 세계에서 자기 자신을 표현한다. 그리고 도덕적 활동이라고 하는 테마는 불가피하게 유력한 구실을 한다. 피히테의 철학은 본질적으로 동적·윤리적 관념론이다. 또 헤겔에게 절대자는 정신 또는 자기사유적 사유로 규정될 수 있다. 따라서 그것은 자연에서보다 인간 정신과 그 삶에서 **더** 적절하게 표현된다. 그리고 자연의 철학에 대해서보다 인간의 정신적 삶(이성적 존재로서의 인간의 삶)에 대한 반성적 이해에 더 많은 역점이 놓이지 않으면 안 된다. 셸링에 관해서 말하자면 그가 인격적이고 자유로운 신의 존재를 주장하게 될 때, 그는 인간에서의 자유의 문제와 인간의 신으로부터의 떨어짐과 신에의 귀환의 문제를 동시에 문제 삼고 있다.

　인간과 사회에 대한 관념론자의 철학에서, 자유의 주장은 두드러진 특징이다. 그러나 물론 '자유'라고 하는 말은 그들에게서 꼭 같은 의미로 사용되고 있지 않다. 피히테의 경우, 행위에서 표현되는 개인의 자유가 강조되어 있다. 그리고 우리는 이 강조 속에 확실히 피히테 자신의 동적이고 정력적인 기질의 반영을 볼 수 있다. 피히테에게 인간은 어떤 점에서 보면, 자연적 경향성, 본능 또는 충동의 체계이다. 그리고 만약 인간이 오직 이 점에서만 고찰된다면 자유에 대해 말하는 것은 무익하다. 그러나 인간은 정신으로서는 말하자면 잇따라 일어나는 욕망의 자동적 충족에 묶여 있지 않다. 인간은 자기의 행동을 이상적 목표를 향해 의무의 관념에 따라 행위 할 수가 있다. 칸트의 경우와 마찬가지로 피히테에서도 자유는 감성적 충동의 삶을 넘어 인간을 높이고, 이성적·도덕적 존재로서 행위 하는 것을 의미하는 경향이 있다. 그리고 피히테는 자유로운 행위를 위한 자유로운 행위를 강조함으로써, 마치 활동은 그 자신의 목적인 것처럼 말하는 경향이 있다.

그러나 피히테는 개인의 활동과 자연적 경향성이나 충동에 따르는 것으로부터 의무에 따른 행위의 삶으로 비약하는 것을 근본적으로 강조하고 있지만, 물론 그는 자유로운 도덕적 행위라는 관념에는 어떤 일정한 내용이 주어지지 않으면 안 된다는 것을 통찰하고 있었다. 그리고 그는 도덕적 사명이라는 관념을 강조함으로써 그렇게 하고 있다. 인간의 사명, 곧 인간이 세계에서 행하여야 하는 일련의 행위는 주로 그의 사회적 상황이나 지위에 따라서—이를테면, 한 집안의 주인으로서와 같이—규정된다. 그리고 결국 우리는 도덕적 세계질서의 건설이라는 공통의 이상적 목표를 향해 수렴하는, 다양한 도덕적 사명에 대한 통찰력을 가지고 있는 것이다.

젊었을 때, 피히테는 프랑스혁명의 열광적인 지지자였다. 그는 그것을, 인간의 자유로운 도덕적 발전을 저해하고 있는 사회적 그리고 정치적인 삶의 여러 형태로부터 인간을 해방시키는 것으로 보았다. 그러자 다음과 같은 문제가 생겼다. 그것은 과연 어떤 사회적·경제적 그리고 정치적 조직 형태가 인간의 도덕적 발전을 위해 가장 적합한 것인가 하는 문제이다. 그리고 피히테는 도덕적으로 교육하는 힘으로서 정치적 사회의 적극적인 구실을 점점 더 강조하도록 강요되었다. 그러나 그의 후년의, 동시대의 정치적 사건, 곧 나폴레옹의 통치와 해방전쟁에 대한 반성은 피히테의 정신에 민족주의적인 견해를 조장하고, 또 독일인이 진정한 자유를 거기서 찾을 수 있는 통일독일국가의 문화적 사명을 강조하게 하는 일단의 이유가 되었지만, 그에게 **더욱** 특징적인 생각은, 인간은 자기의 도덕적 발전을 완전히 달성할 수 없는 한, 국가는 정의

의 체계를 유지하기 위해 필요한 도구라고 하는 것이었다. 만약 도덕적 존재로서의 인간이 완전히 전개된다면, 국가는 소멸할 것이다.

하지만 우리가 헤겔로 눈을 돌린다면, 거기에는 다른 태도를 보게 된다. 헤겔도 젊었을 때, 프랑스혁명의 흥분과 자유에의 충동으로 영향을 받았다. '자유'라는 말은 그의 철학에서 두드러진 구실을 하고 있다. 앞으로 보게 되듯이, 그는 인간의 역사를 자유의 더 완전한 실현을 향한 운동으로 서술하고 있다. 그러나 그는 단지 구속의 결여라는 의미에서의 소극적 자유와 적극적인 의미에서의 자유를 구별하고 있다. 칸트가 생각했듯이, 도덕적 자유란 인간이 이성적 존재자로서의 자기 자신에게 부여하는 법칙만 따르는 것을 의미하고 있다. 그러나 이성적인 것은 보편적인 것이다. 그리고 적극적 자유는 개인을 개인으로서의 인간의 욕망을 넘어선 목적들과 동일시하는 것을 의미한다. 그것은 무엇보다 각 사람의 의지를 국가에서 표현되는 루소의 **일반의지**와 동일시함으로써 달성된다. 도덕은 본질적으로 사회적 도덕이다. 형식적인 도덕법칙은 사회적 삶, 특히 국가에서 그 내용과 적용 영역을 얻는다.

따라서 피히테도 헤겔도 도덕을 사회적 배경 가운데 자리를 매김으로써 칸트윤리학의 형식주의를 극복하려고 했다. 그러나 역점이 다르다. 피히테는 개인적 자유와 개인적 양심에 의해 숙려된 의무에 따른 행위에 역점을 두고 있다. 우리는 교정을 위해, 개인의 도덕적 사명이란 것은 도덕적 사명의 체계에서의 일원으로, 따라서 또한 사회적 배경에서 생각될 수 있다는 것을 덧붙이지 않으면 안 된다. 그러나 피히테의 윤리학에서는 자기 자신을 극복하려고 하는 노력, 말하자면 자기의 낮은 차원의 자아를 완전한 자유를 지향하는 자유의지와 협조시키려는 개인의 노력에 역점이 놓여 있다. 그러나 헤겔은 정치적 사회의 일원으로서의 인간과 윤리학의 사회적 측면에 역점을 두고 있다. 적극적 자유란, 더 큰 유기적 전체에서의 일원으로서의 자격을 통해 획득되는 어떤 것이다. 우리는 이와 같은 역점에 대한 하나의 교정 또는 균형을 맞추기 위해, 헤겔에게 어떤 국가도, 만약 그것이 주관적 또는 개인적 자유의 가치를 승인하고, 그것을 위해 자리를 비어 두는 것이 아니라면, 완전히 이성적일 수 없다는 것을 덧붙여 두지 않으면 안 된다. 베를린대학에서 헤겔이 정치이론에 대하여 강의하고 국가를 과장된 언사로 말했을 때, 그는 청강자에게 사회적·정치적 의식을 갖게 하려는 관심을 가지고 있었으며, 또 그들을 전체주의자로 개종시키는 것보다 오히려 도덕의 내면성의, 불행한 일면적 강조라고 그가 여기고 있었던 것을 극복하는 데 관심을 가지고 있었다. 더욱이 정치적 제도들은 헤겔에 의하면, 거기에서 정신의 자유가 그 최고의 표현에 이르는, 인간의 더 높은 정신적 활동, 곧 예술과 종교와 철학을 위해 없어서는 안 되는 기반을 구성하고 있는 것이다.

하지만 피히테에서도 헤겔에서도 절대적인 도덕적 가치에 대한 명확한 이론을 볼 수 없다. 만약 우리가 피히테와 함께, 행위를 위한 행위에 대하여, 또는 자유를 위한 자유에 대해 말한다면 우리는 각 사람의 도덕적 사명에 대한 독자적 성격을 깨닫게 될 것이다. 하지만 동시에 우리는 도덕법칙의 보편성을 희생으로 하여 창조적 개성과 그의 도덕적 사명의 독자성을 강조한다고 하는 위험을 저지른다. 그러나 만약 우리가 헤겔과 함께 도덕을 사회화하면, 우리는 그것에 구체적인 내용을 주고, 칸트적 윤리학의 형식주의를 피할 수가 있다. 그러나 동시에 우리는 도덕적 가치와 기준은 단지 여러 다른 사회와 문화의 여러 단계와 관련되어 있다고 생각하게 하는 위험을 저지르게 된다. 어떤 사람들은 실제로 그렇다고 주장할지도 모른다. 그러나 만약 우리가 그것에 동의하지 않는다면, 우리는 절대적 가치에 대하여 헤겔이 실제로 제시하고 있는 것보다 더 명확한, 그리고 더 적절한 이론이 필요한 것이다.

셸링의 견해는 어느 편이냐고 하면, 피히테의 것과도, 헤겔의 것과도 다르다. 그의 철학적 발전의 한 시기에 셸링은 아주 많이 피히테의 생각을 활용하고, 인간의 도덕적 활동을 다음과 같은 경향성으로서, 곧 제2의 자연, 도덕적 세계질서, 또는 물질적 세계 가운데의 도덕적 세계를 창조하는 경향성으로 서술했다. 하지만 셸링의 태도와 피히테의 태도의 다름은, 셸링이 예술철학과 미적 직관의 철학—그는 중대한 형이상학적 의의를 그것에 돌리고 있다—을 다시 그 위에 덧붙였다는 사실에서 볼 수 있다. 피히테의 경우에는 도덕적 노력과 자유로운 도덕적 행위에 역점이 놓였던 것에 대해, 셸링의 경우에는 현실의 궁극적인 본성을 푸는 열쇠로서의 미적 직관에 역점이 놓였다. 그리고 그는 도덕적 영웅보다 예술적 천재를 찬양했다. 그러나 신학적 문제가 그의 관심을 빼앗게 되자 그의 인간의 철학은 두드러지게 종교적 색채를 띠게 되었다. 자유란 선과 악을 선택하는 능력이며, 인격이란 어둠으로부터의 빛의 탄생에 의하여 얻어진 어떤 것, 곧 인간의 저급한 본성의 승화와 그것의 이성적 의지에의 종속에 의하여 획득된 어떤 것이라고 그는 생각했다. 그러나 이들 주제는 형이상학적 배경에서 다뤄지고 있다. 이를테면, 지금 막 언급된 자유와 인격에 관한 생각은 셸링으로 하여금 신의 본성에 대한 신지학적(神智學的) 사변에로 이끌었다. 반대로 신적 본성에 관한 그의 이론은 인간에 대한 그의 견해에 영향을 주고 있다.

가장 위대한 독일의 관념론자 헤겔로 이야기를 돌이키자. 인간 사회에 관한 그의 분석과 그의 역사철학은 확실히 아주 인상적이다. 그의 역사철학의 강의를 들은 많은 사람들은 과거의 중요성과 역사의 운동의 의미가 자기에게 계시되고 있다고 느꼈음에 틀림없다. 더욱이 헤겔은 주로 과거를 이해하는 것에만 관심을 가졌던 것이 아니다. 앞에서 지적했듯이 헤겔은 그의 학생들을 사회적으로, 정치적으로, 그리고 윤리적으로 자각시키려고 했다. 그리고 그는 이성적 국가에 관한 그의 분석은 정치적 삶에서의, 특히 독일의 정치적 삶에서의 규범과 목적을 제시할 수 있다고 확신했었다. 그러나 그의 역점은 이해에 놓여 있었다. 헤겔은 "미네르바의 올빼미는 황혼이 되어야 나래를 편다"거나 "철학이 그 이론의 회색에 회색을 덧칠할 때, 삶의 하나의 모습은 이미 늙었다"는 유명한 말의 저자이다. 그는, 정치철학은 말하자면 지금 막 지나가려고 하는 사회나 문화의 사회적 그리고 정치적 형태를 신성화하기 십상이라고 하는 사실에 대한 생생한 인식을 가지고 있었다. 문화 또는 사회가 성숙하고 원숙해지기 시작할 때, 또는 과숙했을 때조차 그것은 철학적 반성에서, 그리고 철학적 반성을 통해 자기 자신을 의식하기 시작한다. 바로 삶의 운동이 새로운 사회 또는 새로운 사회적·정치적 형태를 요구하고 또 탄생시키려고 할 때에 말이다.

카를 마르크스의 경우, 헤겔과는 다른 태도를 볼 수 있다. 철학자의 일은 역사의 목적론적 운동의 요구에 따라서, 현존하는 사회체제의 여러 제도와 형식을 변혁하기 위해 역사의 운동을 이해하는 것이다. 물론, 마르크스는 이해하는 것의 필요성과 가치를 부정하지는 않았다. 그러나 그는 이해하는 것의 혁명적 기능을 강조했다. 어떤 의미에서 헤겔은 뒤를 돌아보고 마르크스는 앞을 보고 있다고 말할 수 있다. 철학자의 구실에 대한 마르크스의 생각이 지지받을 수 있는 것인지 아닌지는 여기서 논할 필요가 없는 문제이다. 여기서는 위대한 관념론자와 사회혁명가의 태도에는 다름이 있다는 것을 지적하는 것만으로 충분하다. 만약 우리가 무언가 마르크스의 선교사와 같은 열의와 비교할 수 있는 것을 관념론자들 가운데서 찾아보려면, 우리는 헤겔보다 차라리 피히테로 눈을 돌려야 한다. 관련된 장들에서 서술될 것이지만, 피히테는 그의 철학의, 인간 사회에 대한 구제 사명에 대한 열정적인 신념을 가지고 있었다. 그러나 헤겔은 전 역사의 중압과 무거운 짐을 그의 양어깨에 느끼고 있었다. 그리고 그의 첫째 목적은 세계의 역사를 뒤돌아보고 그것을 이해하는 것이었다. 더욱이, 확실히 그는 19세기가 오면서 역사가 멈춘다고 상상하지 않았지만, 그의 정신은 그 어떤 철학적 유토피아의 궁극성에 대한 많은 신념을 갖기에는 너무 지나치게 역사적이었다.

1. 생애와 저작

요한 고틀리프 피히테(Johann Gottlieb Fichte)는 1762년, 작센의 람메나우(Rammenau)에서 태어났다. 집이 가난했기 때문에 당연히 고등교육을 받을 처지가 못 되었다. 그러나 소년시절에 밀티츠 남작이라는 지방 귀족이 그에게 관심을 가져 그의 학비를 마련해 주었다. 적합한 나이가 되었을 때, 후에 니체가 다니게 되는, 포르타(Pforta)의 유명한 학교에 입학했다. 1780년에 신학생으로서 예나대학에 입학하고 후에 비텐베르크, 그리고 라이프치히로 옮겼다.

연구를 계속해 가는 중에 피히테는 결정론을 믿게 되었다. 이 비참한 상태에서 구출하기 위해 어떤 친절한 목사가 그에게, 볼프에 의한 반론으로 채워진 스피노자의 《에티카》를 권했다. 그러나 볼프의 반론은 피히테가 볼 때 빈약하기 짝이 없는 것이어서 그 저작의 연구는 목사의 의도와는 정반대의 결과가 되고 말았다. 그러나 결정론은 피히테의 활동적이고 활력에 찬 성격, 더욱이 강한 윤리적 관심과 전혀 맞지 않았으므로 곧바로 윤리적 자유의 주장으로 바뀌었다. 후에 피히테는 스피노자주의의 강력한 적대자로 등장하게 되었는데, 그 경우에도 언제나 결정론은 철학에서의 중요한 양자택일의 한쪽 항을 대표하고 있었다.

경제적인 이유로 피히테는 취리히에서 가정교사의 일을 하지 않으면 안 되었다. 그리고 그곳에서 그는 루소나 몽테스키외를 읽거나, 자유의 메시지를 전해 주는 프랑스혁명의 소식을 반기곤 했다. 칸트에 대한 관심이 처음으로 생긴 것은 비판철학의 설명을 구하는 한 학생의 요망에 따라 그것을 배우기 시작했을 때였다. 1791년 어떤 귀족의 가정교사로서 짧았으나 상당히 굴욕적인 경험을 한 바르샤바로부터 독일로 돌아오면서, 피히테는 쾨니히스베르크로 칸트를 찾아갔다. 그러나 칸트의 응대는 냉랭했다. 그리하여 이 위대한 인물의 관심을 끌기 위해 실천이성의 이름 아래 신앙을 정당화하려고 한 칸트를 더 발전시킨 논문을 쓰려고 했다. 이렇게 해서 쓰여진 《모든 계시의 비판 시도》(*Versuch einer Kritik aller Offenbarung*)라는 저작은 칸트의 마음에 들었고, 신학적 검열이라고 하는 어려운 문제를 넘기고, 1792년에 출판되었다. 저자의 이름을 밝히지 않았기 때문에, 칸트의 저작으로 단정하는 비평가도 있었다. 칸트가 이 잘못을 바로잡고 진짜 저자를 칭찬하자 피히테의 이름은 순식간에 널리 알려졌다.

1793년에 피히테는 《프랑스혁명에 관한 공공의 의견을 바르게 하기 위한 기여》를 출판했다. 이 저작으로 해서 피히테는 민주주의자이고 자코뱅주의자이며, 정치적으로 위험한 인물로 평판이 났다. 그러나 그럼에도 불구하고 1794년에 예나대학의 철학 교수로 임명되었다. 이것은 괴테의 열렬한 추천에 크게 힘입은 것이었다. 본래의 전문 강의에 더하여 피히테는 인간의 존엄이나 학자의 사명에 관한 일련의 강연을 했다. 이 강연들은 그가 교수로 임명된 해에 출판되었다. 피히테는 언제나 뛰어난 선교사나 설교자였다. 그러나 1794년의 주요 저작은 칸트의 비판철학을 관념론으로 발전시킨 《전(全) 지식학의 기초》(*Grundlage der gesammten Wissenschaftslehre*)이다. 예나대학의 철학 교수의 전임자였던 K. L. 라인홀트(1758~1823)는 그때 이미 킬대학의 초빙을 수락하고 있었지만, 그는 이미 칸트철학은 체계가 되어야 한다고, 곧, 하나의 근본명제로부터 체계적으로 연역되지 않으면 안 된다고 주장하고 있었다. 그러나 피히테는 지식학에서 라인홀트보다 더 성공적으로 이 과제를 수행하려고 했다.[1] 지식학은 하나의 궁극적인 원리로부터, 일체의 개별과학이나 인식방법의 기초에 있으며 또 그것을 가능하게 하는 뭇 근본명제의 체계적인 발전을 보여 주는 것으로 생각되고 있다. 그러나 이 발전을 보여 주는 것은 동시에 창조적 사유의 발전을 서술하는 것이기도 하다. 그러므로 지식학(학의 이론)은 인식론인 동시에 형이상학이기도 하다.

그렇더라도 피히테는 의식의 이론적 연역에만 오로지 전념했던 것은 결코 아니었다. 의식의 도덕적 목적이야말로, 더 구체적으로 말하자면, 인간존재의 도덕적 목적이야말로 피히테가 크게 강조한 것이었다. 그러므로 1796년에 《자연법의 기초》(*Grundlage des Naturrechts*)를, 1798년에는 《도덕의 체계》(*Das System der Sittenlehre*)를 출판했던 것이다. 두 저작 모두 '지식학의 원리에 따라서' 논구된다고 말하고 있다. 확실히 그렇다. 그러나 두 저작은 《지식학》에 대한 단순한 부론 이상의 것이다. 왜냐하면 그것들은 피히테철학의 진정한 특질, 곧, 윤리적 관념론을 뚜렷이 보여 주고 있기 때문이다.

---

1. 1797년 무렵부터 라인홀트는 피히테철학을 받아들이고 이를 옹호했다. 그러나 그는 쉼을 모르는 정신의 소유자였으며, 몇 해 후에는 다른 사상으로 방향을 틀었다.

　형이상학적 관념론은 모호하다는 불평을 자주 들었다. 그리고 거기에는 이유가 없는 것도 아니다. 그러나 피히테는 지식학의 생각과 원리를 알기 쉽게 하려고 꾸준히 노력했다. 그리고 이것이 피히테의 저작활동의 특색을 이루고 있다.[2] 이를테면, 1797년에 《지식학》에 대한 두 개의 서론, 1801년에는 《최근의 철학의 본질에 대하여. 일반 대중을 위한, 태양처럼 밝은 보고. 독자를 이해시키지 않을 수 없는 시도》가 출판되었다. 이 표제는 너무 낙천적이라고 생각될지 모른다. 그러나 어쨌든 그 표제는 자기의 생각을 알기 쉽게 하려는 저자의 노력을 증언해 주는 것이다. 더욱이 피히테는 1801년부터 1813년에 걸친 기간에 강의를 위해 지식학을 몇 차례 개정했다. 1810년에 《지식학 강요》(*Die Wissenschaftslehre in ihrem allgemeinen Umrisse*)와 《의식의 사실》(*Tatsachen des Bewusstseins* 제2판은 1813년)이 출판되었다.

　1799년에 예나에서의 삶이 갑작스럽게 끝났다. 피히테는 학생사회를 개혁하려고 계획하기도 하고, 성직자에게는 그들의 영토를 침범하는 행위로 볼 수도 있는 일요 강연회를 여는 등 대학 내에 적대 세력을 만들었다. 그러나 피히테에 대한 반대의 절정을 이룬 것은 1798년에 출판된 《신적 세계통치에 대한 우리 신앙의 근거에 대하여》(*Über den Grund unseres Glaubens an eine göttliche Weltregierung*)라는 논문이었다. 이 논문이 출판되자 피히테는 인간의 의지로 창조되고 유지되는 도덕적 세계질서를 신과 동일시했다는 이유로 무신론의 고발을 당했다. 그는 자기변호를 시도했으나 소용이 없었다. 이리하여 1799년 피히테는 예나대학을 사직할 수 밖에 없었고 베를린으로 갔다.

2.　아마도 말할 필요도 없는 것이지만, '학'이라는 말은, 그 정밀하고 근대적인 용법에 따르기보다 차라리 '앎'이라는 의미로 이해되지 않으면 안 된다.

1800년에 피히테는《인간의 사명》(*Die Bestimmung des Menschen*)을 출판했다. 이 저작은 철학의 전문가들보다 교양 있는 일반대중을 위해 쓰인, 피히테의 이른바 통속문헌에 속한다. 그러나 동시에 이 저작은 자연과 종교에 관한 낭만주의적인 태도와는 대조적인, 저자의 관념론적 체계의 선언서이기도 하다. 피히테의 거창한 말은 분명히 낭만주의적 범신론을 암시하고 있는 것 같다. 하지만 이 저작의 의의는 누구보다 낭만주의자 자신에 의하여 확실히 이해되고 있었다. 이를테면, 슐라이어마허는 스피노자주의와 관념론을 융합하려는 어떤 시도도 부정하는 것이 피히테의 관심사였다고 말하고 있다. 또한 어떤 날카로운 평론에서 이렇게도 말하고 있다. 곧, 피히테가 자연의 보편적 필연성이라는 생각에 대해 적대적인 태도를 취하는 진정한 원인은, 주로 그가 어떤 희생을 치루더라도 자연을 넘어 높아지지 않으면 안 되는 유한한, 자립적 존재자인 인간에게만 관심을 가졌던 데 있다고. 슐라이어마허의 견해에 따르면, 피히테는 인간을 단지 자연과 적대시키는 것이 아니라 도덕적 자유를 부정하지 않고, 그러면서도 스피노자주의의 진리를 포함하는 더 높은 차원의 종합을 추구해야 했던 것이다.

같은 해 1800년에 피히테는《봉쇄적 상업국가》(*Der geschlossene Handelsstaat*)라는 저작을 출판했다. 이 저작에서 그는 모종의 국가사회주의를 제안하고 있다. 피히테가 유능한 선교사였다는 것은 이미 말했다. 피히테에 의하면, 그의 체계는 추상적인, 학문적인 의미에서의 철학적 진리일 뿐 아니라 철학원리의 적절한 응용은 사회개혁으로 이끈다는 의미에서 사람들을 구원하는 진리이기도 하다. 적어도 이 점에서 피히테는 플라톤을 닮았다. 한때 프리메이슨주의(Freemasonry)가《지식학》의 원리를 채택하고 응용함으로써《지식학》이야말로 도덕적이며 사회개혁을 촉진하는 적절한 수단이라는 것을 논증해 줄지도 모

른다고 기대한 적도 있었다. 그러나 이 희망은 깨졌고 피히테는 그 대
신 프러시아국가를 의지하게 되었다. 따라서 이 저작은 실로 사회개혁
을 실행하기 위해 국가에 바쳐진 계획서였던 것이다.

1804년에 피히테는 에를랑겐대학의 교수직 제의를 받아들였다. 그
러나 실제로 임명된 것은 1805년 4월이었으므로, 빈 시간을 베를린에
서 《현대의 특징들》(*Grundzüge des gegenwärtigen Zeitalters*)이라는 강
의로 보냈다. 이 강의에서 피히테는 노발리스, 티크, 그리고 슐레겔 형
제들의 낭만주의적 사상을 공격하고 있다. 티크가 뵈메의 저작을 노발
리스에게 소개한 일도 있고 하여, 게어리츠의 신비적 제화공의 열광적
인 숭배자가 된 낭만주의자도 몇 명 있었다. 그러나 낭만주의적 열광은
피히테와는 맞지 않는 것이었다. 게다가 피히테는 신정적(神政的) 가톨
릭 문화의 부흥이라는 노발리스의 꿈에는 아무런 공감도 품고 있지 않았
다. 더욱이 또한 피히테의 강의는 이전의 제자 셸링이 전개한 자연철학을
겨냥하는 것이기도 했다. 그러나 그들에 대한 논전은 이 강의에서 서술되
고 있는 보편적 역사철학에게는 어떤 의미에서 부수적인 의미 밖에 없다.
피히테가 말하는 '현대' 란 모든 인간관계를 이성에 따르는 자유에 의하
여 질서 지우는 시대라고 하는, 역사의 목표로 향하는 인간의 발달사에
서의 한 과정인 것이다. 이 강의는 1806년에 출판되었다.

에를랑겐대학에서 피히테는 1805년에 《학자의 본질에 대하여》
(*Über das Wesen des Gelehrten*)를 강의했다. 그리고 1805년에서 1806
년에 걸친 겨울에 베를린대학에서 《행복한 삶에의 길, 또는 종교론》
(*Die Anweisung zum seligen Leben, oder auch die Religionslehre*)이라는
제목으로 일련의 강의를 했다. 적어도 얼핏 보아서는 종교에 관한 이
저작은 피히테의 초기의 문헌에서 설명되고 있는 철학으로부터의 극적
인 변화를 보이고 있는 것 같다. 자아라고 하는 말이 사라지고, 절대자

와 신 안에서의 삶이라고 하는 말이 자주 쓰이고 있다. 실제로 셸링은 표절을 이유로 피히테를 비난했다. 곧, 셸링에 의하면 피히테는 그의 절대자의 이론으로부터 여러 사상을 무단으로 따오고, 그것을 《지식학》에 접합하려고 시도하고 있지만, 그 두 요소가 서로 맞지 않음은 명백하다. 그러나 피히테 자신은 《종교론》에서 말하고 있는 종교사상과 그의 처음 생각이 전혀 일치하지 않는다는 비판을 받아들이지 않았다.

나폴레옹이 1806년에 프러시아에 침공했을 때, 피히테는 평신도 설교가, 또는 연설자로서 프러시아군에 수행하려고 했다. 그러나 지금은 말보다 행동으로 말할 때이며, 연설은 승리를 축하하는 게 적합하다는 황제의 뜻을 전해 들었다. 사태가 절박해 오자 피히테는 베를린을 떠났다. 그러나 1807년에 베를린으로 돌아와 1807년부터 1808년에 걸친 겨울에 저 《독일국민에게 알린다》(*Reden an die deutsche Nation*)를 강연했다. 피히테는 이 강연에서 고상한, 그러면서도 정열적인 말로 독일민족의 문화적 사명[3]에 대하여 말하고 있다. 하지만 이 강연은 후에 피히테가 극단적인 국가주의자로 이용당하는 데 이바지했다. 그러나 공평하게 평가하자면, 그 강연이 이루어졌던 상황, 곧, 나폴레옹이 지배했던 시기를 기억해야 할 것이다.

1810년에 베를린대학이 창설되고, 피히테는 철학과 학장에 임명되었다. 1811년에서 1812년에 걸쳐 그는 대학의 총장이었다. 1814년 초 병자를 간호하고 있을 때 티푸스에 걸린 아내로부터 감염되었고, 그해 1월 29일에 죽었다.

---

3 . A. G. 슐레겔은 일찌감치 1803~4년에 한 일련의 강의에서 독일의 문화적 사명을 피히테를 안 닮은 것도 아닌 투로 말하고 있다.

2 . 철 학 의   근 본 원 리   탐 구

피히테가 품었던 최초의 철학관과 철학과 시의 친근성을 주장하는
낭만주의적인 생각의 사이에는 공통점이 거의 없다. 철학은 학이다. 적
어도 학이어야 한다. 곧, 첫째로 철학은 체계적 전체를 구성하는 한 무
리의 명제로 이루어지고, 그 명제들은 어떤 논리적 연관 속에 저마다의
고유한 자리를 갖는 것이어야 한다. 둘째로 철학에는 하나의 근본명제,
곧, 논리적으로 다른 모든 명제에 앞서는 명제가 있어야 한다. "모든 학
은 하나의 근본명제(Grundsatz)를 갖지 않으면 안 된다. … 더욱이 그
명제는 하나 이상 있으면 안 된다. 그렇지 않으면, 학은 하나가 아니라
여러 개 있는 것이 되고 말기 때문이다."＞4 모든 학은 하나의 기본명제,
그것도 오직 하나의 기본명제밖에 갖지 않는다고 하는 피히테의 주장
에 이의를 제기하고 싶어질지도 모른다. 그러나 어쨌든 이것이 피히테
가 주장하는 학의 일면인 것이다.

이와 같은 학의 이념은 분명 수학을 모델로 해서 생겨난 것이다. 사
실, 피히테는 기하학을 학의 모범으로 생각했다. 그렇다고는 하지만,
수학은 물론 개별과학인 데 대해, 철학은 피히테에 의하면, 과학의 과
학, 곧 앎의 앎, 앎의 이론(Wissenschaftslehre)이다. 다시 말하면, 철학
은 근본과학이다. 그렇기 때문에 철학의 근본명제는 증명될 수 없는 자
명한 진리이어야 한다. "다른 모든 명제는 근본명제로부터 연역된, 간
접적인 확실성밖에 갖지 않는 데 대해, 근본명제는 직접적으로 확실하
지 않으면 안 된다."＞5 왜냐하면, 철학의 근본명제가 다른 과학에서 증

---

4. *F*, I, pp. 41~2; *M*, I, p. 170. 피히테의 저작에서 인용할 때 *F*는 그의 아들 I. H. 피히테에 의한《전집》
  판을, *M*은 F. Medicus에 의한《선집》판을 나타낸다.
5. *F*, I, p. 48; *M*, I, p. 177.

명된다면 철학은 근본과학일 수 없기 때문이다.

피히테의 생각을 자세히 살펴보는 과정에서 알게 되겠지만, 피히테는 사실 철학에 대한 이러한 개념으로부터 예상되는 프로그램을 고수하고 있는 것은 아니다. 다시 말하면, 그의 철학은 실제로는 근본명제로부터 기계적으로 연역되는 것과 같은 엄밀한 논리체계는 아니다. 그러나 잠시 이 문제는 제쳐 놓지 않으면 안 된다. 당면한 문제는 철학의 근본명제란 무엇인가이다.

그러나 이 물음에 대답하기 전에 해결해 두어야 할 것이 있다. 곧, 그것은 우리는 어떤 입장에 서서 문제가 되어 있는 근본문제를 탐구할 작정이냐고 하는 문제이다. 피히테에 따르면 바로 여기에서 최초의 선택이라고 하는 문제에, 곧, 그 사람이 어떤 종류의 사람이냐에 달려 있는 선택의 문제에 직면한다. 어떤 타입의 사람은 어떤 방향으로 마음이 기울고, 다른 타입의 사람은 다른 방향으로 마음이 기운다. 그러나 최초의 선택이라고 하는 이 생각에는 어느 정도 설명이 필요하다. 더욱이 이것을 설명함으로써 철학의 과제와 당시의 사상이 직면하고 있었던 문제에 관한 피히테의 생각이 분명해진다.

철학에 요구되고 있는 것은 모든 경험의 근거를 밝히는 것이라고 피히테는 《지식학에 대한 제1서론》에서 말하고 있다. 그러나 경험(*Erfahrung*)이란 말은 여기서는 다소 한정된 의미로 사용되고 있다. 의식의 내용을 숙고해 보면, 그것은 두 개의 요소로 이루어져 있음을 알 수 있다. '요약해서 말하자면, 우리의 표상(*Vorstellungen*)의 어떤 것은 자유의 감정에 동반되고 있으며, 다른 표상은 필연성의 감정에 동반되고 있다.'[6] 그리펀(사자의 몸통에 독수리의 머리와 날개를 가진 괴물:

---

6. *F*, I, p. 423; *M*, III, p. 7.

옮긴이)이나 황금의 산을 상상하든지, 브뤼셀이 아니라 파리에 가려고 하는 표상은 나 자신에 의한 것이라고 생각된다. 피히테는 이처럼 주관의 선택에 의거하는 표상을 자유의 감정에 동반되는 표상이라고 한다. 그 표상들이 어째서 그런가 하면, 그것들을 그렇게 하고 있는 것은 주관이니까라고 할 수 있기 때문이다. 그러나 런던의 거리를 산보하고 있을 때, 내가 보거나 듣는 것은 단순히 나 자신에만 의거한다고 할 수 없다. 그래서 이 표상들은 필연성의 감정에 수반되는 표상이라고 하는 것이다. 말하자면 그들은 나에게 강제적으로 나타나는 것이다. 피히테는 이들 표상의 전 체계를 '경험'이라고 한다. 비록 이 말을 언제나 이처럼 제한된 의미로 쓰고 있는 것은 아니지만. 이제 우리는 이렇게 물을 수 있다. 경험의 근거는 무엇인가? 방대한 표상이 주관을 강제하듯이 다가오는 이 명백한 사실을 어떻게 설명할 수 있는가? "이 물음에 대답하는 것이 철학에 주어진 과제이다."[7]

　이제 두 가지 가능성이 있다. 현실적인 경험이란 언제나 어떤 경험자에 의한 어떤 것에 대한 경험이다. 곧, 의식이란 언제나 주관이, 또는 피히테가 자주 쓰는 표현에 따르면, 지성이 어떤 객관을 의식하는 것이다. 그러나 피히테가 추상이라고 하는 과정을 통해, 철학자는 현실의 의식에서 언제나 결합되어 있는 이 두 요소를 개념상 분리할 수가 있다. 이리하여 지성 자체와 물자체의 두 개념이 만들어진다. 그래서 두 길이 가능해지는 것이다. 곧, 첫째로 철학자는, 경험(바로 앞의 단락에서 설명한 의미의 경험)을 지성 자체가 만들어 낸 소산, 곧 창조적 사유의 소산이라고 설명할 수가 있다. 그러나 둘째로, 경험을 물자체의 결과라고도 설명할 수 있다. 전자는 명백히 관념론의 길이고, 후자는 '독

---

7. *Ibid.*

단론'의 길이다. 독단론의 길을 밀고 나가면 유물론과 결정론이 된다. 물(物)이나 객관을 경험을 설명하는 근본원리로 삼는다면, 지성은 궁극적으로는 물에 의하여 생겨나는 수반(隨伴)현상으로 격하되고 말기 때문이다.

타협을 허용하지 않는 이것이냐/저것이냐의 태도가 피히테의 특징이다. 그에게는 서로 대립하고 배타적인 두 입장의 어느 편을 택하느냐고 하는 명쾌한 선택이 있다. 확실히 어떤 철학자들, 특히 칸트는 순수한 관념론과 결정론적 유물론이 되지 않을 수 없는 독단론을 화해시키려고, 곧 양자의 중도를 찾아내려고 노력했다. 그러나 피히테는 이와 같은 화해를 일체 인정하지 않는다. 만약 철학자가 독단론과 그에 따르는 모든 귀결을 피하면서도 정합적이고자 한다면, 경험을 설명할 때 물자체를 요인으로 생각하는 일은 결코 없을 것이다. 필연성의 감정에 수반되는 표상이란, 곧, 정신이나 사유로부터 독립해서 존재하고 있는 대상에게 강제되고 촉발된 표상이다. 그러나 그러한 표상은 물자체라고 하는 칸트적인 생각에 조금도 의지하지 않고 설명되지 않으면 안 된다.

그러나 그렇더라도, 철학자는 어떤 원리에 의하여 자기에게 주어진 두 가지 가능성을 선택하려고 하는 것일까? 그는 근본적인, 이론적인 원리에 호소할 수 없다. 왜냐하면 철학자는 이와 같은 원리를 아직 발견하지 못했으며, 어떤 입장에서 그 원리를 탐구할 것인지를 결정해야 한다는 것이 전제되어 있기 때문이다. 그러므로 그 문제는 '경향과 관심에 따라서'[8] 결정되지 않을 수 없다. 곧, 철학자가 어느 편을 선택하느냐 하는 것은 그 철학자가 어떤 종류의 사람이냐에 달려 있다. 당연한 일이지만, 피히테의 확신으로서는 경험의 설명으로서의 관념론 편

---

8. *F*, I, p. 433; *M*, III, p. 17.

이 독단론보다 뛰어난 것은 두 체계가 만들어져 가는 과정을 통해서 밝혀진다. 그러나 그 두 개의 체계는 아직 완성되어 있지 않다. 따라서 우리는 철학의 제1원리를 탐구함에 아직 구축되어 있지 않은 체계의 이론적 뛰어남에 호소할 수가 없다.

피히테가 말하고자 하는 것은 다음과 같다. 곧, 도덕적 경험에서 밝혀지는 자유를 충분히 의식하고 있는 철학자는 관념론으로 기울어져 가고, 그것에 대하여 충분한 도덕적 의식이 없는 철학자는 독단론으로 기울어져 간다. 그러므로 문제가 되어 있는 '관심'이란, 자기에 대한 그리고 자기로서의 관심이며, 피히테는 그런 의미에서의 관심을 가장 높은 관심이라고 여긴다. 독단론자는 이 관심이 없으므로 물(物), 곧 비아(非我)를 강조하는 것이다. 하지만 사상가가 자유로운 도덕적 주관에 대해 진정한 관심을 가지고, 또 자유로운 도덕적 주관으로서의 진정한 관심을 가지고 있을 때에는, 자기 철학의 근본원리를 위해 비아에로가 아니라 지성, 곧 자아로 향하려고 할 것이다.

이리하여 피히테가 자유로운, 도덕적으로 활동하는 자아에 몰두했다는 것은 처음부터 명백하다. 피히테에게는 경험의 근거를 이론적으로 탐구할 때에 그 기초가 되며, 또 그 연구를 고무하고 있는 것으로서 인간의 자유로운 도덕적 활동이 근본적으로 중요하다고 하는 깊은 확신을 볼 수 있다. 피히테는, 칸트가 주장하는 실천이성의 우위, 도덕적 의지의 우위 사상을 계승하지만, 이 우위성을 유지하기 위해서는 순수한 관념론의 길을 선택하지 않으면 안 된다고 확신한 것이다. 왜냐하면 칸트는 순진하게 물자체를 보류하고 있는 것같이 보이지만, 그런 칸트의 배후에 피히테는 스피노자주의의 은밀한 망령, 곧, 자연의 고양과 자유의 소멸을 본 것이다. 이 망령을 제거하기 위해서 화해는 거절되지 않으면 안 된다.

물론 우리는 '경향과 관심'이 영향을 미친다는 피히테의 생각을, 철학자가 직면하는 최초의 선택이라고 하는 역사적으로 제약된 상황으로부터 분리해 생각할 수 있다. 뿐만 아니라 그때, 피히테의 그 사상은 카를 야스퍼스가 말하는 《세계관의 심리학》의 분야에 매력적인 전망을 열어 주는 것같이 생각되기도 한다. 그러나 이 책과 같은 저작에서는 이 매력적인 화제를 토의하고 싶은 유혹을 이기지 않으면 안 된다.

3. 순 수 자 아 와   지 적   직 관

우리는 관념론의 길을 택했다고 가정하고 철학의 제1원리를 지성 자체에 구하지 않으면 안 된다. 그러나 지성 자체라는 부담스러운 말을 버리고, 피히테도 그렇게 했듯이, 자아라고 하는 것이 좋겠다. 그러면 과제는 말하자면 자기편으로부터 경험의 발생을 설명하는 데 있다. 사실 피히테가 관심을 가지고 있는 것은 자아로부터 의식일반을 이끌어 내는 것이다. 그러나 경험에 대하여, 곧, 앞에서 설명한 한정적인 의미에서의 경험에 대하여 말할 때, 피히테는 순수한 관념론이 직면하지 않을 수 없는 결정적인 어려움을 지적하고 있다. 곧 그것은, 자기는 대상들의 세계 속에 있으며, 뿐만 아니라 그것으로부터 여러 가지 방식으로 영향을 받고 있다는 명백한 사실이다. 관념론이 이 사실을 충분히 설명할 수 없다면, 분명 관념론은 지지받지 못한다.

그러나 과연 철학의 기초가 되는 자아란 무엇인가? 이 물음에 대답하려면, 우리는 명백히 대상화할 수 있는 자아의 배후로 돌아서, 곧, 내성의 대상 또는 경험심리학의 대상인 자기의 배후로 돌아서 순수자아로 향하지 않으면 안 된다. 피히테는 학생에게 이렇게 말한 적이 있다.

"여러분, 저 벽을 생각해 보십시오." 그리고 이어서 "여러분, 그 벽을 생각하고 있는 사람을 생각해 보십시오." 분명 우리는 이런 식으로 한 없이 계속할 수 있다. "여러분, 그 벽을 생각하고 있는 사람을 생각하고 있는 사람을 생각해 보십시오" 등등. 달리 말하자면, 자기를 아무리 대상화하더라도, 곧, 자기를 비록 아무리 의식의 대상으로 바꾼다 하더라도, 거기에는 언제나, 어떤 대상화도 초월한 자아가, 그리고 그 자신이 모든 이 대상화를 가능하게 하는 제약이며, 또 의식의 통일의 제약이기도 한 자아가 남는다. 그리고 이것이 바로 철학의 제1원리인 순수자아 또는 초월론적 자아인 것이다.

아무리 자세히 보아도 순수자아 또는 초월론적 자아를 찾을 수 없다고 피히테에게 이의를 제기해도 분명 소용이 없다. 왜냐하면 순수자아는 우리의 어떤 자세히 봄도 가능케 하는 필연적 제약이지만, 그러나 그 자신은 그런 방식으로는 찾아질 수 없다는 것이 바로 피히테의 주장이기 때문이다. 그러나 바로 이 때문에 피히테는 (넓은 의미에서의) 경험 또는 의식의 범위를 넘어 버리고, 자기 자신이 스스로에게 과한 제한을 지킬 수 없었다고 생각될지도 모른다. 다시 말하면, 우리의 이론적 인식은 경험을 넘어서는 확장될 수 없다는 칸트의 견해를 재확인하고 있었음에도 불구하고 피히테는 이제 이 한계를 넘어선 것같이 보인다.

그러나 그렇지 않다고 피히테는 강조한다. 왜냐하면 우리는 순수자아에 대한 지적 직관을 가질 수가 있기 때문이다. 하지만 이 직관은 소수의 특권자에게 약속되는 모종의 신비적 경험은 아니다. 하물며 의식의 배후나 피안에 있는 본체로서의 순수자아의 직관도 아니다. 오히려 그것은 의식 내부에 있는 활동성으로서의 순수자아, 곧, 자아원리의 자각이다. 더욱이 이 자각은 모든 자기의식에 포함되어 있는 의식의 하나의 구성요소인 것이다. '내가 걷거나 수족을 움직일 수 있는 것은 내가

이들 행동에서 나의 자기의식을 지적으로 직관하기 때문이다. 내가 행
동하는 것을 내가 아는 것은 오로지 이 직관에 의한다. … 행동을 자기
자신에 돌리고자 하는 사람은 모두 이 직관에 호소하고 있다. 이 직관
가운데 삶의 기초가 있다. 이 직관 없이는 죽음이 있을 뿐이다.' >9 다시
말하자면, 행동을 자기의 행동이라고 의식하고 있는 사람은 누구나 행
동하고 있는 자기 자신을 자각하고 있다. 이러한 의미에서 그는 활동성
으로서의 자기에 대한 모종의 직관을 가지고 있다. 그러나 이것으로부
터 그가 의식의 하나의 요소인 이 직관을 반성적으로 자각하고 있는 것
이 되지는 않는다. 반성적으로 이 직관을 자각하는 것은 철학자뿐이다.
그 이유는 단순하다. 곧, 주의를 돌이켜 순수자아의 반성으로 향하게
하는 초월론적 반성은 철학적 행위이기 때문이다. 그러나 이 반성이 향
하게 되는 것은, 말하자면 여느 의식에 대해서이고, 소수의 특권자에게
만 허용되는 신비적 경험에 대해서가 아니다. 그러므로 철학자가 만약
사람들에게 이 직관의 실재성을 확신시키려 한다면, 사람들의 주의를
의식의 사실로 향하게 하고 자기 스스로 반성하도록 권하기만 하면 된
다. 철학자는 어떤 의식의 구성 요소도 섞이지 않은, 순수상태로 있는
것 같은 지적 직관을 사람들에게 제시할 수 없다. 왜냐하면 지적 직관
은 그러한 상태로는 존재하지 않기 때문이다. 그리고 철학자는 그 어떤
추상적인 증명을 가지고 다른 사람들을 설득할 수도 없다. 철학이 할
수 있는 것이라곤, 사람들에게 자기 자신의 자기의식을 반성하도록 권
하고, 자기의식에는 순수자아의 직관이, 그것도 물(物)이 아니고 활동
성인 순수자아의 직관이 포함되어 있다는 것을 알게 해 주는 것뿐이다.
'이와 같은 지적 직관의 힘이 있다는 것을 개념으로써 증명할 수는 없

---

9. *F*, I, p. 463; *M*, III, p. 47.

다. 또 그 본성을 개념을 써서 전개할 수도 없다. 사람은 모두 자기 자신 속에 이 직관을 직접 찾아내지 않으면 안 된다. 그렇지 않으면 이 직관을 결코 알 수 없을 것이다.'>10

피히테의 주장은 다음과 같이 생각하면 분명해질 것이다. 순수자아는, 이를테면, 욕망을 대상화하는 것과 같이, 의식의 대상으로 바꿀 수는 없다. 내성으로써 내가 욕망이나 심상(心像)이나 순수자아를 본다고 하면 터무니없는 말이 될 것이다. 왜냐하면 대상화하는 활동은 모두 순수자아를 전제하고 있기 때문이다. 그리하여 이런 이유로, 순수자아를 초월론적 자아라고 부를 수가 있다. 하지만 그렇더라도 순수자아는 추론에 의하여 도출된 신비적 본체일 수는 없다. 왜냐하면 그것은 대상화하는 활동에서 나타나기 때문이다. '나는 걷고 있다' 고 내가 말할 때, 나는 그 활동을 주관에 대한 객관이 되게 한다는 의미에서 객관화하고 있는 것이다. 그러므로 순수한 내가, 이 객관화의 활동성 중에 반성에 대해 나타나는 것이다. 어떤 활동성이 직관되는 것이지, 의식의 배후에 있는 본체가 추론되고 있는 것은 아니다. 따라서 피히테는 이렇게 결론 짓는다. 곧, 순수자아는 어떤 활동하는 것은 아니고, 단적으로 활동성이며 행위이다. '관념론에게 지성이란 행위(Thun)이고, 절대로 그것 이외의 아무것도 아니다. 활동하는 것(ein Tätiges)이라고 할 것까지도 못 된다.'>11

적어도 얼핏 보아서는, 피히테는 인간 정신은 지적 직관의 능력이라곤 없다고 주장하는 칸트와 대립하고 있는 것같이 보인다. 더구나 칸트에서는, 초월론적 자아는 의식의 통일의 논리적 제약에 지나지 않으며, 그것은 직관할 수가 없을 뿐 아니라 정신적 실체로서 존재한다고 증명

---

10. *Ibid.*   11. *F*, I, p. 440; *M*, III, p. 24.

되지도 않았다. 피히테는 특히 그와 같은 칸트의 초월론적 자아를 직관의 대상으로 바꿔 버린 것같이 보인다. 그러나 피히테는, 그가 칸트와 모순되는 것은 순전히 언어상의 문제일 뿐이라고 주장한다. 왜냐하면, 인간 정신은 지적 직관의 능력을 가지고 있지 않다고 칸트가 주장할 때, 그가 말하려고 했던 것은, 우리는 경험을 초월한 초감각적 본체에 대한 어떠한 지적 직관도 가지고 있지 않다는 것이었기 때문이다. 《지식학》은 칸트가 부정한 것을 실제로는 긍정하지 않았다. 왜냐하면 《지식학》에서 주장되고 있는 것은, 순수자아는 의식을 초월한 정신적 실체나 본체로서 직관된다는 것이 아니고, 전적으로 다만 의식 가운데 있는 활동성으로 직관되는 것이며, 더욱이 이 활동성은 반성에 대해서 나타난다고 하는 것이기 때문이다. 나아가, 칸트의 순수통각론[12]은 어쨌든 지적 직관을 암시하고 있다는 사실은 차치하더라도, 피히테가 주장하는 바로는, 칸트가 지적 직관에 대하여 말하고, 또 그것을 승인하지 않을 수 없게 된 곳을 쉽사리 지적할 수가 있다. 왜냐하면 우리는 정언적 명법을 의식하고 있다고 칸트는 단언했다. 그리하여 만약 그가 이 사태를 철저하게 생각했다면, 이 정언적 명법의 의식에는 활동성으로서의 순수자아의 지적 직관이 함유되어 있음을 알았을 것이기 때문이다. 그리고 실제로, 피히테는 이 문제에 대해서도 역시 특히 도덕적 입장을 가지고 다가간다. '이 도덕법칙을 의식하는 것이 자기 활동성과 자유를 직관하는 바탕이 된다. … 내가 **나 자신**을 감지하는 것은 오로지 도덕법칙을 통해서이다. 그리고 내가 이런 방식으로 나 자신을 감지한다고 하면, 나는 나 자신을 필연적으로 자기 활동성으로서 감지한다. …'[13] 그러므로 다시 한 번 말하지만, 피히테의 정신의 두드러지게

---

12. Vol. VI, pp. 253~6, 282~6, 391~2 참조.   13. *F*, I, p. 466; *M*, III, p. 50.

도덕적인 성향이 뚜렷이 나타나 있다.

4. 순 수 자 아 론 에   대 한   주 석 ,
의 식 의   현 상 학 과   관 념 론 적   형 이 상 학

의식의 현상학이라는 관점에서 당면한 문제를 본다면, 지금의 내(저자) 생각으로는, 피히테가 나라고 하는 주관, 곧, 초월론적인 자아를 승인한 것은 아주 정당하다. 흄은 말하자면, 스스로의 마음을 살펴보고 거기에서 심리적 현상들 밖에 보지 못했기 때문에, 자아를 이들 심리적 현상들의 계기(繼起)>[14]로 환원하려고 했다. 그리고 그가 이러한 방식으로 생각해 간 것은 이해할 수 있다. 왜냐하면 흄은 그 자신의 계획의 일부로 그가 이해한 한의 경험적 방법을 인간에 적용했는데, 그 방법은 '실험철학' 곧, 자연철학에서 큰 성공을 거두었기 때문이다. 그러나 내성의 대상 또는 소여로 주의를 돌렸을 때, 흄은 철학자에게 가장 중요한 사실을 간과하고 말았다. 곧 그것은, 심리적 현상이 (주관에 나타나는) 현상이 되는 것은 주관의 객관화 작용을 통해서뿐이며, 더욱이 이 주관은 심리적 현상과 마찬가지 의미로 객관화하려고 해도 그것을 초월하고 있다는 사실이다. 이 경우 분명히, 인간존재를 초월론적 또는 형이상학적 자아로 환원하는 것은 아무 문제도 없다. 순수주관으로서의 자기와, 자기의 다른 측면과의 관계의 문제가 회피할 수 없는 문제가 된다. 그러나 그렇다고 해서 초월론적 자아의 인식이 의식의 충족한 현상학에게 본질적이라고 하는 사실은 달라지지 않는다. 그러므로 초

---

14. Vol. V, pp. 300~5 참조.

월론적인 자아의 인식이란 점에 관해서는, 피히테는 흄에게 없던 통찰력의 깊이를 보이고 있다.

그러나 물론 피히테가 관심을 가지고 있는 것은 의식의 현상학, 곧, 의식의 기술적(記述的) 분석만은 아니다. 그는 또한 관념론적 형이상학의 체계를 발전시키는 일에도 관심을 가지고 있다. 그리고 이 점이 그의 초월론적 자아론에게 중요한 의미를 가지고 있다. 순수하게 현상학적인 관점에서라면, '초월론적 자아'에 대해 말할 때, 하나의 그것도 오직 하나의 자아밖에 없다고 말해야 되는 것은 아니다. 그것은 마치 의학 개론에서 '위'에 대하여, 하나의 그것도 오직 하나의 위밖에 없다고 주장해야 할 이유가 없는 것과 같다. 그러나 만약 우리가 자연과 주관에 대해 객관이 되는 한에서의 모든 자기를 포함한 객관적인 것의 모든 영역을 초월론적인 자아로부터 이끌어 내려고 한다면, 우리는 유아론(唯我論)을 받아들이든지, 아니면 초월론적 자아를 모든 유한한 의식 가운데 나타나는 초개인적인 산출적 활동이라고 해석하든지, 그 어느 쪽이지 않으면 안 된다. 따라서 피히테는 유아론을 변호할 의지는 없었으므로 그는 순수자아를 초개인적인 절대 자아로 해석할 수밖에 없었던 것이다.

피히테의 자아라는 용어가 그의 많은 독자들에게 개인적인 자기 또는 자아를 말하는 것이라고 받아들이게 한 것은 무리가 아니었다. 그리고 피히테의 사상의 형이상학적인 측면이 그의 초기 저작에서는 비교적 두드러지지 않았다는 사실 때문에 더욱 그렇게 해석되기 쉬웠다. 그러나 피히테는 이와 같은 해석이 틀렸다고 주장한다. 1810년에서 11년에 걸친 겨울학기의 강의에서 피히테는 《지식학》에 대하여 행해진 비판을 돌이켜 보면서, 자기는 창조적 자아가 개인적인 유한한 자기라고 말할 생각이 전혀 없었다고 항의하고 있다. '사람은 일반적으로 지식학을 물질적 세계 전체를 산출하는 효능을 개인에게 돌리는 것으로 해석해 왔다. … 그런 효능을 개인이 가지고 있다는 것은 있을 수 없다는 것이 당연한 데도 말이다. 그들은 완전히 틀렸다. 현상적 개인을 포함한 현상계 전체를 창조하는 것은 개인적인 삶이 아니라, 하나의 직접적인 정신적 삶인 것이다.'[15]

이 인용문에는 '자아' 대신에 '삶'이라는 말이 쓰이고 있음을 알아챌 수 있을 것이다. 피히테는 칸트의 입장에서 출발하여 그것을 순수한 관념론으로 개조하는 데 관심이 있었으므로, 그가 순수자아 또는 절대자아로부터 말하기 시작한 것은 당연했다. 그러나 이윽고 그는 유한한 자기를 안에 품고 또한 의식을 기초 지우고 있는 무한의 활동을, 그 자체 하나의 자아 또는 주관으로 표현하는 것은 적절하지 않다는 것을 깨달았다. 그러나 지금은 이 문제에 오래 머무를 필요가 없다. 여기서는 자기의 이론이 근본적으로 오해되었다고 생각한 피히테의 항의에 주목하는 것으로 충분하다. 절대 자아는 개인적인 유한한 자기가 아니라 무한한 (더 정확하게는 무제한의) 활동인 것이다.

이처럼 피히테의《지식학》은 의식의 현상학인 동시에 관념론적 형이상학이기도 하다. 그리고 어느 정도까지는 이 두 측면은 분리될 수 있다. 따라서 피히테의 형이상학적 관념론에 경도하지 않아도 피히테가 말한 많은 것을 평가할 수 있다. 초월론적 자아에 관해서는 이미 이것을 지적했다. 그러나 이 둘의 구별은 더 많은 분야에 적용할 수가 있다.

---

15. *F*, II, p. 607. (메디쿠스 판에는 수록되어 있지 않다.)

5 .　철 학 의　세　가 지　근 본 명 제

이 장의 둘째 절에서 철학에는 하나의 근본적인, 증명될 수 없는 명제가 있지 않으면 안 된다고 하는 피히테의 생각을 말했다. 하지만 자아가 가령 그 무엇일지라도, 그것은 명제는 아니라고 생각한 독자가 있을 것이다. 물론 이것은 참이다. 우리는 여전히 철학의 근본명제가 무엇인지를 알아내지 않으면 안 된다. 그러나 어쨌든 우리는, 근본명제가 틀림없이 순수자아의 근원적인 활동의 표현이라는 것을 알고 있다.

그런데 순수자아의 자발적인 활동과 이 활동을 철학자가 철학적으로 재구성 또는 사유하는 것을 구별할 수가 있다. 의식을 기초 지우는 순수자아의 자발적인 활동은, 물론 그것 자체로는 의식되지 않는다. 순수자아가 자발적인 활동인 이상 '자기 자신에 대하여' 현존해 있는 것은 아니다. 순수자아가 자아로서 자기에 대하여 현존하게 되는 것은, 초월론적으로 반성하는 철학자가 자아의 자발적인 활동을 직각하는 데 쓰는 지적 직관에서뿐이다. 철학자의 활동을 통해서 '활동을 향한 활동을 통해 … 비로소 자아는 근원적으로(*ursprünglich*) 자기 자신에 대해 존재하게 된다.'[16] 따라서 지적 직관에서 순수자아는 자기 자신을 정립(*sich setzen*)한다고 하는 것이다. 이리하여 철학의 근본명제는 '자아는 단적으로, 그리고 근원적으로 자기 자신의 존재를 정립한다'[17]이다. 초월론적 반성에서 철학자는 말하자면 의식의 궁극적인 근거에로 소급해 간다. 그리고 철학자의 지적 직관에서 순수자아는 자기 자신을 긍정한다. 순수자아는 전제로부터 이끌어지는 결론처럼 증명되는 것이 아니다. 곧, 자기 자신을 긍정하기 때문에 현존하게 되는 것이 아니

---

16. *F*, I, p. 459; *M*, III, p. 43.　　17. *F*, I, p. 98; *M*, I, p. 292.

다. '**자기 자신을 정립하는 것**과 **존재하는 것**은 자아에 관해서는 완전히 같다.'[18]

그러나 피히테가 활동으로 향하는 활동[19]이라고 부르는 수단에 의하여 순수자아는 말하자면 자기 자신을 긍정하게 된다고 해도, 자아의 근원적인, 자발적인 활동은 그 자신으로는 의식되지 않는다. 오히려 거꾸로, 그 활동은 의식의, 곧 여느 의식의 궁극의 근거이며 세계에 존재하고 있다고 하는, 우리의 극히 자연스러운 자각의 궁극의 근거이다. 그러나 이와 같은 의식은, 비아(非我)가 자아에 반(反)정립되는 것이 아니면 생길 수 없다. 그러므로 철학의 둘째 근본명제는 '비아는 단적으로 자아에 대해 반정립된다'[20]이다. 이 반정립은 물론 자아 자신에 의하여 이루어지는 것이지 않으면 안 된다. 그렇지 않다면, 순수한 관념론은 버려질 수밖에 없게 된다.

이제 제2명제가 말하는 비아는 특정한 대상 또는 일련의 유한한 대상이 아니고 대상 일반이라고 하는 의미에서 무제약적이다. 그리고 이 무제약적인 비아가 자아의 내부에서 자아로 반정립되어 있는 것이다. 왜냐하면 우리가 종사하고 있는 것은 의식을 체계적으로 재구성하는 일이며, 더욱이 의식이란 자아와 비아의 둘을 포함한 통일이기 때문이다. 그러므로 순수 또는 절대 자아의 본질을 이루는 무제약적 활동은 자기 자신 안에 비아를 반정립하지 않으면 안 된다. 그러나 자아와 비아의 양자가 똑같이 무제약적이라면, 양자는 말하자면 타를 배제하고 모든 실재성을 채우려고 할 것이다. 각자는 서로 타를 폐기하고 서로

---

18. _Ibid._

19. _Durch ein Handeln auf ein Handeln._ 철학자의 반성은 활동이며 행위로서 순수자아의 자발적인 활동을 의식적으로 추체험(追體驗)시키는 것이다.

20. _F_, I, p. 104; _M_, I, p. 298.

타를 절멸시키려고 할 것이다. 그러면 의식은 성립할 수 없게 될 것이다. 그러므로 의식이 생기려면, 자아와 비아는 서로 제한하지 않으면 안 된다. 각자는 서로 타를 폐기하지 않으면 안 된다. 다만, 둘은 오직 부분적으로 폐기해야 하는 것이다. 이 의미에서 자아는 비아와 더불어 '가분적'(*theilbar*)이다. 그래서 피히테는 《전 지식학의 기초》에서, 철학의 셋째 근본명제를 다음과 같이 정식화하고 있다. '자아는 자아 안에 가분적 자아에 대하여 가분적인 비아를 반정립한다.'>21 곧, 절대 자아는 자기 자신 안에 유한한 자아와 유한한 비아를, 서로 제한하고 한정하는 것으로 정립하는 것이다. 피히테는 분명히 양자의 일방밖에 있을 수 없다고 말하지 않는다. 실로 그는, 나중에 보게 되듯이, 자기의식이 성립되기 위해서는 타자(따라서 또한 다수의 유한한 자아)의 현존이 요구된다고까지 주장하고 있다. 무제약적인 활동으로 생각되는 절대 자아가 자기 자신 안에 유한한 자아와 유한한 비아를 산출하는 것이 아니면, 의식은 존재할 수 없다는 것이 피히테의 주장의 요지이다.

6. 피히테의 변증법적 방법에 대한 논평

우리가 의식을, 피히테가 그렇게 생각했던 것처럼, 인간적 의식이라고 생각한다면, 비아가 의식의 불가결의 조건이라고 하는 주장을 이해하기 어렵지 않다. 확실히 유한한 자아는 스스로를 반성할 수 있다. 더욱이 이 반성은 피히테에게는 주의를 비아로부터 자신에게로 돌이키는 것이다. 그러므로 비아는 자기의식의 없어서는 안 될 조건이기도 하

---

21. *F*, I, p. 110; *M*, I, p. 305.

다.>22 그러나 우리는 실제로 다음과 같이 묻고 싶어질 것이다. 곧, 도대체 어째서 의식이란 것이 있는가? 같은 것을 달리 표현하자면, 철학의 둘째 근본명제는 첫째 근본명제로부터 어떻게 연역될 수 있는가?

피히테는 순수하게 이론적인 연역은 전혀 불가능하다고 대답한다. 우리는 실천적 연역에 의지하지 않으면 안 된다. 곧, 순수 또는 절대 자아는 도덕적인 자아실현을 통해 스스로의 자유의 의식을 향하여 노력하는 무제약적인 활동임을 알아야 한다. 과연, 자발적으로 활동하는 절대 자아가 그 어떤 목적을 향하여 의식적으로 작용하는 일은 있을 수 없다. 그러나 이 활동을 의식적으로 되생각하는 철학자는 그 운동 전체가 어떤 하나의 목표를 향하고 있다는 것을 알고 있다. 또 그는, 자기의식이 비아를 요구하고 있다는 것을 알고 있다. 곧, 만약 비아가 없다면 무제약적인 활동은 한없이 뻗어 가는 직선에 비길 수 있는데, 비아가 있기 때문에, 말하자면 자기에게로 되돌려질 수 있다는 것도 알고 있다. 나아가 철학자는, 도덕적 행위가 객관적인 장, 곧 행위가 이루어질 수 있는 세계를 필요로 한다는 것도 알고 있다.

이제 철학의 둘째 근본명제와 첫째 근본명제는 반대명제와 정(正)명제의 관계에 있다. 그런데 자아와 비아가 다 같이 무제약적이라면, 양자는 서로 상대를 폐기하려고 한다는 것은 이미 말했다. 정명제와 반대명제에 대한 종합명제와 동일한 관계에 있는 첫째와 둘째 근본명제에 대한 셋째 근본명제를 체계적으로 이끌어 내도록 철학자를 몰아 가는 것은 바로 이 때문이다. 그러나 비아는 순수자아를 멸절시키거나 멸절시킨다고 위협하는 방식으로 언제나 현존한다고 피히테는 말하려는 것이

---

22. 여기서 다시금 현상학과 관념론적 형이상학의 구별에 주의해 주기 바란다. 비아의 정립(승인)은 인간적 의식의 조건이라고 하는 것과, 비아는 순수하거나 절대 자아에 의하여 정립(산출 또는 창조)된다고 하는 것과는 전혀 다른 것이다.

아니다. 우리가 셋째 명제로 나아가도록 강요받는 것은 무제약적인 비아가 자아 안에 정립되면 자아가 멸절되고 만다는 이유 때문인 것이다. 다시 말하자면 무제약적인 자아와 무제약적인 비아 사이에 모순이 생기면 안 된다고 하면 반정립은 무엇을 의미하지 않으면 안 되는지를 종합이 분명히 하는 것이다. 적어도 의식이 생기려면 의식에 기초를 주는 활동은 자아와 비아가 서로 제한하는 장을 만들어 내지 않으면 안 된다.

따라서 어떤 국면에서 보면, 정명제, 반대명제, 종합명제>23로 이루어지는 피히테의 변증법은 처음의 명제의 의미를 차례대로 한정해 가는 형식을 취하고 있다. 그리고 모순이 생기면, 그 모순이 단지 표면적인 것에 지나지 않는다는 것이 밝혀지면 해소되는 것이다. '모순은 모두 모순되는 명제를 더 정밀하게 한정함으로써 통일된다.' >24 자아는 자기 자신을 무한한 것으로 정립함과 동시에 유한한 것으로 정립한다는 명제를 보기로 들어 보자. 피히테는 말한다. '하나이면서 바로 동일한 의미로 자아가 무한한 것으로서 또한 유한한 것으로 정립되어 있다면 모순은 해소될 수 없을 것이다.… >25 외견상의 모순은 두 명제가 서로 양립하는 것이 밝혀질 때까지 그것들의 의미를 해명해 감으로써 해소되는 것이다. 당면한 문제인 경우 하나의 무한한 활동이 유한한 자아에서, 그리고 유한한 자아를 통해 스스로를 표현한다는 것을 알아야 한다.

그러나 피히테의 변증법은 사실상 주로 의미의 점진적인 한정 또는 해명에 있다고 하는 것은 정확한 표현이라고 할 수 없을 것이다. 왜냐하면 피히테는 연역하는 도중에 처음 명제 또는 여러 명제를 엄밀하게

---

23. 칸트철학에서의 변증법적 방법의 싹에 대해서는 Vol. VI, pp. 251~2를 참조. 안티노미에서의 칸트의 반정립적 전개(pp. 287 이하)도 중요하다.

24. *F*, I, p. 255; *M*, I, p. 448.

25. *Ibid.*

분석하는 것만으로는 얻을 수 없는 여러 관념을 들여놓고 있기 때문이다. 보기를 들자면, 둘째 근본명제로부터 셋째 근본명제로 진행할 때, 피히테는 자아 측에 제한하는 활동을 요청하고 있다. 그러나 제한이라는 관념은 첫째 명제나 둘째 명제를 오직 논리적으로 분석하는 것만으로는 얻어질 수 없다.

헤겔은 이와 같은 절차를 충분히 사변적, 곧 철학적이 아니라고 비판했다. 헤겔의 생각에 따르면, 엄밀한 논리적 연역>[26]으로 인정할 수 없는 연역을 하거나, **기계장치의 신**(*deus ex machina*)처럼, 아직 연역되어 있지 않은 자아의 활동을 들여와서 하나의 명제로부터 다른 명제로 이행하거나 하는 것은 철학자답지 않은 짓이다.

피히테가 실제로 행한 절차와 철학의 본질을 연역적 과학이라고 한 그의 처음 설명이 완전히는 일치하지 않는다는 것은, 우선 부정할 수 없을 것이라고 생각된다. 그러나 우리는 동시에 피히테에게 철학자란, 말하자면 활동적 과정, 곧, 그 자체는 무의식적으로 생기는 의식의 바닥에 있는 것을 의식적으로 재구성하는 일에 관여하는 자였음을 기억해야 할 것이다. 이때, 철학자는 자기의 출발점, 곧, 절대 자아의 자기 정립과 자기의 도착점, 곧, 우리가 알고 있는 인간적 의식을 가지고 있다. 그러므로 자아의 산출적 활동을 재구성할 때, 자아에게 어떤 기능이나 활동양식을 주지 않으면, 어느 단계에서 다음 단계로 진행할 수 없을 때는 자아에게 그와 같은 기능이나 활동양식이 주어지지 않으면 안 된다. 이리하여 제한이라는 개념이 처음의 두 근본명제의 엄밀한 논리적 분석으로써는 얻어지지 않을지라도, 피히테의 입장에서는, 그래

---

26. 피히테가 둘째 근본명제는 순수하게 이론적으로는 연역될 수 없음을 솔직하게 승인했다는 것은 이미 언급했다.

도 여전히 그 명제들의 의미를 밝힐 필요가 있는 것이다.

7 . 지 식 학 과 형 식 논 리 학

철학의 세 가지 근본명제에 관한 피히테의 이론을 대충 훑어보았을 때, 나는 《전 지식학의 기초》에서 사용되고 또 그의 철학의 몇 가지 설명 가운데 두드러지게 나타나 있는 논리학적 장치를 생략했다. 왜냐하면 피히테 자신이 자기의 체계를 서술할 때, 그 장치를 생략해 버리는 일이 있다는 사실에서도 알 수 있듯이, 이 장치는 실제로는 필요하지 않기 때문이다. 하지만 그러한 장치는 철학과 형식논리학의 관계에 대한 피히테의 생각을 밝히는 데 도움이 되므로 몇 가지 언급해 둘 필요가 있다.

《전 지식학의 기초》에서 철학의 첫째 근본명제를 다룰 때, 피히테에게 증명될 수 없는 논리학적 명제, 곧, 어떤 사람이든지 간에 진리라고 승인하고 있음에 틀림없는 명제를 반성하는 것으로 시작하고 있다. 이 명제란 동일성의 원리로, 그것은 A는 A이다 또는 A＝A라는 형식으로 표시된다. 그때 A의 내용에 대해서는 아무것도 말해지지 않았으며, 또한 A가 존재한다고도 주장되어 있지 않다. 여기서 주장되고 있는 것은 A와 A 자신 사이의 필연적인 관계이다. 만약 A가 있다면 그 A는 필연적으로 자기 동일이다. 그리고 주어로서의 A와 술어로서의 A 사이의 이와 같은 필연적 관계를 피히테는 X라고 부르고 있다.

이 A＝A라는 판단은 **나** 또는 자아 안에서만, 그리고 그것을 통해서만 주장되거나 정립된다. 따라서 A에게 어떤 가치도 주어지지 않았다 해도 자아의 존재는 그 판단작용에서 정립되어 있다. 'A＝A라는 명제

가 확실하다면, **나는 있다**는 명제도 마찬가지로 확실하지 않으면 안 된
다.' >27 동일성의 원리를 긍정함으로써 자아는 자기 자신을 자기 동일
로서 긍정하거나 정립하는 것이다.

그러므로 동일성의 형식적 원리가 피히테에 의하여 철학의 첫째 근
본명제에 이르기 위한 수단이나 장치로 사용되고 있다 해도, 동일성의
원리 그 자체는 철학의 근본 명제는 아니다. 실제로 동일성의 형식적
원리를 출발점이나 기초로 이용하려고 한다면, 의식의 연역이나 재구
성 따위는 도저히 성공할 수 없다는 것은 명백하고도 남음이 있다.

그러나 동일성의 형식적 원리와 철학의 첫째 근본명제의 관계는 피
히테에 따르면, 전자가 후자에 이르기 위한 수단이나 장치라고 하는 설
명이 암시하고 있는 것보다 더 긴밀하다. 왜냐하면 동일성의 원리는 말
하자면 특정한 가치나 내용을 변수(變數)로 바꿔 놓은 철학의 첫째 근본
명제이기 때문이다. 곧, 철학의 첫째 근본명제를 취해 그것을 전적으로
형식화하면, 동일성의 원리가 얻어지는 것이다. 바로 이런 의미에서 후
자는 전자에 의하여 기초가 주어지며, 그로부터 이끌어 내지는 것이다.

동일성의 원리가 철학의 첫째 근본명제에 이르기 위해 이용된 것과
마찬가지로 피히테가 반정립의 형식적 공리라고 부르는, **비A는 A가 아
니다**는 둘째 근본명제에 이르기 위해 이용된다. 곧, **비A**의 정립은 A의
정립을 전제하고 있다. 이 전제 때문에 **비A**의 정립은 A에 대한 반정립
이 되는 것이다. 그러므로 이 반정립은 자아에서, 그리고 자아를 통해
서만 생긴다. 이것에 의하여 반정립의 형식적 공리는 자기 자신에 대해
비아 일반을 반정립하는 자아를 주장하는, 철학의 둘째 명제에 의하여
기초지워진다고 말해진다. 나아가 피히테가 근거의 원리, 또는 충족이

---

27. *F*, I, p. 95; *M*, I, p. 289.

유의 원리라고 부르는 논리학적 명제, **A는 일부분 비A이며, 또 일부분 A이다**는 철학의 셋째 근본명제에 의하여 기초 지워졌다고 말해진다. 그것은 전자가 후자의 특정 내용을 사상(捨象)하고 그 내용을 변수로 바꿔 놓은 것이라는 의미이다.

따라서 요컨대, 형식논리학은 《지식학》에 의거하고, 《지식학》으로부터 이끌어 내지는 것이지 그 역은 아니라는 것이 피히테의 생각이다. 형식논리학과 근본철학과의 관계에 관한 이와 같은 견해는 피히테가 《전 지식학의 기초》에서 동일성의 원리를 반성하는 것으로부터 시작했다는 사실로 해서 얼마간 모호하게 되어 있다. 하지만 논의를 진행시켜 나가는 중에 피히테는, 형식논리학의 파생적 성격에 대한 그의 생각을 이론의 여지없이 밝히고 있다. 어쨌든, 이 견해는 《지식학》은 근본학이라는 그의 주장에 포함되어 있는 것이다.

다음의 것을 덧붙이는 것이 좋겠다. 철학의 근본문제의 연역에서 피히테는 범주의 연역을 시작하고 있다. 그의 생각에 칸트의 연역은 충분히 체계적이지 못했다. 그러나 자아의 자기정립부터 시작한다면, 의식을 재구성하면서 범주를 차례로 연역할 수 있는 것이다. 이를테면, 첫째 근본명제로부터는 실재성의 범주가 나온다. 왜냐하면 '물(物)의 한갓된 정립에 의하여 정립되는 것은 그의 실재성이며, 본질(Wesen)' >28 이기 때문이다. 둘째 명제로부터는 명백히 부정성의 범주가, 그리고 셋째 명제로부터는 제한성 또는 한정성의 범주가 나온다.

---

28. *F*, I, p. 99; *M*, I, p. 293.

8. 의 식 의 두 가 지 연 역 의 전 체 적 구 상

상호 한정이라는 생각은 피히테가 필연적이라고 여기고 있는 의식
의 두 부문의 연역의 기초가 되어 있다. 절대 자아는 자기 자신 안에 유
한한 자아와 유한한 비아를 서로 제한하거나 한정하는 것으로서 정립
한다는 진술을 살펴보자. 이 진술은 두 개의 명제를 포함하고 있다. 곧,
첫째로, 절대 자아는 자기 자신을 비아에 의하여 제한된 것으로서 정립
한다. 둘째로, 절대 자아는 (자기 자신 안에) 비아를 (유한한) 자아에
의하여 제한되거나 한정된 것으로서 정립한다. 그리고 이들 두 명제가
각각 의식의 이론적 연역과 실천적 연역의 근본명제이다. 만약 우리가
자아는 비아에 의하여 제한되어 있다고 생각한다면, 우리는 의식의 이
론적 연역에로 나갈 수가 있다. 그리고 이 연역은 피히테가 일련의 '실
재적인' 작용이라고 부르는 것을, 곧, 비아에 의하여 한정되어 있는 한
에서의 자아의 작용을 고찰한다. 이를테면, 감각이 작용의 이 부문에
속한다. 이에 대해 우리가 자아는 비아에 작용을 미친다고 생각한다면,
우리는 의식의 실천적 연역에로 나갈 수가 있다. 그리고 이 연역은 이
를테면 욕구나 자유로운 작용 따위를 포함하는 일련의 '관념적인' 작
용을 고찰한다.

물론 이 두 연역은 서로 보충하여 의식의 전체적인 철학적 연역이나
재구성을 이루고 있다. 동시에 이론적 연역은 실천적 연역에 종속되어
있다. 왜냐하면 절대 자아란 자유로운 도덕적 활동에 의한 자기실현을
향한 무한의 노력이지만, 비아, 곧, 자연의 세계는 이 목적을 달성하기
위한 수단이나 도구에 지나지 않기 때문이다. 실천적 연역은 왜 절대
자아가 유한한 자아를 한정하고 또 촉발하는 것으로서의 비아를 정립
하느냐고 하는 이유를 제시한다. 그러므로 이 연역은 우리를 윤리학의

영역으로 인도하는 것이다. 사실 피히테의 법론과 도덕론은 《지식학》 그 자체에 함축되어 있는 실천적 연역의 연장선상에 있다. 이미 말했듯이, 피히테의 철학은 본질적으로 역동적인 윤리적 관념론이다.

피히테의 의식의 연역의 모든 단계를 여기서 논할 수는 없다. 비록 가능하다고 해도 바람직하지는 않을 것이다. 그러나 독자에게 피히테의 사상의 경로를 알리기 위해 다음 두 절에서 이론적 그리고 실천적 연역의 요점에 대해 언급하겠다.

9. 이론적 연역

피히테의 관념론적 체계에서는 일체의 활동성은 궁극적으로는 자아 자신에게, 곧, 절대 자아에 기초를 두고 있지 않으면 안 된다. 그러므로 비아는 의식에 대해서만 현존하는 것이지 않으면 안 된다. 왜냐하면 일체의 의식으로부터 완전히 독립해서 현존하고, 자아를 촉발하는 비아라고 하는 관념을 승인하면, 물자체라는 관념을 다시 승인하지 않을 수 없게 되며, 이리하여 관념론을 포기하지 않을 수 없게 되기 때문이다. 동시에 여느 의식의 입장에서 보면, 표상(*Vorstellung*)과 사물 사이에 구별이 있는 것도 의심할 수 없다. 우리는 자아로부터 독립해서 현존하는 사물에 의하여 작용받고 있다는 신념을 무의식중에 품고 있다. 그리고 아무리 생각해도 이 신념은 아주 정당하다. 그러면 여느 의식의 입장은 어떻게 생기는 것일까? 그리고 나아가 이 입장에서 보면, 객관적 자연에 대하여 우리가 무의식중에 품고 있는 신념은 어느 정도로 정당화될 수 있는 것일까? 피히테의 과제는 철두철미 관념론의 입장에 서면서 이들 문제에 대답하는 것이다. 왜냐하면 관념론 철학의 목적은 관념론의 원리로부터 의식의 여러 사실을 설명하는 데 있으며, 그것들을 부정하는 데 있지 않기 때문이다.

비아가 자아에 실제로 의거하고 있다면, 곧, 비아의 활동은 궁극적으로는 자아 자신의 활동이라면, 독립해서 현존하고 있는 비아라는 관념을 산출하는 능력은 명백히 자아에 돌리지 않으면 안 된다. 그리고 또한 이 능력은 개인적인 자아에게가 아니라 절대 자아에 돌리지 않으면 안 된다. 더욱이 이 자아는 자발적으로, 필연적으로, 그리고 무의식적으로 작용하는 것이지 않으면 안 된다. 단적으로 말해, 의식이 등장할 때, 그 작용은 이미 끝나 있지 않으면 안 된다. 그 작용은 의식 아래 단계에서 생기는 것이지 않으면 안 된다. 그렇지 않으면, 자아로부터 독립해 현존하고 있는 자연이라고 하는, 우리가 무의식으로 품고 있는 신념을 설명할 수 없을 것이다. 다시 말하면, 경험적 의식에게는 자연은 주어진 것이지 않으면 안 된다. 절대 자아의 산출적 활동을 의식적으로 더듬는 것은 초월론적인 반성을 하는 철학자뿐이다. 왜냐하면, 절대 자아의 산출적 활동은 본래 무의식적으로 생기기 때문이다. 철학자가 아닌 자에게, 또 철학자 자신의 경험적 의식에게도, 자연의 세계는 주어진 것이며, 유한한 자아가 스스로를 찾아내는 장인 것이다.

피히테는 이와 같은 능력을 구상력(構想力), 또는 더 정확하게 말해, 구상력의 산출적 능력 또는 산출적 구상력이라고 불렀다. 구상력은 칸트철학에서 두드러진 구실을 한 개념으로, 감성과 오성 사이의 불가결의 유대[29] 구실을 했다. 그러나 피히테에서는, 이 구상력은 여느, 곧, 경험적 의식에 기초를 줄 때, 특히 중요한 구실을 하고 있다. 이것은 물론 자아와 비아의 양자에 부가되는 제3의 힘과 같은 것은 아니며, 자아

---

29. Vol. VI, pp. 256~60 참조.

자신, 곧 절대 자아의 활동이다. 초기의 저작에서 피히테는 가끔 개인적인 자기의 활동을 말하는 것 같은 인상을 주는 일이 있었지만, 후에 그는 자기 사상의 발전을 돌이켜 보고, 그런 의도는 전혀 없었다고 항의하고 있다.

피히테가 의식의 실제적 역사[30]라고 하는 대목에서 자아는 자발적으로 스스로의 활동을 제한하고 또 그렇게 함으로써, 자기 자신을 수동적인 것으로, 곧, 촉발된 것으로 정립한다고 말하고 있다. 이 상태가 감각(*Empfindung*)의 상태이다. 그러나 자아의 활동은 말하자면, 재차 자기를 주장하고 감각을 대상화한다. 곧, 밖으로 향한 직관작용에서 자아는 자발적으로 감각의 원인을 비아에 돌린다. 그러므로 이 작용이 표상 또는 심상(*Bild*)과 사물의 차이에 기초를 주는 것이다. 경험적 의식에서는 유한한 자기는 표상과 사물과의 차이를 주관적 양태와 주관의 활동과는 독립해서 현존하는 객관과의 차이로 보고 있다. 왜냐하면 비아의 투영(投影)이라고 생각된 것은 실은 의식의 아래 단계에서 작용하는 산출적 구상력의 작용이었던 것이지만, 유한한 자기는 이것을 모르기 때문이다.

이제, 의식이 요구하는 것은 한갓된 불특정의 비아가 아니라, 특정한 그리고 다른 것과 구별된 대상이다. 그리고 구별할 수 있는 대상이 존재하기 위해서는 공통의 영역, 곧 대상이 그 안에서 그리고 그것과의 관계에서 서로 다른 것을 배제하는 공통의 영역이 있어야 한다. 그러므로 구상력은 공간을, 곧 연장(延長)을 가지며 연속적인 동시에 한없이 분할할 수 있는 공간을 직관형식으로서 산출한다.

---

30. 이것은 《전 지식학의 기초》에서 전개되어 있다. 그중의 몇 단계는 《이론적 능력에 관한 지식학의 특성 강요》에서 더 자세하게 전개되어 있다.

마찬가지로, 연속적인 직관작용이 가능한, 그것도 특정한 직관작용이 어떤 순간에 생기든, 다른 모든 가능성은 이 순간에 관한 한, 거기에서 배제되는, 그러한 불가역적인 시간계열도 존재하지 않으면 안 된다. 이리하여 산출적 구상력은 형편에 따라 시간을 직관의 제2형식으로서 정립한다. 말할 필요도 없이 공간과 시간의 형식은 순수자아 또는 절대자아의 활동에 의하여 자발적으로 산출되는 것이지, 의식적으로 그리고 자의적으로 정립되는 것은 아니다.

하지만 의식의 발전은 창조적 구상력의 소산을 한층 명확하게 한정하도록 요구한다. 그리고 그것은 오성과 판단의 능력에 의하여 이루어진다. 오성의 단계에서는 자아는 여러 표상을 개념으로서 '고정한다(*fixiert*)'. 이에 대해 판단력은 이들 개념이 오성 **안**에만이 아니라, 오성에 **대해서도** 현존하게 된다는 의미에서, 이들 개념을 **사고**의 대상으로 삼는다. 따라서 오성과 판단력의 양자가 완전한 의미에서의 오성에 요구되고 있는 것이다. '오성 안에 없는 것은 판단력 안에도 없다. 판단력 안에 없는 것은 **오성에 대한 오성** 안에도 없다. …' >31 감각적 직관은 낱낱의 대상에 말하자면 못질되어 있다. 그러나 오성과 판단의 단계에 이르러 낱낱의 대상을 추상하고 보편적 판단을 구성하는 것이다. 이처럼 의식의 실제적 역사에 의하여 자아는 산출적 구상력의 무의식적 활동을 넘어서 높아지고, 말하자면 모종의 운동의 자유를 터득하게 되는 것이다.

그러나 자기의식은 보편성을 터득하기 위해서 낱낱의 대상을 추상하는 능력 이상의 것을 요구하고 있다. 자기의식이 주관을 반성할 수 있기 위해서는 객관일반을 추상하는 능력이 전제된다. 그리고 이와 같

---

31. *F*, I, p. 242; *M*, I, p. 435.

은 절대적 추상의 능력이야말로 피히테가 이성(理性, *Vernunft*)이라고
부르는 것이다. 이성이 비아의 영역을 사상하면 자아가 남고, 그리하여
우리는 자기의식을 갖는다. 그러나 자아-객관을 모조리 제거할 수는
없으므로 우리는 의식에서 스스로를 자아-주관과 동일화하지 못한다.
곧, 자아-주관이 완전히 자기 자신과 합치하는 순수한 자기의식이 되
려고 해도, 그와 같은 의식은 이상이며, 현실로는 도달할 수 없고, 다만
가까이 갈 수 있을 뿐이다. '한정된 개인이 자기 자신을 (객관으로서)
생각하지 않게 되면 될수록, 그의 경험적인 자기의식은 점점 더 순수한
자기의식에 가까워진다.'[32]

철학자에게 순수자아를 직각시키고 또 자기의식을 향해 운동하는
산출적 활동을 초월론적 반성에서 거슬러 올라가 살피게 하는 것은 물
론 이성의 힘이다. 그러나 이미 보았듯이, 절대 자아의 지적 직관은 다
른 여러 요소와 섞이지 않은 상태로 있는 것이 아니다. 피히테가 순수한
자기의식이라고 부르는 이상에는 철학자조차 도달할 수 없는 것이다.

1 0 . 실 천 적 연 역

의식의 실천적 연역은 말하자면, 산출적 구상력의 작용의 배후에까
지 거슬러 올라가서 의식의 근거를 무한한 노력(*ein unendliches Stre-ben*)으로서의 절대 자아의 본성으로써 드러낸다. 그런데 노력이라고
하면 우리는 어떤 것을 향해 노력하는 것으로 생각하기 쉽다. 곧 비아
의 현존을 전제한다. 그러나 무한한 노력으로서의 절대 자아로부터 시

---

32. *F*, I, p. 244; *M*, I, p. 437.

작할 때는, 분명 비아의 현존을 전제할 수 없다. 왜냐하면 비아의 현존을 전제하면, 칸트적인 물자체를 재차 들여 놓는 것이 되기 때문이다. 하지만 노력이란 피히테의 주장에 따르면, 반(反)-운동, 반-노력, 반발 또는 장애를 요구한다. 왜냐하면 저항이나 반발이나 장애를 만나지 않으면, 노력은 만족하여 더 이상 노력하지 않을 것이기 때문이다. 그러나 절대 자아가 노력을 멈추는 일은 있을 수 없다. 그러므로 바로 절대 자아의 본성 자체가 산출적 구상력에 의한, 곧, '실재적인' 활동으로서의 절대 자아에 의한 비아의 정립을 필요로 하는 것이다.

이것을 다음과 같이 표현할 수도 있다. 절대 자아는 활동이라고 생각될 수 있다. 그리고 이 활동은 근본적으로 무한한 노력이다. 그러나 노력은, 피히테에 따르면, 극복을 시사하고, 극복은 극복되어야 할 장애를 요구한다. 그러므로 자아는 비아를, 곧, 자연을 극복되어야 하는 장애로서, 넘어가야 할 장애로서 정립하지 않으면 안 된다. 다시 말하면, 자연은 자아의 도덕적 자기실현을 위한 불가결의 수단 또는 도구인 것이다. 자연은 행동을 위한 장이다.

그러나 피히테는 노력으로서의 자아라는 관념으로부터 곧바로 비아의 정립으로 나아가지 않는다. 피히테의 논법에 따르면, 노력은 우선 의식 아래의 충동(*Trieb*)이라고 하는 한정된 형식을 취하고, 이 충동은 '자아에 대해' 감정(*Gefühl*)의 형태로 현존하고 있다. 그런데 충동은, 피히테의 표현을 그대로 쓰자면, 원인 작용, 곧, 자아의 밖에 있는 것에 대한 작용을 겨냥하고 있다. 하지만 그것을 한갓 충동으로만 여기면, 아무것에도 작용을 미칠 수가 없다. 그러므로 충동의 감정은 억압, 불가능성 또는 저해의 감정이다. 이리하여 감정으로서의 자아는 비아를, 그것이 무엇인지 모른다고 느껴지는 것으로서, 장애 또는 저항이라고 느껴지는 것으로서 정립한다. 이리하여 비로소 충동은 **'대상으로 향하는**

충동' >33이 될 수 있다.

그런데 피히테에게는 감정이 실재성에 대한 모든 신앙의 근거가 되어 있는 것에 주의할 필요가 있다. 자아는 충동을 저해된 능력이나 힘(*Kraft*)으로 느낀다. 힘의 감정과 저해의 감정은 동반(同伴)한다. 그리고 이와 같은 전체적 감정이 실재성 신앙의 기초가 되어 있는 것이다. '여기에 모든 실재성의 근거가 있다. 감정의 자아에 대한 관계에 의해서만 … 자아의 실재성이건, 비아의 실재성이건, 실재성이 자아에 대해 가능해지는 것이다.' >34 실재성에 대한 신앙은 궁극적으로는 감정에 기초하고 있는 것이지, 이론적 논증에 기초하고 있는 것은 아니다.

이제 힘으로서의 충동의 감정은 반성의 초기 단계를 표현한다. 곧, 자아란 그 자체가 충동이어서 이 충동이 느껴지는 것이다. 그러므로 감정은 자기감정이다. 이리하여 피히테는 이에 뒤따르는 의식의 실천적 연역의 여러 마디에서 반성의 발전의 자취를 더듬어 간다. 이를테면, 충동 자체가 더 한정되어 다른 충동이나 욕구의 형태를 취한다. 그리하여 자아는 만족이라는 또 다른 감정으로 발전해 간다. 그러나 자아가 무한한 노력인 한, 그 어떤 특정한 만족에도, 또는 일련의 만족에 머무를 수가 없다. 그래서 자아는 스스로의 자유로운 활동을 통해서 이상적인 목표에 도달하려고 한다. 하지만 이 목표는 언제나 뒤로 물러간다. 실제로 자아가 무한한, 끝없는 노력이라고 하면, 그렇게 될 수밖에 없다. 따라서 피히테가 그의 도덕론에서, 완전한 자유와 자기절대 자아소유를 구하는 절대 자아의 무한한 노력이 스스로 정립한 세계에서 일련의 구체적인 행동을 통해, 곧, 도덕적 목표를 향해 행동하는 모든 유한한 주관의 구체적인 도덕적 사명의 수렴을 통해 과연 어느 정도까지 실현되는지

---

33. *F*, I, p. 291; *M*, I, p. 483.　　　34. *F*, I, p. 301; *M*, I, p. 492.

를 보여 주고 있지만, 여기 있는 것은 결국, 행동을 위한 행동인 것이다.

널리 알려져 있듯이, 피히테의 의식의 실천적 연역의 전개를 자세하게 더듬는 것은 어려운 일이다. 그러나 피히테에게는, 자아가 처음부터 도덕적으로 행동하는 자아임이 아주 명백하다. 곧, 자아는 잠재적으로, 도덕적으로 행동하는 자아이다. 그리고 비아의 정립을 요구하고, 나아가 산출적 구상력의 일체의 활동을 요구하는 것은 바로 자아의 잠재적인 본성을 현실화하는 것이다. 말하자면 자아의 이론적 활동의 배후에는 노력이나 충동으로서의 자아의 본성이 숨어 있는 것이다. 이를테면, 표상(Vorstellung)을 산출하는 것은 이론적 능력의 작용이며, 실천적 능력, 곧 충동 자체의 작용은 아니다. 그러나 표상의 산출은 표상하려는 충동(der Vorstellungstrieb)을 전제하고 있다. 그리고 거꾸로, 근원적인 노력이나 충동이 이상적 목표를 향하는 자유로운 도덕적 행동이라는 구체적인 형식을 취할 수 있으려면, 감각적 세계의 정립이 불가결하다. 이와 같이 두 연역은 상보적(相補的)이다. 비록 이론적 연역은 자신의 궁극적인 설명을 실천적 연역에서 찾게 되지만 말이다. 이런 의미에서 피히테는 자기 나름의 방식대로, 실천이성의 우위를 주장하는 칸트의 요구를 만족시키려고 애쓴 것이다.

피히테가 의식의 실천적 연역에서 극복하려고 했던 것은, 칸트철학에서 볼 수 있는 2분법, 곧, 높은 차원의 인간의 본성과 낮은 차원의 인간의 본성 사이의, 곧, 도덕적 행위자로서의 인간과 본능이나 충동의 합성물로서의 인간 사이의 2분법이라고 할 수도 있다. 왜냐하면 자유로운 도덕적 행동에 이르기까지의 다양한 형식을 지니고 있는 것은, 하나의 똑같은 근원적 충동이라고 말하고 있기 때문이다. 다시 말하면, 피히테가 볼 때, 도덕적인 삶은 본능과 충동의 삶으로부터 발전해 오는 것이고 그것에 대적하는 것은 아니다. 그리고 그는 정언적 명법의 원형을 물질적 동경(*Sehnen*)이나 욕망의 단계에서 구하기까지 했다. 물론 피히테는 그의 윤리학에서, 의무의 부르는 소리와 감각적 욕망의 요구 사이에 갈등이 있을 수 있으며, 또 자주 있다는 사실을 인정하고 있다. 그러나 그는 이 문제를 자아의 활동 일반이라는 통일적인 견해의 틀 안에서 해결하려고 노력했다.

11. 피히테의 의식의 연역에 대한 주석

어떤 관점에서 보면, 피히테의 의식의 연역은 우리가 알고 있는 의식의 여러 조건들을 체계적으로 전시한 것으로 볼 수 있다. 그리고 그 연역을 그렇게만 보려고 하면, 다른 조건 사이의 시간적 또는 역사적 관계는 중요하지 않게 된다. 이를테면, 피히테는 주관-객관 관계는 의식에게 본질적이라고 생각한다. 그러면 이 경우, 의식이 존재하기 위해서는 주관과 객관, 자아와 비아의 양자가 존재하지 않으면 안 된다. 이 조건들이 나타나는 역사적 순서는 이 생각의 타당성에 관해서는 중요하지 않다.

그러나 이미 보았듯이, 의식의 연역이 관념론적 형이상학이기도 한 이상, 순수자아는 초개인적이고 초유한적인 활동으로서, 곧, 이른바 절대 자아로 해석되지 않으면 안 된다. 그러므로 피히테의 학생이 피히테를 보고, 절대 자아는 감각적 세계를 유한한 자아 이전에 정립하는지, 아니면 유한한 자아와 동시에 또는 유한한 자아를 통해서 정립하느냐고 물은 것은 이해할 만하다.

적어도 얼핏 보아서는, 이것은 아주 어리석은 물음이라고 생각될지 모른다. 피히테로서는, 시간적·역사적 관점은 경험적 의식의 구성을 전제한다고 생각될 수 있다. 그러면 경험적 의식의 초월론적 연역은 당연히 역사적 순서를 넘어 논리적 연역이라고 하는 무시간성을 터득하게 된다. 결국, 시간계열 자체가 연역되는 것이다. 피히테는 자연이 유한한 자아에 선행하고 있다는 경험적 의식의 입장을 부정하려는 것은 아니다. 그의 관심은 그러한 경험적 의식의 입장에 기초를 주려는 데 있지 부정하려는 데 있지 않다.

그러나 문제는 그렇게 단순하지 않다. 칸트철학에서 현상적 실재에 자신의 **아 프리오리한** 형식을 주는 구성적 활동을 하는 것은 인간 정신이다. 사실, 이와 같은 활동을 할 때, 정신은 자발적으로 그리고 무의식적으로 활동하는 것이며, 더욱이 이와 같은 활동을 하는 정신은 정신 자체, 주관 자체이지 톰이나 존의 정신이 아니다. 그러나 그럼에도 불구하고 이 활동을 한다고 하는 정신은 인간 정신이지 신적 정신이 아니다. 따라서 물자체를 제거하고 칸트의 초월론적 자아를 형이상학적인 절대 자아로 실체화한다면, 절대 자아는 과연 자연을 직접적으로 정립하는가, 아니면 인간존재의, 말하자면 의식 아래의 단계를 통해 정립하는가 하는 문제가 생기는 것은 극히 당연한 일이다. 어쨌든, 피히테의 의식의 연역은 빈번히 양자택일의 후자를 시사하고 있다. 그러나 그것이 피히테가 정말 말하고 싶었던 것이라고 하면, 그는 명백히 이 곤란에 직면하게 된다.

다행히 피히테는 이 문제에 대하여 분명한 말로 대답하고 있다. 의식의 실천적 연역의 처음에서 그는 외견상의 모순에 주목하고 있다. 한쪽으로는, 지성으로서의 자아는 비아에 의존하고 있다. 다른 쪽으로는 자아는 비아를 한정한다고 한다. 따라서 자아는 비아로부터 독립해 있지 않으면 안 된다. 이 모순은 다음의 것을 이해할 때 해소된다. (곧, 외견상의 모순일 뿐이라는 것이 밝혀진다.) 곧, 절대 자아는 표상에 들어

오는 비아(표상되는 자아, *das vorzustellende Nicht-Ich*)를 직접 한정하는 데 대해, 지성으로서의 자아(표상하는 자아, *das vorstellende Ich*)를 **간접적으로**, 곧 비아에 의하여 한정하는 것이다. 다시 말하면, 절대 자아는 세계를 유한한 자아를 통해 정립하는 것이 아니라 직접 정립하는 것이다. 똑같은 것이 이미 말한 《의식의 사실》에 대한 강의의 한 구절에서 다음과 같이 명석하게 진술되어 있다. '물질적 세계는 처음부터 일관되게 구상력의 산출적 능력의 절대적인 제한으로서 연역되어 왔다. 그러나 이와 같은 작용을 하는 산출적 능력은 하나의 삶 자체의 자기 드러남인가, 아니면 그것은 개인적인 삶의 드러남인가? 곧, 물질적 세계는 하나의 자기 동일적인 삶을 통해 정립되는가, 아니면 개인적인 삶 자체를 통해서 정립되는가? 하는 문제에 대해서는 우리는 아직 확실히 말하지 않았다. … 물질적 세계의 대상을 직관하는 것은 개인적인 삶 자체가 아니라 하나의 삶이다.' [35]

　이와 같은 입장으로 발전해 가기 위해서는 피히테는 분명 자신의 칸트적 출발점을 버리지 않으면 안 되고, 또 인간의 의식의 반성을 통해서 얻은 개념인 순수자아가, 세계에서 자기 자신을 두드러지게 보이는 절대적 존재가 되지 않으면 안 된다. 그리고 이것이야말로 바로 피히테가 후기의 철학에서 선택한 길이었다. 앞에서 든 《의식의 사실》에 관한 강의도 이 후기의 철학에 속한다. 그러나 나중에 보듯이, 피히테는 형이상학적 관념론에 오르기 위해 사용한 사다리를 차 버리는 데 참으로 성공하지 못했다. 그는, 자연은 도덕적 행위의 장으로서 절대자에 의하여 정립된 것이라고 확실히 생각했지만, 끝에 가서는, 세계는 의식에서, 그리고 의식에 대해 현존한다고 주장했다. 따라서 물질적 사물은

---

35. *F*, II, p. 614.(메디쿠스 판에는 수록되어 있지 않다.)

'개인 자체를 통해' 정립된다는 생각을 명백히 부정했지만 그의 입장에는 모호함이 남는다. 왜냐하면 의식은 절대자의 의식이라고 말해지지만, 절대자는 또한 인간을 통해서 의식하고, 그러면서도 인간을 떠나서 그 자체로서는 생각될 수 없다고 말해지기 때문이다.

1 . 처 음 에

피히테의 생애와 저작의 절에서 보았듯이, 그는 《도덕의 체계》를 출판하기 2년 전인 1796년에 《자연법의 기초》를 출판했다. 그의 생각에 법론과 정치사회론은 도덕성의 원리의 연역과는 독립적으로 연역될 수 있으며, 또 연역되어야 하는 것이었다. 그러나 이것은 피히테가 철학의 두 부문이 서로 아무 관련이 없다고 생각했다는 것을 의미하지 않는다. 왜냐하면 우선, 그 두 연역은 노력하고 또한 자유로 행동하는 자기라고 하는 공통의 근원을 가지고 있기 때문이며, 둘째로 법과 정치사회의 체계는 도덕법칙에 하나의 응용 분야를 제공하고 있기 때문이다. 그러나 그럼에도 불구하고 피히테의 생각으로는, 법과 정치사회의 분야는 도덕법칙에게 외면적이다. 외면적이라고 함은, 곧, 그 분야는 근본적인 도덕원리로부터 연역되는 것이 아니라 하나의 구성체이고, 도덕법칙은 그 구성체에서 그리고 그것과의 관련에서 응용된다고 하는 의미이다. 이를테면, 인간은 국가에 대하여 도덕적인 의무를 지고 있으며, 국가는 도덕적인 생활을 발전시킬 수 있는 여러 조건을 만들어 내야 한다. 그러나 국가 자신은 법의 체계를 지키고 보호하기 위한, 가언적으로 필요한 장치 또는 수단으로서 연역된다. 그러므로 인간의 도덕적 본성이 완전히 발전하면 국가는 소멸할 것이다. 또한 사유재산의 권리는 윤리학으로부터 피히테가 부가적 승인이라고 부르는 것을 받는다고 해도, 그 최초의 연역은 윤리학으로부터 독립적으로 이루어진다고 생각되었다.

피히테가 법론과 정치론을 윤리학으로부터 구별하는 주된 이유의 하나는 이렇다. 곧, 피히테는 윤리학이 내적 도덕성에, 곧 양심과 도덕성의 형식적 원리에 관여하는 데 대해 법론과 정치사회론은 인간존재 상호 간의 외적 관계에 관여한다고 생각되었다. 더욱이 법론은 도덕법칙의 응용으로서 연역될 수 있으므로 응용윤리학으로 볼 수 있다고 설명이 되더라도, 피히테는 이 주장을 옳다고 인정하지 않는다. 내가 어떤 권리를 가지고 있다는 사실은 반드시 내가 그 권리를 행사할 의무를 지고 있다는 것을 의미하지 않는다. 오히려 공익(公益)은 때로 권리 행사의 구속이나 제한까지 요구하는 일이 있을지도 모른다. 그러나 도덕법칙은 정언적이다. 그것을 다만 이렇게 말할 뿐이다. '이것을 **하라**. 저것은 **하지 말라**'고. 그러므로 법의 체계는 도덕법칙으로부터는 연역될 수 없다. 물론 법의 체계가 공동체에서 수립된 것인 이상, 당연히 그것에 대해 도덕적으로 경의를 표하지 않으면 안 된다. 이런 의미에서 도덕법칙은 법에 부가적인 승인을 덧붙이지만, 그것의 최초의 원천은 아닌 것이다.

헤겔의 생각에 따르면, 피히테는 칸트윤리학의 형식주의를 극복하기 위한 약간의 재료를 제공했지만 그것을 참으로 극복하지는 못했다. 그리고 사실 인간의 윤리적 삶이라고 하는 일반개념에서 법과 내적 도덕성과 사회라고 하는 세 개념을 종합한 것은 피히테가 아니라 참으로 헤겔이었다. 그럼에도 불구하고 이 장의 첫 절에서 피히테가 세운 법론과 윤리학의 구별 문제에 멈춰 선 주된 이유는, 피히테의 법론과 국가론을 개관하기 전에 그의 도덕론을 논해 두고 싶었기 때문이다. 그리고 이와 같은 절차를 밟아 두지 않으면, 피히테는 법론을 도덕법칙으로부터 연역했다고 하는 잘못된 인상을 줄 수도 있다.

2. 여느 도덕의식과 윤리학

피히테에 따르면, 인간의 도덕적 본성, 곧, 도덕적 명법에 대한 인간의 복종을 아는 데는 두 가지 방법이 있다. 첫째로, 여느 도덕의식의 단계로서 이를 알 수 있다. 곧, 인간은 자기 양심을 통해서 이것을 **하라**, 저것은 **하지 말라**고 인간에게 알려 주는 도덕적 명법을 자각할 수가 있다. 그리고 인간의 의무에 관한 인식이나 도덕적 행위를 위해서는 이와 같은 직접적인 자각만으로 충분하다. 둘째로, 여느 도덕의식을 주어진 것으로 상정하고, 그 근거를 탐구할 수도 있다. 그리고 도덕의식을 자아라고 하는 근원으로부터 체계적으로 연역하는 것이 윤리학이라고 하는 학문이며, 이것이 '학문적인 앎'[1]을 준다. 어떤 의미로는 물론, 이 학문적인 앎은 모든 것을 그것이 이전에 있었던 대로 해 둔다. 그것은 의무를 창조하는 것도 아니고, 양심을 통해서 이미 자각하고 있는 의무를 일련의 의무로 대치하지도 않는다. 그 앎은 인간에게 도덕적 본성을 주려는 것이 아니라 인간에게 자기의 도덕적 본성을 이해할 수 있게 하는 것이다.

---

1. *F*, IV, p. 122; *M*, II, p. 516.

3. 인간의 도덕적 본성

인간의 도덕적 본성이란 과연 무엇인가? 피히테는 말한다. 인간에게는 외적인 목표 또는 목적을 고려하지 않고, 오직 어떤 행위를 하기 위해서만 그 행위를 하려는 충동이 있으며, 마찬가지로 외적인 목표 또는 목적을 고려하지 않고 다른 행위를 하지 않기 위해서만 그 행위를 하지 않으려고 하는 충동이 있다. 그리고 이와 같은 충동이 자기 안에 나타나지 않을 수 없는 한에서의 인간의 본성이, 인간의 '도덕적 또는 윤리적 본성' [2]이며, 이와 같은 도덕적 본성의 근거를 이해하는 것이 윤리학의 과제이다.

자아란 활동이며 노력이다. 그리고 앞에서 본 의식의 실천적 연역을 고려에 넣으면, 자아의 본질인 노력이 취하는 근본형식은 의식 아래의 충동 또는 경향이다. 그러므로 어떤 관점에서 보면, 인간은 여러 가지 충동의 체계이며, 이 충동의 체계는 전체로서 자기보존의 체계로 볼 수 있다. 이 점에서 본다면, 인간은 자연의 유기적 소산이라고 할 수 있다. 그리고 자기 자신을 충동의 체계로 의식할 때는 '나는 자연의 유기적 소산으로서 존재한다' [3]고 말할 수 있는 것이다. 곧, 나 자신을 객관으로서 생각할 때는 나 자신을 이와 같은 존재로서 정립 또는 긍정하는 것이다.

그러나 인간은 또한 지성, 곧, 의식의 주관이기도 하다. 그리고 의식의 주관인 이상, 자아는 필연적으로 자기 자신을 자기 자신에 의하여서만 한정하려고 한다. 또는 그렇게 하도록 강요된다. 다시 말하면, 자아란 완전한 자유와 자립성을 구하는 노력인 것이다. 그러나 자연의 소산

---

2. *F*, IV, p. 13; *M*, II, p. 407.　　　3. *F*, IV, p. 122; *M*, II, p. 516.

으로서의 인간에 고유한 자연충동과 욕망은 특정한 자연의 대상과의 관계를 통해 그 충족을 꾀하므로, 당연히 그 대상에 의존하지 않을 수 없는 것같이 생각된다. 따라서 이들 충동은 지성으로서의 자아의 충동, 곧 완전한 자기한정에의 충동과 확실히 대조적이다. 우리는 낮은 차원의 욕망과 높은 차원의 욕망에 대해 이야기하거나 필연성의 영역과 자유의 영역에 대하여 이야기한다. 그리고 그렇게 함으로써 인간 본성에 2분법을 도입한다.

이와 같은 구별에 말하자면 현실적인 가치가 있다는 것을 피히테는 물론 부정하지 않는다. 왜냐하면 우리는 인간을 두 관점에서, 곧 객관으로서의 인간과 주관으로서의 인간이라고 하는 두 관점에서 고찰할 수 있기 때문이다. 이미 보았듯이, 스스로를 자연 안의 객관으로서, 곧, 자연의 유기적 소산으로서 의식할 수도 있고, 또 스스로를 주관으로서 자각할 수도 있다. 그리고 후자의 경우, 객관으로서의 나 자신을 포함하는 자연은 주관의 의식에 대하여 현존하는 것이다. 이 점에서 인간을 현상적 국면과 가상적 국면으로 구분하는 칸트는 옳다.

그러나 동시에 피히테는 이와 같은 구별이 궁극적인 것은 아니라고 주장한다. 이를테면, 충족을 겨냥하는 자연 충동과 완전한 자유와 자립성을 겨냥하는 정신적 충동은, 초월론적 또는 현상적 관점에서 보면, 동일한 충동이다. 자연의 유기적 소산으로서의 인간을 한갓 기계작용의 영역에 속하는 것으로 생각하는 것은 큰 잘못이다. 피히테가 말하고 있듯이, '음식이 내 앞에 있으니까 배가 고픈 것이 아니라, 배가 고프니까 어떤 것이 나에게 음식이 되는 것이다.'[4] 유기체는 자기 자신을 주장한다. 곧, 그것은 활동에로 향한다. 그리고 그것은 완전한 자유의 실

---

4. *F*, IV, p. 124; *M*, II, p. 518.

현을 구하는 정신적 충동이라는 형식으로 다시 나타나는 자기 활동에의 충동과 근본적으로는 같다. 왜냐하면 이와 같은 근본적인 충동은 시간과 더불어 사라지는 감각적 충족으로 멎지도 않지만, 잠잠해지지도 않으며, 말하자면 한없이 확장되어 가기 때문이다. 근본적인 충동이라든지 노력은 의식의 작용 없이 높은 차원의 정신적 충동이라는 형식을 취할 수 없다는 것은 물론 옳다. 확실히 의식이야말로 자연의 유기적 소산으로서의 인간을 이성적 자아, 곧, 정신으로서의 인간과 구별하는 분수령이다. 하지만 인간에서는 주관과 객관이 하나가 되어 있는 것이다. '자연 존재로서의 나의 충동과 순수한 정신으로서의 나의 경향성, 이들은 두 개의 다른 충동일까? 아니다. 초월론적 관점에서 보면, 양자는 하나이면서 동일한 근원적 충동으로서 이것이 나의 존재의 본질을 이루고 있는 것이다. 두 개의 충동이라는 것은 이 근원적 충동을 두 가지의 다른 측면에서 본 것에 지나지 않는다. 다시 말하면, 나는 주관-객관이고, 양자의 동일성과 불가분성(不可分性)에 나의 진정한 존재가 있다. 나를 **객관**으로, 곧, 감각적 직관과 논증적 사유의 법칙에 의하여 완전히 한정된 객관으로 보면, 실제로는 나의 오직 하나의 충동인 것이, 내게는 자연 충동이 된다. 왜냐하면 이 관점에서 보면, 나 자신은 자연이기 때문이다. 그러나 나 자신을 주관으로 보면, 그 충동은 나에게 순수히 정신적인 충동, 곧 자기한정의 법칙이 된다. 자아의 현상은 모두 이 두 가지 충동의 상호작용에만 의거하며, 이 상호작용은 참으로 **하나이며 동일한 충동의 자기 자신과의** 상호관계이다.' [5]

하나의 충동이라는 견지에서 인간의 통일을 보려고 하는 이와 같은 이론은 윤리학에 중대한 관련을 가지고 있다. 피히테는 형식적 자유와

---

5. *F*, IV, p. 130; *M*, II, p. 524.

실질적 자유를 구별하고 있다. 형식적 자유가 요구하는 것은 의식의 존재뿐이다. 비록 인간이 언제나 쾌락을 향한 자연 충동을 추구한다고 해도 의식적으로, 그것도 숙려 끝에 한 것이라면 자유로 행한 것이 된다.[6] 이에 대해 실질적 자유란 자아의 완전한 자립성을 추구하는 일련의 행동을 의미한다. 그리고 이것이 도덕적 행위인 것이다. 그러나 이와 같은 구별을 밀고 나가면 도덕적 행위에 어떤 내용을 줄 때, 곤란에 부닥치지 않을 수 없다. 왜냐하면 한편으로는 자연 충동에 따라서 행해진 행위가 있을 것이다. 그 경우, 그 행위는 특정한 대상에 관계함으로써 명백히 한정되어 있다. 그러나 다른 한편으로는 특정한 대상에 의한 한정을 일절 부정하고, 오로지 자유를 위한 자유라는 관념에 따라 행해진 행위도 있을 것이다. 그렇다면 이 둘째 계열의 행위는 전혀 한정되지 않았다고 생각될 것이 아닐까? 그러나 피히테는 대답한다. 인간의 본질을 이루고 있는 충동 또는 경향성은, 궁극적으로는 하나의 충동인 이상 여기서 종합되지 않으면 안 되며, 그 종합은 충동은 하나의 충동이라는 사실에 의하여 요구되는 것이다. 더 낮은 차원의 충동 또는 하나의 충동의 더 낮은 차원의 형식은 그 목적을, 곧, 쾌락을 희생하지 않으면 안 된다. 다른 한편 더 높은 차원의 충동 또는 하나의 충동의 더 높은 차원의 형식은 그 순수성을, 곧 어떤 대상에 의해서도 한정되지 않는다는 한정의 결여를 희생하지 않으면 안 된다.

이와 같이 추상적으로 표현하면, 피히테의 종합이라고 하는 관념은 극히 모호한 것같이 생각될지도 모른다. 그러나 그 근본에 있는 사상은

---

6. 인간에게는 여러 가지 활동성이 있다. 이를테면, 혈액순환도 그 하나이지만, 이것을 인간은 직접적으로 의식하고 있는 것은 아니며, 간접적으로 의식하고 있을 뿐이다. 인간은 이들 활동을 제어하고 있다고 말할 수 없다. 그러나 내가 **충동**이나 **욕구**를 직접 의식한다면, 피히테가 말하고 있듯이, 그것들을 만족시키느냐, 아니냐에 관해서 나는 자유롭다.

아주 명확하다. 이를테면, 도덕적 행위자는 음식과 같은 자연충동에 의하여 야기되는 행위 따위는 일절 하지 말아야 한다고 요구하는 것이 아님은 말할 필요도 없다. 육체를 떠난 정신으로 살도록 해야 한다고 요구하고 있는 것도 아니다. 요구되는 것은 도덕적 행위자의 행위는 직접적인 충족을 위해서만 행해지면 안 되고, 정신적인 주관으로서의 인간 스스로가 세운 이상적 목적이라는 한 점에 집중해 가는 일련의 행위의 일부가 되어야 한다는 것이다. 이 요구를 채울 때, 인간은 스스로의 도덕적 본성을 실현하게 된다.

이것은 당연히 도덕적 삶에서는 하나의 목적이 다른 목적에, 곧, 정신적 이상이 자연적인 충족과 쾌락에 대체될 수 있다는 것도 의미한다. 그렇다면 이 생각은, 어떤 행위를 하기 위해서만 행위 하고 또 다른 행위를 하지 않기 위해서만 그 행위를 하지 않는다고 하는 피히테의 도덕관과 어긋난다고 생각될지도 모른다. 그러나 문제가 되어 있는 정신적인 이상이란, 피히테에서는 자기활동, 곧, 자아에 의해서만 한정되는 행위인 것이다. 그러므로 그가 말하고자 하는 것은 이런 것이다. 곧, 이와 같은 행위는 세계에서의 일련의 한정된 행위라고 하는 형식을 취하지 않을 수 없지만, 그 행위는 동시에 자아 자신에 의하여 한정되고, 따라서 자연세계에 복종하는 것이 아니라 스스로의 자유를 표현하는 것이지 않으면 안 된다는 것이다. 요컨대, 이것이 행위를 위한 행위가 행해져야 한다는 의미이다.

그러므로 피히테는 인간 본성의 통일을 드러내고, 이로써 자연의 유기체로서의 인간의 삶과 의식의 정신적 주체로서의 인간의 삶 사이에 연속성이 있음을 보이기 위해 애썼다고 말할 수 있다. 그러나 동시에, 칸트의 형식주의의 영향도 매우 두드러진다. 그것은 도덕성이라는 최고원리에 대한 피히테의 설명에 명확히 나타나 있다.

4. 도덕성의 최고원리와 행위의 도덕성의 형식적 조건

객관으로서만 생각될 수 있는 자아에 대하여 피히테는 이렇게 말하고 있다. '자아의 본질적 특징, 곧 자기 자신을 자기 자신에게 외적인 일체의 것으로부터 구별하는 자아의 본질적 특징은 자기활동(*Selbstthätigkeit*)을 위한 자기활동에의 경향성에 있다. 그리고 자아란 자기 외의 어떤 것과도 상관하지 않고, 자기 자신에서 그리고 자기 자신에 대해서 생각될 수 있는 것이라고 할 때에 생각되었던 것은 다름 아닌 이 경향성인 것이다.'[7] 그러나 자기 자신을 객관으로서 생각하는 것은 주관으로서의, 곧, 지성으로서의 자아이다. 그리고 자아가 자기 자신을 자기 활동을 위한 자기활동에의 경향성이라고 생각한다면 의당 자아는 스스로를 자유롭다고, 절대적인 자기활동을 할 수 있는 것이라고, 곧, 자기를 한정하는 능력이라고 생각하지 않으면 안 된다. 더욱이 자아가 자기 자신을 이렇게 생각할 수 있는 것은 자기 자신을 법칙에, 곧 자기한정이라는 개념에 따라서 자기 자신을 한정하는 법칙에 복종하는 것이라고 생각하기 때문이다. 곧, 나의 객관적인 본질은 자기한정의 능력에 곧, 절대적인 자기활동을 실현하는 능력에 있다고 생각한다면 나 자신은 이 본질을 현실화하도록 강요받고 있다고 생각하지 않을 수 없게 된다.

따라서 우리는 자유와 법칙이라는 두 개의 관념을 가지고 있다. 그러나 주관으로서의 자아와 객관으로서의 자아는 의식에서 구별될 수 있다고 해도 역시 불가분이며 궁극적으로는 하나이듯이, 자유와 법칙

---

7. *F*, IV, p. 29; *M*, II, p. 423.

이라는 관념은 불가분이며 궁극적으로는 하나이다. '그대가 그대 자신
은 자유라고 생각한다면, 그대 자신의 자유는 법칙의 지배 아래 있다고
생각하지 않을 수 없게 된다. 그리고 그대가 이 법칙을 생각한다면 그
대 자신이 자유라고 생각하지 않을 수 없게 된다. 법칙이 자유로부터
생기지 않듯이 자유는 법칙에서는 생기지 않는다. 그것들은 그 한편이
다른 편에 의존한다고 생각될 수 있는 두 개의 관념이 아니라, 하나이
고 동일한 관념이다. 곧, 그것은 완전한 종합이다.'>8

이와 같은 얼마간 뒤틀린 길을 더듬어 피히테는 도덕성의 근본 원
리, 곧, '지성은 자립성(Selbständigkeit)의 개념으로써 완전히, 예외 없
이 자기의 자유를 한정해야 한다고 하는, 지성의 필연적인 관념'>9을
연역한다. 자유로운 존재자는 스스로의 자유를 법칙의 지배 아래, 곧,
완전한 자기한정 또는 절대적 자립성(곧, 일체의 외적 객관에 의한 한
정의 결여)이라고 하는 법칙의 지배 아래 두지 않으면 안 된다. 그리고
이 법칙은 자유로운 존재자의 본성 자체를 표현하고 있는 것이므로, 어
떤 예외도 인정하면 안 된다.

그런데 유한한 이성적 존재자가 자유롭다고 할 수 있는 것은, 실제
로 인과적인 활동을 할 수 있는 의지에 의하여 야기되는 일련의 한정된
행위가 가능하다고 생각하기 때문이다. 그러나 이 가능성을 실행하려
면 객관적인 세계가 요구된다. 곧, 이성적 존재자가 일련의 특수한 행
위를 통해 스스로의 목표로 나아갈 수 있는 장으로서의 객관적인 세계
가 요구된다. 이리하여 자연의 세계, 곧 비아의 영역은 우리의 의무를

---

8. *F*, IV, p. 53; *M*, II, p. 447. 이에 대하여 피히테는 이렇게 말하고 있다. '칸트는, 자유의 사상은 법칙의
   사상으로부터 도출된다고는 말하지 않았다. 그가 말하고 있는 것은, 자유의 사상의 객관적 타당성에 대
   한 믿음은 도덕법칙의 의식으로부터 도출된다고 하는 것이다.'
9. *F*, IV, p. 59; *M*, II, p. 453.

이행하기 위한 재료 또는 도구로 간주될 수 있는 것이며, 여러 감각적인 사물은 저마다 순수한 의무를 특수화하기 위한 유인(誘因)으로 나타나게 된다. 자아가 자기의식에서 자기에게 되돌아오기 위해, 절대 자아는 세계를 장애 또는 저항으로 정립한다는 피히테의 생각에 대해서는 이미 언급했다. 그리고 이제 우리는 세계가 더욱 특수화된 도덕적 문맥에서 정립되는 것을 본다. 그것은 이성적 존재자가 스스로의 도덕적 사명을 실행하기 위한 불가결의 조건이다. 세계가 존재하지 않는다면, 자아는 말하자면 순수한 의무에 내용을 줄 수 없게 되고 말 것이다.

　이들 특수한 행위가 도덕적 행위이기 위해서는 하나의 형식적 조건을 충족시키지 않으면 안 된다. '무엇보다도 그대의 의무를 확신하고 항상 행위 하라. 곧 그대의 양심에 따라서 행위 하라. 이것이 우리 행위의 도덕성의 형식적 조건이다. …' >10 이와 같이 행위 하는 의지가 선의지이다. 이와 같은 피히테의 서술은 명백히 칸트의 영향 아래 있는 것이다.

5. 틀릴 수 없는 기준으로서의 양심

　'그대의 양심에 따라 행위 하라.' 피히테는 양심을 '우리의 일정한 의무의 직접적인 의식' >11이라고 정의하고 있다. 곧, 양심은 특수한 의무의 직접적인 자각인 것이다. 그리고 이 정의로부터 명확하게, 양심은 잘못을 범하지 않으며 또 범할 수 없다는 결론이 나온다. 왜냐하면 양심을 인간의 의무의 직접적인 자각이라고 정의하면서, 그 동일한 양심

---

10. *F*, IV, p. 173; *M*, II, p. 567.　　　11. *F*, IV, pp. 173~4; *M*, II, pp. 567~8.

이 인간의 의무를 자각하지 않을 수도 있다는 것은 모순이기 때문이다.

피히테가 찾아내려는 것이 선과 악의 절대적 기준임은 분명하다. 또 칸트와 마찬가지로, 타율을 피하려고 하는 것도 분명하다. 어떤 외적 권위도 요구되는 기준이 될 수 없다. 그러므로 피히테는 양심에 주목하고, 양심은 직접적인 감정(*Gefühl*)이라고 말한다. 왜냐하면 실천적 능력은 이론적 능력보다 우월하기 때문에, 양심의 원천이 되는 것은 당연히 전자이지 않으면 안 되는 것이다. 그리고 실천적 능력은 판단을 내리지 않으므로, 양심은 감정이지 않으면 안 되기 때문이다.

양심을 직접적인 감정이라고 하는 피히테의 생각은 여느 인간이 자신의 도덕적 확신에 대하여 말할 때, 언제나 사용하는 방식에 잘 들어맞는다. 이를테면, 우리는 '나는 바로 이것이 행해야 하는 옳은 행위라고 느낀다. 이것 이외의 어떤 행위도 옳지 않으리라고 느낀다'고 말할 것이다. 이때 그 사람은 아마도 그것이 확실하다고 느낄 것이다. 그러나 반면 어떤 사람은, 감정이란 의무의 틀릴 수 없는 기준이 될 수 없다고 논평하고 싶어 할지도 모른다. 하지만 피히테의 주장에 의하면, 그 직접적인 감정은 '우리의 경험적 자아와 순수자아의' 일치 또는 조화를 의미하고 있다. '그리고 순수자아는 우리의 오직 하나의 참실재이다. 그것은 모든 가능적 존재이며 또 모든 가능적 진리이다.'>[12] 그러므로 양심의 본질을 이루고 있는 감정이 잘못을 범하거나 속이거나 하는 일은 있을 수가 없다.

그러나 피히테의 이론을 이해하려면, 그가 인간의 도덕적 삶에서 이론적 능력에 의한 활동을 모두 배제하고 있지 않다는 것을 알아야 한다. 완전한 자유와 자립성을 구하는 자아의 근원적 경향성은, 이 이론

---

12. *F*, IV, p. 169; *M*, II, p. 563.

적 능력을 자극하여 의무의 일정한 내용을 구하게 한다. 이리하여 우리
는 여러 가지 상황 아래에서 무엇을 해야 할 것인가를 반성할 줄 알게
되고, 또 실제로 그것을 반성하는 것이다. 그러나 우리가 내리는 어떤
이론적 판단도 틀릴 수가 있다. 논의의 작용은 토의 중의 상황이 갖는
여러 가지 국면에 주의를 기울이게 하고, 그럼으로써 말하자면, 경험적
자아와 순수자아 사이의 조화를 촉진시키는 데 있다. 이 조화는 감정
중에, 곧, 의무의 직접적 의식 중에 나타난다. 그리고 이 직접적인 자각
이 이론적 탐구와 논의를 정지시키는 것이다. 그렇지 않으면 그 탐구와
논의는 끝없이 계속될 것이다.

　자기의 의무를 직접 의식하고 있는 사람일지라도, 그것이 바로 자기
의 의무라고 하는 이유로 그것을 이행하지 않겠다고 결심할 수 있다는
것을, 피히테는 인정하려고 하지 않는다. '이와 같은 격률은 악마적일
수 있다. 그러나 악마라는 개념은 자기모순적이다.'[13] 하지만 '우리가
알고 있는 한의 어떤 인간도, 어떤 유한한 존재자도 선을 확신하고 있
지 않다.'[14] 양심 자체는 잘못을 범할 수 없다. 그러나 양심은 흐려질
수 있으며 소멸될 수도 있다. 곧, 의무의 관념은 남아 있다고 해도 의무
와 낱낱의 행위와의 관련의 의식이 흐려지는 일은 있을 수 있는 것이
다. 단적으로 말해, 경험적 자아와 순수자아를 정확하게 일치시킬 기회
를 잃을 수도 있을지 모른다.[15] 더욱이 의무의 의식이 실제로 소멸하
는 일도 있을 수 있다. 이를테면, '사적 이익의 격률이나 맹목적 충동에
따라서 행동할 때, 우리는 철두철미 자기의 무법칙한 의지를 주장'[16]

---

13. *F*, IV, p. 191; *M*, II, p. 585.　　　14.　*F*, IV, p. 193; *M*, II, p. 587.
15. 이것은 이를테면, 내가 상황을 실제로 판단하지 않고, 오직 그의 한 부분적인 국면밖에 보지 않는 경우
　　에 생긴다.
16. *F*, IV, p. 194; *M*, II, p. 588.

하고 있는 것이다. 이처럼 악마적인 악의 가능성은 배제되어 있지만, 양심은 틀릴 수 없다는 이설은 부정행위의 가능성을 배제하고 있는 것이 아니다. 그리고 나의 양심을 흐리게 하거나 또 완전히 소멸시키거나 하는 책임은 나에게 있을지도 모르는 것이다.

따라서 피히테에 의하면, 여느 인간은 자기의 특수한 의무를 판정하기 위해 틀릴 수 없는 기준을 쓰려고 하면, 그것을 자유로 쓸 수 있지만, 그 기준은 윤리학에 관한 앎에 전혀 의존하고 있지 않은 것이다. 그러나 철학자는 이 기준의 근거를 탐구할 수가 있다. 그리고 피히테는 이 형이상학적인 탐구를 수행했던 것이다.

6. 형식적 도덕법칙의 철학적 응용

이리하여 양심은 실제의 도덕적 삶에서의 최고의 재판관이다. 그러나 그 명령은 전제적이지도 자의적이지도 않다. 왜냐하면 피히테가 말하는 '감정'이란 실제로는, 우리에게 내재해 있는 자각의 표현이기 때문이다. 곧, 특수한 행위가 순수자아의 근본적 충동을 채우는 일련의 행위 안쪽에 배열되는지, 또는 그 바깥쪽에 배열되는지를 우리는 잠재적으로 알고 있다는 것을 언표하고 있기 때문이다. 그러므로 양심이 도덕적 행위의 완전한 기준일지라도, 철학자는 어떤 유형의 행위가 자아의 도덕적 목표로 이끄는 행위 계열에 속하는지 아닌지를, 이론적으로 제시할 수 없을 것이라고 할 아무 이유도 없다. 과연 철학자는 특정한 개인의 특정한 의무를 연역할 수는 없다. 그것은 양심의 문제이다. 그러나 일반적 원리 또는 규칙의 틀 안에서라면, 도덕성의 근본원리의 철학적 응용은 가능하다.

보기를 하나 들자. 나에게는 행위 할 의무가 있다. 왜냐하면 행위에 의하지 않고는 도덕법칙을 실현할 수가 없기 때문이다. 그리고 신체는 행위 하기 위한 불가결의 도구이다. 그러므로 나는 나의 신체 자체를 궁극 목표인양 다루면 안 된다. 그러나 다른 한쪽으론 나는 행위 하기 위한 불가결의 도구로서의 신체를 보호하고 양육해야 한다. 그러므로 이를테면 팔다리를 절단하는 것은 신체 전체를 보존하기 위해 부득의한 경우가 아니면 악이 될 것이다. 그러나 낱낱의 특수한 상황 아래서 팔다리를 절단하는 것의 정당화 여부는 철학자의 문제는 아니고, 차라리 양심의 문제이다. 나는 다만 상황을 여러 가지 국면에서 생각하고 나의 의무의 직접적 의식에 따라서, 더욱이 피히테에 의하면, 이 직접적인 '감정'이 틀리는 일은 있을 수 없다고 굳게 믿고 행위 할 수 있을 뿐이다.

마찬가지로, 인식능력의 사용에 관해서도 일반적 규칙을 정식화할 수 있다. 피히테는 학자의 사명에 깊은 관심을 가지고 있었는데, 그것은 사상과 연구의 완전한 자유는 '나의 의무를 아는 것이 나의 모든 인식과 사상의 궁극 목적이지 않으면 안 된다'[17]는 신념과 결합되지 않으면 안 된다는 그의 주장에 잘 표현되어 있다. 그리고 이 종합적 규칙이란 다음과 같은 것이다. 곧, 학자는 의무에 대한 헌신이라는 정신에 따라서 연구해야 하며, 한갓된 호기심이라든가 달리 아무것도 할 일이 없다는 이유로 연구하면 안 된다.

---

17. *F*, IV, p. 300; *M*, II, p. 694.

7. 도 덕 적   사 명 이 라 는   관 념 과   실 재 에   대 한
    피 히 테 의   일 반 적   견 해

　　그러므로 철학자는 도덕의 근본원리의 응용으로서 행위의 몇 가지
일반규칙을 규정할 수 있다. 그러나 개인의 도덕적 사명은 헤아릴 수
없이 많은 특수한 의무로써 이루어져 있다. 그리고 양심이란 그들 의무
에 관한 틀릴 수 없는 기준이다. 그러므로 각 사람은 저마다 고유한 도
덕적 사명을 가지고 있다. 각 사람은 도덕적 세계질서를 실현하는 데,
곧, 세계에서의 이성의 완전한 지배를 실현하도록 이끄는 일련의 행위
를 수렴하는 데 개인적으로 공헌하는 것이다. 이와 같은 이상적 목적을
달성하기 위해서는 말하자면, 도덕적 노력을 분할할 필요가 있다. 그리
하여 새롭게 도덕의 근본원리를 다음과 같이 정식화할 수 있다. '언제
나 그대의 도덕적 사명을 수행하라.' [>18]
　　피히테의 실재관의 개요가 이제 명확해졌을 것이다. 궁극의 실재란
우리의 관점에 따르면, 절대 자아 또는 무한한 의지로 생각되지만, 이
실재는 스스로가 자유라고 하는 완전한 의식으로, 곧 자유의 완전한 자
기소유를 향해 자발적으로 노력한다. 그러나 자기의식은 피히테의 생
각으로는, 유한한 자기의식이라는 형식을 취하지 않을 수 없고, 더욱이
무한한 의지의 자기실현은 유한한 의지의 자기실현을 통해서만 가능하
다. 그러므로 무한한 활동은 다수의 유한한 자아, 또는 이성적이고 자
유로운 존재자에게서 스스로를 자발적으로 표현한다. 그러나 자기의
식은 비아 없이는 성립되지 않는다. 왜냐하면 유한한 자아는 비아가 있
기에 스스로에게 되돌아올 수 있기 때문이다. 더욱이 행위를 통해서 유

---

18. *F*, IV, p. 150; *M*, II, p. 544.

한한 자유의지를 실현하려면 행위가 거기에서 그리고 그것을 통해서 가능할 수 있는 세계가 요구된다. 그러므로 절대 자아 또는 무한한 의지가 유한한 자아를 통해 자기 자신의 자유를 의식하게 되려면, 세계, 곧, 자연을 정립하지 않으면 안 된다. 그러면 공통의 목표를 구하는 유한한 자아의 도덕적 사명은 절대 자아 또는 무한한 의지가 스스로의 목표를 향해 나아가는 길 위에 있다고 생각될 수 있다. 자연은 도덕적 의지를 표현하기 위한 불가결의 조건이기는 하지만 역시 한갓된 조건일 뿐이다. 경험적 현실이 갖는 참으로 중요한 특색은, 인간존재의 도덕적 활동에 있으며, 더욱이 그 활동 자체가 무한한 의지의 표현이며, 무한한 의지가 곧, 활동하는 존재자라기보다 활동성, 작용 그 자체인 무한한 의지가 자발적으로 그리고 필연적으로 취하는 형식이다.

8. 자기의식의 조건으로서 세계에서의 자아의 공동체

  그러면 법론과 국가의 연역의 고찰로, 곧 인간의 도덕적 삶이 전개되는 장인 조직체의 고찰로 향하자. 그러나 법론과 정치론은 인간존재 상호 간의 관계를 다루기 때문에 자아의 다수성을 전제한다. 그리하여 피히테의 자아의 다수성의 연역에 대하여 약간 언급해 둘 필요가 있다.
  이미 보았듯이, 자기의식이 생기기 위해서는 절대 자아는 자기 자신을, 유한한 자아의 형식에 한정하지 않으면 안 된다. 그런데 '어떤 자유로운 존재자라 해도 동시에 다른, 자기와 같은 따위의 존재자를 의식하지 않고서는 자기 자신을 의식하지 않는다.'[19] 내가 나 자신을 자유로운 개인으로 의식할 수 있는 것은 오로지 이성적이며 자유로운 존재자라고 내가 승인하는 다른 존재자로부터 나 자신을 구별함으로써이다. 공동주관성은 자기의식의 조건이다. 자기의식이 생기려면, 이래서 자아의 공동체가 요구된다. 현존하는 것으로서의 지성은 다양하다. 사실 그것은 '닫혀진 다양, 곧, 이성적 존재자의 **체계** [20]이다. 왜냐하면 이성적 존재자는 하나의 절대 자아의, 곧, 하나의 무한한 활동성의 제한 전체이기 때문이다.

　자기가 공동체 또는 이성적 존재자의 체계의 일원이라고 하는 이 승인에는 전제조건으로 또한 감각적 세계가 요구된다. 왜냐하면, 나의 자유는 다른 사람의 행위와 말하자면 서로 운동한 행동 중에 나타나기 때문이다. 그러므로 이와 같은 행동의 체계가 가능하려면, 개별적인 이성적 존재자가 자기 자신을 표현할 수 있는 장으로서의 공통의 감각적 세계가 있지 않으면 안 된다.

9.　법의　원리　또는　법규

　이제 나는 나 자신을 자유로운 이성적 존재자의 공동체의 일원으로 보지 않고서는 나 자신을 자유롭다고 의식할 수 없다고 한다면, 나만 무한한 의지의 전체를 가진 것이 아니게 된다. '다른 사람의 자유도 승인하고 있다는 사실에 의하여 나는 스스로를 제한하고, 스스로의 자유에 머물지 않으면 안 되는' [21] 동시에, 또한 공동체의 어떤 성원도 다른 모든 성원이 그들의 자유를 표현할 수 있도록, 스스로의 자유의 외적

19.　*F*, II, p. 143; *M*, IV, p. 143.

20.　*Ibid.*　　　　　　　　　　21.　*F*, III, p. 8; *M*, II, p. 12.

표현을 제한한다고도 생각하지 않으면 안 된다.

이와 같은 생각이 곧, 이성적 존재자의 공동체의 어떤 성원도 다른 모든 성원이 자신과 마찬가지로 그들의 자유를 표현할 수 있도록 스스로의 자유의 표현을 제한해야 한다는 생각이 법의 개념을 이루는 것이다. 그래서 피히테는 법의 원리 또는 법규(*Rechtsregel*)를 이렇게 말한다. '그대가 관계하는 다른 모든 인격의 자유라는 개념으로써 그대의 자유를 제한하라.'[22] 피히테에게 법의 개념은 본질적으로 사회적인 개념이다. 곧, 다른 이성적 존재자가 나 자신의 활동에 간섭할 수 있고 거꾸로 또 나 자신도 다른 이성적 존재자의 활동에 간섭할 수 있다고 생각할 때 비로소 자유의 개념이 생긴다. 만약 내가 자기를 제외한 다른 모든 이성적 존재자를 사상(捨象)한다면, 나는 **모든 힘**을 가지고 있는 것이 된다. 그러면 나는 그 힘들 또는 그중의 얼마를 행사하는 도덕적 의무를 가지고 있는 것이 될 것이다. 그러나 이와 같은 경우에는, 내가 그 힘들을 행사할 **권리**를 가지고 있다고 말하는 것은 부적절하다. 이를테면 나는 자유롭게 말할 힘을 가지고 있다. 그러나 피히테에 따르면, 만약 내가 다른 모든 이성적 존재자를 사상해 버린다면 내가 자유롭게 말할 힘을 가지고 있다고 말하는 것은 부조리한 것이다. 왜냐하면, 나의 생각을 자유롭게 말한다고 하는 나의 능력의 행사에 간섭할 수 있는 다른 존재자가 현존한다고 생각하는 것이 아니라면 이 개념은 의미가 없기 때문이다. 마찬가지로 사회적 연관을 무시하고 사유재산권을 말하는 것도 의미가 없다. 물론 만약 내가 유일한 이성적 존재자라면, 물질적 사물에서 그리고 물질적 사물을 통해서 스스로의 자유를 표현하기 위해 그것에 작용하고 그것을 사용할 의무를 가지고 있으며 재산을 가지고 있을 것이다.

---

22. *F*, III, p. 10; *M*, II, p. 14.

그러나 엄밀한 의미에서의 나의 사유재산권이 생기는 것은 똑같은 권리를 돌리지 않을 수 없는 다른 사람의 존재를 내가 생각하는 경우에 한정되는 것이다. 사회적 연관의 밖에 있는 사유재산이란 어떤 것일까?

이제 자유로운 자아의 공동체는, 각 성원은 법규를 행위의 실효적 원리로 보아야 한다고 요구하지만, 개인의 의지는 반드시 그와 같은 법규에 의하여 지배되는 것은 아니다. 그러나 피히테는 여러 의지를 하나의 의지로 결합하면 규칙에 의하여 끊임없이 방향 지워지고 있는 것 같은 의지를 산출할 수 있다고 주장한다. '백만의 사람이 같이 살고 있다 해도, 아마 누구나 할 수 있는 대로 많은 자유를 원할 것이다. 그러나 모든 사람의 의지를 하나의 의지로서 하나의 개념으로 결합하면, 이 하나의 의지는 가능적 자유의 총체를 균등한 부분으로 분할하게 된다. 그것은 각 개인의 자유를 다른 모든 개인의 자유에 의하여 제한함으로써 모든 사람을 자유롭게 한다.' [23] 이와 같은 결합은 권리의 **상호승인에 의하여** 언표된다. 그러므로 어떤 사물을 전유하는 권리[24]라고 생각되는 사유재산권의 바탕이 되어 있는 것은 이 상호승인인 것이다. '전유권(專有權)은 상호승인에 의하여 생긴다. 그리고 이 조건 없이 전유권은 존재하지 않는다. 소유권은 모두 여러 의지를 하나의 의지로 결합하는 데 바탕을 두고 있다.' [25]

---

23. *F*, III, p. 106; *M*, II, p. 110.
24. 피히테에게 물건의 합법적 소유란 실제로 그 물건에 관해 어떤 행동을 하는 배타적 권리라는 것은 주목할 만하다. 이를테면, 밭에 관한 농민의 소유권은 거기서 씨를 뿌리거나, 경작하거나 소를 놓아기르는 배타적 권리이다.
25. *F*, III, p. 129; *M*, II, p. 133.

10. 국가의 연역과 그의 본성

법의 안정성이 끊임없는 공동승인에 바탕을 두고 있다면, 서로 간의 성실함과 신뢰가 해당되는 모든 사람들에게 요구된다. 그러나 이것들은 전혀 믿을 수 없는 도덕적 조건이다. 그러므로 법의 존중을 강요하는 어떤 권력이 있지 않으면 안 된다. 더욱이 이 권력은 인격의 자유의 표현이기도 하지 않으면 안 된다. 곧, 그것은 자유롭게 수립되는 것이지 않으면 안 된다. 따라서 약속 또는 계약이 필요하며 또 그와 같은 계약을 매개로 해서 비로소 계약을 체결한 당사자는 다른 사람의 권리를 범한 사람은 누구든지 강제적인 법에 따라서 처벌되어야 한다는 것에 동의하는 것이다. 그러나 이와 같은 계약이 효과를 가질 수 있는 것은 사회계약이라고 하는 형식을 취할 때에 한한다. 그리고 이 사회계약을 매개로 하여 비로소 국가, 곧, 일반의지가 추구하는 목적의 달성을, 구체적으로 말하자면 법체계의 안정과 만인의 자유의 보호를 보증하는 데 필요한 권력을 갖춘 국가가 수립[26]되게 되는 것이다. 이와 같이 만인의 의지를 하나의 의지로 결합함으로써 일반의지라고 하는 형식은 국가로 구체화되어 간다.

피히테의 일반의지론과 사회계약이라는 사상에는 루소의 영향[27]이 명백하다. 그러나 이들 사상은 단지 프랑스의 철학자에 대한 존경의 뜻에서 도입된 것이 아니다. 왜냐하면 피히테의 국가의 연역은, 국가란 법 관계를 지탱하는 불가결의 조건이며, 이것 없이 자유로운 인격의 공동체는 생각할 수 없다고 하는 것의 단계적 논증에 있기 때문이다. 더

---

26. 피히테는 사회계약을 여러 단계로 구분하고 있는데, 그것은 그가 통일협정이라고 부르는 것에서 정점에 달한다. 거기서는 정치사회의 여러 성원은 하나의 유기적 전체가 된다.

27. Vol. Ⅵ, chapters 3 and 4 참조.

욱이 이 공동체 자신이 무한한 자유로서의 절대 자아의 자기실현을 위한 불가결의 조건으로 서술되고 있는 것이다. 따라서 국가는 자유의 표현으로 간주되지 않으면 안 된다. 그리고 루소의 사회계약론과 일반의 지론은 이것을 분명히 하는 데 이바지했다.

피히테는 과연 전체로서의 국가에 대하여 말하고 있으며, 더욱이 그것을 자연의 유기적 소산에 비기기까지 했다. 따라서 피히테의 정치론에는 국가 유기체설이 없다고 할 수는 없다. 하지만 피히테는 동시에, 국가는 단지 자유의 표현일 뿐 아니라 또한 어떤 시민의 개인적인 자유와 다른 시민의 그것이 일치하는 한, 각 시민이 스스로의 개인적인 자유를 행사할 수 있는 환경을 만들기 위해 있다는 점을 강조하고 있다. 아니, 그뿐 아니라 국가가 강제적인 권력이라고 간주되는 한, 국가는 가언적(假言的)인 필연성 밖에 갖지 못한다고까지 말하고 있다. 곧, 사회의 각 성원이 다른 성원의 권리와 자유에 대하여 도덕적 동기에서 경의를 표한다는 데까지 인간의 도덕적 발전이 미치지 못했다는 전제 아래 국가는 필요한 것이다. 하지만 이 조건이 채워진다면, 강제적인 권력으로서의 국가는 더 이상 필요가 없을 것이다. 사실 국가 기능의 하나로 인간의 도덕적 발전의 촉진을 들 수 있으므로, 피히테로서는, 국가는 스스로를 소멸시키기 위한 조건들을 산출하기 위해 노력하지 않으면 안 된다고 말할 수 있는 것이다. 마르크스주의적으로 말하면, 피히테는 적어도 이상적인 가능성으로서 국가의 소멸을 기대하고 있다. 따라서 피히테가 국가를 자기목적으로 본다는 것은 있을 수 없다.

이들 전제에서 볼 수 있듯이, 피히테는 당연한 일이지만, 전제주의를 부정하고 있다. 그러나 프랑스혁명의 찬동자인 피히테로서는 놀라운 일로 생각되겠지만, 그는 동시에 민주주의도 부정하고 있다. '국가는 **전제주의적**으로도, **민주주의적**으로도 통치될 수 없을 것이다.' [28] 그러나 민주주의라는 말로 그가 생각하고 있는 것은, 전체 인민에 의한 직접통치이다. 문자 그대로의 민주주의에서는 대중에게 스스로의 법을 준수하도록 강요하는 권력은 없을 것이기에 그는 그것에 반대하는 것이다. 비록 시민 다수가 개인적으로는 좋은 성향을 가진 이들이라고 해도 거기에는 공동체가 무책임하고 변덕스러운 군중으로 타락해 가는 것을 막을 수 있는 권력도 없게 될 것이다. 그러나 무제한한 전제주의와 민주주의의 양극단을 피하려고 하면 어떤 체제가 최선의 것인지 알 수 없게 된다. 그러나 그것은 정치의 문제이지 철학의 문제는 아니다.

그러나 피히테는 행정당국이 권력을 남용할 수도 있다고 생각하고 어떤 종류의 최고법정 또는 재판소, 곧, '민선(民選)행정감독청'(Ephorate)의 설립을 역설하고 있다. 이것은 보통 의미에서의 사법적, 행정적 또는 재판적 권력은 아니다. 그 기능은 법과 체제의 준수를 감시하는 데 있으며 행정당국에 의한 권력의 중대한 남용이 생겼을 때, '감독관'은 국가 금지령을 발포하여 그 기능의 시행을 정지시키는 권한을 가지고 있다. 또한 체제나 법이나 정부의 변혁을 원하는 인민의 의지를 확인하기 위해 국민투표에 호소하지 않으면 안 될 때도 있다고 되어 있다.

피히테가 국가를 신격화할 뜻이 없다는 것은 아주 분명하다. 오히려 그의 정치론을 개관하는 한, 그는 **자유방임** 정책을 옹호함으로써 국가의 기능을 최소한으로 억제하려고 한다고 생각될지도 모른다. 그러나 이 결론도 그의 정신을 언표하고 있지 않다. 확실히 피히테는 국가의 목적은 치안과 법체계를 유지하는 데 있다고 주장하고 있다. 그리고 여기에서 개인의 자유에 대한 간섭은 그것이 이와 같은 목적을 실현하기 위해 요구되는 경우에 한한다는 결론이 생기는 것이다. 하지만 법체계

---

28. *F*, III, p. 160; *M*, II, p. 164.

의 제정과 그것의 유지, 그리고 공익을 위해 그것을 적용하는 것은 상
당히 많은 국가적 활동을 요구할지도 모른다. 이를테면, 누구나 자기의
노동으로 살아갈 권리를 가지고 있지만, 많은 사람이 그렇게 할 수 없
는 조건 아래 있다면, 아무리 권리를 주장해도 쓸데가 없다. 또한 국가
는 도덕법칙의 기초는 아니지만, 도덕의 발전을 촉진시키는 조건들을
만들어 내는 것은 국가의 일이고, 또 그것 없이는 참된 자유는 없는 것
이다. 특히 교육문제에는 주의를 기울여야 한다.

11. 봉쇄적 상업국가

따라서 피히테가 그의 《봉쇄적 상업국가》에서 계획경제를 구상한
것을 보게 된다 해도 그렇게 놀랄 것은 없다. 모든 사람은 살 권리를 가
지고 있을 뿐 아니라 사람답게 살 권리를 가지고 있다는 것을 그는 승
인하고 있다. 그러면 다음에는, 이 권리는 어떻게 하면 더 효과적으로
실현될 수 있느냐고 하는 문제가 생긴다. 첫째로, 이것은 이미 플라톤
이 몇 세기도 전에 승인하고 있었던 것이지만, 노동의 분업으로 주요한
경제계급을 일으키지 않으면 안 된다.[29] 그리고 둘째로, 조화 또는 균
형상태가 유지되지 않으면 안 된다. 하나의 경제계급만 비대해지면 경
제 전체가 파탄을 일으킬 염려가 있기 때문이다. 피히테는 《도덕의 체
계》에서 재능과 환경에 따라서 자기의 직업을 선택하는 것은 인간의 의
무라고 강조하고 있었다. 《봉쇄적 상업국가》에서는 오히려 공익 문제

---

29. 피히테는 세 개의 주요한 경제 계급이 있다고 추정하고 있다. 첫째는 인간 생활을 위해 필요한 원료의
생산자, 둘째는 이들 원료를 의복, 신발, 밀가루 따위의 상품으로 바꾸는 사람들, 셋째는 상인이다.

에 관심을 가지고, 국가는 공동체의 부를 위하여 분업을 감시하고 통제할 필요가 있다고 역설하고 있다. 참으로 환경의 변화에 따라서 국가통제의 변경이 요구될 것이다. 그러나 감독과 계획은 어떤 경우에도 절대로 필요하다.

피히테의 생각으로는, 일단 수립된 균형 잡힌 경제를 유지해 가기 위해서는 국가는 그 경제가 그 어떤 개인이나 집단에 의하여 혼란에 빠지는 일이 없는 권력을 가지고 있지 않으면 안 된다. 그러므로 외국과의 상거래는 모두 국가에 의하여 또는 국가의 엄밀한 관리 아래 이루어지지 않으면 안 된다. '이성 국가에서는 외국인과의 직접적 무역은 개인으로서의 시민에게는 허용되지 않는다.' >30 피히테의 이상은 자급자족하는 경제공동체라고 하는 의미에서의 봉쇄적 상업국가이다. >31 가령, 외국과의 무역이 필요한 경우에도 그것은 공적인 것과 관계가 없는 사람의 지도나 개인의 판단에 맡겨져서는 안 된다.

따라서 피히테가 구상하고 있는 것은 일종의 국가사회주의의 형태이다. 그리고 그는 계획경제야말로 인민의 지성적이고 도덕적인 발전을 더 높이기 위한 물질적 조건들을 주는 데 최선의 것이라고 생각했다. 사실 '이성국가'(*der Vernunftstaat*)란 그 자신의 철학원리에 의하여 지도된 국가를 의미한다. 특정한 철학체계에 의하여 국가를 지킨다는 생각을 우리는 아무리 해도 낙관적으로 받아들일 수 없을 것이다. 그러나 피히테의 생각으로는, 초월론적 관념론의 원리에 참으로 정통한 지배자는 그 자체가 자유의 표현인 목적을 달성하기 위해 요구되는

---

30. *F*, III, p. 421; *M*, III, p. 451.
31. 피히테가 '봉쇄적' 상업국가를 변호하는 것은 완전히 경제적 이유에 바탕하고 있기 때문은 아니다. 그보다 앞선 플라톤과 마찬가지로, 외국과의 무제한한 교섭은 올바른 철학의 원리에 따른 시민교육을 저해할 염려가 있다고 생각한 것이다.

경우가 아니고서는, 권력을 남용하여 개인의 자유를 구속하는 일 따위
는 결코 있을 수 없다.

1 2 . 피 히 테 와   국 가 주 의

　경제학적인 관점에서 보면, 피히테는 독일의 최초의 사회주의적 사
상가의 한 사람이라고 할 수 있다. 그러나 정치학적으로 말하면, 그는
초기의 세계주의적인 태도에서 독일국가주의로 옮겨 갔다.《자연법의
기초》에서는 일반의지라는 사상은 모든 인간의 의지를 보편적 공동체
에로 결합하는 사상에로 이끄는 것이었다. 그러므로 피히테는 국가들
의 연합을 모색한 것이었다. 법의 체계는 세계적인 공동체의 수립에 의
해서만 참으로 안정된 것이 될 수 있다고 생각했던 것이다. 그리고 어
느 정도까지 피히테는 언제나 이와 같은 넓은 시야를 지탱하고 있었다.
왜냐하면 그의 이상은 언제나 만인의 정신적인 자유에의 진보에 있었
기 때문이었다. 그러나 청년 피히테를 열광시켰던 프랑스혁명의 이상
은 나폴레옹으로 해서 배반당했다고 피히테는 느꼈으며, 또한 독일인
은 인류를 그 목표로 이끄는 데 프랑스인보다 뛰어난 자질을 가졌다고
도 생각하게 되었다. 결국 독일인이야말로《지식학》의 원리를 이해하
고, 이 원리에 의하여 인류를 계몽하고, 나아가 구제의 진리가 무엇을
실현할 수 있는지를 범례를 통해 인류에게 가르쳐 주는 데 가장 적합하
지 않을까? 곧, 피히테는 독일인은 문화적 사명을 가지고 있다고 생각
했던 것이다. 그리고 그는 또 이와 같은 사명은 독일민족의 정치적 통
일 없이는 완전히 수행될 수 없다고 확신하고 있었다. 문화적 통일과
언어의 통일은 동반하는 것이다. 그리고 문화는 정치적 통일이라는 지

주 없이는 통합될 수 없으며 또한 지속될 수 없다. 그러므로 피히테는 여러 국가로 분열되어 있는 독일의 현상에 종지부를 찍는 하나의 독일 제국을 조직하려고 모색했다. 그리고 또한 독일인을 하나의 '이성국가'로 통합시키는 지도자의 출현을 대망했다.

피히테의 희망과 꿈을 20세기 전반의 독일사의 견지에서 뒤돌아보면, 명백히 불길하고도 섬뜩한 것을 느끼지 않을 수 없을 것이다. 그러나 이미 말했듯이, 피히테의 시대의 역사적 상황을 염두에 두지 않으면 안 된다. 어떻든 이 문제에 대한 이 이상의 고찰은 독자에게 맡겨 둘 수 있을 것이다.

chapter 4

1. 초 기 피 히 테 의 종 교 론

1790년에 피이테는 《종교와 이신론(理神論)에 대한 아포리즘》(*Aphorismen über Religion und Deismus*)이라는 제목의 초고를 썼다. 이 초고에는 소박한 그리스도교적 경건과 사변철학 사이의, 진부한 말로 하자면, 종교의 신과 철학자의 신 사이의 긴장감이 명확하게 쓰여 있다. "그리스도교는 오성보다도 심정을 위해 있는 것같이 생각된다."[1] 심정은 기도에 응답해 주는 신, 곧 긍휼과 사랑을 느낄 수 있는 신이다. 그리고 그리스도교는 이 요구를 채워 준다. 그러나 오성은 피히테가 이신론이라고 부르는 것으로써 표현되고 있듯이, 세계에서 일어나는 일체의 것의 궁극원인인 언제나 변함이 없는 필연적 존재자라고 하는 개념을 우리에게 준다. 그리스도교가 주는 것은 의인적(擬人的)인 신의 모습이다. 이 모습은 종교적 감정과 그 절박한 요구에 잘 맞아떨어진다. 사변철학이 주는 것은 언제나 불변하는 제1원인, 그리고 결정론에 의하여

---

1. *F*, V, p. 5 (Medicus 판에는 수록되어 있지 않다.)

지배되고 있는 유한한 존재의 체계라고 하는 사상이다. 이와 같은 오성의 사상은 심정의 요구를 채워 주는 것은 아니다. 물론 사변철학이 종교의 주관적 타당성에는 손을 대지 않는다는 의미에서 종교와 철학은 양립할 수 있다. 그러니까 철학에 대하여 거의 또는 전혀 모르는 경건한 그리스도인에게는 아무 문제도 없다. 그러나 그의 심정이 인간적인 언어로 이해될 수 있는 신을 추구한다 해도, 동시에 철학적 반성이 자기의 본성의 일부가 되어 버린 사람은 어떻게 할 것인가? 철학적 반성을 제한해야 한다고 말하고 끝낼 수도 있다. "그러나 그가 원한다고 해서 그렇게 할 수 있을까?"[2]

그러나 피히테 자신은 신과 종교에 대하여 칸트 이전의 이신론보다 칸트의 생각에 따라서 반성해 나갔다. 그리고 《모든 계시의 비판의 시도》(*Versuch einer Kritik aller Offenbarung*, 1792)에서 그는 칸트의 입장을 발전시키려고 했다. 피히테는 여기서 특히, '신학'과 '종교'를 구별하고 있다. 도덕법칙의 가능성이라는 생각이 신에의 신앙을 요구한다. 이 경우 신은 자연을 지배하고 덕과 행복을 종합할 수 있는 전능한 신일뿐 아니라 도덕적 이상의 완전한 화신으로서의 신, 곧, 완전히 신성한 존재이며 지고의 선인 신이기도 하다. 그러나 ('신은 신성하고 의롭다'와 같은) 신에 대한 명제에 동의한다 해도, 이 동의는 종교의 경우와 같아지는 것은 아니다. 종교는 "<religio>라는 말의 뜻으로 보아서도, 우리를 **결합**시키는 것, 또한 참으로 다른 어떤 방법으로써 **더 강하게** 우리를 결합시키는 것이다."[3] 그리고 이 결합은 이성적 도덕법칙을 신의 법으로, 곧 신적 의지의 표현으로 받아들이는 데서 생긴다.

말할 필요도 없이 피히테가 말하려고 하는 것은 도덕법칙의 내용은

---

2. *F*, V, p. 8.　　　　　3. *F*, V, p. 43; *M*, I, p. 12.

신적 의지에 의하여 자의적으로 결정되어 있으므로 그것은 계시에 의하지 않고는 알 수 없다는 것이 아니다. 또 피히테는 실천이성의 자율이라는 칸트의 생각을 타율의 생각 곧, 권위주의적 윤리학의 생각으로 대체하려는 것도 아니다. 따라서 피히테는 자기의 입장을 정당화하기 위해 인간에게 있는 근본악의 사상에 의지한다. 곧, 인간에게는 자연충동이나 정열의 힘에 이끌려 행동하고 마는 뿌리 깊은 악의 가능성이 스며 있으며 그리하여 이 악 때문에 도덕법칙에 대한 인간의 앎이 흐려진다고 하는 것이다. 도덕의 입법자로서의 신의 관념과 신의 거룩한 의지에 대한 복종이라는 관념은 인간이 도덕법칙을 이행하는 데 이바지하며, 종교에 고유한 결합이라는 부가적 요소의 기초가 되기도 한다. 더욱이 신과 신의 법에 대한 앎이 흐려질 때가 있으므로 신이 자기 자신을 도덕의 입법자로서 계시하는 것은 만약 그것이 가능하다면 바람직한 것이다.

이것은 칸트를 넘어선 것같이 생각될지도 모른다. 그러나 그들의 차이는 보기보다 크지 않다. 피히테는 계시가 어디서 발견되어야 하는지를 결정하고 있는 것이 아니라, 계시라고 주장되고 있는 것이 참으로 그러한지를 결정하는 일반적 기준을 제시하는 것이다. 이를테면, 계시라고 주장되는 것도 만약 그것이 도덕법칙에 모순된다면, 결코 계시일 수 없다. 또 계시라고 주장되는 것이 신적 의지의 표현인 도덕법칙의 개념을 넘어선다면 그것은 이미 계시가 아니다. 따라서 피히테는 칸트가 주장하는 종교의 한계를 조금도 넘어서지 않고 있다. 또 피히테가 나중에 그리스도교의 교의에 대하여 보이는 공감은 이 단계에서의 그의 사상에는 보이지 않는다.

계시가 참으로 계시인지 아닌지를 결정하기 위해서는 우선 도덕법칙을 알지 않으면 안 된다는 피히테의 입장에 대해서는 확실히 이의를 제기할 수 있을 것이다. 이 경우 계시에 수반되는 것은 신의 전적으로 거룩한 의지의 표현으로서 도덕법칙을 이해하지 않으면 안 된다고 하는 사상뿐이다. 그런데 계시에 부가되는 이 요소야말로 참으로 종교에 고유한 것을 이루고 있다. 그러나 피히테의 전제로 보면, 종교는 말하자면 인간의 약함에 대한 양보라고 결론지어도 좋을 것 같다. 왜냐하면 바로 인간의 약함 때문에 그 보강이 필요해 신적 입법자에 대한 복종이 생각되기 때문이다. 그러므로 피히테가 실천이성의 자율이라고 하는 칸트의 생각을 포기할 뜻이 없고, 또한 동시에 종교라고 하는 관념을 보존, 유지해 가려고 한다면, 그의 신 개념을 수정하지 않으면 안 된다. 곧 보게 되듯이, 피히테 자신의 초월론적 관념론의 체계에서는, 적어도 그 최초의 형태의 체계에서는 그렇게 할 수밖에 없었다.

2. 지식학의 최초의 서술에서의 신

《지식학》에 관한 피히테의 최초의 서술과 설명에서는 신에 대한 언급이 거의 없다. 실제로 또한 신에 대하여 언급할 필요도 그렇게 없었다. 왜냐하면 피히테의 관심은 의식에 내재해 있는 제1원리로부터 의식을 연역하거나 재구성하는 데 있었기 때문이었다. 이미 보았듯이, 순수자아는 의식을 초월한 존재자는 아니고, 의식에 내재하며 의식을 기초 지우는 활동성이다. 또 순수자아를 직각하는 지적 직관이란 신의 신비적 직관이 아니라 순수한 자아-원리의 직관적 파악으로, 이 원리는 활동성 또는 작용(Thun)으로서 스스로를 드러낸다. 그러므로 피히테의 지식학의 현상학적 국면을 강조하는 한, 그의 순수자아를 신이라고 할 아무런 이유도 없는 것이다. 그것은 칸트의 초월론적 자아를 신이라고 할 수 없는 것과 마찬가지이다.

그러나 실제로는 현상학적 국면이 유일한 국면은 아니다. 칸트의 경우, 초월론적 자아는 의식의 통일의 논리적 조건이었기 때문에, 그것에는 존재론적인 위치와 기능이 주어지지 않았지만, 피히테는 물자체를 배제하고 비판철학을 관념론으로 변용했기 때문에, 순수자아에 존재론적인 위치와 기능을 주지 않을 수 없게 되었다. 물자체가 배제된다면 감각적인 존재, 그리고 그것이 가지고 있는 모든 실재성은 주관 쪽에 있는 궁극 원리로부터, 곧, 절대 자아로부터 이끌어 내지 않으면 안 된다. 그러나 '절대적'이란 말은 무엇보다 우선 의식을, 의식에 내재해 있는 하나의 원리로부터 초월론적으로 연역할 경우, 그 기초가 되는 것을 가리키는 것이며, 일체의 의식을 넘어선 존재자를 가리킨다고 생각하면 안 된다. 초월론적 관념론의 체계에서 이와 같은 존재자를 가정한다면, 존재를 사유로 환원하는 시도는 포기하게 될 것이다.

물론, 절대 자아의 교설에 함축되어 있는 형이상학적 측면이 전개되어 감에 따라 절대 자아가, 말하자면 신적 성격을 띠어 간 것은 사실이다. 왜냐하면 그 경우 절대 자아는 자기 안에 자연의 세계와 유한한 자기의 세계를 산출하는 무한의 활동성으로 나타나기 때문이다. 그러나 피히테는 무엇보다 우선 칸트의 체계를 관념론으로 바꾸고 경험을 초월론적인 자아로부터 연역하는 일에 전념하고 있었으므로, 이 자아를 신으로 서술한다는 것은 생각도 못했을 것이다. 왜냐하면 '자아'라는 말의 용법이 분명히 가리키고 있듯이, 순수 또는 초월론적 자아, 곧, 절대 자아라는 관념은, 말하자면 인간의 의식과 얽혀 있으므로 절대 자아를 신으로 서술한다는 것은 필연적으로 극히 부적합한 것으로 보일 것이다.

더욱이 '신'이란 용어는 피히테에게 인격적인 자기의식적 존재자를 의미하고 있다. 그러나 절대 자아는 자기의식적 존재자가 아니다. 의식

을 기초 지우고 자기의식을 향해 노력하는 활동성은 그 자신 의식적일
수 없다. 따라서 절대 자아와 신은 동일시될 수 없다. 더구나 우리는 신
의 관념을 생각할 수도 없다. 의식이라는 개념은 주관과 객관과의, 자
아와 비아와의 구별을 필요로 한다. 또 자기의식은 비아의 정립을 전제
로 하는데다 또한 그 자신이 주관으로서의 나와 객관으로서의 나의 구
별을 필요로 한다. 그러나 신에게는 이와 같은 구별이 없다. 곧, 신의
관념은 세계의 현존과는 전혀 상관없이 완전히 자기 조명적(照明的) 존
재자라고 하는 관념인 것이다. 그러므로 우리는 이와 같은 관념을 생각
할 수가 없다. 물론, 그것에 대해 **말할 수는** 있다. 그러나 그것을 **개념적
으로 이해한다**고 말할 수는 없다. 왜냐하면 일단 말한 것을 **생각**하려고
하면, 필연적으로 이 둘을 구별해야 하는데, 이 구별은 언어적으로 부
정된 것이다. 따라서 어떤 것에도 반정립되지 않는 주관이라는 관념은
'신성이라고 하는, 사유할 수 없는 관념'[4]이다.

　그러나 피히테가 신은 존재할 수 없다고 말하는 것이 아님을 주의해
야 한다. 장 폴 사르트르의 말에 따르면, 자기의식이 필연적으로 구별
을 필요로 하는 이상, 주관과 객관이 아무 구별도 없이 완전히 일치하
는 무한한 자기의식이란 것은 논리적으로 모순된 생각이다. 사르트르
가 이렇게 말할 때, 무신론의 증명을 꾀하고 있는 것이다. 곧, 유신론이
모순이라고 단정된 생각을 함축하는 것이라고 이해되면 무신론의 증명
이 이루어진 것이라고 생각한 것이다. 그러나 피히테는, 신은 존재할
수 없다고 말하는 것을 조심스럽게 피하고 있다. 그는 인간의 사유와
개념의 영역을 넘어선 존재자의 가능성을 남겨 놓고 있는 것같이 생각
된다. 어떻든, 피히테는 무신론을 주장하고 있지 않다.

---

4. *F*, I, p. 254; *M*, I, p. 448.

그러나 동시에 또한, 피히테가 무신론으로 고발된 것도 쉽사리 이해
된다. 그래서 다음에 피히테가 예나대학의 교수직을 떠나지 않으면 안
되었던 저 유명한 무신론 논쟁을 간단히 고찰하려고 한다.

3. 무신론의 고소와 그에 대한
   피히테의 응답

《신의 섭리에 대한 우리 신앙의 근거에 대하여》(1798)라는 논문에
서 피히테는 자기의 생각을 명백히 설명하고 있다. 우선 첫째로 여느 의
식의 입장에서 세계를 보고 있다고 상정해 보자. 경험과학의 입장이기
도 한 이 관점 곧, 경험적 의식에서 보면 우리는 세계 안에, 우주 안에
존재하고 있으며, 또한 우리는 초자연적 존재자의 존재를 형이상학적
으로 증명함으로써 이 세계를 초월할 수는 없다. "세계는 단적으로 존
재하기 때문에 존재한다. 그리고 세계가 그렇게 존재하는 것은 단적으
로 세계가 그렇게 존재하기 때문이다. 이와 같은 관점에서 보면 우리는
어떤 절대적 존재자로부터 출발하지만 이 절대적 존재자란 세계이다.
절대적 존재자와 세계라는 두 개념은 동일하다."[5] 세계는 신적 지성의
창조물이라고 하는 설명은 과학적 관점에서 보면 '전적으로 무의미'
(*totaler Unsinn*)하다. 세계는 자기를 유기적으로 구성하는 전체이며,
그것은 자기 안에서 생기는 현상 일체의 근거를 자기 안에 품고 있다.

다음에 초월론적 관념론의 관점에서 보자. 그러면 세계는 의식에 대
해서만 현존하며 또한 순수자아에 의하여 정립된 것으로 간주된다. 그

---

5. *F*, V, p. 179; *M*, III, p. 123.

러나 이 경우에도 자아와는 따로 세계의 원인을 찾아낸다고 하는 문제
는 안 생긴다. 그러므로 과학적 관점으로부터도 초월적인 신적 창조자
의 현존은 증명될 수 없다.

하지만 제3의 입장, 곧 도덕의 입장이 있다. 이 입장에서 보면, 세계
는 '우리의 의무를 (수행하기) 위한 감각적 재료'[6]로 간주되고, 더욱
이 자아는 초감각적 도덕질서에 속해 있는 것으로 간주된다. 그리고 바
로 이와 같은 도덕적 질서가 다름 아닌 신이다. "살아서 작용하고 있는
도덕적 질서 그 자체가 신이다. 우리는 다른 어떤 신도 필요로 하지 않
으며, 또 다른 어떤 신도 생각할 수 없다."[7] "이것이 참신앙이다. 이와
같은 도덕적 질서는 **신적인 것**이다. … 그것은 옳은 행위로 이루어져 있
다."[8] 신이 실체라거나 인격적이라거나 앞질러 봄으로써 자비롭게 섭
리한다고 말하는 것은 전혀 무의미하다. 신의 섭리를 믿는다는 것은 옳
은 행위는 언제나 좋은 결과를 낳고 나쁜 행위는 결코 좋은 결과를 낳
을 수 없다는 것을 믿는 것이다.

이러한 주장이 무신론이라는 고발을 받게 된 것은 전혀 놀라운 일이
아니다. 왜냐하면 여러 독자에게는 신이 도덕적 이상으로 폄하된 것같
이 생각되었기 때문이다. 일반적으로 유신론이 의미하고 있는 것은 이
런 내용의 것이 아니다. 결국 도덕적 이상을 지닌 무신론자들이 있는
것이다. 그러나 피히테는 이러한 고발에 분개하여 꽤 상세히 그에 대하

---

6. *F*, V, p. 185; *M*, III, p. 129.　　　7. *F*, V, p. 186; *M*, III, p. 130.

8. *F*, V, p. 185; *M*, III, p. 129. 독일어 원문에 주의하는 것이 중요하다. *Dies ist der wahre Glaube; diese moralische Ordnung ist das Göttliche, das wir annehmen. Er wird construirt durch das Rechtthun.* 문법적으로는 *Er*는 *der wahre Glaube*에 걸릴 터이며, *diese moralische Ordnung*에 걸릴 수가 없다. 그러므로 피히테는 문법적인 규칙을 전혀 무시했다고 주장할 셈이 아니라면, 그는 도덕적 질서와 동일시되는 신은 인간이 창조하거나 구성한 것이라고 말하고 있지 않다는 것을 재확인해 둘 필요가 있다.

여 응답했다. 그는 그의 적대자에 대해 오명을 씻으려고 했지만, 그의 답변은 바라는 만큼의 결과를 낳지 못했다. 그러나 이 경과는 우리의 당면한 문제와는 관계가 없다. 우리가 관심을 갖는 것은 피히테가 한 말뿐이다.

우선 피히테는 신이 인격적이라든가 실체라고 말할 수 없다고 주장한다. 왜냐하면 피히테에게 인격이란 본질적으로 유한한 것이며, 또한 실체란 공간과 시간 가운데 연장을 갖는 것, 곧 물질적 사물을 의미하기 때문이다. 실제로 사물이나 존재하는 것의 어떤 속성도 신에 돌릴 수는 없을 것이다. "순수하게 철학적으로 말하자면, 신에 대하여 이렇게 말하지 않으면 안 될 것이다. 곧, 신은 존재자가 아니고 **순수한 활동**이며 초감각적 세계질서의 생명이요 원리이다."[9]

둘째로 피히테는, 그의 비판자들이 그가 도덕적 세계질서란 것으로 말하고자 한 것을 오해했다고 주장한다. 그들은 신은 도덕적 세계질서라는 그의 말을, 주부가 방 안에 있는 가구들을 정돈할 때 만들어지는 질서와 유비적인 의미로 해석하고 말았다. 그러나 피히테가 말하고자 한 것은 신은 능동적 질서, **질서를 세우는 질서**, 살아 있는 활동적인 도덕적 질서이지, **질서 지워진 질서**, 곧 인간의 노력에 의하여 만들어지는 데 지나지 않는 것이 아니라고 하는 것이다. 신이란 능동적 질서(*ein tätiges Ordnen*)이고 인간에 의하여 만들어지는 질서가 아니다.[10] 그리고 유한한 자아가 의무에 따라서 행동하고 있다고 간주될 때에는 '저 초감각적 세계질서의 한 구성원'[11]이다.

도덕적 세계질서로서의 신이라고 하는 피히테의 사상에서 우리는

9.　*F*, V, p. 261. (피히테의 《법정에 대한 변명서》는 Medicus 판에는 수록되어 있지 않다.)

10.　*F*, V, p. 382; *M*, III, p. 246.　　　　11.　*F*, V, p. 261.

두 가지 방향의 사상이 융합되어 있는 것을 볼 수 있다. 첫째로 피히테는 일체의 이성적 존재자는 역동적으로 통일되어 있다고 생각한다. 《전 지식학의 기초》에서는 다수의 자아의 문제를 자세히 논할 기회가 없었다. 피히테는 주로 앞에서 설명한 의미에서의 '경험'의 추상적인 연역에 관심이 있었기 때문이었다. 그러나 이미 말했듯이 그는 《자연법의 기초》에서 이성적 존재자의 다수성이 불가결함을 강조하고 있다. "인간은 인간들 사이에서만 인간이 된다. 인간은 인간 이외의 것일 수 없으며, 또 인간이 인간이 아니라면 전혀 존재한다고 할 수 없으므로, **모름지기 인간이 존재한다고 하면 필연적으로 다수의 인간이 존재하지 않으면 안 된다.**">12 이리하여 피히테는 당연히 인간 사이를 통일하는 유대에 대하여 성찰하지 않을 수 없었다. 《윤리의 학》에서 피히테가 무엇보다 먼저 문제로 삼은 것은 도덕법칙 자체와 개인도덕에 대해서였다. 그러나 피히테는 모든 이성적 존재자는 공통의 도덕적 목표를 가지고 있다는 확신을 표명하고, 또 도덕법칙은 감각적 세계에서 자기 자신을 실현하기 위해 개인을 기구나 연장으로 이용하는 것이라고 말하고 있다. 이와 같은 생각으로부터 도덕적 세계질서라는 생각으로 넘어가기는 쉽다. 곧, 여러 이성적 존재자에게서 그리고 이성적 존재자를 통해서 자기 자신을 실현하고 그들 이성적 존재자를 자기 자신 안에서 통일하는, 그러한 도덕적 세계질서라는 생각으로 넘어가기는 쉽다.

둘째 방향의 사상은 피히테의 종교에 대한 지극히 도덕론적인 이해이다. 무신론 논쟁을 일으킨 논문을 썼을 때의 피히테는 그 이전의 칸트처럼 종교를 도덕과 동일시하는 경향이 있었다. 기도하는 것이 아니라 인간의 의무를 수행하는 것이 참종교이다. 사실 피히테는 도덕적 생

---

12. *F*, III, p. 39; *M*, II, p. 43.

활이 하나의 두드러진 종교적 측면을 가지고 있음을 승인하고 있었다. 곧 그것은, 인간의 의무의 수행은, 겉보기는 어떠하든, 이른바 자기실 현적 도덕적 질서의 일부분을 이루고 있는 이상, 반드시 좋은 결과를 낳는다고 하는 신앙이다. 그러나 종교에 대한 피히테의 도덕론적 해석 에 따르면, 도덕적 세계질서에 대한 신앙이야말로 그에게는 당연히 신 에 대한 신앙으로 간주된다. 왜냐하면 우정 앞에서 말한 이유로 해서 그가 신을 인격적인 초월적 존재자로 생각할 수 없기 때문이다.

종교에 대한 이와 같은 도덕론적인 이해는 《개인적인 문서에서》 (1800)라는 제목의 논문에 분명히 이야기되어 있다. 거기서 피히테는 종교의 자리 또는 핵심은 도덕법칙에 대한 복종에서 발견된다고 단언 하고 있다. 그러므로 종교적 신앙은 도덕적 질서에 대한 신앙이다. 아 주 자연적인 비도덕적인 입장에서 행동하는 경우, 인간은 자연적 질서 곧 자연의 항상성과 제일성(齊一性)에 의지한다. 도덕적으로 행위 하는 경우, 인간은 초감각적 도덕적 질서에 의지한다. 인간의 행위는 그와 같은 질서에 관여하고 있으며 또한 그 질서가 도덕적 행위의 성과를 보 증해 주는 것이다. "이 도덕적 질서라고 하는 관념 **이상의 것을 포함하는** 신적 존재자를 신앙하는 한, 그 신앙은 허구이며 미신이다."[13]

피히테를 무신론자라고 평한 사람들은 어떤 점에서는 분명 옳다. 왜 냐하면 피히테는 일반적으로 유신론이라는 말이 의미하고 있는 것을 거부하고 있기 때문이다. 그러나 동시에 피히테가 무신론이라는 고발 에 분개하고 이것을 거부한 것도 이해할 수 있다. 왜냐하면 그는, 유한 한 자기와 감각적 세계 이외의 것은 아무것도 존재하지 않는다고 주장 하는 것도 아니기 때문이다. 곧, 적어도 실천적 신앙의 대상으로서 인

---

13. *F*, V, pp. 394~5; *M*, III, p. 258.

간에게서 그리고 인간을 통해서 스스로를 실현하는 초감각적인 도덕적
세계질서가 있다고 그는 주장하고 있기 때문이다.

4 . 《 인 간 의 사 명 》 에 서 의 무 한 의 지

그러나 도덕적 세계질서가 정말 질서 지우는 질서, 참으로 활동하고
있는 질서라면 명백히 그것은 존재론적 측면을 가지고 있지 않으면 안
된다. 그리고 사실, 《인간의 사명》(1800)에서 그것은 영원하고 무한한
의지로서 모습을 드러내고 있다. "이 의지는 나를 이 의지 자신과 결부
시킨다. 그러므로 이 의지는 또한 나를 나 자신과 같은 종류의 모든 유
한한 존재자와 결부시키는 것이며, 이 의지가 우리 모두의 공통되는 매
개자인 것이다."[14] 그것은 무한한 이성이다. 그러나 역동적인 창조적
이성은 의지이다. 피히테는 그것을 창조적 삶이라고도 부르고 있다.

피히테가 말하는 몇 개의 표현을 문자 그대로 받아들이면, 아마도
무한의지의 교설을 유신론적인 의미로 해석하지 않을 수 없게 될 것이
다. 그는 "어떤 이름으로써도 이름 붙일 수 없고 어떤 개념으로써도 파
악할 수 없는 지극히 높은 살아 있는 의지"[15]라고 부르기까지 했다. 그
러나 피히테는 여전히 인격성은 한정된 그 무엇이며 유한한 것이어서
그것은 신에게는 적용할 수 없다고 주장하고 있다. 무한자는 유한자와
본성상 다른 것이고 한갓된 정도의 차이가 아닌 것이다. 그리고 또 그
는 참종교는 인간의 도덕적 사명을 실현하는 데 있다고 되풀이해 주장
하고 있다. 그러나 이처럼 인간의 의무를 실천하고, 그럼으로써 인간의

---

14. *F*, II, p. 299; *M*, III, p. 395.　　　15. *F*, II, p. 303; *M*, III, p. 399.

도덕적 사명을 다한다는 생각은 신적 의지에 대한 헌신과 신뢰의 정신
에 의하여 의심할 것 없이 생명을 얻은 것이다.

　피히테의 후기철학의 발전에서 《인간의 사명》이 수행한 구실을 제
대로 평가하려면, 무한의지의 교설이 신앙의 문제로 기술되어 있음을
이해하는 것이 중요하다. 이 어쩌면 야릇하고 과장된 작품은 그 머리말
에서 이 작품이 철학의 전문가를 위해 쓰이지 않았다는 것, 그리고 대
화 부분의 **내**가 저자 자신이라고 속단하면 안 된다는 것을 주의하고 있
다. 이 책은 3부로 되어 있으며 각각 **회의, 지식, 신앙**이라는 표제가 붙어
있다. 그 제2편에서 관념론의 의미가 다음과 같이 설명되어 있다. 곧,
관념론이란 외적 대상뿐 아니라 우리 자신의 자기도 우리가 그것들에
대하여 어떤 관념을 갖는 한 의식에 대해서만 존재한다는 것을 의미한
다고. 이리하여 결론은 모든 것은 그려지는 어떤 실재도 갖지 않는 한
갓된 이미지 또는 영상(*Bilder*)으로 바뀐다는 것이다. "모든 실재는 신
기한 꿈으로 바뀐다. 그것에 대하여 꿈꿀 수 있는 삶도 없고 또 꿈을 꿀
정신도 없는 꿈으로 바뀐다. 곧, 자기 자신에 대한 꿈으로 이루어지는
꿈으로 바뀐다. **직관작용**은 꿈이다. **사유작용**—모든 존재와 내가 상상하
는 모든 실재의 원천이며, **내** 존재와 힘과 목적의 원천—은 저 꿈의 꿈
이다."[16] 다시 말하자면, 주관적 관념론은 표상작용을 하는 아무것도
없이, 또 그것에 대해 표상이 이루어지는 아무것도 없이 모든 것을 표
상으로 바꿔 버리는 것이다. 왜냐하면 모든 표상이 현존하는 것은 자기
에 대해서인데, 지금 이 자기를 파악하려고 하면, 이 자기는 여러 표상
의 하나가 되지 않을 수 없기 때문이다. 따라서 지식 곧 관념론 철학은
아무런 영속적인 것, 아무런 존재도 발견하지 못한다. 그러나 정신은

16.　*F*, II, p. 245; *M*, III, p. 341.

이와 같은 상태에 머무를 수가 없다. 그리하여 내 자신이 도덕적 명법에 복종하는 도덕적 의지라고 하는 의식에 바탕한 실천적 또는 도덕적 신앙은 무한의지의 존재를, 곧 유한자의 밑바탕에 있어서, 뿐만 아니라 그것이 할 수 있는 유일한 방법, 곧 '유한적 이성에서'[17] 세계를 창조하는 무한의지의 존재를 주장하는 것이다.

　이처럼 피히테는 관념론에 머물러 있지만, 동시에 자아의 철학을 넘어서 모든 것의 밑바탕에 있어서 모든 것을 포함하는 무한의지의 존재를 요청하고 있다. 그리고 이와 같은 의지의 존재를 요청함과 동시에 말하자면, 그의 최초의 철학을 감싸고 있던 분위기는 극적인 변화를 이루었다. 물론 거기에는 아무 관련도 없다고 말할 뜻은 없다. 왜냐하면 의지의 교설은 최초의 《지식학》에서 의식의 실천적 연역의 장에 포함되어 있었다고 볼 수도 있기 때문이다. 그러나 동시에 자아는 무대의 표면에서 자취를 감추고 그 대신 무한의 실재가 등장해 온다. 더욱이 이 실재는 더 이상 절대 자아라고 기술되지 않고 있는 것이다. "이성만이 존재한다. 무한적 이성은 그 자신으로 존재하며, 유한적 이성은 무한적 이성 안에 그리고 그것을 통해서 존재한다. 우리 마음속에서만 그(무한의지)는 세계를 창조한다. 적어도 **그곳으로부터** 우리가 세계를 전개하는 바의 것을, 그리고 **그것에 의하여** 우리가 세계를 전개하는 바의 것을─곧 의무에의 부름, 그리고 동일한 감각이나 직관이나 사고법칙을 창조하는 것이다."[18]

　이미 언급했듯이 이와 같은 역동적인 만유재신론적 관념론(panentheistic idealism)은 피히테에게는 실천적 신앙의 문제이지 지식의 문제가 아니다. 우리의 도덕적 사명을 올바로 수행하기 위해서는 생생하

---

17. *F*, II, p. 303; *M*, III, p. 399.　　18. *Ibid.*

게 활동하는 도덕적 질서를 신앙하는 일이 요구되지만, 이 질서란 무한히 역동적인 이성, 곧 무한의지로서만 생각할 수 있는 것이고 더욱이 이것이 표상 영역의 배후에 있는 하나의 참존재인 것이다. 이 존재가 유한한 자기를 통해서 표상 영역을 창조하고 유지하는 것이며, 또한 유한한 자기 자신도 이 무한의지의 나타남으로서만 현존하는 것이다. 피히테의 후기철학의 발전은 이 절대 존재라고 하는 개념을 **사유**하고 그 것에 철학적 형식을 준다는 요구로 크게 제약되어 있다.《인간의 사명》에서는 이 존재는 아직 도덕적 신앙의 영역에 머물러 있다.

5. 존재의 철학의 발전(1801~1805)

1801년에 집필된 《지식학 해설》[19]에서 피히테는 분명하게 다음과 같이 말하고 있다. "앎은 모두 … 자기 자신의 존재를 전제한다."[20] 왜 냐하면 앎은 **'자기에 대한 그리고 자기에서의 존재'** [21]이기 때문이다. 곧, 앎은 존재의 '자기 통찰' [22]이며, 앎이 자유의 표현인 것은 존재의 이 자기 통찰에 의한 것이다. 그러므로 절대 앎은 절대자를 전제한다.

여기서는 명백히 피히테가 초기의 지식학에서 채용한 입장이 전도 되어 있다. 그는 최초 존재는 모두 의식에 대한 존재라고 주장했었다. 따라서 그는 의식의 배후나 피안에 있는 절대적인 신적 존재라는 생각 을 용인할 수가 없었다. 이와 같은 존재를 사유한다고 하는 사실 자체 가 존재를 제약된 것, 종속적인 것이 되게 하고 있기 때문이다. 다시 말

---

19. *Darstellung der Wissenschaftslehre.*　　20. *F*, II, p. 68; *M*, IV, p. 68.
21. *F*, II, p. 19; *M*, IV, p. 19.　　22. *Ibid.*

하면, 절대적 존재자라는 생각은 그에게는 모순이었다. 그런데 이제 그는 존재의 우위를 주장하고 있다. 절대자는 절대 앎에서 '대자적(對自的)으로' 현존하게 된다. 그러므로 후자는 전자를 전제하지 않으면 안된다. 그리고 이 절대자가 신이다.

물론 그렇다고 해서 피히테가 절대자를 인격신으로 생각하고 있었다는 것은 아니다. 존재는 '자기 통찰'을 하고 실재에 대한 인간의 앎에서 그리고 앎을 통해서 자기 자신을 알고 자기 자신을 의식하게 된다. 다시 말하면, 절대자는 자기 자신을 모든 유한한 이성적 존재자에서 표현하고 또 그것들 모두를 자기 자신 안에 가지고 있다. 그렇기 때문에 이성적 존재자가 존재를 안는 것은 존재가 자기 자신을 아는 것이다. 하지만 동시에 피히테는 절대자는 유한한 정신에 의하여서는 완전히 이해되거나 파악될 수 없다고 주장하기도 했다. 이런 의미에서는 신은 인간 정신을 초월해 있는 것이다.

분명 여기에는 상당한 문제점이 있다. 한쪽으로는 절대자는 절대 앎에서 자기 자신을 통찰한다고 하지만, 다른 쪽으로는 절대 앎은 배제되어 있는 것같이 보이기도 한다. 따라서 만약 신은 인간 정신과 관계없이 완전한 자기 앎을 향수하고 있다는 그리스도교적 유신론을 물리친다면, 피히테는 논리적으로 말해, 철학 앎은 절대자의 내적 본질을 통찰하고 있으며, 더욱이 그것은 절대자의 절대적인 자기 앎이라고 하는 헤겔의 사상을 받아들이지 않을 수 없는 것이 아닌가 싶다. 그러나 실제로는 피히테는 그렇게 하지 않는다. 피히테는 바로 막바지에서 절대자는 그 자신에게서 인간 정신을 초월해 있다고 주장한다. 우리는 실재 자체를 아는 것이 아니라 그 이미지, 영상을 알 뿐이다.

1804년에 행한 《지식학》에 대한 강의에서는, 플라톤과 형이상학에서의 플라톤적 전통에까지 거슬러 올라가는, 빛으로서의 절대자[23]라는 생각이 강조되어 있다. 여기서는 생생한 빛은 스스로를 방출하여 자기 자신을 존재와 사유(Denken)로 분열시킨다고 말하고 있다. 그러나 피히테는 개념적 사유는 절대자 자신을 결코 파악할 수 없다. 절대자는 알 수 없다고 주장한다. 그리고 이와 같은 알 수 없음은 '개념의 부정'[24]이다. 그러면 피히테는, 인간 정신이 절대자에 다가가는 유일한 방법은 부정을 통해서라는 결론을 이끌어 낼 것에 틀림없다고 생각할지도 모른다. 그러나 실제로는 그는 적극적으로 많은 말을 하고 있다. 이를테면, 그는 존재와 삶의 본질은 하나이며, 더욱이 절대자는 그 자신으로는 분열할 수 없다[25]고 말하고 있다. 분열이 들어서는 것은 다만 그 현상, 곧 빛의 방출에서뿐이다.

1805년의 에를랑겐대학에서의 강의를 출판한 《학자의 본질》(1806)에서 피히테는 다시 이렇게 말하고 있다. 하나의 신적 존재자는 삶이며 더욱이 이 삶 자신은 항상 불변하고 영원하다. 그러나 그것은 인류의 삶에서 시간을 통해 자기 자신을 외화한다. 곧, '시간이라고 하는 끝없는 흐름 속에서 더 높이 자기를 실현하기 위해 끊임없이 전진해 가는 발전적인 삶'[26]을 외화한다. 다시 말하면, 이와 같은 신의 외적 삶은 이상의 실현을 향해서 전진해 간다. 이 경우 이상이란 의인적(擬人的)인 표현을 써서 말하자면 "세계를 산출하는 신의 이념으로서 근본적 관념이며, 세계에 대한 신의 의도와 계획"[27]이다. 이 의미에서 신적 이념은 '모든 현상의 궁극적이며 절대적 기초'[28]이다.

---

23. 이 생각은 1801년의 《지식학》에서 이미 말하고 있다.
24. *F*, X, p. 117; *M*, IV, p. 195.
25. *F*, X, p. 206; *M*, IV, p. 284.
26. *F*, VI, p. 362; *M*, V, p. 17.
27. *F*, VI, p. 367; *M*, V, p. 22.
28. *F*, VI, p. 361; *M*, V, p. 15.

6. 종 교 론

이와 같은 사상은 베를린대학에서 한 일련의 강의로 이루어진《행복
한 삶에의 길 또는 종교론》(1806)에서 더 자세히 다듬어졌다. 신은 절
대자이다. 그리고 이렇게 말하는 것은 신은 무한한 삶이라고 말하는 것
이기도 하다. '존재와 삶은 하나이며 동일'>29하기 때문이다. 그 자신
이 삶은 하나이고 나눌 수 없으며 언제나 변하지 않는다. 그러나 그것
은 자기 자신을 외적으로 표현하거나 드러낸다. 그리고 이 삶은 오직
의식을 통해서만 스스로를 표현하거나 드러내며 의식은 신의 정재(定
在, *Dasein*)이다. "존재는 정재한다(*ist da*). 존재의 정재란 필연적으로
의식 또는 반성이다."＞30 이와 같은 외적인 드러냄에서 차별 또는 분열
이 나타난다. 의식은 주관-객관 관계를 필요로 하기 때문이다.

여기서 말하고 있는 주관은 명백히 한정된 또는 유한한 주관, 곧 인
간 정신이다. 그렇다면 객관이란 무엇인가? 그것은 바로 존재이다. 왜
냐하면 의식, 신적 **정재**란 존재의 의식이기 때문이다. 그러나 존재 자신
은, 곧 직접적인 무한의 삶은 인간 정신의 이해력이 미치지 못하는 바
이다. 그러므로 의식의 객관은 절대자의 이미지나 그림, 곧 **도식**
(*schema*)임에 틀림없다. 그리고 이것이 세계이다. "이 의식 속에 있는
것은 무엇인가? 나는 여러분 모두가 이렇게 대답할 것이라고 생각한
다. '그것은 세계이다. 그 이외의 아무것도 아니다. …' 의식에서 이 신
적 삶은 고정된 세계로 변하는 것이다."＞31 다시 말하면, 존재는 세계라
고 하는 형태로 의식에 대해 객체화된다.

---

29. *F*, V, p. 403; *M*, V, p. 115.   30. *F*, V, p. 539; *M*, V, p. 251.
31. *F*, V, p. 457; *M*, V, p. 169.

피히테는, 절대자는 인간 정신을 초월해 있다고 주장하고 있으면서도, 그는 또한 절대자에 대해 많은 것을 말하고 있다. 유한한 정신은 무한한 삶 그 자체를 알 수 없지만, 적어도 의식의 세계가 절대자의 이미지나 **도식**이란 것만은 알 수 있다. 그러므로 인간의 삶에는 두 가지의 주요한 형식이 있게 된다. 인간은 가상의 삶(*das Scheinleben*), 곧 유한한 것이나 가변적인 것에서의 삶이나, 자연 충동의 충족을 향한 삶에 빠질 수도 있다. 그러나 인간의 삶이 무한한 신적 삶과 일치하고 있는 한, 인간은 유한한 것이나 감각적인 것에 대한 사랑에 만족할 수 없다. 실제로, 언제나 충족을 구해 마지않는다는 것이 가상의 삶조차 '모든 유한한 존재자의 가장 깊은 뿌리'[32]인 무한한 것, 영원한 것에 대한 동경으로 각인되고 담지되고 있음을 가리키고 있다. 그러므로 인간은 진실한 삶(*das wahrhaftige Leben*)을 향해 일어설 수가 있다. 그리고 이 삶의 특질은 신에 대한 사랑에 있다. 왜냐하면 피히테의 말에 따르면, 사랑이야말로 삶의 핵심이기 때문이다.

만약 이 참된 삶의 본질이 정확하게 어디에 있느냐고 묻는다면, 피히테는 여전히 그것은 무엇보다도 우선 도덕성에 있다고 대답한다. 곧, 참된 삶은 무엇보다도 우선 인간의 도덕적 사명을 수행하는 데 있으며, 인간은 그럼으로써 감각적 세계에의 예속에서 해방되고 이상적 목적을 달성하기 위해 노력한다. 그렇다고는 하지만, 종교에 관한 피히테의 초기의 답변에 두드러졌던 도덕적 분위기는 소멸해 가는 경향, 또는 적어도 약해져 가는 경향을 볼 수 있다. 종교적 입장은 단순히 도덕적 입장과 동일시되지는 않고 있다. 왜냐하면 종교적 입장의 근본에는 신만이 존재하고 신만이 참된 실재라고 하는 확신이 있기 때문이다. 확실히 그

---

32. *F*, V, p. 407; *M*, V, p. 119.

자체로서의 신은 유한한 정신에게는 감춰져 있다. 그러나 종교적 인간은 무한한 신적 삶이 그 자신 안에 있으며 그의 도덕적 사명은 신적 사명이라는 것을 알고 있다. 행위를 통한 이상이나 가치의 창조적인 실현>33속에서 그는 신적 삶의 이미지 또는 **도식**을 보는 것이다.

그러나 《종교론》에는 종교적 분위기가 스며들어 있다고는 하나 종교적 입장이 두드러지게 철학적 입장에 종속당하는 경향도 보인다. 이리하여 피히테에 의하면, 종교적 입장은 모든 다양성과 모든 유한한 정재와의 근거가 되는 절대자에 대한 신앙을 필요로 하는 데 대해, 철학은 이 신앙을 앎으로 전환시킨다. 피히테가 그리스도교의 교의와 그 자신의 체계와의 동일성을 보여 주려고 하는 것은 이와 같은 태도 때문이다. 확실히 이와 같은 시도는 그리스도교 신학에 대한 공감의 증가를 나타내는 것으로 볼 수 있을 것이다. 그러나 그것은 또한 '비신화화'(非神話化)의 하나의 시도로 볼 수도 있는 것이다. 이를테면, 피히테는 여섯 번째 강의에서 요한복음서의 머리말에 언급하여, 복음서의 교의를 철학의 언어로 번역한다면, 그것은 신적 현존이나 정재라고 하는 그 자신의 교설과 일치한다고 말하고 있다. 그리고 더 나아가, 모든 것은 **말씀**에서, 그리고 말씀을 통해서 창조되었다고 하는 요한의 진술은 사변적 입장에서 보면, 세계와 세계에 있는 모든 것은 오직 절대자의 정재로서의 의식의 영역에서만 현존한다는 것을 의미한다고 했다.

하지만 존재의 철학의 발전과 더불어 피히테의 종교에 대한 이해도 깊어졌다. 종교적 입장에서 보면, 도덕적 행위는 신에 대한 사랑이며

---

33. 피히테가 높은 차원의 도덕성이라고 부르는 것에서는 인간은 창조적이어서 적극적으로 뭇 이상적 가치를 실현하려고 한다. 그는 낮은 도덕성의 입장과는 달리 자기의 인생에 나타나는 계속적인 의무를 단순히 이행하는 데 만족하지 않는다. 종교는 유일한 실재로서의 신에의 신앙과 신적 사명의 관념을 덧붙인다. 높은 차원의 도덕성의 인생은 유일한 신적 생명의 표현으로 간주되는 것이다.

신의 의지를 수행하는 것으로, 더욱이 그 행위는 신에의 신앙과 신뢰에 의하여 지탱되고 있는 것이다. 우리는 신, 곧 무한한 삶에서 그리고 그 것을 통해서 현존한다. 그리고 이와 같은 신과의 합일의 감정이 바로 종교적 또는 행복한 삶(*das selige Leben*)의 본질인 것이다.

7 . 후 기 의 저 작

《행복한 삶의 길》은 철학의 전문가를 위한 저술이 아니라고 하는 의 미에서 일련의 통속적 강의에 속한다. 그리고 피히테는 분명히 그의 철 학과 그리스도교가 모순되는 것이 아니라는 것을 청강자들에게 이해시 키려고 하고 있을 뿐 아니라 그들을 교화하고 고양시키려고 애쓰고도 있다. 그러나 기본적인 생각은 피히테의 후기의 저작과 같다. 이들 저 작은 확실히 교화만을 위해 내놓은 것이 아니다. 이를테면 피히테는 《의식의 사실》(1810)에서 다음과 같이 말하고 있다. "앎은 확실히 자기 자신의 앎에 그치지 않는다. … 그것은 **존재**의 앎, 곧 참으로 있는 하나 의 존재의 앎, 곧 신의 앎이다."[34] 그러나 앎의 이 객관은 그 자신으로 는 파악되지 않는다. 그것은 앎의 여러 형식으로, 말하자면 자기를 분 할한다. 그리고 "이들 앎의 여러 형식의 필연성의 증명을 하는 것이 바 로 철학, 곧 **지식학**인 것이다."[35] 마찬가지로 《지식학 강요》(1810)에서 는 다음과 같이 기술하고 있다. "오직 하나의 존재만이 온전히 자기만 으로 현존한다. 곧 신이 … 그리고 그의 안에도 그의 밖에도 새 존재가

---

34. *F*, II, p. 685. (Medicus 판에는 수록되어 있지 않다.)
35. *Ibid.*

생기는 일은 있을 수 없다."[36] 신에 대하여 외적으로 존재할 수 있는 유일한 것은 존재 자신의 도식 또는 이미지뿐이고, 이 도식은 '신의 존재 밖에 있는 신의 존재'[37]이며, 의식에서의 신적인 자기 외화이다. 따라서 지식학에서 재구성 또는 연역되는 산출적 활동의 전체는 신의 도식화 또는 이미지화이며 신적 삶의 자발적인 자기 외화이다.

1812년의《도덕의 체계》에서 피히테는 다음과 같이 말하고 있다. 과학적 입장에서는 세계가 근원적이며 개념은 제2차적인 반성 또는 이미지에 지나지 않지만, 윤리적 관점에서는 개념이 근원적이다. 곧, "개념은 세계, 곧 존재의 근거이다."[38] 이 주장을 앞뒤의 문맥을 잘라 버리면 지금까지 고찰해 온 교설, 곧 존재가 근원이라는 교설과 모순인 것 같이 생각된다. 그러나 피히테는 그 이유를 다음과 같이 설명하고 있다. "문제되는 이 명제, 곧 개념이 존재의 근원이라고 하는 명제는 이성 또는 개념은 실천적이라는 식으로 표현될 수 있다."[39] 더욱이 피히테는 계속해서 다음과 같이 설명하고 있다. 개념 또는 이성 자신이 실은 높은 차원의 존재의 이미지, 곧 신의 이미지이지만, 그러나 "윤리학은 이것에 대하여 아무것도 알 수 없으며, 또 알 필요도 없다. … 윤리학은 신에 대해 어떤 것도 알면 안 된다. 그것은 개념 자신을 절대자로 삼지 않으면 안 된다."[40] 다시 말해《지식학》에서 전개된 절대적 존재의 교설은 개념 곧 자기실현적 이념 또는 이상의 인과성을 다루는 윤리학의 영역을 넘어서는 것이다.

36. *F*, II, p. 696; *M*, V, p. 615.

37. *Ibid.*

38. *F*, XI, p. 5; *M*, VI, p. 5.

39. *F*, XI, p. 7; *M*, VI, p. 7.

40. *F*, XI, p. 4; *M*, VI, p. 4.

8. 피히테의 존재의 철학에 관한 설명적이고 비판적인 주석

피히테의 후기의 철학은 그 모든 내용과 의도에 관해서 초기의 자아의 철학과 아무 관련이 없는 전혀 새로운 체계라고 생각된 일도 있었다. 그러나 피히테 자신은 결코 그렇지 않다고 주장하고 있다. 그의 견해에 따르면, 존재의 철학은 초기의 생각과 관련이 없기는커녕 오히려 그것을 발전시킨 것이다. 만약 피히테가 그의 비판자 다수가 그렇게 이해했듯이, 세계는 유한적 자아 자신의 소산이라고 처음부터 생각했었다면, 그의 후기의 절대적 존재의 교설은 입장의 근본적인 변혁이 있어야 했다고 말해야 할 것이다. 그러나 피히테는 이와 같은 말을 한 일이 한 번도 없었다. 유한한 주관과 그의 객관은, 곧 의식의 양극은 그에게는 언제나 무한정한 또는 무한한 원리의 표현이었던 것이다. 그러므로 의식의 영역은 무한한 삶 또는 존재의 정형이라고 하는 후기의 교설은 초기의 사상과 모순되는 것이 아니라 오히려 그 발전이다. 다시 말하면, 존재의 철학은 《지식학》을 보충한 것이지 그것을 대신한 것이 아니다.

주관적 관념론은 유아론과 불가분의 관계에 있으므로 이 둘을 떼어 놓는 것은 우선 불가능하다. 그래서 만약 피히테가 주관적 관념론을 옹호할 뜻이 없었다면, 피히테는 여러 가지 경위를 거치면서 처음에 스스로에게 지운 한계를 넘어서 의식의 배후로 가서, 의식의 근거를 절대자에게 구하지 않을 수 없었던 것은 확실히 논증된다. 더욱이 절대 자아는, 주관-객관 관계를 넘어 그것을 기초 지우는 것이기 때문에 주관성과 객관성의 동일성이지 않으면 안 된다고 피히테는 확실히 인정하고 있었다. 따라서 그의 철학의 형이상학적 측면이 발전해 감에 따라서 '자아'라는 말은 그의 궁극적 원리를 적확하게 설명하는 용어가 아니게 되어, 그가 그것을 버리지 않을 수 없게 되었다 해도 부자연스럽지는 않다. 왜냐하면 자아라는 용어는 객관에 대한 주관이라는 관념과 밀접하게 맺어져 있기 때문이다. 이런 의미에서 그의 후기철학은 그의 초기 사상의 발전이었다.

그러나 또 존재의 철학은 《지식학》과는 일치하지 않는 모양으로 《지식학》 위에 포개져 있다고 말할 수도 있다. 《지식학》에 의하면 세계는 의식에 대해서만 존재한다. 그리고 이 명제는 명백히 존재는 사유 또는 의식으로 환원되지 않으면 안 된다는 전제에 터 잡고 있다. 그러나 피히테의 절대적 존재의 철학은 사유에 대한 존재의 논리적 우위를 뚜렷이 함의하고 있다. 그렇다고는 해도 후기철학에서도 피히테는 초기의 명제, 곧 세계는 의식의 영역에서만 존재한다고 하는 명제를 부정하고 있지는 않다. 오히려 그는 그것을 재확인하고 있다. 피히테가 실제로 한 것은 의식의 전 영역을 절대적 존재 자신의 외화로서 서술하는 것이었다. 그러나 이 외화라는 생각을 이해하기는 매우 어렵다. 만약 우리가 절대적 존재가 존재하고 더욱이 그것이 영원히 일자(一者)인 동시에 불변적이라고 하는 말을 진지하게 받아들인다면, 존재가 의식이 된다는 피히테를 이해하기는 어렵다. 그러나 만약 의식의 영역이 신의 영원한 반성이라면, 그리고 또 플로티노스의 **누스**가 끊임없이 일자로부터 흘러나오는 것처럼 의식의 영역이 신으로부터 끊임없이 나오는 신적인 자기의식이라고 하면, 언제나 인간 정신은 존재하고 있었음에 틀림없다고 하는 결론이 나올 것 같다.

물론, 피히테는 절대적 존재를 인간 정신에서 그리고 인간 정신을 통해서 자기의식에로 향하는 무한한 활동성으로 서술할 수도 있었을 것이다. 그러나 그렇게 하면, 무한한 삶은 인간 정신의 삶에게 필요한 조건인 객관적 자연에서 자기 자신을 직접적으로 표현한다고 생각하지 않을 수 없게 될 것이다. 다시 말하면, 헤겔의 절대적 관념론의 방향으로 나아가지 않을 수 없게 될 것이다. 그러나 그 경우에는 피히테가 실제로 의도했던 것보다 많은 변혁을 《지식학》에 들여오게 되고 만다. 피히테는 확실히 물질적 세계를 '직관하는' 것은 하나의 삶이며 개인 그 자체는 아니라고 한다. 그러나 어디까지나 그는 세계는 신의 이미지 또는 도식이며 의식의 영역 안에만 존재한다고 주장하고 있는 것이다. 더욱이 절대적 존재는 그 자신으로는 의식적이 아니므로 의식은 인간의 의식을 의미할 뿐이다. 이와 같은 주관적 관념론의 요소를 폐기하지 않는 한 헤겔의 절대적 관념론으로 옮겨 갈 수 없다.

　물론, 다른 견해도 가능하다. 곧, 절대적 존재는 자기를 영원히 의식한다고 생각할 수도 있다. 그러나 피히테는 전통적인 유신론의 길을 갈 수가 우선 없었다. 왜냐하면 그는 자기의식의 본래의 의미에 대한 그의 생각에서 그것을 일자에 귀속시키기를 거부했기 때문이다. 따라서 의식은 파생적이지 않으면 안 된다. 그리고 이 파생적인 의식이란 인간의 의식이다. 그러나 신을 떠나서는 아무것도 존재할 수 없다. 그러므로 인간의 의식은 어떤 의미에서는 절대자의 자기의식이지 않으면 안 된다. 그러나 그것은 어떤 의미에서인가? 명확한 대답은 아무것도 주어지지 않은 것 같다. 피히테의 후기의 철학을 단순히 《지식학》 위에 포갤 수 없는 까닭이 여기에 있다. 더 많은 수정이 요구되었던 것이다.

　피히테의 철학은 헤겔의 절대적 관념론의 방향이나 혹은 유신론의 방향으로 수정될 필요가 있다는 해석에서는 그 본질적인 성격을 정당하게 평가할 수 없다고 반론 받을지도 모른다. 이것은 어떤 의미에서는 옳다. 왜냐하면 이 장에서 이미 말했듯이, 피히테는 실재성에 관한 독자적인 견해를 가지고 있기 때문이다. 무한한 의지는 자기 자신을 유한한 자아에서 표현하고, 자연은 유한한 자아가 각자의 도덕적 사명을 실행하기 위한 장소와 재료를 형성하는 것이었다. 그리고 더욱이 유한한 자아의 사명은 보편적인 도덕적 질서의 실현을 향하여, 말하자면 무한한 의지 자신의 목표의 실현을 향해 수렴하고 있는 것이었다. 실재성에 관한 이와 같은 통찰의 위대함, 곧 그 주요한 방향에서의 피히테의 활기찬 윤리적 관념론의 위대함은 의심할 여지가 없다. 그러나 피히테는 자기의 철학을 한갓 인상적인 비전이나 시로 이야기한 것이 아니라 실재성에 관한 진리로서 이야기했던 것이다. 그러므로 그의 사상을 비판하는 것은 전적으로 정당하다. 결국, 적의에 찬 비판에 노출된 것은 보편적 이념, 곧 도덕적 세계질서의 실현이라는 비전이 아니었다. 이 비전은 물론 불멸의 가치를 가질 수 있을 것이다. 게다가 또 그것은 현실을 오로지 경험과학에 의하여서만 해석하는 입장을 시정하는 데 도움이 될 것이다. 우리는 확실히 피히테에게서 자극과 영감을 얻을 수 있다. 그러나 그에게서 이익을 끌어내기 위해서는 그 견해 중의 상당히 많은 이론적인 뼈대를 버리지 않으면 안 된다.

피히테가 전통적인 유신론의 길을 가는 일은 우선 있을 수 없다는 것은 앞에서 말해 두었다. 그러나 그의 후기철학은 사실상 유신론의 한 형태라고 주장하는 사람도 있다. 그리고 이 주장의 옳음을 입증하기 위해 그들은 피히테가 그저 여러 평범한 독자나 청강자들을 납득시키기 위해서 쓴 수필이나 소감이 아니라, 그의 확고한 신념을 표명하고 있는 것 같은 어떤 어구에 호소하고 있다. 이를테면, 피히테는 언제나 절대적 존재는 불변이며 자기 분열할 수 없다고 주장했다. 그것은 영원히 변하지 않는 일자이다. 정지상태의 삶이 없는 일자가 아니라 무한한 삶의 충실이다. 확실히 창조는 그것이 자발적이라고 하는 의미에서만 자유이다. 그러나 창조는 신에게 아무런 변화도 일으키지 않는다. 과연, 피히테는 자주 그리스도교적 표현을 취해, 신을 '그(He)'라고 부르고 있지만, 신에게 인격성이라는 속성을 부여하기를 거부하고 있다. 그러나 그는 인격성을 필연적으로 유한한 것으로 보고 있으므로, 무한자가 인격성을 가질 수 없는 것은 당연하다. 하지만 이것은 피히테가 신을 인격-이하의 것이라고 생각했음을 의미하는 것은 아니다. 신은 초-인격적이지 인격-이하가 아니다. 스콜라적 표현을 써서 말하자면, 피히테는 인격성이라는 유추적(類推的) 개념을 갖지 않으므로 유신론적인 술어를 쓸 수가 없는 것이다. 하지만 절대적 존재는 유한한 존재자의 사이에 반드시 존재하는 차별의 영역을 초월해 있기 때문에, 이와 같은 절대적 존재라는 관념은 명백히 유신론의 방향을 향하고 있는 것이다. 이미 자아는 피히테의 실재관의 중심적 위치를 차지하고 있지 않다. 그 자리에는 그 자신 아무 변화, 또는 자기 분열도 하지 않는 무한한 삶이 들어서 있는 것이다.

지금까지는 과연 그렇다. 확실히 피히테가 신에게 인격성을 부여하기를 거부하는 것은 인격성을 유한한 것으로 생각했기 때문이다. 신은 인격성을 가지고 있지 않다기보다 그것을 넘어서 있는 것이다. 그리고 피히테의 생각을 아주 모호하게 하고 있는 원인은 유추라고 하는 관념이 전혀 없다는 데 있다. 신은 무한한 존재이다. 그러므로 신 없이는 어떤 존재자도 생길 수 없다. 만약 존재자가 신 없이 있다고 하면, 신은 무한이 아니게 될 것이다. 절대적 존재는 유일한 존재이다. 이와 같은 사고의 길은 명백히 범신론의 방향을 가리키고 있다. 그러나 피히테는 동시에 유한한 자아와 세계와의 구별을 갖는 의식의 영역은 어떤 의미에서 신의 밖에 있다고 주장하려고도 한다. 그러나 그것은 어떤 의미에서일까? 과연 피히테는 신의 존재(the divine Being)와 신의 정재(the divine ex-istence)와의 차별이 생기는 것은 의식에 대해서뿐이라고 한다. 그렇다면 과연 유한한 자기는 존재인가? 아닌가? 하는 문제가 필연적으로 생긴다. 만약 유한한 자기가 존재가 아니라면 일원론이 된다. 그러나 그때에는 차별을 낳는 의식이 어떻게 생기는지를 설명할 수 없게 된다. 그러나 거꾸로 유한한 자아가 존재라면 이것과 신은 유일한 존재라고 하는 명제를 유추론에 의지하지 않고 양립시킬 수 있을까? 피히테는 두 길을 다 가려고 한다. 곧 그는, 유한한 자기와 그의 객관과의 구별이 이루어지는 의식의 영역은 신에게 외면적이라는 것과, 신은 유일한 존재라는 것을 동시에 말하고 싶어 한다. 그리하여 유신론이냐 아니면 범신론이냐고 하는 논점에 대한 그의 태도는 아무래도 모호한 것이 될 수밖에 없다. 물론 이것은 존재의 철학의 발전으로 그의 사상은 초기의 저작에서 주장되었던 것에 비해, 비교가 안 될 만큼 유신론에 가까워졌다는 것을 부정하는 것은 아니다. 그러나 피히테가 사용한 반성이라는 초월론적 방법이나 그의 윤리적 관념론을 칭찬하는 어떤 연구자가, 만약 피히테의 후기의 철학은 명백한 유신론의 표명이라고 해석한다면, 그것은 나에게는 역사적인 증거를 넘어선 것이라고 생각된다.

끝으로, 피히테는 그의 존재의 철학에서 관념론을 버렸느냐 아니냐 하는 문제가 있지만, 이 문제에 대한 대답은 지금까지 논해 온 데서 분명할 것이다. 피히테는 《지식학》을 부인하고 있지는 않다. 그러므로 이 의미에서 그는 관념론을 보유하고 있다. 물질적 세계를 '직관한다' (따라서 산출한다)는 것은 하나의 삶이지 개인적인 주관이 아니라고 말할 때, 피히테는 명백히 물질적 세계는 유한한 주관에게는 소여의 것으로서, 이미 구성되어 존재하는 대상으로서 나타난다는 사실을 설명하고 있는 것이다. 그러나 피히테는 처음부터 이것은 관념론이 설명하지 않으면 안 되는 결정적 사실이지 부정하지 않으면 안 되는 사실은 아니라고 선언하고 있었다. 하지만 존재의 우월과 의식 그리고 앎의 파생적 성격이라는 주장은 관념론을 이탈한 것이다. 그러므로 이 주장이 그 자신의 사상의 절박한 상황에서 생긴 것인 한, 관념론은 피히테의 경우 자기 자신을 극복하게 되었다고 말할 수가 있다. 그러나 이것은 피히테가 관념론과 명백하게 헤어졌다고 말하는 것은 아니다. 어떻든, 근년에 피히테의 후기 사상을 강조하는 경향이 보이는데, 실재성에 관한 그의 인상적인 견해는 절대적 존재와 신의 정재에 대한 모호한 언설에서 보다는 그의 윤리적 관념론의 체계에서 볼 수 있다고 느끼지 않을 수 없다.

1. 생애와 저작

프리드리히 빌헬름 요제프 폰 셸링(Friedrich Wilhelm Joseph von Schelling)은 학식 있는 루터파 목사의 아들로 1775년, 뷔르템베르크 주의 레온베르크에서 태어났다. 조숙한 소년으로 15세에 튀빙겐대학의 프로테스탄트 신학과에 입학을 허락받고, 거기서 다섯 살 위인 헤겔이나 횔더린의 친구가 되었다. 17세 때, 창세기 제3장에 관한 학위논문을 쓰고 1793년에는 《신화에 대하여》(*Über Mythen*)라는 논문을 출판했다. 이어서 1794년에는 《철학 일반의 형식의 가능성에 대하여》(*Über die Möglichkeit einer Form der Philosophie überhaupt*)가 출판되었다.

이 시기의 셸링은 다소간에 피히테의 제자였다. 이것은 1795년에 출판된 《철학의 원리로서의 자아에 대하여》(*Vom Ich als Prinzip der Philosophie*)라는 책 이름이 명료하게 가리키고 있다. 같은 해에 《독단론과 비판주의에 관한 철학적 서간(書簡)》(*Philosophische Briefe über Dogmatismus und Kritizismus*)가 나왔다. 이 경우 독단론은 스피노자로, 그리고 비판주의는 피히테로 대표되었다.

그러나 피히테의 사상은 셸링의 사상의 출발점이 되었지만, 그는 곧 바로 자기 정신의 자립성을 나타내기 시작했다. 특히 셸링은, 자연을 도덕적 행위를 위한 도구로밖에는 여기지 않는 피히테의 생각에 만족할 수 없었다. 자연에 관한 그 자신의 견해, 곧 자연은 절대자의 직접적인 나타냄이고 자기를 유기화(有機化)하는 역동적이고 목적론적인 체계이며, 더욱이 그 체계는 의식의 출현과 인간에게서 그리고 인간을 통해서 자기를 아는 자연으로, 말하자면 상승해 간다고 하는, 자기 자신의 생각은 자연철학에 관한 일련의 저작에서 볼 수 있다. 이를테면 1797년에 《자연철학의 이념》(*Ideen zu einer Philosophie der Natur*), 1798년에 《세계영혼에 대하여》(*Von der Weltseele*), 그리고 1799년에는 《자연철학 체계의 제1초안》(*Erster Entwurf eines Systems der Natur-philosophie*)와 《자연철학 체계의 초안을 위한 서론, 또는 사변적 물리학의 개념에 대하여》(*Einleitung zu dem Entwurf eines Systems der Naturphilosophie oder über den Begriff der spekulativen Physik*)가 차례로 출판되었다.

지금 언급한 마지막 저작의 제명이 사변적 물리학으로 되어 있는 것을 알아차렸을 것이다. 비슷한 용어는 《세계영혼에 대하여》라는 저작의 정식 제목에도 볼 수 있다. 곧 세계영혼이란 '고등물리학'의 가설이라고 말해지는 것이다. 피히테가 사변적 물리학에 이와 같은 관심을 가지고 있으리라고는 상상도 할 수 없을 것이다. 하지만 셸링은 자연철학에 관한 저작을 잇달아 출판했어도, 피히테의 사상과 완전히 결렬한 것은 아니었다. 왜냐하면 셸링은 1800년에 《초월론적 관념론의 체계》(*System des transzendentalen Idealismus*)를 간행했는데, 이것에는 피히테의 《지식학》의 영향이 확실히 보이기 때문이다. 셸링은 자연철학에 관한 저작에서는 객관적인 것으로부터 주관적인 것에로, 자연의 가장 낮은 차원으로부터 의식의 예비단계가 되는 유기체의 영역에로 서술해 갔는데, 《초월론적 관념론의 체계》에서는 자아로부터 출발하여 그의 자기 객관화의 과정을 더듬어 갔다. 셸링은 이들 두 입장을 상호 보완적인 것으로 여기고 있었던 것이다. 이것은 그가 1800년에 《역동적 과정의 일반적 연역》(*Allgemeine Deduktion des dynamischen Prozesses*)을, 이어서 1801년에는 《자연철학의 진정한 개념에 대하여》(*Über den wahren Begriff der Naturphilosophie*)라는 단편을 출판한 것으로 보아 알 수 있다. 또한 같은 해에 《나의 철학체계 서술》(*Darstellung meines Systems der Philosophie*)도 출판되었다.

1798년에 셸링은 예나대学의 교수로 임명되었다. 약관 23세였으나 그의 저작은 괴테뿐 아니라 피히테의 칭찬도 얻고 있었던 것이다. 1802년부터 1803년에 걸쳐 그는 헤겔과 협동하여 《철학비평지》를 편집했다. 그리고 예나대학의 교수 시절에 셸링은 슐레겔 형제나 노발리스 같은 낭만주의자들과도 친교를 맺었다. 1802년에 《브루노, 또는 사물의 신적 원리와 자연적 원리에 대하여》(*Bruno, oder über das göttliche und natürliche Prinzip der Dinge*), 그리고 《대학의 연구방법에 관한 강의》 (*Vorlesungen über die Methode des akademischen Studiums*)를 출판했다. 이 강의에서는 여러 과학의 통일과 학구생활에서의 철학의 위치가 논의되고 있다.

이미 언급했듯이 셸링은 《초월론적 관념론의 체계》에서는 자아에서 출발하고 있으며, 또 자아의 자기 객관화의 재구성을 함에는, 이를테면 그 도덕론에서 볼 수 있듯이, 피히테의 《지식학》에서 얻은 여러 관념을 이용했다. 그러나 이 저작은 예술철학에서 정점에 이르고 있다. 그리고 이 예술철학이야말로 셸링이 크게 중요시한 것이었다. 그는 1802년에서 1803년에 걸친 겨울에 예나대학에서 예술철학에 관한 강의를 했다.

이 시기에 그는 예술을 실재의 본성을 해명하는 열쇠로 보고 있었다. 그리고 셸링의 견지와 피히테의 그것과 두드러진 다름을 명확히 보여주는 것은 이 점뿐이다.

1803년에 셸링은 A. W. 슐레겔과 합법적으로 이혼한 카롤리네 슐레겔과 결혼했다. 부부는 뷔르츠부르크로 갔고, 셸링은 거기에서 얼마 동안 강의했다. 이 무렵 그는 종교 문제와 괴얼리츠의 신비적 제화공 야코프 뵈메[1]의 신지학적(神智學的) 언설에 관심을 쏟기 시작했다. 이리하여 1804년에《철학과 종교》(*Philosophie und Religion*)가 출판되었다.

셸링은 1806년에 뷔르츠부르크를 떠나 뮌헨으로 갔다. 자유 그리고 인간적 자유와 절대자와의 관계에 대한 그의 사상은《인간적 자유의 본질에 대한 철학적 탐구들》(*Philosophische Untersuchungen über das Wesen der menschlichen Freiheit*)에서 열매를 맺었다. 이 저작은 1809년에 출판되었다. 그러나 이때 이미 그의 명성은 색이 바래기 시작하고 있었다. 셸링이 헤겔과 협동하여 얼마 동안 철학 잡지를 편집한 것은 이미 언급했다. 그런데 이때까지 별로 알려져 있지 않던 헤겔이 1807년에 그의 최초의 대작인《정신현상학》을 출판했다. 이 저작은 저자가 독일의 지도적 철학자로서 이름을 날리는 최초의 발판이 되었을 뿐 아니라, 그와 셸링 사이에 지적 결렬도 일으켰다. 특히 헤겔은 절대자에 대한 셸링의 교설을 적이 신랄한 표현으로 비판했는데, 셸링은 극히 민감한 사람이었기 때문에, 이 배신을 아주 슬퍼했다. 그 후 그의 경쟁자의 명성이 더욱 높아지는 것을 보면서, 그는 그의 옛 친구가 열등한 철학 체계를 속기 쉬운 대중에게 억지로 떠맡기고 있다는 상념에 붙잡히게 되었다. 실제로 헤겔이 독일철학계의 걸출한 자리에 오른 것에 셸링은

---

1. 야코프 뵈메(1575~1624)에 대해서는 Vol. III, pp. 270~3 참조.

대단히 실망했으며, 이것이 아마도 그의 폭발적이라고도 할 수 있는 저작활동이 멈추고, 저작을 그다지 출판하지 않게 된 까닭이기도 하다.

그러나 셸링은 강의는 계속했으며, 1810년에 슈투트가르트대학에서 한 일련의 강의가 그의 《선집》에 수록되어 있다. 1811년에 《세대》(*Die Zeitalter*)를 썼는데, 미완으로 남았고 그의 생전에는 출판되지 않았다.

1821년부터 1826년에 걸쳐서 셸링은 에를랑겐대학에서 강의했다. 1827년에 뮌헨으로 돌아와 철학 교수직에 앉자 그는 헤겔의 영향력을 떨어뜨리는 일에 꾸준히 힘썼다. 셸링은 철학을 둘로, 곧 완전히 추상적이고 개념적인 구성에 종사하는 소극철학과 구체적인 실존을 다루는 적극철학으로 구별하지 않으면 안 된다고 확신하게 되었다. 헤겔의 체계는 당연히 전자의 타입의 보기로 단정되었다.

1831년에 셸링의 위대한 경쟁자[2]가 죽었다. 그의 죽음은 셸링의 일을 촉진시켰을 것이다. 10년 후인 1841년에 그는 베를린대학의 철학 교수로 임명되었다. 그에게는 자기의 종교적인 체계를 해설함으로써 헤겔주의의 영향과 싸운다고 하는 사명이 있었다. 프러시아의 수도에서 그는 예언자로서 새로운 시대의 도래를 알리는 자로서 강의를 시작했다. 청강자들 중에는 교수, 정치가, 그리고 쇠렌 키르케고르, 야코프 부르크하르트, 프리드리히 엥겔스, 바쿠닌 등, 후에 유명하게 된 많은 사람이 있었다. 그러나 그 강의는 셸링이 기대하고 있었던 것만큼 성공을 거두지 못했고, 청강자는 점차 줄기 시작했다. 1846년에는 가끔 베를린 아카데미에서 강연하는 것 말고는 강의를 하지 않게 되었다. 그 후 그는 퇴직해서 뮌헨으로 돌아가 초고를 출판할 준비를 했다. 그는 1854년

---

2. 헤겔 자신은 이와 같은 개인적인 적대 관계 자체에는 그렇게 관심이 없었던 것 같다. 곧 그는 여러 관념들과 자기가 진리라고 생각한 것의 전개에 마음을 빼앗기고 있었던 것이다. 그러나 셸링은 자기의 사상에 대한 헤겔의 비판을 개인 공격으로 여겼다.

에 스위스의 라가츠에서 죽었다. 《계시의 철학》(*Philosophie der Offen-barung*)과 《신화의 철학》(*Philosophie der Mythologie*)이 사후에 출판되었다.

2 . 셸 링 사 상 의 잇 따 르 는 여 러 국 면

바로 이것이 셸링의 철학체계라고 할 수 있는, 빈틈없이 짜인 체계가 셸링에게는 없다. 그의 사상은 피히테의 압도적인 영향 아래 있었던 처음 시기부터 사후에 출판된 계시와 신화에 관한 강의에서 주장되고 있는 최후의 시기에 이르기까지 계속해서 국면이 변했기 때문이다. 그들 국면을 정확하게 어떻게 구분할 것인가에 대해서는 역사가 사이에서도 의견이 일치하고 있지 않다. 극히 소수이지만 셸링 자신이 세운 소극철학과 적극철학의 구분에 동조하는 사람도 있다. 그러나 이렇게 구분하면, 만년의 종교철학의 논술에 착수하기 전의 그의 사상에서 볼 수 있는 다양한 국면을 설명할 수 없게 된다. 따라서 통상 더 많은 구분이 이루어져 왔다. 그러나 셸링 사상에 다른 국면이 있는 것은 확실하지만 이 국면들을 저마다 독립된 체계로 보는 것은 잘못일 것이다. 왜냐하면 거기에는 명백히 연속성이 보이기 때문이다. 다시 말하면, 이제까지 취해 온 입장을 반성해 가면 더욱더 여러 가지 문제가 생겨나, 이 문제들을 해결하는 것이 셸링 쪽에 새로운 움직임을 요구했던 것이다. 확실히 그는 만년에 소극철학과 적극철학의 구별을 강조 했다. 하지만 자신의 이전 사상의 많은 것을 소극철학으로 여겼다 해도 그 구별은 헤겔에 대한 논전의 과정에서 역설된 것이었다. 그리고 그가 바란 것은 이른바 소극철학을 전면적으로 부정하는 것이 아니라 그것을 적극철학에 병합해 종속시키는 것이었다. 더욱이 적어도 적극철학에 대한 약간의 암시는 그의 초기의 《독단론과 비판주의에 관한 철학적 서간》에 볼 수 있다고 셸링 자신이 공언하고 있다. 아니, 그뿐 아니라 그 이전의 그의 제일 처음 시기의 철학적 논문마저도 구체적인 것, 역사적인 것에 대한 그의 의향이 나타나 있다고 그는 공언하고 있다.

　1796년, 셸링이 21세 때, 그는 그 자신의 철학체계의 초안을 작성했다. 그 초안에 따르면, 그의 체계는 절대적으로 자유로운 존재자로서의 자아의 관념에서 출발하여 비아(非我)의 정립을 통해 사변적 물리학의 영역으로 나가고, 거기서 다시 인간 정신의 영역으로 나갈 것이라고 되어 있다. 역사 발전의 원리가 규정되지 않으면 안 되고, 도덕적 세계, 신, 그리고 모든 정신적 존재자의 자유라고 하는 관념이 전개되지 않으면 안 된다. 그리고 더 나가 아름다움이란 관념이 중심적 위치를 차지하는 것이 밝혀지고 이성의 최고의 작용이 미학적 성격을 가지고 있다는 것이 밝혀지지 않으면 안 된다. 그리고 마지막으로, 철학과 종교를 통일하는 새로운 신화학이 있지 않으면 안 될 것이라고 되어 있다.

　이 초안은 계발적이다. 그것은 한쪽으로는 셸링의 사상에 있는 불연속성의 요소를 예증하고 있다. 자아로부터 출발하자는 그의 제안이 피히테의 영향을 드러내고 있기 때문이다. 그 영향은 차츰 약해 갔지만. 왜냐하면 그것은 자연철학, 역사철학, 예술철학, 자유의 철학, 그리고 종교와 신화의 철학으로의 전개를 예견하고 있는데, 이 주제들이야말로 그의 주의를 차례로 앗아 간 것들이기 때문이다. 다시 말하면, 셸링은 처음에 피히테의 제자인 것 같은 인상을 주었지만, 그의 관심과 성향은 이미 그의 경력 초부터 명백히 정해져 있었던 것이다.

　이 모든 것을 합쳐서 생각해 보면, 셸링의 철학적 사유 속에 얼마나 많은 국면 또는 '체계' 가 있는가를 논하기 위해 시간을 소비하는 것은 시간 낭비라는 결론이 된다. 확실히 독특한 국면은 있다. 하지만 셸링의 사상을 발생론적으로 설명하기만 하면 그가 어떤 폐쇄적인 체계로부터 다른 체계로 비약했다고 생각하는 일 없이 그의 사상의 여러 국면을 정당하게 평가할 수 있다. 요컨대, 셸링철학은 완결된 체계나 완결된 체계의 연속이 아니라 철학하고 있는 체계(a philosophizing system)인 것이다. 어떤 의미에서 그의 철학적 행로의 시작과 끝은 일치하고 있다. 1793년에 그가 《신화에 대하여》라는 논문을 출판한 것은 이미 말했다. 만년이 되어 그는 이 주제로 돌아와 이 주제에 대하여 자세히 강의했다. 그리고 그 사이에는, 피히테의 자아의 철학으로부터 자연과 예술철학을 지나 종교적 의식의 철학과 사변적 유신론의 한 형태로 움직여가는 끊임없는 반성의 과정이 있지만, 이 모든 것은 유한한 것과 무한한 것의 관계라고 하는 주제에 의하여 맺어져 있는 것이다.

3 . 초 기 의 저 작 과 피 히 테 의 영 향

셸링은 《철학일반의 형식의 가능성에 대하여》(1794)라는 논문에서 피히테를 따라서, 철학은 학이므로 논리적으로 통일된 명제들의 체계이어야 하며, 더욱이 그 명제들은 무제약적인 것을 표현하고 있는 하나의 근본명제로부터 전개되는 것이지 않으면 안 된다고 주장하고 있다. 이 무제약적인 것이란 자기를 정립하는 자아이다. 따라서 "근본명제일 수 있는 것은, 자아는 자아다라는 명제뿐이다."[3] 《철학의 원리로서의

---

3. *W*, I, p. 57. 셸링의 저작으로부터의 인용은 Manfred Schröter의 편집에 의한 그의 《전집》(뮌헨, 1927~8)의 권수와 쪽수를 나타낸다. 셸링은, 자아는 오직 **나로서만** 주어진다는 이유로 "자아는 자아다(*das Ich ist das Ich*)"보다 "**나는 나다** (*Ich ist Ich*)"라는 정식을 택한다.

자아에 대하여》(1795)라는 저작에서는 이 명제는 덜 특이한 형태로 정식화되어 "자아는 자아이다. 또는 자아는 존재한다."[4]로 되었다. 그리고 이 명제로부터 셸링은 비아의 정립으로 나가고 다시금 자아와 비아는 서로 제약하고 있음을 논증하고 있다. 객관 없이 주관 없으며, 주관 없이 객관 없다. 그러므로 양자를 연결하는 매개적인 요소 또는 양자의 공동의 소산이 있지 않으면 안 될 것이다. 그리고 이것이 표상(*Vorstellung*)이다. 이렇게 해서 모든 학, 또는 앎의 근본적인 삼지구조(三肢構造, triad), 곧 주관, 객관, 그리고 표상이라고 하는 형식을 얻게 된다.

피히테의 영향은 전혀 의심할 여지가 없다. 그러나 셸링은 바로 그 출발점부터 절대 자아와 경험적 자아의 다름을 강조하고 있는 데 주의할 필요가 있다. "학의 완성된 체계는 절대 자아로부터 시작한다."[5] 이 자아는 사물이 아니고 무한의 자유이다. 그것은 확실히 하나이지만, 그 단일성이라는 속성은 어떤 류의 각 항에 내속해 있는 단일성이라는 개념을 초월해 있다. 절대 자아는 그 어떤 류(類)의 항도 아니며 또 항일 수 없다. 곧 그것은 류의 개념을 넘어서 있다. 더욱이 그것은 개념적 사유로써는 파악될 수 없으므로 지적 직관에 의해서만 직각할 수 있는 것이다.

이 어느 것도 피히테의 사상과 모순되지 않는다. 그러나 중요한 점은 셸링의 형이상학적 관심이 그의 경력의 처음부터 모습을 나타내고 있다는 것이다. 칸트철학에서 출발한 피히테는 처음에 그의 관념론에 포함되어 있는 형이상학적 요소를 그다지 중시하지 않았으므로, 잘 알려졌듯이, 개인적인 자아를 자기의 출발점으로 택했다. 그에 대해 셸링은 느닷없이 절대자의 관념을 강조하고 있다. 다만 그 절대자를 피히테

---

4. *W*, I, p. 103.　　5. *W*, I, p. 100.

의 영향 아래 절대 자아라고 말하고 있을 뿐이다.

《철학 일반의 형식의 가능성에 대하여》라는 논문에서 관념 또는 표상을 연역할 때, 셸링이 피히테를 따르고 있다는 것을 알게 될 것이다. 그러나 셸링의 진정한 관심은 존재론적이다. 피히테는 초기의《지식학》에서 철학의 과제는 필연성의 감정에 의하여 수반되는 표상의 체계라는 의미에서의 경험을 설명하는 데 있다고 언명하고 있었다. 그리고 그는 이 과제를 설명해 자아가 필연성의 감정에 의하여 수반되는 표상을 낳는 것은 무의식적으로 작용하는 산출적 구상력의 활동에 의한 것이므로, 경험적 의식은 세계가 자기와 떨어져 있다고 생각하지 않을 수 없다고 말하고 있었다. 그러나 셸링은 그의《독단론과 비판주의에 관한 철학적 서간》(1795)에서 "모든 철학의 주요한 일은 세계의 현존이라고 하는 문제를 해결하는 데 있다">6고 솔직하게 언명하고 있다. 물론 어떤 의미에서는 이들 주장은 같은 것이 된다. 그러나 철학의 과제는 필연성의 감정에 수반되는 표상의 체계를 설명하는 데 있다고 하는 것과, 철학의 과제는 세계의 현존을 설명하는 데 있다고 말하는 것 사이에는 그 강조하는 바에 상당한 차이가 있다. 셸링의 후기 사상을 약간 원용해서 말하면, 그의 초기의 생각은 모두 피히테적인 의상에 덮여 있지만, 적어도 거기에는 "도대체 왜 무엇인가가 있고 무(無)가 없는가?"라고 그의 후기에 말하게 한 것과 동일한 형이상학적인 성향을 발견할 수 있다. 과연, 후에 피히테 자신도 그의 철학에 함축되어 있던 형이상학적 요소를 발전시키게 되었다. 하지만 피히테가 그렇게 했을 때, 셸링은 그것을 표절행위라고 비난했다.

셸링의《철학적 서간》은 계발적인 저작이다. 이것은 어떤 의미에서

---

6. *W*, I, p. 237. 이후는 이 저작을 간단하게《철학서간》으로 부른다.

피히테를 옹호하는 책이다. 왜냐하면 셸링은 피히테에 의하여 대표되는 비판주의와 주로 스피노자에 의하여 대표되는 독단론을 대치시키고 피히테 쪽에 붙어 있기 때문이다. 그러나 동시에 이 저작은 스피노자에게 깊은 공감을 보이고 있음과 동시에 피히테에 대하여 적어도 은밀히 불만을 드러내고 있기 때문이다.

셸링은 말한다. 독단론은 결국 비아를 절대화하지 않을 수 없게 된다. 인간은 무한한 객관, 곧 스피노자의 실체의 한갓된 양태로 떨어지고 자유는 부정된다. '절대적인 객관에 대한 고요한 헌신'[7]에 의하여 영혼의 평화와 고요를 구하는 스피노자주의는 실제로 미적인 매력이 있으며, 여러 사람을 힘 있게 잡아끌기도 할 것이다. 그러나 결국 그것은 자유로운 도덕적 행위자로서의 인간을 부정하게 되고 말 것이다. 독단론에는 자유가 들어갈 여지가 없다.

하지만 그렇더라도 독단론은 이론적으로 논박될 수 있다는 것이 아니다. 칸트철학은 '독단론에 대하여 빈약한 무기밖에 가지고 있지 않으며'[8] 따라서 소극적인 논박밖에 할 수 없다. 이를테면 칸트는 가상적(可想的) 영역에서의 자유의 존재를 논박하는 것은 불가능하다고 말하지만, 그렇게 말하는 칸트 자신은, 자유의 적극적인 이론적 증명은 불가능하다는 것을 승인하고 있는 것이다. 그러므로 비판주의는 독단론에 대해서 날카로운 일격을 가할 수는 있다 해도, '비판주의의 완성된 체계조차 독단론을 **이론적으로** 논박할 수는 없는 것'[9]이다. 하지만 이것은 조금도 놀랄 것이 못된다. 왜냐하면 이론적 지평에 머무는 한 독단론과 비판주의는 셸링의 주장에 따르면 완전히 같은 결론에 이르

---

7. *W*, I, p. 208. 　　　 8. *W*, I, p. 214.

9. *W*, I, p. 220. 비판주의의 완성된 체계란 물론 피히테의 관념론을 가리킨다.

기 때문이다.

우선 첫째로, 두 체계는 무한자로부터 유한자로 이행하려고 한다. 그러나 "철학은 무한자로부터 유한자로 나갈 수 없다."[10] 물론 무한자는 왜 자기 가신을 유한자 속에 나타내지 않으면 안 되는지의 이유를 만들 수는 있다. 그러나 그것은 무한자와 유한자와의 사이에 다리를 놓을 수 없다는 것을 가리는 방편일 뿐이다. 따라서 다른 길로 돌아가지 않으면 안 될 것같이 생각된다. 그러나 전통적인 아 포스테리오리한 증명이 믿을 수 없다면 도대체 어떻게 하면 좋겠는가? 분명히 방법은 하나밖에 없다. 곧, 그 문제를 삭제하는 것이다. 다시 말하면, 만약 무한자에서 유한자를 보고 유한자에서 무한자를 볼 수 있다면, 둘 사이의 간격을 이론적인 추리나 증명으로 메운다는 문제는 더 이상 생기지 않는다.

무한자에서 유한자를 보고 유한자에서 무한자를 본다는 요구는 지적 직관에 의하여 채워진다. 지적 직관이란 직관하는 자기와 직관되는 자기가 동일하다는 것을 직관하는 것이다. 그러나 그것은 독단론과 비판주의에서 다른 방식으로 해석되고 있다. 독단론은 지적 직관을 자기와 절대적 객관이라고 생각되는 한에서의 절대자와의 동일성을 직관하는 것으로 해석한다. 비판주의는 그것을 자기와 절대적 주관, 곧 순수하게 자유로운 활동성이라고 생각되는 한에서의 절대자와의 동일성을 현시하는 것으로 해석한다.

하지만 독단론과 비판주의가 지적 직관을 다른 방식으로 해석하고 있을지라도 이 두 해석은 완전히 같은 이론적 귀결에 이른다. 독단론에서는 주관은 결국 객관에 환원되게 되지만, 바로 이 환원에 의하여 의식의 필연적인 조건의 하나가 말소되고 만다. 비판주의에서는 객관은

---

10. *W*, I, p. 238.

결국 주관에 환원되게 되지만, 바로 이 환원에 의하여 의식의 또 하나의 필연적인 조건의 하나가 말소되고 만다. 곧, 독단론과 비판주의는 함께, 유한한 자기 또는 주관을 이론적으로 부정하려고 하고 있는 것이다. 스피노자는 유한한 자기를 절대적 객관으로 환원하고, 피히테는 유한한 자기를 절대적 주관으로, 더 엄밀하게 말하면, (절대 자아는 본래 주관이 아니므로) 무한한 활동성 또는 노력으로 환원하고 있다. 어떤 경우에도 자기는 절대자에, 말하자면, 처박혀 버린 것이다.

그러나 순수하게 이론적인 관점에서 이 두 체계는 다른 길을 거쳐 전적으로 동일한 결론에 이르렀다 해도, 그들의 실천적 또는 도덕적 요구는 다르다. 곧, 그것들은 인간의 도덕적 사명에 대해 다른 생각을 표현하고 있는 것이다. 독단론이 유한한 자기에게 요구하는 것은 신적인 것이 전부가 되게 하기 위해 스스로를 신적 실체의 절대적 인과성에 바치고 스스로의 자유를 포기하라는 것이다. 그러므로 스피노자 철학에서는 자기는 이미 현존하고 있는 존재론적인 상황을, 곧 무한한 실체의 한 양태로서의 스스로의 입장을 승인하고 자기를 포기할 것이 요구된다. 이에 대해 비판주의가 요구하는 것은, 인간이 끊임없는 자유로운 활동을 통해 절대자를 자기 자신 안에 실현하는 것이다. 곧, 피히테에게는 유한한 자기와 절대자와의 동일성은 다만 오로지 승인되지 않으면 안 되는 현실의 존재론적 상황에 지나지 않는 것이 아니다. 그것은 도덕적 노력을 통해서 도달되어야 하는 목표인 것이다. 더욱이 그것은 언제나 멀어져 가는 목표이기도 하다. 따라서 피히테철학은 이론적인 이상으로서는 자기와 절대자와의 동일화를 겨냥한다 해도, 실천적인 지평에서 말하면, 끊임없는 자유로운 도덕적 활동, 곧 인간 저마다의 도덕적 사명에 대한 끊임없는 성실을 요구하고 있는 것이다.

그러므로 어떤 의미에서는, 독단론과 비판주의 사이에서의 선택은 유한한 자기에게는 비존재와 존재와의 사이의 선택이 된다. 곧, 그것은 자기 멸절, 비인격적 절대자에의 몰입, 인격적 자유를 환상이라고 거부한다는 이상과 자기의 사명에 따른 끊임없는 자유로운 활동이라는 이상, 곧 자유롭게 그리고 한갓된 객관을 넘어서 향상해 간다고 하는 도덕적 행위자에 점점 더 가까이 간다는 이상 사이의 선택인 것이다. "존재하라!는 것이 비판주의의 최고의 요구이다."[11] 스피노자에게는 절대적 객관에 거스릴 아무것도 없다. 피히테에게는 자연은 자유로운 도덕적 행위자를 위한 한갓 도구로 낮추어져 있다.

만약 사람이 비판주의의 요구를 받아들인다면 당연히 독단론은 거부되지 않을 수 없다. 그러나 도덕적 또는 실천적 지평에서조차 독단론은 논박될 수 없다는 것도 또한 옳다. 곧, "자기 자신의 멸절에 종사한다는 사상, 그리고 자기 속에 있는 자유의 인과성을 폐기한다고 하는 사상, 더 나아가서 자기가 어떤 객관의 양태로서 그 객관의 무한성 안에서 조만간에 자기의 도덕적 파멸을 발견한다는 사상에 견딜 수 있는"[12] 사람의 눈에는, 독단론은 논박될 수 없다는 것도 또한 옳은 것이다.

독단론과 비판주의의 쟁점에 관한 이와 같은 설명은 명백히 "사람이 어떤 철학을 택하는가는 그 사람이 어떤 사람인가에 달려 있다"는 피히테의 견해를 반영한다. 더욱이 원한다면 셸링의 주장, 곧 비판주의도 독단론도 이론적으로는 논박될 수 없으며, 양자 간의 선택은 실천적 지평에서 이루어지지 않으면 안 된다고 하는 주장을, 극히 최근에 자주 제기되어 온 견해와 결합시킬 수도 있다. 그 견해란, 서로 다른 형이상학의 옳고 그름은 순전히 이론적인 지평에서는 결정할 수 없지만, 도덕적 기준이 그 배후에 있어서 그것이 여러 가지 다른 행동양식을 일으키

---

11. *W*, I, p. 259.   12. *W*, I, p. 263.

는 동인이 되어 있을 때에는, 그와 같은 기준은 형이상학 사이의 판정에 사용할 수 있다고 하는 것이다. 그러나 당면한 문제를 위해서는 다음의 것을 주의하는 것이 더 중요하다. 곧 그것은, 《철학적 서간》은 피히테를 지원하기 위해 쓰였으며, 비록 셸링은 겉으로는 그의 편이 되어 있지만, 그 저작은 말은 안 해도, 명백히 스피노자 철학과 피히테의 초월론적 관념론은 다 같이 일면적으로 지나치게 과장되어 있다는 비판을 언외에 품고 있다는 것이다. 왜냐하면 스피노자는 객관을 절대화하고 피히테는 주관을 절대화했다고 말하고 있기 때문이다. 그리고 여기에는, 절대자는 주관성과 객관성의 차이를 넘어 주관과 객관의 동일성이어야 한다는 생각이 함축되어 있다.>13

다시 말하면, 스피노자와 피히테의 대립되는 입장을 화해시키는 어떤 종합이 만들어져야 한다는 생각이 함축되어 있다. 확실히 《철학적 서간》에는 피히테의 정신과는 이질이었던 스피노자에게 어느 정도 공감하고 있는 자취가 보인다. 그러므로 셸링이 곧바로 자연철학에 관한 저작의 출판에 전념하기 시작해도 놀랄 것이 없다. 예시되어 있던 종합 속의 스피노자적 요소는 피히테가 부인한 존재론적 지위에서의 유기적 전체성으로 자연이 되어 간다. 곧 자연은 절대자의 직접적인 객관적 나타남으로 보이는 것이다. 그러나 동시에, 종합이 모름지기 종합이기 위해서는 자연은 정신의 표현 또는 나타남이기도 해야 하는 것이다. 종합은 칸트 이전의 사상으로 되돌아가지 않기 위해서는 관념론이지 않으면 안 된다. 그러나 이 관념론은, 자연은 자아가 극복해야 하는 대상을 갖기 위해 정립한 장애에 지나지 않다고 생각하는 주관적 관념론이어

---

13. 피히테 자신도 절대 자아는 주관과 객관의 동일성이라고 주장하게 되었다. 그러나 그는 부분적으로는 상당히 셸링의 비판의 영향 아래 있었던 것이다. 어쨌든 셸링의 생각으로는 피히테의 관념론의 특색은 언제나 주관과 주관성의 일면적인 강조라는 점에 있는 것이다.

서는 안 된다.

　이와 같은 주석은 셸링의 초기 저작에 대하여 말해야 하는 범위를 넘었다고 생각될지도 모른다. 그러나 이미 보았듯이 셸링은 《철학적 서간》을 쓰고 얼마 안 된 1796년에 자기가 세운 초안에서, 사변적 물리학 또는 자연철학의 전개를 분명히 계획하고 있는 것이다. 그러므로 셸링이 그의 이른바 피히테 기(期)의 시대에도 피히테의 자연에 대한 일면적인 태도에 불만을 느끼고 있었던 것은 명백하다.

1. 자 연 철 학 의 가 능 성 과
그 의 형 이 상 학 적 근 거

셸링의 주장에 따르면 주관적인 것과 객관적인 것, 관념적인 것과 실재적인 것 사이에 균열을 가져온 것은 바로 반성의 성숙이었다. 반성 활동을 제거하면 인간과 자연은 하나라고 생각하지 않을 수 없다. 곧, 인간은 감정이라는 직접성의 단계에서는 자연과의 이 통일을 경험하고 있다고 생각하지 않을 수 없다. 그러나 반성을 통해서 인간은 외적인 객관과 그의 주관적인 표상을 구별하고 나아가 자기 자신에 대하여 객관이 되었다. 일반적으로 말하면, 반성은 자연이라고 하는 객관적인 바깥 세계와 표상과 자기의식이라고 하는 주관적인 내적 삶의 구별, 곧 자연과 정신과의 구별을 고정시키고 또한 영구화한 것이다. 이리하여 자연은 외적인 것, 정신에 대립하는 것이 되고, 인간은 자기의식적인 반성적 존재자로서 자연으로부터 멀어진 것이다.

만약 반성이 그 자체 목적이 된다면 그것은 '정신의 병' >1이 된다. 왜냐하면, 인간은 행동하기 위해 태어났지만, 자기반성에 의하여 자기 자신에 틀어박히면 틀어박힐수록 인간은 행동하지 않게 되기 때문이다. 하지만 동시에 인간을 동물로부터 구별하는 것도 반성의 능력이다. 그러므로 객관적인 것과 주관적인 것의, 실재적인 것과 관념적인 것의, 자연과 정신 사이에 들어온 균열은 감정이라는 직접성에, 인류의 이른바 유년 시대로 복귀하는 것으로써는 극복될 수 없다. 분리된 요소들이 다시 통일되고 근원적 통일이 복원되려면 감정보다 높은 차원의 지평에서 이루어지지 않으면 안 된다. 곧 그 통일은 철학이라는 형식에서의 반성 그 자체에 의하여 이루어지는 것이 아니면 안 된다. 결국, 문제를 제기하는 것은 반성이다. 상식의 단계에서는 실재적 질서와 관념적 질서의, 물과 그의 심적인 표상 사이의 관계라는 문제는 있을 수 없다. 문제를 제기하는 것은 반성이며, 그 문제를 풀어야 하는 것도 반성이다.

사람은 처음에 이 문제를 인과적 활동이라는 입장에서 풀려고 했다. 사물은 정신과 독립해 있으며, 사물의 표상의 원인이 된다. 그래서 주관적인 것은 인과적으로는 객관적인 것에 의존하고 있다. 그러나 이렇게 말하면 곧바로 새 문제가 생긴다. 왜냐하면 만약 내가 외적인 사물은 독립해 있으며, 내 안의 사물의 표상의 원인이 되어 있다고 주장한다면, 당연히 나는 사물과 표상을 넘어선 곳에 서 있다. 그러므로 나는 암암리에 자기를 정신으로 확인하고 있는 것이 된다. 그러면 외적 사물은 도대체 어떻게 정신을 한정하는 인과적인 활동을 할 수 있을까 하는 의문이 즉시 생긴다.

과연 이 문제는 다른 측면으로도 다룰 수 있다. 사물은 사물의 표상의 원인이라고 말하는 대신에, 우리는 칸트와 함께 주관이 스스로의 인식형식을 경험의 어떤 주어진 질료에 강요하고, 그럼으로써 현상적 실

---

1. *W*, I, p. 663.

재를 만드는 것이라고 말할 수도 있다. 그러나 그렇게 하면, 물자체가 남게 되는데, 이것은 전혀 생각할 수 없는 개념이다. 왜냐하면 주관이 주는 것으로 되어 있는 형식을 떠나서 사물은 과연 무엇일 수 있을까?

하지만 주관적인 것과 객관적인 것, 관념적인 것과 실재적인 것의 일치라고 하는 문제를 인과적인 활동이라는 관념에 호소하지 않고 해결을 시도한 두 가지의 특필할 만한 시도가 있었다. 곧, 스피노자는 양자의 일치를 하나의 무한한 실체의 다른 속성의 병행적(竝行的) 양태라고 하는 이론으로 설명했다. 그에 대해 라이프니츠는 예정조화에 의지했다. 그러나 그 어느 쪽 이론도 참설명은 되지 않았다. 왜냐하면 스피노자는 실체의 양태를 설명하지 않았고 라이프니츠는 셸링이 보는 바로는 예정조화를 요청했을 뿐이었다.

그러나 동시에 스피노자와 라이프니츠는 관념적인 것과 실재적인 것이 궁극적으로는 하나라고 하는 진리를 어렴풋이 알고 있었다. 그리고 철학자에게 요구되고 있는 것은 바로 이 진리를 보여 주는 것이다. 그는 자연이 '눈에 보이는 정신'이며 정신이 '눈에 보이지 않는 자연'[2] 이라는 것을 밝히지 않으면 안 된다. 곧 철학자는 객관적 자연이 인간 정신에서, 그리고 인간 정신을 통해서 자기 자신에게 돌아올 때까지 말하자면 향상해 가는 하나의 조화로운, 역동적이고도 논리적인 체계라고 하는 의미에서 전적으로 관념적이라는 것을 밝히지 않으면 안 된다. 왜냐하면 이와 같은 자연관에서 보면, 표상의 삶은 객관적 세계에 대립하는 것도 또 그것과 이질적인 것도 아니기 때문에, 따라서 주관적인 것과 객관적인 것, 관념적인 것과 실재적인 것의 일치라고 하는 문제는 생기지 않게 되기 때문이다. 표상의 삶은 자연의 자기인식이다. 곧, 그

---

2. *W*, I, p. 706.

것은 자연의 가능성의 현실화이고 졸고 있던 정신은 이것에 의하여 의식에로 깨어나는 것이다.

그러나 우리는 자연이 실제로 목적성을 보이는 목적론적 체계라는 것을 보여 줄 수 있을까? 확실히 우리는 세계에 대한 순전히 기계론적인 설명을 적합하다고 받아들일 수는 없다. 왜냐하면 우리는 유기체를 고찰할 때 아무래도 목적성이라는 개념을 도입하지 않을 수 없기 때문이다. 더욱이 정신은 두 개의 날카롭게 구별되는 영역, 곧 기계론의 영역과 목적론의 영역의 2분법에도 만족할 수 없다. 우리는 자연을 여러 가지 단계로 구분할 수 있는, 자기를 유기화하는 전체라고 생각하지 않을 수 없는 것이다. 그러나 자연을 자기를 유기화하는 전체라 할 때, 우리는 단지 자연에서 목적론을 읽고 있는 데 지나지 않는 것은 아닐까 하는 의문이 생긴다. 곧 처음에 유기체에서 목적론을 읽고 다음에 전체로서의 자연에서 목적론을 읽고 있는 것은 아닐까 하는 의문이 생긴다. 어쨌든 칸트는 우리가 자연을 목적론적인 체계인 거처럼 생각하지 않을 수 없다는 것을 인정했다. 왜냐하면 우리는 자연에 대한 규정적(規整的) 이념을, 곧 어떤 인식을 산출하는 발견적 격률이라고 하는 이념을 가지고 있기 때문이다. 그러나 칸트는 이 주관적 이념이 자연 그 자체에 대한 무엇인가를 증명하고 있다는 것은 인정하려고 하지 않았다.

셸링의 확신에 따르면 과학적 탐구는 모두 자연의 예지성(叡智性)을 전제하고 있다. 어떤 실험일지라도 자연이 대답하지 않을 수 없도록 물을 필요가 있다고 그는 주장한다. 그리고 이와 같은 절차는 자연이 이성의 요구에 따르고 있다는 신념을, 곧 자연이 예지적이며, 이런 의미에서 관념적이라고 하는 신념을 전제하고 있다. 이와 같은 신념이 정당한 것으로 인정되는 것은, 앞에서 살펴본 세계에 관한 일반적인 견해를 받아들일 때에 한한다. 왜냐하면 예지적, 목적론적인 체계로서의 자연이라고 하는 관념은 바로 자연의 자기반성, 곧 인간에서 그리고 인간을 통한 자연의 자기인식이기 때문이다.

그러나 우리는 자연에 관한 이와 같은 일반적 견해의 정당화를 명백하게 요구할 수 있다. 이 궁극적인 정당화는 셸링에서는 절대자에 관한 형이상학적 이론에 있다. "철학에의 첫걸음 그리고 철학으로 들어가는 불가결의 조건은 관념적 질서에서의 절대자가 또한 동시에 실재적 질서에서의 절대자이기도 한 것을 이해하는 데 있다."[3] 절대자는 주관성과 객관성의 '순수한 동일성'[4]이다. 그리고 이 동일성은 자연과 인간에서, 그리고 인간을 통한 자연의 자기인식과의 상호 침투에서 반성되는 것이다.

절대자는 그 자체로서는 영원의 인식작용으로서 거기에는 시간적 계기(繼起)는 없다. 그러나 동시에 우리는 하나의 작용을 세 개의 계기 또는 국면으로 구분할 수가 있다. 만약 우리가 그것들이 시간적으로 계기하는 것이 아니라고 본다면, 첫째 계기에서 절대자는 자기 자신을 관념적 자연에서, 말하자면, 자연의 우주론적 양식으로 객관화한다. 셸링은 이것을 스피노자의 용어를 써서 능산적(能産的) 자연이라고 부른다. 둘째 계기에서는 객관성으로서의 절대자는 주관성으로서의 절대자로 전환된다. 그리고 셋째 계기는 "이들 두 절대성(절대적 객관성과 절대적 주관성)이 하나의 절대성이기도 한"[5] 종합이다. 절대자는 따라서 영원한 자기인식 작용이다.

절대자의 내적 삶에서의 첫째 계기는 소산적(所産的) 자연에서, 곧 특수한 사물의 체계로서의 자연에서 표현되거나 명백해진다. 그것은

---

3. *W*, I, p. 708.　　　4. *W*, I, p. 712.
5. *W*, I, p. 714. 'absoluteness'의 원어는 *Absoluthheit*이다.

능산적 자연의 상징 또는 현상이다. 그리고 그와 같은 것으로 소산적 자연은 그 자체로서는 '절대자의 밖에' >6 있다고 말해진다. 절대자의 내적 삶에서의 둘째 계기, 곧 객관성의 주관성으로의 전환은 표상의 세계에서, 곧 인간적 앎이라는 관념적 세계에서 외적으로 표현된다. 소산적 자연은 이로써 인간 정신에서 그리고 인간 정신을 통해서 표상되고, 특수적인 것은 보편적인 것으로, 곧 개념적 단계로 말하자면 들어 올려지는 것이다. 따라서 셸링이 말하고 있듯이 두 개의 통일이, 곧 객관적 자연과 표상이라는 관념적 세계가 있게 된다. 셋째 통일은 절대자의 내적 삶에서의 셋째 계기와 관련되어 있는데, 그것은 실재적인 것과 관념적인 것 사이에서 파악되는 상호 침투이다.

셸링이 무한자와 유한자 사이의, 곧 절대자 자신과 그의 자기 나타냄 사이의 관계를 수정같이 투명하게 했다고 할 수는 없지 않을까 생각된다. 이미 보았듯이 셸링은 확실히 소산적 자연이 능산적 자연의 상징이나 현상으로 간주될 때에는 그것은 절대자의 밖에 있다고 말했었다. 그런데 절대자는 자기 자신을 특수한 것에서 진전시켜 간다고 말해 왔던 것이다. 분명히 셸링은 절대자 그 자신과 유한한 특수적 사물의 세계를 구별하려고 하고는 있다. 그러나 동시에 절대자는 모든 것을 포괄하는 실재라고 주장하려고도 하고 있는 것이다. 하지만 이 논제는 나중에 다시 다루지 않으면 안 될 것이다. 지금으로서는, 절대자는 자기 자신을 자연에서 객관화하고, 표상의 세계에서 주관성으로서 자기 자신으로 돌아오고, 나아가 철학적 반성에서, 그리고 철학적 반성을 통해 자기 자신을 실재적인 것과 관념적인 것, 곧 자연과 정신의 동일성으로서 인식하는 바의 영원의 본질 또는 이념이라고 하는, 그의 일반적인

---

6. *W*, I, p. 717.

구조를 아는 것만으로 충분하다.>[7]

　이처럼 자연철학 또는 이른바 고등물리학의 가능성에 대한 셸링의 정당화는 명백히 그 성격으로 보아 형이상학적이다. 자연(곧 소산적 자연)은 철저히 관념적이지 않으면 안 된다. 왜냐하면 그것은 능산적 자연의, 곧 관념적 자연의 상징이거나 현상이기 때문이다. 곧, 절대자의 '외적인' 객관화이기 때문이다. 그리고 절대자는 언제나 하나이며 주관성과 객관성의 동일성이므로 소산적 자연도 주관성이지 않으면 안 된다. 이와 같은 진리는 자연이 표상의 세계로 말하자면 변해 가는 과정을 통해 드러난다. 그리고 이 과정의 극치는, 인간의 자연인식이 자연의 자기인식이라는 것을 통찰하는 데 있다. 객관적인 것과 주관적인 것 사이에는 실제로는 아무 균열도 없다. 초월론적인 관점에서 보면 그것들은 하나이다. 졸고 있는 정신은 깬 정신이 된다. 순수한 본질로서의 절대자의 초시간적 삶은 몇 개의 계기로 구별될 수 있으며, 그 계기는 시간적 질서 속에 나타나지만, 이 질서와 절대자 자신은 귀결되는 것과 선행하는 것의 관계에 있다.

2. 셸링의 자연철학 개요

　자연철학을 전개한다는 것은 자연을 체계적으로 관념적으로 구성한다고 하는 것이다. 플라톤은 그의 《티마이오스》에서 신체성을 근원적인 원소로부터 이론적으로 구성했다. 셸링도 같은 종류의 문제에 관

---

7. 자연철학의 형이상학적 기초에 관한 셸링의 묘사는 헤겔의 사상에 큰 영향을 끼쳤다. 그러나 여기서 그 문제에 대해 토의하는 것은 적당하지 않을 것이다.

심을 품었다. 순전히 실험적인 물리학은 학(science)이라고 할 수 없을 것이다. 그것은 '이제까지 관찰된 것에 관한 사실 기록의, 자연적 또는 인위적 조건 아래 생긴 것의 집적 이외의 아무것도 아닐 것'[8]이다. 셸링은 확실히 우리가 알고 있는 물리학이 사실이나 기록 같은 것의 집적은 아니라고 하는 의미에서, 순전히 실험적이거나 경험적인 것은 아님을 인정하고는 있다. "오늘날 물리학이라고 불리는 것에는 경험(*Empirie*)과 학이 여러 가지 방식으로 섞여 있다."[9] 그러나 셸링의 생각으로는 물질과 기본적인 신체의 유형, 곧 비유기적인 것과 유기적인 것을 순수히 이론적으로 구성하거나 연역할 여지가 남겨져 있다. 더욱이 이와 같은 사변적 물리학은 인력과 같은 자연의 힘을 단순히 소여의 것으로서만 전제하지 않고 그것을 제1원리로부터 구성하는 것이다.

적어도 셸링의 의도에 따르면, 이와 같은 구성은 자연의 기본적인 여러 단계를 공상적이고 자의적(恣意的)으로 연역하려는 것은 아니다. 오히려 정신의 세심한 주의 앞에서 자연으로 하여금 자기 자신을 구성하게 하려는 것이다. 확실히 사변적 또는 고등물리학은 자연을 산출하는 근원적인 활동력을 해명하지 못한다. 이것은 본래 자연철학의 문제가 아니고 형이상학의 문제이다. 그러나 자연 계열의 발전이 관념적 자연, 곧 능산적 자연의 필연적이고 점진적인 자기 나타냄이라고 한다면, 관념적 자연이 자기 자신을 소산적 자연에서 나타낸 다음에 그 나타내는 과정의 여러 단계들을 체계적으로 더듬는 것은 가능하지 않으면 안된다. 그리고 이것이 바로 사변적 물리학의 과제인 것이다. 우리가 자연의 힘이나 비유기적 그리고 유기적 물질을 알게 되는 것은 경험을 통해서라는 것을 셸링은 잘 알고 있었다. 그러므로 우리에게 경험적 사실

---

8. *W*, II, p. 283.   9. *Ibid.*

을, 말하자면, 처음으로 말해 주거나 박물학을 아 프리오리하게 마무리
하는 것은 철학자의 일이 아니다. 그것은 경험적인 조사를 바탕으로 해
서만 전개될 수 있는 것이다. 철학자의 관심사는 자연 안에 있는, 곧 무
엇보다도 우선 경험과 경험적인 탐구에 의하여 알려지는 자연 안에 있
는 기본적이고 필연적인 목적론적인 양식을 보여 주는 데 있다. 철학자
의 관심은 왜(why) 사실이 그러한가, 무엇 때문에(wherefore) 그러한
가를 해명하는 데 있다고 할 수 있을 것이다.

　목적론적인 체계로서의 자연, 곧 영원한 이념의 필연적인 자기전개
로서의 자연을 제시하려면, 낮은 차원의 것은 언제나 높은 차원의 것에
의하여 설명된다는 것을 보여 줄 필요가 있다. 이를테면, 시간적인 관
점에서 보면 비유기적인 것은 유기적인 것에 앞서지만, 철학적인 관점
에서 보면 후자는 전자에 논리적으로 앞선다. 곧, 낮은 차원의 단계는
높은 차원의 단계를 위한 토대로서 존재한다. 그리고 이것은 자연 전체
에 대하여 말할 수 있다. 유물론자는 높은 차원의 것을 낮은 차원의 것
으로 환원하려고 한다. 이를테면, 유기적 삶을 목적성의 관념을 끌어들
이지 않고 기계적인 인과성의 입장에서 설명하려고 한다. 그러나 그의
견해는 틀렸다. 유물론자는 목적성의 관념을 끌어들이면 역학의 법칙
이 부정되고 만다든가, 그 법칙이 유기적인 영역 안에서는 정지되고 만
다고 생각하기 쉽지만, 실은 그런 것은 문제가 아니다. 문제는 오히려
기계적인 것의 영역은 자연이 유기체의 산출이라는 자기의 목적을 실
현하기 위한 필연적인 배경이라고 하는 것을 이해하느냐 아니냐이다.
거기에는 연속성이 있다. 왜냐하면 낮은 차원의 것은 높은 차원의 것의
필연적인 토대로서 후자는 전자를 포섭하고 있기 때문이다. 그러나 어
떤 새로운 것이 출현할 때도 있다. 이때에는 그 새로운 단계가 자기의
성립조건으로서 전제했던 단계를 설명하는 것이다.

이것을 이해한다면, "메커니즘과 유기적 영역과의 대립이 없어진
다."[10] 역학법칙에 의하여 비유기적 영역 안에서 발전해 가는 자연이
무의식적으로 겨냥하고 있었던 것은 유기체를 산출하는 것이 되기 때
문이다. 이렇게 보면, 유기적인 것은 **상위**(上位)에 있는 비유기적인 것
이라고 하는 것보다 비유기적인 것은 **하위**(下位)에 있는 유기적인 것이
라고 하는 것이 적절하다. 그러나 이렇게 표현해도 여전히 오해를 피할
수 없다. 왜냐하면 메커니즘과 유기적 영역과의 대립은 전자가 후자를
위한 수단으로서 존재한다는 생각으로는 극복되지 않고, 자연 전체가
하나의 유기적 통일이라고 생각할 때 비로소 극복되기 때문이다.

이제, 자연의 근저에 있으며 자기 자신을 현상적 세계에서 '발전' 시
켜 가는 활동은 무한 또는 무제한이다. 왜냐하면 자연은 이미 보았듯이
무한한 절대자의 자기 객관화이며 더욱이 이러한 절대자는 영원한 **작용**
으로서 활동 또는 의지이기 때문이다. 그러나 모름지기 자연에 관한 어
떤 객관적인 체계가 있으려면 이와 같은 무제한의 활동성은 억제되지
않으면 안 된다. 곧, 어떤 종류의 억제 또는 제한하는 힘이 있지 않으면
안 된다. 그리고 바로 무제한한 활동성과 억제하는 힘과의 상호작용이
야 말로 자연의 가장 낮은 단계를, 곧 세계의 일반적 구조와 일련의 물
체[11]를 산출하는 것이다. 셸링은 이와 같은 작용을 자연의 제1세위(勢
位, *Potenz*)라고 한다. 그리고 인력을 억제하는 힘에, 그리고 척력(斥
力)을 무제한의 활동성에 각각 대응하는 것이라고 생각한다면 이 둘의
종합은 한갓 양(量)일 뿐인 물질이다.

그러나 무제한한 활동에의 충동은 말하자면, 다른 지점에서 억압되

---

10. *W*, I, p. 416.

11. *Der allgemeine Weltbau und die Körperreihe*; *W*, I, p. 718.

기 때문에 다시 자기를 주장한다. 그리고 자연의 구성에서의 제2의 통일 또는 세위는 보편적인 메커니즘이며 이 세위를 바탕으로 하여 셸링은 빛과 물체의 동적 과정 또는 역학적 법칙을 연역하고 있다. "동적 과정은 바로 물질의 제2의 구성이다."[>12] 곧, 물질의 근원적 구성이 높은 차원의 단계에서 말하자면 반복되는 것이다. 낮은 단계란 인력과 척력이라고 하는 기본적인 작용이 있고 그 둘의 종합이 양으로서의 물질이었다. 높은 차원의 단계에서는 동일한 힘이 자기 현상, 전기 현상 그리고 화학적 과정 또는 물체의 화학적 성질로 나타나는 것이다.

자연의 제3의 통일 또는 세위는 유기체이다. 그리고 이 단계에서는 지금까지 말한 것과 동일한 힘이 스스로의 가능성을 더욱 현실화하여 감수성, 반응성 그리고 재생작용이 된다. 자연의 이 통일 또는 단계는 앞의 둘의 종합으로서 설명되고 있다. 그러므로 자연은 어느 단계에서도 단지 생명이 없는 것이라고는 말할 수 없는 것이다. 스스로의 가능성을 현실화해서 자기 자신은 유기체 안에서 표현할 때까지 여러 단계를 올라가는 것은 다름 아닌 하나의 살아 있는 유기체적 통일체이다. 하지만 유기적 영역 자신에서도 여러 단계가 명확히 구별되는 것도 덧붙여 말해 두지 않으면 안 된다. 낮은 단계에서는 재생성이 두드러지게 눈에 띄는 데 대해 감수성은 비교적 덜 발달되어 있다. 개체적 유기체는 종(種) 안에서 이를테면 잊혀지고 있다. 더 높은 차원의 단계에서는 감각적 삶이 더욱 발달해 개체적 유기체는 말하자면 개체적이 되고 불확정한 종의 한갓 특수한 일원인 것이 더 적어진다. 그 꼭짓점은 인간이며 이 유기체는 자연의 관념성을 가장 명백하게 드러내며, 표상 또는 주간성의 세계로의, 곧 자연의 자기반성으로의 이행 점을 이루고 있다.

---

12. *W*, II, p. 320.

셸링은 그의 자연 구성 전체에 힘의 양극성이라는 생각을 채택하고 있다. 그리고 "이 두 서로 다투는 힘은…, 세계를 하나의 체계로 **유기화하는 원리**라는 생각을 이끈다."[13] 이 원리는 옛날부터 신성시되어 온 세계의 영이라는 이름으로 부르기에 합당하다. 이것은 확실히 경험적인 조사로써는 발견되지 않으며 현상의 여러 성질로써도 서술될 수 없다. 그것은 요청, 곧 '보편적 유기체를 설명하기 위해 설정된 고등물리학의 가설'[14]이다. 이 이른바 세계의 영 그 자체는 의식적인 예지는 아니다. 그것은 유기화하는 원리이며 이 원리는 자연 가운데 자기 자신을 밝히 드러내며 인간적인 장에서 그리고 인간적 자아를 통해서 의식에 이른다. 그리고 이와 같은 원리를 요청하지 않으면 자연을 하나의 조화 있는 자기 발전적인 초-유기체로 볼 수 없을 것이다.

셸링의 자연론이 형태의 변양(變樣), 곧 낮은 형태로부터 높은 차원의 형태의 창발(創發)이라는 의미에서의 진화론과 유사한 것을 보고 놀라는 독자도 있을 것이다. 창발적 진화론과 셸링의 교설은 상당히 일치할 뿐 아니라, 세계는 자기 발전하는 유기적 통일이라는 그의 견해는 이러한 진화론을 요구하고도 있다는 것은 분명히 논증할 수 있다. 확실히 그는 진화론의 가능성에 언급해 이를테면 이렇게 말하고 있다. 어떤 하나의 종이 다른 종으로 변양하는 사례는 인간의 경험에는 나타나지 않을지도 모른다. 그러나 경험적 증거가 없다고 해서 이와 같은 변양이 불가능하다는 증명은 되지 않는다. 왜냐하면 이와 같은 변화는 인간의 경험이 미치지 않는 아주 긴 시간에 걸쳐 비로소 일어날 수도 있기 때문이다. 하지만 셸링은 이에 덧붙여 "그러나 이 가능성들에 대해서는 생략하기로 하자."[15]고 말하고 있다. 곧 셸링은 창발적 진화의 가능성

---

13. *W*, I, p. 449.　　　　14. *W*, I, p. 413.　　　　15. *W*, I, p. 417.

을 인정은 하지만, 그의 관심은 자연의 발생사에는 없고 자연의 관념적 또는 이론적 구성에 있는 것이다.

참으로 이 구성은 그 착상이 풍부하며, 세계에 관한 과거의 생각과 크게 공명하고 있기도 하다. 이를테면, 힘의 양극성이라고 하는 잘 알려진 생각은 자연에 대한 그리스인의 생각을 불러일으키며, 졸고 있는 정신으로서의 자연이라고 하는 사상은 라이프니츠철학의 어떤 국면을 생각나게 한다. 거기에 셸링의 자연 해석은 최근의 사상을 예견하고 있기도 하다. 이를테면, 셸링의 자연철학은 비유기적 사물을 **생명의 비약**(*élan vital*)에 의한 날아 오름 때문에 꺼져 버린 불꽃이라고 하는 베르그송의 생각과 일맥상통하는 데가 있다.

그러나 동시에 셸링의 자연 구성은 과학적 사고법으로 보면 지나치게 공상적이고 자의적인 것이라고 생각되지 않을 수 없으므로, 여기서 시간을 들여 그것에 대해 더 자세히 논해야 할 아무런 이유도 없다고 생각된다.[16] 물론, 셸링은 그가 아는 자연과학으로부터 얻은 여러 이론이나 가설을 그의 자연철학에 짜 넣는 데 실패했다고 말하려는 것은 아니다. 오히려 반대로, 그는 당시의 물리학, 전기역학, 화학 그리고 생물학에서 얻은 여러 개념을 빌려와 이용하고 있다. 그러나 이들 여러 개념은 변증법적 도식에 끼워 맞춰지고, 자주 유추(類推)의 적용과 함께 쓰이고 있는데, 이 유추는 독창적이고 어쩌면 때로 함축 있는 것이긴 하나 대체로 공상적이며 억지로 발라 맞춘 것같이 생각된다. 따라서 그 세부에 걸쳐 논의하는 것은 일반적인 철학사의 문제라기보다 셸링에 관한, 그리고 그와 뉴턴과 같은 과학자, 그리고 괴테와 같은 당시의 문학자와의 관계에 관한 특수한 논술의 문제이다.

---

16. 셸링의 자연 구성은 세부에서는 이 주제에 관한 그의 각각의 저작에서 약간 다르다.

　그렇더라도 셸링의 자연철학 전체를 꿰뚫고 있는 본질적 국면의 중요성을 부정할 수는 없다. 왜냐하면 그것은 독일관념론이 여느 의미에서의 주관주의와는 전혀 관계가 없다는 것을 뚜렷이 보여 주고 있기 때문이다. 자연은 절대자의 직접적이고 객관적인 나타남이다. 확실히 자연은 철두철미 관념적이다. 그러나 이것은 자연이 그 어떤 의미에서 인간적인 자아의 창조임을 의미하지는 않는다. 자연이 관념적이라는 것은 자연이 영원의 이념을 표현하고 있기 때문이고, 또한 인간 정신에서 그리고 인간 정신을 통해서 자기반성으로 향하기 때문이다. 객관성과 주관성의 동일로서의 절대자라고 하는 셸링의 견해는 물론 절대자의 자기 객관화, 곧 자연이 이 동일성을 밝힐 것을 요구하고 있기는 하다. 그러나 이 동일성은 자연의 목적론적 양식을 통해 밝혀지는 것이지 인간의 주관적 사유에 의해서는 아니다. 자연이 자기를 인간 정신에서 그리고 인간 정신을 통해서 표현하기 위해서는 비록 세계의 예지성과 그의 자기반성적 본성을 전제하고 있지만 그러나 동시에 세계의 객관성도 전제하고 있는 것이다.

　더욱이 만약 자기, 전기 따위에 대한 셸링의 공상적이라고도 할 수 있는 사변, 곧 자연에 관한 그의 이론적 구성의 세부를 도외시한다면, 절대자의 객관적 나타남으로서의 자연, 그리고 목적론적 체계로서의 자연이라는 주요한 견해는 불멸의 가치를 가지고 있다. 명백히 그것은 형이상학적인 해석이므로 형이상학을 깡그리 거부하는 사람들에게는 도저히 받아들여질 것 같지 않다. 그러나 자연에 관한 주요한 생각은 비합리적이지 않다. 그리고 우리는 셸링과 함께 또는 후의 헤겔과 함께 정신적 절대자라고 하는 사상을 일단 받아들인다면, 자연 속에 목적론적 양식(pattern)을 발견하려고 하지 않을 수 없게 된다. 그렇다고 셸링이 생각한 것처럼 사변적 물리학이 자연의 힘과 현상을 연역할 수 있게 되는 것은 아니겠지만 말이다.

3. 초월론적 관념론의 체계

셸링의 자연철학은 그의 피히테로부터의 이탈과 독일관념론에 대한 그 자신의 독창적인 공헌을 의미하고 있다. 그러나 그럼에도 불구하고 그가 1800년에 자아로부터 시작해서 '자기의식의 연속적 역사'[17]를 자세히 설명한《초월론적 관념론의 체계》를 출판한 것은 언뜻 보기에 의외로 생각된다. 왜냐하면 셸링은 그의 자연철학 위에 피히테의 영향으로 고무된 양립할 수 없는 체계를 덧붙이고 있는 것같이 생각되기 때문이다. 그러나 셸링의 생각으로는, 초월론적 관념론은 자연철학의 불가결한 보충을 이루고 있는 것이다. 그는 말한다. 앎 그 자체에서는 주관과 객관은 통일되어 있다. 곧 그들은 하나다. 하지만 우리가 이 동일성을 설명하려고 하면 이미 주관과 객관은 분리되어 있다고 생각하지 않을 수 없다. 그리하여 이 동일성을 설명하려고 할 때, 두 가지 가능성에 직면한다. 곧, 객관적인 것으로부터 시작하여 주관적인 것에로 나아가 무의식적인 자연이 어떻게 표상되게 되는지를 묻는 경우와, 객관적인 것으로부터 시작하여 주관적인 것에로 나아가 객관이 어떻게 주관에 대하여 현존하게 되는지를 묻는 두 가지 가능성이다. 첫째 경우에는 자연철학이 전개된다. 이 철학은 자연이 주관성의 단계에서 자기 자신을 반성하기 위해 필요한 여러 조건을 밝힌다. 둘째 경우에는 초월론적 관념론의 체계가 전개된다. 이 체계는 의식에 내재하는 궁극적인 원리

---

17. *W*, II, p. 331.

가 스스로를 의식하기 위한 조건으로 객관적 세계를 산출한다는 것을
밝힌다. 그리고 반성의 이러한 두 개의 방향은 상호보충적이며 또 그렇
지 않으면 안 된다. 왜냐하면 절대자가 주관성과 객관성의 동일성이라
고 한다면, 어느 극에서 출발해도 다른 극에서 출발하여 전개된 철학과
일치하는 철학을 전개할 수 있어야 하기 때문이다. 다시 말하면, 셸링
의 확신하는 바로는 자연철학과 초월론적 관념론의 상호보완적인 성격
은 절대자의 본성, 곧 관념적인 것과 실재적인 것과의 동일성이라고 하
는 절대자의 본성을 여실히 표현하고 있는 것이다

초월론적 관념론은 앎의 학이므로 앎의 모든 영역의 배후에 존재론
적인 실재가 있느냐 없느냐 하는 문제는 도외시된다. 따라서 그 제1원
리는 이 영역 안에 있어야 한다. 그리고 만약 우리가 초월론적 연역으
로써 주관적인 것으로부터 객관적인 것에로 나아가려고 하면, 우리는
주관과 객관의 근원적 동일성으로부터 출발하지 않으면 안 된다. 앎의
영역 안에 있는 이 동일성은 자기의식이다. 왜냐하면 자기의식에서는
주관과 객관은 동일하기 때문이다. 그리고 셸링은 이러한 자기의식을
'자아(ego)'라고 한다. 그러나 '자아'라는 말은 개인적인 자기를 의미
하는 것이 아니라 **자기의식 일반의 작용**[18]을 의미한다. "우리의 출발
점인 자기의식은 **하나의 절대적인 작용**이다."[19] 그리고 이 절대적인 작
용은 자기 자신을 객관으로서 산출한다. "자아란 자기 자신에 대하여
객관이 되는 자기의 산출 작용 이외의 아무것도 아니다."[20] 이 자아는
실제로는 '지적 직관'[21]이다. 왜냐하면 자아는 자기 자신을 아는 작용
을 통해 있는 셈이므로, 이 자기 앎이란 지적 직관의 작용이기 때문이

18. *W*, II, p. 374.
20. *W*, II, p. 370.
19. *W*, II, p. 388.
21. *Ibid.*

다. 그런데 이 직관은 "모든 초월론적 사유의 기관"[22]이며, 자유로이 스스로의 대상을 산출하고 또 이것 없이는 어떤 대상도 있을 수 없다. 지적 직관과 초월론적 사유에 의한 대상의 산출은 바로 하나이며 동일하다. 따라서 초월론적 관념론의 체계는 자기의식의 산출 또는 구성의 형식을 취하지 않으면 안 된다.

　셸링은 지적 직관이란 개념을 피히테보다 넓은 의미로 쓰고 있다. 그러나 그의 초월론적 관념론의 일반적인 양식은 명백히 피히테의 사상에 기초하고 있다. 자아는 그 자신으로서는 무제약적 작용 또는 활동이다. 그러나 자아가 자기 자신에 대해 객관이 되려면 자기 자신에게 무엇인가를 곧 비아를 대립시켜 자기의 활동을 제한하지 않으면 안 된다. 더욱이 그것은 무의식적으로 이루어지는 것이지 않으면 안 된다. 왜냐하면 비아는 무의식적으로 그리고 필연적으로 산출된다고 상정하는 것이지 않으면, 관념론의 틀 안에서 비아의 소여성을 설명할 수 없기 때문이다. 비아는 자기의식의 필연적인 조건이다. 그리고 이런 의미에서는 자아의 본질을 이루는 무한한, 또는 무제약적인 활동은 언제나 계속 제약되지 않으면 안 된다. 그러나 다른 의미에서는 이 제약은 초월되지 않으면 안 된다. 곧, 자아는 비아를 추상하여 자기 자신에게로 말하자면 되돌아올 수 있어야 한다. 다시 말하자면, 자기의식은 자연을, 곧 비아를 스스로의 존립 조건으로 하는 인간적인 자기의식이라는 형태를 취하는 것이다.

　초월론적 관념론의 체계의 제1부는 《지식학》에서의 피히테의 의식의 이론적 연역에 대응하고 있지만, 셸링은 여기서 의식의 역사를 세 개의 주요한 시기 또는 단계로 나누어 더듬고 있다. 피히테의 주제의

---

22. *W*, II, p. 369.

상당수가 재현되고 있는데, 물론 셸링은 그의 의식의 역사와 자연철학을 서로 관련지우려고 고심하고 있다. 제1기는 원초적인 감각으로부터 산출적 직관까지이다. 이것은 자연철학에서의 물질의 구성과 서로 관련되어 있다. 곧, 여기서는 물질적 세계가 정신의 무의식적인 활동에 의하여 산출되는 것이다. 제2기는 산출적 직관으로부터 반성까지이다. 자아는 여기에서는 감성의 단계에서 스스로를 의식하고 있다. 곧, 감각적인 사물은 산출적 직관의 작용과는 다른 것으로 나타난다. 그리고 셸링은 여기서 공간과 시간과 인과성의 범주를 연역하고 있다. 우주가 자아에 대해 존재하기 시작한다. 그리고 셸링은 더 나아가 자아가 자기에게 돌아오기 위한 필연적인 조건으로서의 유기체의 연역도 다루고 있다. 이 연역은 제3기에서 다루어지지만, 이 시기는 절대적 추상작용에서 꼭짓점에 이른다. 왜냐하면 이 추상에 의하여 자아는 반성적으로 자기 자신을 대상 또는 비아로부터 구별하고, 그리하여 자기 자신을 예지로서 자각하기 때문이다. 자아는 자기 자신에 대하여 객관이 된 것이다.

　절대적 추상작용은 자기를 한정하는 의지의 작용으로서만 설명될 수 있다. 그리고 이렇게 초월론적 관념론의 체계는 활동적인 자유로운 능력으로서의 자아 또는 예지라는 개념으로, 따라서 체계의 제2부, 곧 실천적 부문으로 넘어간다. 자기의식이 발전할 때에 다른 자기의 의식이, 곧 타자의 자유로운 의식이 수행하는 구실을 서술한 다음 셸링은 다시 이렇게 논하고 있다. 곧, 자연 충동과 이상화하는 활동(*eine ideal-isierende Tätigkeit*)이라고 생각되는 의지, 곧 객관적인 것을 이상에 따라서 한정하거나 변화시키려는 의지가 구별되지 않으면 안 된다. 이상은 주관적인 것 쪽에 속해 있다. 곧 그것은 실제로는 자아 자신인 것이다. 따라서 객관적 세계에서 이상을 현실화하려는 것은 동시에 자아가 자기 자신을 실현하는 것이기도 하다.

이 자아의 자기실현이라는 생각이 도덕론의 무대를 꾸민다. 이 도덕론에서 논의되는 문제는 이렇다. 의식, 곧 자기를 한정하거나 실현하는 활동으로서의 자아가 어떻게 예지로서의 자아의 객체가 될 수 있느냐고 하는 것이다. 다시 말하면, 자아는 어떻게 자기 자신을 의지로 의식할 수 있게 되는가? 이에 대해 셸링은, 그것은 다음과 같은 요구, 곧, 자아는 자기한정 이외의 아무것도 의욕하면 안 된다고 하는 요구를 통해서라고 대답한다. "이 요구는 칸트가, 그대는 다른 예지가 욕구할 수 있는 것만을 욕구해야 한다고 말한 정언명법 또는 도덕법칙 바로 그것이다. 그러나 모든 예지가 의욕할 수 있는 것은 오직 순수한 자기한정, 곧 법칙과의 순수한 일치가 있을 뿐이다. 그러므로 도덕법칙을 통해 순수한 자기한정은 … 자아에 대해 객관이 되는 것이다."[23]

그러나 자기한정 또는 자기실현은 세계에서의 구체적인 행위를 통해서만 가능해진다. 이리하여 셸링은 도덕적 행위의 조건으로서의 법의 체계와 국가의 연역으로 나아간다. 국가는 물론, 인간의 손으로 된, 곧 정신의 활동에 의하여 세워진 건축물이다. 그러나 그것은 여러 개인이 조화로운 자유를 실현하기 위해 없어서는 안 될 조건이다. 그러므로 비록 국가가 인간의 손으로 세워진 건축물이라 해도 그것은 인간의 제2의 본성이 되어야 한다. 우리는 우리의 모든 행위에서 자연의 제일성(齊一性), 곧 자연법칙의 지배를 의지하고 있다. 그리고 우리의 도덕적 행위의 경우에도 우리는 사회에서의 이성적 법칙의 지배를 의지할 수 있을 것이다. 곧, 그 본질이 법의 지배에 있는 이성적 국가를 의지할 수 있을 것이다.

하지만 최선의 질서를 가지고 있는 국가라 해도 다른 국가들의 변덕

---

23. *W*, II, pp. 573~4.

스럽고 이기적인 의지 앞에 노출되어 있다. 그리하여 정치적 사회가 이불안정성과 위험으로부터 가능한 한 구제되는 것은 어떻게 가능한가하는 물음이 생긴다. 그 대답은 "낱낱의 국가를 초월한 하나의 유기적인 기구, 곧 국가 간의 분쟁을 없앨 수 있는 모든 국가의 연합">24에서만 찾을 수 있다. 그리고 이와 같은 수단에 의해서만 정치적 사회는 인간의 제2의 본성이 될 수 있으며, 우리가 의지할 수 있는 것이 될 수 있는 것이다.

그러나 이와 같은 목적을 이루기 위해서는 두 가지 조건이 필요하다. 첫째로, 참으로 이성적인 체제의 근본원리가 두루 알려지지 않으면 안된다. 그것에 의하여 낱낱의 국가는 서로 법과 권리를 보증하고 보호하는 공통의 관심을 갖게 될 것이다. 둘째로, 낱낱의 시민이 자기 국가의법을 따르는 것과 마찬가지로 낱낱의 국가는 공통의 근본법을 따르지않으면 안 된다. 이것을 사실상 국가의 연합은 '국가의 국가' >25이어야함을 뜻한다. 적어도 이상적으로는 최고의 권력을 가진 세계기구이어야 함을 뜻한다. 이와 같은 이상을 실현할 수 있다면, 정치사회는 보편적인 도덕적 질서를 완전히 현실화하기 위한 확고한 토대가 될 것이다.

그런데 이와 같은 이상이 모름지기 실현된다고 하면, 당연히 그것은역사에서 실현되지 않으면 안 된다. 그러면 인류의 역사에서 이와 같은목표의 달성을 향해 나가는 어떤 필연적인 경향성을 식별할 수 있는지어쩐지 하는 문제가 생긴다. 셸링의 생각으로는 "역사의 개념에는 한없는 **진보**라는 개념이 함축되어 있다." >26 물론 이 진술이, 통상 쓰이고있는 '역사' 라고 하는 말은 그 의미의 일부로, 미리 정해진 목표로 나아가는 한없는 진보라는 개념을 필연적으로 함축하고 있다는 것을 의

---

24. *W*, II, p. 586.   25. *W*, II, p. 587.   26. *W*, II, p. 592.

미하고 있다면, 이 견해의 정당성은 의문시될 수밖에 없을 것이다. 하지만 셸링은 역사를 그의 절대자의 이론에 비추어 고찰하고 있는 것이다. "역사는 전체로서 절대자의 끊임없는 계시이다. 곧 자기 자신을 서서히 드러내는 계시이다."[27] 절대자는 관념적인 것과 실재적인 것과의 순수한 동일성이므로, 역사는 이성적으로 조직된 정치적 사회라는 기구에서 제2의 본성, 곧 완전한 도덕적 세계질서를 창조하는 운동이지 않으면 안 된다. 그리고 절대자는 무한이므로 이 진보의 운동도 무제한이지 않으면 안 된다. 만약 절대자가 완전히 스스로의 본성을 계시한다면, 주관과 객관의 구별을 전제하는 인간적 의식의 입장은 이미 존립할 수 없게 될 것이다. 그러므로 인간의 역사에서의 절대자의 계시는 원리적으로는 한이 없는 것이지 않으면 안 된다.

하지만 역사가 절대자의 계시라고 하면 우리는 딜레마에 직면하게 되지 않을까? 왜냐하면 만약 우리가 인간의 의지는 자유라고 주장한다면 인간은 역사가 목적을 실현하는 것을 저지할 수 있고 따라서 이상적 목표로 향하는 필연적 진보 따위는 없다는 것을 우리는 인정하지 않을 수 없지 않을까? 또 반대로 우리가 역사는 어떤 방향을 향해 필연적으로 운동해 간다고 주장한다면 우리는 인간적 자유를 부정하고 자유를 심리학적인 감정으로 설명하지 않을 수 없게 되지 않을까?

이 문제를 논할 때 셸링은 자유로운 행동의 절대적 종합이라는 관념에 호소하고 있다. 개인은 자유롭게 행동한다. 그리고 어떤 개인일지라도 전혀 사적이고 이기적인 목적을 위해 행동할 때도 있을 것이다. 그러나 거기에는 동시에 숨어 있는 필연성이 있으며, 이 필연성이 겉으로 보기에는 아무 관련도 없는, 그리고 자주 서로 싸우는 인간의 행동을

---

27. *W*, II, p. 603.

종합하는 것이다. 인간이 비록 전혀 이기적인 동기에서 행동하는 경우일지라도 그는 스스로의 의지에 반하여 인류의 역사의 공통의 목적을 실현하기 위해 무의식적으로 이바지하고 있는 것이다.[28]

지금까지 우리는 간단히 초월론적 관념론의 체계의 여러 부문을 고찰해 왔는데, 여기까지는 이들 부문은 대체로 피히테의 의식의 이론적 그리고 실천적 연역이나 법론과 윤리학에 관한 저작들에서 논의되었던 문제를 논하고 있다―물론 셸링은 어느 정도는 그것을 개변하고 그 자신의 사상을 집어넣어 발전시키고 있지만. 그러나 셸링은 나아가 제3부를 덧붙이고 있다. 그리고 바로 이것이 초월론적 관념론에 대한 그의 독자적인 공헌을 이루는 것이며, 더욱이 그의 일반적 견지와 피히테의 그것과의 차이를 명확하게 하는 것이다. 자연철학은 졸고 있는 정신 또는 무의식적 정신을 논하고 있다. 그리고 지금까지 개관한 한의 초월론적 관념론의 체계에서는 의식적 정신이 고찰되고 있다. 이 의식적 정신은 도덕적 행위에서 그리고 나아가 도덕적 세계질서, 곧 인간의 제2의 본성의 창조에서 자기 자신을 객관화하는 것이었다. 그러나 거기서는 아직 무의식적인 것과 의식적인 것, 또 실재적인 것과 관념적인 것의 동일성, 곧 자아 그 자신에 대하여 나타나는 직관은 발견되지 않았다. 그리고 초월론적 관념론의 체계의 제3부에서 셸링은 그가 찾았던 것을 미적 직관에서 발견하고 있다. 이리하여 초월론적 관념론은 예술철학에서 그 꼭짓점에 다다른다. 그리고 이 예술철학이야말로 셸링이 가장 중시한 것이었다. 물론 그렇다고 해도 그가 도덕적 행위의 의의를 최소화한 것은 아니다. 그러나 셸링에서는 피히테와는 대조적으로 중점이

---

28. 우리는 이것을 신적 섭리의 교설이라고 할 수도 있다. 그러나 셸링의 이 단계의 사상에서는 절대자를 인격신으로 생각하면 안 된다. 절대적 종합이 마무리되는 것은 관념적인 것과 실재적인 것의 순수한 동일성으로서의 절대자의 본성의 필연적인 표현으로서이다.

윤리학으로부터 미학으로, 도덕적 삶으로부터 미적 창조로, 행위를 위한 행위로부터 미적 관조로 옮아갔다고 할 수 있다.

어떤 관점에서는, 우선 처음에《초월론적 관념론의 체계》의 제3부에서 논의된 셸링의 예술철학을 논한 다음에《예술철학》에 관한 그의 강의에서 표현된 미학사상을 논하는 것이 바람직할 것이다. 왜냐하면 그 사이에 그는 절대자에 관한 자신의 이론을 발전시켰고 그것이 이 강의 속에 반영되어 있기 때문이다. 그러나 예술에 관한 그의 사상의 역사적 발전에도 주의를 기울이겠지만, 편의상 그 사상을 한 절로 정리하여 개관하기로 한다.

4.   예 술 철 학

《초월론적 관념론의 체계》에는 다음과 같이 쓰여 있다. "객관적 세계는 근원적이긴 하나 아직 무의식적인 정신의 시에 지나지 않는다. 철학의 보편적 기관—그리고 그의 건물 전체의 초석—은 예술철학이다."[29] 하지만 예술철학이 '철학의 참된 기관'[30]이라고 하는 견해는 약간의 설명이 필요하다.

우선 첫째로, 예술은 산출적 직관의 능력에 바탕을 두고 있지만, 이 능력은 초월론적 관념론의 없어서는 안 될 기관 또는 연장이다. 이미 보았듯이, 초월론적 관념론은 의식의 역사로 이루어져 있다. 그러나 이 역사의 여러 단계는 그 시작부터 각각이 이미 만들어진 대상으로서 자아의 눈앞에 현존해 있으며, 자아는 다만 그것들을 바라보기만 하면 되

---

29. *W*, II, p. 349.　　　30. *W*, II, p. 351.

는 그런 것이 아니다. 자아 또는 예지는 그들의 여러 단계들 체계적인 방법으로 재창조하거나, 플라톤의 용어를 쓰자면, 상기하지 않으면 안 된다고 하는 의미에서 그것들을 산출하지 않으면 안 된다. 그리고 이 재창조 또는 상기라는 작업은 산출적 직관의 능력에 의하여 수행된다. 미적 직관은 이 동일한 능력의 작용으로서 다만 그것이 말하자면 안쪽으로가 아니라 바깥쪽으로 향해진 것이다.

둘째로, 미적 직관은 무의식적인 것과 의식적인 것의, 그리고 실재적인 것과 관념적인 것과의 통일이라고 하는 근본적 진리를 드러낸다. 미적 직관을 창조적 예술가, 곧 천재 쪽에서 보면 그는 자기가 무엇을 하고 있는지를 참된 의미에서 알고 있다는 것을 알 수 있다. 곧, 예술가의 행위는 의식적이고 의도적이다. 미켈란젤로가 모세 상을 만들었을 때 그는 자기가 무엇을 하려고 했는지를 알고 있었다. 하지만 동시에 천재의 행위는 무의식적이라고도 할 수 있다. 천부의 재능은 교습에 의하여 나누어 줄 수 있는 기술적 숙련으로 환원될 수 없다. 창조적 예술가란 그를 통해서 활동하는 어떤 힘의 말하자면 운반자인 것이다. 그리고 셸링의 생각으로는, 이 힘은 자연 안에서 작용하고 있는 힘과 같은 힘이다. 다시 말하면, 자연을, 곧 정신의 무의식적인 시를 산출할 때에 무의식적으로 활동하고 있는 힘이 예술작품을 산출할 때에는 의식적으로 활동하는 것이다. 곧, 이 힘은 예술가의 의식을 통해서 활동한다. 따라서 예술가야말로 무의식적인 것과 의식적인 것의, 그리고 실재적인 것과 관념적인 것의 궁극적 통일을 구체적으로 그리는 것이다.

이것은 다른 관점에서도 고찰될 수 있다. 예술작품의 관조가 '무한한 만족감'[31]을 동반하는 것은 어째서인가? '산출에의 충동은 모두 작

---

31. *W*, II, p. 615.

품의 완성에 의하여 잠재워지고, 모든 모순이 폐기되며 모든 수수께끼가 풀리는 것' >32은 어째서인가? 다시 말하면, 예술작품을 관조할 때 예술가 자신의 마음이든, 어떤 다른 사람의 마음이든, 어쨌든 마음이 목적성의 감정을 향수하는 것은 어째서인가? 곧, 그 작품에 아무것도 덧붙이거나 감해서는 안 된다는 감정을, 그리고 또한 비록 문제가 제기되는 일은 있을 수 없다 해도, 어쨌든 문제가 해결되었다고 하는 감정을 향수하는 것은 어째서인가? 셸링의 생각으로는 그것은 완성된 예술작품은 지성의 자기 자신에 대한 자기 자신의 최고의 객관화이기 때문이다. 곧, 무의식적인 것과 의식적인 것의, 실재적인 것과 관념적인 것의, 객관적인 것과 주관적인 것의 동일성인 예지의 최고의 객관화이기 때문이다. 그러나 지성 또는 자아는 이것을 반성적으로 알고 있는 것이 아니므로, 무슨 말해지지 않은 신비의 베일이 벗겨졌다고 해도, 단지 한없는 만족을 느낄 뿐, 예술작품을 산출하는 것은 그 작품을 통해서 활동하는 어떤 힘이라고 생각하는 것이다.

　이처럼 예술철학은 《초월론적 관념론의 체계》의 꼭짓점이다. 초월론적 관념론은 이른바 자아 또는 예지라는 관념에서 출발했다는 것을 기억할 것이다. 이 자아 또는 예지는 주관과 객관이 하나가 되어 있는 자기의식의 절대적 작용이라고 생각되었다. 그러나 이 절대적 작용은 산출적이다. 곧 그것은 스스로의 객관을 산출하지 않으면 안 된다. 그리고 그 최고의 객관화가 예술작품인 것이다. 참으로 자연철학에서 논의되었던 유기체도 실재적인 것과 관념적인 것의 동일성의 부분적인 나타남이기는 하다. 하지만 그 유기체를 산출하는 것은 무의식적인 산출력이고, 이 산출력은 자유로 활동하는 것은 아니다. 이에 대해 예술

32. *Ibid.*

작품은 자유의 표현이다. 곧, 그것은 자유로운 자아의 자기 자신에 대한 자기 자신의 나타남이다.

앞 절에서 말했듯이, 초월론적 관념론은 앎의 영역에 내재하는 제1원리로부터, 곧 자기 자신에 대하여 객관이 되는 절대적 작용으로부터 출발했다. 그리고 그때 이 절대적 작용 또는 자아의 이른바 배후에 실재가 있느냐 없느냐 하는 물음은 도외시하고 있다.[33] 그러나 셸링이 후에《예술철학》으로 출판한 강의를 하게 될 무렵(1802~1803)까지는, 그는 절대자에 관한 그의 이론을 발전시키고 있었다. 거기서는 예술작품은 무한한 절대자의 나타남이라고 하고 그 형이상학적 의의가 강조되어 있다. 절대자는 관념적인 것과 실재적인 것의 '무차별'(곧, 궁극적 동일성)이다. 그리고 "관념적인 것과 실재적인 것의 무차별은 무차별로서, 예술을 통해 관념적 세계에서 표현된다."[34] 셸링은 예술에 대해 앞에서 말한 것과 모순되는 것을 말하고 있는 것은 아니다. 그러나 이 강의에서는《초월론적 관념론의 체계》에서 스스로에게 과한 피히테적인 제한을 넘어 그의 사상을 참으로 특색 있게 해 주는 형이상학적 관점을 숨김없이 채택하고 있다.

《브루노》(1802)에서 셸링은 여러 신적 이념이라는 사상을 도입하고 사물은 이들 이념에 관여하는 한 아름답다고 주장했다. 그리고 이와 같은 이론은 예술에 관한 강의에서도 볼 수 있다. 거기서는 이렇게 말하고 있다. "아름다움은 특수한 것(실재적인 것)이 그 이념과 일치하는 데 있으므로 무한한 이 이념 자체가 유한한 것 속에 들어가 **구체적으로** 직관된다."[35] 따라서 미적 직관이란 예지의 유한한 소산 안에서 무한

---

33. 이와 마찬가지로 자연철학은 자기 자신을 자연에서 계시하는 무한한 활동성을 요청하는 데서 출발한다.
34. *W*, III, p. 400.   35. *W*, III, p. 402.

자를 직관하는 것이다. 그리고 더욱이 물(物)과 그의 영원한 이념과의 일치가 물의 진리이므로 미와 진리>36는 궁극적으로는 동일한 것이다.

이제 만약 창조적 천재는 영원한 이념을 예술작품 안에서 표현하는 것이라면, 틀림없이 철학자와 닮은 데가 있을 것이다. 그러나 그렇다고 해서 그가 철학자가 되는 것은 아니다. 왜냐하면 천재는 영원한 이념을 추상적인 형식으로 파악하는 것이 아니라 다만 상징적 매체를 통해서 파악하기 때문이다. 미적 창조는 상징적 세계의 존재를, 곧 보편과 특수를 매개하는 '시적 존재'>37의 세계를 필요로 한다. 상징이 그리는 것은 보편적인 것 자체도 아니고 특수적인 것 자체도 아니며 양자의 통일이다. 따라서 상징과 이미지를 구별하지 않으면 안 된다. 이미지는 언제나 구체적이고 특수한 것이기 때문이다.

시적 존재라고 하는 이 상징적 세계는 '모든 예술의 없어서는 안 될 조건이며 또한 가장 중요한 재료(*Stoff*)'>38인 신화로부터 태어난 것이다. 셸링은 상당히 자세하게 그리스 신화에 언급하고 있다. 하지만 그는 예술적 창조의 소재를 이루는 것으로 되어 있는 상징적 세계를 그리스 신화에 국한하고 있는 것은 아니다. 거기에는 이를테면 그가 유대교와 그리스도교 신화라고 부르고 있는 것도 포함되어 있다. 그리스도교 정신은 그 독자의 상징적 세계를 구축했는데, 이 세계는 예술가를 위한 비옥한 소재를 제공했다.

셸링이 시적 존재라고 하는 상징적 세계를 설명할 때, 이처럼 신화만을 강조하는 것은 너무 시야가 좁은 것같이 생각될지도 모른다. 그러나 그것은 셸링이 끊임없이 신화에 관심을 가지고 있었음을 보여 준다.

---

36. 여기서 말해지는 것은 명백히 스콜라철학이 논리학적 진리와 구별하여 존재론적 진리라고 부른 것이다.
37. *W*, III, p. 419.   38. *W*, III, p. 425.

그에게 신화는 상징적 세계를 의미하고 있을 뿐 아니라 신적인 것의 상상적 구성, 그리고 신적인 것의 고지 또는 표현이기도 했다. 만년이 되어 그는 신화와 계시를 구별했지만, 신화의 의식에는 계속 관심을 가졌으며, 이것이 그의 사상의 불변하의 요소가 되어 있다. 그러므로 그의 후기의 종교철학에 관련하여 이 주제로 돌아오지 않으면 안 된다.

셸링의 예술철학을 개관할 때 '예술'과 '예술가'라고 하는 용어를 일상 영어보다 넓은 의미로 써 왔다. 그런데 셸링은, 예술을 회화나 조각과 같은 실재적 계열에 속하는 예술과, 시 같은 관념적 계열에 속하는 예술로 분류하고 있는데, 여기서 그 하나하나의 예술을 논하기 위해 자리를 마련하는 것은 그렇게 유익하다고 생각되지 않는다.[39] 왜냐하면 셸링의 사상의 대충을 아는 데는 그가 어떻게 해서 예술론을 그의 철학의 핵심적 부문이라고 생각하게 되었는지를 이해하는 것만으로 충분하기 때문이다. 칸트는 그의 제3《비판》에서 과연 미적 판단을 논하기는 했다. 그는 미학을 비판철학의 핵심 부문으로 삼았다고 말할 수도 있을 것이다. 그러나 칸트의 체계의 본질로 미루어, 그는 셸링처럼 예술의 형이상학을 전개할 수 없었다. 과연 칸트는, 우리는 우리의 주관적 관점으로부터 간신히 가상적 실재를, 이른바 초감각적 기체를 알 수 있다고 인정했을 뿐이다. 그러나 셸링에서는, 예술적 천재의 창작물은 절대자의 본성의 명료한 계시였다. 그는 천재를 칭송하고 예술적 천재와 철학자를 부분적으로 동일시했으며, 나아가 미적 직관의 형이상학적 의의를 역설하고 있다. 이것은 그가 낭만주의자 편이었다는 명백한 증거이다.

---

39. 이 주제에 관심을 가진 독자께서는 셸링의 《예술철학》의 제3장과 베르나르드 보상케의 《미학사》를 보라.

5. 동일성으로서의 절대자

앞선 몇 절에서 빈번히 절대자는 주관적인 것과 객관적인 것, 관념적인 것과 실재적인 것의 동일성이라는 셸링의 이론에 언급했다. 어떤 의미에서 이 언급은 미숙한 것이었다고 할 수 있다. 왜냐하면《나의 철학체계 서술》(1801)의 서문에서 셸링은 '절대적 동일성의 체계'[40]에 대해 말하고 있는데, 여기서의 그의 말하는 투로 보아, 그는 그가 이전에 말한 것을 단지 되풀이하고 있을 뿐이라고는 생각하지 않고 있었음을 알 수 있기 때문이다. 그러나 그렇더라도 여전히 이른바 동일성의 체계는 자연철학과 초월론적 관념론의 체계는 서로 보완하고 있다는 확신에 함축되어 있는 형이상학적인 의미의 탐구이며, 또 그의 서술이라고 볼 수도 있다.

셸링은 말한다. "철학의 입장은 이성의 입장이다."[41] 곧, 사물을 철학적으로 안다는 것은 그 사물이 이성 안에 있는 대로 아는 것이다. "나는 이성(*Vernunft*)을 그것이 주관적인 것과 객관적인 것의 전적인 무차별로 생각되는 한, 절대적 이성 또는 이성이라고 한다."[42] 다시 말하면, 철학이란 사물과 절대자의 관계를, 또는 절대자는 무한이므로 유한한 것과 무한한 것과의 관계를 아는 것이다. 그리고 절대자는 주관성과 객관성의 순수한 동일성 또는 무차별(모든 차별의 없음)로 생각되지 않으면 안 된다.

유한한 것과 무한한 것의 관계를 서술하려고 할 때, 셸링은 매우 곤란한 입장에 있다. 왜냐하면 한편 절대자 외에는 아무것도 있을 수가 없다. 절대자는 무한한 실재이고 모든 실재를 자기 자신 안에 품고 있

---

40. *W*, III, p. 9.   41. *W*, III, p. 11.   42. *W*, III, p. 10.

지 않으면 안 되기 때문이다. 따라서 그것은 우주의 외부적 원인일 수 없다. "절대적 동일성은 우주의 원인은 아니며, 우주 자신이다. 왜냐하면 존재하는 바의 것은 모두 절대적 동일성 자신이며, 우주는 있는 바의 것 모두이기 때문이다."[43] 그러나 다른 한편, 절대자가 순수한 동일성이라면 구별은 일체 절대자의 외부에 있는 것이지 않으면 안 된다. "양적 차별은 절대적 총체성 밖에서만 가능하다."[44] 그러므로 유한한 사물은 절대자에게 외부적이지 않으면 안 된다.

셸링은 절대자는 어떤 방식으로 자기 밖으로 나간다고 말할 수가 없다. 왜냐하면 그는 "모든 철학의 근본적인 잘못은 절대 동일성이 현실로 자기 밖으로 나왔다는 명제에 있다. …"[45]고 주장하고 있기 때문이다. 따라서 그는, 주관과 객관과의 구별이 있고 자존적인 유한한 사물이 있는 것은 오직 경험적인 의식의 입장에서이다라고 말하지 않을 수 없게 된다. 하지만 실제로는 그렇게 말해지고 있지 않은 것으로 생각된다. 곧, 경험적 의식의 출현과 그의 존재론적 위치는 설명되지 않은 채 있다. 확실히 셸링은 양적 차별은 '현상 안에만'[46] 정립되고, 더욱이 절대자는 "주관성과 객관성의 대립으로 말미암아 아무 영향도 받지 않는다"[47]고 말하고는 있다. 그러나 모름지기 현상이 그 무엇이라면, 그 것은 셸링의 전제에 따라 절대자 안에 있지 않으면 안 된다. 그리고 만약 그것이 절대자 안에 없다면, 절대자는 초월적이고, 우주와 동일시할 수 없는 것이어야 한다.

《브루노》(1802)에서 셸링은 플라톤과 신플라톤파의 전통에서 얻은 신적 이념의 교설을 다루었다. 적어도 어떤 관점에서 보면, 절대자는

---

43. *W*, III, p. 25.　　　44. *W*, III, p. 21.　　　45. *W*, III, p. 16.
46. *W*, III, p. 23.　　　47. *Ibid.*

이념의 이념이며 유한한 사물은 그와 같은 신적 이념 속에 영원히 현존하고 있다. 그러나 비록 우리가 이 신적 이념의 교설이 《브루노》에서 재확인되고 있기도 한, 절대자는 순수한 동일성이라는 견해와 양립하는 것을 승인했다고 해도, 유한한 사물의 시간적 위치와 그의 양적인 차별화는 여전히 설명되지 않은 채 끝나고 있다. 이 대화편에서 브루노가 루치안에게 말하는 바에 따르면, 유한한 사물은 '다만 그대에게'[48] 서로 구분되어 있을 뿐, 돌에게는 아무것도 절대적 동일성의 암흑에서 밖으로 나가지 않는 것이다. 하지만 우리는 다음과 같이 물을 수 있다. 곧, 만약 절대자가 순수한 동일성이라면, 구별을 가진 경험적 의식은 어떻게 절대자 안에 생길 수 있는가? 또, 만약 절대자가 전체성이라고 하면, 구별을 가진 경험적 의식은 어떻게 해서 절대자 바깥에 생길 수 있는가?

셸링의 일반적 관점은 주관성과 객관성의 동일성으로서의 절대적 이성은 자기의식이며, 주관과 객관이 하나로 되어 있는 절대적 작용이라는 데에 있다. 그러나 이성 자신은 실제로 자기를 의식하고 있는 것은 아니다. 그것은 다만 '무차별', 곧 주관과 객관과의, 관념적인 것과 실재적인 것 사이의 차별이 없다는 것이다. 이성이 현실적인 자기의식이 되는 것은 오직 인간적 의식에서 그리고 인간을 통해서이며, 또한 이 인간적 의식의 직접적인 대상이 세계인 것이다. 다시 말하면, 절대자는 두 개의 '세위'의 계열에서 자기 자신을 드러내거나 나타나는 것이다. 그 하나는 실재적 계열로서 이것은 자연철학에서 고찰된다. 또 하나는 관념적 계열로서 이것은 초월론적 관념론에서 고찰된다. 경험적 의식의 입장에서 보면 이들 두 계열은 다른 것이다. 우리는 한쪽에

---

48. *W*, III, p. 155.

주관성, 다른 쪽에 객관성을 갖는다. 그리고 이 둘이 함께 '우주'를 이루고 있으며, 이 우주는 존재하는 것 모두이므로 절대자이다. 하지만 구별이 현존하고 있는 경험적 입장을 넘어서 절대자를 그 현상에서가 아니라 그 자체로 있는 것으로 잡으려고 하면, 절대자는 모든 차별과 구별의 차별 없음 또는 소멸점으로서만 생각할 수가 있다. 물론 이 경우에 절대자의 개념은 아무런 적극적인 내용을 가지고 있지 않다. 하지만 이것은 우리의 개념적 사유로서는 절대자의 현상만, 곧 그 '외적', 현존에서 현상하는 절대적 동일성만을 잡을 수 있으며, 그 자체로서의 절대자는 잡을 수 없다는 것을 의미할 뿐이다.

셸링의 생각으로는 동일성의 이론은 관념론과 실재론 사이의 모든 항쟁을 극복할 수 있다. 왜냐하면 이 논쟁은, 경험적 의식에 의하여 세워진 실재적인 것과 관념적인 것의 구별은, 한쪽을 다른 쪽에 종속시킴으로써 또는 오히려 한쪽을 다른 쪽으로 환원시킴으로써만 극복될 수 있다는 전제에 바탕을 두고 있지만, 관념적인 것과 실재적인 것은 절대자에서는 하나라고 하는 것을 안다면, 이와 같은 논쟁의 초점은 소멸되고 말 것이기 때문이다. 이리하여 동일성의 체계는 실재-관념론(*Realidealismus*)이라고 할 수 있다.

그런데 셸링 자신은 동일성의 체계에 만족했지만, 다른 사람들은 그것을 그렇게 평가하지 않았다. 그래서 그는 그의 비판자가 오해하고 있다고 생각되는 점을 바로잡기 위해 새로 그의 입장을 설명하려고 했다. 나아가 그는 자기의 입장을 반성하는 가운데 그의 사상을 새로운 방향으로 발전시키지 않을 수 없게 되었다. 그가 말하고 있듯이 유한한 것과 무한한 것의 관계, 또는 사물의 세계의 존재라고 하는 문제가 형이상학의 근본 문제라고 한다면, 동일성의 체계에 안주할 수는 도저히 없을 것이다. 왜냐하면 그것은 우주는 절대자의 현실화라고 하는 것을 암시하고 있는 것 같지만, 그러나 그것은 다른 한편으로 가능성과 현실성의 구별은 절대자 자신의 밖에 있다고도 주장하고 있기 때문이다. 분명, 유한한 것과 무한한 것의 관계를 좀 더 만족할 수 있도록 설명할 필요가 있다. 그러니 다음 장에서 셸링의 철학적 여행의 길을 계속 더듬어 가도록 하자.

1. 우주론적 타락의 관념

셸링은 《철학과 종교》(1804)라는 저작에서 순수한 동일성으로서의 절대자의 의미를 다음과 같이 설명하고 있다. 절대자는 모든 현상을 하나로 융합한, 형태가 없는 물질도 아니고 공허한 비실재도 아니다. 절대자는 절대로 단순한 무한성이라고 하는 의미에서 순수한 동일성이다. 우리는 개념적 사유에서는 절대자로부터 유한한 사물의 여러 성질을 폐기하고 부정하는 것을 통해서밖에는 절대자에게 도달할 수 없다. 하지만 그렇다고 하여 절대자는 그 자신으로서는 모든 실재성이 없다는 것이 아니다. 오히려 그것은 직관에 의하지 않고는 파악할 수 없다는 것을 그것은 보여 주는 것이다. "관념적인 동시에 직접적으로 실재적이기도 한 절대자 그 자신은 설명으로써는 알려질 수 없으며, 오직 직관으로써만 알 수 있다. 왜냐하면 기술(記述)에 의하여 알려질 수 있는 것은 합성체에 지나지 않는 것이기 때문이다. 단순한 것은 직관되는 것이지 않으면 안 된다."[1] 이 직관은 교시(敎示)에 의하여 나뉠 수는 없다. 그러나 절대자에로의 부정적 접근은 직관작용을 쉽게 한다. 또

혼은 자기와 신적 실재와의 근원적 통일을 통해 그와 같은 직관작용을
할 수가 있다.

관념적인 것으로서의 절대자는 자기 자신을 직접 모든 영원한 이념
에서 나타내고 혹은 표현한다. 엄밀하게 말하면 참으로 오직 하나의 이
념밖에 없다. 곧, 빛이 태양에서 흘러나오듯이 절대자에서 흘러나오는
절대자의 직접적이고 영원한 반성밖에 없다. "이념은 모두 하나의 이
념이다."[2] 모든 계제(階梯)를 갖는 자연이 하나의 이념 안에 영원히 현
존하고 있듯이, 모든 이념도 하나의 이념 안에 현존하고 있다. 이 영원
한 이념은 신의 자기인식이라고 할 수 있다. "그러나 이 자기인식은 절
대적으로 관념적인 것의 한갓된 양상이나 속성으로 생각되어서는 안
되고, 절대자 자신으로서 자립적으로 현존하고 있는 절대자라고 생각
되지 않으면 안 된다. 왜냐하면 절대자는 절대적으로 자기 자신과 동등
하지 않은 것의 관념의 근거가 될 수 없기 때문이다."[3]

이 신적 이념이라는 생각은 이미 보았듯이 《브루노》에서 처음으로
주장되었는데, 셸링은 이 생각을 전개하면서 이 사상의 원천인 그리스
철학에 주의하고 있다. 그리고 또 아마도 그의 마음속에서는 신의 **말씀**
이라고 하는 그리스도교의 교의도 고려하고 있다. 그러나 제2의 절대
자로서의 영원한 이념이라는 생각은 삼위일체론에서의 제2격이라고
하는 그리스도교의 교의보다 플로티노스의 **누스**의 이론에 가깝다. 그
리고 절대자에의 부정적 접근과 최고의 신성의 직관적 파악이라고 하
는 사상은 신플라톤주의까지 거슬러 올라갈 수가 있다. 다만 부정적 접
근이라고 하는 사상은 물론 신적 이념의 사상으로 스콜라철학에서 다

---

1. *W*, IV, pp. 15~16.   2. *W*, IV, pp. 23~4.
3. *W*, IV, p. 21.

시 나타났지만.

　　그러나 그 유서 깊은 역사에도 불구하고 셸링의 영원한 이념이라고 하는 사상은 그것만으로는 유한한 사물의 존재를 설명할 수 없다. 왜냐하면 영원한 이념 안에 있는 것으로서의 자연은 **소산적 자연**이 아니라 **능산적 자연**이지만, 셸링이 예리하게 주장하고 있듯이, 관념에서 연역적으로 이끌어 낼 수 있는 것은 오직 관념뿐이기 때문이다. 그리하여 그는 야코프 뵈메의 사변에 호소하여 우주론적 타락이라는 생각을 도입했다. 세계의 기원은 신으로부터의 떨어짐 또는 이탈(*Abbrechen*)—그것은 또한 비약(*Sprung*)이라고도 한다—에서 찾아진다. "절대자로부터 실재적인 것에 이르는 연속적 추이 따위는 전혀 없다. 감각적 세계의 기원은 절대자로부터의 전면적인 이탈로서나 비약에 의한 것으로밖에는 생각할 수 없다."[4]

　　셸링은 절대자의 일부가 이탈 또는 분리한다고 말하려는 것이 아니다. 타락이 생기는 것은 말하자면, 신체에 따르는 그림자와 같은, 어떤 이미지(상, 像)의 어렴풋한 이미지(대응상, 對應像)의 출현에 따른다. 모든 사물은 이념 자체 안에, 곧 신적 이념 안에 그의 영원한 관념적 존재를 가지고 있다. 그러므로 모든 사물에서도 그 중심점과 참존재는 신적 이념 속에 있다. 따라서 유한한 사물의 본질은 유한이라기보다 오히려 무한이라고도 할 수 있다. 하지만 유한한 사물을 엄밀히 유한이라고 생각한다면, 그것은 이미지의 이미지(곧, 관념적 본질의 이미지이며 이 본질 자신은 절대자의 반성)인 것이다. 그리고 이와 같은 이미지가 서로 다른 유한한 사물로서 있다는 것이 참중심점으로부터의 소외이며 무한성의 부정이다. 참으로 유한한 사물은 한갓 아무것도 아닌 것이 아

---

4. *W*, IV, p. 28.

니다. 플라톤이 말했듯이, 그것은 존재와 비존재의 혼합물이다. 그러나 특수성과 유한성은 부정적 요소를 표현하고 있다. 그래서 소산적 자연의 출현, 곧 특수한 유한한 사물의 체계의 출현은 절대자로부터의 타락인 것이다.

그러나 우주적 타락 곧 이미지의 출현을 시간에서의 사건이라고 생각하면 안 된다. 그것은 '절대자 자신, 그리고 모든 이념의 세계와 마찬가지로, 영원(모든 시간의 바깥)'[5]에 있는 것이다. 이념은 신의 영원한 이미지이다. 그리고 감각적 세계는 그림자의, 곧 이미지의 끝없는 계기이고 그 시작을 지정할 수 없다. 그것은 곧, 유한한 사물은 신을 자기의 직접적인 원인으로 볼 수가 없다는 것이다. 어떤 유한한 사물이라도 그 기원은, 이를테면 인간의 기원은 유한한 원인으로써 설명할 수 있다. 다시 말하면, 사물은 원인과 결과의 한없는 연쇄의 한 고리이며 그 연쇄가 감각적 세계를 구성하고 있는 것이다. 그리고 이것이, 인간이 세계를 하나의 실재물로 볼 수 있도록 하는 심리적인 이유인 것이다. 왜냐하면 세계는 상대적 독립성과 자존성을 가지고 있기 때문이다. 그러나 이와 같은 입장은 바로 타락한 피조물의 입장이다. 형이상학적 그리고 종교적 견지에서 보면, 세계의 상대적 독립성 안에 그 타락한 본성의, 곧 절대자로부터의 그 소외의 어김없는 각인을 볼 수 있는 것이다.

그런데 창조가 시간에서의 사건이 아니라면, 부득불 그것은 영원한 이념의 필연적인 외적 자기표현이 된다. 그리고 이 경우에는 원칙적으로는 창조는 연역이 가능할 수 있을 것이다. 비록 유한한 정신이 이 연역을 실제로는 수행할 수 없다고 해도 말이다. 그러나 이미 보았듯이

---

5. *W*, IV, p. 31.

셸링은, 세계는 절대자로부터 연역될 수 있다는 것을 원칙적으로라도 인정하려고 하지 않는다. "타락은 그들이 말하는 것처럼 설명할 수 없다."[6] 따라서 세계의 기원은 자유에 있다고 생각하지 않을 수 없다. "타락의 가능성의 근거는 자유에 있다.[7] 그러나 어떤 의미에서인가? 한편으로 이 자유는 세계 자체에 의하여서는 행사될 수 없다. 물론 셸링은 이따금 세계가 절대자로부터 이탈해 나오는 듯이 말하고 있다. 하지만 문제가 되고 있는 것은 바로 세계의 현존과 그 기원이므로, 그것이 절대자로부터의 말하자면 자유로운 비약에 의하여 나온다고는 도저히 생각할 수 없다. 왜냐하면 **전제에 따르면**, 세계는 아직 현존하지 않기 때문이다. 그러나 다른 한편 세계의 무시간적 발생을 유신론적인 의미에서의 신의 자유로운 창조 작용에서 찾는다고 하면, 우주론적 타락을 말하는 확고한 이유가 없어진다.

　이 문제를 논할 때, 셸링은 타락을 2중의 삶이라고 부를 수 있는 것에 결부시키고 있는 것같이 생각된다. 이 2중의 삶은 '또 하나의 절대자'[8]로 생각되는 영원의 이념에 의하여 이끌어 내진 것이다. 영원한 이념을, 엄밀하게, 영원한 이념으로서의 절대자의 영원한 반성이라고 생각한다면, 그 참된 삶은 절대자 자신에 있다. 그러나 실재적인 것으로서, 곧 제2의 절대자로서, 혼으로 생각한다면, 영원한 이념은 산출하려고 노력하는, 그러나 그것이 산출할 수 있는 것은 현상, 이미지의 이미지, '감각적 세계의 무(無)'[9]뿐이다. 그리고 '설명' 될 수 있는 것도, 곧 제2의 절대자로부터 연역될 수 있는 것도 유한한 사물의 **가능성**뿐이다. 유한한 사물의 현실적 존재는 자유에, 곧 자발적 운동에 돌려지는

---

6. *W*, IV, p. 32. 　　　7. *W*, IV, p. 30.

8. *W*, IV, p. 31. 　　　9. *W*, IV, p. 30.

것이다. 그리고 이 운동이 동시에 절대자로부터의 타락인 것이다.

창조는 이와 같이 원심적 운동이라고 하는 의미에서 타락이다. 절대적 동일성은 동일성 그 자신에서는 아니지만, 현상의 단계에서는 자기를 분화 또는 분할한다. 하지만 구심적 운동도, 곧 신에의 복귀도 역시 있다. 그러나 이것은 특수하고 유한한 물질적 사물 자체가 신적 이념으로 귀환한다는 것은 아니다. 이미 보았듯이, 특수한 감각적 사물의 직접적 원인은 신이 아닌 것이다. 마찬가지로, 엄밀하게 특수적이고 감각적인 것으로 생각된 사물 중에서 무한자를 보고, 모든 이미지를 신적 원형에 결부시키는 능력이 있는 인간적 자아 또는 이성에서 그리고 그것을 통해서 실재적인 것을 관념적인 것으로, 객관성을 주관성으로 전환함으로써 이루어지는 것이다. 유한한 자아 그 자신에 관해서 말하자면, 그것은 어떤 관점에서는 '신에서 가장 멀리 떨어진 지점'[>10]에 있다. 왜냐하면 신의 현상적 이미지는 겉으로 보기에는 자립해 있지만, 이 자립성은 자아의 의식적인 자기소유와 자기주장에서 그 절정에 이르기 때문이다. 그러나 동시에 자아는 본성상, 무한한 이성과 동일하므로 자기의 이기적인 견지를 초월하여 높이 올라가 스스로가 멀어져 간 참중심점에 돌아갈 수 있는 것이다.

이와 같은 관점이 셸링의 일반적인 역사이론을 규정하고 있으며, 그것은 다음과 같은 문장으로 적확하게 제시되고 있다. "역사란 신의 정신 안에 그려진 서사시이다. 그것의 두 주요 부분은 다음과 같다. 첫째는 인류가 그 중심점에서 출발하여 중심에서 가장 멀리 떨어진 지점까지 나아가는 과정을 서술하는 부분이고, 둘째는 그것이 돌아오는 과정을 서술하는 부분이다. 첫째 부분은 역사의 **일리아드**이고 둘째 부분은

---

10. *W*, IV, p. 32.

역사의 **오디세이**이다. 전자에서 운동은 원심적이고 후자에서는 구심적이다."[11]

일(一)과 다(多)의 문제, 또는 무한자와 유한자와의 관계의 문제와 씨름할 때, 셸링은 분명 악의 가능성을 생각하려고 했다. 타락과 멀어짐이라는 사상이 이 가능성을 생각하게 하는 것이다. 왜냐하면 인간의 자기는 타락한 자기이고, 말하자면 특수성 가운데 말려들어 있으며, 이 말려듦, 곧, 자기의 중심점으로부터의 멀어짐이 이기성과 육욕성을 일으키기 때문이다. 그러나 절대자가 전체성이라고 한다면, 인간은 어떻게 참으로 자유가 될 수 있을까? 그리고 더 나아가 악의 실재적인 가능성이 있다고 하면, 그 가능성의 근거는 절대자 자신 안에 있어야 하는 것이 아닐까? 그리고 만약 그렇다면, 절대자 또는 신에 대하여 어떤 결론을 이끌어 내지 않으면 안 되는 것일까? 다음 절에서 이 문제에 관한 셸링의 생각을 고찰하기로 하자.

2. 인간과 신에서의 인격성과 자유
— 선과 악

《인간적 자유의 본질에 대한 철학적 탐구들》(1809)의 서문에서 셸링은 《철학과 종교》에는 명석함이 부족했다고 솔직히 인정하고 있다. 그리하여 그는, 인간적 자유라는 생각에 조명을 대고 그의 사상을 새롭게 서술하려고 마음을 먹었다.[12] 그에 따르면, 이것은 그의 체계가 범

---

11. *W*, IV, p. 47.
12. 수정한 체계는 슈투트가르트의 강의(1810)에서도 상세히 설명되어 있는데 이것은 《철학적 탐구》와 함께 그의 《전집》 제4권에 수록되어 있다.

신론적이기 때문에 인간적 자유의 개념을 집어넣을 여지가 전혀 없다
는 비판에 비추어 볼 때, 특히 바람직한 것이었다.

　범신론이라는 고발에 관해 말하자면, 범신론이란 셸링의 말에 따르
면, 불확실한 용어이다. 그것은 한편으로는 가시적 세계, 곧 **소산적 자연**
과 신은 동일하다는 사상을 기술할 때 쓰일 수 있으며, 다른 한편으로
는 유한한 사물은 전혀 현존하지 않으며, 신성(神性)의 단순하고 무차
별적인 통일이 있을 뿐이라는 사상을 가리키는 것으로 이해되기도 한
다. 그러나 그 어떤 의미에서도 셸링철학은 범신론적이지 않다. 왜냐하
면 그는 가시적 세계와 신을 동일시하고 있지도 않고, 무세계론, 곧 세
계는 존재하지 않는다는 이론을 주장하고 있지도 않기 때문이다. 자연
은 제1원리의 귀결이며 제1원리 자체는 아니다. 그러나 그것은 실재적
인 귀결이다. 신은 살아 있는 것의 신이며, 죽은 것의 신은 아니다. 곧,
신적 존재는 자기 자신을 나타낸다. 그리고 이 나타냄은 실재적이다.
그러나 범신론을 모든 사물은 신 안에 있다는 의미로 해석한다면, 셸링
은 자기가 범신론자라고 불릴 마음가짐이 충분히 되어 있었다. 그러나
그는 계속해서 말한다. 성 바울로 자신도 우리는 신 안에서 살며 활동
하고 존재한다고 언명하고 있지 않은가?라고.

　셸링은 자기의 입장을 밝히기 위해 재차 동일성의 원리를 설명하고
있다. "고대의 심원한 논리학은 주어와 술어를 선행하는 것(전건)과 귀
결되는 것(후건)으로 구별하고, 그렇게 함으로써 동일성의 원리의 실
질적인 의미를 표현했다."[13] 신과 세계는 동일하다. 그러나 이렇게 말
하는 것은 바로 신은 근거 또는 선행하는 것이고, 세계는 귀결되는 것
이라고 말하는 것이기도 하다. 여기서 주장되고 있는 통일은 창조적 통

---

13. *W*, IV, p. 234.

일이다. 신은 자기를 현시하는 삶이다. 그리고 현시는 신에 내재적이긴 하나 역시 신과는 구별된다. 귀결되는 것은 선행하는 것에 의존하고 있다. 그러나 귀결되는 것과 선행하는 것 사이에 구별이 없다고 해서 양자가 동일한 것은 아니다.

이 이론은 셸링이 강조하는 바에 따르면, 결코 인간적 자유를 부정하지 않는다. 왜냐하면 이 이론은 그 자체로서는 귀결되는 것의 본성에 대하여 아무 말도 안 하기 때문이다. 신이 자유라면, 신의 모습을 닮은 인간 정신도 자유이다. 신이 자유가 아니라면 인간 정신도 자유가 아니다.

이제, 셸링의 생각으로는 인간 정신은 의심 없이 자유이다. 왜냐하면 "실재적이며 살아 있는 자유의 개념은, 자유란 선과 악의 능력이라는 것">[14]이지만, 인간이 선과 악의 능력을 가지고 있다는 것이 명백하기 때문이다. 그러면 이와 같은 능력이 귀결되어 오는 것의 '후건'인 인간에게 현존해 있다면, 선행하는 것의 '전건'인 신에게도 현존해 있지 않으면 안 되는 것일까? 그렇다면 여기에 문제가 생긴다. 곧, 우리는 신이 악을 저지를 수 있다고 결론짓지 않을 수 없는 것일까?

이 문제에 대답하기 위해서는 무엇보다도 우선 인간존재를 더 상세하게 고찰하지 않으면 안 된다. 우리는 인간을 인격으로서 말한다. 그러나 셸링의 주장에 따르면 인격성은 처음부터 주어져 있는 것은 아니고 획득되어야 하는 것이다. "모든 탄생은 어둠으로부터 빛으로의 탄생이다.">[15] 그리고 이 일반적인 명제는 인간의 인격성의 탄생에도 들어맞는다. 인간에게는 말하자면 어두운 바탕이 있다. 곧, 무의식적인 것, 삶 또는 충박(衝迫), 그리고 자연적 충동이 있다. 그리고 인격성이

---

14. *W*, IV, p. 244.　　　15. *W*, IV, p. 252.

세워지는 것은 바로 이 바탕의 위인 것이다. 인간은 이성보다 오히려 감각적 욕망이나 어두운 충동에 따른다. 곧 인간은, 도덕법칙을 부인하고 특수한 유한적 존재자로서의 자기 자신을 주장하는 일이 있다. 그러나 동시에 이기적인 욕망이나 충동을 이성적 의지에 복종시키고 자기의 참으로 인간적인 인격성을 발전시키는 능력도 가지고 있다. 그러나 인간이 이렇게 할 수 있는 것은 오로지 다툼, 투쟁, 자기 승화에 의한 것이다. 왜냐하면 인격성의 어두운 바탕은 비록 그것이 어둠으로부터 빛을 향해 점점 승화되고 완성되어 가는 데 있다 해도 언제나 남아 있기 때문이다.

셸링이 이 주제로 말하지 않을 수 없었던 것은, 인간에 관한 한, 분명히 많은 진리를 포함하고 있다. 그러나 뵈메의 저작에 자극받고 나아가 또한 인간 정신과 신과의 관계에 관한 그의 사상의 절박한 상황에 쫓겨 셸링은 인간성의 이 개념을 신 자신에게도 적용하고 있다. 신에게는 자기의 인격적 실존의 근거가 있지만[16], 그 근거 자체는 비인격적이다. 그것은 의지로 불릴 수 있다 해도, '그 안에는 아무런 오성도 없는 의지'[17]이다. 그 근거는 또 무의식적인 욕구, 또는 인격적 실존에의 동경이라고도 생각할 수 있다. 이에 대하여 인격적인 신적 실존은 이성적 의지라고 생각하지 않으면 안 된다. 비이성적 또는 무의식적 의지는 '신 안의 이기주의'[18]라고 할 수 있다. 만약 신 안에 이와 같은 의지밖에 없다고 하면, 어떠한 창조도 없을 것이다. 그러나 이성적 의지는 사랑의 의지이며 그 자체 '확장적'[19]이고 자기 전달적이다.

이리하여 신의 내적 삶은 자기 창조라는 동적 과정이라고 생각된다.

16. 신적 존재는 이제 셸링에게 인격신이며 이미 비인격적 절대자가 아니라는 점에 유의해야 한다.
17. *W*, IV, p. 251.　　　18. *W*, IV, p. 330.　　　19. *W*, IV, p. 331.

신적 존재의 궁극적인 어두운 심연, 곧 제1근거 또는 원근거(*Urgrund*)
에는 차별 같은 것은 없고 오직 순수한 동일성이 있을 뿐이다. 그러나
이 절대적이고 무차별한 동일성은 그 자신으로 존재하고 있는 것이 아
니다. "분열이, 차별이 정립되지 않으면 안 된다. 만약 본질로부터 실존
으로 나아가려고 한다면."[20] 신은 우선 자기 자신을 객관으로서, 무의
식적인 의지로서 정립한다. 그러나 신이 이렇게 자기 자신을 정립할 수
있는 것은 자기 자신을 동시에 주관으로서, 사랑의 이성적인 의지로서
정립하기 때문이다.

　그러므로 신적인 것과 인간의 인격성의 획득 사이에는 어떤 유사성
을 볼 수 있다. 그러므로 "신은 자기 자신을 만든다"[21]고 까지 말할 수
있는 것이다. 그러나 동시에 거기에는 크게 다른 점도 있다. 그리고 이
다른 점을 이해하면, 신은 악을 행할 수 있는가 없는가 하는 물음에 대
해, 신은 악을 행할 수 없다는 답을 얻게 된다.

　신에게 인격성의 획득은 시간적 과정이 아니다. 신 안의 상이한 '세
위(勢位)', 신적 삶에서 상이한 계기를 구별할 수 있다. 그러나 거기에
는 시간적 이어짐은 없다. 그러므로 신은 우선 자기 자신을 무의식적인
의지로 정립한 다음에 이성적인 의지로 정립한다고 말하더라도, 거기
에는 시간적으로 이어서 일어나는 작용은 전혀 문제되지 않고 있다.
"그 두 작용은 하나의 작용으로서, 양자는 절대로 동시적이다."[22] 셸
링에게 신 안의 무의식적 의지는 이성적 의지에 시간적으로 앞서 있는
것이 아니다. 그것은 그리스도교의 삼위일체론의 경우에 아버지가 아
들에게 앞서 있지 않은 것과 같다. 따라서 신적 인격성의 '생성'에서
상이한 계기를 구별할 수 있다 해도, 하나의 계기가 논리적으로 다른

20. *W*, IV, p. 316.　　　21. *W*, IV, p. 324.　　　22. *W*, IV, p. 326.

계기에 앞선다고 할 뿐, 시간적인 의미에서의 생성은 전혀 없는 것이다. 신은 영원히 사랑이며, "사랑 안에는 악에의 의지 따위는 결코 있을 수 없다."[23] 그러므로 신이 악을 행한다는 것은 형이상학적으로 불가능하다.

그러나 신의 외적 나타냄의 경우에는 두 개의 원리, 곧 낮은 차원의 의지와 높은 차원의 의지가 구분될 수 있고, 또 구분되지 않으면 안 된다. "인간의 정신 안에서 두 개의 원리의 동일성이 신 안에서의 경우처럼 나눌 수 없게 결합되어 있다면, (신과 인간의) 구별은 없어질 것이다. 곧, 신은 자기 자신을 나타내지 않게 될 것이다. 따라서 신 안에서는 분리될 수 없는 그 통일은 인간에서는 분리될 수 있어야 하는 것이다. 그리고 이것이 바로 선과 악의 가능성이다."[24] 이 가능성은 신 안에 그 근거를 가지고 있다. 그러나 그것은 실현된 가능성으로서 인간 안에만 현존한다. 아마도 신은 필연적으로 완전한 인격성인 데 대해 인간은 그럴 필요가 없다고 말할 수 있을 것이다. 왜냐하면 기본적인 요소는 인간에서는 분리할 수가 있기 때문이다.

그러나 셸링이 인간에게 무차별의 완전한 자유를 주었다고 결론짓는 것은 잘못일 것이다. 왜냐하면 그는 선행하는 것과 귀결되어 오는 것이라는 생각을 아주 즐겨 했으므로, 자유란 "두 개의 모순적으로 대립하는 것 중의 하나 또는 다른 것을 아무 규정 근거도 없이 오직 그것이 욕구되기 때문에 욕구한다는 것 같은, 완전히 무규정적인 능력"[25] 이라는 생각을 받아들일 수가 없었다. 셸링은 이와 같은 생각을 부정하고, 차례로 일어나는 인간의 선택의 규정 근거를 인간의 예지적인 본질 또는 성격에 구했다. 그리고 인간의 이 예지적 본질 또는 성격과 인간

---

23. *W*, IV, p. 267.   24. *W*, IV, p. 256.   25. *W*, IV, p. 274.

의 특수한 행동은 선행하는 것과 귀결되어 오는 것의 관계에 있다. 그러나 양자가 이와 같은 관계에 있다고 해서 셸링은, 신이야말로 인간을 영원한 이념 안에서 생각하고, 그것으로써 인간의 행동을 미리 규정하고 있다고 말하려는 것은 아니다. 따라서 그는 인간의 예지적인 성격은 자아의 근원적인 자기 정립에 의한 것이며, 자아 자신에 의한 최초의 선택의 결과라고 말하지 않을 수 없게 된다. 이리하여, 인간의 행위는 원칙적으로 예정되어 있음과 동시에 자유라고 말할 수 있는 것이다. 인간의 행위는 필연적이다. 그러나 이 필연성은 내적 필연성, 곧 자아의 최초의 선택에 의하여 과해진 필연성이고 신에 의하여 외적으로 과해진 필연성은 아니다. "이 내적인 필연성 자체가 자유이며, 인간의 존재는 본질적으로 그 자신의 행위이다. 필연성과 자유는 서로 내재적이어서 하나의 실재로서 있으며, 이 하나의 실재가 다만 다른 측면에서 보면 필연성 또는 자유로 나타나는 것이다."[26] 이리하여 유다가 그리스도를 배반한 것은 역사적 상황으로 보아 필연적이었다. 그러나 동시에 그는 그리스도를 "자진해서 그리고 완전한 자유를 가지고"[27] 배반했던 것이다. 마찬가지로, 베드로가 그리스도를 부인하고 또한 이 부인을 회개하게 되는 것도 필연이었다. 그러나 부인과 회개는 베드로 자신의 행위였으므로 자유이기도 했던 것이다.

　예지적 성격이라는 사상은 순전히 심리학적으로 해석된다면 어쨌든 매우 그럴듯하게 생각된다. 한편으로는 우리는 특정한 사람에 대해 그는 이러저러하게 행위 할 까닭이 없다. 왜냐하면 그렇게 행위 하는 것은 그의 성격에 전적으로 어긋나기 때문이라고 말할 때가 종종 있다. 그리고 결국 그가 이런 식으로 행위 한다면 그의 성격은 우리가 예상한

---

26. *W*, IV, p. 277.　　　27. *W*, IV, p. 278.

것이 아니었다고 생각하게 된다. 그러나 다른 한편으로는, 우리는 다른
사람들의 성격을 그들의 행위를 통해서 알게 될 뿐 아니라 우리 자신의
성격도 우리 자신의 행위를 통해 알게 된다. 그리고 어떤 인간 안에도
말하자면 숨은 성격이 있어서 그 성격이 자신을 서서히 행위에서 표현
하는 것이므로, 그의 행위와 성격은 귀결되는 것과 근거 또는 선행하는
것과의 관계에 있다고 결론짓고 싶어질 것이다. 확실히 이 주장에 이의
를 제기할 수는 있다. 왜냐하면 이와 같은 생각에는 성격이란 처음부터
(유전, 환경, 초기의 경험 따위에 의하여) 고정되고 결정되어 있다는
전제가 있지만, 바로 이 전제가 잘못되었다고 반론할 수가 있기 때문인
것이다. 그러나 이 이론이 심리학적 이론으로서 주장되고 있는 한, 경
험적인 조사의 자료가 된다. 그리고 경험적 사실은 비록 그것이 다른
사실에 의하여 반증된다고 해도, 그 나름의 가치가 있는 것은 분명하
다. 문제는 사용되는 증거물을 비교하고 해석하며 관계 짓는 일이다.

　그러나 셸링은 그의 이론을 한갓된 경험적 가설로서 말하고 있는 것
이 아니다. 그것은 하나의 형이상학적 이론이다. 적어도 부분적으로는
그것은 형이상학적 이론에 의존하고 있다. 이를테면, 동일성의 이론이
그것에 영향을 미치고 있다. 절대자는 필연성과 자유의 동일성이며 이
동일성은 인간 안에서 반영된다. 인간의 행위는 필연인 동시에 자유이
다. 이리하여 셸링은 다음과 같은 결론을 이끌어 낸다. 곧, 인간의 예지
적 본질이 그의 낱낱의 행위를 규정하고 있지만, 이와 같은 예지적 본
질은 자아의 자기 정립의 결과라고 하는 점에서 말하자면 자유의 국면
도 가지고 있지 않으면 안 된다는 것이다. 그러나 자아에 의한 자기 자
신의 이와 같은 최초의 선택은 의식적 행위도 아니거니와 시간에서의
행위도 아니다. 셸링에 의하면 인간의 행위는 그 자신의 본질 또는 자
기로부터 흘러나오는 한에서 자유라고 해도 그 선택은 시간 바깥에 있

고 모든 의식을 규정하고 있다. 그러나 의지의 이러한 원초적 행위가 과연 무엇인지를 아는 것은 아주 어렵다. 셸링의 생각은 사르트르의 실존주의 철학에서의 자유의 해석과 일맥상통하는 데가 있다. 그러나 무대장치는 한층 형이상학적이다. 셸링은 예지적 영역과 현상적 영역을 구별하는 칸트를 그의 동일성 이론의 입장으로부터, 그리고 무엇보다 근거와 귀결의 관념에 전심함으로써 발전시켰다. 그러나 그 결과 이루어진 사상은 극히 모호하다. 셸링이 한편으로 칼뱅파의 신적 예정설을 피하려고 하고, 또 다른 한편으로는 무차별의 자유라는 생각을 피하려고 한 것은 확실하지만, 동시에 또한 그는 이들 입장에서 표현되어 있는 진리를 승인하려고 한 것도 확실하다. 그러나 그의 생각의 결론이 아주 명료하다고는 도저히 말할 수 없다. 물론 셸링은 철학에서는 모든 것이 아주 명료해진다고 주장하지는 않았다. 그러나 말해진 것을 이해하지 않고, 말해진 것의 진리성을 평가하기는 어렵다.

악의 본성에 관해서 말하자면, 셸링은 그것을 온전한 형태로 정식화하는 데 퍽 고생하고 있다. 그는 자기로서는 세계와 신의 구별을 모조리 부정한다고 하는 의미에서의 범신론자가 아니라고 생각하고 있었기 때문에, 신적 존재 자신 안에 악이 있다는 귀결에 빠지는 일 없이 악의 적극적인 실재성을 긍정할 수 있다고 생각했다. 그러나 동시에 그는 세계와 신의 관계를 귀결되어 오는 것과 선행하는 것 또는 근거와의 관계로 설명하고 있으므로, 만약 악이 적극적인 실재라고 하면 그 근거는 신 안에 있지 않으면 안 되게 된다. 그러면 "악이 존재하지 않으려면, 신 자신이 존재하면 안 된다"[28]고 하는 결론이 생길 것이다. 슈투트가르트의 강의에서 셸링은 "어떤 관점에서 보면 그것은 아무것도 아니지

---

28. *W*, IV, p. 295.

만, 다른 관점에서 보면 전적으로 실재적인 존재이다">29라고 말함으로 써, 악의 적극적인 실재성을 긍정함과 동시에 부정하고 양자의 중도를 가려고 한다. 아마도 셸링은 악은 비록 실재적인 결여라고 해도 하나의 결여에 불과하다는 스콜라철학의 정식을 모색하고 있었던 것이라고 할 수 있겠다.

악의 엄밀한 본성이 무엇이던, 어쨌든 악은 확실히 세계에 있다. 따라서 인간의 역사에서 신에게 돌아가는 것은 선의 악에 대한 점진적 승리의 형태를 취하지 않으면 안 된다. "선은 암흑으로부터 실재로 높여지지 않으면 안 된다. 오직 이렇게 함으로써 선은 신과 함께 영원히 사는 것이 된다. 다른 한편 악은 선과 구별되지 않으면 안 된다. 이렇게 해서 비로소 악은 비존재로 추락되는 것이다. 왜냐하면 이것이야말로 창조의 궁극 목적이기 때문이다."">30 바꾸어 말하자면, 신 안에서는 영원히 성취되어 있는 낮은 차원의 의지 또는 충박에 대한 이성적 의지의 완전한 승리는 인간의 역사의 이상적인 목표이다. 신에서는 낮은 차원의 의지의 극복은 영원하고 필연적이다. 인간에서는 그것은 시간적인 과정이다.

3. 소극철학과 적극철학의 구별

관념으로부터 연역할 수 있는 것은 오직 관념뿐이라고 하는 셸링의 주장에 대해서는 이미 언급해 두었다. 그러므로 만년에 그가 그의 생애와 저작에 관한 절(제5장 1)에서 이미 언급해 둔 구별, 곧 개념과 본질

---

29. *W*, IV, p. 296.   30. *Ibid.*

의 세계에 틀어박히는 소극철학과 실존에 역점을 두는 적극철학의 구별을 강조하게 되었다고 해도 결코 놀랄 일은 아니다.

셀링은 말한다. 철학이라는 이름에 어울리는 철학은 모두 실재의 제1 또는 궁극원리에 관여하고 있다. 그러나 소극철학은 이 원리를 최고의 본성으로, 곧 절대적 이념으로서 발견할 뿐이다. 그리고 최고의 본질로부터 연역할 수 있는 것은 오직 다른 본질뿐이며, 관념으로부터 연역할 수 있는 것은 오직 다른 관념뿐이다. **'본질**(What)**'**로부터 **'사실**(That)**'**을 연역할 수는 없는 것이다. 다시 말하면, 소극철학은 실존하는 세계를 전혀 설명할 수 없다. 소극철학이 하는 세계의 연역은 실존하고 있는 것의 연역이 아니고, 사물이 실존한다면 그 사물은 무엇이어야 하는가를 연역할 뿐이다. 신 이외의 존재자에 대해 소극철학이 말할 수 있는 것은 "**만약** 그 존재자가 실존**한다면**, 그것은 오직 이런 방식으로만 실존할 수 있으며, 오직 이러이러한 방식으로만 실존할 수 있다">31고 하는 것뿐이다. 이와 같은 사상은 가언적인 것의 영역 안에서 운동한다. 그리고 이것이 특히 명료한 것은 헤겔의 체계이며, 셀링에 따르면, 헤겔의 체계는 다만 실존하는 질서 곁을 지나갈 따름이다.

이에 대해 적극철학은 이념으로서의 신, '무엇(What)' 또는 본질로서의 신으로부터 시작하는 것이 아니라 '순수한 사실'>32로서의 신, 순수한 작용 또는 실존적 의미에서의 신으로부터 시작하는 것이다. 그리고 이 실존하는 최고의 작용으로부터 신의 개념 또는 본성으로 넘어간다. 그리고 이 신은 비인격적인 이념 또는 본질이 아니라, 실존하고 있는 창조적이며 인격적인 존재이고, 실존하고 있는 '존재자의 왕'>33 — 거기서는 '존재자'는 세계를 의미하고 있다—임을 밝힌다. 이리하여

31.　*W*, V, p. 558.　　　32.　*als reines Dass*; *W*, V, p. 746.　　　33.　*Ibid.*

셸링은 적극철학을 인격적 존재로서의 신이라는 개념에 결부시킨다.

셸링은 자기가 적극철학을 발견한 최초의 사람이라고는 말하지 않았다. 오히려 철학의 모든 역사는 '소극철학과 적극철학과의 싸움' [34]임을 보여 주고 있다. 그러나 '싸움'이라는 말의 용법을 오해하면 안 된다. 그것은 두 개의 용납될 수 없는 사상의 생사를 건 싸움의 문제가 아니라 중요성과 우선성의 문제이다. 왜냐하면 소극철학은 간단히 부정될 수 없기 때문이다. 어떤 체계도 개념 없이는 구축할 수 없다. 따라서 적극철학을 주장하는 철학자가 실존을 강조한다고 해도 명백히 실존에 관한 고찰을 모두 버리는 것은 아니며, 또 실제로 버릴 수도 없다. 그러므로 '그 둘의 결합, 아니 그뿐 아니라 통일을 주장' [35]하지 않으면 안 된다. 그 둘이란 곧 적극철학과 소극철학이다. [36]

그러나 셸링은 묻는다. 우리는 도대체 어떻게 소극철학으로부터 적극철학으로 넘어갈 수 있을 것인가? 한갓된 사유작용으로써는 적극철학으로 넘어갈 수 없다. 왜냐하면 개념적 사유의 대상은 본질과 논리적 연역에 있기 때문이다. 따라서 우리는 의지에, 곧 '신은 한갓된 관념이어서는 안 된다고 내적 필연성을 가지고 요구하는 의지' [37]에 호소하지 않으면 안 된다. 다시 말하면, 신적 실존의 최초의 긍정은 의지가 요구하는 신앙이라는 행위에 바탕하고 있는 것이다. 자아는 자기의 타락한 현상을, 자기의 소외된 상태를 의식하고 있으며, 더욱이 이와 같은 소외로부터 구해 주는 것은 오직 신의 역사에 의한다는 것도 자각하고 있

---

34. *Ibid.*   35. *W*, V, p. 746.

36. 셸링의 구별은 몇 가지 점에서 현대의 몇몇 사람의 사상가에 의하여, 특히 질송 교수에 의하여 이루어진 본질주의와 실존철학의 구별과 유사하다. 실존철학이란 말은 '실존주의'라는 의미는 아니고, 본질이라고 하는 의미에서의 존재자보다 오히려 현존(esse)이라는 의미에서의 존재자를 근원적인 것으로 강조하는 철학을 의미한다.

37. *W*, V, p. 746.

다. 따라서 자아는 단지 초세계적인 이상 따위가 아니라 인간을 그 죄에서 구해 주는 현실에 실존하고 있는 신일 것이라고 요구한다. 피히테의 이상적인 도덕적 질서는 인간의 종교적 요구를 만족시켜 주지 못할 것이다. 적극철학의 바탕에 있는 신앙은 인격적이고 창조적인, 그리고 인간을 그 죄에서 구해 주는 신에의 신앙이지, 피히테의 이상적인 도덕적 질서에의 신앙도 아니며 헤겔의 절대적 이념에의 신앙도 아니다.

적어도 얼핏 본 바로는 셸링은 칸트의 실천적 또는 도덕적 신앙의 사상을 반복하고 있는 것처럼 생각될지도 모른다. 그러나 셸링은 비판철학을 소극적인 철학적 사유의 전형으로 여기고 있었음을 밝히고 있다. 확실히 칸트는 신앙에 바탕한 신을 긍정하고 있다. 그러나 그 신은 한갓된 요청, 곧 가능성에 지나지 않는다. 더욱이 칸트는 덕과 행복을 종합하는, 말하자면 도구로서의 신을 긍정하고 있다. 칸트의 한갓된 이성의 한계 내에서의 종교에는 진정한 종교를 받아들일 여지가 없다. 참으로 종교적인 인간은 마음으로부터 신을 필요로 하고 있으며, 그는 이 신의 필요성의 자각과 신에 대한 동경에 의하여 인격적인 신에게로 이끌리는 것이다. "왜냐하면, 인격이 구하는 것은 인격이기 때문이다."[38] 참으로 종교적인 인간은 실제로 행복을 덕에 배당해 주는 도구로서의 신 같은 것을 긍정하지는 않는다. 곧 그는 자기를 위해 신을 구하는 것이다. 자아는 "신 자신을 요구한다. **그는 그를** 구한다. 행위 하는 신, 섭리하는 신을, 그 자신 현실로 존재하는 것으로, 타락한 현실에 대적할 수 있는 신을 구한다. … 이와 같은 신 안에서만 자아는 **실재적인** 지고의 선을 본다."[39]

이리하여 적극철학과 소극철학의 다름은 참으로 종교적인 철학과

---

38. *W*, V, p. 748.   39. *Ibid.*

종교적 의식과 그 요구를 흡수할 수 없는 철학의 다름임을 알게 된다. 셸링은 이것을, 분명히 칸트에 대하여 언급하면서 이렇게 명확하게 말하고 있다. "실재적인 신과 신에 의한 구원에의 동경은 **종교의** 필요성 이외의 아무것도 표현하고 있지 않다. … 활동적인 신 없이는 … 어떠한 종교도 있을 수 없다. 왜냐하면 종교는 인간과 신과의 현실적이고 실재적인 관계를 전제하고 있기 때문이다. 그리고 또한 활동적인 신 없이는 신이 섭리인 것 같은, 어떠한 역사도 있을 수 없다. 결국 소극철학은 가능하긴 하나 현실적이 아닌 종교, 곧 '한갓 이성의 한계 내'에 있는 종교이다. … 적극철학으로 이행함으로써 비로소 우리는 종교의 영역에 들어선다."[40]

그런데 적극철학이 신의 실존을 제1원리로 주장하고, 나아가 적극철학으로의 이행이 사유로써는 안 되고, 오직 신앙에 근원을 두는 의지의 작용으로만 이루어진다면, 셸링은 소극철학에 전통적인 의미에서의 자연신학을 덧붙임으로써 그것을 적극철학으로 전환할 수는 물론 없다. 그러나 실은 거기에 이른바 의지작용의 합리성의 경험적 증명이라고 해야 할 것이 있는 것이다. 왜냐하면 종교적 인간이 구하는 것은 스스로를 계시하고 인간을 구원하는 신이지만, 이와 같은 신이 실재한다고 하는 증명은, 만약 이렇게 말해도 된다면, 종교적 의식의 역사적 발전을 보여 주는 형식을 취하기 때문이다. 그리고 이 역사라는 것은 인간의 신에의 요구와 이에 대한 신의 응답이라고 하는 형식을 취하는 것이다. "적극철학은 역사철학이다."[41] 셸링이 그 후기 저작에서 주로 신화와 계시의 연구에 전념하고 있는 이유가 여기에 있다. 그는 거기에서 신의 인간에 대한 점진적인 자기 계시와 신적 구제의 점진적인 역사

40.　*W*, V, p. 750.　　　　41.　*W*, V, p. 753.

를 열어 보이려고 한다.

　그러나 셸링은 신화와 계시의 역사의 경험적 연구를 위해 그의 초기의 사상을 모두 버린 것은 아니다. 이미 보았듯이 그의 주장은 소극철학과 적극철학은 결합되지 않으면 안 된다는 데 있다. 또한 그의 초기의 종교적 견해가 내던져진 것도 아니다. 이를테면《적극철학의 원리의 또 하나의 연역》(1841)이라는 제목의 논문에서 그는 그의 출발점을 '무제약적으로 실존하는 것'[42]에 두고, 거기로부터 신의 내적 삶에서의 계기들 또는 국면들을 연역하고 있다. 과연 셸링은 실존이란 의미에서의 존재자의 우선성에 역점을 두고 있기는 하다. 그러나 그의 초기의 종교철학의 일반적 도식은 신적 삶에서의 여러 계기라는 사상이나 우주론적 타락과 신에로의 귀환이라고 하는 사상과 함께 그대로 보존되어 있다. 그러므로 신화와 종교에 관한 강의에서, 그는 그의 종교철학의 말하자면 경험적 확증에 관심을 가졌지만, 신과 세계의 관계를 근거 또는 선행하는 것과 귀결되는 것의 관계로 해석하는 관념론적인 경향에서 참으로 해방되어 있는 것은 아닌 것이다.

　셸링은 소극철학과 적극철학을 구별한 다음에 당연히 이 구별에 비추어 자기의 철학을 근본적으로 다시 생각하는 대신, 그가 신화와 계시의 연구에 전념하는 것을 보고 독자들은 키르케고르와 함께 실망할지도 모른다. 그러나 우리는 셸링의 입장을 이해할 수가 있다. 곧, 종교철학이 그의 사상의 중심적 위치를 차지하게 되었다. 그리고 자기를 나타내는 비인격적 절대자는 자기를 계시하는 인격적 신이 되었다. 따라서 셸링은 인간의 신에의 신앙을 역사적으로 정당화하고 종교적 의식의 역사가 인간에 대한 신적 계시이기도 한 것을 밝히려고 했던 것이다.

---

42. *W*, V, p. 729.

4 .   신 화 와   계 시

그러나 셸링의 신화와 계시의 철학이 경험적인 탐구라고 할 때, '경험적' 이라는 말은 상대적인 의미로 이해되지 않으면 안 된다. 셸링은 연역적 형이상학을 버리고 순수한 경험론을 취한 것은 아니었다. 그런 일은 결코 없다. 이를테면, 하나의 신 안의 세 '세위' (勢位)의 연역이 전제되어 있다. 더욱이 또한, 만약 자기를 현시하는 신이 있다고 하면, 절대적 존재자의 이러한 필연적 본성은 점진적으로 계시될 것이라는 것도 전제되어 있다. 그러므로 셸링이 신화와 계기의 연구로 향할 때 그는 발견하려고 하는 것의 말하자면 대강을 미리 가지고 있는 것이다. 이 연구가 경험적이라고 하는 것은 그 자료가 경험적인 연구를 통해서 알려지는 종교의 현실적인 역사에 의하여 주어진다는 의미에서이다. 그러나 그의 종교 해석의 틀은 형이상학이 진리라고 상정하고 있는 필연적 연역에 의하여 주어져 있다. 다시 말하면, 셸링은 종교의 역사 속에 하나의 인격적인 신의 자기 계시를 보려고 하지만, 그때의 신은 셋으로 구별되는 세위 또는 계기를 배제하는 것은 아니다. 이렇게 보면 그가 동양과 서양의 고대 신화로부터 시작하여 그리스도교의 삼위일체론의 교의에 이르기까지의 종교적 신앙의 발전 속에, 이와 같은 신성의 개념의 표현을 발견하는 것은 어려운 일이 아니며, 또한 타락과 신에의 귀환이라는 사상의 표현을 발견하는 일도 똑같이 어려운 일이 아니다.

셸링의 전제가 일단 받아들여지면, 이 절차는 물론 정당화된다. 왜냐하면 이미 보았듯이 셸링은 형이상학, 곧 이성의 추상적 철학을 내던져 버릴 생각은 전혀 없었지만, 이 형이상학이란 현대적인 말투로 말하자면, 만약 어떤 것이 사실이라면, 어떤 것이 사실이지 않으면 안 되는가를 가르쳐 주는 것이기 때문이다. 그러므로 셸링의 입장에서 보면,

형이상학적인 전제는 아주 적절하다. 왜냐하면 철학은 전체로서 소극 철학과 적극철학의 결합에 있기 때문이다. 그러나 동시에, 왜 그의 신화와 계시의 철학이 후의 종교의 역사 연구의 발전에 거의 아무 영향을 미치지 않았는지 하는 이유의 일단은, 의심의 여지없이, 이와 같은 셸링의 절차에 있다. 그렇더라도 형이상학적인 전제가 부당하다는 것은 아니다. 이와 같은 전제를 정당하다고 보느냐, 아니면 부당하다고 보느냐 하는 것은 명백히 형이상학의 가치를 어떻게 인식하느냐에 달려 있다. 그러나 종교의 역사를 관념론적 형이상학의 전제를 떠나서 자유롭게 연구하려는 사람들은 셸링의 신화와 계시의 **철학**을 의심의 눈으로 보고 있었음을 쉽게 이해할 수 있다.

신화와 계시는 셸링에 의하여 구별되어 있다. "모든 것에는 때가 있다. 신화적 종교는 처음에 나타나지 않으면 안 되었다. 신화적 종교는 맹목적인(왜냐하면 그것은 필연적인 과정에 의하여 산출된 것이므로), **자유롭지 못한** 그리고 **비(非)정신적인** 종교이다."[43] 신화는 한갓 상상력의 자의적이고 변덕스런 산물이 아니다. 그러나 그것은 자유로이 전해지는 신의 앎이라는 의미에서의 계시도 아니다. 물론 신화가 의식적으로 만들어질 때도 있다. 그러나 기본적으로는 그것은 무의식적이며 필연적인 과정의 산물로, 종교적 의식으로 하여금 신적인 것을 이해하지 않을 수 없게 강제하는 계기적인 형태이다. 다시 말하면, 신화는 신 안의 어두운 또는 낮은 원리에 대응하고 있으며, 또한 무의식적인 것의 영역에 뿌리박고 있다. 그러나 신화로부터 계시로 넘어가면 '전혀 다른 영역으로'[44] 넘어가게 된다. 신화에서는 "정신은 필연적인 과정에 관계하고 있었지만, 여기서는 절대적으로 자유로운 의지의 결과로만

---

43. *W*, V, p. 437.   44. *W*, VI, p. 396.

실존하고 있는 것에 관계하고 있다."[45] 왜냐하면, 계시라는 개념은 신이 "자기를 자유로이 인류에게 주는 또는 준"[46] 행위를 전제하고 있기 때문이다.

셸링의 주장에 따르면, 신화종교와 계시종교는 둘 다 종교이므로 양자를 하나의 공통관념 아래 포섭할 수가 있을 것이다. 그리고 사실 종교적 의식의 전체 역사는 신의 자기 자신에서의 영원하고 무시간적인 생성 또는 탄생[47]이 시간에서, 또는 종교의 역사에서 표현되어 있다고 하는 의미에서 신의 제2의 신통기(神統記) 또는 탄생이다. 무의식적인 것에 뿌리박고 있는 신화는 이와 같은 신적 삶에서의 계기를 표현하고 있다. 그것은 논리적으로 말해, 계시에 선행하고 그 준비를 한다. 그러나 그 자신은 계시가 아니다. 왜냐하면 계시의 본질은 신이 자기를 무한한, 인격적인 그리고 자유로운 창조자로서 그리고 존재자의 주로서 자유롭게 나타내는 데 있기 때문이다. 그리고 더욱이 계시는 신 쪽에서의 자유로운 역사이므로 그것은 단지 신화의 논리적인 귀결이 아니다. 그러나 동시에 계시는 신화의 진리라고 말할 수도 있다. 왜냐하면 신화는 계시된 진리를 베일로 덮은, 말하자면 공교적(公敎的) 요소이기 때문이다. 그리고 이교 안에서 철학자는 진리의 신화적 표상 또는 예감을 찾을 수가 있다.

바꾸어 말하면, 셸링은 종교적 의식의 역사 전체를 신의 자기 자신의 계시로서 표현하려고 하는 한편, 동시에 계시라고 하는 그리스도교의 특수한 개념의 여지도 남겨 놓으려고 하는 것이다. 한편으로는 계시는 아마도 그 말의 약한 의미라고 할 수 있는 것에서 종교의 역사 전체

---

45. *Ibid.*　　　　46. *W*, VI, p. 395.
47. 여기서 언급되고 있는 것은 신의 내적 생명에서의 논리적으로 구별 가능한 '세위' 이다.

를 꿰뚫고 있다. 왜냐하면, 그것은 신화의 내적 진리이기 때문이다. 다른 한편으로는, 계시는 그 말의 강한 의미에서, 그리스도교 안에서 발견된다. 왜냐하면 이 내적 진리가 비로소 백일하에 밝히 드러나는 것은 그리스도교에서이기 때문이다. 이리하여 그리스도교는 신화의 진리를 준다. 그러므로 그리스도교는 역사적 종교의 정점이라고 할 수 있는 것이다. 그러나 그렇다고 하여 그리스도교가 신화로부터 자동적으로 이끌어 내진 귀결이 되는 것은 아니다. 신화 그 자체는 이미 보았듯이 필연적인 과정이다. 그러나 그리스도에게서, 그리고 그리스도를 통해 인격적인 신은 자유롭게 자기를 계시한다. 만약 셸링이 종교의 역사 전체는 신적 삶의 시간적 표현이라고 말하려고 한다면, 이교의 신화와 그리스도교 사이에는 분명히 필연적인 연관이 있다고 말하지 않을 수 없게 된다. 곧, 전자가 신을 무의식적인 의지로서 표현하는 데 대해, 후자는 신을 자유로운 의지로서 그리고 사랑의 의지로서 표현하는 것이 될 것이다. 그러나 동시에 셸링은 계시란 신 쪽에서의 자유로운 역사라고 하는 주장으로써 신화와 계시와의 본질적인 차이를 보존하려고 하기도 한다. 계시는 신화가 그것을 겨냥하며 또한 신화의 공교적인 의상 아래 있는 것이라고 하는 의미에서 신화의 진리이다. 그러나 진리가 가림 없이 계시되고, 더욱이 자유롭게 계시되는 것은 바로 그리스도에게서 그리고 그리스도를 통해서이다. 그 진리는 이교의 신화로부터의 한갓된 논리적 연역에 의해서는 알려지지 않았다.

　셸링은 확실히 신화와 계시를 구별하려고 하고 있지만 그러나 그것보다 더 중요한 것이 있다. 만약, 계시가 이교가 존립하고 있다는 사실에 대항하여 그리스도교도 사실로 존립하고 있다는 것만을 의미한다면, 거기에는 더 높은 입장, 곧 신화와 계시를 아울러 이해하는 이성의 입장을 받아들일 여지가 있다. 그리고 이 더 높은 입장이 적극철학이

다. 그러나 셸링은 조심스럽게 자기는 종교를 합리적으로 해석하려고
하는 것이 아니다. 곧, 밖으로부터 해석하려는 것이 아니라고 설명하고
있다. 그가 언급하고 있는 것은 종교적 의식의 활동 그 자체이며 종교
적 의식은 이 활동에 의하여 자기를 안으로부터 이해하는 것이다. 이리
하여 셸링에게 종교철학은 철학일 뿐만 아니라 종교이다. 종교철학은
그리스도교를 전제하며 그것 없이는 존재할 수 없다. 그것은 그리스도
교 안에서 생기는 것이고 그 밖에서가 아니다. "철학적 종교는 따라서
역사적으로 계시종교에 의하여 매개되어 있다."[48] 그러나 그것을 사실
로서의 그리스도교 신앙 및 그리스도교적 삶과 단순히 동일시할 수는
없다. 왜냐하면 이 철학적 종교는 이 사실들을 자유로운 반성적 오성의
주제로 삼기 때문이다. 그러므로 원시 그리스도교의 계시의 소박한 신
앙이 권위에 바탕을 두고 있는 것과는 대조적으로 철학적 종교는 '자유
로운' 종교라고 할 수 있다. "자유로운 종교는 그리스도교에 매개되어
있을 뿐 그것에 의하여 직접 **정립**되어 있는 것은 아니다."[49] 그러나 그
렇다고 해서 철학적 종교가 계시를 부정하고 있는 것은 아니다. 신앙은
오성을 요구한다. 그러나 오성은 자기가 이해한 것을 안으로부터 폐기
하지는 않는다.

　이러한 오성의, 곧 자유로운 반성 과정은 그 자신의 역사를 가지고
있어서 스콜라 신학과 그 형이상학을 거쳐서 셸링 자신의 후기 종교철
학에까지 미치고 있다. 그리고 이 철학 속에 우리는 셸링의 **더** 높은 차
원의 지혜를 구하는 갈망을 뚜렷이 알아차릴 수 있다. 그의 정신구조에
는 언제나 그노시스적인 것이 있었다. 그는 여느 물리학에 만족하지 않
고 사변적 또는 고등물리학을 해설했듯이 만년에는 신의 본성과 신의

---

48. *W*, V, p. 437.　　　　49. *W*, V, p. 440.

계시에 관한 비교적(秘敎的)인 또는 더 높은 차원의 지혜를 해설했던
것이다.

이렇게 본다면 셸링이 어떤 점에서 12세기의 수도원장 요아킴 데 플
로레스(Joachim de Flores)의 교설을 방불케 하는 그리스도교사의 해석
을 한 것은 놀라운 일이 아니다. 셸링에 의하면 그리스도교의 발전에는
세 개의 주요한 시기가 있었다. 첫째는 베드로의 시대로서 이 시대의
특색은 율법과 권위의 관념이 지배하고 있었으며 신 안의 존재의 궁극
적인 근거와 관련되어 있었다는 데, 그리고 이 신 자신은 삼위일체론의
아버지와 동일시되었다는 데 있다. 둘째는 바울로의 시대로 이것은 종
교개혁과 더불어 시작된다. 이 시대의 특색은 자유의 관념에 있다. 그
리고 이 시대는 신 안의 관념적 원리에 관련되어 있으며, 이 신은 삼위
일체론의 아들과 동일시되었다. 그리고 셸링은 세 번째 시대, 곧 요한
의 시대를 대망했다. 이것은 앞의 두 시대의 더 높은 차원의 종합이며
하나의 그리스도교적 공동체에서 율법과 자유를 통일한다. 이 세 번째
시대는 성령, 곧 신적인 사랑과 관련되어 있으며 신의 내적 삶에서의
앞의 두 계기의 종합이다.

5 . 셸 링 에   대 한   전 반 적   비 판

셸링의 철학적 행로를 전체로서 본다면 그 출발점과 도착점 사이에
는 분명히 아주 큰 차이가 있다. 그러나 동시에 거기에는 어떤 연속성
이 보인다. 왜냐하면 우리는, 셸링이 이미 취한 입장이 어떻게 그에게
새 문제를 불러일으키고 이 문제를 해결하기 위해 새 입장을 취하도록
요구되지만, 이 새 입장은 낡은 입장을 수정하든가 아니면 그 낡은 입

장을 새로운 빛 아래 전개하고 있는지 알기 때문이다. 더욱이 또한 거기에는 전체를 꿰뚫고 있는 근본문제가 있다. 그리고 이것이 모든 변화에도 불구하고 그의 철학적 사유에 어떤 통일을 주고 있다.

철학자라면 엄밀하고 폐쇄적인 체계를 주장하고 그것을 결코 바꾸면 안 된다는 주장을 정당한 것이라고 변호할 준비가 되어 있지 않은한, 셸링철학의 이러한 발전과정에 대해 조리 있는 반론을 할 수 없을 것이다. 실제로 셸링은 완전히는 변하지 않았다는 것은 논의의 여지가있다. 왜냐하면 그는 일단 채택한 견해를 유지하는 경향을 보이고 있기때문이다. 비록, 새 견해(또는 일련의 견해)를 채택했다면 그때까지 가지고 있던 견해를 버렸을 것이라고 생각될 것이지만, 이와 같은 특색은비단 셸링에 한한 것은 아닐 것이다. 그의 사상이 여러 가지 다른 국면을 지나가는 철학자들에서도 이러한 특색을 볼 수 있다. 그러나 셸링이특정한 장면에서 어떤 입장을 취했느냐를 엄밀하게 판정하기는 어렵다. 이를테면 그의 후기사상에서는 신의 인격적인 본성과 신의 창조적활동의 자유가 강조되고 있다. 그러면 그의 사상의 진전을 신학적 국면에서 보아 그것을 범신론으로부터 사변적 유신론으로의 전회라고 생각하는 것은 극히 자연스럽다. 그러나 그는 신적 자유를 역설하면서 동시에 또한 우주론적 타락이라는 생각을 보유하고 있으며, 또한 세계와 신과의 관계를 귀결되는 것과 선행하는 것의 관계로 파악하려는 일관된경향도 보이고 있다. 따라서 셸링에 줄곧 보유되어 있는 견해보다 새견해에 의하여 그의 후기 사상을 기술하는 쪽이 더 적절하다고 나에게는 생각되지만, 그는 그의 철학적 사유의 마지막 국면에서도 유신론자가 아니고 역동적인 범신론자였다고 주장하는 사람들에게 그 증거자료를 제공하고 있다. 물론 그것은, 한편으로 어디에 역점을 두느냐고 하는 문제와 다른 한편으로 어떤 용어를 사용하느냐고 하는 문제이긴 하다. 그러나 그 책임은 무엇보다 셸링 자신이 그의 사상을 정확하고 적절하게 기술할 용어를 찾는 데 어려움을 느꼈던 데 있다. 하지만 셸링처럼 명백히 서로 대립하는 입장을 종합하고 그것들이 실제로는 서로 보완적이라는 것을 증명하려고 한 철학자의 경우에는 그렇게 되지 않을 수 없을 것이다.

셸링은 그것을 취할까 아니면 버릴까 하는 유형의 폐쇄적이고 엄밀한 체계를 남겨 놓는 의미에서의 체계가가 아니었다는 말을 굳이 할 필요가 없을 것이다. 하지만 그렇기 때문에 그는 체계적인 사상가가 아니었다고 말할 수도 없다. 참으로 그의 정신은 그가 몇 가지 점에서 같은 정신의 소유자라고 여긴 여러 사상가들에게 현저한 자극과 영감을 받았다. 이를테면, 플라톤, 신플라톤주의자, 죠르다노 브루노[50], 야코프 뵈메, 스피노자, 라이프니츠, 그리고 말할 것도 없이 칸트와 피히테, 이들은 모두 영감의 원천으로서 쓰이고 있다. 그러나 여러 가지 원천으로부터 여러 사상을 받아들이는 이 개방성은 그 사상들을 모두 하나의 일관된 전체로 융합시키는 큰 재능과 결부되어 있지는 않았다. 더욱이 우리는 그가 만년에 신지학과 그노시스주의의 몽롱한 세계로 비상하려는 강한 경향을 나타낸 것을 보았다. 그리고 야코프 뵈메의 사변에 강하게 의지하는 사람은 철학자들 사이에서는 극히 한정된 관심밖에 끌지 못한다는 것도 이해할 수 있다. 그러나 헤겔이 말하고 있듯이 셸링철학과 셸링철학의 모방을 구별할 필요가 있다. 셸링철학의 모방이란 절대자에 관한 언어의 잡동사니든가 아니면 끊임없는 사색을 직관적 통찰이라고 하는 것에 바탕을 두는 모호한 유추로 대용하려는 것이다. 왜 이

---

50. 순수한 동일성으로서의 절대자라고 하는 셸링의 이론은 반대의 일치(*coincidentia oppositorum*)로서의 무한자라고 하는 브루노의 사상을 계승한 것으로 볼 수 있지만, 이 사상 자체는 니콜라우스 쿠자누스에게서 온 것이다.

둘을 구별해야 한다고 말하는가 하면, 셸링은 헤겔이 체계가였다는 의미에서는 체계가는 아니었지만, 그 역시 체계적으로 사색했기 때문이다. 곧, 그는 그의 주제를 이해하고 그가 제기한 문제를 끝까지 생각하기 위해 참으로 그리고 지속적으로 노력했던 것이다. 그가 목표로 삼고 전달하려고 했던 것은 언제나 체계적인 오성이었다. 그가 그 일에 성공했는지 못했는지는 다른 문제이다.

셸링의 후기사상은 역사가들에 의해 비교적 무시되어 왔다. 그 이유는 이해할 수 있다. 왜냐하면, 한 가지는, "들어가면서"에서 이미 언급했듯이 셸링을 주로 독일관념론의 발전에서 피히테와 헤겔을 맺는 고리로 고찰하려고 하면, 그의 자연철학, 초월론적 관념론의 체계, 그리고 순수한 동일성으로서의 절대자의 교설이 그의 사상의 중요한 국면이 되기 때문이다. 또 다른 이유는, 그의 신화와 계시의 철학은 어쨌든 형이상학적 관념론의 추진력이 이미 소진된 시기에 속해 있고, 여러 사람에게 그것은 이성적인 철학으로 볼 수 있는, 일체의 것의 저편으로의 비상을 말하고 있다고 생각되었을 뿐 아니라, 또한 후대의 종교사의 실제적 발전의 견지에서 보면, 거의 고려할 만한 가치가 없다고 생각되기 때문이다.

그러나 이렇게 역사가들이 셸링의 후기사상을 무시해 온 것을 이해할 수 있지만, 그것은 또한 애석한 일일 것이다. 적어도 거기에는 종교철학과 종교의 순수하게 역사적이고 사회적인 연구, 또는 종교적 의식의 순수하게 심리학적인 연구를 위한 여지가 있다고 생각한다면 애석한 일이다. 셸링에게 문제의 해결을 기대하기보다 그의 사상에서 자극과 영감, 독립적인 반성의 출발점을 발견하는 것이 중요하다. 그리고 아마도 이것이 전체로서의 셸링철학의 특징일 것이다. 그 가치는 본래 암시적이며 자극적인 데 있다고 하겠다. 그러나 그것이 이런 방식으로 작용할 수 있는 것은 물론, 오직 그의 정신에 처음부터 공감하고 그가 제기한 문제들을 정당하게 평가할 수 있는 사람에 대해서뿐이다. 이러한 공감과 평가가 없을 때 그는 세계에 대한 자기의 생각을 표현하기 위해 잘못된 매체를 선택한 시인으로 치부되는 것이 자연스러운 경향일 것이다.

6. 셸링의 영향과 셸링과 유사한 사상가들

머리말에서 셸링과 F. 슐레겔, 노발리스, 횔더린 등으로 대표되는 낭만주의 운동과의 관계에 대하여 어느 정도 언급해 두었다. 나는 여기서 그것을 반복할 생각이 없으며, 또 그것을 부연해 설명할 생각도 없다. 그러나 이 장의 마지막 절에서 독일 안팎의 다른 사상가들에 대한 셸링의 영향에 대해 약간 말해 두는 것이 적절할 것이다.

셸링의 자연철학은 로렌츠 오켄(Lorenz Oken, 1779~1851)에게 상당한 영향을 주었다. 오켄은 예나대학의 의학 교수로 후에 뮌헨과 취리히대학의 의학 교수도 된 사람인데, 철학에도 깊은 관심을 가져《우주에 대하여》(*Über das Universum*, 1808) 같은 철학적 저작도 몇 개 출간했다. 그의 생각에 자연철학이란 신의 세계에 대한 부단한 변용에 관한 교설이다. 신은 전체이고 세계는 신의 영원한 현상이다. 곧, 세계가 신적 사유의 표현인 이상 세계에 시작 같은 것은 있을 수 없으며, 또한 마찬가지 이유로 종말도 있을 수 없다. 그러나 세계에는 진화가 있을 수 있으며 지금도 진화하고 있다.

오켄의 철학에 대한 셸링의 평가를 말하자면 셸링은 그의 강의에서 오켄의 사상의 몇을 이용하고 있지만 특별히 호의적이라고 할 수는 없었다. 그리고 오켄은 오켄대로 셸링의 후기 종교철학을 따르려고 하지 않았다.

셸링의 자연철학은 뮌헨>51의 지도적인 가톨릭 철학자 요한 요제프 폰 괴레스(Johann Joseph von Görres, 1776~1848)에게도 영향을 미쳤다. 그러나 괴레스는 주로 종교적 사상가로 알려져 있다. 그는 처음에 셸링의 동일성의 체계에 언급되어 있는 범신론에 얼마큼 기울어졌으나 후에 4권으로 된 《그리스도교적 신비주의》(*Christliche Mystik*, 1836~42)에서 볼 수 있는 것과 같은 유신론적 철학을 전개했다. 그러나 셸링과 마찬가지로 신지학적 사변에 상당히 끌려 있었다. 괴레스는 또 예술과 정치적 문제들에 관한 저작도 남겼다. 그리고 실제로 그는 정치적 활동에 관여하고 교회와 국가의 관계의 문제에 관심을 가지고 있었다.

괴레스는 셸링의 동일성의 체계에 언급되어 있는 입장을 포기했지만 카를 구스타프 카루스(Karl Gustav Carus, 1789~1860)는 그렇지 않았다. 의사이기도 하고 철학자이기도 한 그는 전 생애를 통해 범신론을 옹호했다. 그는 그의 저작 《영혼》(*Psyche*, 1846)으로 유명한데, 이 속에서 혼의 의식적인 삶의 본질을 해명하는 열쇠는 무의식적인 것의 영역에 있다고 주장했다.

프란츠 폰 바아더(Franz von Baader, 1765~1841)로 말하자면, 그는 괴레스와 마찬가지로 뮌헨의 가톨릭 사상가와 저술가 그룹의 중요한 회원이었는데, 그와 셸링 사이에는 상호 영향의 전형적인 보기가 보인다. 곧, 바아더는 셸링의 영향을 받았으나 거꾸로 또한 그에게 영향을 주었다. 왜냐하면 셸링에게 뵈메의 저작을 소개하고 그의 사상의 방향

---

51. 셸링은 북독일에보다 남독일에 영향을 미쳤다.

을 결정짓는 데 이바지한 것은 바로 바아더였기 때문이다.

바아더의 확신에 따르면, 프란시스 베이컨과 데카르트의 시대 이래로 철학은 점점 더 종교와 등지게 되었다. 그러나 참된 철학은 그 바탕을 신앙에서 찾지 않으면 안 된다. 그리고 그 자신의 철학을 마무리할때 바아더는 에크하르트나 뵈메와 같은 사상가의 사변을 증거로 삼고있다. 우리는 신 자신의 사이에 높은 차원의 원리와 낮은 차원의 원리를 구별할 수가 있다. 그리고 감각적 세계는 신의 자기 나타냄으로 볼수 있다 해도 역시 타락을 상징하고 있다. 또한 신 안에 낮은 차원의 원리에 대한 높은 차원의 원리의, 또는 암흑에 대한 빛의 영원한 승리가있는 것처럼, 인간 안에도 세계를 신에게 복귀시키려고 하는 정신화의과정이 있을 것이다. 바아더와 셸링이 동일한 정신적인 샘물을 마신 영적 친척이라는 것은 분명하다.

바아더의 사회학적 그리고 정치학적 저작은 매우 흥미롭다. 이들 저작에서 그는 국가가 개인 간의 사회적 약속 또는 계약의 결과라는 국가론은 단호하게 부정하고 있다. 오히려 국가는 인간의 본성에 바탕하고있으며, 또 그것에 유래하는 것이라는 의미에서 자연적인 기구이며 약정의 산물은 아니다. 그러나 동시에 바아더는 또한 국가는 궁극적인 지배적 권력이라는 생각도 맹렬히 공격하고 있다. 궁극적인 지배자는 신뿐이다. 그리고 신과 보편적 도덕 법칙에 대한 숭배 그리고 신의 형상을 닮은 것으로서의 인간적 인격에 대한 존경, 바로 이것들이 전제에대한 오직 하나의 참된 방어수단이 되는 것이다. 이들 방어수단을 등한히 한다면 지배권이 황제에게 있느냐, 아니면 인민에게 있느냐는 문제와 상관없이 전제와 비관용이 생길 것이다. 무신론적거나 세속적 국가에 대해서는 바아더는 그리스도교 국가의 이상을 가지고 반대한다. 세속적이거나 무신론적 민족국가의 특징은 권력의 집중에 있으며, 이것

은 국내에서는 부정을, 국외에서는 전쟁을 이끌어 오지만, 종교와 도덕
이 인간사회 전체를 관철할 때 비로소 극복된다.

카를 크리스티안 프리드리히 크라우제(Karl Christian Friedrich
Krause, 1781~1832)는 셸링의 제자라고 할 수 없을지도 모른다. 왜냐
하면 그는 칸트의 진정한 정신적 후계자라고 공언하였을 뿐 아니라 뮌
헨에서의 그와 셸링의 관계는 결코 우호적이지 않았기 때문이다. 하지
만 그는 그의 철학에 들어가려면 셸링의 철학을 거치지 않으면 안 된다
고 입버릇처럼 말했으며, 사실 그의 생각에는 셸링과 유사한 점이 있
다. 그의 주장에 따르면, 신체는 자연의 왕국에 속하는 데 대해 영혼 또
는 자아는 영적 영역에, 곧 '이성'의 왕국에 속해 있다. 확실히 이와 같
은 생각은 현상적 영역과 가상적 영역을 구별하는 칸트를 반영하고 있
다. 하지만 크라우제는 정신과 자연은 다르며 또한 어떤 의미에서는 정
반대의 것이지만, 양자는 서로 작용을 끼치고 있는 것이어서 우리는 양
자의 근원을 완전한 본질, 곧 신 또는 절대자에게서 찾지 않으면 안 된
다고 논하고 있다. 또 그는 신 또는 절대자로부터 파생적 본질로, 곧 정
신과 자연으로 그리고 한층 더 유한한 사물들로 나아가는 '종합적' 질
서도 자세히 논하고 있다. 그는 역사의 목표는 전 인류의 통일에 있다
고 강조했으며 이러한 목표는 프리메이슨단에 의하여 달성된다고 생각
했지만, 후에 이 희망을 버리고 인류동맹(Menschheitsbund)의 선언서
를 공포하기도 했다. 독일에서는 그의 철학은 세 사람의 위대한 관념론
자의 체계에 의하여 빛을 잃었다. 그러나 다소 뜻밖이긴 하지만, 스페
인에서 넓은 영향을 끼치고 '크라우제주의'는 유행하는 사상체계가 되
었다.

러시아에서는, 유럽주의자는 어느 쪽인가 하면 헤겔의 영향을 받은
것에 대해 셸링은 범슬라브주의자의 관심을 끌었다. 이를테면 19세기

초두에 셸링의 자연철학은 모스크바에서 M. G. 파블로프(M. G. Pav-
lov, 1773~1840)에 의하여 해설되고, 셸링후기의 종교사상은 블라디미
르 솔로비에프(Vladimir Soloviev, 1853~1900)라는 러시아의 유명한
철학자에게 상당한 영향을 주었다. 확실히 솔로비에프를 셸링의 제자
라고 하는 것은 정확하지는 않을 것이다. 그가 다른 비러시아인 사상가
들의 영향을 받았다는 것은 문제 삼지 않는다 해도 어쨌든 그는 독창적
인 철학자로서 그 누구의 ‘제자’도 아니다. 그러나 그의 신지학적 사변
(神智學的 思辨)[52]에 대한 경향성에 셸링과의 두드러진 정신적 친근성
을 볼 수 있다. 그리고 그의 심원한 종교사상의 어떤 측면은 독일의 철
학자가 받아들였던 입장과 매우 유사하다.

영국에서의 셸링의 영향은 무시해도 좋다. 시인 콜리지(Coleridge)
는 그의 《문학자전》에서 셸링의 자연철학과 초월론적 관념론의 체계
그리고 그 자신이 저술한 많은 것과의 ‘온화한 일치’를 발견했다고 말
하고 셸링을 칭찬하고 있다. 이에 대해 피히테는 콜리지에게 풍자의 대
상일 뿐이었다. 그러나 영국의 전문적 철학자가 셸링에 대하여 어떤 열
광을 보였다고는 도저히 말할 수 없다.

최근 셸링의 종교철학에 대한 관심이 재연되었다. 이를테면, 그의
종교철학은 프로테스탄트의 폴 틸리히의 사상형성에 자극을 주었다.
거기에 키르케고르의 태도에도 불구하고 셸링의 소극철학과 적극철학
과의 구별, 그리고 그의 자유의 주장과 실존의 강조에 실존주의의 몇
가지 주제의 선취를 보는 경향도 있다. 하지만 이와 같은 해석이 상당
히 제한된 정당성밖에 갖지 못한다 해도, 과거의 뛰어난 정신 속에 후
대의 여러 사상의 선취를 발견하기 위해 관념론자와 실존주의 운동 사

---

52. 솔로비에프는 성서와, 이를테면, 뵈메의 저작에서도 볼 수 있는 지혜, 곧 Sophia의 사상을 크게 강조했다.

이에 있는 커다란 상황의 다름에 눈을 감아서는 안 된다. 어쨌든 셸링은 형이상학적 관념론의 비인격적인 신을 종교적 의식에게 자기를 계시하는 인격적인 신으로 전환한 점에서 특필해야 할 존재라고 생각된다.

chapter 8

슐라이어마허

1. 생애와 저작

세 사람의 위대한 독일관념론자들은 절대자라든지 무한한 것과 유한한 것의 관계라든지 정신의 삶에 관심이 있었기 때문에, 그들은 당연히 유한한 정신의 신적 존재에 대한 표현인 종교에 주의를 기울이고 있었다. 그리고 세 사람 모두 철학 교수요 철학체계의 구축자였으므로 그들이 종교를 이들 체계의 기본원리에 비추어 설명한 것은 당연한 것이었다. 이리하여 피히테는 그의 윤리적 관념론의 정신에 따라서 종교를 윤리학으로 환원하려고 했으며[1], 또 헤겔은 그것을 지식의 한 형식으로 서술하려고 했다. 앞서 말했듯이, 그 사상이 점점 더 종교적 의식의 철학이 되고 또 인격신을 요구하는 인간에 역점을 둔 셸링조차 종교의식의 발전을 더 높은 차원의 지식의 발전으로 설명했다. 그러나 슐라이어마허에게서 우리는 신학자, 그리고 설교자의 입장으로부터 종교철학으로 접근해 간 것을 본다. 그는 자신의 강한 철학적 관심에도 불구

---

1. 피히테의 철학에 대한 설명에서 언급되었듯이 이 경향은 그의 후기 사상에서는 꽤 약해졌다.

하고 경건한 교육의 각인을 보유하고 있으며 또한 종교적 의식과 형이
상학 및 윤리학을 명확히 구별하는 일에 관심을 품고 있었다.

　프리드리히 다니엘 에른스트 슐라이어마허(Friedrich Daniel Ernst
Schleiermacher)는 1768년 11월 21일에 브레슬라우에서 태어났다. 그
의 학교교육은 양친에 의하여 모라비아교단에 맡겨졌다. 그 후 약간의
근본적인 그리스도교 교의에 대한 신앙을 상실했음에도 그는 신학을
배우기 위해 할레대학에 진학했다. 그러나 대학에서의 처음 2년 동안
그는 순수한 신학적 주제보다 스피노자와 칸트에 흥미를 가졌다. 1790
년 베를린대학에서 졸업시험에 합격하고, 그 후 가정교사 자리를 얻었
다. 그는 1794년부터 1795년 말까지 오데르 강변의 프랑크푸르트 교외
의 란츠베르크에서 목사로서 활동하고 1796년부터 1802년까지 베를린
에서 성직에 있었다.

　베를린에서 보낸 이 시기 동안에 슐라이어마허는 낭만주의자의 서
클, 특히 프리드리히 슐레겔과 어울렸다. 그는 전체성에 대한 공통된 낭
만주의적 관심을 함께 가졌으며 스피노자에게 깊이 공감하고 있었다.
동시에 그는 일찍부터 참실재의 이상향의 가시적 형상으로서의 세계라
고 하는 플라톤의 생각에 이끌렸다. 그리고 스피노자의 자연은 그에게
자기 자신을 현상 세계에서 나타내는 실재라고 생각되었다. 그러나 스
피노자의 찬미자로서 그는 자신의 철학적 견해와 그가 설교하도록 맡
겨진 종교를 조화시키는 일에 직면했다. 이것은 단지 프로테스탄트의
목사로서 그의 직업적 양심을 만족시킨다는 문제에 그치지 않았다. 그
는 참으로 종교적인 사람이었고 이미 지적했듯이 그의 가족과 어렸을
때의 교사들에게 받은 경건의 흔적을 계속 지니고 있었기 때문이었다.
그러므로 그는 자신이 품고 있었던 것 같은 종교적 의식을 위한 지적 체
계를 생각해 내지 않으면 안 되었다. 그리고 그는 1799년에 그의 《종교

론》(*Reden über die Religion*)—이것은 그 후 여러 판이 나왔다—을 출판
했다.

　이 저작 후로 1800년에 개인과 사회와의 관계에 관련된 문제를 다룬
《독백》(*Monologen*)이, 그리고 1801년에는 그의 첫 설교집이 나왔다.
그러나 슐라이어마허는 일반으로 정통적인 프로테스탄트 신학자로 생
각할 수 있는 인물은 아니었다. 그리고 1802~4년간은 은퇴하고 있었
다. 1803년 그는 《현대까지의 도덕이론의 비판 강요》(*Grundlinien einer Kritik der bisherigen Sittenlehre*)를 출판했다. 그리고 그는 플라톤의
대화편을 서론과 주석을 달아 독일어로 번역하는 일을 했으며 그 제1부
는 1804년에, 제2부는 1809년에, 제3부는 1828년에 각각 간행되었다.

　1804년 슐라이어마허는 할레대학의 교수직을 수락했다. 그리고 나
폴레옹이 대학을 폐쇄하자 그는 그 시에 설교자로서 머물렀다. 그러나
1807년 그는 베를린에 돌아왔다. 거기서 그는 정치적 생활에 참여하고
또한 새로운 대학의 창립에 협력했다. 1810년 그는 대학의 신학부 교수
로 임명되어 1834년 그가 죽을 때까지 이 직에 머물렀다. 1821~2년에
그는 《복음주의협회의 근본원리에 따른 그리스도교 신앙》(*Der christliche Glaube nach den Grundsätzen der evangelischen Kirche*)을 출판했
다. 이 저작의 제2판은 1830~1년에 나왔다. 그는 또 새로 설교집을 출
판했다. 대학에서의 그의 강의록—그것은 신학적 주제뿐 아니라 철학
적·교육적 주제에 걸쳐 있다—은 그의 사후 출판되었다.

2 . 기 초 적 종 교 적 경 험 과 그   해 석

　사유와 존재는 상관적이라고 슐라이어마허는 주장한다. 그러나 사

유가 존재와 관계하는 데는 두 가지 방법이 있다. 곧, 우선 첫째로, 사유는 과학적 인식이나 이론적 인식에서처럼 자기를 존재에 일치시킬 수가 있다. 그리고 그때 우리의 과학적 개념이나 판단의 전체성에 부합하는 존재는 자연이라고 한다. 둘째로, 사유는 존재가 사유와 일치하도록 요구할 수가 있다. 그리고 그것은 우리의 도덕적 활동의 기초에 있는 사고양식에서 입증된다. 왜냐하면 도덕적 행위에서 우리는 차라리 존재를 우리의 관념에 일치시키도록 노력함으로써 우리의 도덕적 이상이나 목적을 실현하려고 노력하기 때문이다. "지식을 목표로 하는 사유는 그것이 전제하고 있는 바의 존재에 자기 자신을 관계시킨다. 우리의 행위의 근본에 놓여 있는 사유는 우리를 통해 생기하는 존재에 자기 자신을 관계시킨다."[2] 그리고 그때 사유에 지시받은 행위에서 자기 자신을 표현하는 전체성은 정신이라고 한다.

이리하여 적어도 얼핏 보기에는 우리에게 이원론이 주어져 있다. 우리는 한편에 자연을 가지고 있으며 다른 한편으로 정신을 가지고 있다. 그러나 모든 구별과 대립을 넘어설 수 없는 개념적 사고에게 확실히 정신과 자연, 사고와 존재, 주관과 객관은 별개의 다른 관념이긴 하지만, 그러나 이원론은 절대 아니다. 궁극적 실재는 우주 또는 신에서의 정신과 자연과의 동일성이다. 개념적 사유는 이 동일성을 파악할 수 없다. 그러나 동일성은 느낄 수 있다. 그리고 이 감정은 슐라이어마허에 의하여 자기의식과 관련지어져 있다. 확실히 그것은 그의 다양한 계기 또는 측면에서의 자아의 동일성을 파악하는 반성적 자각은 아니다. 그러나 반성적 자각의 근저에 "감정과 동일한 것 같은 직접적인 자기의식"[3]이

---

2. *W*, III, p. 59. 슐라이어마허의 저작으로부터의 인용은 O. Braun과 J. Bauer가 편집한 전집(I~IV, 라이프치히, 1911~13)의 권수와 쪽수에 따랐다. 이것은 주요 저작의 선집이다.

3. *W*, III, p. 71.

있다. 다시 말하면 그 단계에서는 개념적 사유의 구별과 대립이 아직
생겨 있지 않은 것과 같은 그런 근본적인 직접감정이 있다. 우리는 그
것을 직관이라고 할 수 있을 것이다. 그러나 우리가 그렇게 부를 때 우
리는 그것이 명확한 지적 직관이 아니라는 것을 이해하지 않으면 안 된
다. 차라리 그것은 말하자면 자기의식에서의 감정의 근거이며 자아의
의식과 분리할 수 없는 것이다. 곧, 자아는 직접적인 그리고 단독의 대
상으로서의 신의 신적 전체성에 대한 어떠한 지적 직관도 향수하지 않
는 것으로 자아는 자기 자신을 모든 대립을 넘어선 전체성에 의존하고
있는 것으로 느끼는 것이다.

이 의존의 감정(*Abhängigkeitsgefühl*)은 자기의식의 '종교적 측면'[4]
이다. 그것은 '종교적 감정'[5]이라는 사실 속에 있다. 왜냐하면 종교의
본질은 "사유도 행위도 아니며 직관과 감정이다. 종교는 우주를 직관
하려고 한다. …"[6] 그리고 우주는 슐라이어마허가 그렇게 표현하고 있
듯이 무한한 신적 실재이다. 따라서 그에게 종교는 본질적 또는 근본적
으로 무한한 것에 대한 의존의 감정이다.

이 경우, 종교와 형이상학 및 도덕 사이의 구별을 명확하게 할 필요
가 있다. 사실 '형이상학과 도덕은 종교와 동일한 대상, 곧, 우주와 우
주에 대한 인간의 관계라는 대상'[7]을 가지고 있다. 그러나 그들의 방
법은 아주 다르다. 슐라이어마허는 명백히 피히테의 관념론을 염두에
두고 이렇게 말하고 있다. "형이상학은 자기 자신으로부터 세계의 실
재성과 그 법칙을 자아낸다."[8] 도덕은 "인간의 본성과 인간의 우주에
대한 관계로부터 의무의 체계를 전개한다. 그것은 행위를 명령하고 또

---

4. *W*, III, p. 72.

5. *Ibid.*

6. *W*, IV, p. 240.

7. *W*, IV, p. 235.

8. *W*, IV, p. 236.

금지한다. …">9 그러나 종교는 형이상학적 추론에 관심이 없으며 또한 의무의 법전을 이끌어 내기 위해 우주를 이용하는 일에도 관심이 없다. 종교는 지식도 도덕도 아니다. 종교는 감정이다.

그러므로 우리는 이렇게 말할 수 있다. 곧, 슐라이어마허는 종교의 본질을 이론적 지식의 한 형식으로 제시하는 어떤 시도도 거절한 것과 꼭 마찬가지로 칸트나 피히테에 의하여 제시되었던, 종교를 도덕으로 환원하려는 경향에 등을 돌리고 있으며, 또한 신앙의 기초를 감정에서 찾고 있다는 점에서 야코비를 따르고 있다고. 하지만 슐라이어마허와 야코비 사이에는 두드러진 상이점을 볼 수 있다. 왜냐하면 야코비가 모든 지식을 신앙에 기초했음에 대해 슐라이어마허는 이론적 지식과 종교적 신앙 사이의 구별을 명확하게 할 것을 바라고 있으며 또한 감정에 신앙 독자의 기초를 찾았기 때문이다. 우리는 다음과 같이 부언할 수 있을 것이다. 슐라이어마허에게 종교적 의식은 이론적 지식에 대해서보다 미적 의식에 더 근접해 있었지만, 그러나 종교적 의식을 기초 지우고 있는 감정, 곧 무한한 것에 대한 의존의 감정은 종교적 의식에 고유한 것이라고. 이 때문에 그는 종교와 미적 의식을 혼동하는 낭만주의적 경향에서 벗어나 있다.

하지만 지금까지 말한 것으로부터 슐라이어마허에게는 종교와 형이상학 및 도덕 사이에 아무런 연관도 없다고 결론지우면 안 된다. 도리어, 형이상학도 도덕도 어떤 의미에서는 종교를 필요로 한다. 형이상학은 무한한 전체성에 대한 근본적인 종교적 직관이 아니면, 순전히 개념적 구성으로서 허공에 떠 있을 것이다. 또 도덕은 종교가 없으면, 인간에 대한 아주 부적절한 관념을 줄 것이다. 왜냐하면 순수한 도덕적 관

---

9. *Ibid.*

점에서 보면 인간은 그의 운명에 대한 자유롭고 자율적인 주인으로 나타날 것이지만, 종교적 직관은 무한한 전체성, 곧 신에 대한 인간의 의존성을 알려 주기 때문이다.

그런데 슐라이어마허가 종교적 신앙은 무한한 것에 대한 의존의 감정에 근거한다고 주장할 때, '감정'이란 말은 그 어떤 지적 행위도 배제하는 것으로서보다 차라리 직접 이 의존의 의식을 가리키는 것으로 이해되지 않으면 안 된다. 왜냐하면 앞에서 말했듯이, 그는 또한 '직관'에 대해서도 말하고 있기 때문이다. 그러나 이 직관은 뚜렷하게 마음에 품고 있는 대상으로서의 신을 파악한 것이 아니다. 그것은 막연하고 또한 개념화되어 있지 않았다는 의미에서 무한한 존재자에 대해 본질적으로 의존하고 있는 자아의 의식이다. 따라서 의존의 감정은 개념적인 차원에서 해석될 필요가 있다. 그리고 이것이 철학적 신학의 일이다. 물론, 기초적인 종교적 경험에 대한 슐라이어마허의 설명은 이미 현저한 해석의 요소를 품고 있다는 것은 논증될 수 있다. 왜냐하면 그는 칸트의 도덕주의와 피히테의 형이상학적 사변을 배척하고 또한 '거룩한 거부된 스피노자' [10]의 사상에서 영감을 받아 자아가 의존하고 있다고 느끼는 것과 무한한 전체성, 곧 신적 우주를 동일시하고 있기 때문이다. "종교는 무한한 것에 대한 감정이며 미감(味感)이다." [11] 그리고 우리는 스피노자에 대하여 이렇게 말할 수 있다. "무한한 것은 그의 처음이자 마지막이며, 우주는 그의 유일한 그리고 영원한 사랑이었다. …" [12] 이리하여 기초적 종교적인 의존의 감정은 낭만주의화된 스피노자에 의하여 고무된 모양새로 처음에는 서술되어 있다. 그렇다고는 하나, 스피노자의 영향은 과대하게 평가되어서는 안 된다. 왜냐하면, 스

---

10. *W*, IV, p. 243.   11. *W*, IV, p. 242.   12. *W*, IV, p. 243.

피노자가 '신에 대한 지적인 사랑'을 정신 향상의 극점으로 삼고 있는
데 대해 슐라이어마허는 무한한 것에 대한 의존의 감정을 세계에 대한
종교적 견해의 기초로 생각하고 있기 때문이다. 그리하여 어떻게 우리
는 이 의존의 직접적 의식을 마음에 품으며, 또 생각할 수 있느냐고 하
는 문제가 생긴다.

그때 하나의 난제가 곧바로 생긴다. 근본적인 종교적 감정은 어떤
대립도 없는 무한한 것, 곧 자기 동일적 전체성에 대한 의존의 감정이
다. 그러나 개념적 사유는 즉시 차별과 대립을 들여온다. 곧, 무한한 통
일체는 신의 관념과 세계의 관념으로 나뉜다. 세계는 모든 대립과 차별
의 전체성이라고 생각되고, 한편 신은 모든 대립과 차별의 부정자로서
단일성이라고 생각된다.

개념적 사유는 자기가 필연적으로 생기게 하는 차별을 완전히 제거
할 수가 없으므로 신과 세계를 상관물로 생각하지 않을 수 없다. 곧, 개
념적 사유는 신과 세계와의 관계를 한갓된 공존자로서가 아니라, 그리
고 일방향적인 의존, 곧 세계의 신에 대한 의존의 관계로서도 아니고,
하나의 상호 관련의 관계로 생각하지 않을 수 없다. "세계 없는 신도 없
지만, 신 없는 세계도 없다."[13] 그러나 동시에 신과 세계라고 하는 두
관념을 동일시하면 안 된다. "따라서 두 관념의 완전한 동일화도 없지
만, 완전한 분리도 없다."[14] 다시 말하면, 개념적 사유는 필연적으로
두 개념을 통해 우주를 생각하기 때문에 그것들을 혼동하면 안 되는 것
이다. 우주라고 하는 존재의 통일은 세계와 신을 동일시함으로써보다
는 오히려 그것들의 상관관계에 의하여 생각되지 않으면 안 된다.

이것은 적어도 얼핏 보면 슐라이어마허에게 신과 세계의 구별은 오

---

13. *W*, III, p. 81.   14. *W*, III, p. 86.

직 인간의 반성에만 있을 뿐이고 실제로는 아무 구별도 없다는 것을 시사하고 있는 것 같다. 그러나 실제로 슐라이어마허는 세계를 신으로 환원하는 것도, 또 신을 세계로 환원하는 것도 같이 피하려고 한다. 유한한 것에 어떠한 실재성도 부인하려고 하는 무세계론은 근본적 종교적 의식에 대해 충실하지 않다. 왜냐하면 무세계론은 불가피적으로 무엇엔가 의존하고 있다고 말해지는 것을 아무것도 남겨 놓지 않는 이론이라고 오해될 것이기 때문이다. 한편 신과 유한한 사물의 시간·공간적 체계를 단순하게 동일시하는 것은 양자의 근저에 있는 무차별의 통일체를 위한 여지를 남기지 않을 것이다. 따라서 신과 세계와의 구별은 개념적 사유에서의 결함을 표현하는 것 이상의 무엇이지 않으면 안 된다. 확실히 개념적 사유는 전체성 곧 신적 우주에 관한 적절한 이해에 도달하기는 전혀 불가능하다. 그러나 개념적 사유는 신과 세계가 상관적이라고 파악함으로써, 그리고 세계가 전건에 대한 후건의 관계에서 신에 대하여 서 있다고 생각함으로써, 그리고 세계를 무차별의 통일체의 필연적 자기표현으로서, 또는 스피노자의 용어를 쓰자면, 능산적 자연(*Natura naturans*)에 대한 소산적 자연(*Natura naturata*)로 생각함으로써 신과 세계를 완전히 분리하는 경향을 바르게 할 수가 있으며 또 바르게 하지 않으면 안 된다. 이것은 말하자면 개념적 사유가 할 수 있는 최상의 것이다. 곧, 신과 세계의 완전한 분리와 완전한 동일화를 같이 피하면서 할 수 있는 최상의 것이다. 신적 실재 그 자체는 우리의 개념을 넘어서 있다.

슐라이어마허의 종교철학에서 참으로 흥미롭고 중요한 특성은 그에게는 종교철학이 근본적 종교적 경험의 해명에 있었다는 사실이다. 그는 명백히 스피노자의 영향을 받고 있다. 그리고 그는 스피노자와 마찬가지로 신은 모든 인간적 범주를 초월한다고 주장하고 있다. 신은 차별

도 대립도 없는 단일한 것이므로 인격과 같은 어떠한 인간적 사유의 범
주도 참으로 신에게는 적용될 수 없다. 왜냐하면 그것들은 유한자와 떼
려야 뗄 수 없는 관계에 있기 때문이다. 하지만 동시에 신은 정적인 실
체로서가 아니라 자기 자신을 필연적으로 세계에서 표현하는 무한한
생명이라고 생각해야 한다. 이 점에서 슐라이어마허는 스피노자보다
차라리 피히테의 후기철학에 가까이 서 있다. 한편, 세계가 그것에 대
해 전건에 대한 후건의 관계에 있는 것 같은, 그러한 무차별의 자기동
일성으로서의 신 또는 절대자의 이론은 셸링의 사변과 비슷하다. 하지
만 셸링의 후기의 그노시스설은 슐라이어마허의 완전한 찬동을 얻지
못했을 것이다. 슐라이어마허에게 종교는 참으로 무한한 것에 대한 근
본적인 의존의 감정을 전유(專有)하는 데 있다. 그것은 오성보다 오히
려 심정, 지식보다 오히려 신앙의 문제이다.

3. 인간의 도덕적인 삶과 종교적인 삶

슐라이어마허는 상징적인 의미일 때가 아니고는 신에게 인격성을
돌리는 것을 거절하고 있지만, 그는 인간을 도덕적 행위자로서 고찰할
때, 개인의 인격성의 가치를 매우 강조하고 있다. 전체성 또는 보편자
는 실로 모든 유한한 개인 안에 내재한다. 그리고 이러한 이유로 하나
의 유한한 자아의 신격화를 가져오는 순전한 에고이즘은 인간에게 도
저히 도덕적 이상이 될 수는 없다. 그러나 동시에 각 사람은 신의 특수
한 나타남이며 그 자신의 특별한 천부의 재능, 곧 그의 고유한 특질
(*Eigentümlichkeit*)을 가지고 있다. 따라서 그의 개인적 재능을 발전시
키는 것이 그의 의무이다. 그리고 교육은 완전히 전개되고 조화롭게 통

합된 저마다의 인격을 형성하는 일을 지향해야 한다. 인간은 자기 안에서 정신과 자연을 결합한다. 또 그의 도덕적 발전은 양자의 조화를 요구하고 있다. 형이상학적 관점에서는 정신과 자연은 궁극적으로 동일하다. 따라서 만약 우리가 도덕성은 모든 자연적 충동을 무시하며, 그것에 대항하는 데 있다고 넌지시 비칠수록, 이성과 자연 충동 사이의 차이를 명확하게 한다면, 우리는 우리의 인격을 적절하게 발전시킬 수가 없다. 도덕적 이상은 투쟁이 아니라 조화이며 통합이다. 다시 말하면, 슐라이어마허는 칸트의 엄숙주의적 도덕에, 그리고 이성과 경향성 또는 충동과의 대립을 주장하는 칸트의 경향에 거의 공감하지 않고 있다. 만약 신이 말하자면 모든 차별과 대립의 적극적 부정이라고 한다면, 인간의 도덕적 사명은 이성과 의지가 통합된 인격에서의 조화를 통해 유한한 형식으로 신적 본성을 표현하는 데 있다.

그러나 슐라이어마허는 개인의 인격의 발전을 강조하고 있지만, 그는 동시에 개인과 사회가 모순되는 개념이 아님을 주장하고 있다. 왜냐하면 특성이란 것은 '타자와의 관계에만 있는 것'[15]이기 때문이다. 각 사람을 다른 사람과 구별하는 인간의 독자성이라는 요소는 인간 사회를 전제로 하고 있다. 한편, 상이한 개개인의 집단인 사회는 개개인의 상위(相違)를 전제로 하고 있다. 따라서 개인과 사회는 서로 비춘다. 그리고 자기표현이나 자기전개는 다만 개인의 천부의 재능의 전개를 요구할 뿐 아니라 다른 사람의 인격에 대한 존경도 요구한다. 다시 말하면 모든 인간은 독자의 도덕적 사명까지 가지고 있지만, 그러나 이 사명은 사회 속에서만 곧 사회의 구성원으로서의 인간에 의해서만 성취될 수 있는 것이다.

---

15. *W*, II, p. 92.

철학자에 의하여 서술되는 도덕과 전형적인 그리스도교적 도덕과의 관계를 묻는다면, 양자는 형식에서 서로 다르며 내용이 다른 것은 아니라고 대답할 수 있다. 그리스도교적 도덕의 내용은 '철학적' 도덕의 내용과 모순되지 않는다. 다만, 그리스도교적 도덕은 그의 고유한 형식을 가지고 있으며 또 그 형식은 일반적인 종교적 의식과 구별되는 그리스도교적 의식 속에 있는 여러 요소에 의하여 주어져 있다. 그리고 그리스도교적 의식의 특징은 "신과의 모든 결합은 그리스도의 속죄의 행위에 달렸다고 볼 수 있다">[16]는 점에 있다.

역사적 종교에 관해서 말하자면 슐라이어마허의 태도는 좀 복잡하다. 한편 그는 역사적 여러 종교를 대신할 보편적 자연종교의 관념을 부인하고 있다. 존재하는 것은 역사적 종교뿐이며 자연종교는 허구이기 때문이다. 그러나 다른 한편 그는, 그의 전체성에서는 결코 파악될 수 없는 이상의 점진적 계시를 일련의 역사적 종교 속에 보고 있다. 교의는 어떤 의미에서, 곧 종교적 의식의 구체적이고 상징적인 표현으로서 필요하다. 그러나 그것은 동시에 정신의 자유로운 활동을 방해하는 족쇄가 되기도 한다. 그리스도교와 같은 역사적 종교는 그의 기원과 활동력을 예술적 천재와도 같은 종교적 천재에 힘입고 있다. 그리고 그 생명은 신자들이 그러한 천재의 정신 안에 깊이 몰두함으로써, 그리고 일련의 교의에 대한 동의보다는 천재로부터 생기는 활력이 넘치는 운동에 몰두함으로써 불멸의 것이 된다. 슐라이어마허가 점차 교회의 관념과 명확한 그리스도교 신앙에 더 많은 역점을 두게 된 것은 사실이다. 그러나 자주 그는 자유신학자라고 불리는 자였고 또 계속 그러했다. 그리고 그러한 자로서 그는 독일의 프로테스탄트계에 상당한 영향

---

16. *W*, III, p. 128.

을 주었다─비록 그 영향은 근래 프로테스탄트 정통파적 신앙의 부활로 날카로운 도전을 받고 있기는 하지만.

4 . 맺음말

슐라이어마허는 그가 기초적 종교적 의식이라고 생각했던 것을 설명하려는 그의 시도에서 물론 체계적 철학 또는 일관된 통일적인 체계를 전개하려고 했다. 그러나 이 철학은 내적 긴장과 스트레스로부터 자유롭다고 주장할 수는 도저히 없다. 낭만주의화한 스피노자─그는 무한한 것에 대해 정열을 가지고 있었다─의 영향은 슐라이어마허로 하여금 범신론으로 향하게 했다. 그러나 동시에 그가 설명하려고 한 기초적 감정 또는 직관의 본성은 바로 순수한 일원론에 방해가 되었으며 또한 신과 세계 사이에 어떤 차별을 요구했다. 왜냐하면, 우리가 어떤 차별을 요청하지 않는다면 어떻게 우리는 무한한 것에 의존하고 있는 것으로서의 유한한 것 자신에 대해 명료하게 말할 수 있겠는가? 또 슐라이어마허의 사상의 범신론적 측면은 개인의 자유를 승인하는 데 바람직하지 못한 데 대해, 그의 도덕론과 인간 상호의 관계에 대한 그의 설명에서 그는 자유의 관념을 필요로 했고 또 그것을 사용했다. 다시 말하면, 그의 형이상학에서의 범신론적 요소는 그의 도덕적 행위에 대한 그리고 사회적 행위에 대한 이론에서의 개인의 강조에 의하여 상쇄되었다. 신적 우주의 이론이 정치적 전체주의에 반영되고 있음은 의심할 수 없다. 반대로 국가와는 다른 사회로서의 교회의 승인은 그렇다 하더라도 그는 '자유로운 사회'의 개념, 곧 각각의 인격이 갖는 독자적인 성격을 자유롭게 표현할 수 있는 사회조직의 개념을 강조했다.

그러나 슐라이어마허의 철학에서의 여러 성격은 그 철학에 특유한
것은 아니었다. 왜냐하면 신적 전체성의 관념과 개인적 자유, 궁극적
동일성의 관념과 유한한 개개인의 가치의 완전한 승인을 결합하려고
하는 어떤 철학도, 자기가 똑같은 어려움에 말려드는 것을 깨닫게 되지
않을 수 없기 때문이다. 하지만 슐라이어마허는 보편적인 것은 특수적
인 것 속에, 그리고 특수적인 것을 통해서만 존재한다고 함으로써 이
문제를 빠져나갈 수는 도저히 없었다. 왜냐하면 그는 시-공적 세계란
동일시할 수 없는 실재에 대한 의존의 감정을 단호히 정당화하려 하고
있었기 때문이다. 세계의 '배후'에는 그 무엇인가가 있어야 했다. 더욱
이 세계는 신 바깥에 있는 그 어떤 것일 수 없었다. 따라서 그는 셸링이
취한 것과 같은 방향으로 밀렸다. 아마도 우리는 슐라이어마허가 여러
기초가 있으며 많음(多)에서 자기 자신을 표현하는 일자에 대한 깊은,
반쯤 신비적인 의식을 가지고 있었다. 그리고 또 이 의식은 그의 철학
의 기초였다고 말할 수가 있을 것이다. 그리고 모든 어려움은 그가 이
의식에 이론적 표현을 주려고 했을 때 생겼다. 그러나 공평하게 보면,
그는 어떤 이론적 설명도 가능하지 않다는 것을 거리낌 없이 승인하고
있었다고 말할 수 있다. 신은 지식의 대상이라기보다 차라리 '감정'과
신앙의 대상이다. 종교는 형이상학도 도덕도 아니다. 그리고 신학은 상
징적이다. 확실히 슐라이어마허는 위대한 관념론자들과 명백한 유사
점을 가지고 있었다. 그러나 그는 분명 이성주의자는 아니었다. 그에게
종교란 인간의 정신적 삶에서의 근본적 요소였다. 그리고 그는 종교는
직접적·직관적인 의존의 감정에 바탕을 갖는다고 주장했다. 그에게 이
절대적 의존의 감정은 말하자면 철학적 반성의 양식이었다. 그리고 물
론 이것은 우주의 의미를 반성적 이성이 부인하는 경건한 여러 감정에
귀속시키는 인간의 사랑스러운 편견으로 간단히 처리될 수 있는 견해

가 아니다. 왜냐하면 어쨌든 사변적 형이상학은, 적어도 그 일부분은, 일자에 대한 인간의 의존이라고 하는 예비적 이해, 더 좋은 말이 없기 때문에 직관적이라고 서술되는 이해의 반성적 설명이라고 말할 수 있기 때문이다.

1. 생 애 와 저 작

독일관념론의 최대의 인물이며 서양의 철학자 중에서도 가장 뛰어
난 인물의 한 사람인 게오르크 빌헬름 프리드리히 헤겔(Georg Wilhelm
Friedrich Hegel)은 1770년 8월 27일에 슈투트가르트에서 태어났다.[1]
그의 부친은 관리였다. 슈투트가르트의 고등학교 시절, 이 미래의 철학
자는 특별히 어떤 점에서 빼어났다고 할 수 없었다. 그러나 그가 처음
으로 그리스적 천재성에 매력을 느끼고, 특히 소포클레스의 극에, 그것
도 특히《안티고네》에 감명을 받은 것도 이 시절의 일이었다.

　1778년에 헤겔은 프로테스탄트 계통의 튀빙겐대학 신학부의 한 학
생으로 입학했다. 여기서 그는 셸링과 횔더린하고 우정을 맺었다. 그들
은 함께 루소를 연구하고 함께 프랑스혁명의 이상에 열중했다. 그러나
고등학교 시절과 마찬가지로 헤겔은 특별한 재능이 있다는 인상을 준

---

1. 이것은 칸트가 교수 취임을 위한 논문을 제출한 해다. 그것은 또 독일에서 횔더린이, 영국에서 벤담과
　워즈워스가 태어난 해다.

것은 아니었다. 그가 1793년에 대학을 졸업했을 때의 증서에는 그는 선량한 성격이며 신학과 문헌학에 상당한 지식을 가지고 있으나 철학에 대한 이해는 충분하지 않다고 되어 있다. 헤겔의 정신은 셸링의 정신같이 조숙한 것이 아니었다. 곧, 성숙하는 데 더 시간이 필요했던 것이다. 하지만 그런 한편으로 그는 이 무렵 이미 철학과 신학과의 관계에 주의를 기울이고 있었다. 그러나 자기의 메모나 노트를 자기 교수들에게 보이지는 않았다. 설사 보였다고 해도 교수들이 주목했다고는 생각되지 않으며, 헤겔 역시 아마도 그들을 그럴 만큼 신뢰하고 있지 않았다.

대학을 졸업한 후 헤겔은 가정교사를 하면서 생계를 꾸렸다. 처음에는 스위스의 베른(1793~6)에서, 다음에는 프랑크푸르트(1797~1800)에서. 겉으로는 평온했지만 이 세월은 그의 철학적 발전에서 중요한 시기를 이루고 있다. 이 당시 그가 쓴 논문들은 1907년에 헤르만 놀에 의하여 처음으로 《헤겔 초기 신학적 논문집》(*Hegels theologische Jugendschriften*)이라는 표제로 출판되었다. 그 내용에 대해서는 다음 절에서 다룬다. 사실, 만약 우리가 이 논문들밖에 가진 것이 없다면 그가 그 후에 발전시킨 철학체계의 사상을 우리는 전혀 가지고 있지 못한 것이 되고, 그리하여 철학사 가운데 그를 위한 여지를 내어 줄 이유 따위는 전혀 없을 것이다. 이런 의미에서는 그 논문들은 그렇게 중요하지 않다. 그러나 그의 발전된 체계를 알고 그 빛을 비추어 그의 초기의 논문집을 되돌아본다면 그가 품고 있던 문제의식에 모종의 연속성을 인정할 수 있으며, 또한 그가 어떻게 자기 체계에 다다랐는지, 그의 주요한 사상이 무엇이었는지를 더 잘 이해할 수 있는 것이다. 지금 보았듯이, 초기 논문집은 '신학적'이라고 제목을 붙였다. 그런데 사실 헤겔은 신학자라기보다 철학자가 되었다. 하지만 그럼에도 불구하고 그의 철학의 주제는 그 자신도 주장하고 있듯이 신학의 주제와 동일한 것, 곧 절대자와, 다시 말해 종교적으로 말하자면 신과 무한자에 대한 유한자의 관계에 있었으며 이런 의미에서 그의 철학은 언제나 신학이었던 것이다.

1801년 헤겔은 예나대학에서 하나의 자리를 얻었는데, 같은 해에 그의 처음으로 공간된 저서 《피히테와 셸링의 철학체계의 차이》(*Differenz des Fichteschen und Schellingschen Systems*)가 나왔다. 이 책은 그가 내용이나 의도 면에서 셸링의 제자라는 인상을 주었다. 더욱이 셸링과 협력하여 《철학 비평 잡지》(1802~3)를 편집함으로써 이 인상은 강화되었다. 그러나 그 강의가 출판된 것은 겨우 20세기가 되어서이며, 그가 셸링을 떠난 것이 일반에게 확실해진 것은 그의 최초의 대저인 《정신현상학》(*Die Phänomenologie des Geistes*)에서이며, 이것은 1807년에 나왔다. 이 주목할 만한 책에 대해서는 이 장의 5절에서 다시 언급할 것이다.

예나의 전쟁 후 대학에서의 생활이 끝나고 헤겔은 실제 생활면에서 궁핍에 빠졌다. 그래서 1807년부터 1808년에 걸쳐 그는 밤베르크에서 신문 편집에 종사했다. 그러나 그는 뉘른베르크의 김나지움의 교장에 임명되었고 1816년까지 이 자리에 머물렀다. (그는 1811년에 결혼했다.) 김나지움 교장으로서 헤겔은 고전 연구를 장려했다. 하지만 이로써 학생들의 모국어 연구가 손상된 것은 아니라고 한다. 그는 또 철학의 초보를 학생들에게 가르쳤다. 그러나 이것은 학교의 교과 과정에 철학을 도입한다는 방침에 개인적인 열의를 품었기 때문이 아니라 그의 비호자인 니트하머의 요망에 따른 것이었다고 생각된다. 그러나 학생들의 거의 모두가 헤겔이 말하는 의미를 이해하는데 아주 어려움을 겪었을 것이라고 상상하는 것은 어렵지 않다. 그런데 또한 이런 것과 동시에 이 철학자는 자기 자신의 연구와 성찰도 계속하고 있었으며, 그가 자신의 주저들 가운데 하나인 《논리학》(*Wissenschaft der Logik,*

1812~16)을 낸 것도 바로 이 뉘른베르크에 있을 동안이었다.

《논리학》의 마지막을 이루는 제2권이 나온 해에 헤겔은 철학 강좌를 맡도록 에를랑겐과 하이델베르크와 베를린의 세 대학으로부터 초청을 받았다. 그는 하이델베르크대학의 초청을 받아들였다. 학생들 전반에 대한 그의 영향이 아주 컸다고는 생각되지 않지만, 그러나 철학자로서의 그의 명성은 꾸준히 높아갔다. 더욱이 1817년에 《철학적 학문들의 엔치클로패디 강요》(*Enzyklopädie der philosophischen Wissenschaften im Grundriss*)가 출판됨으로써 그의 명성은 더욱 높아졌다. 《엔치클로패디》에서 그는 자신의 체계를 논리학과 자연철학과 정신철학이라는 세 주요 부문으로 나누고 이에 따라 자신의 체계의 개관을 주었다. 그런데 또한 헤겔이 처음으로 미학을 강의한 것도 하이델베르크에서였음을 주의해 두는 것도 좋을 것이다.

1818년 헤겔은 베를린대학으로부터 재차 초청을 받고 이것을 수락했다. 그리고 1831년 11월 14일에 콜레라로 죽을 때까지 베를린대학에서 철학 강좌를 차지했다. 이 동안에 그는 베를린의 철학계뿐 아니라 독일의 전체 철학계에서도 대항할 자가 없는 자리를 차지했다. 그는 어느 정도까지 일종의 어용 철학자로 간주되었다. 그러나 교사로서 그가 영향을 끼친 것은 결코 정부와 연줄이 있어서가 아니었다. 또 그의 걸출한 웅변 때문도 아니다. 강연자로서는 그는 셸링보다 못했다. 그가 영향을 끼친 것은 오히려 그가 누구의 눈에도 명백하게 그리고 타협을 물리치고 순수하게 사상에 몸을 바치고, 그 경우 더욱이 놀랄 만한 능력으로써 그 변증법의 시계 안에 광대한 분야를 포함하고 있었기 때문이었다. 그리고 그의 제자들은 그의 수업은 인간의 역사, 곧 인간의 정치적 삶이나 여러 정신적 업적의 역사까지 포함한 실재 속에 있는 본성과 과정을 자기들의 오성에 계시해 주고 있는 것이라고 느꼈던 것이다.

　베를린대학에서 철학 강좌를 차지하고 있던 기간 중 헤겔이 공간한 것은 비교적 적었다. 《법철학 강요》(*Grundlinien der Philosophie des Rechts*)가 1821년에 나왔고 《엔치클로패디》의 신판이 1827년과 1830년에 출판되었다. 죽음 직전에 그는 《정신현상학》을 고쳐 쓰고 있었다. 그러나 물론 그는 이 기간 동안에 줄곧 강의했다. 그리하여 그의 강의의 텍스트가, 다만 그 일부는 학생들의 노트가 덧붙여지고 그것에 바탕을 둔 것이지만, 사후에 출판되었다. 영어로 번역된 판에서는 미학 강의가 4권, 종교철학과 철학사 강의가 각각 3권, 역사철학 강의가 한 권으로 되어 있다.

　횔더린의 견해로는 헤겔은 냉정한 산문적인 지성을 가진 인간이었다. 적어도 통상 생활에서 그는 결코 재기가 넘쳐흐르는 천재의 인상을 주지 않았다. 근면하고 규율 바르고 성실하며 사교적인, 어떤 면으로는 정직한 부르주아의 대학교수이고 선량한 관리의 훌륭한 아들이었다. 그러나 그것은 동시에 그는 우주와 인간의 역사의 움직임과 그 의의에 대한 깊은 통찰에서 영감을 받은 것이며 그것을 표현하는 데 자신의 생애를 바쳤던 것이다. 그러나 이 말은 그가 흔히 환상에 잠기는 자라고 일컬어지는 몽상가였다는 것은 아니다. 신비적 직관에 호소한다거나 감정에 호소한다는 것 따위는 어쨌든 철학에 관한 한 헤겔이 아주 싫어하는 것이었다. 그는 형식과 내용이 통일되어 하나인 것을 굳게 믿는 자였다. 그의 확신으로는 철학으로서는 내용, 곧 진리는 철학이 체계적인 개념적 형식을 취할 때에만 현존한다. 현실적인 것은 이성적인 것이며 이성적인 것은 현실적인 것이다. 그러므로 현실은 그것을 이성적으로 재구축할 때에만 파악할 수 있다. 신비적 통찰에 호소함으로써 말하자면 지름길을 택하는 철학자들이라든가 또는 체계적인 이해보다 교화를 지향하고 있는 것으로 그에게 보이는 철학자들에 대해서는 그는 그

가치를 거의 인정하지 않았다. 하지만 그렇다고 해도 철학사에서 만날 수 있는 세계의 상(像) 중에서도 그가 가장 장대하고 감명 깊은 상의 하나를 인류에게 선사한 것은 여전히 사실이다. 그래서 이런 의미에서 그는 한 사람의 위대한 몽상가였던 것이다.

2. 초기의 신학적 논문

앞에서 우리는 헤겔이 아직 고등학교에 있었을 때 그리스 정신에 매료되었음을 보았다. 그래서 대학에서는 이처럼 매료된 것이 그의 그리스도교에 대한 태도에 두드러진 영향을 끼쳤다. 그가 튀빙겐의 교수들로부터 들은 신학은 그 대부분이 계몽사상에 맞춰서 수정된 그리스도교였다. 곧 다시 말하자면 성서에서 볼 수 있는 초자연주의를 얼마큼 섞은 또는 다소 그 색깔을 가진 합리주의적 유신론이었다. 그러나 헤겔은 이것을 오성의 종교라고 말하고 있으며, 그에게 이 오성의 종교는 무미건조하고 불모이며, 그뿐 아니라 자신의 세대의 정신과 요구에서 떠나 있다고 생각했다. 그래서 그는 이 오성의 종교를 이것에 호의적이지 않는 형태로 그리스 종교와 대비했다. 그리스 종교는 그리스의 민족정신에 뿌리박았고 그리스의 민족문화의 없어서는 안 되는 일부를 이루는 것이었다. 그의 생각으로는 그리스도교는 책에 의한 종교이고 바로 그 책, 곧 성서는 이민족의 산물로 게르만 정신과는 조화되지 않는다. 헤겔은 물론 그리스 종교가 그리스도교를 문자 그대로 대신할 수 있다고 말하려 했던 것은 아니다. 그가 말하려고 했던 요점은 그리스 종교는 **민족종교**(*Volksreligion*), 곧 민족의 정신과 천성에 밀접하게 관련되어 있어서 이 민족의 문화의 한 요소를 이루고 있는 종교였음에 대

하여 그리스도교는, 적어도 그의 교수들이 그에게 제시한 그리스도교
는, 무언가 밖으로부터 강요된 성질의 것이라는 점이었다. 더욱이 이
점에 더하여 그의 생각으로는 그리스도교는 인간의 행복과 자유에 대
해 적의를 품고 있으며 아름다움에 대해서는 무관심 했다.

　헤겔은 처음에 이같이 그리스적 천재성과 문화에 대한 열광을 나타
내고 있다. 그러나 이것은 곧바로 그가 칸트를 연구함으로써 변해 갔
다. 그리스 정신에 대한 찬양을 그치는 것은 아니나 그리스 정신에는
도덕적인 깊이가 없다고 그는 여기게 되었다. 그의 생각으로는 이 도덕
적으로 깊이 진지하다고 하는 요소는 칸트에 의하여 주어진 것이며 그
리하여 이와 동시에 칸트는 교의나 성서를 숭배한다고 하는 무거운 짐
에서 풀어 주는 윤리적인 종교를 주장했다. 그런데 분명 헤겔이 말하고
자 한 것은 도덕적인 깊이가 나타나는 것을 인류는 칸트의 시대까지 기
다리지 않으면 안 되었다고 하는 것은 아니다. 반대로, 칸트가 도덕성
을 강조했지만 그런 것은 그리스도교를 일으킨 자에게 있었던 것이라
고 그는 생각했던 것이다. 그래서 베른에서 가정교사를 하고 있을 때
쓴 《예수의 생애》(Das Leben Jesu, 1795)에서 그는 그리스도를 주로 도
덕에 대한 교사로, 그것도 칸트의 윤리학을 주장하고 있다고 할 수 있
는 자로 그렸던 것이다. 물론 그리스도는 어디까지나 자기에게는 개인
적인 사명이 있다고 말했다. 하지만 헤겔에 따르면 그가 그렇게 말하지
않을 수 없었던 것은 순전히 유대인들이 종교적인 그리고 도덕적인 통
찰을 모두 계시에 의한 것이라고, 곧 신적인 원천에서 얻은 것이라고
언제나 생각하고 있었기 때문이다. 그래서 그리스도에게 귀를 기울이
는 유대인들을 설득하기 위해 그는 결국 자기 자신을 신의 사절이나 사
신이라고 주장하지 않을 수 없었다. 그러나 자기 자신을 신과 인간 사
이의 유일한 중보자로 삼는 것도, 또는 계시된 교의를 강제하는 것도

사실은 그의 의도한 바가 아니었다.

　그렇다면, 그리스도교가 교회와 교의에 의한 권위주의적인 체계로 변질되어 간 것은 어떻게 해서인가?《그리스도교의 기존성》(*Die Positivität der christlichen Religion*)에서 헤겔은 이 물음을 고찰했다. 이것은 처음 1·2부가 1795년에서 96년에 걸쳐 쓰였고 제3부는 조금 늦게 1798년에서 99년에 걸쳐 쓰였다. 예상대로 그리스도교의 변질은 주로 사도들과 그 밖의 제자들에 의한 것으로 되어 있다. 더욱이 이 변질의 결과, 인간이 그의 참자기로부터 소외된 것으로 쓰여 있다. 교의가 강요됨으로써 사유의 자유가 상실되고, 도덕법칙이 밖으로부터 강요된 것으로 생각됨으로써 도덕적 자유는 사멸했다. 그뿐 아니라 인간은 신으로부터도 소외된 것으로 여겨졌다. 인간은 오직 신앙으로, 단 가톨릭에서는 적어도 교회의 성사(聖事)를 통해 화해할 수 있었다.

　그러나 프랑크푸르트 시대 동안에 그리스도교에 대한 헤겔의 태도는 다소 변화했고 그것이《그리스도교의 정신과 그 운명》(*Der Geist des Christentums und sein Schicksal*, 1800)에 나타나 있다. 이 시론에서는 적법하게 도덕적이려고 하는 유대교가 원흉이 된다. 유대인에게는 신이 주인이며 인간은 그 주인의 의지를 수행하지 않으면 안 되는 노예였다. 그리스도에게는 그러나 신은 사랑이며 인간 속에 살아 있다. 그러므로 신으로부터의 소외는 인간끼리의 소외와 마찬가지로 사랑에서 하나가 되는 삶에 의하여 극복된다. 칸트로 말하자면, 법칙과 의무를 끝까지 고집하고 격정이나 충동을 극복하는 것을 강조하지만, 이제 헤겔에게는 이런 것은 도덕성이라는 불충분한 생각을 보여 주며, 유대인의 견해의 특징이었던 주인-노예 관계 같은 요소를 생각나게 한다. 그러나 그리스도는 유대인의 율법주의도 칸트의 도덕주의도 함께 넘어서고 있다. 그리스도는 물론 도덕적인 갈등을 인정한다. 그러나 그가 이상으로 삼는 것은 도덕성이 법칙에 따른다는 문제가 아니라 무한한 신의 삶에 그 자신 동참하고 있는 삶에 의한 자발적인 표현이 된다는 것이다. 그리스도는 도덕성을 그 내용에 관해서는 파기하고 있지 않지만, 법칙에 따르는 대신 사랑을 동기로 함으로써 도덕성으로부터 그 율법주의의 형식을 앗아 버리는 것이다.

헤겔의 주의는 이미 소외라고 하는 테마와 잃어버린 통일을 회복하는 일을 향하고 있음이 주목된다. 그는 그리스도교에는 불리한 형태로 이것을 그리스 종교와 대비하고 있었는데, 이때 그는 이미 신적 실재를 떠난 순전한 초월적 존재라고 하는 견해에는 만족하지 않고 있었다. 「엘레우시스」(Eleusis)라는 제목의 시를 그는 베른에 체류하고 있던 시대의 끝에 썼으며, 이 시를 횔더린에게 바쳤는데, 이 시에서 그는 무한한 전체성에 대한 자기의 감정을 표현하고 있다. 더욱이 프랑크푸르트 시대에 그는 인간과 신 사이에 있는 균열을 사랑에 의한 삶으로 넘어갈 것을 그리스도가 설교했던 것이라고 말하고 있다. 절대자는 무한한 삶이며 사랑이란 이 무한한 삶이 통일되어 하나라고 하는 의식이다. 곧 무한한 삶 그 자체와 통일되고 이 무한한 삶을 통해 다른 사람과 통일되어 하나라고 하는 의식인 것이다.

아직 프랑크푸르트에 있었던 1800년에 헤겔은 어떤 수기를 썼는데, 헤르만 놀은 이것에 《체계 단편》(*Systemfragment*)이라는 표제를 주었다. 그것은 헤겔이 셸링에게 보낸 한 통의 편지 속에 암시된 내용을 근거로 해서 놀과 딜타이는 남겨진 이 수기가 어떤 완성된 체계를 스케치한 것이라고 생각했기 때문이었다. 그러나 이것은 적어도, 만약 '체계'라는 말을 헤겔의 발전된 철학의 용어로 이해한다면, 좀 불충분한 증거에 의해 내려진 결론같이 생각된다. 그러나 또한 그와 동시에 이 수기는 상당히 흥미로운 것이며 얼마의 언급을 할 가치가 있다.

헤겔이 이 수기에서 다루고 있는 것은 여러 대립 또는 대립항을, 특히 유한자와 무한자 사이의 대립을 어떻게 넘어서느냐고 하는 문제이다. 만약 우리가 관찰자의 입장에 몸을 둔다면, 삶의 운동은 우리에게 유한한 개체의 무한한 유기적 다양성으로, 곧 자연으로 나타난다. 그런데 확실히 자연은 반성이나 오성에 대해 정립되어 있는 삶이라고 할 수 있다. 그러나 자연이라는 유기적 조직을 이루고 있는 낱낱의 것은 무상한 것이며 사라져 가는 것이다. 따라서 그 자신 삶의 한 형태인 사유는 사물들의 통일을 무한한 창조적 삶이며 유한한 개체에 속해 있는 죽을 수밖에 없는 운명으로부터 자유롭다고 생각한다. 그리고 이 창조적인 삶이, 더욱이 이것은 한갓된 개념적 추상으로서가 아니라 자신 속에 다양한 것을 지니고 있다고 이해되는 것이지만, 이것이 신이라고 불리는 것이다. 이것은 또한 정신(Geist)이라고도 규정되지 않으면 안 된다. 왜냐하면 이것은 모든 유한한 것을 밖으로부터 이어 주는 고리도 아니고, 삶에 대한 전혀 추상적인 개념, 추상적 보편도 아니기 때문이다. 무한한 삶은 모든 유한한 것을 말하자면 안으로부터 통일하지만, 그것들을 폐기하고 있는 것은 아니다. 무한한 삶은 다양한 것의 산 통일인 것이다.

그래서 헤겔은 하나의 용어, 곧 정신이라는 용어를 도입하는 것이고 이 용어가 그의 발전된 철학에서는 매우 중요하다. 하지만 다음과 같은 물음이 생긴다. 곧, 개념적 사유에 의하여 무한자와 유한자의 두 항이 그 어느 쪽으로도 해소되어 있지 않고 그러면서도 동시에 두 항이 참으로 통일되어 있다는 식으로 이 둘을 합칠 수 있을까? 그리하여 이른바 《체계 단편》에서 헤겔은 그런 것은 불가능하다고 주장한다. 다시 말하자면, 개념적 사유는 유한과 무한 사이의 균열을 부정할 때는 구별을 없애고 양자를 합체시키려는 경향, 곧 한쪽을 다른 한쪽으로 환원시키려고 하는 경향에서 벗어나지 못하고, 또 양자의 통일을 긍정한다면 양자의 구별을 부정하려는 경향을 벗어날 수 없다. 그리하여 통일이 구별을 배제하지 않는다는 형태의 종합이 필요한 것을 알게 된다. 그러나 그런 총합을 실제로 사유할 수는 없다. 다수자를 해소하지 않고 유일자의 내부에서 다수자를 합일하는 것은 이 합일화를 삶으로써만, 곧 유한한 삶으로부터 무한한 삶에로 인간이 자기를 높이는 것으로써만 달성할 수 있다. 그리고 이것이 이루어지는 산 과정이 곧 종교이다.

이 결과 철학은 종교 앞에서 멈춰 서며 이런 의미에서 철학은 종교의 아래 자리에 서는 것이 된다. 만약 유한과 무한의 대립을 넘어설 수 있다고 치고 그러기 위해 무엇이 요구되는지를 철학은 우리에게 일러주기는 한다. 그러나 철학 자체는 이 요구를 채울 수 없다. 그러기 위해서는 우리는 종교에, 곧 그리스도교로 향하지 않으면 안 된다. 유대인들은 신을 유한자를 넘어서 그 바깥에 있는 하나의 존재자로 대상화했다. 이것은 무한자에 대한 악한 생각, 곧 '악' 무한이다. 그러나 그리스도는 무한한 삶을 자기 자신의 내부에 자신의 사유와 행위의 원천으로 발견한 것이다. 그리고 이것이 무한자에 대한 올바른 생각이다. 곧 무한자는 유한자 안에 내재해 있으며, 더욱이 자기 자신 안에 유한자를 품고 있다. 그러나 이러한 종합은 그리스도가 그것을 산 것처럼 삶으로써만 가능하다. 곧 이것이 사랑에 의한 삶이다. 유한과 무한과의 매개 구실을 하는 것은 사랑이며 반성이 아니다. 물론, 헤겔이 후일의 자기의 변증법적 방법을 예시해 보이는 구절이 있기는 하다. 그러나 그는 또한 동시에 완성된 종합은 반성을 넘어서 있다고 분명하게 말하고 있다.

그러나 만약 철학은 자기가 정립하는 뭇 대상들을 넘어설 것을 요구한다는 것이 전제된다면 오직 예상할 수 있듯이 철학이 스스로 이 요구를 채우려고 할 것이다. 하지만 그렇게 되면 설사 사랑에 의한 삶, 곧 종교적인 삶이 이 요구를 채운다고 할지라도 철학은 종교가 무슨 일을 하고 어떻게 그 일을 하는지를 이해하려고 할 것이다. 그러므로 헤겔이 이제까지는 불가능하다고 스스로 말해 온 것을 머지않아 반성에 의하여 이루려 한다고 해도 놀랄 것은 없다. 그래서 그가 이 과제를 이루기 위해 필요로 하는 것은 하나의 새로운 형태의 논리학, 곧 삶의 운동을 뒤쫓을 수 있으며 대립하는 개념을 매개할 수 없는 대립으로 남겨 두지 않는 그런 논리학이다. 이러한 새 논리학을 채용하는 것은 신학자 헤겔에서 철학자 헤겔로 변모하는 것을 의미한다. 또는 더 적절하게 말하자면 종교가 최고이고 철학은 종교 앞에 멈춰 선다는 견해로부터 사변철학이 최고의 진리라고 하는 견해로 전회하는 것을 의미한다. 그러나 여전히 같은 것, 곧 무한자에 대한 유한자의 관계가 문제이다. 그렇기 때문에 무한자가 정신으로서 생각되는 것이다.

3. 피히테와 셸링에 대한 헤겔의 관계

예나에 온 지 약 6개월 후에 헤겔은《피히테와 셸링의 철학체계의 차이》(1801)라는 책을 출판했다. 이 책의 직접적인 목적은 이중의 것이었다. 우선 첫째로 양자의 철학체계는 정말은 다른 것이며 어떤 사람들이 생각하고 있는 것처럼 같은 것이 아님을 보여 주는 것, 둘째로 셸링의 체계는 피히테의 체계를 한 걸음 전진시킨 것임을 나타내려는 것이었다. 그러나 헤겔은 이러한 것을 논함으로써 당연히 철학의 본성과 목적에 대해 전반적인 성찰을 가하게 된다.

헤겔의 주장으로는 철학의 근본 목적은 모든 대립과 분열을 넘어가는 데 있다. "분열이야말로 철학이 요구되는 원천이다."[2] 경험의 세계에서 정신이 발견하는 것은 모든 상위, 대립, 명백한 모순이지만 정신은 이 부서진 조화를 극복하기 위해 합일된 전체를 구축하려고 한다고 헤겔은 말하고 있다. 과연 정신이 보는 바로는 분열이나 대립이 문화상의 여러 다른 시대에 여러 가지의 다른 형태로 나타난다. 그리하여 이것이 여러 가지 다른 체계에 독특한 특징을 설명하는 데 소용이 된다. 한 보기를 들면, 어떤 때는 정신은 혼과 몸의 분열과 대립이라는 문제를 다루지만 또 다른 때에는 같은 문제가 주관과 객관 사이의 관계, 지성과 자연과의 관계의 문제로 나타난다. 그러나 특히 이와 같은 방식으로, 또는 비록 어떤 방식으로 나타난다고 해도 이성(Vernunft)의 근본적인 관심은 똑같이 합일된 종합에 이르는 데 있다.

　이것은 요컨대 "절대자는 의식에 대하여 구축되지 않으면 안 된다. 그 일을 하는 것이 철학의 과제다"[3]라고 하는 것이다. 왜냐하면 종합은 결국 실재성을 전체로 품지 않으면 안 되기 때문이다. 더욱이 종합은 근본적인 대립인 유한자와 무한자 사이의 대립을 넘어서지 않으면 안 된다. 그러나 이 대립을 넘어서는 것은 유한자에 대해 그 실재성을 전적으로 부정해 버림으로써가 아니며, 또 무한자를 유한한 낱낱의 것의 다양성 자체로 환원해 버림으로써도 아니고 유한자를 무한자에, 말하자면 종합함으로써이다.

　그러나 곧 하나의 어려움이 생긴다. 절대자의 삶을 철학으로 구축할 수 있다고 하면 그 일을 하는 연장은 반성일 것이다. 그런데 반성은 그것을 그대로 놔두면 오성(Verstand)으로서 작용하고 그리하여 뭇 대립을 정립하고 나아가 항구화시키는 경향이 있다. 따라서 반성은 초월론

---

2. *W*, I, p. 44. 별다른 언급이 없는 한 헤겔의 저작으로부터의 인용은 H. Glockner에 의한 헤겔의 저작 기념판(I~XXVI, 슈투트가르트, 1928)의 권수와 쪽수에 따랐다.

3. *W*, I, p. 50.

적 직관과 결합되지 않으면 안 된다. 초월론적 직관은 관념적인 것과 실재적인 것의, 관념과 존재의, 주관과 객관의 상호침투를 발견한다. 이러한 초월론적 직관과 하나일 때 반성은 이성(Vernunft)의 단계까지 높여져 있는 것이고 거기서 우리는 "반성과 직관과의 동일성이라고 이해되지 않으면 안 되는">4 사변적 앎을 갖는다. 명백히 헤겔은 셸링의 생각의 영향 아래 이렇게 쓰고 있는 것이다.

그런데 칸트의 체계에서는 헤겔이 지적하고 있듯이 현상과 본체라든가 감성과 오성 따위라고 하는 화해할 수 없는 이원론이나 대립에 되풀이해 직면한다. 따라서 헤겔은 이런 사태를 바로 잡으려는 피히테의 시도에 대단한 공감을 보이고 있다. 한 보기를 들자면 헤겔은 피히테가 알 수 없는 물자체를 제거하는 데 완전히 동의하고, 피히테의 체계는 진짜 철학적 사색을 하는 데 하나의 중요한 시도라고 보고 있다. "철학의 절대적 원리, 곧 철학의 유일한 실재적 기반이며 견고한 입장은 셸링의 철학에서와 마찬가지로 피히테의 철학에서도 지적 직관이며, 반성의 말투로 하자면, 주관과 객관과의 동일성이다. 학에서는 이 지적 직관이 반성의 대상이 되는 것이고 그렇기 때문에 철학적 반성은 그 자체가 초월론적 직관이다. 곧, 자기 자신을 자기 자신의 객관이 되게 하고 자기의 객관과 하나인 것이다. 그러므로 철학적 반성은 사변이다. 따라서 피히테의 철학은 참된 사변의 산물이다.">5

사변철학이 전제로 하는 것은 궁극적 통일이라고 하는 것이며 동일성의 원리로부터 출발하는 것임을 피히테는 알고는 있다. 하지만 그렇다고 해서 "동일성의 원리가 그 체계의 원리라고 하는 것은 아니다. 체계 구축이 시작되자마자 동일성은 사라지고 만다.">6 의식의 이론적 연

---

4. *W*, I, p. 69. 5. *W*, I, pp. 143~4. 6. *W*, I, p. 122.

역에서 연역되는 것은 한갓 객관적 세계의 관념이고 세계 자체는 아니다. 우리는 한갓된 주관성에 머물러 있다. 실천적 연역일 때는 확실히 우리에게 실재적 세계가 주어져 있지만, 자연은 자아에 대립되는 것으로 정립되어 있을 뿐이다. 달리 말하자면, 우리는 해결되지 않는 이원론에 빠져 있는 것이다.

하지만 셸링에 대해서는 사정이 전혀 다르다. 왜냐하면 "동일성의 원리는 셸링의 체계 **전체**의 절대적 원리이기 때문이다. 철학과 체계가 부합되어 있다. 동일성이 어느 부분에서도 상실되어 있지 않으며 하물며 결론에서도 상실되어 있지 않다."[7] 곧 달리 말하자면, 셸링은 주관성과 객관성과의 동일성인 절대자라는 생각에서 출발하는 것이며 이 생각이 끝까지 체계의 모든 부분을 이끌어 간다는 생각인 것이다. 자연철학에서 셸링이 보여 주고 있는 것은, 자연은 관념적인 것에 전적으로 대립해 있다는 것이 아니고, 자연은 실재적이라 해도 또한 철저히 관념적이기도 하다는 것이다. 곧, 자연은 눈에 보이는 정신이다. 초월론적 관념론의 체계에서 그가 보여 주고 있는 것은 어떻게 주관성이 자기 자신을 객관화하는가, 곧 어떻게 관념적인 것이 또한 실재적인 것이기도 하느냐고 하는 것이다. 그렇기 때문에 동일성의 원리가 체계 전체에 걸쳐 도처에서 주장되고 있다.

피히테와 셸링의 체계에 관한 헤겔의 저서 중에는 확실히 헤겔이 셸링으로부터 떠나는 몇 가지 징후가 보인다. 이를테면 헤겔에게 지적 직관이란 암흑이며 뚫고 나갈 수 없는 심연, 곧 모든 차이의 소실점의 신비적인 직관이 아니라 오히려 일체를 품고 있는 하나인 절대자의 삶 속에서의 뭇 대립항(antitheses)에 대한 이성의 통찰이라는 것이 명백하

---

7. *Ibid.*

다. 그러나 이 책에서는 피히테의 체계보다 셸링의 체계 쪽이 뛰어남을
예증하려는 것이 의도되고 있다. 그런 한, 헤겔은 당연하지만 셸링의
사상으로부터 자기가 떠나는 점을 분명히 밝히려고 하고 있지 않다. 하
지만 그 자신의 입장이 독립해 있다는 것은 예나 시대의 강의 중에 명
확히 나타나 있다.

예나 시대의 강의에서 헤겔이 논하고 있는 것은, 이를테면 만약 유
한과 무한이 대립된 개념으로서 서로 마주 대하고 있다면 한쪽에서 다
른 쪽으로 통하는 어떤 길도 없다고 하는 것이다. 만약 그렇다면 종합
은 불가능하다. 그러나 실제로는 우리는 무한자를 생각하지 않고서는
유한자를 생각할 수가 없다. 곧, 유한자라는 개념은 자기 충족적이고
고립된 개념이 아니다. 유한자는 자기 자신이 아닌 것에 의하여 한정되
어 있다. 헤겔식으로 말하자면, 유한자는 부정의 작용을 받고 있다. 그
러나 유한자는 단순한 부정은 아니다. 그러므로 우리는 이 부정을 부정
하는 것이라야 한다. 그리고 그렇게 할 때 우리는, 유한자는 유한 이상
의 것임을 긍정한다. 곧 다시 말하자면, 유한자는 무한자의 삶 속에서
의 하나의 계기인 것이다. 더욱이 이와 같은 결과, 철학의 과제인 절대
자의 삶을 구축한다는 것의 의미는 다음과 같은 것이 된다. 곧, 절대자
의 삶을 유한자에서 그리고 그것을 통해서 구축하는 것이며, 더욱이 그
때에 인간 정신에서 그리고 그것을 통해서 절대자가 자기의식으로서
어떻게 필연적으로 자기 자신을 표현하는가를 보여 주는 것이 된다. 왜
냐하면 인간의 정신은 유한하다고 해도 동시에 유한 이상의 것이고, 그
리하여 절대자의 자기 자신에 대한 앎의, 말하자면 전달자의 입장에 도
달할 수가 있기 때문이다.

이것은 물론 어느 정도까지는 셸링의 철학과 일치한다. 그러나 양자
에게는 하나의 주요한 다름이 있다. 셸링에게는 절대자 자신은 개념적

사유를 넘어 있는 것이며, 그리하여 우리가 절대적 동일성에 다가가는 것은 부정의 길을 통해서, 곧 사유의 끝 유한자의 뭇 속성이나 구별로부터 떠남으로써가 아니면 안 된다.>8 하지만 헤겔에게 절대자는 그것에 대해서는 더 이상 말할 것이 없는 동일성이 아니다. 곧 절대자는, 유한자에게서 그리고 그것을 통해서 자기를 표현 또는 나타내는 전체적인 과정이다. 그러므로 《정신현상학》의 머리말에서 절대자에 대한 셸링의 견해를 신랄하게 물리치고 있음을 보는 것은 놀라운 일이 아니다. 사실 거기서는 셸링의 이름이 언급되지는 않았다. 그러나 그가 말하고 있는 것은 아주 분명했다. 셸링 자신에게는 그것이 분명했던 것이며 그는 깊은 상처를 입었다고 느꼈다. 헤겔이 말한 것은 절대자를 구성한다고 하는 단조로운 형식주의나 추상적 보편성에 대해서였다. 특히 강조한 것은 겨우 형식만 동일성인 보편자였다. "그래서 구별된 것이나 한정된 것을 해소하는 것이, 또는 차라리 그러한 것들을 더 수고하거나 정당화하지 말고 텅 빈 심연에 던져 버리는 것이 사변적 관조와 동일시되고 있음을 우리는 본다."⟩9 어떤 것이 절대자 안에 있다고 생각하는 것은 그것이 차이가 없는 자기 동일적인 통일 속에서 해소되어 있다고 생각하는 것이라고 이해되고 있다. 하지만 "이러한 한 조각의 앎을 가지고, 곧 절대자 안에서는 모든 것이 하나라고 하는 앎을 가지고 한정을 갖는 완성된 앎에, 또는 적어도 완성을 추구하는 앎에 대항시킨다는 것은, 또 다른 말로 하자면, **절대자**는 흔히 말해지는 것 같은 모든 소가 검게 되는 어두운 밤이라고 떠벌리는 것은 단순하고 소박하기 그지없

8.　말할 것도 없이 여기서 언급하고 있는 것은 19세기의 처음 몇 년 동안의 셸링의 철학적 사상이다.

9.　*W*, II, p. 21; *B*, p. 79. 여기에서처럼 《정신현상학》에서 인용할 때의 *B*는 J. B. Baillie에 의한 이 책의 영역을 나타낸다. 그러나 반드시 그의 번역을 따르지는 않았다. 전거로 한 영역으로부터 다른 곳에서 이렇게 인용할 때도 마찬가지다. 그러나 독자의 편의를 위해 각각의 영역본과 해당되는 곳을 들었다.

는 공허한 앎이다."＞10 우리가 절대자에 대한 앎을 갖게 되는 것은 신비
적인 어두운 밤에 자기 몸을 던짐으로써가 아니다. 한정적인 내용을 이
해함으로써만, 곧, 절대자가 자연과 정신에서 자기 발전을 해 나가는
삶을 이해함으로써만 우리는 절대자에 대한 앎을 갖게 되는 것이다. 과
연 셸링은 자기의 자연철학과 초월론적 관념론의 체계에서 뭇 한정적
인 내용에 대한 고찰을 하고 그러한 내용에 관해 관념적인 것과 실재적
인 것의 동일성을 체계적으로 논증하려고 했다. 그러나 그는 절대자 자
신을 적어도 개념적 사유에게는 공허한 동일성이며 또한 모든 차이의
소실점이라고 이해했다. 이에 대해 헤겔에게는 절대자는 말하자면 자
기의 뭇 한정적인 나타냄을 넘어선 곳이나 배후에 현존하고 있는 알 수
없는 존재가 아니다. 곧, 절대자는 바로 자기의 나타냄인 것**이다.**

4 . 절 대 자 의 삶 과 철 학 의 본 성

이것은 헤겔을 이해하는 데 대단히 중요하다. 철학의 주제는 과연
절대자다. 그러나 절대자는 총체성, 전체로서의 실재성, 우주다. "철학
은 참된 것에 관계하며 참된 것은 전체다."＞11 더욱이 이 총체성 또는
전체는 무한한 삶, 자기 발전의 하나의 과정이다. 절대자는 "자기 자신
이 되는 과정이며, 자기의 종말을 자기의 목적으로서 전제하고 자기의
종말을 자기의 시작으로서 가지는 원환이다. 그것이 구체적 또는 현실
적으로 되는 것은 오로지 자기 발전에 의해서이며 또한 자기의 종말을
통해서이다."＞12 달리 말하자면, 실재성은 목적론적 과정이다. 이념의

---

10. *W*, II, p. 22; *B*, p. 79.   11. *W*, II, p. 24; *B*, p. 81.

끝이 과정 전체를 전제하고 과정 전체에 대하여 그의 의의를 준다. 그 뿐 아니라 더 나아가 절대자는 "본질적으로 결과다">13라고 말할 수 있다. 왜냐하면 과정 전체가 어떤 본질의 자기전개, 곧 어떤 영원의 이념의 현실화로 간주된다면, 바로 그 과정의 끝이야말로 절대자가 실재적으로 무엇인지를 드러내 보인다고 볼 수 있기 때문이다. 과연 과정 전체가 절대자이긴하다. 그러나 목적론적 과정에서는 바로 **목적**, 곧 종말이야말로 그 과정의 본성, 그 과정의 의미를 보여 주기 때문이다. 그리고 철학은 이 목적론적 과정을 체계적으로 이해한다고 하는 형태를 취하는 것이지 않으면 안 된다. "진리가 현존하는 참된 형태는 진리의 학적 체계 말고는 있을 수 없다.">14

그런데 절대자가 실재성의 전체, 곧 우주라고 한다면, 절대자는 무한한 실체라고 언명하는 스피노자주의의 입장에 서는 것처럼 보일지도 모른다. 그러나 헤겔에게는 절대자에 대하여 이와 같이 말하는 것은 전혀 타당하지 않다. "내 견해로는―체계 그 자체의 제시를 통해서만 될 수 있는 것이지만,―모든 것은 참된 **실체**(*Substanz*)로서뿐만 아니라 또한 마찬가지로 **주체**(*Subjekt*)로서 파악하는 데 달려 있다.">15 그러나 절대자가 주체라면 그 객체는 무엇인가? 이에 대한 유일한 답은 그의 객체는 절대자 자신이라고 하는 것이다. 이 경우, 절대자는 자기 자신을 사유하는 사유, 곧 자기사유적 사유이다. 이것은 또한 절대자는 정신이며 무한히 자기를 조명하는 주체, 곧 무한한 자기의식적 주체라고 말하는 것이기도 하다. 절대자는 정신이라고 하는 언명이 헤겔로서는 절대자에 대한 최고의 규정이다.

---

12. *W*, II, p. 23; *B*, p. 81.   13. *W*, II, p. 24; *B*, p. 81.
14. *W*, II, p. 14; *B*, p. 70.   15. *W*, II, p. 22; *B*, p. 80.

절대자는 자기사유적 사유라고 말함으로써 헤겔은 명백히 아리스토
텔레스의 신에 대한 규정을 복창하고 있다. 그리고 그것은 물론, 그가
충분히 자각하고 있었던 것이었다. 그러나 만약 헤겔이 초월신을 생각
하고 있다고 여긴다면 그것은 큰 잘못일 것이다. 앞에서 보았듯이 절대
자는 총체성이며 실재성의 전체이다. 더욱이 이 총체성은 하나의 과정
이다. 달리 말하자면, 절대자는 자기반성의 하나의 과정이다. 곧 실재
성은 자기 자신에 대한 앎을 갖게 된다. 더구나 실재성이 그렇게 되는
것은 인간 정신에서 그리고 그것을 통해서인 것이다. 자연은 인간적 의
식 일반을 위해 필요한 전제 조건이다. 곧 자연은 주관적인 것의 영역
이 현존하는 데 없어서는 안 되는 객관적인 것의 영역을 준비한다. 그
러나 자연도 인간적 의식도 함께 절대자의 삶 속에서의 계기이다. 자연
에서 절대자는 객관성으로 말하자면 넘어간다. 곧, 자기 자신을 객관성
에서 표현한다. 다만 헤겔이 자연을 주관론자의 의미로 비실재적이라
고, 또는 전적으로 단지 관념에 지나지 않는다고 한 것은 의심의 여지
가 없다. 인간적 의식의 영역에서 절대자는 자기 자신으로 돌아간다.
곧 정신으로서의 자기 자신으로 돌아간다. 그래서 인간성에 대한 철학
적 반성이 절대자의 자기 앎이다. 다시 말하자면, 철학의 역사는 전체
로서의 실재성인 절대자가 자기 자신을 사유하게 되는 과정이다. 철학
적 이성은 우주의 역사 전체와 인간의 역사 전체를 절대자의 자기전개
로 보게 된다. 그래서 철학적 이성의 이러한 통찰이 절대자의 자기 자
신에 대한 앎인 것이다.

이것은 이렇게 말할 수도 있다. 곧, 신은 자기사유적 사유이며[16] 더
욱이 이 자기사유적 사유는 세계를 그 최종의 목적인(目的因)으로 끌어
가는 목적 또는 종말이라고 하는 점에서는 헤겔은 아리스토텔레스와
일치한다. 그러나 아리스토텔레스의 자기사유적 사유는 말하자면 이

미 구성되어 있는 자기의식이며 세계와는 독립해 있는데, 이에 대해 헤겔의 자기사유적 사유는 초월적 실재는 아니며 오히려 우주의 자기 자신에 대한 앎인 것이다. 실재성의 과정 전체가 자기사유적 사유가 현실화로 향하는 목적론적 운동이다. 그래서 이런 의미에서 자기 자신을 사유하는 사유는 우주의 목적 또는 종말이다. 그러나 그것은 과정 속에 내재해 있는 목적으로서의 종말이다. 우주 또는 총체성인 절대자는 물론 자기사유적 사유라고 규정할 수 있다. 그러나 이것은 자기 자신을 사유하게 되는 사유이다. 그리하여 이런 의미에서 헤겔이 말하는 것처럼 절대자는 본질적으로는 결과라고 말할 수가 있다.

따라서 또한 절대자는 자기사유적 사유라고 말함으로써 관념적인 것과 실재적인 것의 동일성이, 곧 주체성과 객관성의 동일성이 주장되고 있다. 그러나 이것은 차이에서의 동일성이라는 것이고 차이가 없는 공허한 동일성이라는 것은 아니다. 왜냐하면, 정신은 자연에서 자기 자신을 본다. 곧 정신은, 자연이 절대자의 객관적인 나타냄이며 이 나타냄이 정신 자신이 현존하기 위한 필요조건이라고 본다. 달리 말하자면 절대자는 자기 자신이 총체성이라고 하는 앎, 다시 말해 자기 자신이 되는 과정 전체라고 하는 앎을 갖지만, 그러나 그것은 또한 동시에 절대자는 자기 자신의 삶의 여러 단계에 구별을 본다. 절대자는 자기 자신에 대하여 차이에서의 동일성이라는, 곧 자기 자신 속에 구별이 가능한 여러 단계를 품는 통일이라고 하는 앎을 갖는 것이다.

우리가 이미 보았듯이 철학의 과제는 절대자의 삶을 구축하는 데 있다. 달리 말하자면, 철학은 우주론적 이성의 합리적인 역동적 구조, 곧

---

16. 헤겔은 자주 절대자를 '신'이라고도 말한다. 그러나 그가 종교적인 표현을 쓰고 있다고 해서 반드시 그가 절대자를 유신론적인 의미로 인격신으로 여기고 있는 것은 아니다. 이 문제에 대해서는 후에 논할 것이다.

그 목적론적 과정이나 운동을 자연과 인간 정신의 영역에서 체계적으로 보여 주는 것이지 않으면 안 된다. 더욱이 그의 이성은 절대자의 자기 자신에 대한 앎에서 정점을 이룬다. 물론 문제는 경험과학이나 역사학이 성취한 일을 철학이 다시 한 번 해 본다거나 또는 더 잘하려고 하는 데 있는 것이 아니다. 그들의 앎은 전제되어 있다. 좀 더 정확히 말하면 철학의 과제는 다른 모든 방법으로 알려지는 소재 가운데 내재해 있는 밑바탕의 목적론적 과정, 곧 그러한 소재에 그 형이상학적인 의의를 주는 과정을 명확하게 하는 것이다. 달리 말하자면 철학은 유한자에게서 그리고 그것을 통한 무한한 이성의 자기 현실화를 체계적으로 보여 주는 것이 아니면 안 된다.

그런데 현실성은 자기사유적 사유인 무한한 이성이 자기 자신을 현실화하는 필연적 과정이라고 하는 의미에서, 이성적인 것은 현실적이고, 현실적인 것은 이성적이라고 헤겔은 생각한다. 그러나 만약 그렇다고 하면, 자연과 인간 정신의 영역이란 영원한 이념 또는 영원한 본질이 자기 자신을 나타내는 터라고 할 수 있다. 다시 말하자면, 현실화되는 이념 또는 본질과 그것이 현실화되는 터를 구별할 수가 있다. 그러나 이때 우리는 자연과 사유에서 자기 자신을 나타내고 있는 영원한 이념, 곧 로고스라는 상을 갖는다. 로고스는 자기의 반정립인 자연에서 객관성, 질료적 세계로 말하자면 넘어간다. 정신(인간 정신의 영역)에서 로고스는 본질적으로는 이러한 것이라고 자기 자신을 나타낸다는 의미에서 자기 자신에게로 돌아간다. 이리하여 절대자의 삶은 세 주요 단계를 품는다. 곧, 논리학적 이념 또는 개념 또는 사념(思念)>17과 자연과 정신이다. 그리하여 철학의 체계도 세 주요 부분으로 나뉠 것이다. 곧 논리학과 자연철학과 정신철학이다. 논리학은 헤겔에게는 이것이 절대자 '자체'의 본성을 연구한다고 하는 의미에서 형이상학이다.

이 세 부분이 합쳐져서 절대자의 삶의 철학적 구조를 이루는 것이다.

그런데 우리가 자연과 정신에서 '자기 자신을 나타내고 있는' 영원한 이념에 대하여 말할 때, 이로써 우리는 명백히 **로고스**는 모든 물(物)과 독립해서 그 자신의 존재론적 층을 가지고 있다고 주장하는 것이 된다. 더구나 헤겔은 아주 자주 그렇지만, 종교적 용어를 쓰고 있으며, 논리학적 이념을 신 자체라고도 말하고 있다. 하지만 이런 때는 그가 **로고스**를 자연에서 외적으로 자기 자신을 나타내는 초월적 존재라고 간주하고 있다는 인상을 아무래도 주기 십상이다. 그러나 그가 이처럼 종교적 용어를 쓴다고 해서 그가 의미하는 바에 대해 지금 말한 결론이 반드시 정당화되는 것은 아니다. 이 논의의 여지가 있는 문제를 나는 여기서 논할 생각이 없다. 헤겔의 논리학의 맨 위의 범주를 이루는 자기 사유적 사유가 현존하고 있다, 곧, 유한자와 독립해서 현존하고 있다고 말해도 적절한지 어쩐지 하는 물음은 당분간 미결정으로 남겨 두겠다. 지금은 철학에는 세 개의 주요 부분이 있으며, 그 하나하나가 절대자와 관계한다는 것을 주의한 것으로 충분하다. 논리학은 '즉자적'(卽自的)인 절대자를 연구한다. 자연철학은 '대자적'(對自的)인 절대자를 연구한다. 정신철학은 '즉자적이면서 대자적'인 절대자를 연구한다. 이것들이 합쳐져서 절대자의 삶의 완성된 구조를 이루는 것이다.

철학은 물론 절대자의 삶을 개념의 형태로 보여 주는 것이지 않으면 안 된다. 철학이 그것을 표현할 수 있는 다른 형태는 없다. 더구나 절대자의 삶이 자기 현실화의 하나의 필연적인 과정이라면 이 필연성은 철학체계에서 반성되는 것이지 않으면 안 된다. 곧, 다시 말하자면, 개념

---

17. '이념'이란 말은 헤겔의 경우 몇 가지 다른 의미를 가지고 있다. 그것은 논리학적 이념을 말할 때가 있고 이 경우에는 다른 말로 개념(Concept) 또는 사념(Notion)이라고도 불린다. 그것은 또 이념의 현실화로서의 실재성의 과정 전체를 말할 때가 있다. 또 그것은 주로 그런 과정의 종극을 말할 때도 있다.

A로부터 개념 B가 생긴다는 것이 제시되지 않으면 안 된다. 더구나 절대자가 총체성이라면, 철학은 절대자가 알파이기도 하고 오메가이기도 하다는 사실을 보여 주는 자기 충족적인 체계이지 않으면 안 된다. 참으로 타당한 철학은 진리의 총체적 체계, 진리 전체, 절대자의 삶의 완전한 개념적 반성일 것이다. 요컨대 그것은 인간의 정신에서 그리고 그것을 통한 절대자의 자기 자신에 대한 앎일 것이다. 그것은 총체성의 자기 매개일 것이다. 그러므로 헤겔의 원리에 선다면, 절대적 철학을 절대자와 비교한다고 하는 문제는 없을 것이다. 곧, 절대적 철학은 말하자면 절대자의 순전한 외면적인 설명이고 따라서 철학이 자기의 서술하는 실재성에 적합한지 어떤지를 보기 위해 우리는 이 양자를 비교하지 않으면 안 된다고 하는 비교의 문제는 없을 것이다. 왜냐하면 절대적 철학은 실로 절대자의 자기 자신에 대한 앎일 것이기 때문이다.

그렇지만 우리가 철학은 절대자의 삶을 개념의 형태로 보여 주지 않으면 안 된다고 할 때, 곧 바로 하나의 문제가 생긴다. 앞에서 말했듯이 절대자는 차이에서의 동일성이다. 이를테면, 절대자는 유일자와 다수자인 무한자와 유한자와의 동일성이다. 그러나 유일자와 다수자로서의 무한과 유한의 개념은 서로 배타적인 것 같아 보인다. 따라서 만약 철학이 명확하게 규정된 개념을 써서 수행된다면, 어떻게 철학이 절대자의 삶을 구축할 수 있겠는가? 또 만약 철학이, 모호한 무규정적인 개념을 써서 수행된다면, 어떻게 철학이 무엇인가를 이해하는 데 적합한 연장이 될 수 있는가? 셸링처럼 절대자는 개념적 사유를 넘어서 있다고 말하는 편이 낫지 않을까?

헤겔의 견해로는 이 문제는 확실히 오성(*Verstand*)의 단계에서는 생긴다. 왜냐하면 오성은 고정된 정지적인 개념을 정립하고 그것을 항구적인 것으로 만들기 때문이다. 고정된 정지적 개념이란 곧, 오성이 자기가 정립하는 대립을 자기 자신으로서는 넘어설 수가 없는 그러한 것이기 때문이다. 지금 든 것과 같은 보기를 든다면, 오성에게는 유한자의 개념과 무한자의 개념은 결정적으로 대립하고 있다. 곧, 유한이라면 무한이 아닌 것이고, 또 무한이라면 유한이 아니다. 그러면 거기서 이끌어 내지는 결론은 철학이 불가능하다는 것은 아니라 해도 오성은 사변철학이 발전하는 데 불충분한 연장이라는 것이다. 명백히 이 오성(understanding)이라는 용어가 넓은 뜻으로 지성이라고 이해된다면 철학은 지성이다. 그러나 이 용어가 좁은 뜻으로 오성(*Verstand*)라는 의미로 이해된다면, 이렇게 기능할 때의 정신은 철학의 특징인 또는 특징이어야 하는 (넓은 뜻의) 지성을 산출하지 못한다.

헤겔은 물론 오성으로서의 작용을 하고 있는 정신이란 의미에서의 지성이 인간의 생활에서 쓸모가 있다는 것을 부정할 뜻은 없다. 실제상의 목적을 위해 오성은 자주 명확하게 구분된 개념이나 대립을 주장하는 데 필요하다. 실재하는 것과 겉보기만의 것이라는 대립은 그 하나의 보기일 것이다. 그뿐 아니라 더욱 많은 학문적 연구가, 이를테면 수학처럼, 오성에 바탕하고 있다. 그러나 차이에서의 동일성인 절대자의 삶을 정신이 파악하려고 할 때는 문제는 다르다. 그때 정신은 오성의 단계에 만족하고 머무를 수가 없다. 오성의 단계는 헤겔에게는 하나의 피상적 단계이다. 정신은 실재성의 범주인 모든 개념으로 깊이 돌진해 들어가는 것이어야 하며, 더구나 그때에는 어떤 주어진 개념이 그와 대립하는 것으로 넘어간다거나 그와 대립하는 것을 불러일으키는 것은 어째서인가를 알게 될 것이다. 이를테면 정신이 무한자의 개념을 말하자면 참으로 철저하게 생각한다면, 이 개념은 경직된 자기 충족적인 것일 수 없게 되고, 무한자의 개념이 명백해지는 것을 안다. 마찬가지로 정신이 현상과 대립하고 있는 실재의 개념을 참으로 철저하게 생각한다

면 결코 나타나는 일이 없는 실재, 곧 자기를 나타내지 않는 실재란 것
은 불합리한 '모순된' 성격의 것임을 알게 될 것이다. 더 나아가서 상
식이나 실제 생활에서 보면 어떤 하나의 것은 그 밖의 모든 것과는 별
개의 것이다. 곧 그것은 자기 동일적이고 그 밖의 모든 것을 부정한다.
그리고 이것의 참의미를 생각하는 데 관심을 갖지 않는 한 이와 같은
관념이 실제로 쓰이게 된다. 그러나 일단 그 의미를 참으로 끝까지 생
각하려고 하면, 하나의 완전히 고립한 것이라고 하는 관념은 불합리하
다는 것을 아는 것이며, 그리하여 그 처음의 부정을 부정하지 않을 수
없는 것이다.

그러므로 사변철학에서는 좁은 의미의 지성인 오성의 단계에서 변
증법적으로 사유하는 단계로, 정신은 자기 자신을 높이지 않으면 안 된
다. 변증법적 사유는 오성의 뭇 개념의 경직을 극복하는 것이며 어떤
하나의 개념이 그와 대립하는 것을 끌어낸다거나 또는 그 대립하는 것
으로 나아간다는 것을 안다. 그래야만 정신은 절대자의 삶을, 곧 여기
서는 어떤 하나의 계기나 단계가 필연적으로 다른 계기나 단계로 나아
가는 절대자의 삶을 파악할 수 있다는 희망을 가질 수가 있다. 그러나
명백히 이것으로 충분한 것은 아니다. 오성으로서는 개념 A와 B는 결
정적으로 대립하고 있지만, 이에 대해 더 깊이 들어가는 변증법적 사유
에게는 A는 B로, B는 A로 나아간다. 그러나 그러기 위해서는 양자의
차이를 폐기하는 일 없이 양자를 통일하는 한층 높은 차원의 통일 또는
종합이 있지 않으면 안 된다. 그리하여 이와 같은 차이에서의 동일성을
파악할 수 있는 이성의 단계로, 곧 사변적 사유의 단계로 변증법적으로
사유하는 것을 통해 오성이 높아지는 것을 요구하는 것이다.[18]

---

18. '오성'과 '이성'이라는 용어는 칸트와 헤겔에서 전적으로 똑같이 사용되고 있지 않다. 그러나 이 일과

아마도 다음과 같은 말을 덧붙일 필요는 없을 것이다. 이와 같은 철학의 요구로부터 하나의 새로운 종류의 논리학이 산출되는데, 그때 헤겔의 견해로 보아, 실재성에 대해 이 논리학에 의해 그가 자의적으로 품은 선입견을 확립할 수 있다는 것이 문제가 되는 것은 아니다. 실재성의 본성에 대해 변증법적 사유는 좁은 의미의 지성인 오성이 할 수 있는 것보다 훨씬 깊이 들어간다고 그는 마음으로부터 믿고 있기 때문이다. 그러므로 또한 이를테면, 유한자의 개념은 무한자의 개념으로 넘어가지 않으면 안 된다. 또는 무한자의 개념을 불러일으키지 않으면 안 된다고 주장된다. 그러나 헤겔로서는 그 경우, 무한자는 유한자에게서 그리고 그것을 통해서 현존한다고 하는 미리 품은 신념 때문만으로 이 주장이 문제가 되는 것은 아니다. 우리는 유한자를 무한자와 관계시키지 않고는 참으로 유한자를 생각할 수 없다고 그는 확신하고 있기 때문이다. 더구나 지금의 주장의 경우 개념에 말하자면 요술을 부려 이것을 어떤 것으로 만드는 것은 우리가 아니다. 바로 개념 자체가 자신의 경직성을 잃고 마음의 주의 깊은 응시 앞에 해체한다. 그리하여 이 사실이 유한자의 본성을 우리에게 드러낸다. 곧 이것은 형이상학적인 의의를 가지고 있는 것이다.

그런데 변증법적으로 사유해 가는 것에 대하여 설명할 때에 헤겔은 '모순'이라는 말을 다소 혼란을 주는 방식으로 사용하고 있다. 그가 부정적인 것의 위력이라고 부르는 것에 의하여 오성의 개념은 모순을 일으킨다고 한다. 곧 달리 말하자면, 오성의 개념 안에는 모순이 잠재해 있지만, 개념이 자기의 경직성과 자기 충족을 잃고 대립하는 것에로 나

는 따로 칸트는 이성의 실천적 기능은 허용하면서도 이성의 비상(飛翔)은 불신하는데, 헤겔은 오성의 실제적인 사용은 인정하면서도 오성을 경시하는 경향이 있다. 두 사람의 이 대조적인 보기가 사변적 형이상학에 대한 각자의 태도를 충분히 보여 준다.

아갈 때 잠재해 있는 그 모순이 밝히 드러난다. 그뿐 아니라 또한 지금 모순이 있는 것은 세계에 대한 개념적인 사유나 논술에서뿐 아니라 사물 자체에서도 그렇다는 듯이 말하기를 헤겔은 주저하지 않는다. 그리고 실제로 이것은 변증법이 절대자의 삶의 거울이라면 어떤 의미에서는 그래야만 한다. 더욱이 모순의 구실에 대한 이와 같은 주장은 헤겔의 사상에 대하여 단지 부수적으로만 말해지는 것은 아니다. 모순이 분명해지는 것이야말로 변증법적 운동의 말하자면 원동력이기 때문이다. 서로 대립하는 개념이 충돌하고 이 충돌은 어떤 하나의 종합에서 해결되지만, 이 종합이 그 자체로 또 다른 모순을 일으킨다는 것이 바로 요점이며, 곧 이것에 의해 이상의 종극, 일체를 포괄하고 있는 종합, 진리의 완성된 체계를 향해 정신은 끊임없이 전진하는 것이다. 그리고 이것은 우리가 주의했듯이, 모순과 충돌이 있는 것은 실재성에 대해 논술할 때만이라는 의미에서가 아니다. 철학은 이를테면 인간의 역사를 고찰할 때 변증법적 운동이 작동하고 있는 것을 발견한다.

헤겔은 '모순'이란 말을 이렇게 사용하고 있다. 그러나 이 때문에 헤겔은 서로 모순되는 사념이나 명제가 양립할 수 있다고 말함으로써 논리학상의 모순율을 부정하고 있다는 비난을 받았다. 그런데 또한, 이러한 비난은 반박되었고, 헤겔이 순전한 모순에 만족해한다는 것은 참으로 있을 수 없는 일이며, 정신은 그러한 모순에 의하여 이 모순을 극복하는 종합으로 나아가지 않을 수 없는 것이라는 지적을 자주 받았다. 하지만 이 대답도 반론을 초래하는 것으로, 변증법적으로 사유해 가는 과정에 생기는 여러 모순이나 안티노미는 순전히 겉보기만의 것이라고 논의하는 피히테의 생각과 헤겔은 같지 않다는 것이다. 피히테와는 반대로 그는 그것들의 실재성을 주장한다. 그래서 종합에서는 이른바 서로 모순되는 개념이 보존된다. 그러나 계속된 이러한 반론에 답하여 서로 모순되는 개념은 보존된다고는 하나 서로 배제하는 관계로 보존되는 것이 아니라고 한다. 그것들은 한층 높은 차원의 통일에서의 본질적이며 보완적인 계기임을 보이기 때문이다. 그리고 이런 의미에서 모순은 해결된다. 그러므로 헤겔이 모순율을 부정한다는 소박한 주장은 사태를 아주 부정확하게 파악한 견해이다. 헤겔이 하는 것은 오성 단계의 특징인 정태적 해석 대신에 모순율의 역동적인 해석을 주는 것이다. 모순율은 변증법적으로 사유해 가는 중에도 기능하고 있다. 그러나 그것은 운동의 하나의 원리로서 기능하고 있다.

이 논의는 길어졌는지도 모르겠다. 그러나 헤겔이 변증법적 사유에 대해 추상적으로 말할 때보다 차라리 자기의 변증법적 철학을 만들고 있을 때, 그가 '모순'이란 용어를 실제로 어떤 의미로 이해하고 있었는지를 먼저 물어보지 않는다면, 이 논의는 무의미할 것이다. 더구나 잘 알려진 사실이지만, 이와 같은 물음의 결과로 제시할 수 있는 것은 헤겔이 사용하고 있는 용어에는 정확하고 불변한 한 가지의 의미는 없다고 하는 것이다. 실제로 가끔 언어상의 모순이 보인다. 그러므로 이를테면, 존재라는 개념은 비존재라는 개념을 생기게 하여 이 개념으로 나아간다고 한다. 또 한편으로 비존재라는 개념은 존재라는 개념으로 나아간다. 그리하여 이 변증법적인 진동으로부터 존재와 비존재를 종합하는 생성이라는 개념이 생긴다. 그러나 다음 장의 헤겔의 논리학에 대한 절에서 보게 되듯이, 이렇게 이루어지는 변증법의 의미는 헤겔이 말하려고 하는 것에 우리가 동의하느냐 안 하느냐는 별 문제로 하고, 쉽사리 생각할 수 있는 일이긴 하다. 어쨌든 헤겔의 이른바 모순은 모순이라기보다 훨씬 자주 반대라고 하는 것이다. 그리고 반대의 한쪽이 다른 쪽을 요구한다는 것이 그 생각이며, 그렇기 때문에 이것은 옳건 그르건 어쨌든 모순율을 부정하게 되는 생각은 아니다. 또한 이른바 서로 모순되는 개념이나 대립되는 개념이라고 하는 것도 전적으로 서로 보완하는 개념일 것이다. 하나의 일면적인 추상이 다른 일면적인 추상을 불러일으킨다. 더구나 저마다의 추상의 일면성은 종합에서 극복되어 있는 것이다. 더욱이 또한 모든 것이 모순되어 있다고 언명된다 해도 이 언명이 때로 의미하고 있는 것은 자기의 본질적인 여러 관계에서 끊어져 완전한 고립상태에 있는 것은 불가능하며 '모순일' 것이라는 것이다. 완전히 고립된 유한한 것이라는 생각에 이성은 머무를 수가 없다. 여기서도 역시 모순율의 부정이란 문제는 없는 것이다.

변증법적으로 전진할 때의 차이에서의 동일성이라는 계기 때문에 우리는 '종합'이라는 말을 썼다. 하지만 실제로는 '정립' '반정립' '종합'이란 용어는 헤겔보다 피히테에게 더 특징적이며, 헤겔은 이들 용어를 결코 사용하지 않았다. 그러나 또한 동시에 헤겔의 체계를 대강 살펴보는 것만으로도 그가 삼지구조(三肢構造, triad)에 선입견을 품고 있다는 것을 알 수 있다. 그리하여 이를테면, 절대자의 삶을 구축할 때는 세 개의 주요 단계, 곧 논리학적 이념과 자연과 정신이 있다. 더구나 이 단계들도 각각 삼지구조로 구분되고 또 다시 작게 구분된다. 더욱이 체계 전체는 하나의 필연적인 발전 또는 그와 같은 발전을 겨냥하고 있다. 다시 말하자면, 철학적 반성에게 어떤 하나의 단계는 내적 필연성에 의하여 다음 단계를 요구하는 것임이 드러난다. 그러므로 적어도 이론상으로는, 우리가 논리학의 처음 범주로부터 출발한다면 변증법적 발전의 내적 필연성에 의하여, 정신은 마지막 범주까지, 아니 그뿐 아니라 정신철학의 궁극의 단계까지 나아가지 않을 수 없는 것이다.

삼지구조적 발전이라고 하는 헤겔의 선입견은 조금도 필연적인 것이 아니며 또 왕왕 아주 기교적인 결과를 낳는다고 생각될지도 모른다. 그러나 어쨌든 분명히 우리는 그의 이 선입견을 하나의 사실로 받아들이지 않으면 안 된다. 그가 자기의 체계를 그와 같은 범형에 따라서 발전시키고 있는 것은 사실이다. 하지만 그렇다고 해서 그 발전은 헤겔이 당연히 가지고 있을 것이라고 시사하는 필연성의 성격을 언제나 가지고 있는 것은 아니다. 그리고 가지고 있지 않다고 해도 그것은 쉽사리 이해될 수 있다. 왜냐하면 헤겔은 이를테면 예술이나 정신에서의 정신의 삶을 다룰 때 많은 사료에 직면하지만, 그는 관련된 전거 중에서 사료를 말하자면 접수하고, 그 다음에 그러한 사료를 변증법적 범형에 따라서 해석하는 것이다. 그리고 명백히 사료를 분류하고 해석하는 데에는 여러 가지 방법이 있었을 것이고 따라서 그중 어느 하나도 엄밀하게 필연적이었던 것은 아니다. 사료를 분류하고 해석하는 가장 좋은 방법을 찾아내는 것은 엄밀한 연역이라기보다 차라리 반성과 통찰력의 문제일 것이다. 그러나 이렇게 말했다고 해서 반드시 헤겔이 실제로 한 일을 비난하는 것은 아니다. 실제로는 방대한 양의 사료에 대하여 행하는 그의 해석은 우리와 의견이 안 맞을 때에도 때로 계발적인 것이 있으며 또한 때로 자극적이기 때문이다. 그렇다고는 하나 또한 동시에 외면적 형식면에서 동일한 범형, 곧 삼지구조의 도식을 갖추는 일이 끝까지 고수되고, 그리하여 비록 근저에 있는 복잡하게 뒤얽힌 것이 은폐되기 일쑤라 해도, 그는 철학이 필연적인 연역적 체계일 것을 요구한다. 그러나 그의 변증법의 단계들 사이의 이행은 그러한 요구에 의하여 말해지듯이 언제나 틀에 맞춘 듯이 논리적인 것은 결코 아니다.

　철학은 필연적인 연역적 체계이다 또는 체계이어야 한다고 헤겔은 요구하지만, 이때 물론 그는 철학이 기계로 만들어지는 것 같은 따위의 연역적 체계라고 실제로 말하려는 것은 아니다. 만약 그렇다면, 철학은 그때 이성의 영역에 속한다기보다 오히려 오성의 영역에 속하는 것이 될 것이다. 철학은 절대적 정신의 삶과 관계하는 것이고, 따라서 이를

테면 인간의 역사에서의 이 삶의 전개를 인식하기 위해서는 **아 프리오리**
한 연역으로는 명백히 충분하지 않다. 철학은 경험적 소재 중에서 속속
들이 작동하고 있는 목적론적 범형을 인식하지만, 그렇다고 경험적 소
재가 철학에 의하여 주어지는 것은 아니다. 그러나 동시에 적어도 이론
상으로는 헤겔의 체계를 그 전체에 걸쳐서 변증법적으로 움직여 가는
것이 이 움직임 자신의 내적 필연성에 의하여 정신에게 주어져 있다는
것이 된다. 만약 그렇지 않다면 그 체계는 헤겔이 요구하듯이 자기 자
신을 정당화하는 것이 되지 못할 것이기 때문이다. 그럼에도 불구하고
분명한 것은, 헤겔은 어떤 기본적인 확신을 가지고 철학으로 나간다는
것이다. 곧, 이성적인 것이 현실적인 것이며 현실적인 것은 이성적인
것이다. 또 현실성은 무한한 이성의 자기 나타냄이다. 또는 무한한 이
성은 역사적 과정에서 자기 자신을 현실화하는 자기사유적 사유라는
확신이다. 이들 확신이 참인 것은 체계에서 논증된다는 것이 헤겔의 의
도이다. 그러나 다음과 같이 말할 수가 있다. 곧, 그 체계 쪽이 실제로
는 이들 확신에 의거하고 있다. 그러나 또 한 가지는 주로 이 때문에,
헤겔의 처음에 있는 확신과 같은 확신을 갖지 못한 자는, 아니 적어도
그것에 공감할 뜻이 없는 자는 그의 형이상학의 총괄적인 기도의 경험
적인 확인이라고 우리가 할 수 있는 것(체계)에 그다지 감명을 받지 않
는다. 그러한 자에게는 소재에 대한 그의 해석은 어떤 미리 품은 기도
에 의하여 지배받고 있다고 생각되기 때문이다. 더욱이 그의 체계가 비
록 주목할 만한 지적인 역작이라고 해도, 전체로서의 실재성은 이와 같
은 본성을 가진 것이라고 이미 결정되어 있는 한, 그 체계가 논증하고
있다고 해도 고작 실재성의 여러 국면이 어떤 방향에서 해석되지 않으
면 안 되는가 하는 것뿐이라고 생각되기 때문이다. 확실히, 만약 실재
성의 과정에 대하여 헤겔의 해석이야말로 이성의 요구를 만족시키는

유일한 해석이라고 그의 체계가 실제로 제시하고 있는 것이라면 지금까지의 비판은 무효일 것이다. 그러나 '이성'이라는 말에 논점을 앞질러 취한 의미를 주지 않고 그런 것을 제시할 수 있는지 어쩐지 의심스럽게 생각될 수 있을 것이다.

어쩌면 체계는 내재하는 필연성에 이끌린 발전이라고 하는 헤겔의 이론이 간과되었거나 무시될지도 모른다. 그리하여 그의 철학을 단순히 풍부한 경험적 자료 모두를 개념으로 통제하려는 정신의 충동, 달리 말하자면, 전체로서의 세계와 이 세계에 대한 인간의 관계를 해석하려고 하는 정신의 충동을 만족시킬 수 있는 여러 가지 방법 중의 하나로 여길지도 모른다. 더욱이 이와 같은 그의 철학을 우주에 대한 다른 대규모의 해석, 곧 다른 비전과 비교하고 그들 사이에 판정을 내리는 기준을 찾으려고 할 수 있다. 그러나 그의 철학을 이렇게 다루는 것은 참으로 당연하다고 많은 사람이 생각할 수 있을지라도 헤겔이 자기 자신의 철학에 대하여 똑같은 생각을 하는 것은 아니다. 왜냐하면 그는 자기가 제시한 철학의 체계가 마지막 형태로서의 진리 전체라고 생각한 것은 아니지만, 그렇더라도 자기의 철학이야말로 절대자의 자기 자신에 대한 발전해 가는 앎이 오늘날까지 다다른 최고의 단계에 해당된다고 생각했음은 확실하기 때문이다.

이것은 매우 기괴한 생각이라고 여겨질지 모른다. 그러나 우리는 차이에서의 동일성인 절대자라고 하는 헤겔의 견해를 마음에 새겨 두지 않으면 안 된다. 무한자는 유한자에게서 그리고 그것을 통해 현존하며 또한 무한한 이성 또는 정신은 유한한 정신 또는 마음에서 그리고 그것을 통해 자기 자신에 대한 앎을 갖는다. 그러나 유한한 정신이 행하는 모든 종류의 사유가 무한한 절대자의 발전해 가는 자기 앎의 하나의 계기를 이루고 있다고 말할 수 있는 것은 아니다. 절대자에 대한 인간의 앎이야말로 절대자의 자기 자신에 대한 앎인 것이다. 허나 그렇더라도 절대자에 대한 유한한 자신의 앎은 그 어떤 것도 절대자의 자기 자신에 대한 앎과 동일하다고 할 수 없다. 절대자의 자기 자신에 대한 앎은 어떤 특정한 유한한 정신 또는 뭇 유한한 정신도 넘어서 있기 때문이다. 이를테면 플라톤도 아리스토텔레스도 죽었다. 그러나 철학사에 대한 헤겔의 해석에 따르면, 실재성에 대한 그들 나름으로 파악한 본질적인 요소는 수 세기에 걸쳐 철학의 변증법적인 운동의 총체 속에 받아들여지고 주장되어 온 것이다. 더구나 철학의 이 발전해 가는 운동이야말로 절대자의 자기 자신에 대한 발전해 가는 앎인 것이다. 이 앎은 모든 유한한 정신을 떠나서 현존하는 것은 아니지만, 그러나 분명히 어떤 특정한 정신이나 집단에 한정되어 있는 것도 아니다.>**19**

5 . 의 식 의   현 상 학

따라서 우리는 인간의 정신은 절대자의 자기 앎에 참여하기까지 높아 간다고 말할 수 있다. 어떤 사람들은 헤겔을 다소간에 유신론적인 방향에서 해석했다. 다시 말하자면, 인간이 신의 자기 앎에 참여할 수 있는 능력을 갖는다고 해도 신은 인간과는 전혀 관계가 없는 완전한 자기 조명이라는 것이 헤겔의 생각이라고 그들은 이해했다. 그러나 나는 여기에서 절대자에 대한 인간의 앎과 절대자의 자기 자신에 대한 앎을 동일한 실재성의 두 국면으로 해석했다. 그러나 이렇게 해석해도 역시

---

19. 헤겔에게 철학이야말로 절대자를 파악하는 유일한 방법이라고 내가 말하려는 것은 아니다. 그런 것으로는 예술과 종교도 있다. 그러나 지금의 맥락에서 우리의 관심은 주로 철학에 있다.

우리는 유한한 정신은 신의 자기 앎에 참여하는 데까지 높아 간다고 할수가 있다. 왜냐하면 앞에서 말했듯이 인간 정신의 모든 종류의 생각이나 사상이 절대자의 자기 앎의 하나의 계기로 간주될 수는 없기 때문이다. 곧, 모든 단계의 의식이 신의 자기의식에 참여하고 있는 것은 아니기때문이다. 신의 자기의식에 참여할 수 있기 위해서는 유한한 정신은 헤겔이 절대 앎이라고 부르는 것의 단계에까지 높아지지 않으면 안 된다.

이 경우에 의식이 잇따라 일어나는 여러 단계가 그의 가장 낮은 단계로부터 가장 높은 단계까지 밝혀 볼 수 있게 된다. 그리고 바로 이것이 헤겔이 《정신현상학》에서 했던 것이며, 따라서 《정신현상학》은 의식의 역사라고 할 수 있다. 그런데 만약 우리가 정신과 그 활동을 그 자체로서, 곧 대상과의 관계를 빼고 고찰한다면, 우리가 관여하는 것은 심리이다. 그런데 만약 우리가 정신을 외적 대상이든 내적 대상이든 어쨌든 본질적으로 대상에 관계하고 있는 것으로 고찰한다면, 우리가 관여하고 있는 것은 의식이다. 더구나 현상학은 이런 의미에서의 의식에 대한 학인 것이다. 헤겔은 학적이지 않은 자연적 의식에서 시작하여 이러한 의식의 변증법적 발전을 추적하지만, 그러나 그때 더 타당한 입장에 따라서 어떻게 낮은 차원의 단계의 것이 한층 높은 단계의 것에 포섭되는가를 드러내고, 그리하여 마침내 우리는 절대 앎의 단계에 도달하는 것이다.

어떤 의미에서 《현상학》은 철학에 대한 하나의 서론이라고 볼 수 있다. 곧, 《현상학》은 바로 철학적인 의식이라고 해도 좋을 것 같은 것의 단계까지의 의식의 발전을 체계적으로 추적하는 것이다. 그러나 이것이 철학적으로 사색하기 위한 하나의 외적인 준비라는 의미에서의 철학에 대한 서론이 아니라는 것은 확실하다. 헤겔은 그러한 의미에서의 서론이 가능할 것이라고는 생각하지 않았다. 그러나 어쨌든 이 저작 자

체는 일관하여 지속적으로 행해지는 철학적 성찰의 하나의 두드러진
실례이다. 이것은 철학적 의식이 이 철학적 의식 자신을 일으키는 현상
학에 대하여 행하는 성찰이라고 할 수 있을지도 모른다. 나아가 이 저
작은 어떤 의미에서 헤겔의 체계가 요구하고 있는 입장에 대한 하나의
서론이기도 하다. 만약 그렇다면 이 경우에는 일종의 중복을 볼 수 있
다. 왜냐하면 의식의 현상학에 대해서는 그의 체계 자체 속에 하나의
자리가 주어지지만, 그러나《현상학》은 헤겔이 후에 아주 자세히 논하
는 상당량의 소재의 대강을 간직하고 있기 때문이다. 종교적 의식의 경
우, 바로 그 한 보기를 볼 수 있다. 그런데 마지막으로 상상의 날개를
펴서《현상학》은 쉽게 배울 수 있는 한 권의 철학책이라는 의미에서 철
학에 대한 하나의 서론이라고 말해질지도 모른다. 하지만 오히려 그 반
대이며, 이것은 하나의 심원한 저작이며 더구나 이해하기가 때로 매우
어렵다.

　《현상학》은 세 개의 주요 부분으로 나뉘는데 이들은 의식의 세 주요
단계에 대응한다. 그 첫째 단계는 주관과 마주하고 있는 감각적인 물
(物)로서의 객관에 대한 의식이다. 그리고 바로 이 단계에 대해 헤겔은
'의식'(Bewußtsein)이라는 명칭을 주고 있다. 둘째 단계는 자기의식
(Selbstbewußtsein)의 단계이다. 그리고 여기서 헤겔은 사회적 의식에
대하여 많은 것을 말하고 있다. 셋째 단계는 이성(Vernunft)의 단계이
며 이것은 선행하는 두 단계의 한층 높은 단계에서의 종합 또는 통일이
다. 다시 말하자면 이성은 객관성과 주관성의 종합이다. 말할 것도 없
지만, 이 책의 이들 주요 부분으로의 구분이 또 저마다 작은 구분을 가
지고 있다. 그래서 헤겔의 일반적인 방식은 우선 처음에, 어떤 주어진
단계의 의식의 자발적인 태도를 기술한 다음에 이 태도의 분석을 시작
한다. 이 분석의 결과 정신은 다음 단계로, 곧 더 타당한 태도 또는 입

장이라고 생각되는 단계로 나가지 않을 수 없는 것이다.

　헤겔은 그가 감각적 확신이라고 부르는 것으로부터, 곧 감각에 의한 낱낱의 대상의 무비판적인 파악으로부터 시작한다. 단순하고 소박한 의식에게는 이 파악이 가장 확실하고 기본적일 뿐 아니라 가장 풍부하기도 한 앎의 형태로 나타난다. 그러나 그의 주장으로는, 분석해 보면 실제로는 이것이 가장 공허하고 추상적인 앎의 형태라는 것을 알게 된다. 단순하고 소박한 의식은 감각에 의한 파악을 통해 어떤 특정한 물을 직접 숙지(熟知)하고 있다고 확신하고 있다. 그러나 우리가 이것이야말로 우리가 알고 있는 바의 것이라고 말하려고 할 때, 다시 말해, 직접적으로 숙지하고 있다고 우리가 주장하는 특정한 대상을 기술하려고 할 때, 우리가 발견하는 것은 다른 모든 것에도 똑같이 적용될 수 있는 보편적인 용어로밖에는 이 대상을 기술할 수 없다고 하는 것이다. 물론 우리는 '이것'이라든지 '여기'라든지 '지금'이라는 말을 써서, 또는 그것에 덧붙여 확실하게 나타내기 위해 몸짓과 함께 이 대상을 말하자면 못 박으려고 할 수도 있다. 그러나 한순간 후에는 같은 말이 다른 대상에도 해당된다. 아니, 그뿐 아니라 더 나아가 헤겔의 주장으로는 '이것'이라는 말에 대해서마저 아무리 우리가 그렇게 하고 싶어 하고 또 그렇게 하려고 해도 참으로 특정한 의의를 갖게 할 수는 없는 것이다.

　우리는 헤겔이 다만 말이 가지고 있는 하나의 특징에 대해 주의를 환기하고 있는 것이라고 말하고 싶어질지도 모른다. 그러니 그의 주된 관심은 인식론상의 것이다. '감각적 확신'이 특히 뛰어난 앎이라는 주장은 **속임수** 주장이라는 것을 그는 보여 주려고 한다. 그리하여 그는 지금 이 단계의 의식은 진짜 앎이 되려는 길에서 지각의 단계로 나아가지 않을 수 없다는 결론을 내린다. 지각에게 대상은 여러 성질의 집합적 통일이라고 생각되는 것이다. 그러나 이 단계의 의식에 대한 분석이 이루어지면 다음과 같은 것을 알게 된다. 곧, 대상에 대한 지금의 이 견해는 통일과 다양의 두 요소를 요청하지만, 여전히 우리가 한갓 감각의 단계에 머물러 있는 한, 어떤 만족할 만한 방법으로써도 이 두 요소를 화해시킬 수 없다. 따라서 정신은 여러 단계를 거쳐서이지만, 학적인 오성의 단계에까지 나간다. 오성은 감각적 현상을 설명하기 위해 현상을 넘어선 실재태, 곧 관찰할 수 없는 실재태를 불러내는 것이다.

이를테면, 정신은 감각적 현상을 숨은 힘의 나타남이라고 생각한다. 그러나 헤겔이 주장하고 있는 바로는 정신은 여기에 안주할 수 없고 그 대신 법칙이라는 생각으로 나간다. 그러나 자연법칙은 현상을 질서 있게 기술하는 방식이다. 곧 그것은 설명적이지 않다. 그러므로 자연법칙은 이것이 불러내질 때 목적한 기능을 수행할 수가 없다. 곧, 감각적 현상을 설명한다고 하는 기능을 수행할 수가 없다. 명백히 헤겔은 자연법칙이라는 생각도 이것에 어울리는 단계에서 수행해야 하는 유용한 하나의 기능을 가지고 있다는 것을 부정하려는 뜻은 없다. 그러나 그의 생각에 자연법칙은 정신이 찾고 있는 종류의 앎을 주지 않는 것이다.

결국, 감각적 현상을 설명하기 위해 호출된 현상을 넘은 것의 왕국 전체가 오성 자신의 산물이라는 것을 정신은 알게 된다. 그리하여 의식은 현상이라고 하는 장막의 배후의 실재성인 자기 자신으로 되돌아와 자기의식이 된다.

헤겔은 자기의식을 욕구(Begierde)라는 형태에서의 자기의식으로부터 시작한다. 자기는 아직 외적인 대상과 관련되어 있기는 하다. 그러나 욕구라는 태도에 특징적인 것은 자기가 대상을 자기의 만족을 위하여 섬기게 하고, 제 것으로 만들고, 아니 탕진해 버리려고까지 해서 대상을 자기 자신에게 종속시킨다는 것이다. 이러한 태도는 물론 생물에 관해서도 무생물에 관해서도 보일 수가 있다. 그러나 자기가 다른 자기와 직면할 때는 이러한 태도는 성립하지 않는다. 왜냐하면 헤겔이 보는 바로는, 타자의 현존은 자기의식에게 본질적이기 때문이다. 발전한 자기의식이 생길 수 있는 것은 주로 자기가 자기라는 것을 자기 자신과 타자에게서 승인할 때이다. 그러므로 발전한 자기의식은 참으로 사회적인 의식의 형태, 곧 우리라고 하는 의식의 형태를 취하지 않으면 안 된다. 다시 말하자면 자기의식의 단계에서 차이에서의 동일성을 인정하지 않으면 안 된다. 그러나 이 단계의 의식이 변증법적으로 진전되어 가는 중에 발전한 자기의식으로 곧바로 도달하는 것은 아니다. 그리고 계속해서 일어나는 여러 단계에 대한 헤겔의 연구는 《현상학》 중에서도 가장 흥미롭고 또한 가장 영향력이 있는 것의 하나다.

이미 언급한 바와 같이 다른 자기가 현존한다는 것이 자기의식의 하나의 조건이다. 그러나 다른 자기와 직면하고 있는 자기가 제일 먼저 행하는 것은 자발적인 반발이다. 곧 타자와 마주하고 있는 자기로서 자기 자신의 존재를 주장하려고 하는 것이다. 어떤 한 사람의 자기가 자기 자신의 자기임을 의기양양하게 주장하기 위한 방법으로 다른 자기를 없애 버리고 싶은, 또는 폐기하고 싶은 욕구를 갖는다. 그러나 다른 자기를 문자 그대로 멸절하는 것은 그 자신의 목적을 좌절시키고 말 것이다. 왜냐하면 그 자신의 자기라고 하는 의식은 이 자기라는 것이 다른 자기에 의하여 승인받는 것을 하나의 조건으로 요구하기 때문이다. 그리하여 여기에 주인-노예 관계가 생긴다. 주인이란, 자기 자신을 타자에 대해서도 가치 있는 것으로 강요한다는 의미에서 타자의 승인을 얻는 데 성공한 자이다. 노예란, 타자 속에 자기 자신의 참자기를 보는 자이다.

그러나 역설적이게도 최초의 상황은 변하고 만다. 더구나 그 최초의 상황 속에 숨어 있던 모순 때문에 그렇게 되지 않을 수 없는 것이다.

곧, 한쪽에서는 주인은 노예를 한 사람의 실재적인 인격으로 인정하지 않고 있다. 그러나 이것으로 해서 주인은 지금 말한 자기가 처음에 요구했던 자기 자신의 자유의 승인을, 더욱이 또한 자기의식의 발전을 위해 필요한 이 자유의 승인을 받지 못하고 있다. 그러므로 주인은 아랫자리의 인간의 조건으로 자기 자신을 떨어뜨리고 마는 것이다. 다른 쪽에서는 노예는 자기의 주인의 의지를 수행한다. 그러나 이것으로 해서 노예는 물질적인 것을 변형시키는 노동을 통해 자기 자신을 대상화 한다. 그렇기 때문에 노예는 자기 자신을 형성하는 것이며, 참으로 현존하는 단계에까지 높아지는 것이다.[20]

주인-노예 관계라는 생각이 두 개의 국면을 가지고 있다는 것은 명백하다. 이것은 의식의 추상적인 변증법적 발전 중에서의 한 단계로서고찰할 수가 있다. 그리고 그것은 역사와의 관련에서도 고찰할 수가 있다. 그러나 이들 두 개의 국면은 결코 양립할 수 없는 것도 아니다. 왜냐하면 인간의 역사 자체가 정신의 발전을, 곧 정신이 자기의 목표로 향하는 도상에서의 노고를 드러내고 있기 때문이다. 그래서 헤겔은 정신의 원초적인 형태로서의 주인-노예 관계로부터, 그가 분명히 역사와 연관하여 그렇게 이름을 붙인, 의식의 하나의 태도 또는 상태로, 곧 스토아적 의식으로 나가고 있는데, 그러나 이것은 지금 말한 이유로 놀라운 것이 아니다.

스토아적인 의식에서 주인-노예 관계에 내재하는 모순이 참으로 극복되는 것은 아니다. 그 모순이 극복되는 것도 오직 다음과 같은 한에서이다. 곧, 구체적인 관계는 그대로 놔두고 주인(마르쿠스 아우렐리

---

20. 주인-노예 관계에 대한 헤겔의 심오한 분석이 카를 마르크스의 마음에 드는 방향의 성찰이었음은 분명 이유가 있었다.

우스가 그 전형이다)도 노예(에픽테토스가 그 전형이다)도 함께 내면성으로 달아나는 것이며, 참된 내면적 자유라는 생각, 곧 내적 자족이라는 관념을 칭찬하는 것이다. 그러므로 헤겔에 의하면, 구체적인 것과 외적인 것에 대한 이러한 부정적인 태도는 쉽사리 회의론적 의식으로 나간다. 이 회의론적 의식에서는 자기만 어디까지나 지속되고 변하지 않는 것이고, 다른 쪽에서 그 밖의 것은 모두 의심받고 부정되는 것이다.

　그러나 회의론적 의식은 하나의 잠재적인 모순을 품고 있다. 왜냐하면 회의론자는 자연적 의식을 떨쳐 버릴 수가 없다. 그리하여 그 경우의 긍정과 이미 말한 부정이 이 동일한 태도 속에 공존해 있기 때문이다. 그리고 이 모순이 밝히 드러날 때, 그렇게 되지 않을 수 없는 것이지만, 헤겔이 '불행한 의식' (*das unglückliche Bewußtsein*)이라고 부르는 것으로 우리는 나간다. 불행한 의식은 분열된 의식이다. 스토아적 의식도 회의론적 의식도 주인-노예 관계를 성공적으로 극복할 수 없었지만, 지금 이 단계에서는 주인-노예 관계가 다른 형태를 취하고 되돌아온다. 본래의 주인-노예 관계에서는, 참자기의식을 위한 요소, 곧 자기 자신과 타자의 양쪽에서 자기인 것과 자유의 승인은 두 개의 개별적 의식으로 분열되어 있었다. 주인은 자기인 것과 자유를 오직 자기 자신에게만 인정하고 노예에게는 인정하지 않았던 것이고, 다른 쪽, 노예는 자기인 것과 자유를 오직 주인에게만 인정하고 자기 자신에게는 인정하지 않았던 것이다. 그러나 이른바 불행한 의식에서는 이 분열이 동일한 자기에게서 생긴다. 그리하여 이를테면, 변화하고, 한결같지 않으며, 변덕스러운 자기와 변함없고, 이상적인 자기 사이의 균열을 자기는 의식하고 있다. 처음의 자기는 어떤 의미에서 거짓 자기로 나타나 부정되어야 할 것이지만, 다른 한편 둘째 자기는 아직 도달하지는 못했지만 참자기로 나타난다. 더욱이 이 둘째의 이상적 자기는 초세속적 영역에 던져지고 세속적 세계와 유한한 자기와는 떨어져 따로 현존한다고 생각된 절대적 완전태, 곧 신과 동일시된다.[21] 이때 인간의 의식은 분열되어 있으며 자기 소외적이고 '불행'한 것이다.

자기의식 속에 잠재해 있는 모순 또는 분열은 《현상학》의 셋째 단계에서 극복된다. 그러나 이때 유한한 주체는 보편적인 자기의식에까지 높아진다. 이 단계에서는 자기의식은 이미 자기 자신에 대한 자각이 일면적인 것 같은 형태를 취하지 않는다. 곧 자기 자신을 다른 자기의식적 존재자에 의하여 위협을 받으며 그들과 충돌하고 있는 한 사람의 개별적인 주체로 자각하고 있는 것이 아니다. 오히려 자기인 것이 자기 자신에게도 타자에게도 완전히 승인되어 있다. 그리고 이 승인이야말로 보편자의 삶의, 무한한 정신의 삶의 적어도 하나의 잠재적인 자각인 것이다. 곧, 뭇 유한한 자기에게서 그리고 그들을 통해서 있으며 그들을 폐기하지 않고 결합시키는 무한한 정신의 삶의 잠재적인 자각인 것이다. 그런데 이러한 차이에서 동일성을 자각하는 것이야말로 정신의 삶의 특징이다. 이 자각은 발전한 도덕적 의식에서 잠재적으로 그리고 불완전한 모양으로 볼 수 있다. 발전한 도덕적 의식에게는 하나인 이성적 의지가 사회적 질서 속에서 다양한 구체적인 도덕적 사명의 모양을 띠고 자기 자신을 표현하고 있다. 또 이러한 자각은 발전한 종교적 의식에서 한층 높은 차원의 그리고 한층 명확한 표현에 이르고 있다. 발전한 종교적 의식에게는 하나인 신의 삶이 모든 자기 안에 내재해 있으며 모든 자기를 자기 자신 속에 지니고 있지만, 다른 한편 그러나 모든

---

21. 헤겔에게는, 곧 루터주의자에게는 불행한 의식, 곧 분열된 의식을, 더구나 약간 논란을 가하는 방식으로이지만 중세의 가톨릭과의 관련에서, 특히 그의 금욕주의적인 이상과의 관련에서 생각하는 경향이 있었다.

자기는 다른 채 있다. 신과의 살아 있는 합일이라는 관념에서는 앞의 불행한 의식, 곧 분열된 의식 속에 있던 분열도 극복된다. 참자기는 이미 현실의 자기를 희망도 없이 소외시키고 있는 것 같은 하나의 이상으로 이해되지 않는다. 오히려 참자기는 현실의 자기의, 말하자면 살아 있는 핵심으로 이해되며 그것은 자기의 모든 유한한 나타냄에서 그리고 그것을 통해서 자기 자신을 표현하는 것이다.

　의식의 현상학적 역사의 이 셋째 단계를 앞서 보았듯이 헤겔은 이성이라고 총칭하고 있는데, 이 단계는 의식과 자기의식과의, 곧 처음 두 단계의 종합이라고 한다. 좁은 의미의 의식(*Bewußtsein*)에서 주관은 감각적 대상을 자기 자신에게 외적이며 이질인 것 같은 것으로 자각하고 있다. 자기의식(*Selbstbewußtsein*)에서는, 주관의 주의는 한 사람의 유한한 자기로서의 자기 자신에게로 되돌려진다. 이성의 단계에서 주관은 자연을 주관 자체도 통일하고 있는 이 무한한 정신의 객관적 표현으로 본다. 그러나 이성의 이와 같은 자각은 다른 몇 가지 형태를 취할 수가 있다. 곧 발전한 종교적 의식에서 주관은 자연을 신의 창조물이며 자기 나타냄이라고 본다. 주관은 자기 존재의 깊은 곳에서 신과 결합되어 있으며 또한 신을 통해 다른 자아와도 결합되어 있다. 더욱이 실재성에 대한 이러한 종교상의 통찰은 옳다. 그러나 종교적 의식의 단계에서는 진리가 표현되어 있는 것은 형상적인 또는 화상적(畵像的)인 표상(*Vorstellung*)의 형태에서이다. 이에 대해 '절대 앎'(*das absolute Wissen*)이라고 하는 최고의 단계에서는 그 동일한 진리가 철학적인 형태로 반성적으로 파악된다. 유한한 주관은 자기의 가장 깊은 자기가 보편적인 정신의 삶 중의 하나의 계기라는 것, 곧 절대적 사유 중의 한 계기라는 것을 확실히 자각하고 있다. 그리고 이러한 것으로서 유한한 주관은 자연을 자기 자신의 객관화이며 또한 현실로 존재하고 있는 정신인 자기 자신의 삶을 위한 전제 조건이라고 본다. 그러나 물론 이것은 유한한 주관이 자연을 자기 자신의 산물로 본다는 의미는 아니다. 오히려 그것은 유한한 주관이 자기 자신이 유한 이상의 것이라는 것, 곧 절대적 정신의 가장 깊은 삶에서의 하나의 계기라는 것을 자각하고 있기 때문에 자연을 정신이 자기를 현실화해 나가는 과정에서 전진해 가는 중의 하나의 필연적인 단계로 본다는 것이다. 달리 말하자면, 절대 앎이란 유한한 주관이 자기사유적 사유의 삶에, 곧 절대자의 삶에 참여하는 단계이다. 또는 이것을 다르게 표현하자면 절대 앎이란 총체성인 절대자가 철학자의 유한한 정신에서 그리고 그것을 통해 차이에서의 동일성인 자기 자신을 사유하는 단계인 것이다.

의식의 현상학의 앞에서 말한 두 주요 단계에서와 마찬가지로 헤겔은 이 셋째 단계, 곧 이성의 단계도 일련의 변증법적 단계들을 통해서 발전시키고 있다. 그는 우선 처음에 관찰하는 이성을 논하고 있는데 이 이성은 (이를테면 합목적성이라는 관념에 의하여) 자연에서 어쨌든 자기 자신을 반성하고 어렴풋이 본다고 여겨진다. 다음으로 이 이성은 내면으로 향해 형식논리와 경험심리학의 연구로 향하는 것으로 여겨진다. 하지만 결국 이성은 일련의 실천적인 인륜적 태도에서, 곧 행복을 추구하는 태도로부터 실천이성이 명하는 보편적인 도덕법칙을 비판하는 태도에 이르기까지 자기 자신을 나타낸다고 여겨진다. 그런데, 보편적인 도덕법칙에 대한 비판이 일어나는 것은 보편적 법칙이란 것은 너무 많은 조건을 필요로 하기 때문에 일정한 의미를 완전히 잃어버리는 데 있다는 것이 인정되기 때문이다. 이로써 사회 속에서 구체적인 도덕적 생활로 이행하는 것이 준비된다. 거기서는 헤겔은 인간존재가 자기의 공동체의 관습과 전통에 전적으로 따르고 있다는 반성이 없는 인륜적 생활로부터 개인이 이 반성이 없는 자기의 배후의 기반에서 떨어져

이 배후의 기반에 대해 판단한다고 하는 문화의 형태로 움직여 간다. 그러나 이 두 계기도 발전한 도덕적 의식에서 종합된다. 발전한 도덕적 의식이 보기에는 이성적인 일반적인 의지는 사회 속의 뭇 개인을 넘어 서 있는 것이 아니고 자유로운 개인으로서의 뭇 개인을 결합하고 있는 하나의 공통의 삶이기 때문이다. 도덕적 의식의 첫째 계기에서는 이른 바 소피스트들의 시대 이전의 고대 그리스의 도덕성에서처럼 정신은 반성이 결여되었다고 말할 수 있다. 둘째 계기에서는 정신은 반성적이 지만, 동시에 자기가 판단하는 바, 현실의 사회와 그것의 전통에서 떨 어져 있다. 극단의 경우는 자코뱅 당의 공포정치에서처럼 정신은 추상 적인 자유의 이름 아래 뭇 현실의 개인을 폐기해 버리고 만다. 그러나 셋째 계기에서 정신은 인륜의 점에 관해 자기 확신하고 있다는 것이다. 정신은 뭇 자유로운 개인으로 이루어지지만 일반적 의지를 구현하고 살아 있는 통일로서의 공동체라는 형태를 취하는 것이다.

이 산 통일에서는 공동체의 성원은 저마다 타자에 대하여 자유로운 개인이다. 그러나 이 산 통일은 차이에서의 동일성의 관념을 분명히 인 정할 것을 요구한다. 곧, 개인으로서의 모든 성원을 폐기하지 않고 모 든 성원 안에 모든 성원의 통일의 내적 유대로서 현존하는 삶이라고 하 는 관념을 분명히 인정할 것을 요구한다. 곧, 이 산 통일은 자기 자신에 게 차이를 주어 모든 낱낱의 것이 되면서, 곧 자기 자신을 모든 낱낱의 것에서 나타내면서도 다른 한편 그것들을 자기 자신 안에 통일하고 있 다는 구체적 보편자의 관념을 분명히 인정할 것을 요구한다. 다른 말로 하자면 도덕성은 종교로, 도덕적 의식은 종교의식에로 변증법적으로 나아가는 것이며, 그리하여 종교적 의식에게는 이 산 통일이 신이라는 형태로 분명히 인정되는 것이다.

따라서 종교에서 우리는 자기 자신을 분명히 의식하게 되는 절대적 정신을 발견한다. 그러나 물론 종교도 자기의 역사를 가지고 있다. 더욱이 이 역사에서는 변증법의 처음 단계들이 되풀이되는 것을 볼 수 있다. 이렇게 해서 헤겔은 그가 '자연종교' 라고 부르는 것으로부터 예술종교, 곧 미의 종교로 운동해 간다. 자연종교에서는 신적인 것을 지각적인 대상의 형태로, 곧 자연의 형태로 본다. 예술종교, 곧 미의 종교에서는 그리스 종교에서처럼 신적인 것을 육체적인 것과 결부되어 있는 자기의식으로 본다. 이를테면 조상(彫像)이 의인적(擬人的)인 신을 나타내고 있다는 식으로 말이다. 결국 절대적 종교, 곧 그리스도교에서 절대적 정신이 바로 그것으로, 곧 정신으로 인정된다. 왜냐하면 자연을 신의 하나의 창조물로, 곧 말씀의 표현으로 보기 때문이다. 또한 성령이 모든 유한한 자기 안에 내재해 있으며, 그것들을 함께 통일하고 있다고 보기 때문이다.

그러나 앞에서 보았듯이 종교적 의식은 표상적인 형태로 자기 자신을 표현한다. 그리고 이 의식은 철학이라고 하는 순수히 개념적인 형태로 바뀔 것을 요구한다. 이것은 또 동시에 신앙으로부터 앎, 곧 학(學)으로의 이행을 나타내고 있다. 곧, 비길 데 없는 수육(受肉)과 은총의 힘으로써 인간을 구제하는 초월적인 인격신이라고 하는 표상적인 관념이 절대적 정신, 무한한 자기사유적 사유라는 개념으로 나아간다. 이 무한한 자기사유적 사유는 (자기를 객관화하고 또한 자기 자신을 현실화하기 위한 조건이다) 자연에서 자기 자신에 대한 앎을 가지며, 또한 인간의 문화의 역사에서 잇달아 일어나는 자기의 여러 형태와 단계를 갖는 그 역사에서 자기 자신의 편력의 여정을 인식하는 것이다. 헤겔은 종교는 진리가 아니라고 말하지 않았다. 오히려 그 반대로 절대적 종교, 그리스도교는 절대적인 진리다. 그러나 그 진리는 종교적 의식과 상관하고 있는 표상적 또는 상징적인 형태로 표현된다. 철학에서는 이 진리가 '정신이라는 형태로서의 자기 자신에 대한 앎을 갖는 정신' [22] 인 바의 절대 앎이 된다. 총체성인 절대자는 인간 정신에서 그리고 인간 정신을 통해서 자기 자신에 대한 앎을 갖게 된다. 곧, 총체성인 절대자는 인간 정신이 자기의 유한성을 넘어서 높아지고 자기 자신을 순수 사유와 동일하다고 인정하는 한 자기 자신에 대한 앎을 갖게 된다. 그러나 신이 인간과 동등하다는 것은 있을 수 없다. 신은 총체성인 존재이지만 인간은 그렇지 않기 때문이다. 그러나 이 총체성은 인간의 정신에서 그리고 그것을 통해서 현실로 자기 자신에 대한 앎을 갖게 된다. 그렇게 되는 것은 종교적 의식의 진전에서는 표상적인 사유의 단계의 일이지만, 철학의 역사에서는 학의 단계에서의, 곧 순전히 개념적인 앎의 단계의 일이다. 그리고 철학은 자기의 이상의 종극으로서 실재에 대한 완성된 진리를 절대자의 자기 앎이라는 형태로 가지고 있다.

따라서 《현상학》에서 헤겔은 인간 의식의 가장 낮은 단계로부터 출발하여 인간 정신이 절대적 입장에 도달해서 무한한 자기의식적 정신의 이른바 전달자가 되는 단계까지 변증법적으로 점점 높아 가는 것이다. 어떤 하나의 단계와 그 다음 단계와의 연관은 논리적으로 말해서 때때로 아주 조잡하다. 더구나 명백히 단계 중의 몇 개는 변증법적 발전을 위한 요청의 결과라기보다 도리어 문화상의 여러 가지 단계나 시대정신과 태도에 대해 헤겔이 행한 성찰의 결과 등장하고 있는 것이다. 더욱이 헤겔이 논하는 문제 중의 몇 개는 현대의 독자에게 다소 기묘한 느낌을 준다. 이를테면, 골상학(骨相學)을 비판하며 논하고 있는 것이 그렇다. 그러나 또한 동시에 이 저서는 인간 정신이 편력해 가는 여정의 연구로서, 곧 어떤 하나의 태도나 견지에서 이것이 일면적이며 타당

---

22. *W*, II, p. 610; *B*, p. 798.

하지 않다는 것을 알고 다른 태도나 견지로 향하는 운동에 대해 행해지는 연구로서 감명을 준다면 매력적이기도 하다. 더구나 의식의 변증법의 여러 단계와 역사상에 나타난 태도들(계몽의 정신, 낭만주의의 정신 따위)이 관련되어 있는데, 이것이 이 책의 흥미를 더한다. 모든 시대나 문화 정신에 대하여 헤겔이 하고 있는 요약과 해석을 사람들은 의심스럽게 생각할지도 모른다. 또 그는 철학적인 앎을 기리고 있지만, 이것 때문에 사람들은 헤겔이 우스꽝스러운 일면을 가지고 있다는 느낌을 가질지도 모른다. 그러나 온갖 유보가 따르고 또한 의견이 일치하지 않는다고 해도, 헤겔의 사상에 실제로 돌진해 가려는 독자라면 그가 다다르는 결론은 아마도 다음과 같을 수밖에 없을 것이다. 그것은《현상학》은 사변철학의 하나의 위대한 저작이라는 결론이다.

chapter 10   헤 겔 (2)

1. 논 리 학

　절대자 자체는 개념적 사유에게는 모든 차이의 소실점이며 절대적 자기 동일로서 당연히 부정적인 용어로밖에는 이것을 서술할 수 없고, 긍정적인 파악이 혹 가능하다고 해도 그것은 신비적인 직관으로서일 뿐이다. 셸링은 이른바 동일철학의 체계에서 이와 같은 견해를 말하고 있지만, 이미 말했듯이 헤겔은 이러한 견해를 물리쳤던 것이다. 헤겔이 확신하는 바로는 사변적 이성은 절대자의 내적 본질에도, 곧 자연과 인간 정신의 역사에서 자기 자신을 나타내는 이 내적 본질에도 돌진할 수가 있다.

　철학의 일부이며 절대자의 내적 본질을 드러내 보이는 일에 관련되는 부분이 헤겔로서는 논리학이다. 논리학은 형이상학에서 완전히 떨어진 순수한 형식적인 학이라고 보는 데 익숙한 자에게는 이런 생각은 비정상, 아니 멍청하기까지 하다고 생각될 것이 틀림없다. 그러나 우리는 헤겔에게 절대자는 순수 사유라고 하는 사실을 명심하지 않으면 안된다. 이 순수 사유는 자기 외화나 자기 나타냄을 떠나 그 자체로서 고찰될 수 있다. 그리고 바로 이 순수 사유 자체에 대한 학이 논리학이다. 더욱이 순수 사유는 실재성의 말하자면 실체이기 때문에 논리학은 필연적으로 형이상학과 부합된다. 곧, 절대자 자체에 관련되는 것으로서의 형이상학과 부합되는 것이다.

논리학에 대한 헤겔의 생각을 초월론적 논리학에 대한 칸트의 견해와 관련시켜 보면 사태는 더 명확해진다. 칸트의 철학에서는 현상에 형태를 주는 범주는 인간의 사유의 아 프리오리한 범주이다. 인간의 정신은 물자체를 창조하는 것이 아니고 현상계, 곧 나타나 있는 것의 세계의 기본적인 성격을 결정한다. 따라서 칸트의 전제에서는 인간의 정신이 갖는 범주가 실재 그 자체에 들어맞는다고 생각할 어떠한 권한도 우리에게는 없다. 곧, 범주의 인식 기능은 현상계에 한정되어 있다. 그러나 앞("들어가면서")에서 설명했듯이 앎이 될 수 없는 물자체를 제거해서 비판철학이 순수한 관념론으로 변용해 감으로써 범주는 완전한 의미에서 창조적 사유의 범주가 된다. 더욱이 유아론이 될 염려가 있는 주관론의 입장을 피할 수 있다면, 창조적 사유는 절대적 사유로 해석되지 않을 수 없다. 따라서 범주는 절대적 사유의 범주, 곧 실재성의 범주가 된다. 거기서 논리학은 그러한 범주를 연구하는 것이므로 형이상학이 된다. 논리학은 자연과 역사에서 자기 자신을 나타내는 절대적 사유의 본질 또는 본성을 열어 보이는 것이다.

그런데 헤겔은 절대자 자체를 신 자체라고도 말한다. 논리학의 주제는 "아무 가림도 없으며 자기 자신인 진리다. 따라서 논리학의 내용은 자연과 유한한 정신의 창조 이전의 영원한 본질에서의 신에 대한 서술이라고 할 수 있다."[1] 그래서 이렇게 말하면, 논리학자가 초월신의 내적 본질로 들어가 그 내적 본질을 범주의 체계의 용어로 기술한다고 하는 아주 기묘한 모습을 연상하기 쉽다. 그러나 헤겔이 종교적 용어를 사용할 때는 오해를 불러오기 쉽다. 그의 절대자는 그 어떤 특정한 실재나 일련의 실재와도 동일할 수 없다는 의미에서는 확실히 초월적이지만, 그리스도교의 신이 그가 창조한 우주를 초월해 있다고 하는 의미에서 초월적인 것은 아니라는 것을 상기하지 않으면 안 된다. 헤겔의 절대자는 총체성이며 이 총체성은 유한한 정신에서 그리고 유한한 정신을 통해서, 더욱이 유한한 정신이 '절대 앎'의 단계에 이르는 한 자기 자신에 대한 앎을 갖게 된다고 말하고 있다. 따라서 논리학은 자연과 역사에서 절대자의 구체적인 자기 나타냄으로부터 추상된 절대자의 자기 자신에 대한 앎이다. 다시 말하자면 논리학은 절대적 사유의 자기 자신의 본질에 대한 앎, 실재성의 과정에서 구체적으로 현존하는 이 본질에 대한 앎인 것이다.

따라서 만약 우리가 '범주'라는 말을 헤겔 자신이 쓰고 있는 것보다 어느 정도 넓은 뜻으로 쓴다면, 우리는 그의 논리학을 뭇 범주로 이루어진 체계라고 말할 수 있다. 그러나 이때, 알아 두어야 할 본질적인 점은 뭇 범주로 이루어지는 그 체계 전체는 절대자 자신의 전진적인 규정이라는 것이다. 헤겔은 존재라는 개념으로부터 출발한다. 이것은 그에게는 이 개념이 가장 무한정(無限定)이며 논리학적으로 보아 앞서는 개념이기 때문이다. 그래서 다시 그는 이 개념으로부터 계속되는 여러 개념으로 어떻게 필연적으로 나가는가를 차례로 보여 주고, 마침내 우리는 절대적 이념에, 자기 앎이나 자기의식의 개념 또는 범주에, 곧 자기 사유적 사유에 이른다. 그러나 절대자는 물론 뭇 범주나 개념이 한 가닥의 실이나 사슬처럼 되어 있는 것은 아니다. 절대자란 무엇이냐고 묻

---

1. *W*, IV, p. 46; *J-S*, I, p. 60. *J-S*라는 문자는 W. H. 존스톤(Johnston)과 L. G. 스트러더즈(Struthers)에 의한 《논리학》의 영역을 나타낸다.

는다면 절대자는 존재라고 대답할 수 있다. 그리고 존재란 무엇이냐고 묻는다면 결국은 존재는 자기사유적 사유 또는 정신이라고 대답하지 않을 수 없을 것이다. 이와 같은 사정을 보여 주는 것은 논리학자에 의하여 완성되는 것이지만, 이것을 보여 주는 과정은 분명 하나의 시간적인 과정이다. 그러나 절대자 자신은, 대충 말하자면, 아침 일곱 시에 존재로서 출발하여 저녁 일곱 시에 자기사유적 사유로 끝나는 것이 아니다. 절대자는 존재라고 말하는 것이 절대자는 자기사유적 사유라고 말하는 것이기도 하다. 그러나 이러한 일에 대한 논리학자에 의한 논증, 곧 존재의 의미에 대한 논리학자에 의한 체계적인 변증법적 해명은 하나의 시간적인 과정이다. 하지만 범주의 체계 전체는 말하자면 자기 자신을 향하는 것만으로 닫혀 있다는 것을 보여 주는 것이 바로 논리학자의 일인 것이다. 시작은 끝이요 또 끝은 시작이다. 곧 최초의 범주와 개념은 그 밖의 모든 것을 잠재적으로 품고 있으며, 최후의 범주나 개념이 최초의 것의 마지막 명시(明示)인 것이다. 곧 최후의 것이 최초의 것의 참의미를 주는 것이다.

헤겔이 종교적 또는 신학적 언어를 쓰는 일은 드물지 않지만, 그런 말을 써 보면 이 점을 쉽사리 이해할 수 있다. 신은 존재이고 또한 자기사유적 사유이다. 그러나 '또한' 이란 말은 사실은 적절하지 않다. 신은 존재라고 말하는 것은 신이 자기사유적 존재라고 말하는 것이기도 하기 때문이다. 철학자는 이 일을 체계적으로 보여 주지만, 그것은 하나의 시간적 과정이다. 그러나 그 과정이 시간적이라고 하는 것은 명백히 신의 본질 자체에는 아무 작용도 미치는 것이 아니다. 물론, 헤겔의 절대자와 그리스도교 신학의 신 사이에는 큰 차이가 있다. 그러나 헤겔의 절대자는 자기 자신이 되어 가는 과정에 있다고는 하지만, 논리학에서 우리가 관여하는 것은 그렇게 되어 가는 현실의 과정, 로고스의 현실화

가 아니다. 논리학에서 우리가 관여하는 것은 절대자 '자체' 곧 논리학
적 이념이다. 그리고 이것은 시간적인 과정이 아니다.

　헤겔의 논리학의 변증법적 운동은 처음의 세 범주를 보기로 해서 분
명하게 설명할 수 있다. 절대자에 대해 논리학적으로 보아 앞서는 개념
은 존재의 개념이다. 그러나 순수 존재(*reines Sein*)라고 하는 개념 또는
범주는 전적으로 무한정이다. 그리하여 전적으로 무한정한 존재라는
개념은 비존재라는 개념에로 나아간다. 다시 말하자면, 우리가 아무 한
정을 갖지 않은 존재를 생각하려고 하면, 우리가 생각하고 있는 것은
아무것도 아닌 무(無)라는 것을 알게 된다. 정신은 존재로부터 비존재
로 나가고 또 비존재로부터 존재로 돌아간다. 정신은 그 어느 쪽에도
머무를 수 없으며 그 각각이 자기가 대립하는 것 속에서 말하자면 소실
된다. "그러므로 양자의 진리는 한쪽이 다른 쪽으로 즉시 소실된다는
운동이다."[2] 그리고 존재로부터 비존재로, 또 비존재로부터 존재로의
이러한 운동은 생성이다. 그러므로 생성이 존재와 비존재의 종합이다.
곧, 생성이 양자의 통일이며 진리다. 따라서 존재는 생성으로 이해되지
않으면 안 된다. 달리 말하자면, 절대자에 대한 존재라는 개념은 절대
자에 대한 생성이란 개념, 자기 발전의 과정이라고 하는 개념인 것이
다.[3]

　우리가 보통 사물을 보는 방식에 따르면 하나의 모순이 우리를 꼼짝
못하게 만든다. 존재와 비존재는 서로 배타적이다. 그러나 우리가 이렇
게 생각하는 것도 우리가 존재를 한정을 가진 존재로, 그리고 비존재를
이 한정에 대한 비존재라고 이해하기 때문이다. 그러나 헤겔이 보는 바

---

2. *W*, IV, p. 89; *J-S*, I, p. 95.
3. 이렇게 말했다고 해서 논리학에서의 절대자의 비시간적인 본성에 대해 말한 것과 모순되는 것은 아니
　다. 우리가 여기서 관여하고 있는 것은 절대자의 자기 현실화의 현실적 과정은 아니기 때문이다.

로는 순수 존재는 무한정이고, 공허 또는 공무(空無)다. 그리고 바로 이 이유로 순수 존재는 그 대립하는 것으로 나아간다는 것이다. 그러나 헤겔로서는 모순이야말로 적극적인 힘을 가지고 있으며, 이 모순의 힘에 의하여 정립도 반정립과 함께, 한층 높은 차원의 통일 또는 종합의 추상적인 계기라는 것이 드러난다. 그리고 존재와 비존재의 두 개념의 그와 같은 통일이 생성의 개념이다. 그러나 이 통일로부터도 계속해서 '모순'이 생기며, 그 결과 정신은 존재의 의미를 찾아, 곧 절대자 자체의 본질을 찾아 앞으로 내몰리는 것이다.

존재와 비존재, 곧 무(無)와 생성이 헤겔의 논리학의 처음 부분의, 곧 이른바 존재의 논리학(*die Logik des Seins*)의 최초의 삼지구조(triad)를 이루고 있다. 이 처음 부분이 관여하고 있는 것은 존재 자체의 범주들로 관계의 범주들과 구별된다. 그리고 논리학의 이 처음 부분에서 그 범주들의 세 개의 주요한 부류는 지금 말한 삼지구조를 포함하는 질과 양과 도량(度量)이다. 도량은 질과 양의 종합이라고 한다. 도량은 사물의 본성에 의하여 규정되어 있는, 곧 사물의 질에 의하여 한정되어 있는 특수한 정량(定量)이라는 개념이기 때문이다.

《논리학》의 둘째 주요 부분은 본질의 논리학(*die Logik des Wesens*)이다. 헤겔은 여기서는 본질과 현존재, 힘과 표출, 실재와 우유성, 원인과 결과, 작용과 반작용과 같은 짝을 이루고 상관되는 범주를 연역한다. 이들 범주는 반성의 범주라고 한다. 반성적 의식은 직접태로 있는 존재의 말하자면 그 표면 아래로 돌진하는데, 그들 범주는 이와 같은 반성적 의식에 상응하고 있기 때문이다. 이를테면, 본질은 현상 배후에 있는 것으로 이해되며 또한 힘은 표출되어 나타나는 실재성으로 이해된다. 달리 말하자면, 반성적 의식에서 보면 존재 자체는 자기 분열을 하는 것으로 상관적인 범주로 해체되는 것이다.

그러나 본질의 논리학에서 우리는 존재를 내적 본질과 밖으로 모양을 드러낸 현존재로 구분한 채 그대로 있는 것은 아니다. 본질의 논리학의 마지막 주요한 작은 구분은 현실성(*die Wirklichkeit*)의 범주에 주어져 있는데, 현실성은 '본질과 현존재의 통일'[4]이라고 하기 때문이다. 곧, 현실적인 것이란 밖으로 나와 현존하는 내적 본질이며 완전한 표출을 발견하고 있는 힘이다. 존재가 현상, 곧 그의 외적인 나타남과 동일시된다면 이것은 일면적인 추상이다. 그러나 또한 존재가 현상의 근저에 있는 숨어 있는 본질과 동일시된다면 이것도 일면적인 추상이다. 현실성으로서의 존재는 내적인 것과 외적인 것의 통일이다. 그것은 자기 자신을 나타내는 본질이다. 더욱이 그것은 자기 자신을 나타내지 않을 수 없는 것이다.

그런데 헤겔이 실체와 우유성, 원인과 결과, 작용과 반작용 또는 교호(交互)작용이라는 범주를 연역하고 있는 것은 현실성의 범주라고 하는 일반적인 표제 아래서이다. 더욱이 앞에서 우리가, 그의 논리학은 절대자 자신의 본성의 전진적인 규정 또는 한정이라고 말했기 때문에, 그에게 존재하는 것은 유일한 실체와 유일한 원인, 곧 절대자뿐이라는 인상을 줄지도 모른다. 달리 말하자면, 헤겔은 스피노자주의를 받아들이고 있다는 인상을 줄지도 모른다. 그러나 이것은 그의 견해에 대한 바른 해석이 아닐 것이다. 이를테면, 실체와 원인의 범주의 연역이 말하려고 하는 것은 유한한 원인이라는 것은 있을 수 없다는 것이 아니다. 현실성으로서의 절대자는 자기 자신을 나타내는 본질이기 때문이다. 그리고 이 나타남이 우리가 앎을 가지고 있는 대로의 우주다. 절대자는 단적으로 유일자인 것은 아니다. 절대자는 유일자이지만, 또한 다

---

4. *W*, IV, p. 662; *J-S*, II, p. 160.

수자이기도 하다. 곧, 절대자는 차이에서의 동일성인 것이다.

본질의 논리학으로부터 헤겔은 개념의 논리학(*die Logik des Begriffs*)로 나아간다. 개념의 논리학이 그의 이 책의 셋째 주요 부분이다. 존재의 논리학에서는 각 범주의 외관상의 자기 충족을 사유의 변증법적 운동이 분해해 버리고 말지만, 각 범주는 얼핏 보아 말하자면 자기 자신의 발로 서서 독립해 있다. 본질의 논리학에서는 우리가 관여하는 것은 원인과 결과라든지 실체와 우유성이라고 하는 명백히 상관적인 범주다. 그러므로 우리는 매개의 영역에 있다. 그러나 짝을 이루는 상관적인 범주의 각 항은 '다른 쪽에 의하여', 곧 자기 자신과는 다른 것에 의하여 매개된 것이라고 이해된다. 이를테면 원인은, 자신이 대립하는 것으로, 곧 원인과는 다른 것으로 이해되고 있는 결과로 나아감으로써 원인으로서 성립한다. 직접성의 영역과 짝을 이루는 상관적인 범주 중의 다른 쪽에 의한 매개의 영역과의 종합은 자기 매개의 영역일 것이다. 존재는 자기에게 대립하는 것으로 나아가지만, 그러나 여전히 이 자기 대립화에서조차 자기 자신과 동일한 채로 있다고 이해될 때 자기 매개라고 한다. 그리고 이 자기 매개가 헤겔이 개념(Concept)이라고 하는 것, 다시 말하자면 사념(思念, Notion)이다.[5]

말할 필요도 없지만, 사념의 논리학도 세 개의 주요한 작은 구분을 가지고 있다. 그 첫째 작은 구분에서 헤겔은 사념을 '주관성'으로, 곧 현식적인 국면에 있을 때의 사상으로서 고찰한다. 거기서 이 부분은 여느 의미에서의 논리학과 대강 대응하고 있다. 존재에 대한 일반적 관념은 자기 자신의 밖으로 나가서 한층 높은 단계에서 자기 자신으로 돌아

---

5. 'concept'란 말은 영어에서는 매우 한정된 의미밖에 갖지 않으므로 헤겔의 *Begriff*는 자주 'Notion' 으로 옮겼다.

오는데, 이것이 논리학적 사유의 운동 속에서 형식적인 존재방식에서는 어떻게 확증되는지를 헤겔은 보이려고 한다. 그래서 보편적 개념의 통일이 판단에서는 분열하지만, 삼단논법에서는 한층 높은 단계에서 재확립되는 것이다.

사념을 주관성으로 고찰한 헤겔은 계속하여 그것을 객관성으로 고찰한다. 사념의 논리학의 첫째 단계 또는 부분에서는 그는 세 계기를 인정하며, 그것은 보편적 개념과 판단과 삼단논법적 추리였는데, 마찬가지로 이 둘째 단계 또는 부분에서도 그는 세 계기를 인정하고 있다. 곧, 그것은 기계적 연관과 화학적 연관과 그리고 목적론이다. 그러므로 그는 자연철학의 주요한 생각을 선취하고 있다. 하지만 그가 여기서 관심을 가지고 있는 것은 경험적으로 주어진 현존하고 있는 실재라고 생각된 자연이라기보다 차라리 객관적인 것에 대한 사상 또는 개념인 것이다. 절대자의 본성은 이런 것이며, 그래서 그것은 자기 객관화라는 개념을 포함하고 있는 것이다.

헤겔의 변증법에 특징이 인정된다 치고 그 특징으로 보면 명백히 사념의 논리학의 셋째 단계는 주관성과 객관성의 한층 높은 수준에서의 종합 또는 통일일 것이다. 이러한 것으로서 사념은 이념이라고 불린다. 이념 속에는 형식적인 것과 질료적인 것, 주관적인 것과 객관적인 것과 같은 일면적인 요인이 집약되어 있다. 하지만 이념도 역시 자기의 여러 단계 또는 계기들을 가지고 있다. 그리하여 사념의 논리학의 이 마지막 작은 구분에서 헤겔은 차례로 생명과 앎과 절대적 이념까지의 이 양자의 통일을 고찰한다. 절대적 이념은 말하자면, 이성적인 생명으로 풍요해진 주관성과 객관성의 합일이다. 달리 말하자면, 절대적 이념은 객관에서의 자기 자신에 대한 앎을 가지며 더욱이 자신의 객관에 대해 자기 자신이라고 하는 앎을 가지고 있는 자기의식, 인격성, 자기사유적 사유

의 개념 또는 범주이다. 그러므로 그것은 정신이라는 범주이다. 종교적
으로 말하자면, 그것은 자기 자신을 총체성으로 알고 있는 자체적이며
자각적인 신의 개념이다.

　따라서 긴 변증법적인 방황 끝에 존재는 간신히 마침내 절대적 이념
으로서, 자기사유적 사유로서 자기 자신을 드러낸 것이다. 절대자는 존
재라고 하는 이 언명의 의미가 이제 명확해진 것이다. "절대적 이념만
이 홀로 **존재**이고, 영원한 **생명**이며 **자기에 대한 앎을 가지고 있는 진리**이고
더욱이 이것이 **일체의 진리**이다. 절대적 이념이야말로 철학의 유일한 주
제요 내용이다."[6] 헤겔은 물론 바로 이러한 것으로 생각된 논리학적
이념이 철학의 유일한 주제라고 말하려는 것은 아니다. 철학은 전체로
서의 실재성에, 절대자에 관여한다. 실재성은 자연과 인간 정신의 영역
이라는 의미를 갖는다. 하지만 그런 실재성도 논리학적 이념, 곧, 로고
스가 자기 자신을 현실화하는 과정이다. 그러기에 철학은 언제나 이념
에 관여하는 것이다.

2. 이념, 곧 절대자 자체의 존재론적 자격과 자연으로의 이행

　그런데 논리학적 이념, 곧 로고스가 자연과 인간 정신의 영역에서
자기 자신을 나타내거나 표현한다고 우리가 말할 때 우리는 분명 다음
과 같은 물음에 직면한다. 곧, 논리학적 이념, 곧 절대자 자체의 존재론
적 위계는 무엇인가? 논리학적 이념, 곧 절대자 자체는 세계와 따로 현

---

6. *W*, V, p. 328; *J-S*, II, p. 466.

존하며 세계 속에 자기 자신을 나타내는 실재성인가, 아니면 그렇지 않은 것인가? 만일 그렇다면, 자존적 이념이 존재할 수 있는 것은 어째서인가? 또는, 만약 그렇지 않다면, 이념이 자기 자신을 나타내거나 현실화한다고 말할 수 있는 것은 어째서인가?

《철학적 학들의 엔치클로패디》 중의 논리학의 끝에서>7 헤겔은 이렇게 언명하고 있다. 곧, 이념은 "자기의 절대적 자유에서―자기의 특수성의 계기를―곧 자기의 반영상(反影像)인 직접적 이념을 자연으로서, 자기 자신으로부터 자유롭게 나가게 하려고 **결심하는** 것이다.">⁸ 따라서 이 글에서 헤겔이 의미하고 있는 것은, 자연이 존재론적으로 이념으로부터 도출된다는 것뿐 아니라, 이념이 자유롭게 자연을 정립한다는 것이기도 한 것 같다. 더욱이 만약 이러한 의미를 문자 그대로 취한다면, 명백히 이념이란 인격적 창조신에 대한 하나의 이름으로 해석되지 않으면 안 될 것이다. 왜냐하면 그렇지 않은 의미로 이념이 어떤 일을 하려고 '결심한다'고 말하는 것은 앞뒤가 뒤바뀐 말이 될 것이기 때문이다.

그러나 헤겔의 체계를 전체로서 고찰해 보면 알 수 있는 일이지만, 이 문장에는 그리스도교의 종교적 의식에 특징적인 말투가 말하자면 침입해 있기는 하지만, 지금 말한 것과 같은 의미가 강조될 것은 아니다. 충분히 명백하다고 생각하지만, 헤겔에 따르면, 신에 의한 자유로운 창조라는 교설은 종교적 의식에 의한 형상적 또는 영상적인 말투다.

---

7. 《엔치클로패디》에 포함되어 있는 **논리학**은 소논리학으로 알려진 것이며, **대논리학**, 곧 《논리학》 (*Wissenschaft der Logik*)과 구별된다. 앞 절에서 인용한 것은 후자에서 한 것이다.

8. *W*, VI, p. 144; *E*, 191. *E*라는 문자는 《엔치클로패디》를 가리킨다. 이 책은 번호가 붙은 절로 구분되어 있으므로 영역본의 낱낱의 쪽을 참조할 필요가 없다. *W*에서 인용할 때의 해당 권수를 보면, 인용된 것이 하이델베르크 판(*W*, VI)에서인지 베를린 판(*W*, VIII~X)에서인지도 알 수 있을 것이다.

그 교설은 물론 진리를 나타내고 있지만, 순수하게 철학 고유의 언어로 나타낸 것은 아니다. 엄밀하게 철학적 입장에서 본다면, 절대자 자체는 필연적으로 자연에서 자기 자신을 나타낸다. 명백히 절대자 자체는 자기 자신 이외의 무엇에 강제되어 그렇게 하는 것이 아니다. 그 필연성은 본성의 내적 필연성이다. 로고스의 자기 나타냄에서의 비길 데 없는 자유는 자발성의 자유다. 그리하여 이러한 결과, 철학적 입장에서 보면, 절대자 자체가 창조 '이전'에 현존해 있다고 말해야 아무 의미도 없다. 자연이 존재론적으로 이념으로부터 도출된다고 해도 이념이 시간적으로 자연에 앞서는 것은 아니다.[9] 그런데 더욱이 어떤 사람들은 헤겔을 유신론적인 의미에서 해석했다. 다시 말하자면, 절대자 자체는 자연과 인간 정신의 영역에서 독립해서 현존하고 있는 인격적 존재로 그는 보고 있는 것으로 해석했다. 하지만 나는 이런 해석이 옳다고 생각하지 않는다. 물론, 이와 같은 해석을 지지하고 인용할 수 있는 문장이 있기는 하다. 그러나 그러한 문장은 똑같이 종교적 의식에 의한 표현이라고도, 곧 진리를 화상적 또는 형상적으로 언명한 것일지라도 충분히 해석할 수 있는 것이다. 게다가 체계 전체의 본성으로 보아 분명히 알 수 있는 것이지만, 절대자는 주로 인간 정신에서 그리고 인간 정신을 통해서 현실적 자기의식에 다다른다. 다만 이미 설명했듯이 이것은 인간 의식이 그렇게 애쓰지 않고도 신적 자기의식과 같게 된다는 의미는 아니다. 절대자가 자기 자신에 대한 앎을 갖는 것은 인간 정신에서 그리고 그것을 통해서, 더욱이 인간 정신이 한갓된 유한성과 특수성을 넘어서 높아지고, 절대 앎의 단계에 도달하는 한에서라고 하기 때문이다. 그러나 요컨대, 절대자가 주로 인간 정신에서 그리고 인간 정신

---

9. 이를테면 *W*, IX, pp. 51~4; *E*, 247을 참조할 것.

을 통해서 현실로 존재하게 된다면 절대자 자체가, 논리학적 이념이 자연을, 곧, 정신의 영역이 현존하기 위한 객관적 전제조건인 자연을 정립하려고 '결심한다'고 말하는 것은 적절하지 못하다. 만약 그와 같은 말투를 쓴다면 종교적 의식에 특징적인 생각에 말하자면 양보하고 있는 것이 되기 때문이다.

하지만 절대자 자체에 대한 유신론적 해석을 배제하면,[10] 논리학적 이념으로부터 자연에로의 이행은 어떻게 이해해야 하는 것일까? 만약 그 이행을 실재적인 존재론적 이행이라고 생각한다면, 곧 자립적인 이념이 필연적으로 자연에서 자기 자신을 나타내는 것으로 생각한다면, 명백히 헤겔이 하나의 테제를 세우고 있다고 우리는 보고 있는 셈이 된다. 하지만 그러한 테제는 온건하게 말할지라도 좀 엉뚱한 데가 있다. 그는 즉시 셸링이 '소극철학'을 논란했을 때의 비판, 곧 관념으로부터 우리가 연역할 수 있는 것은 오직 다른 관념뿐이고, 하나의 이념으로부터 현존하는 세계를 연역하는 일은 전혀 불가능하다는 비판에 노출되고 만다.

따라서 이념으로부터의 자연의 존재론적 도출이라는 생각을 어떤 사람들은 전적으로 배제하려고 애썼지만, 이것은 이해할 수 있는 일이다. 절대자는 총체성이며 우주다. 더욱이 이 총체성은 하나의 목적론적 과정이며, 자기사유적 사유의 현실화다. 하지만 이 과정의 본질적인 본성에 대해서는 이것을 추상하고 추출해서 고찰할 수가 있다. 그때 이 본성은 논리학적 이념이라는 형태를 취한다. 그러나 그것은 논리학적으로 보아 자연에 앞서 있으며, 또 자연의 시동인(始動因)인 자존적인

---

10. 유신론적 견해는 확실히 종교적 의식과 이 의식 자신에 특징적인 표현에 관한 한 헤겔의 인정을 받고 있다. 그러나 우리가 여기서 논하고 있는 것은 엄밀하게 철학적인 관점이다.

실재성으로서 현존하는 것은 아니다. 이념은 목적론적 과정의 시원에 있는 자존적인 실재성보다 차라리 그 과정의 목표, 곧 결과를 반영한다. 그러므로 시동인인 논리학적 이념으로부터의 자연의 존재론적 도출이란 물음은 없다. 그리하여 이른바 이념으로부터 자연을 연역하는 것은 다음과 같은 사실 또는 단언된 사실을 제시한다. 곧, 실재성의 총체적 과정의 목표를 실재화하기 위해서는, 인간 정신에서 그리고 인간 정신을 통해서 우주가 자기 자신에 대한 앎을 가지려면, 자연이 필수 전제조건이라는 것이다.

지금 말한 방향에서의 해석으로는, 세계와는 전혀 별개의 실재성, 또는 세계의 외적인 시동인으로서의 논리학적 이념이라고 하는 따로 떨어진 존재가 부정된다. 그런 한, 이 해석은 받아들이지 않으면 안 된다고 나는 생각한다. 헤겔의 생각으로는, 무한자는 유한자에게서 그리고 유한자를 통해서 현존한다. 곧, 보편자는 낱낱의 것에서 그리고 낱낱의 것을 통해서 말하자면 삶을 얻고 자기의 존재를 갖는다. 그러므로 그의 체계에는 세계와 전적으로 독립해서 현존한다고 하는 의미에서 세계를 초월한 시동인 따위가 들어설 여지가 없는 것이다. 그러나 동시에 무한자는 유한자에게서, 그리고 유한자를 통해서 현존한다고 해도 여러 유한한 것은 생성하고 또 소멸하는 것이 분명하다. 유한한 것은 말하자면, 무한한 삶의 찰나적 나타남이다. 그래서 헤겔은 확실히 로고스에 대하여 맥박 치는 삶, 역동적인 이성 또는 사유라는 식으로 표현하는 경향이 있다. 로고스는 참으로 자기의 여러 나타남에서 그리고 그것을 통해서만 현존한다. 그러나 로고스는 부단한 삶, 가능적으로 있는 자기 자신은 현실화해 가는 존재, 곧 정신이기 때문에 아주 당연한 것이지만, 여러 찰나적인 나타남은 내재하는 하나인 삶에 존재론적으로는 의거하고 있는 것으로 간주된다. 곧, '내부'에 관계하고 있는 '외부'

라고 간주되는 것이다. 따라서 헤겔은, 로고스는 자발적으로 자연에서 자기 자신을 표현한다, 또는 자연으로 넘어간다고 말할 수가 있다. 왜냐하면 존재, 곧 절대자 또는 무한한 총체성은 여러 유한한 것의 한갓 된 뭉치가 아니라 하나인 무한한 삶, 자기 현실화하는 정신이기 때문이다. 그것은 여러 보편으로 이루어진 보편자다. 그래서 그것은 낱낱의 것에서, 또 낱낱의 것을 통해서만 현존한다 해도 그 자체는 어디까지나 존속한다. 이에 대하여 낱낱의 것은 그렇지 못하다. 그러므로 로고스가 여러 유한한 것에서 자기 자신을 표현 또는 나타낸다는 말도 아주 당연하다. 거기에 또한 절대정신이야말로 자기 자신의 자기 발전 과정을 통해 그것으로서 현존하게 되는 것이므로 질료적 자연은 당연히 정신에 대립하는 것으로 이해된다. 곧, 질료적 자연은 정신의 자기 발전 과정이 끝나고, 곧 목적에 다다르기 위한 전제조건으로서, 정신에 대립하는 것이라고 이해되는 것이다.

　이와 같은 해석은 양다리를 걸치려는 시도로 보일지 모른다. 곧, 한쪽에서는 논리학적 이념은 말하자면, 외부로부터 자연을 창조하는 자존적인 실재성으로 현존하는 것은 아니라고 한다. 그러나 또 다른 한쪽에서는 논리학적 이념은 형이상학자가 파악하는 것과 같은 존재의 본질적인 구도나 의미를 이루는 것이라는 의미에서 형이상학적 실재에 해당되는 것이며, 이 실재는 자신의 자기 나타냄에서 그리고 그것을 통해서만 현존한다고 해도, 어떤 의미에서는 논리학적으로 보아 자기 나타냄에 앞서 있다고 주장된다. 하지만 헤겔주의로부터 형이상학을 배제할 수 있다. 다시 말하자면, 어떤 초월성의 요소를 완전히 제거할 수 있다고는 나는 생각하지 않는다. 그렇게 하려면, 무한한 절대자에 대한 헤겔의 교설이 무의미해진다고 나는 생각한다. 절대자는 확실히 총체성, 우주이며, 더욱이 그것은 자기 자신의 자기 발전 과정이라고 생각

되고 있기는 하다. 그러나 내 생각에는 안팎을 구별하는 일에서 벗어날
수가 없다. 곧, 하나인 무한한 삶, 자기 현실화하는 정신은 여러 유한한
나타남에서, 그리고 그것을 통해서 삶을 얻고 자기의 존재를 갖지만,
이 하나인 무한한 삶, 자기 현실화하는 정신과 여러 유한한 나타남을
구별하는 일에서 벗어날 수는 없다. 그러나 또한 그러면서도 똑같이 여
러 유한한 나타남은 자기의 실재성을 그들 유한한 나타남에서 자기 자
신을 표현하는 하나인 삶으로부터 얻는 것이라고도 충분히 말할 수 있
다. 헤겔의 입장 안에 일종의 양의적인 요소가 있다고 해도 이는 거의
놀라운 일이 아니다. 왜냐하면 만약 그런 요소가 없다면 그의 철학에
여러 가지 다른 해석이 생기는 일은 거의 없었을 것이기 때문이다.

3. 자연철학

"자연은 **자체적으로는**, 곧 이념에서는 신적이다. … 그러나 자연이 현
존할 때, 자연의 존재는 자기의 개념에 상응하지 않는다"[11]고 헤겔은
말한다. 종교적 표현을 쓴다면, 신의 정신 안에 있는 자연에 대한 관념
은 신적이지만, 그러나 현존하는 자연에서의 이 관념의 대상화는 신적
이라고 할 수가 없다. 왜냐하면 자연에 대한 관념이 질료적 세계에서,
곧 신을 가장 닮지 않은 것에서 표현되어 있다는 사실은 그 관념이 오
로지 타당하지 않은 꼴로 표현되어 있음을 의미하고 있기 때문이다. 신
은 질료적 세계에서는 타당한 꼴로 나타날 수가 없다. 철학의 용어를
쓰자면, 절대자는 정신으로 규정된다. 그러므로 절대자는 정신의 영역

---

11. *W*, VI, p. 147; *E*, 193.

에서만, 타당한 꼴로 자기 자신을 나타낼 수가 있다. 자연은 정신의 영역이 현존하기 위한 전제조건이기는 하다. 그러나 자연은, 그 합리적인 구조에서 정신의 흔적을 띠고 있다 해도 그 자체는 정신이 아니다. 셸링처럼 자연은 졸고 있는 정신이든가 눈에 보이는 정신이라고 할지도 모른다. 그러나 자연은 본래의 정신은 아니다. 곧, 자기 자신을 의식할 만큼 깬 정신은 아니다.

정신은 자유다. 이에 대해 자연은 자유의 영역이라기보다 오히려 필연성의 영역이다. 자연은 또 우연성(*Zufälligkeit*)의 영역이기도 하다. 이를테면, 순수하게 합리적인 범형이 요청하는 것과 같은 구별을 자연이 그 어떤 똑같이 명쾌한 방식으로 보여 주는 일 따위는 없다. 이를테면, 자연에는 어떤 종의 유형과도 명백히 합치하지 않는 '기형적인 생물'이 있다. 또 거기에는 자연 쪽에서의 일종의 바커스제의 광란 소동의 결과로서 그 어떤 합리적인 필연성의 결과도 아니라고 생각되는 자연의 종조차 있다. 자연은 소여의 여러 종을 구성하는 개체의 수와 맞먹을 정도로 풍부한 여러 형태를 낳으며, 자연은 그러한 풍부한 여러 형태로 분방하게 다채로워 보인다. 그들의 형태는 그 어떤 논리학적인 연역도 피하고 만다. 확실히, 어떠한 자연적 대상에 대해서도 물리학적인 인과관계의 용어를 써서 경험적인 설명을 할 수는 있다. 그러나 물리학적인 인과관계의 용어를 써서 경험적인 설명을 하는 것은 논리학적인 연역을 하는 것과는 같지 않다.

확실히 자연은 낱낱의 것이 없으면 현존할 수 없다. 이를테면, 자연에 대한 내재적인 관점을 취하는 목적론은, 낱낱의 유기체가 없으면 성립할 수 없다. 보편자는 그 낱낱의 것에서 그리고 낱낱의 것을 통해서만 현존한다. 하지만 그 결과 어떠한 주어진 개체도 그것이 속하는 종의 유형의 개념으로부터, 아니 그 어떤 더 일반적인 개념으로부터 논리

학적으로 연역할 수 있는 것은 아니다. 다만 또한 문제는 결코 낱낱의
것을 연역하는 것은 무한한 정신에 의하여서는 원리적으로 되겠지만,
유한한 정신에게는 매우 어려운, 또는 실제로는 불가능하다는 것도 아
니다. 왜냐하면 헤겔은, 자연에서의 낱낱의 대상에 대하여 물리학적으
로는 그것들을 설명할 수 있어도 논리학적으로 연역하는 것은 원리적
으로도 할 수 없다고 말하는 것 같기 때문이다. 좀 역설적으로 말하자
면, 자연에서의 우연성은 필연적인 것이다. 왜냐하면 우연성이 없다면
자연은 존재할 수 없을 것이다. 우연성은 자연에서 철학자가 떨쳐 버릴
수가 없는 한 요인이며, 이런 의미에서는 그것은 역시 실재적인 것이
다. 더욱이 헤겔은 사념으로부터의 결정에 끝까지 충실하게 우연성은
'자연의 무력함'[12] 때문이라고 한다. 이 경우 헤겔은 자연이 여러 가지
중간적 형태를 산출하면서 여러 종의 유형을 섞어 버리는 방식을 말하
고 있는 것이다. 그러나 그 요점은 우연성이 자연 자체의 무력 때문이
라고 하고 유한한 정신에게는 자연을 순수하게 합리적으로 설명할 힘
이 없기 때문이라고 하고 있지 않다는 점에 있다. 어떻든, 헤겔은 자기
의 원리에 바탕한다면, 자연에 우연성을 인정했어야 했는지 어쩐지 논
의의 여지가 있다. 그러나 그가 자연에 우연성을 인정한 사실은 의심의
여지가 없다. 더욱이 또 이 때문에 그는 자연은 이념으로부터의 이반
(*Abfall*)이라고 할 때가 있다. 다시 말하자면, 우연성이야말로 이념에
관해서는 자연이 외면성이라는 것을 나타내고 있다. 그 결과 자연을
"신이 되게 할 수는 없다."[13] 그뿐 아니라 더 나아가 헤겔은 천체와 같
은 자연 현상을 예술작품이나 국가와 같은 인간 정신의 창작물보다 한
층 더 높은 의미에서 신의 작품이라고 보는 것은 잘못이라고도 말한다.

---

12. *W*, IX, pp. 63~4; *E*, 250.   13. *W*, VI, p. 147; *E*, 193.

피히테의 철학에서는 자연은 하나의 자리를 차지하지 못했으나 헤겔은 자연에 자리를 주었으며 이 점에서 그는 확실히 셸링을 따르고 있다. 그러나 동시에 그는 낭만주의처럼 자연을 신적이라고 보는 경향을 보이고 있지 않다.

　헤겔은 현존하는 자연을 신화하는 것을 어떤 의미로든 물리친다. 그러나 자연은 실재적인라면 절대자의 삶 속에서의 한 계기이어야 한다는 것도 여전히 사실이다. 절대자는 총체성이기 때문이다. 그러므로 헤겔은 하나의 곤란한 입장에 있게 된다. 왜냐하면 한쪽으로는 객관적 자연이 있다는 것을 그는 부정할 생각이 없기 때문이다. 더욱이 객관적 자연이 있다고 하는 주장은 그의 체계에 대해 본질적이다. 왜냐하면 절대자는 주관성과 객관성의 차이에서의 동일성이므로, 실재적 주관성이 있다면 실재적 객관성도 있어야 하기 때문이다. 게다가 또 다른 쪽으로는 절대적 관념론의 체계 안에서 어떻게 우연성이 차지하는 여지를 가질 수 있는지를 설명하기는 쉽지 않다. 그래서 만약 플라톤적 입장을 취하는 두드러진 경향이 인정된다면, 곧, 자연의 이른바 내부, 곧 자연의 합리적 구조나 이념의 반영과 자연의 외부, 곧, 자연의 우연적 국면을 구별하고 이 후자 쪽을 비합리적이고 비실재적인 것의 영역이라고 한다면, 그의 체계 안에서 어째서 우연성이 차지하는 여지가 있는지 이해할 수 있다. 어쨌든 확실히 객관적 자연이 있지 않으면 안 된다. 이념은 객관성의 형태를 취하지 않으면 안 되기 때문이다. 게다가 또한 우연성이 없으면 객관적 자연은 있을 수가 없다. 하지만 헤겔은 우연성이 존재하며 존재하지 않으면 안 된다고 하는 것을 명기하는 이상으로 이 우연성이라고 하는 요소에 대처할 수가 없다. 게다가 헤겔은 자기가 대처할 수 없는 것을 비이성적이라고 하여, 그러니까 비현실적이라고 하여 추방하는 경향이 있다. 이성적인 것은 현실적인 것이며 현실적인

것은 이성적이기 때문이다. 따라서 분명히 헤겔은 일단 우연성을 인정
했다면, 어떤 종류의 이원론을 인정하든가 아니면 자연에서의 우연적
인 요소는 '참으로 현실적이 아니다' 와 같이 깨끗이 치워 버리든가 어
떤 쪽으론가 몰린 것이다.

그러나 그렇다고 해도 헤겔이 논하는 바로는, 자연은 "여러 계제로
이루어진 하나의 체계로 생각되어야 하며, 그 하나의 계제는 다른 계제
로부터 필연적으로 생기는 것이다."¹⁴ 그러나 분명히 이해되어야 하는
것은, 자연에서의 여러 계제 또는 단계로 이루어진 이 체계는 개념의
변증법적 발전이지 자연의 경험적 역사는 아니다. 확실히 헤겔은 호방
한 방식으로 진화론을 물리치고 있으며, 이런 것을 보는 것은 다소 흥
미로운 일이기는 하다.¹⁵ 그러나 자연에 대한 이런 종류의 가설은 어
느 것이건 헤겔이 주장하는 자연철학과는 관계가 없다. 왜냐하면 그런
종류의 가설은 시간적 계기(繼起)라는 생각을 취하지만, 이런 생각은
자연의 여러 단계의 변증법적 연역 가운데는 조금도 차지할 여지가 없
기 때문이다. 그래서 헤겔은 만약 진화론적 가설이 널리 받아들여진 시
대에 살았다고 해도 이렇게 말하지 않을 수 없었을 것이다. "사실, 진화
론에 대해 내가 말한 대로 되지는 않았을 것이다. 그러나 어쨌든 진화
론은 경험적 가설이며, 그것이 받아들여지든 또는 배척되든 내 변증법
의 정당성에는 아무 영향도 없다."

예상되는 바와 같이 헤겔의 자연철학은 그 수에서 세 개의 주요부로
구분되어 있다.《엔치클로패디》에서 그것들은 수학과 물리학과 유기적
자연학인데, 자연철학 강의에서 그것들은 역학과 물리학과 유기학이
다. 그러나 그 어느 경우에도 헤겔은 공간으로부터, 곧 마음 또는 정신

---

14. *W*, VI, p. 149; *E*, 194.   15. *W*, IX, pp. 59~62; *E*, 249.

으로부터 가장 멀리 떨어져 있는 것으로부터 출발하고, 더욱이, 자연의 모든 단계 중에서 정신에 가장 가까운 동물적 유기체까지 변증법적으로 운동해 간다. 공간은 순전한 외면성이다. 유기체에서 내면성이 발견된다. 주관성은 비록 그것이 자기의식의 형태를 취하고 있지 않더라도 동물적 유기체에서 나타난다고 할 수 있다. 자연에 의하여 우리는 정신의 입구까지, 그러나 오직 입구까지만 데려와지는 것이다.

　헤겔의 자연철학의 세부를 뒤쫓아 가는 것은 거의 의미가 없을 것이다. 그러나 주의해야 할 것은 그는 자기 자신의 어떤 자기만의 철학적 방법에 의하여 과학자의 일을 다시 한번 깡그리 해 보려는 것은 아니라는 것이다. 오히려 그가 관심을 가지고 있는 것은, 관찰이나 과학적 연구를 통해 지식을 얻고 있는 자연에서 역동적인 이성적 범형의 보기를 발견하는 것이다. 그러나 그것은, 자연 현상은 있는 그대로의 것이다. 다시 말하자면, 헤겔이 있는 그대로라고 믿는 바의 것임을 제시하려고 하는 괴상한 시도가 되어 버리는 일이 있을지도 모른다. 왜냐하면 자연 현상은 있는 그대로의 것이라야 한다는 것이 이성적이며, 따라서 말하자면, 결국 가장 좋기 때문이다. 그러나 그렇다고 하면, 헤겔이 우위에 서는 입장에서 경험과학을 내려다보는 경향이 있는 것은 흥미 있는 일이라 해도, 동시에 자연에 대한 이런 종류의 사변적인 학, 곧 한층 위의 학의 가치가 어느 정도 의심스럽게 느껴져도 무리는 아닌 것이다. 더욱이 헤겔은 경험과학을 물론 인정하고 있다고 이해되지 않으면 안 된다. 단지 그는 때로 반드시 자기의 평판을 위해 유리한 것도 아닌데, 논쟁을 불러일으키는 문제에서 경험과학 편을 드는 일이 있는데, 어쨌든, 문제는 전적으로 아 프리오리한 방식으로 사실을 연역하는 체하는 것보다 사실을 개념적인 도식 속에 집어넣는 것이다.

4. 정 신 으 로 서 의 절 대 자 , 주 관 적 정 신

"절대자는 정신이다. 이것이 절대자에 대한 최고의 규정이다. 이 규
정을 찾아내고 이 규정의 내용을 이해하는 것이 모든 문화와 철학의 마
지막 동기였다고 할 수 있을지도 모른다. 모든 종교와 학은 이 점에 이
르려고 노력해 온 것이다."[16] 즉자적인 절대자는 정신이다. 그러나 그
것은 현실적인 정신이라기보다 가능적인 정신이다.[17] 대자적인 절대
자, 곧 자연도 정신이다. 그러나 그것은 '자기 소외적 정신'이며,[18] 종
교적인 표현을 쓰자면, 헤겔이 말하는 것처럼 자기의 타재(他在)에 있
는 신이다. 인간 정신에까지 도달했을 때 겨우 정신이 그것으로서 현존
하기 시작한다. 헤겔은 인간 정신을 그의 체계의 셋째 주요 부분인 정
신철학에서 논하고 있다.

말할 것도 없이 정신철학도 세 개의 주요 부분, 곧 작은 구분을 갖는
다. '정신에 대한 교설의 처음 두 부분은 유한한 정신을 논하지만'[19]
셋째 부분은 절대정신을, 자기사유적 사유로서 구체적으로 현존하는
로고스를 다룬다. 이 절에서 우리가 관여하는 것은 그중의 첫째 부분뿐
이며 헤겔은 그 부분을 '주관적 정신'이라고 불렀다.

정신철학의 이 첫째 부분도 헤겔이 전면적으로 침투시킨 변증법적
인 도식에 따라서 그 아래 다시 세 개의 부분으로 작게 구분된다. 그는
우선 인간학이란 표제 아래 감각적 주관과 감정적 주관으로서의 마음
(*Seele*)을 논하고 있다. 마음은 말하자면, 자연으로부터 정신으로 넘어

---

16. *W*, VI, p. 228; *E*, 302.
17. 논리학적 이념은 그것이 바로 그러한 것으로서 고찰되는 경우에는 가능적인 정신이라기보다 차라리
    정신의 범주, 곧 자기사유적 사유의 범주다.
18. *W*, IX, p. 50; *E*, 247.   19. *W*, VI, p. 229; *E*, 305.

오는 이행점이다. 마음은 곧, 한쪽으로는 자연의 관념성을 드러내지만, 또 다른 쪽으로는 "정신의 **잠**일 뿐이다."[20] 다시 말하자면, 마음이 향수하는 것은 자기감정(*Selbstgefühl*)이지 반성적 자기의식이 아니다. 마음은 자기의 여러 감정이라고 하는 특수성에 빠져 있다. 그래서 마음은 체현한 것, 곧 마음의 외면성인 신체로서 현실적이다. 마음과 신체는 인간적 유기체의 내적 국면과 외적 국면인 것이다.

　헤겔은 이 한정된 의미의 마음의 개념으로부터 의식의 현상학으로 나아간다. 거기서는 《정신현상학》에서 이미 논해진 몇 가지 주제가 다시 논해진다. 인간학 절에서의 마음은 아직 차이를 갖지 않은 통일로서 주관적 정신이 그의 가장 낮은 단계에서 고찰된 것이었다. 그러나 의식의 단계에서는 주관적 정신은 객관에 직면하고 있다. 곧, 처음에는 주관에 대해 외적이며 주관과는 독립된 것이라고 간주된 객관이 다음으로 자기의식에서는 자기 자신에 직면하고 있다. 그러나 결국 주관은 보편적 자기의식에까지 높아 간다고 말해지며 이 보편적 자기의식에서 주관은 다른 여러 자기를, 자기 자신과는 별개이지만, 또한 자기 자신과 한 몸이라고도 인정한다. 따라서 여기서는 의식(곧, 주관에게 외적인 것에 대한 의식)과 자기의식이 한층 높은 단계에서 통일되어 있다.

　주관적 정신의 철학의 셋째 절은 '정신'(*Geist*)이라는 제목이 붙어 있으며 유한한 정신 자체의 여러 능력 또는 그 활동의 일반적 양태들이 고찰되고 있다. 우리가 단적으로 관여하는 것은 이미 졸고 있는 정신, 곧 인간학의 절에서의 '마음'이 아니며, 또한 의식의 현상학에서와 같이 자아, 곧 객관과의 상관관계에 있는 주관도 아니다. 우리는 하나의 상관관계 중의 한 항인 유한한 정신으로부터 정신 자체로 돌아와 있다.

---

20. *W*, VI, p. 232; *E*, 309.

단, 마음보다 한층 높은 단계로 돌아와 있는 것이다. 어떤 의미에서, 우리가 관여하는 것은 의식의 현상학이기보다 차라리 심리학이다. 그러나 여기서 문제 되는 심리학은 경험심리학은 아니고 유한한 정신 자체의 활동의 모습을 취하고 논리학적으로 잇따라 일어나는 개념들의 단계를 변증법적으로 연역하는 것이다.

헤겔은 유한한 정신의 활동을 그 활동의 이론적 국면과 실천적 국면과의 두 국면에서 고찰하고 있다. 이론적 국면에서 그가 논하고 있는 것은 이를테면, 직관, 기억, 구상력, 사유이며, 다른 한편 실천적 국면에서 그가 논하고 있는 것은 감정, 충동, 의지이다. 그리고 그의 결론에서는 "현실적인 자유로운 의지가 이론적 정신과 실천적 정신과의 통일이다. 이 의지는 **자각적으로 자유로운 의지로서 현존하는 자유로운 의지이다.**"[21] 그는 물론 자기의 자유를 의식하고 있는 의지를 말하고 있는 것이다. 그리하여 이 의지는 '자유로운 **지성**으로서의 **의지**'이기도 하다.[22] 따라서 정신 자체의 개념은 이성적 의지(*der vernünftige Wille*)라는 개념이라고 할 수 있다.

하지만 "아프리카도 동양도 이 대륙의 전 지역이 이 자유라는 개념을 일찍이 갖지 못했으며 지금까지도 갖지 못하고 있다. 그리스인과 로마인은, 플라톤도 아리스토텔레스도, 그리고 또 스토아학파의 철학자들도 이 생각을 갖지 못했다. 그뿐 아니라 그들이 알고 있었던 것은 오직 인간은 태어남으로써(아테네나 스파르타 등의 시민으로), 또는 성격의 강인함이나 교육이나 철학에 의하여(현자는 노예요 사슬에 매어 있을 때조차 자유이다) 현실로 자유라는 것뿐이었다. 자유라는 생각이 세상에 들어온 것은 그리스도교를 통해서이며, 그리스도교에 의하면

---

21. *W*, X, p. 379; *E*, 481.   22. *Ibid.*

개인 **자체가 무한한** 가치를 가지고 있다. … 곧, 인간 **자체가** 최고로 자유이도록 정해져 있다."[23] 이러한 자유의 실현이라는 관념은 헤겔의 역사철학에서 하나의 열쇠가 되는 관념이다.

5. 권리 또는 법의 개념

이미 보았듯이 절대자 자체는 자연에서 자기 자신을 객관화, 곧 표현한다. 그러므로 또한 정신 자체도 자기 자신을 객관화, 곧 표현하는 것이며 자기의 직접성의 상태로부터 말하자면 나간다. 이렇게 해서 우리는 '객관적 정신'의 영역에 이른다. 이 영역은 정신철학 전체에서 두 번째 주요 부분이다.

객관적 정신의 첫째 단계는 권리 또는 법의 영역이다. 인격은 자기의 자유를 의식하고 있는 개인적 주체이며, 자유인 정신으로서의 자기의 본성에 외적인 표현을 주지 않으면 안 된다. 곧, 인격은 "자기 자신에게 자유의 외적 영역을 주지" 않으면 안 된다.[24] 그래서 인격은 여러 가지 물건들의 영역 중에서 자기의 의지를 표현함으로써 그 일을 한다. 곧 인격은 물건을 실제로 자기 것으로 소유하고 사용함으로써 자기의 자유로운 의지를 표현한다. 인격임으로써 재산권 같은 여러 가지 권리를 보유하고 사용할 수가 있다. 물건은 바로 그것이 물질적이고 정신적이 아니기 때문에 아무 권리도 가질 수가 없다. 물건은 이성적 의지를

---

23. *W*, X, p. 380; *E*, 482.
24. *W*, VII, p. 94; *R*, 41. *R*이라는 문자는 《법철학》을 나타낸다. 이하에서 인용되고 있는 것은 절의 번호다. *R*에서 인용할 때의 '추가'라는 말은 헤겔이 원래의 본문에 대해 덧붙인 추가를 말한다. T. M. 녹스(Knox) 교수에 의한 영역에서는 이 추가가 원래의 본문 번역의 책 말미에 인쇄되어 있다.

표현하기 위한 도구다. 물(物)은 점유되고 사용됨으로써 그의 비인격적인 본성이 현실로 드러나며 그 구실을 다한다. 그뿐 아니라 더욱이 그처럼 이성적 의지와 관계함으로써 물은 어떤 의미에서 높여진다.

인격이 어떤 물의 임자가 되는 것은 의지만의 전적인 내면적 행위에 의해서가 아니라 실제로 자기의 것으로 소유함으로써, 곧 말하자면, 그 물에다 자기의 의지를 구현함으로써이다.[25] 그러나 인격은 또한 그 물에서 자기의 의지를 거두어들이고 그럼으로써 그 물을 양도할 수도 있다. 더욱이 이러한 것이 가능한 것은 그 물이 인격에게 외적이기 때문이다. 이를테면 사람은 집에 대한 자기의 권리를 포기할 수 있다. 그는 또한 어떤 제한된 시간 사이, 어떤 구체적으로 제시된 목적을 위해 자기가 노동할 권리를 포기할 수도 있다. 그때 그의 노동은 외적인 것으로 간주될 수 있기 때문이다. 그러나 그는 자기 자신을 노예로 내줌으로써 자기의 자유를 모두 양도할 수는 없다. 그의 자유의 전부가 자기 자신에 대해 외적인 것으로 간주될 수는 없으며 또 당연히 있을 수 없기 때문이다. 게다가 또한, 그의 도덕적 양심이나 그의 종교가 외적인 것으로 간주되는 일도 있을 수 없을 것이기 때문이다.[26]

헤겔의 좀 기묘한 변증법적 발전에서 재산의 양도라는 개념으로부터 계약(Vertrag)이라는 개념이 이끌어 내진다. 사실, 재산의 양도는 어떤 것으로부터 사람이 말하자면 자기의 의지를 철회하고 그것을 임자가 없는 상태로 놓아둘 수 있다. 나는 그와 같은 방식으로 하나의 우산을 양도할 수 있다. 그러나 그때 우리는 여전히 재산에 대한 추상적인

---

25. 헤겔은 재산의 권리에 대해 추상적으로 말하고 있다. 말할 것도 없이, 일단 사회라고 하는 개념이 도입되면 적법적인 소유의 범위는 한정된다.

26. 여기서 언급하고 있는 것은 내면적인 것으로서의 종교다. 유기체적 사회의 상태에서는 종교적 신념의 외적인 표현은 사회적으로 유해할 때는, 침범할 수 없는 것이라고 주장할 수 없다.

개념의 영역 안에 있다. 우리는 이 영역을 넘어서 앞으로 나가지만, 그 것은 재산에 관한 두 사람 또는 그 이상의 개인의 의지의 통일이라고 하는 개념을 들여옴으로써, 곧, 계약이라는 개념에로 발전함으로써 인 것이다. 어떤 사람이 다른 사람과 합의하여 증여하거나, 매각하거나, 교환하거나 할 때는 두 사람의 의지가 합쳐지는 것이다. 그러나 그는 또 어떤 재산을 공동으로 한 목적을 위해 점유하고 사용할 것을 한 사 람 또는 그 이상의 인격과 합의할 때가 있다. 그리하여 그 경우에는 여 러 의지의 일치는 외적인 것에 의하여 매개되어 있기 때문에 더 한층 명백하다.

　계약은 여러 의지의 일치에 바탕하고 있다. 하지만 그렇다고 해서 계약하고 있는 사람의 낱낱의 의지가 끝까지 일치할 것이라는 보증은 분명 아무것도 없다. 이런 의미에서 여러 의지의 하나의 공통의지에의 합치는 우연적이다. 더욱이 이 일치는 자기 자신을 부정할 가능성을 자 기 안에 품고 있다. 이 부정을 현실로 보여 주는 것이 부정(不正)이다. 부정의 개념은 그러나 몇 단계를 거쳐 나간다. 그리하여 헤겔은 사기, 범죄, 폭력과 같은 (다른 인격의 권리들에 대한 악의나 무시의 결과라 기보다 차라리 그에 대한 바르지 못한 해석의 결과인) 시민적 부정을 차례로 고찰한다. 더욱이 범죄라는 개념으로부터 그는 형벌도 주제로 삼게 된다. 하지만 그는 형벌을 부정을 상쇄(相殺)하는 것으로 해석하 며, 더욱이 부정의 이 상쇄는 범죄자 자신의 암묵의 의지에 의해서마저 요구된다고 말하고 있다. 헤겔에 의하면 범죄자는 제지되거나 교정되 지 않으면 안 되는 동물처럼 다루어지면 안 된다. 범죄자는 이성적인 자유로운 존재로서 형벌을 통해 자기의 범죄를 상쇄하는 데 암묵적으 로 동의하고 있다. 아니, 그것을 요구하고 있다고까지 말할 수 있는 것 이다.

그런데 어떻게 헤겔이 계약의 개념으로부터 부정의 개념으로 인도 되는가를 이해하기는 쉽다. 계약은 자유로운 행위로서 위반될 가능성 을 수반하기 때문이다. 그러나 어떻게 당연한 것으로서 부정의 개념을 재산과 계약의 두 개념의 한층 높은 수준에서의 통일로 볼 수 있는가를 이해하기는 쉽지 않다. 하지만 분명히 헤겔의 변증법은 엄밀하게 필연 적인 연역의 과정이기보다 자주 어떤 하나의 생각을 얼마라도 자연스 러운 형태로 다른 생각에로 이끌어 가는 이성적인 반성의 과정이다. 그 래서 그가 비록 획일적인 삼지구조(triad)라는 도식을 끝까지 고수한다 해도 그러한 도식을 강요하는 것은 큰 의미가 없다.

6 . 도 덕 성

부정(不正)의 영역 안에서는 특수의지와 보편의지 사이에 대립이 있 다. 옳음의 원리인 보편의지는 계약에서 표현되는 공통의지 속에 잠재 적으로 있다. 그러나 적어도 범죄라는 형태의 부정에 대해서는 특수의 지와 보편의지가 대립해 있다고 말할 수 있다. 특수의지는 공정(公正) 을 부정하는 것이며 더욱이 그렇게 함으로써 그것은 보편적이라는 의 지라는 생각이나 관념을, 곧 이성적인 자유로운 의지 자체를 부정한다. 앞에서 보았듯이 형벌은 이와 같은 부정의 부정이다. 그러나 형벌은 외 적인 권위에 의하여 과해진다는 의미에서 외적이다. 특수의지와 보편 의지와의 대립을, 또는 특수의지에 의한 보편의지의 부정을 타당한 방 식으로 극복할 수 있는 것은 오로지 특수의지가 보편의지와 조화를 이 루고 있을 때이다. 다시 말하자면, 특수의지가 있어야 하는 것이 되는 경우, 곧 전적인 특수성과 이기성을 넘어서 높아진 의지의 개념과 일치하는 경우이다. 그와 같은 의지가 도덕적 의지다. 그리하여 우리는 권리 또는 법의 개념으로부터 도덕성(*Moralität*)의 개념으로 이행하게 된다.

그런데 주의해 두는 것이 중요한데, 헤겔은 '도덕성'이란 용어를 여느 용법보다 더 한정된 의미에서 쓰고 있다. 물론 이 용어는 여느 용법으로는 여러 가지로 쓰일 때가 있다. 그러나 우리가 도덕성에 대해 생각할 때 우리가 일반적으로 생각하는 것은, 여러 기성의 의무를 특히 어떤 하나의 사회적인 틀 안에서 수행한다는 것이다. 이에 대해 헤겔은, 이를테면 가족이나 또는 국가에 대한 낱낱의 의무란 것은 도외시하는 것이며, '의지 일반의 내면에 있는 한에서의 의지 결정(*Willensbestimmtheit*)'[27]이라고 그가 부르는 것을 위해 이 용어를 쓰고 있다. 도덕의지는 자기 자신에로 돌아와 있는 자유로운 의지다. 곧, 그것은 자기 자신이 자유라고 의식하고 있으며, 자기 행위의 원리로서는 오직 자기 자신밖에 인정하지 않고, 어떤 외적인 권위도 인정하지 않는 자유로운 의지다. 그런 것으로서의 이 의지는 자체적으로뿐 아니라 자각적으로도 '무한' 하다. 곧, 보편적이라고 일컬어진다. "도덕의 입장은 **자체적**으로뿐 아니라 **자각적**으로도 **무한한** 한에서의 의지의 입장이다."[28] 그것은 자기 자신 아무런 한정을 받지 않고 자기 자신의 행위의 원리를 제시하는 원천이라고 의식하고 있는 의지인 것이다. 그런데 헤겔은 확실히 여기서 책무(責務)나 당위(*Sollen*)의 문제를 제출하고 있다. 왜냐하면 특수한 유한한 의지라고 생각된 의지는 보편적이라고 생각된 의지와 일치하지 않을 때가 있고, 따라서 보편적 의지에 의하여 의지된 것이 특수한 의지에게는 요구나 책무로 생각될 수 있기 때문이다. 게다가 또한 앞으로 보게 되듯이, 그는 행위를 자기의 행위에 대한 주체의

---

27. *W*, X, p. 392; *E*, 503.   28. *W*, VII, p. 164; *R*, 105.

책임이라는 관점에서 논하고 있다. 그러나 그렇다고는 해도 도덕성에 대해 논할 때, 그가 관심을 가지고 있는 것은 주관적인 국면에서의 자율적이고 자유로운 의지이며, 달리 말하자면, (넓은 의미에서의) 도덕성의 순수하게 형식적인 국면이다.

헤겔은 이처럼 도덕성을 순전히 형식적인 국면에서 논하고 있지만, 이것은 물론 칸트철학으로부터의 불행한 유산이다. 그러나 이 때문에, 더욱 이해해 두는 것이 중요한데, 도덕성은 헤겔이 이 용어를 쓸 때에는 정신이 거기에 머무를 수 없는 일면적인 개념으로서인 것이다. 물론 그의 의도는 도덕성은 전적으로 '내면성'의 영역이라는 것을 암암리에 말하려는 것이 아니다. 오히려 그 반대로 그의 의도는, 도덕성이라는 순수하게 형식적인 개념은 타당치 않다는 것을 보여 주는 것이다. 따라서 그는 칸트의 윤리학을 완전한 도덕적 의식이 변증법적으로 발전해 가는 중의 하나의 일면적 계기로 논하고 있는 것이라고 말할 수 있다. 그러나 그렇게 되면, 만약 우리가 '도덕성'이라는 용어를 인간의 윤리적 생활 전체를 의미하기 위해 쓴다고 하고, 헤겔이 이 용어를 오직 형식적으로 그리고 '내면적', 곧 주관적이게 하고 만다고 말한다면, 이것은 전혀 옳지 않을 것이다. 그는 결코 그렇게 하고 있지 않기 때문이다. 그러나 동시에 한정된 의미에서의 도덕성(Moralität)으로부터 구체적인 인륜성(人倫性, Sittlichkeit)에로 이행할 때, 도덕적 의식에서의 몇 가지 중요한 요소가 생략되고 말았다는 것, 아니 적어도 간단히 처리되고 말았다는 것도 모름지기 틀림없을 것이다.

주관적인 의지는 행위에서 자기 자신을 외적인 것으로 만든다. 그러나 자기 결정적 의지로서의 자유로운 의지가 자기 자신의 행위로서 자기에게 책임이 있다고 여기는 권리를 갖는 것이라고 한다면, 자기와 모종의 관계에 있는 행위뿐이다. 따라서 이렇게 해서 인격은 공정하게 말해 어떤 행위에 대하여 책임이 있다고 생각되느냐고 하는 물음을 헤겔은 제기하는 것이라고 할 수 있다. 곧, 정확하게 말하자면, 인격의 행위란 무엇인가 하는 물음을 그는 제기하고 있다고 말할 수 있다. 그러나 기억해야 할 것은, 헤겔이 생각하고 있는 것은 행위의 일반적인 형식적 특성이며, 또 그가 지금 이 단계에서 관여하고 있는 것은 인간의 구체적인 도덕적 의무가 어디에 있는지를 지시하는 것이 아니다. 실제로 그것은 또, 인간은 악한 행위에 대해서도, 선한 행위에 대해서와 마찬가지로 책임이 있다. 헤겔은 말하자면, 선악이라고 하는 도덕적 구별의 배후로 돌아가 인간이 도덕적으로 행위 했는지, 또는 비도덕적으로 행위 했는지를 우리에게 판별케 할 수 있는 행위의 특성으로 향하고 있는 것이다.

그리하여 우선 세계 속에서 주체가 일으키는 그 어떤 변화나 변경도 그의 '활동(*Handlung*)'이라고 할 수가 있다. 그러나 그가 자기의 '행위(*That*)'라고 인정할 권리를 가질 수 있는 것이라고는 자기의 의지가 기도(企圖, *Vorsatz*)해서 행한 것뿐이다. 외적 세계는 우연성의 영역이며 나의 행위의 예측할 수 없는 결과에 대해서는 나 자신이 책임질 수가 없다. 물론 그렇더라도 내 행위의 결과 모두를 내가 부인할 수 있게 되는 것은 아니다. 내 행위의 어떤 결과는 전적으로 나의 행위가 반드시 취하는 외관을 가지며, 그리하여 그런 결과는 내 기도 속에 포함되어 있던 것의 하나로 간주되지 않으면 안 되기 때문이다. 그러나 세계 속에서 야기된 불만의 결과나 변경은 어떤 의미에서는 내가 행하는 것이라 해도, 물론 내 기도 속에 함축되어 있던 것이 아니므로 그것에 대해 내 자신이 책임을 지는 것은 자기 결정하는 자유로운 의지라고 하는 관념에 반할 것이다.

이처럼 기도가 도덕성의 첫째 단계다. 둘째 단계는 의도(*Absicht*)이

며, 더 정확하게 말하자면, 의도와 복지(*das Wohl*)이다. '기도' 와 '의
도' 라는 말을 우리는 일반적으로 동의어로 쓴다고 말하는 편이 진실일
것이다. 그러나 헤겔은 이 두 말을 구별한다. 만약 내가 벽난로에서 불
타기 쉬운 것에 성냥불을 가까이 댄다면 나의 행위의 당연하고도 예측
될 수 있는 결과로 잇따라 그것에도 불이 붙는다. 내 기도는 불을 붙이
는 것이었다. 그러나 자기 몸을 따뜻하게 하거나 방을 건조시킨다는 의
도된 목적을 기대하지 않고 이 같은 행위를 할 턱이 없다. 그리하여 나
의 의도는 행위의 도덕적인 성격에 관련되어 있는 것이다. 물론, 의도
가 도덕성에서의 유일한 관련 요인인 것은 아니다. 어떠한 종류의 행위
도 선한 의도에 의하여 정당화된다고 헤겔은 말하지 않는다. 그러나 의
도는 여전히 도덕성에서의 한 계기 또는 관련 요인이다.

여러 의도는 복지를 향하고 있다고 헤겔은 생각한다. 그래서 그는,
도덕적 행위자는 자기 자신의 복지를 추구할 권리가 있다고 주장한다.
곧, 한낱의 인간존재로서 자기의 여러 요구의 만족을 추구할 권리를 가
지고 있다. 물론 그는 이기주의가 규범 또는 도덕성이라고 시사하지 않
는다. 그러나 오늘날 우리는 도덕성을 그의 사회적인 틀과 표현을 떠나
서 고찰하고 있다. 그리고 인간은 자기 자신의 복지를 추구할 권리가
있다고 헤겔이 주장할 때 그가 말하고 있는 것은, 한낱의 인간존재로서
자기의 여러 요구를 만족시키는 것은 도덕성에 반하는 것이 아니라 도
덕성의 하나라고 하는 것이다. 달리 말하자면, 그는 아리스토텔레스에
의하여 대표되는 그리스적 윤리에 함축되어 있는 입장을 옹호하고 있
는 것으로, 행위가 만약 경향성으로부터 실행된다면 그 도덕적 가치를
잃게 된다고 하는 칸트의 생각을 물리치고 있는 것이다. 그의 생각으로
는 도덕성이란 경향성과 자연적 충동을 거슬러 끊임없이 싸우는 데 있
다고 생각한다면, 그것은 아주 잘못된 것이다.

개인에게는 자기 자신의 복지를 추구할 권리가 있다. 그러나 그렇다고 해서 도덕성은 물론 특수한 선을 구하는 특수한 의지라는 데 있는 것은 아니다. 그러나 동시에 이 생각도 부정될 뿐만 아니라 보존되지 않으면 안 된다. 그리하여 우리는 이성적이며 따라서 보편적인 의지와 자기 자신을 동일시하고 있으며 더욱이 보편적인 복지를 겨냥하고 있는 특수한 의지라는 관념에로 나아가지 않을 수 없다. 거기서 특수한 의지와 의지 자체라고 하는 개념(곧, 이성적 의지 그 자체)과의 통일이 선(*das Gute*)이며 선은 "자연의 실현이요 세계의 절대적인 최종 목적">29 이라고 말할 수도 있다.

이성적 의지 그 자체는 인간의 참의지, 곧 이성적인 자유로운 존재로서의 인간의 의지이다. 그리하여 그의 특수한 의지를 곧 이러저러한 특수하고 개인적인 그의 의지를 의무나 책무로서 자기를 표현하는 이성적 의지(그의 참자기라고 해도 좋다)에 복종시킬 필요가 있다. 따라서 도덕성은 기성의 모든 구체적인 의무를 도외시하기 때문에, 의무는 의무를 위해 수행되어야 한다고 말할 수 있다. 인간은 자기의 특수의지를 보편의지에 복종시켜야 하며, 보편의지야말로 그의 참의지 또는 실재적 의지다. 그러나 그가 그러해야 하는 것은 전적으로 그것이 그의 의무이기 때문이다. 그러나 그것은 인간이 저마다 무엇을 의지할 것인가에 대해서는 물론 아무것도 말하지 않고 있다. 선한 의지는 주체의 내면적 확신에 의하여 결정된다고 말할 수 있을 뿐이다. 그리고 이 내면적 확신이 양심(*Gewissen*)이다. "주관적 자기의식은 무엇이 권리이고 의무인가를 **자기 자신에서** 그리고 **자기 자신을 통해서** 알며, 자기가 선이라고 아는 것 이외에는 아무것도 선으로 인정하지 않고, 또한 동시에

29.　*W*, VII, p. 188; *R*, 129.

자기가 선이라고 알고 또 의지하는 것이야말로 참으로 권리요 의무라고 단언한다. 양심이란 이와 같은 주관적 자기의식의 절대적 권리의 표현이다.">30

헤겔은 도덕성을 설명하면서 내면성과 양심의 절대적 권위에 대한 프로테스탄트의 주장이라고 할 수 있는 것을 짜 넣고 있다. 그러나 순수한 주관주의와 내면성은 그가 참으로 혐오하는 것이다. 그리하여 그는 곧바로 순수하게 주관적인 양심에 의지하면 악덕이 될 가능성이 있다는 주장으로 나간다. 만약, 인간의 양심은 오류를 범할 수도 있으며, 그래서 어떤 객관적인 규범이나 규준이 필요하다고 말함으로써 그가 만족했다면, 그가 주장한 것은 통속적이고 이해하기 쉬운 입장이었을 것이다. 그러나 그는 박약하지 않은 도덕적 내면성과 악의 사이에는 연결이 있다는 것, 적어도 연결 지우는 것이 가능하다는 것을 밝히려 하고 있다는 인상을 준다. 하지만 이와 같은 과장된 말은 고만두고, 순수히 도덕적 내면성의 단계에서는 도덕성에 일정한 내용을 줄 수 없다는 것이 그의 주장의 요점이다. 도덕성에 일정한 내용을 주기 위해서는 우리는 조직된 사회라는 생각으로 향하지 않으면 안 되는 것이다.

그리하여 헤겔에게는 추상적인 권리나 법 그리고 도덕성이라는 개념은 일면적인 개념이며, 그것들은 인륜적(人倫的) 생활(*die Sittlichkeit*)이라는 개념에서 한층 더 높은 단계에서 통일되지 않으면 안 된다. 곧, 객관적 정신의 영역의 변증법적 발전에서 그것들은 구체적인 인류이라는 개념의 발전에서의 계기 또는 단계라는 것을 알게 된다. 곧 그들 단계는 부정되면서 동시에 보존되고 높여지지 않으면 안 되는 것이다.

구체적인 인류이란 헤겔에게는 사회적 인류이다. 그것은 사회 속에

---

30. *W*, VII, pp. 196~7; *R*, 137.

서의 사람들의 입장이며, 그 입장이 사람들의 의무를 구체적으로 가리
킨다. 그러므로 사회적 인륜은 권리나 법, 그리고 도덕성이라고 하는
일면적인 양 개념의 한층 높은 단계에서의 종합 또는 통일이다.

7. 가족과 시민사회

　헤겔은 구체적인 생활을 어떻게 다루고 있는가? 헤겔은 그가 '인륜
적 실체'(*die sittliche Substanz*)라고 부르는 것의 세 계기를 연역하고 있
다. 그들 세 계기란 가족과 시민사회와 국가다. 이와 같은 사회적 틀 안
에서의 인간의 구체적인 여러 의무를 그는 고찰할 것이라고 혹 기대할
지도 모른다. 그러나 그가 실제로 하는 것은 가족과 시민사회와 국가의
본질적인 본성을 연구하고 또 그 하나의 개념이 어떻게 다른 개념에 이
르게 되는지를 보여 주는 것이다. 인간은 자기 가족에 대하여 또는 국
가에 대해 이러저러한 의무를 가지고 있다고 덧붙일 필요는 없다고 그
도 말하고 있다. 그런 것은 가족이나 국가라고 하는 사회의 본성이나
본질을 연구하는 데서 충분히 명백해질 것이기 때문이다. 어떻든 낱낱
의 의무의 코드를 만들 것이라고 한 것은 이 철학자에게는 기대할 수
없다. 그가 관심을 갖는 것은 보편적인 것으로, 곧 도덕을 주장하기보
다 차라리 여러 개념들의 변증법적 발전인 것이다.
　가족은 '인륜적 실체'에서의 첫째 계기이며 도덕적 주관성과 객관
성의 첫째 통일인데, 이것은 '직접적 또는 자연적인 인륜적 정신'[31]이
라고 한다. 사회적 영역에서 인간 정신은 자기의 내면성으로부터 말하

---

31. *W*, VII, p. 237; *R*, 157.

자면 나와서 우선 첫째로 가족에서 자기 자신을 객관화한다. 그러나 이렇게 말했다고 해서, 가족은 어떤 일시적인 기구이며, 다른 형태의 사회가 완전히 발전했을 때는 폐기된다는 것이 헤겔의 생각이라고 하는 것은 아니다. 가족은 논리학적으로 보아 첫째 계기인 직접성이라는 형식에서의 보편적인 것을 표현하고 있는 것이므로 그것은 논리적으로 더 앞선 사회라고 할 수 있다. 가족의 성원은 무엇보다도 정감에 의한 유대, 곧 사랑으로 통일되어 있음으로 해서 일체라고 생각된다.[32] 가족은 정감적 총체라고 할 수 있는 것이다. 그것은 말하자면 하나의 인격이며 이 인격의 의지를 표현하고 있는 것이 재산, 곧 가족의 공유재산이다.

그러나 우리가 가족을 이렇게 생각한다고 치고 덧붙여 두지 않으면 안 될 것은, 가족 자체 안에 가족 자체를 해소시키는 씨앗이 포함되어 있다는 사실이다. 가족은 정감적 총체이며 보편성의 계기를 나타내고 있다고 생각되었지만, 그런 가족에는 어린이가 그 성원으로 존재한다. 어린이는 물론 개별적 인격이지만 어린이가 그러한 것은 **자각적**으로라기보다는 오히려 **자체적**으로이다. 그러나 시간이 지남에 따라 어린이는 가족생활의 통일로부터 나와서 개별적 인격의 상태로 나아간다. 곧, 각자가 생활에서의 자기 자신의 계획을 갖는 상태로 나아간다. 이것은 곧, 가족생활이라는 보편성으로부터 낱낱의 특수자가 나타나서 자기 자신을 낱낱의 특수자로 주장한다는 식이다.

특수성의 출현을 통해 가족이라는 비교적 차이가 없는 통일이 해체된다는 관념은 물론, 본래는 사회에 대한 관념은 아니다. 오히려 그것은 사회를 해소 또는 부정하는 관념이다. 그러나 이 부정은 그 자체 헤

---

32. 명백히 헤겔은, 경험적으로 실제 모든 가족이 사랑으로 통일되어 있다고 주장할 만큼 어리석지 않다. 그는 가족이란 무엇이어야 하는가라는 가족의 개념 또는 이념적 본질에 대해 말하고 있는 것이다.

겔이 '시민사회'(*die bürgerliche Gesellschaft*)라고 부르는 것에서 부정 또는 극복되는 것이며, 이것이 사회적 인륜의 발전에서의 둘째 계기를 나타내고 있다.

헤겔이 시민사회라는 것으로 무엇을 의미하고 있는지를 이해하려면, 우선 처음에, 다수의 개인을, 그리고 그 각자가 자기 자신의 목적을 추구하고 자기 자신의 욕구를 채우려고 노력하는 개인을 그려 보면 좋다. 다음에, 그들은 자기의 목적을 더욱 잘 추진하기 위해 하나의 경제적 조직의 형태로 통일되어 있다고 이해되지 않으면 안 된다. 이와 더불어 노동은 분화되고 경제상의 계층이나 단체가 발전해 갈 것이다. 더욱이 이런 따위의 경제적 조직은 안정을 얻기 위해 법률제도와 법률 집행의 기관, 곧 법정과 재판관과 경찰을 필요로 한다.

그런데 헤겔은 정치상의 체제 또는 헌법과 정부에 대하여, 시민사회는 아니고 국가라는 표제 아래 고찰한다. 그래서 시민사회는 결코 사실로서 존재할 수 없었다고 주해를 달고 싶을지 모른다. 왜냐하면 국가에서가 아니면 어떻게 법률이나 사법이 있을 수 있겠는가? 물론, 있을 수 없기 때문이다. 그러나 헤겔의 관심은 그가 말하고 있는 바로 그대로의 형태로 시민사회가 일찍이 현존했다고 주장하는 데 있지 않다. 왜냐하면 그에게는 시민사회라는 개념은 국가 자체에 대한 일면적이고 타당치 않는 개념이기 때문이다. 시민사회는 '외적 국가로서의'[33] 국가다. 곧, 시민사회는 국가의 본질적인 본성이 빠진 국가인 것이다.

달리 말하자면, 헤겔이 관심을 갖는 것은 국가 개념의 변증법적 발전이다. 더욱이 그는 그 경우, 사회에 대한 두 개의 일면적인 개념을 취해 그 두 개념이 나타내고 있는 생각이 국가의 개념에서 한층 높은 차

---

33. *W*, X, p. 401; *E*, 523.

원에서 통일되는 것을 보여 준다. 가족은 물론, 국가에서 존속한다. 시민사회도 또한 국가에서 존속한다. 왜냐하면 시민사회는, 국가의 비록 일부적인 국면에 지나지 않더라도 그 한 국면을 나타내고 있기 때문이다. 그러나 그 결과 이 하나의 국면이 고립적으로 다루어지고 '시민사회'로 불리며 일찍이 바로 그런 것으로 현존했던 것이 되는 것은 아니다. 국가의 개념의 변증법적 발전이란 개념의 발전이다. 하지만 이렇게 말했다고 해서 다음과 같은 언명과 같은 뜻이 되는 것은 아니다. 곧, 역사적으로 말해서 우선 처음에 가족이, 다음에 시민사회가, 그 다음에 국가가 존재했던 것이다. 마치 그들 개념은 모두 서로 배타적인 뜻인 것처럼. 만약 우리가 헤겔이 이렇게 언명하고 있다고 해석한다면, 이를테면 허버트 스펜서가 제출한 종류의 이론과 비교하여, 헤겔은 국가에 대한 철저하게 전체주의적인 이론을 주장하는 데 관심을 가졌다고 아마 생각하고 싶어질 것이다. 스펜서의 이론은 모종의 중대한 유보 조건을 갖는다고 해도 시민사회의 개념에 다소 부합하고 있다. 헤겔은 의심할 것도 없이 사회에 대한 스펜서의 이론을 전혀 타당하지 않다고 여겼을 것이다. 그러나 그렇다고 해도 시민사회의 개념이 나타내고 있는 특수성의 계기는 국가에서 취소되어 있을 뿐 아니라 보존되어 있다고도 그는 생각했던 것이다.

8 . 국 가

가족은 차이를 갖지 않은 통일이라는 의미에서 보편성의 계기를 나타내고 있다. 시민사회는 특수성의 계기를 나타내고 있다. 국가가 나타내고 있는 것은 보편적인 것과 특수적인 것의 통일이다. 우리가 국가에

서 발견하는 것은 차이를 갖지 않은 통일이 아니라 차이를 가진 보편
성, 곧 차이에서의 통일이다. 우리가 국가에서 발견하는 것은 순전한
특수성[34]이 아니라 특수적 의지와 보편적 의지의 동일화다. 이것을 달
리 말하자면, 국가에서는 자기의식이 보편적 자기의식의 단계까지 높
아져 있다. 개인은 자기의 자기임이 폐기되는 것이 아니라 온전해지는
방식으로 자기 자신이 총체 중의 한 성원임을 의식하고 있다. 국가는
그 성원에 대립하고 있는 추상적 보편이 아니다. 국가는 그 여러 성원
에서 그리고 그들을 통해서 존재한다. 그러나 동시에 국가에서의 생활
에 참여함으로써 성원은 자기의 순전한 특수성을 넘어서 높여진다. 달
리 말하자면, 국가는 유기체적 통일이다. 국가는 구체적 보편이며, 구
별적이기도 하고 동시에 일체이기도 한 낱낱의 특수자에게서 그리고
그들을 통해서 존재하고 있는 것이다.

　국가는 '자기의식적인 인륜적 실체'라고 한다.[35] 국가는 "나타나
있으며 자기 자신을 명확하게 하고 있는 실체적 의지로서의 인륜적 정
신이다. 이 실체적 의지는 자기 자신을 사유하고 자기 자신에 대한 앎
을 가지며 또한 앎을 갖는 한에서의 일을 성취하는 것이다."[36] 국가는
보편적 자기의식의 차원까지 높여진 이성적 의지의 현실성이다. 그러
므로 국가는 객관적 정신의 최고의 표현이다. 그리하여 이 객관적 정신

---

34. 시민사회는 '순전한 특수성'을 나타내고 있다고 했는데, 이것은 어떤 관점에서 보면 과장해서 말한 허
　　물이 있다. 왜냐하면 시민사회에서는 특수자들이 나타나서 자기 주장을 함으로써 여러 가지 반목 대립
　　이 생기지만, 이러한 시민사회 자체의 내부에서도 헤겔이 강조하는 여러 가지 단체를 통해서 그러한
　　반목 대립은 부분적으로 극복되기 때문이다. 그러나 어떤 공통의 목적을 추구하는 한 단체의 성원 간
　　의 의지의 합일은 제한을 가진 보편성을 갖는 것이기도 하며, 그리하여 그것은 국가의 개념으로 이행
　　하는 길을 준비한다.

35. *W*, X, p. 409; *E*, 535.

36. *W*, VII, p. 328; *R*, 257.

의 영역의 국가에 선행하는 계기들은 국가에서 회복되고 종합되어 있다. 이를테면, 여러 권리나 법은 보편적인 이성적 의지의 표현으로서 확보되고 유지되어 있다. 그리고 또한 도덕성은 그 내용을 얻고 있다. 곧, 인간의 의무는 사회적 유기체 안에서의 그의 입장에 따라 결정된다. 이것은 물론, 인간은 국가에 대해서만 의무를 갖는 것이고 자기 가족에 대해서는 아무 의무도 없다고 하는 의미가 아니다. 왜냐하면 가족은 국가에서 폐기되어 있는 것이 아니기 때문이다. 가족은 국가 생활에서 종속적이긴 하나 본질적인 하나의 계기이기 때문이다. 더욱이 헤겔이 말하려고 하는 것은, 인간의 의무는 변할 수 없는 사회적 입장에 의하여 오직 한 번 그리고 영원히 정해져 있는 것이 아니다. 왜냐하면 그는, 사회적 유기체 전체의 복지만이 지상이라고 주장한다고 해도, 국가에는 개인적 자유와 인격적 결정과의 원리가 폐기되는 것이 아니라 보존되어 있다고도 주장하기 때문이다. 브래들리의 유명한 구절을 사용하여 그것을 '나의 정류장과 그의 의무'의 이론이라고 이름을 붙인다 해도 이 이론이 어떤 종류의 카스트(caste)제도를 받아들이고 있다는 의미는 아닌 것이다.

확실히 헤겔이 국가에 대하여 극히 고양된 언어로 말하고 있는 것은 부정할 수 없다. 이를테면, 그는 국가를 '이 현실의 신'[37]이라고까지 말하고 있다. 하지만 다음의 몇 가지는 명심하지 않으면 안 된다. 우선 첫째로, 국가는 객관적 정신이므로 어떤 의미에서는 필연적으로 '신적'이다. 더욱이 바로 절대자가 그 자체 차이에서의 동일성이므로 국가도 또한 훨씬 더 한정된 규모에서일지라도, 차이에서의 동일성이다. 둘째로, 이것이 명심해야 할 본질적인 점인데, 헤겔이 말하고 있는 것

---

37. *W*, VII, p. 336; *R*, 258 추가.

은 철두철미하게 국가의 개념, 곧, 국가의 이념적 본질에 대해서라는 것이다. 역사상의 모든 국가는 비판을 모면하고 있다고 그는 말하려는 것이 아니다. 오히려 그는 이 점을 지극히 명확하게 한다. "국가는 예술작품이 아니다. 국가는 세계 속에 있으며, 따라서 또한 변덕과 우연과 오류의 영역 안에 있다. 국가는 많은 점에서 악행으로 손상되는 일이 있다. 그러나 범죄자나 병자나 장애인이라고 하는 가장 추악한 인간존재라 할지라도, 여전히 저마다 살아 있는 인간이다. 생명이라고 하는 적극적인 요소가 결여되어 있다 해도 여전히 남아 있다. 우리가 여기서 다루는 것은 바로 이 적극적인 요소인 것이다."[38]

셋째로 우리가 명심하지 않으면 안 될 것은 성숙한, 또는 충분히 발전한 국가에서는 여느 의미에서의 사적 자유의 원리가 보전되고 있다는 것을 헤겔이 강조하고 있다는 것이다. 확실히 그의 주장으로는 국가의 의지와 특수적 의지 사이에 충돌이 있을 때에는 국가의 의지가 특수적 의지에 우월하지 않으면 안 된다. 더욱이 국가의 의지는 보편적 의지 또는 일반적 의지이며, 그에게는, 어떤 의미에서 개인의 '실재적' 의지이므로 그 결과 개인이 자기의 이해와 국가의 이해를 동일시하는 것이 자유의 현실화다. 왜냐하면 자유로운 의지는 잠재적으로는 보편적이며, 더욱이 보편적이기 위해 일반적인 선을 의지하기 때문이다. 헤겔의 정치적 이론 중에는 루소의 교설이 듬뿍 들어 있다. 그러나 동시에 이렇게 말할 수도 있다. 국가의 존엄과 신성에 대해 헤겔은 과장해서 말하고 있다. 그러나 여기에서 그가 이상으로 삼은 것은 사적인 자유와 창의가 최소한으로 억압되어 있는 전체주의적 국가라고 결론을 내린다면, 그것은 그에게 부당한 것이 된다. 오히려 그 반대로 헤겔에

---

38. *Ibid.*

게는 성숙한 국가는 인격적 자유를 최대한으로 발전시키는 것을 보증하고, 더욱이 이것이 보편적 의지의 주권적 권리들과 양립할 수 있는 국가다. 그러므로 그는 끝까지 이렇게 강조한다. 곧, 국가가 확고히 안정되기 위해서는 한쪽으로는 그 성원이 각자의 입장과 능력에 따라서 보편적 의지를 자기의 목적>[39]으로 해야 할 필요가 있으며, 다른 한쪽으로는 국가가 실제적인 의미에서 각 성원이 주체적으로 목적하는 것을 만족시켜 주는 수단이어야 할 필요가 있다.>[40] 이미 주의했듯이, 시민사회의 개념은 국가의 개념 중에서 단적으로 취소되어 있는 것만은 아닌 것이다.

국가를 다루면서 헤겔은 우선 처음에 정치적 체제에 대하여 논하고 있다. 그리고 그는 입헌군주제를 가장 이성적인 형태로 내세우고 있다. 그러나 또한 그는 여러 단체로 이루어진 국가를 영국형의 민주제보다 더 이성적이라고 보고 있다. 곧, 시민은 개인으로서보다 오히려 여러 단체나 계급과 같은 국가에 종속하는 전체적 집단의 성원으로서 국가의 일에 참여해야 한다고 그는 주장하고 있다. 더 정확하게 말하자면 의원들은 순전한 낱낱의 시민 자체보다 오히려 여러 단체나 계급을 대표해야 하는 것이다. 그리고 이와 같은 견해가 필요한 것은 헤겔의 변증법적 기도에 따르기 때문이라고 생각된다. 왜냐하면 시민사회의 개념은 국가의 개념 속에 보존되어 있지만, 이 단체라는 생각에서 그 정점에 이르고 있기 때문이다.

헤겔은 입헌군주제가 정치적 유기체 중에서 가장 이성적인 형태라고 연역함으로써 당시의 프러시아 국가를 신성화했다는 말을 자주 들

---

39. 헤겔은 어느 정도 독일인을 정치적 자각에 도달하도록 교육하는 일에 관심을 가지고 있었다는 것을 상기해야 할 것이다.

40. *W*, VII, p. 344; *R*, 265 추가 참조.

어 왔다. 헤겔은 피히테처럼, 독일 사람을 정치적 자각에 이르도록 교육하는 구실을 하는 데 프러시아가 가장 유망하다고 보게 되었는지도 모른다. 그러나 비록 그렇더라도 그의 역사적 감각은 너무나 강렬해서, 그는 어떠한 기존의 국민도 어떤 하나의 특정한 타입의 체제 또는 헌법을 유익하다고 선택하는 데 자기의 역사와 전통과 정신을 고려하지 않아도 된다는 생각을 허용하지 않았다. 그는 이성적인 국가에 대하여 꽤 많은 말을 했는지도 모른다. 그러나 그는 그 자신이 매우 분별이 있어, 어떤 체제나 헌법을 추상적인 이성의 요구에 가장 부합하다는 이유만으로 모든 국민에게 강요할 수 있다고 생각하지 않았다. "체제 또는 헌법은 국민의 정신으로부터, 국민의 정신 자체의 발전과 동일하게**만 발전해 오는** 것이다. 더욱이 그것은 국민의 정신과 함께, 국민의 정신이 필요로 하는 형성의 여러 단계와 변화를 거쳐 가는 것이다. 이제까지 체제 또는 헌법을 만들어 온 것, 그리고 지금 만들어 가고 있는 것은 국민 안에 깃들어 있는 정신이며 역사다. (더욱이 이 역사도 전적으로 국민 정신의 역사다.)"[41] 또 이렇게도 말하고 있다. "이를테면, 나폴레옹은 스페인 사람들에게 어떤 체제 또는 헌법을 아 프리오리하게 주려고 했다. 그러나 이 기도는 매우 고약하게 되었다. 체제 또는 헌법은 단순한 인위적인 산물이 아니기 때문이다. 그것은 여러 세기에 걸친 노작이며, 어떤 민족에게서 발전해 온 한에서의 이념이며 이성적인 것의 의식이다. … 나폴레옹이 스페인 사람들에게 준 것은 그들이 전에 가지고 있던 것보다 이성적이긴 했으나, 그래도 역시 그들은 그것을 자기들에게 맞지 않는 것으로 물리쳤던 것이다."[42]

　더 나아가 헤겔은, 어떻게 보면, 정부로서 가장 좋은 형태가 군주제

41.　*W*, X, p. 416; *E*, 540.

인지 또는 민주제인지를 묻는 것은 무익한 것이라고 한다. 실제로는, 어떠한 체제 또는 헌법도 만약 그것이 주체성의 원리를(곧 인격적 자유의 원리를) 구현하고 또한 '성숙한 이성' >43의 요구에 응하는 것이 아니면 일면적이고 타당하지 않다. 다시 말하자면, 더욱 이성적인 체제 또는 헌법은 명확히 개인적 인격의 자유로운 발전을 고려하고, 또한 개인의 여러 권리를 존중하지 않으면 안 되며, 적어도 이런 의미에서 그것은 한층 자유를 존중하는 체제 또는 헌법이라고 하는 것이기도 하다. 헤겔은 결코 이제까지 생각되기도 했던 것처럼 반동적이었던 것은 아니다. 그는 프랑스혁명 이전의 구체제를 동경하지 않았다.

9. 헤겔의 정치철학사상에 대한 주석

헤겔의 정치이론의 일반적인 사상에 주의하는 것은 보람 있는 일이다. 철학자가 관심을 갖는 것은 국가의 개념, 곧 국가의 본질에 대해서라고 그는 주장한다. 이러한 주장으로 미루어 그의 생각에 철학자의 임무는, 이념적으로 상정된 국가를 다소간에 자세히 묘사하는 것, 곧 여러 본질로 이루어진 플라톤적 세계에 살면서 정치가들에게 그들이 무엇을 목표로 해야 하는가를 제시하는 것이라고 할 수 있을 것이다. 그러나《법철학》의 머리말을 보면 알 수 있지만, 그런 일을 하는 것이 철학자의 임무라는 것을 헤겔은 분명한 말로 부정하고 있다. 철학자가 관심을 갖는 것은 정치적 입장이라거나 만병통치약 따위를 제공하는 일보다 현실적인 것을 이해하는 것이다. 더욱이 어떤 의미에서 현실적인

42. *W*, VII, p. 376; *R*, 274 추가.　　　43. *W*, VII, p. 376; *R*, 273 추가.

것은 과거의 것이다. 왜냐하면 정치철학은 문화가 성숙했을 시기에 나타나고 철학자가 현실적인 것을 이해하려고 시도할 때에는 현실적인 것은 이미 과거의 것이 되어 가고 있으며 새로운 형태들로 바뀌어 가고 있기 때문이다. 헤겔은 유명한 말로 이렇게 말하고 있다. "철학이 그 이론의 잿빛에 잿빛을 덧칠할 때, 삶의 한 모습은 이미 낡은 것이 돼 버리고 있다. 그러므로 이렇게 잿빛에 잿빛을 덧칠하는 것으로써는 그 삶의 모습은 다시 젊어지지 않으며 다만 이해될 뿐이다. 미네르바의 올빼미는 황혼과 더불어 날개를 편다."[44]

사상가들 중에는 물론, 자기들은 영원의 범형, 불변의 이념적 본질을 서술하고 있다고 생각하는 자들이 있었다. 그러나 헤겔의 생각으로는 그들은 틀렸다. "널리 속담까지 되어 **공허한** 이상으로 간주되는 플라톤의 《국가》에서조차 본질적으로는 그리스의 인륜적 생활의 해석 이외의 아무것도 아니었던 것이다."[45] 결국 "개인은 모두 자기 시대의 아들이다. 어떤 개인이 자기 자신의 시대를 뛰어넘을 수 있다고 생각하는 것이 어리석은 것처럼, 어떤 철학이 자기와 동시대의 세계를 초월할 수 있다고 생각하는 것도 똑같이 어리석은 것이다. …"[46]

얼핏 보면 헤겔은 프러시아 국가를 신성화하고 있는 것처럼 보인다. 하지만 이것을 너무 진지하게 받아들이는 자에게는 확실히 명확하게 표현된 지금의 그의 견해가 하나의 답이 되어 있다. 왜냐하면 이를테면 아리스토텔레스는 그리스의 폴리스, 곧 도시국가를, 더욱이 그의 활기찬 생명이 이미 쇠진된 시대에 신성화했다. 이것을 충분히 이해하고 있던 사람이 자기 자신의 동시대의 국가가 정치적 발전의 마지막 그리고

---

44. *W*, VII, pp. 36~7; *R*, 머리말. 똑같이 유명한 마르크스가 응수한 말은 이렇다. 곧, 철학자의 임무는 단지 세계를 이해하는 것이 아니라, 세계를 변혁하는 것이다.

45. *W*, VII, p. 33; *R*, 머리말.   46. *W*, VII, p. 35; *R*, 머리말.

정점에 달해 있는 형태를 나타내고 있다고 참으로 생각했다고는 생각하기 어렵기 때문이다. 더욱이 만약 헤겔이 그렇게 생각했다고 해도 그의 철학 자체에는 그가 편견을 가지고 있었다는 것을 보증하는 것이 아무것도 없다. 반대로 객관적 정신의 영역은 역사가 지속되는 한 더욱 발전해 갈 것이라고 기대될 것이다.

그의 정치철학을 이렇게 이해한다면 거기에서 자연스럽게 다음과 같은 결론이 나온다. 곧, 철학자가 관심을 갖는 것은 그가 속해 있는 문화 또는 국민 속에서 작용하고 있는 이상이라고 할 수 있는 것을 명확히 하는 것이다. 철학자는 자기가 속해 있는 시대정신(*die Zeitgeist*)의 해석자다. 철학자에게서 그리고 철학자를 통해서 어떤 사회의 정치적 이상이 반성적 의식의 단계까지 높아진다. 더욱이 어떤 사회가 이렇게 자기의식적이 되는 것은 오로지 그 사회가 성숙했고, 자기 자신을 말하자면 뒤돌아볼 때이다. 곧, 삶의 한 형태가 이미 자기 자신을 현실화했으며 다른 형태로 나아가거나 또는 물러서려고 하는 시대의 일이다.

확실히 이것은 헤겔이 말하고자 한 것의 일부이다. 플라톤의《국가》에 대해 그가 말하고 있는 것이 그것을 가리키고 있다. 그러나 그 경우 다음과 같은 물음이 생길지도 모른다. 그와 동시에 또한, 정치철학자가 관심을 갖는 것은 국가의 개념 또는 본질이라고 그가 주장할 수 있는 것은 어째서인가?

나는 이러한 물음에 대한 답은 헤겔의 형이상학의 견지에서 주어지지 않으면 안 된다고 생각한다. 역사의 과정은 정신 또는 이성의 자기현실화다. "이성적인 것은 현실적이며, 현실적인 것은 이성적이다."[47] 그리고 정신의 개념은 이성적인 삶의 단계에 있는 차이에서의 동일성의 개념이다. 따라서 국가에서 그 정점에 달하는 객관적 정신은 정치적 생활에서 차이에서의 동일성을 나타내는 방향으로 나아간다. 더욱이 이것이 의미하고 있는 것은 성숙한 국가 또는 이성적인 국가는 보편성과 차이의 두 계기를 자기 자신에서 통일하는 것이리라는 것이다. 그런 국가는 보편적 자기의식 또는 자기의식적인 일반적 의지를 구현하는 것이리라. 그러나 이것이 구현되는 것은 오직 여러 구별된 유한한 정신에서 그리고 유한한 정신을 통해서이다. 다만 그것들의 하나하나도 정신으로서 '무한한' 가치를 가지고 있다. 그러므로 어떤 국가도 유기체적 총체로서의 국가라고 하는 관념과 개인적 자유의 원리를 화해시키는 것이 아니라면, 완전히 성숙했다거나 이성적일 수 없다(국가의 개념과 일치할 수 없다). 그런데 철학자는 과거와 현재의 여러 정치적 유기체를 반성해 봄으로써 그 유기체들이 그와 같은 국가의 요건에 어느 정도 가까이 있는지를 인식할 수가 있다. 다만, 이러한 국가는 천계에 현존하고 있는 실재적 본질은 아니다. 그것은 정신 또는 이성이 인간의 사회적 생활 속에서 움직여 나갈 때의 목적 또는 종국인 것이다. 철학자는 실재의 본성을 이해하기 때문이다. 하지만 그렇다고 해서 그 결과 미래를 예언하거나 정치가들에게 무엇을 해야 할 것인가를 말하는데 그가 철학자이기 때문에 다른 누구보다 뛰어난 입장에 있는 것은 아니다. "철학은 그렇게 하기에는 언제나 그 자리에 오는 것이 너무 늦다." >48 확실히 플라톤은 당시의 그리스인들에게 자기 생각으로는 그들이 도시국가를 어떻게 조직해야 하는지 이야기한 일이 있었을지도 모른다. 그러나 그는 어쨌든 너무 늦었다. 왜냐하면 그가 다시 조직하려고 몽상했던 삶의 모습은 식어 가고 있었으며 머지않아 쇠퇴해 가는 상태에 있었기 때문이다. 유토피아의 계획은 역사의 움직임에 의하여 좌절하는 것이다.

---

47. *W*, VII, p. 33; *R*, 머리말.   48. *W*, VII, p. 36; *R*, 머리말.

1 0 .   전 쟁 의   기 능

모든 국가는 다른 국가와의 관계에서는 주권을 가진 하나의 개체이며, 그런 것으로서 승인을 요구한다. 국가 간의 상호적인 관계는 확실히 조약에 의하여 그리고 국제법에 의하여, 곧 관계 당사국이 받아들이는 것을 전제하고 있는 것에 의하여 어느 정도 조정되기는 한다. 그러나 그것이 받아들여지지 않고 거부되거나 철회되면 어떤 분쟁이든 궁극적인 조정자는 전쟁이다. 낱낱의 국가를 넘어서서는 어떠한 주권도 없기 때문이다.

그런데 헤겔이 전적으로 그 당시의 국제간의 생존에서의 명백한 경험적 사실을 기록하고 있을 뿐이라면 비판적인 형태의 주해를 달 이유란 전혀 없을 것이다. 그러나 그는 더 나아가 전쟁이 마치 인간 역사의 본질적인 일면이듯이 전쟁을 정당화한다. 과연, 전쟁이 많은 부정과 잔혹과 황폐를 수반하는 일이 있음을 그도 인정하고는 있다. 그러나 그의 주장으로는, 전쟁은 인륜적인 한 국면을 가지고 있으며, 전쟁은 "절대적인 해악으로도, 단순한 외면적인 사건으로도"[49] 보면 안 된다. 오히려 그 반대로 전쟁은 합리적인 필연성이다. "재산이나 생명과 같은 유한한 것이 우연적인 것으로 정립되는 것은 필연적인 것이다."[50] 더욱이 그렇게 하는 것은 바로 전쟁이 하는 일이다. 전쟁이이야말로 "이 세상의 재물과 사물의 덧없음을 진지하게 받아들이지 않으면 안 되는 상태다. 여느 때는 그렇지 않으며, 이 덧없음은 사람을 교화하기 위한 구절에 불과하지만 말이다."[51]

주의해야 할 것은 헤겔이, 전쟁에서는 어떤 인간의 도덕적 자질이 영

---

49. *W*, VII, p. 434; *R*, 324.   50. *Ibid.*   51. *Ibid.*

웅적인 규모로 발휘되는 일이 있는데, 이것은 명백한 진리라고 단순히 말하지 않았다는 것이다. 또 그가 말하고 있는 것은 단순히 전쟁에 의하여 우리는 유한한 것의 찰나적인 성격을 통감하게 된다는 것도 아니다. 그가 분명히 말하고 있는 것은 전쟁은 필연적인 합리적 현상이라는 것이다. 요컨대 그에게는 전쟁은 역사의 변증법을 말하자면 급하게 전전시켜 나가는 수단이다. 전쟁은 정체를 방지하고 그가 말하고 있듯이 여러 국민의 인륜적 건전을 지탱한다. 어떤 민족의 정신이 다시 새로워진 활력을 획득하는 데, 다시 말하자면 쇠퇴한 정치적 유기체를 쓸어버리고 그것 대신에 정신이 더욱 활력을 가지고 나타내는 데 전쟁은 필요한 수단인 것이다. 따라서 헤겔은 칸트의 영구 평화라는 이상을 배격한다.>52

　명백히 헤겔은 이른바 총력전을 경험하지 않았다. 그리고 의심할 것 없이 그가 생생하게 마음에 간직하고 있었던 것은 나폴레옹 전쟁과 프러시아의 독립 전쟁이었다. 그러나 그가 전쟁에 대해 말하고, 칸트의 영구 평화의 이상을 배격하고 있는 마디들을 읽을 때는, 한 사람의 대학교수가 인간 역사의 어두운 일면에 대해 낭만적인 생각을 품고, 더욱이 그 면을 형이상학적인 장식으로 꾸미고 있는 것을 보게 되며, 이 점에 관해서는 혹은 우스꽝스러운 인상, 혹은 불쾌한 인상을 갖지 않을 수 없다.>53

---

52. Vol. VI, pp. 185 and 209 참조.
53. 우리는 헤겔을 공평하게 대하기 위해 다음의 것을 상기할 수 있다. 곧, 나폴레옹이 전투에서 승리한 결과 헤겔은 예나에서 지위도 재산도 잃어버렸는데, 이때 그 자신, 전쟁이 끼치는 영향과 전쟁이 보여 주는 유한자의 덧없음을 느꼈던 것이다.

11. 역사철학

국제적인 여러 관계에 대해 그리고 역사의 변증법을 전진시키는 데한몫을 하는 전쟁에 대해 앞 절에서 언급했는데, 여기서부터 우리는 헤겔의 세계사에 대한 생각의 문제에 당도한다.

헤겔은 역사에, 아니 역사를 다루는 방식에 세 가지의 주요한 타입을 구별한다. 우선 첫째로 '근본적 역사' 다. 곧, 역사가가 자기의 눈앞에 가지고 있는 여러 가지 행위나 사건이나 사회의 정세를 기술한 것이다. 투키디데스의 역사는 이 타입의 것이다. 둘째로 '반성적 역사'가 있다. 역사가가 경험한 것에 한하지 않고 그것을 넘은 범위에 걸쳐 있는 일반사가 이 타입에 속한다. 예를 들면 교훈적 역사도 여기에 속한다. 셋째로 '철학적 역사' 또는 역사철학이 있다. 헤겔의 말에 의하면이 말이 의미하고 있는 것은 "역사에 대한 사상적 고찰 이외의 것이 아니다."[54] 그러나 이렇게 기술해도 이것만으로 명확하게 알았다고 할수는 없을 것이다. 그래서 헤겔도 확실히 인정하고 있듯이, 설명의 형태로 좀 더 부연해 두지 않으면 안 된다.

역사철학이 역사에 대한 사려 깊은 고찰이라고 함은 곧, 역사를 고찰하기 위해 하나의 사상을 가져온다는 것이다. 그러나 헤겔의 주장에서는 그 사상은 여러 사실을 어떻게든 짜 넣지 않으면 안 되는 선입적인 계획이나 기도와 같은 것이 아니다. "철학이 (곧, 역사를 고찰하기 위해) 가지고 오는 오직 하나의 관념은, 이성이 세계를 지배한다고 하는, 그러므로 세계사는 하나의 이성적 과정이라고 하는 역사에 대한 단

---

54. *W, XI*, p. 34; *S*, p. 8. *S*라는 문자는 J. 시브리(Sibree)에 의한 헤겔의 《역사철학》 강의의 영역을 나타낸다.

순한 관념이다."[55] 철학에 관한 한 이 진리는 형이상학에서 주어진다. 그러나 역사 그 자체에서는 이것은 하나의 가설이다. 그러므로 세계사가 정신의 자기전개라고 하는 진리는 역사에 대한 성찰의 결과로서 드러내 보이는 것이지 않으면 안 된다. 그러나 우리는 그 성찰에서 역사를 "그것이 있는 그대로 받아들이지 않으면 안 된다. 곧, 우리는 역사적으로, 곧 경험적으로 나아가는 것이지 않으면 안 된다."[56]

　이에 대해서는 명백한 주석을 달 수 있다. 곧, 비록 헤겔이 역사를 선입적인 주형에 잡아넣을 뜻이 전혀 없다고 해도, 역사를 연구하기 위해 철학자가 들여오는 사상 또는 관념은 명백히 그가 사건을 해석하는 데 큰 영향을 미치지 않을 수 없다. 또 비록 철학자가 들여오는 그 관념이 경험적으로 입증 가능한 가설이라고 공언된다 해도, 헤겔 자신처럼 형이상학에서 이미 그 관념의 진리임이 논증되어 있다고 믿는 철학자는, 의심할 것도 없이, 이 가설을 뒷받침해 줄 것 같아 보이는 역사의 여러 국면을 강조하기 일쑤일 것이다. 아니, 그뿐 아니라 헤겔주의자에게는 그 가설은 정말은 전혀 가설이 아니라 하나의 논증된 진리인 것이다.

　그러나 "공평무사하다"고 자칭하는 역사가일지라도 역사를 연구하기 위해서는 자기 자신의 범주를 가지고 온다고 헤겔도 말하고 있다. 절대적인 공평무사란 것은 하나의 신화다. 그러므로 검증된 철학적 진리보다 더 좋은 해석의 원리는 있을 수 없다. 분명 헤겔의 생각은 대체로 이렇다. 현실이 무한한 이성의 자기전개라는 것을 철학자는 알고 있으며, 그래서 이성이 인간의 역사에서도 반드시 활동하고 있음을 그는 알고 있다. 그러나 동시에 우리는 그것이 어떻게 활동하고 있는지를 앞질러 말할 수가 없다. 이것을 발견하기 위해서는 일련의 사건을 역사학

---

55. *W*, XI, p. 34; *S*, p. 9.　　　56. *W*, XI, p. 36; *S*, p. 10.

이 여느 의미에서 서술한 대로 연구하고, 우연한 소재의 산더미 속에서 의의를 가진 이성적인 과정을 인식하려고 노력하지 않으면 안 된다. 신학적인 표현을 쓰자면, 신의 섭리가 역사 속에서 활동하고 있다는 것을 우리는 앞질러 알고는 있다. 그러나 그것이 어떻게 활동하고 있는지를 보려면 사료(史料)를 연구하지 않으면 안 된다.

그런데 세계사는 정신이 자기가 자유라는 것을 현실적으로 의식하게 되는 과정이다. 그러므로 "세계사는 자유의 의식에서의 진보이다." [57] 물론 이 자유의 의식이 터득되는 것은 오직 인간의 정신에서, 그리고 인간의 정신을 통해서이다. 더욱이 신적인 정신이 인간의 의식을 통해 역사 속에서 나타난 것이 세계정신(*der Weltgeist*)이다. 역사는 따라서 세계정신이 자기가 자유라는 것을 명확하게 의식하게 되는 과정이다.

세계정신이 자기가 자유라는 의식을 터득하는 것은 오직 인간의 정신에서 그리고 인간의 정신을 통해서다. 하지만 그렇더라도, 역사가가 관심을 갖는 것은 개인보다 오히려 국민이다. 그러므로 세계정신이 구체적으로 발전해 갈 때, 말하자면 그의 구성단위를 이루는 것은 국민정신 또는 민족정신(*der Volksgeist*)이다. 그런데 이로써 헤겔이 말하려는 것의 일부는 다음과 같은 것이다. 곧, 한 민족의 문화는 그 민족의 정치적 체제 또는 헌법이나 여러 전통들뿐 아니라 도덕성이나 예술이나 종교나 철학에서도 나타나 있다는 것이다. 그러나 국민정신은 물론, 여러 형태의 법이나 예술작품 따위 속에만 내재해 있는 것이 아니다. 국민정신은 살아 있는 총체성이며, 그 민족 속에서 그리고 그 민족을 통해서 살고 있는 민족정신이다. 이 민족정신은 세계정신이 가장 한정된 총체성이며 그 자체는 세계정신의 삶에서의 하나의 단계 또는 하나의 계기

---

57. *W*, XI, p. 46; *S*, p. 19.

다. 거기서 개인은 이러한 민족정신에 참여하는 한에서 세계정신을 걸 머지는 자다.

그런데 실로 헤겔은 이렇게 단언하고 있다. "세계사에서 우리가 관 여하는 것은 민족이라는 개인이며 국가라고 하는 총체다."[58] 그러나 헤겔에서 '국가'와 '국민정신'이란 말은 대체로 바꿔 쓸 수가 있다. 왜 냐하면 국가라는 말이 그에게 의미하는 것은 사법국가 이상의 것이기 때문이다. 위의 글에서 국가라는 말로 그가 이해하고 있는 것은 자기 성원에서 그리고 자기의 성원을 통해서 현존하는 총체성, 그러나 현재 존재하고 있는 그 어떤 기존의 시민 집단과도 같지 않은 총체성이며, 더욱이 또한 어떤 민족 또는 국민의 정신과 문화에 구체적인 형태를 주 는 총체성인 것이다.

허나 다음의 것을 주의하지 않으면 안 된다. 곧, 세계사가 관여하는 것은 세계사라고 헤겔은 주장하는데, 그렇게 주장하는 하나의 중요한 이유는, 국가에서 그리고 국가를 통해서만 국민정신이 자기에 대하여 (곧, 자기 자신을 의식하고 있는 것으로서) 현존한다는 것이 그의 견해 이기 때문이다. 그러므로 국민으로 이루어지는 국가를 구성하지 않는 민족은 실제로는 세계사에서의 고찰에서 배제된다. 왜냐하면 그런 민 족의 정신은 잠재적일 뿐이기 때문이다. 곧 '자기에 대하여' 현존하고 있지 않기 때문이다.

따라서 국가의 형태를 취하고 구현된 저마다의 국민정신이 세계정 신의 삶에서 하나의 단계 또는 하나의 계기다. 그뿐 아니라 이 세계정 신은 실제로는 여러 국민정신의 상호작용의 **결과**이기도 하다. 여러 국 민정신은 말하자면 세계정신이 현실화하기 위한 계기인 것이다. 국민

---

58. *W*, XI, p. 40; *S*, p. 14.

정신은 한정된 것이며 유한하고 "여러 국민정신이 서로 관계할 때의 운명과 행위에 의하여 그들 정신이 유한하다는 것을 알려 주는 변증법이 드러난다. 이 변증법으로 말미암아 **보편적 정신**이, 곧 무제한한 **세계정신**이 생기는 것이지만, 바로 이것이 여러 유한한 국민정신에 대하여 자기의 심판을—이 심판이야말로 최고의 심판인데—선고한다. 더욱이 이것을 집행하는 것은 심판의 **세계법정**인 **세계사** 내부에서의 일이다."[59] 헤겔에게는 여러 국민에 대한 심판이 역사 속에 깃들어 있다. 그 심판을 행하는 것이 각 국민의 현실의 운명인 것이다.

따라서 정신은 완전하고 또한 명백하게 자기의식을 향해서 나아갈 때, 자기 자신을 제한적으로 그리고 일면적으로 나타낸 형태를 취한다. 곧 몇 개의 국민정신이란 형태를 취한다. 더욱이 헤겔의 생각으로는 어떤 기존 시대에서도 어떤 특정한 국민이 어떤 특정한 방식으로 세계정신의 발전을 나타내고 있다. "이 민족이 세계사에서 이 시대의 지배적인 민족이다—**더욱이 이 민족이 시대의 지배적 민족이다**—그나마 이 민족이 **시대를 구획할 수 있는 것은 오직 한 번뿐이다.**"[60] 곧 그러한 국민정신은 발전해서 절정에 이르지만, 다음에는 쇠진하고 그 후 이 국민은 역사의 무대의 후경으로 밀린다. 헤겔이 생각하고 있는 것은 의심할 것도 없이, 한 예를 들자면, 일대 제국으로 발전하고 자기 자신의 독자적인 각인과 문화를 가졌으나 다음에는 쇠퇴하고 만 스페인의 상태다. 그러나 그는 그 다음에 바로 한 국민은 두 번 다시 역사의 무대의 중심을 차지할 수 없다고도 생각한다. 이 생각은 아마도 논의의 여지가 있을 것이다. 그러나 물론 이 생각을 오히려 필연적인 진리가 되게 하려고, 어떤 국민이 두드러지게 중요한 두 번째 시기를 갖는 경우, 이것은 정말은

---

59. *W*, VIII, p. 446; *R*, 340.   60. *W*, VII, p. 449; *R*, 347.

다른 정신을 가진 다른 국민이라고 주장할 뜻이 없다면 말이다. 어쨌든 각 시대마다 어떤 특정한 세계사적 국민을 찾으려는 그의 의욕은 역사에 대한 그의 생각을 협소하게 만들고 있다.

그러나 이렇게 말함으로써 역사철학 강의에서 헤겔이 넓은 영역에 걸쳐 있다는 것이 부정되는 것은 아니다. 그는 세계사를 다루고 있으며, 이것이 명백히 그것을 뒷받침해 준다. 그 강의의 제1부는 동양세계에 충당되어 있으며 이것은 중국, 인도, 페르시아, 소아시아, 팔레스티나, 이집트를 포함하고 있다. 제2부에서 그는 그리스의 세계를 논하고, 제3부에서는 로마 세계를 논하고 있는데, 여기에는 또한 역사적으로 위력을 가진 입장에까지 높아 가는 그리스도교가 포함되어 있다. 제4부는 헤겔이 게르만의 세계라고 부르는 것에 충당되어 있다. 이 시기는 비잔틴 제국에서부터 프랑스혁명과 나폴레옹 전쟁까지를 포함한 범위에 걸쳐 있다. 이슬람교는 이 제4부에서 간단히 다뤄지고 있다.

헤겔에 의하면, 동양인은 인간 자체가 자유라는 것을 알지 못했다. 그리고 그것을 몰랐기 때문에 그들은 자유가 아니었다. 그들은 오직 **한 사람**, 곧 전제군주만이 자유라고 알고 있었다. "그러나 바로 그 때문에 그와 같은 자유는 단지 변덕스럽고 잔인하며 거친 정열이며, 그래서 도리어 정열이 없는 온화, 유순이기도 했다. 곧 이것은 그 자체 오직 자연적 우연이나 변덕에 지나지 않다. 따라서 이 **한 사람**은 전제군주일 뿐이며 자유로운 인간이 아니다. 곧, 참인간 존재가 아닌 것이다."[>61]

그리스와 로마의 세계에서 자유의 의식이 생긴다. 그러나 고전시대의 그리스인과 로마인은 오직 다만 **얼마**의 인간이 자유라고, 곧, 노예에 대하여 자유로운 인간이라고 알고 있었을 뿐이었다. 플라톤이나 아리

---

61. *W*, XI, p. 45; *S*, p. 18.

스토텔레스만 해도 자유의 의식이 증대해 가는 국면에서 이와 같은 불충분한 단계를 보여 주는 보기이다.

헤겔의 견해로는 '게르만' 민족이야말로 그리스도교의 영향 아래 비로소 인간 자체가 자유라는 자각에 이르렀다. 이 원리는 그리스도교에서는 처음부터 인정되고 있었다. 하지만 그렇다고 해서 그 결과 이 원리가 곧바로 여러 법률이라든가 정부라든가 정치적 유기체와 그 여러 기구 속에 나타난 것은 아니다. 정신의 자유의 자각은 처음에 종교에서 생겼지만 국가의 기초로서 명백하게 실제로 승인되기까지는 발전의 오랜 과정이 필요했다. 그리하여 이 발전의 과정이 역사에서 연구된다. 정신의 자유에 대한 내면적인 의식에는 명백한 객관화가 주어져야 했는데, 그 경우에 헤겔이 지도적 구실을 했다고 생각한 것은 이른바 게르만 민족이다.

그런데 앞에서 보았듯이, 세계사를 고찰할 때, 그 구성단위로 최초에 고찰되는 것은 국민으로 이루어진 국가였다. 그러나 잘 알려진 사실이지만, 세계사적 개인(*die weltgeschichtlichen Individuen*)이라고 헤겔이 부르는 것의 구실을, 곧 알렉산더 대왕이라거나 줄리어스 시저라거나 나폴레옹과 같은 사람들의 구실을 그는 강조한다. 그리고 이것은 그에게 좀 일관성이 없는 것처럼 보이게 할지도 모른다. 그러나 여러 국민정신과 그들 국민정신의 변증법에서 생기는 세계정신은 여러 인간존재에서 그리고 그것을 통해서만 현존하고 생명을 가지며 또 작용하는 것이다. 그리하여 헤겔의 입장에서는 세계정신은 어떤 개인을 두드러진 활동을 하는 자기의 연장으로 사용해 왔다. 신학적인 표현을 쓰자면, 그들은 신의 섭리를 위한 특별한 연장이었다. 물론 그들에게도 주체적인 정열이나 사적인 동기는 있었다. 이를테면 나폴레옹을 지배하고 있었던 것은 아마도 대부분이 개인적인 야심과 과대망상증이었을 것이다.

시저라든가 나폴레옹 같은 자들이 가졌던 의식적이든 무의식적이든 사적인 동기는 전기 작가나 심리학자에게는 흥미로운 것일 수 있다. 하지만 그러한 동기는 세계정신의 연장으로서 그러한 인간이 이룩한 것 때문에 그들에게 관심을 갖는 역사철학자에게는 그렇게 중요하지 않을 뿐 아니라 또한 직접 관계가 있는 것도 아니다. 정열이 없으면 이 세상에서는 아무런 위대한 것을 이룰 수 없다고 헤겔은 말한다. 그러나 역사상의 위대한 인물들의 정열은 세계정신에 의하여 연장으로 이용되는 것이며, 더욱이 **'이성의 간지**(奸智)**'**를 보여 주는 것이다. 줄리어스 시저가 루비콘 강을 건너는 데 어떤 동기를 가졌었건 그의 행위는 아마도 그의 어떤 이해도 훨씬 초월한 역사적 중요성을 가졌다. 그의 사적인 관심이 무엇이었던 간에 공화국을 제국으로 바꾸는 데, 그리고 로마적 천성과 정신을 발전시켜 그 정점에 이르게 하는 데 우주론적 이성 또는 정신은 그 '간지'로써, 그러한 그의 사적인 관심을 이용했던 것이다.

모든 의심쩍은 형이상학을 도외시한다면 헤겔은 분명히 아주 당연한 말을 하고 있다. 이를테면, 스탈린이라는 이 불쾌한 압제자의 심리보다 그가 러시아를 위해 현실로 이룩한 것에 역사가는 더 관심을 갖거나 갖지 않으면 안 된다는 주장은 확실히 터무니없는 것이 아니다. 그러나 역사에 대한 헤겔의 목적론적 견지에서 보자면 물론 다음과 같은 말을 덧붙일 수 있을 것이다. 곧, 스탈린이 이룩한 것은 당연히 이루어지지 않으면 **안 되었던** 것이며, 또한 이 러시아의 독재자는 그의 특유한 모든 불쾌한 면까지도 포함해서 세계정신의 손안의 연장이었다고 하는 것이다.[62]

---

62. 신학적인 생각을 가지고 비판하는 자가 있으면, 그러한 누구에 대해서도, 이성의 간지의 이론은 그리

12. 헤겔의 역사철학에 대한 몇 가지 주석

역사철학에 대해서 나는 앞에서 일반적인 견해를 서술해 두었다.>[63]
이 장은 이미 다른 장보다 어느 정도 길어졌기 때문에 앞에서 말한 견
해를 여기서 되풀이하거나 더 자세히 서술할 생각이 없다. 그러나 세
계사에 대한 헤겔의 생각과 관련해서 한두 가지 주석을 해 둘 필요가
있다.

우선 첫째로, 역사가 목적론적 과정이라고 하는 의미에서, 곧, 인간
의 선택보다 오히려 절대자의 본성에 의하여 결정되는 목표를 향해 움
직여 나간다고 하는 의미에서 하나의 이성적인 과정이라고 한다면, 일
어나는 것은 모두 그것이 일어난다고 하는 그 사실에 의하여 정당화된
다고 생각될지도 모른다. 또, 세계사가 그 자체 심판의 최고 법정이다.
곧 여러 국민에 대한 심판이라고 한다면, 권력이 정의가 되는 것같이
생각될지도 모른다. 이를테면, 어떤 국민이 다른 국민을 정복하는 데
성공한다면 그 국민의 행동은 성공했기 때문에 정당화되는 것같이 보
일지도 모른다.

그런데 "권력이 정의"라고 하는데 아마도 이것은 일반으로 플라톤
의《고르기아스》에서 칼리클레스가 표명하고 있는 저 냉소적인 견지를
나타내는 것이라고 이해할 수 있다. 그 냉소적인 견지에서 본다면, 보
편적으로 과해져 있으며 또한 근본적으로 불변하는 도덕법칙이란 관념
은 약자 쪽의 자기 방위적 본능이 만들어 낸 것으로, 약자는 이렇게 해

스도교와 일치한다는 것이 헤겔의 대답이었다. 왜냐하면, 그리스도교의 주장에서도 신은 악으로부터
선을 가져오기 때문이다. 이를테면, 그리스도에 의한 속죄를 이루기 위해 신은 그에 대한 유다의 배반
을 이용했던 것이다.

63. Vol. VI, pp. 422~7 참조.

서 강하고 자유로운 인간을 예속시키려고 한다. 그러나 참으로 자유롭고 강한 인간은 도덕성에 대한 그러한 생각을 꿰뚫어 보고 물리친다. 그가 보는 유일한 정의는 권력이다. 그의 판단으로는 노예로 타고난 약자들도 이 의견이 참이라는 것을 암암리에 인정하고 있다. 다만 그들은 자기들이 그것을 암암리에 인정하고 있다는 사실을 자각적으로 깨닫지 못하고 있는 것이다. 왜냐하면 그들은, 개별적으로는 약자이기 때문에 집단적인 권력을 행사하기 위해 자기에게 유리한 인륜적 법도를 강자에게 강요하기 때문이다.

그러나 헤겔은 전혀 냉소적이지 않았다. 앞에서 보았듯이, 그가 확신했던 가치는 인간의 인격 그 자체였고 단순히 어떤 일부의 인간존재에 지나지 않는 것이 아니었다. 그리하여 당연히 이렇게 주장할 수가 있다. 곧, 그에게 문제가 되는 것은 권력이 정의라고 하는 냉소적인 견해가 아니라, 오히려 역사에서는 정의야말로 이성적인 것이 형태를 취한 필연적인 지배요인이라는, 과장된 낙천적 견해이다.

물론 그럼에도 불구하고 논의의 여지는 있다. 헤겔과 냉소적인 사상가는 태도의 다름은 있어도 결국은 대체로 같아진다는 것이다. 왜냐하면 정의가 언제나 역사에서 승리를 거둔다면 성공한 권력은 정당화되기 때문이다. 정당화되는 것은 그것이 권력이라기보다 오히려 정의라고 하는 이유에서다. 하지만 그래도 역시 성공한 권력은 정당화된다. 물론 헤겔은, 이를테면, 그가 세계사적 개인이라고 부르는 것에 대해서도 도덕적인 판정이 내려지는 것을 인정하고는 있다. 그러나 그는 또한 그와 같은 도덕적 판정은 순전히 형식적인 공정함을 갖는 데 불과하다는 것도 명확히 하고 있다. 이를테면, 어떤 기존의 사회적 인륜의 체계의 입장에서 보면 어떤 위대한 혁명가가 악한 인간일 때가 있다. 그러나 세계사의 입장에서 보면 그의 행위는 정당화된다. 보편적 정신이 필요로 하는 것을 그는 이루기 때문이다. 그리고 또한, 어떤 국민이 다른 국민을 정복한다면, 그 국민의 행동은 세계사의 변증법 내의 하나의 계기이므로 정당화된다. 비록 다른 쪽에서 그에 관계하고 있는 개인이 말하자면 사인으로 고찰되고, 그러한 그의 행위에 대해 어떤 판정이 내려진다 해도 말이다. 아니, 오히려 상황 중의 이와 같은 2차적 국면에 지나지 않는 것에 세계사는 관심이 없는 것이다.

따라서 헤겔로 하여금 세계사가 또는 역사학자가 관심을 갖는 사건 모두를 정당화시키는 것은 전혀 냉소적인 견해가 아니며, 오히려 그의 형이상학적 견해라고 할 수 있다. 확실히 헤겔은 신의 섭리라고 하는 그리스도교의 교설을 자기는 아주 진지하게 받아들이고 역사 전체에 적용하고 있을 뿐이라고 주장한다. 하지만 그 둘 사이에는 명백한 다름이 있다. 초월신이 헤겔적인 절대자로 변질되어 있으며, 심판이 역사 그 자체 내에 내재되어 버리고 말았다. 일단 이렇게 되면 남겨진 탈출로는 없으며, 세계사라는 입장에서 절대자의 자기 나타남에서의 계기를 이루고 있는 모든 사건과 행위가 정당화된다고 결론지을 수밖에 없다. 그리하여 그리스도교의 입장에서 중요성을 가지는 도덕의 문제는 실제로는 관계가 없는 것이 되고 만다. 물론 내가 말하려는 것은 이로써 당연히 헤겔의 입장이 틀렸다는 것을 알 수 있다는 것이 아니다. 또, 그리스도교의 역사가는 도덕을 앙양할 책임이 있다는 것도 아니다. 헤겔의 역사철학은 역사가가 일반으로 역사라고 이해하는 것 이상의 것이다. 그것은 역사에 대한 형이상학적 해석이다. 더욱이 내가 말하고 싶은 것은, 헤겔은 자기의 형이상학으로써 그리스도교의 신학자가 빠지는 일이 없는 결론에 다다랐다고 하는 것이다. 과연 헤겔은 섭리라고 하는 그리스도교의 교설의 이른바 철학적인 진수를 자기는 주었다고 생각했다. 그러나 실제로는, 그의 그 '비신화화(非神話化)'는 하나의 변질이었던 것이다.

　지금 헤겔의 형이상학이라고 말했는데 이 점에 관련해 또 하나의 주석을 달려고 한다. 세계사는 보편적 정신이 자기 자신을 시간 안에서 현실화하는 과정이라고 헤겔은 주장한다. 그대로라면, 왜 그 과정의 목표가 일체를 포괄하고 있는 통일의 내부에서, 인격적 자유를 완전히 실현하고 있는 보편적인 세계적 국가 또는 세계적 사회가 되지 않는 것일까? 이것은 이해하기 어렵다. 또 헤겔은 어디까지나 이렇게 강조하려고 한다. 곧, 보편자야말로 자기의 여러 특수자에서 나타나는 것이며 더욱이 그 특수자가 국민정신이라고. 하지만 비록 그렇다고 해도, 세계사의 움직임 전체의 이념의 목적은 구체적 보편자를 나타내고 있는 세계연방이지 않으면 안 될 것같이 생각된다.

　그러나 헤겔은 그런 입장을 취하지 않았다. 그에게 세계사는 본질적으로 여러 국민정신, 곧 여러 국가의 변증법이며, 국가야말로 정신이 역사에서 상정하는 한정된 모습이다. 그렇다면 우리는 절대정신의 영역에 들어간다. 이 영역이 다음 장의 주제다.

1 . 절 대 적 정 신 의 영 역

지금까지 보았듯이 헤겔의 체계의 개요의 표면 아래를 소상히 조사
하기 시작하면 즉시 여러 가지 어려움이 생긴다. 이를테면, 논리학적
이념은 존재론적으로 어떠한가라든지, 로고스와 자연과의 엄밀한 관
계는? 따위를 묻기 시작하면, 몇 가지 가능한 방향에서의 해석이 생각
에 떠오른다. 하지만 지금 여기서 그 실마리로 그의 체계의 개요를 말
하는 것은 쉬운 일이며, 이것은 지금의 어려움으로도 변함이 없다. 절
대자는 존재이다. 존재는 우선 처음에 (시간적인 의미에서는 아니지
만) 이념으로서 고찰되었는데 이것은 자기 자신을 자연에서, 곧 질료
적 세계에서 객관화한다. 이념이 객관화되었으므로 자연은 이념을 나
타내고 있다. 그러나 동시에 자연은 타당한 모습으로 이념을 나타낼 수
가 없다. 존재, 곧 절대자는 정신이라고, 곧, 자기 자신을 사유하는 사
유라고 규정되어 있기 때문이다. 그래서 존재는 그런 것으로 현존하게
되지 않으면 안 된다. 자연은 존재가 그렇게 되기 위한 조건이라고 하
나, 자연에서 존재는 그렇게 될 수 없다. 그래서 존재는 정신으로 현존

하게 되는 것이며, 그렇기 때문에 존재는 오직 인간 정신에서 그리고 인간 정신을 통해서 자기의 본질을 타당한 모습으로 나타내게 된다. 그러나 정신으로서의 존재는 여러 가지 방식으로 이해할 수 있다. 정신으로서의 존재는 그 '자체'로서, 곧, 내면성 또는 주관성 안에 있는 유한한 정신의 형태로 파악할 수 있다. 이것이 주관적 정신의 영역이다. 정신으로서의 존재는 자기 자신으로부터 나와 자기가 정립 또는 창조하는 여러 기구에서 특히 국가에서 자기 자신을 객관화하는 것으로 이해할 수 있다. 이것이 객관적 정신의 영역이다. 더욱이 정신으로서의 존재는 유한성을 넘어서 높아 가며 자기 자신에 대해 총체성으로서의 존재라고 하는 앎을 갖는 것으로 이해할 수 있다. 그리고 이것이 절대적 정신의 영역이다. 절대적 정신은 오직 인간 정신에서 그리고 인간 정신을 통해서 현존한다. 그러나 그것은 다음과 같은 단계, 곧, 개별적인 인간 정신이 이미 자기 자신의 사적인 사유나 감정이나 관심이나 목적에 갇힌 유한한 정신이 아니고 무한자의, 곧, 차이에서의 동일성이며, 또한 자기 자신에 대해 그런 것이라고 하는 앎을 갖는 무한자의 삶 속에서 하나의 계기가 되어 있는 단계에서다. 다시 말하자면, 절대적 정신이란 헤겔이 《정신현상학》에서 서술한 저 절대 앎의 단계에 있는 정신이다. 그러므로 절대자에 대한 인간의 앎과 절대자의 자기 자신에 대한 앎은 동일한 실재성의 두 국면이라고 할 수 있다. 왜냐하면 존재는 자기 자신을 인간 정신을 통해 구체적으로 현존하는 자기사유적 사유로서 현실화하기 때문이다.

사태를 명료하게 하기 위해 다음과 같은 점이 명료해지지 않으면 안 된다. 나는 내 자신이 하나의 유한한 존재라는 것을 의식한다. 곧 말하자면, 어떤 다른 인간존재의 자기의식과도 전혀 다른 나 자신의 자기의식을 나는 갖는다. 다른 모든 것과 마찬가지로 이 주관적인 자기의식도 절대자 내부에 있다는 것에는 틀림이 없지만, 그렇더라도 헤겔이 절대적 앎으로써 말하려는 것은 이러한 것이 결코 아니다. 절대적 앎이 생기는 것은 다음과 같은 경우다. 곧 내가, 자기 자신이 하나의 유한한 개별자이고 다른 여러 유한한 인간이나 사물과 마주하고 있다는 것을 자각하고 있을 뿐 아니라, 오히려 더 나아가 절대자가 궁극의 그리고 일체를 포괄하고 있는 실재라는 것을 자각하고 있는 경우다. 자연은 절대자의 객관적인 나타남이지만, 절대자는 주관성으로서의 자기 자신으로 정신의 형태를 취하고 돌아가는 것이며, 역사 속에서의 인간의 정신적인 삶에서 그리고 그것을 통해서 현존하고 있다. 내가 만약 이러한 앎을 갖는 데까지 다다른다면 그 나의 앎이 바로 절대적 자기의식에서의, 곧, 존재 곧 절대자의 자기 앎에서의 하나의 계기다.

　이것은 다음과 같이 말할 수도 있다. 곧 앞에서 보았듯이 헤겔에 의하면, 세계정신은 여러 국민정신의 변증법에서 생긴다. 그런데 앞 장의 끝에서 주석을 달았을 때 말한 것이지만, 이러한 견해로부터 당연히 예상되는 결론은, 역사의 목적 또는 목표는 하나의 보편적인 사회, 하나의 세계적 국가, 또는 적어도 여러 국가들에 의한 하나의 세계연방이라는 것이다. 그러나 헤겔의 입장에서는 그렇지 않았다. 국민정신은 한정된 것이고 유한하다. 그리고 세계정신은 이러한 유한성과 제한성을 넘어서 높아 가며 무한한 정신으로서 현존하고 있다고 이해된다. 그러나 그 경우 세계정신은 앎, 곧 자기사유적 사유라고 이해되지 않을 수 없다. 그러므로 정치적인 영역으로부터는 나가는 것이 된다. 확실히 국가에 대해서도, 국가는 자기 자신의 목적을 이해하고 의식적으로 그것을 추구한다는 의미에서 자기의식적인 인륜적 실체라고 헤겔은 말하고 있다. 그러나 국가가 자기사유적 사유, 또는 인격성이라고 말하지는 않았다. 자기사유적 사유는 자기 자신에 대한 정신이라고 하는, 그리고 또 자기 자신에 대해 자신의 객관화이기도 하고 정신으로서의 자기 자신이 구체적으로 현존하기 위한 조건이기도 한 자연이라고 하는 앎을 갖는 정신인 것이다. 그것은 자기 자신에 대한 총체성, 곧 차이성에서의 동일성이라고 하는 앎을 갖는 절대자인 것이다. 곧, 그것은 자기 자신의 삶 속에서의 구별된 여러 단계 또는 여러 계기를 반성적으로 의식하고 있는 무한한 존재다. 그것은 국민정신의 특징인 유한성에서 오는 여러 제한성으로부터, 말하자면 해방된 정신이다.

이처럼 절대적 정신은 주관적 정신과 객관적 정신의 한층 높은 수준에서의 종합 또는 통일이다. 그것은 주관성과 객관성이 하나로 되어 있는 것이다. 왜냐하면 그것은 자기 자신에 대한 앎을 갖는 정신이기 때문이다. 주관적 정신과 객관적 정신의 영역에서 우리가 관여하는 것은 유한한 정신이다. 곧, 우선 처음에는 내면성에 있으며, 다음에는 가족이나 국가와 같은 객관적 기구의 형태로 자기를 나타내고 있는 유한한 정신이다. 이에 대해 절대적 정신의 영역에서 우리가 관여하는 것은 자기 자신에 대해 무한이라는 앎을 가진 무한한 정신이다. 하지만 그것은 무한한 정신은 유한한 정신을 마주보고, 대립하고 그것을 떠나 전혀 따로 현존하고 있다는 의미에서가 아니다. 무한자는 유한자에게서 그리고 유한자를 통해서 현존한다. 그러나 절대적 정신의 영역에서는 무한자는 자기 자신이 그러한 것임을 반성적으로 의식하고 있다. 그러므로 절대적 정신은 주관적 정신의 말하자면 되풀이가 아니다. 그것은 한층 더 높은 단계에서, 곧, 주관성과 객관성이 하나인 무한한 활동 속에서 통일되어 있는 단계에서의 정신의 자기 돌아옴이다.

그러나 하나인 무한의 활동이란 말은 오해를 불러오기 쉽다. 왜냐하면 그것은 절대자 쪽에서의 영원하고 불변하는 자기 직관이란 식으로 생각될 것 같기 때문이다. 그런데 오히려 헤겔에게 절대정신이란 절대자가 자기 앎을 발전시켜 나가는 삶이다. 그것은 절대자가 바로 자기사유적 사유로서 자기 자신을 현실화하는 과정이다. 더욱이 세 개의 주요한 단계에서, 곧 예술과 종교와 철학의 단계에서 자기 자신을 현실화한다.

헤겔이 무엇을 말하려고 하는지는 절대자에 대한 인간의 앎의 입장으로부터 접근하면 가장 쉽게 이해할 수 있다. 첫째로 절대자는 자연에서 또는 더 적당한 모습으로 말하자면, 예술작품에 나타난 아름다움이라고 하는 감각적 형식에서 파악할 수 있다. 그러므로 헤겔은 예술이 형이상학적 의의를 갖는다는 셸링의 이론을 받아들이는 것이다. 둘째로 절대자는 예술의 용어로 표현되는 형상적(形象的) 또는 표상적인 사유의 형식에서 파악할 수 있다. 셋째로 절대자는 순수하게 개념적으로, 곧 사변철학에서 파악할 수 있다. 따라서 예술, 종교, 철학 모두가 절대자에 관여하고 있는 것이다. 무한한 신적 존재가 이들 세 정신활동 모두의 이를테면 내용 또는 주제이다. 그러나 내용은 같아도 형식은 다르다. 곧, 절대자는 이들의 활동에서 다른 방식으로 파악된다. 예술, 종교, 철학은 동일한 내용 또는 주제를 갖는 것으로서 모두 절대적 정신의 영역에 속해 있다. 그러나 형식이 다르다는 것은 그것들이 절대적 정신의 삶에서의 구별된 단계라는 것을 가리킨다.

따라서 절대적 정신의 철학은 예술철학, 종교철학, 철학의 철학이라고 부를 수 있는 세 개의 주요 부분으로 이루어져 있다. 그리고 헤겔은 변증법적인 과정을 통해, 어떻게 예술이 종교로 나아가는지를, 또는 종교로 이행하는 것을 요구하는지를, 그리고 또 어떻게 종교가 철학으로 이행하는 것을 요구하는지를 보여 준다. 그러므로 이 변증법에 시간의 요소가 어떤 의미로 들어오는가, 또 들어오지 않는가를 이해하는 것이 중요하다.

헤겔은 자기의 예술철학에서 미적 의식의 본질에 대해 순전히 추상적 설명으로 한정하지 않았다. 그는 예술의 역사적인 발전을 개관하고, 미적 의식이 발전해서 종교적 의식에로 이행을 요구하는 점까지 이르는 것을 보여 주려고 한다. 마찬가지로 그는 자기의 종교철학에서 종교적 의식의 본질적인 특징 또는 계기를 설명하는 데 한정하지 않았다. 그는 종교의 역사를 원시적 종교로부터 절대적 종교인 그리스도교까지 개관하고, 종교적 의식이 어떤 변증법적 범형(範型)을 취해 발전하고 사변철학의 입장에로의 이행을 요구하는 점에 이르는가를 명확히 하려고 했다. 따라서 여기서는 시간적인 것과 비시간적인 것이 섞여 있다. 곧, 한편으로 예술, 종교, 철학의 현실의 역사적 발전은 모두 시간적인 과정이다. 이것은 충분히 명백하다. 이를테면, 고전 그리스의 예술은 시간적으로 그리스도교의 예술에 앞선 것이며, 그리스의 종교는 시간적으로 그리스도교에 앞섰다. 그러나 다른 한편 종교가 등장하기 전에 예술은 그의 모든 형태를 성립시켰다, 또는 절대적 종교가 나타나기 이전에는 어떠한 철학도 없었다고 생각할 만큼 헤겔은 어리석지 않다. 그리스의 신전이 그리스의 종교와 관련되어 있었다는 것, 그리고 그리스에도 철학자가 있었던 것을 그도 물론 다른 사람과 마찬가지로 알고 있다. 그러나 여기서는 또한 예술의 개념으로부터 종교의 개념으로, 그리고 종교의 개념에서 철학의 개념에로 변증법적으로 이행해 가는 것이고 이 이행은 본래적으로는 무시간적이다. 곧, 그 이행은 본질적으로는 시간적 또는 역사적 전진이 아니라 개념적 전진인 것이다.

이것은 다음과 같이 말할 수 있다. 헤겔은 순전히 개념적 운동만으로, 곧 거기서 유일하게 우선하고 있는 것은 논리이지 시간은 아니라고 하는 운동만으로 한정할 수 있었을지도 모른다. 하지만 정신의 삶은 역사적인 발전으로서 거기서는 예술의 어떤 하나의 형태에는 다른 형태가 잇따르고, 종교적 의식의 발전 단계에는 다른 단계가 잇따르며, 어떤 하나의 철학체계에는 다른 철학체계가 잇따른다. 그래서 헤겔은 예술의 역사와 종교의 역사와 철학의 역사 속에 보이는 변증법적인 본보기를 보이려고 갈망한다. 그러므로 절대적 정신의 철학은 그의 설명에 따르면, 시간적인 잇따름 모두를 제거해 버릴 수가 없다. 그리하여 절대적 정신의 철학은 두 국면을 가지고 있다. 물론 이 두 국면을 나누는 것은 언제나 간단한 일이 아니다. 그러나 어쨌든, 이를테면, 예술이 끝났을 때 종교가 시작되었다고 헤겔이 말하고자 한다고 이해한다면, 우리는 그의 교설을 허튼 소리로 만드는 것이다. 따라서 비록 누가 어떻게 헤겔을 해석할지라도, 내 생각으로는, 그는 예술, 철학, 종교를 인간 정신의 영원한 활동으로 본 것이다. 헤겔은 철학이야말로 그것들 중에서도 최고의 활동이라고 생각했는지도 모른다. 그러나 만약 그렇더라도 그 결과, 인간은 언젠가는 순수한 사유가 된다고 그가 생각했다고는 할 수 없다.

　이 절의 결론으로 다음의 것을 주의해 두는 것도 유익할 것이다. 헤겔에게는, 국가야말로 모든 실재 중에서 최고의 실재며 정치생활이 인간의 최고의 활동이라고 생각한다면 하나의 오해다. 왜냐하면 앞에서 보았듯이, 객관적 정신의 영역은 결국 절대적 정신의 영역에 이르기 때문이다. 그리고 헤겔에게는 어떤 형태의 유기체적 사회는 예술과 종교와 철학을 위한 하나의 조건이며, 또한 이들 세 가지 양상의 활동이야말로 정신의 최고의 표현이다. 헤겔은 의심할 것도 없이 국가를 찬양했지만, 그러나 철학을 그것 이상으로 찬양했던 것이다.

2. 예 술 철 학

변증법적으로 또는 논리학적으로 말해 절대자는 무엇보다 먼저 직 접성의 형태로, 곧, 감각의 대상의 겉모습을 취하고 나타난다. 이런 것 으로서 절대자는 아름다움으로서, 곧, '이념의 감각적 빛남(Scheinen)' >1으로서 파악된다. 그리고 이념의 이 감각적인 나타남, 곧 감각이라는 베일을 통한 절대자의 이 빛남은 이상(理想)이라고 불린다. 어떤 점에 서 보면 미로서의 이념은 물론 진리로서의 이념과 동일하다. 왜냐하면 바로 동일한 절대자가 미적 의식에 의해서는 미로, 철학에서는 진리로 파악되기 때문이다. 그러나 그 파악의 형식 또는 양식은 구별된다. 미 적 직관과 철학은 같은 것이 아니다. 그렇기 때문에, 미로서의 이념이 이상이라고 불리는 것이다.

자연에도 미라는 것이 있을 수 있다는 것이 부정되는 것은 아니다. 하지만 예술에서의 미 쪽이 단연 뛰어나다고 헤겔은 주장한다. 왜냐하 면 예술의 미는 정신이 직접 창조하는 것, 곧 예술미에서는 정신이 자 기 자신을 자기 자신에게 나타내기 때문이다. 정신과 그 소산은 자연과 그 현상보다 뛰어나다. 따라서 헤겔은 예술에서의 미에만 주목한다. 확 실히 신적인 것의 나타남인 자연미를 그가 경시하는 것을 유감으로 생 각할지 모른다. 하지만 체계가 구축되면 그는 오직 예술미를 다룰 수밖 에 없다. 왜냐하면 그는 이미 자연철학을 뒤로했으며 지금은 정신철학 에 관여하고 있기 때문이다.

그러나 우리는 이렇게 물을 수 있다. 예술미가 이념의 감각적인 빛

---

1. *W*, XII, p. 160; *O*, I, p. 154. 헤겔의 《미학》 강의에서 인용할 때의 *O*라는 문자는 F. P. B. 오스마스톤 (Osmaston)에 의한 영역을 나타낸다.

남 또는 나타남이라고 해도 이 명제는 무엇을 의미하는가? 그럴듯하지
만 막연하다는 것 말고는 아무것도 없지 않은가? 이에 대한 답은 꽤 간
단하다. 이념은 주관성과 객관성의 통일이다. 그리고 아름다움을 갖는
예술작품에서는 이 통일이 정신적인 내용과 외면적인 또는 물질적인
구체적 표현과의 합일이라는 형태로 표현 또는 표시되어 있다. 정신과
물질이, 주관성과 객관성이 조화롭게 통일 또는 종합되어 함께 융합되
어 있다. "예술은 이념을 사유나 순수한 정신성의 형식에서가 아니라
감각적 형식에서 직접적인 직관을 향해 표현함을 과제로 한다. 그리고
이 표현의 가치와 존경은 이념적 내용과 그 구체적 표현과의 양면이 대
응하고 통일되어 있다는 점에 있다. 그러므로 예술의 완전성과 탁월성
그리고 예술의 창작품과 예술의 본질적 개념과의 합치는 이념적 내용
과 감각적 형식을 서로 침투하도록 어느 정도까지 내적으로 조화하고
통일하고 있는가에 달려 있는 것이다."[2]

　　물론 헤겔은 예술가는 자기의 작품이 절대자의 본성의 하나의 나타
남임을 자각하고 있다고 말하려는 것은 아니다. 또 사람은 만약 그것을
자각하지 못하면 예술작품의 미를 평가할 수 없다고 말하려는 것도 아
니다. 그런데 예술작품은 무언가를 덧붙이거나 제거하면 망가지든지
손상된다는 의미에서, 말하자면 바로 나무랄 데가 없는 것, 또는 완전
한 것이라고 하는 느낌을 예술가도 감상자도 함께 가질지도 모른다. 정
신적 내용과 감각적인 구체적 표현이 완전히 융합되어 있다는 느낌을
두 사람 모두 가질지도 모른다. 그리고 그들은 함께 예술작품은 얼마큼
규정되지 않았다는 의미에서일지라도 '진리'의 나타남이라는 느낌을
가질지도 모른다. 그러나 만약 그렇더라도 그 결과, 그들의 어느 쪽에

---

2. *W*, XII, p. 110; *O*, I, p. 98.

서도, 자기 자신을 향해서든 다른 누구를 향해서든, 예술작품의 형이상학적 의의를 말할 수 있게 되는 일은 결코 없다. 그러나 또 이것은 미적 의식에 어떤 결함이 있다는 것을 가리키는 것도 아니다. 왜냐하면 예술의 형이상학적인 의의를 뚜렷하게 또는 반성적으로 파악하는 것은 철학이지 미적 의식이 아니기 때문이다. 다시 말하자면, 그러한 파악은 예술에 관한 철학적 반성에서 생기기 때문이다. 그리고 그러한 파악은 예술적 창조와는 아주 다른 것이다. 위대한 예술가가 아주 형편없는 철학자일 수 있다. 아니, 전혀 철학자가 아닐 수가 있다. 그리고 또 위대한 철학자가 아름다운 그림을 그리거나 교향곡을 작곡할 수 없을 수도 있을 것이다.

따라서 완전한 예술작품에서는 이념적 내용과 그의 감각적 형식, 곧 그 구체적 표현 사이에 완성된 조화가 있다. 이 두 요소는 서로 침투하고 있으며 하나로 융합되어 있다. 그러나 그러한 예술적 이상은 언제나 획득되는 것이 아니다. 그래서 그 두 요소 사이의 관계의 여러 가지 가능한 유형으로부터 예술의 기본적인 유형이 주어진다.

첫째로 우리가 갖는 유형의 예술에서는 정신적 또는 이념적 내용이 자기가 표현하는 매체를 마음대로 할 수 없었으며, 그 내용이 감각의 베일을 통해 빛나지 않았다는 의미에서 감각적인 요소 쪽이 정신적인 또는 이념적인 내용에 대해 우위를 차지하고 있다. 다시 말하자면, 예술가는 자기가 의도하는 것을 표현한다기보다 오히려 암시하는 것이다. 그러므로 이 경우 모호함과 신비한 분위기가 있다. 그래서 이 유형의 예술은 **상징적** 예술이다. 이를테면 이것은 고대 이집트인 중에서 찾아볼 수 있다. "상징적인 표현양식이 그 특유한 내용과 그 형식의 양쪽에 관해 도달한 완전한 보기로는 이집트에 그것을 구하지 않으면 안 된다. 이집트는 상징의 나라이며, 여기서는 정신이 자기를 해독한다는 정신적 과제가 세워지지만, 실제로는 그것을 성취할 수가 없는 것이다.">3 그래서 헤겔은 스핑크스에 '상징적인 것 자체의 상징'>4을 본다. 스핑크스는 '객관적인 수수께끼'>5이다.

헤겔은 상징적 예술을 그 아래 다시 여러 단계로 잘게 구분하고, 힌두 예술과 이집트 예술의 차이나 히브리인의 종교적인 시에 대해 논하고 있다. 그러나 우리는 그를 좇아 소상히 추구할 수 없으며, 다음 것을 주의하는 것으로 충분하다. 곧 그것은 그에 따르면 세계와 인간 자체가, 곧 자연과 정신이 신비하고 불가사의한 것으로 느껴졌던 인류의 초기 시대에는 상징적 예술이 가장 적합하다는 것이다.

둘째로 우리가 갖는 유형의 예술에서는 정신적 또는 이념적 내용이 조화로운 통일 속에 융합되어 있다. 이것은 **고전적** 예술이다. 상징적 예술에서는 절대자가 신비하고 형태가 없는 일자로 이해되고, 예술작품에서 이 일자가 표현된다기보다 오히려 암시된다. 이에 대해 고전적 예술에서는 정신이 구체적인 형태로 자기의식적인 개별적 정신으로 이해되고, 이러한 정신의 감각적인 구체적 표현이 인간의 신체다. 따라서 이 유형의 예술에서는 다름 아닌 의인적(擬人的)인 것이 우위를 차지한다. 신들은 전적으로 인간 존재가 찬미된 것에 지나지 않는다. 그러므로 고전적 예술에게 주도적인 예술은 **조각**이며, 조각은 정신을 구현된 유한한 정신으로서 나타낸다.

헤겔은 상징적 예술을 힌두인이나 이집트인과 관련시켜 생각하고 있지만, 똑같이 그는 고전적 예술을 고대 그리스인과 관련시켜 생각하고 있다. 그리스 조각의 위대한 작품에는 정신과 물질의 말하자면 완전한 결혼이 발견된다. 정신적 내용이 감각의 베일을 꿰뚫고 빛나고 있

---

3. *W*, XII, p. 472; *O*, II, p. 74.   4. *W*, XII, p. 480; *O*, II, p. 83.   5. *Ibid*.

다. 곧, 정신적 내용이 상징적 형태로 암시되어 있을 뿐 아니라 표현되어 있다. 왜냐하면 프락시텔레스(Praxiteles)가 말한 것처럼, 인간의 육체는 정신의 명확한 표현이기 때문이다.

그러나 그럼에도 불구하고, "고전적 예술과 그 미의 종교는 정신의 깊이에 완전한 만족을 주지 않는다."[6] 그리하여 우리는 셋째로 주요한 유형의 예술, 곧 **낭만적** 예술을 갖게 된다. 이 유형의 예술에서는 정신은 무한한 것으로 느껴지고 있으며, 그러한 정신이 자기의 감각적인 구체적 표현 속에, 말하자면, 넘쳐흐르고, 그리하여 감각의 베일을 벗어버린다. 고전적 예술에서는 이념적인 내용과 감각적인 형식의 완전한 융합이 있다. 그러나 정신은 단지 낱낱의 유한한 정신, 곧 낱낱의 육체와 통일된 하나에 지나지 않는 것이 아니다. 정신은 신적인 무한한 것이다. 그런데 낭만적 예술이라는 것은 사실상 그리스도교 세계의 예술이다. 이 예술에서는 그 감각적인 구체적 표현은 어떤 것도 정신적인 내용을 적합하게 표현하고 있다는 느낌을 주지 않는다. 그러나 상징적 예술의 경우는 다르다. 상징적 예술에서는 정신은 아직 신적인 무한한 것으로 이해되지 않고, 불가사이하며 하나의 수수께끼 또는 문제로 남기 때문에 정신적 내용은 표현된다기보다 오히려 암시되는 것일 수밖에 없다. 그러나 낭만적 예술에서는 정신은 오히려 있는 그대로의 것, 곧 신으로서의 무한한 정신적 삶으로 이해된다. 따라서 정신이 그 어떤 유한하고 감각적인 구체적 표현 속에도 넘쳐흐르고 있다고 생각되는 것이다.

헤겔에 따르면, 낭만적 예술이 관여하고 있는 것은 정신의 삶이라고

---

6. *W, XIII,* p. 14; *O, II,* p. 180. 헤겔은 여기서 어떤 특정한 유형의 예술을 어떤 특정한 유형의 종교와 관련시켜 생각하고 있는 것에 주의하기 바란다.

하는데, 그 삶은 운동이고 행동이며 투쟁이다. 정신은 말하자면, 삶을 얻기 위해 죽지 않으면 안 된다. 다시 말하자면, 정신은 높아져서 다시 자기 자신이 되기 위해 자기 자신이 아닌 것에로 넘어가지 않으면 안 된다. 이것은 그리스도교가, 곧 자기희생과 부활의 교리가 나타내고 있는 진리이며, 특히 그리스도의 삶과 죽음과 부활의 보기가 가리키는 진리이다. 따라서 낭만적 예술의 전형인 것은 운동과 행동과 투쟁을 표현하기에 가장 적합한 것이 될 것이다. 그리고 그런 것이 회화와 음악과 시다. 건축은 정신의 내면적인 삶을 표현하기에는 가장 적합하지 않으며, 그리하여 건축은 상징적 예술의 전형적 형태가 된다. 고전적 예술의 전형적 형태는 조각인데, 조각은 그러한 정신의 내면적인 삶을 표현한다는 목적으로 해서 건축보다 적합하다. 그러나 조각이 다루는 것은 오로지 외면적인 것, 곧 육체이며 그리하여 조각에 의한 운동과 삶의 표현은 극히 제한되어 있다. 하지만 시에서 매체를 이루고 있는 것은 언어다. 곧, 언어의 형태로 표현된 감각적 영상이다. 그리하여 시가 정신의 삶을 표현하는 데 가장 적합하다.

  헤겔은 낱낱의 예술을 일정한 일반적인 유형의 예술과 관련시켜 생각하고 있다. 그러나 이에 따라 하나의 예술은 하나의 유형에만 속한다고 이해하면 안 된다. 이를테면, 건축은 특히 상징적 예술과 관련되어 있다. 건축은 신비적인 것을 표현하는 힘은 있지만 모든 예술 중에서 정신의 삶을 표현하기에는 가장 적합하지 않다는 것이 그 이유이다. 그러나 이렇게 말했다고 해서 고전적 예술과 낭만적 예술에 특징적인 건축 형태가 있다는 것이 부정되는 것은 아니다. 그러므로 의인적(擬人的)인 신을 위한 완벽한 집인 그리스 신전은 고전적 건축의 명백한 하나의 보기이고, 다른 한쪽으로 낭만적 건축의 한 보기인 고딕 양식은 신적인 것이 유한성과 물질의 영역을 초월하고 있다는 감정을 표현하고 있다. "그리스도교 교회당의 낭만적 성격이 지면에서 일어나 하늘 높이 솟아 있는 데 있음">7은 어째서인가는 그것을 그리스 신전과 대비해 볼 때 알 수 있다.

마찬가지로 조각도 고전예술에 특징적인 형태라고 하지만, 고전적 예술에만 한정된 것은 아니다. 회화와 음악과 시도 낭만적 예술에만 한정된 것은 아니다. 그러나 낱낱의 예술에 대한 헤겔의 긴 논의를 이 이상 따라갈 수는 없다.

이제, 예술을 단적으로 그 자체로 고찰하면 예술의 최고 유형은 정신적인 내용과 구체적인 감각적 표현이 완전히 조화롭게 일치해 있는 것이라고 말하지 않을 수 없다. 그리고 그것은 고전적 예술이며 고전적 예술에게 주도적인 특징적 형태가 조각이다. 그러나 미적 의식을 신이 자기를 나타내 가는 한 계제(階梯)로, 또는 신에 대한 인간의 앎이 발전해 가는 한 단계로 생각해 보면, 낭만적 예술이 예술의 최고 유형이라고 말하지 않을 수 없다. 왜냐하면, 앞에서 보았듯이, 낭만적 예술에서는 무한한 정신이 감각의 베일을 떨쳐 버리는 경향이 있기 때문이며, 이것은 시에서 가장 명백한 사실이다. 물론, 적어도 예술의 영역에 머무는 한 감각의 베일을 완전히 버리는 일은 결코 없다. 그러나 낭만적 예술은 바로 미적 의식으로부터 종교적 의식에로의 이행을 준비하는 지점이다. 다시 말하자면 물질적인 형태로서의 구체적 표현은 어떤 것도 정신을 표현하기에 타당치 않으며, 정신이 이 점을 승인할 때 정신은 예술의 영역으로부터 종교의 영역에로 나아간다.>8 정신 자신의 본성을 파악하는 수단으로서 예술은 정신에게 만족을 줄 수가 없는 것이다.

---

7. *W*, XIII, p. 334; *O*, III, p. 91.
8. 되풀이하지만, 이와 같은 이행은 시간적이라기보다 차라리 변증법적이다. 이를테면, 이집트인이나 힌두인은 그들 자신의 예술 형태와 동시에 그들 자신의 종교도 가지고 있었다.

3 . 종교철학

절대자가 정신, 이성, 자기사유적 사유라면, 절대자를 이와 같은 것으로서 타당한 꼴로 파악할 수 있는 것은 오로지 사유 그 자체다. 그래서 아마도 헤겔은 예술로부터 철학으로 곧바로 이행한다고 예상될지도 모른다. 이에 대해 실제는 절대자를 파악하는 하나의 중간적인 양식, 곧 종교를 거쳐서 그는 철학으로 이행한다. "예술의 나라를 넘어서 다음에 있는 의식적 삶의 영역은 종교다."[9] 명백히 헤겔의 관심은 절대정신의 영역도 체계의 일반적 범형에 들어맞도록 삼지(三肢)구조의 도식을 완성하는 데만 있는 것은 아니다. 또 그는 인류 역사에서 종교가 중요하며 이 역사가 신적인 것에 관여하고 있는 것은 명백한 사실이라는 견지에서 종교철학도 필요하다고 하는 것도 아니다. 예술과 철학과의 사이에 종교가 끼지만, 이것은 특히 절대자를 파악하는 데 종교적 의식이 그 양자의 중간적인 방식의 보기를 보여 준다고 헤겔이 확신하고 있기 때문이다. 종교는 일반으로 표상(Vorstellung)이라는 형식에서의 절대자의 자기 나타냄이거나, 아니면 본질적으로 그것을 포함하고 있다. 이 표상이라는 말은 지금의 경우, 형상적(形像的) 또는 화상적(畵像的)인 사유라는 말로 바꿀 수가 있다. 그리하여 한쪽으로 종교적 의식은 절대자를 **사유한다**는 점에서 미적 의식과 다르다. 또 다른 쪽으로는 종교에게 특징적인 사유는 철학에서 볼 수 있는 순수한 개념적 사유가 아니다. 그 사유는 말하자면 심상에 덧입혀진 사유다. 곧 그것은 상상과 사유의 화합의 산물이라고 할 수 있을지 모른다. 표상도 개념이기는 하다. 그러나 철학자의 순수한 개념은 아니다. 오히려 그것은 화상

---

9. *W*, XII, p. 151; *O*, I, p. 142.

적 또는 영상적인 개념이다.

이를테면, 논리학적 이념, 곧 로고스가 자연에서 대상화된다는 진리
는 초월신에 의한 세계의 자유로운 창조라고 하는 영상적 또는 화상적
개념의 형식을 취해서 (적어도 유대교나 그리스도교나 이슬람교에서)
종교적 의식에 의하여 파악되어 있다. 또한, 유한한 정신이 본질적으로
무한한 정신의 삶 중의 한 계기라는 진리는 그리스도에 의한 수육(受
肉)과 인간의 신과의 합일이라는 교의의 형식으로 그리스도교의 의식
에 의하여 파악되어 있다. 헤겔로서는 종교와 철학은, 양자의 진리는
내용에서는 동일하지만 그것을 파악하고 표현하는 양식이 다른 것이
다. 이를테면, 그리스도교의 의식에서의 신의 관념과 절대자라는 개념
은 정확하게 동일한 내용을 가지고 있다. 곧, 양자는 동일한 실재성을
지시하거나 의미하고 있다. 그러나 이 동일한 실재성이 다른 방식으로
파악되고 서술될 수 있는 것이다.

신의 현존재에 관해서, 헤겔이 그것에 대해 아무런 증명도 필요로
하지 않는다는 것, 곧 그의 체계 자체에 덧붙여서는 아무런 증명을 필
요로 하지 않는다는 것은 극히 당연하다. 신은 존재이며, 존재의 본성
이 논리학에서, 곧 추상적인 형이상학에서 논증되기 때문이다. 그러나
동시에 헤겔은 신의 현존재에 대한 전통적인 증명에 상당한 주의를 기
울이고 있다. 그는 말한다. 오늘날에는 그 증명들은 신용을 잃었다 그
증명들은 철학적 관점에서 보아 완전히 고물이 된 것으로 간주될 뿐 아
니라, 종교적 입장에서 보아도 비종교적이며 실제로 불경스러운 것으
로 간주되고 있다. 왜냐하면 오늘날에는 신앙에 합리적인 기초를 주려
는 어떤 시도도 이성에 근거하지 않은 신앙과 경건한 심정으로 대체하
려는 경향이 강하기 때문이다. 그뿐 아니라 더 나아가 이 증명하는 일
은 유행하지 않게 되었기 때문에 "그 증명들이 역사에서 이루어졌다는

사실조차 여기에서나 저기에서나 거의 알려져 있지도 않으며, 더욱이 신학자들에게마저, 곧, 종교적 진리에 대한 학적인 앎을 가졌다고 공언하는 사람들에게마저 그 증명들이 알려져 있지 않고 있다."[10] 그러나 그 증명들은 이렇게 멸시될 것이 아니다. 왜냐하면 그것은 '사유에, 이성에 만족을 주려는 요구에서'[11] 생긴 것이며 또 그것은 신앙의 직접적인 운동을 명백히 하고 인간 정신이 신에게로 높이 올라가는 것을 나타내고 있기 때문이다.

　신 존재의 우주론적 증명에 대해 말하자면, 이 증명의 전통적인 형태에는 다음과 같은 본질적인 결함이 있다고 헤겔은 말한다. 곧 그 증명이 유한자를 자기 자신에 근거하여 현존하는 것으로 정립한 다음에 유한자와는 다른 것인 무한자로 이행시키려고 하는 데 있다는 것이다. 그러나 이 결함은 "존재가 유한일 뿐 아니라 무한으로도 규정되어야 한다"[12]는 것이 일단 이해된다면 교정될 수 있다. 다시 말하면 "유한자의 존재는 자기의 존재일 뿐 아니라 무한자의 존재이기도 하다"[13]는 것을 보여 주지 않으면 안 되는 것이다. 물론 반대로, 무한한 존재는 유한자에서 그리고 유한자를 통해서 자기 자신을 전개한다는 것을 보여 주지 않으면 안 된다. 유한자로부터 무한자로, 또는 무한자로부터 유한자로 이행시키는 일에 대한 이의가 제기될 수 있는데, 이것은 오직 하나, 존재에 대한 참된 철학, 곧, 유한자와 무한자 사이에는 현존한다고 상정될 수 있는 심연이 없음을 보여 주는 철학뿐이다. 그렇다면 신의 현존재의 우주론적 증명에 대한 칸트의 비판도 실패로 끝난다.

10. *W*, XVI, p. 361; *SS*, III, p. 156. 헤겔의 《종교철학강의》에서 인용할 때의 *SS*는 E. B. 스피어스 (Speirs)와 J. 버돈 샌더슨(Burdon Sanderson)에 의한 영역을 나타낸다.

11. *W*, XVI, p. 361; *SS*, III, p. 157.　　12. *W*, XVI, p. 457; *SS*, III, p. 259.

13. *W*, XVI, p. 456; *SS*, III, p. 259.

이것은 결국 앞에서도 말했듯이 신의 현존재에 대한 참된 증명은 헤겔의 체계 그 자체라는 말이 된다. 그리고 그 체계를 해설하는 것이 명백히 철학적 과제가 된다. 그러므로 본래의 종교철학이 관여하는 것은 신의 현존재를 증명하는 것이라기보다 종교적 의식과 그 양태, 곧 신을 파악하는 여러 양태인 것이다.

추상적으로 고찰한다면, 종교적 의식은 세 개의 주요한 계기 또는 단계로 되어 있다. 첫째는, 헤겔의 변증법의 통상적인 도식에서 예상되듯이 보편성의 계기다. 신은 차이가 없는 보편자, 무한이며 유일한 참 실재로 이해된다. 둘째 계기는 특수성의 계기다. 신을 이해할 때, 나는 나 자신과 신을, 유한자와 무한자를 구별한다. 신은 나에게 나와 마주하는 하나의 대상이 된다. 그리고 내가 나의 '바깥'에 있는 신을 의식할 때, 이 의식과 더불어 나 자신은 신에게서 분리 또는 소외된, 한 사람의 죄인으로서 의식된다. 마지막 셋째 계기는 개별성의 계기로, 개별성은 특수자의 보편자에로의, 유한자의 무한자에로의 돌아옴이다. 분리와 소외가 극복되어 있다. 종교적 의식에게 이 일이 성취되는 것은 신을 숭배하고 구원의 길에 들어섬으로써, 곧, 신과의 합일에 자기 자신이 들어갈 수 있다고 이해되는 여러 가지 방법에 의해서다.

이처럼 정신은 신을 순전히 추상적인 모습으로 생각하는 단계로부터, 자기 자신과 신이 분리되어 있다고 하는 의식에로, 다시 거기서부터 자기 자신이 신과 일체라고 하는 자각에로 운동해 간다. 그리고 이 운동이 종교적 의식의 본질적인 운동이다. 알아차렸겠지만, 종교적 의식의 셋째 계기 또는 단계는 이념의 세 계기에 대응하고 있다.

그러나 종교는 물론 한갓 추상적인 종교는 아니다. 그것은 여러 한정된 종교라는 형태를 취한다. 그리하여 종교철학 강의에서 헤겔은 여러 가지 유형의 종교를 통해 종교적 의식의 발전을 더듬어 간다. 그런데 그가 무엇보다 관심을 갖는 것은 하나의 논리학적 또는 개념적인 전후 관련을 보여 주는 것이다. 그러나 이 전후 관련의 발전을 밝히는 것은 인류의 역사상의 여러 종교에 대한 반성이며 따라서 그 종교들의 존재와 본성을 아는 것은 아 프리오리한 연역과는 분명히 다른 수단에 의해서다. 헤겔의 관심은 경험적 또는 역사적인 사례를 가지고 제시되는 변증법적 범형을 보여 주는 데 있다.

일정한, 곧 한정을 갖는 종교의 첫째 주요 단계를 헤겔은 자연종교(*die Naturreligion*)라고 부른다. 이 말은 신을 정신이라고까지는 이해하지 않고 있는 범위의 종교에 대해 사용하고 있다. 그것은 세 단계로 작게 구분된다. 첫째, 직접종교 곧, 주술이다. 둘째, 실체의 종교이며 이 표제 아래 헤겔은 중국의 종교, 힌두교, 불교를 차례로 고찰하고 있다. 셋째, 페르시아의 종교와 시리아의 종교와 이집트의 종교이며, 이들에게서는 정신성의 이념의 희미한 빛을 약간 찾아볼 수가 있다. 그리하여 이를테면, 힌두교에서는 브라만이 아무 추상적인 차이도 갖지 않는 일자임에 대해, 페르시아 종교의 조로아스터교에서는 신이 선으로 이해되었다.

자연종교는 앞에서 말한 종교의식의 첫째 계기에 대응한다고 말할 수 있다. 자연종교에 특징적인 것은 곧 실체의 종교인데, 이것에서는 신이 차이를 갖지 않는 보편자로 이해되고 있다. 유한한 존재가 신적 존재에 삼켜졌다거나 그의 순전한 우유성으로 보고 있다는 의미에서 이 종교는 범신론이다. 그러나 동시에 힌두교에서는 브라만이 종교적 의식의 첫째 계기에 상응한 하나의 방식으로 이해되었지만, 그렇다고 해서 그것은 그 첫째 계기 이외의 계기가 전혀 없다는 것은 아니다.

한정된 종교의 둘째 주요단계는 정신적인 개별성의 종교다. 여기서는 신이 정신으로 이해되고는 있지만 그러나 하나의 또는 여러 개별적인 인격의 형태를 갖춘 정신으로 이해되고 있다. 불가피하게 삼지구조를 이루는 것은 유대 종교와 그리스 종교와 로마 종교지만 이것들은 각각 숭고의 종교, 미의 종교, 실리의 종교로 불리고 있다. 그렇기 때문에, 이를테면 카피톨리누스 신전의 주피터는 로마 제국의 안녕과 통치권의 유지를 그 구실로 했던 것이다.[14]

이들 세 가지 유형의 종교는 종교적 의식의 둘째 계기에 대응하고 있다. 신적인 것은 인간적인 것과 대면하고 있거나 그것과 떠나서 따로 있다고 이해되었다. 이를테면, 유대 종교에서는 신은 세계와 인간 위에 초월해 있는 숭고에로 높여져 있다. 그러나 또한 그와 동시에 종교적 의식의 둘째 계기 이외의 계기도 나타나 있다. 그러므로 유대교에는 헌신과 신의 율법에의 복종을 통한 인간과 신과의 화해라는 생각이 있다.

한정된 종교의 셋째 주요단계는 절대적 종교, 곧 그리스도교다. 그리스도교에서는 신이 참으로 그러한 것으로, 곧 초월적일 뿐 아니라 내재적이기도 한 무한한 정신으로 이해되고 있다. 그리고 인간에 대해서도 신인(神人)인 그리스도에게서 받은 은총을 통해 신적인 삶에 참여함으로써 신과의 통일을 이루고 있다고 이해되고 있다. 그러므로 그리스도교는 특히 종교적 의식의 셋째 계기, 곧 처음의 두 계기의 종합 또는 통일인 셋째 계기에 대응하고 있다. 신은 차이를 갖지 않은 통일로 간주되고 있는 것이 아니라 삼위일체, 곧 무한한 정신적 삶으로 간주되고 있다. 그리고 무한자와 유한자는 서로 마주하고 있는 것이 아니라 구별은 되지만 통일되어 있다고 간주된다. 성 바울로가 말하고 있듯이

---

14. 명백히 지금의 삼지구조의 제3항인 이익종교는 어떤 점에서 보면 종교의 쇠퇴다. 왜냐하면 이 종교는 실제적으로 신을 하나의 도구로 만들기 때문이다. 그러나 동시에 이 종교는 한층 높은 차원의 형태의 종교로 이행할 것을 요구한다. 이를테면, 로마에서는 모든 신들이 판테온에 들어가는 것이 허용되었지만 이로 말미암아 다신교는 어리석은 것이 되어 일신교로의 이행이 요구된다.

우리는 신 안에서 살고 움직이며 자기의 존재를 가지고 있는 것이다.

　그리스도교가 절대적 종교라는 것은 그리스도교가 절대적 진리라는 것이기도 하다. 그리고 헤겔은 설교가나 신학자를 맹렬히 비난하고 있다. 그들은 그리스도교의 교의를 경솔하게 무시하거나 계몽되었다고 짐작되는 시대의 견지에 걸맞게 그 교의를 삭제해 버렸기 때문이다. 그러나 그리스도교가 절대적 진리를 표현하고 있는 것은 표상이라는 형식에서임을 덧붙여 말해 두지 않으면 안 된다. 따라서 종교의 내용을 순수한 개념적 형식에서 사유하는 철학으로 이행하려는 요구가 생긴다. 헤겔에 따르면 그와 같은 사유의 시도는 성 안셀무스 같은 사람들의 선구적인 업적을 이어받고 있는 것이다. 왜냐하면 성 안셀무스는 신앙의 내용을 여러 가지 필연적인 이유를 들어서 이해하고 정당화하는 일에 의식적으로 나섰기 때문이다.

4.　종교와　철학의　관계

　앞에서 보았듯이 종교로부터 철학에로의 이행은 결코 어떤 하나의 주제로부터 다른 주제로의 이행이 아니다. 주제는 양자의 경우 동일하며, 그것은 "객관성에서의 **영원한 진리**, 곧 신일 뿐인 신이며, 신과 신의 해명(*die Explication*) 이외의 아무것도 아니다."[15] 그러므로 이런 의미에서 "종교와 철학은 동일한 것이 된다."[16] "철학은 종교를 해명할 때에만 자기 자신을 해명한다. 또 자기 자신을 해명할 때, 종교를 해명하는 것이다."[17]

15.　*W*, XV, p. 37; *SS*, I, p. 19.　　　16.　*W*, XV, p. 37; *SS*, I, p. 20.

종교와 철학을 구별하는 것은 양자가 신을 이해하는 방식의 다름에, 곧 "양자가 신에게 종사하는 방식의 독자성에 있다."[18] 이를테면 표상이 순수사유로 변하면 그에 따라 우연성을 띄고 있던 형식이 논리학적인 전후 관련을 가진 형식으로 바뀐다. 이처럼 신학적인 생각에서는 신의 창조는 일어날 수도 일어나지 않을 수도 있었다는 의미에서 하나의 우연적인 사건이 되지만, 철학에서는 이 생각이 로고스가 필연적으로 자연에서 대상화되는 것이며, 더욱이 이것은 절대자가 강제받기 때문이 아니라 절대자가 그런 것이기 때문이라는 교설이 된다. 다른 말로 하자면 사변철학은 종교적인 사유에 특징적인 영상적 또는 화상적인 요소를 벗겨 버리고 진리, 곧 종교와 동일한 진리를 순수하게 개념적인 형식으로 표현하는 것이다.

하지만 그 결과 철학이 비종교적이 되는 것은 아니다. 헤겔의 생각으로는 철학과 종교는 양립할 수 없다는 생각이나, 철학은 종교에 대해 적대적이거나 위험하다고 하는 생각은 철학과 종교 각각의 본성에 대한 잘못된 생각에 바탕을 두고 있다. 양자는 같이 신을 다루고 있으며 양자는 종교다. "양자에게 공통되는 것은 양자가 같이 종교라는 것이다. 양자를 구별하고 있는 것은 각각에게 발견되는 종교로서의 종류와 관례뿐이다."[19] 확실히 양자가 저마다 진리를 파악하고 표현하는 방식이 다름으로써 철학이 종교에게 위협이 된다는 생각이 일어난다. 그러나 만약 철학이 종교에게 위협이 되는 수가 있더라도 그것은 철학이 허위를 진리로 바꾼다고 공언할 때뿐일 것이다. 하지만 이 경우는 그렇지 않다. 종교적 의식이 요구하는 진리의 표현 양식은 철학의 그것과 구별

---

17. *W*, XV, p. 37; *SS*, I, p. 19. 18. *W*, XV, p. 38; *SS*, I, p. 20.
19. *Ibid.*

되지 않으면 안 되지만, 양자의 진리는 동일하다.

　사람은 헤겔이 '종교'라는 말을 모호하게 쓰고 있다는 주석을 달고 싶어질지도 모른다. 왜냐하면 그는 이 말을 종교적인 체험이나 신앙이나 제의(祭儀)뿐 아니라 신학도 포함해서 쓰고 있기 때문이다. 그래서 한편에서 철학은 종교적 체험 자체에 대해, 아니 순수한 신앙에 대해서도 적대적이 아니라는 말이 그럴듯하게 주장될 수가 있다. 그리고 다른 한편에서는, 만약 종교라는 말로 신학도 의미한다, 또는 포함한다고 하고, 또 만약 신학자에 의하여 인간적 언어에 의한 진리의 가능한 한 최선의 표현이라고 생각되는 교의 중에는, 말하자면 꾸밈없는 진리가 포함되어 있고 철학이 이것을 드러낸다고 주장한다면, 철학은 필연적으로 종교에 적대적이지 않을 수 없다.

　종교라는 말로 신학도 의미한다, 또는 포함한다고 한 첫째 점에 관해서 헤겔은 "**앎**은 그리스도교 자체의 본질적인 한 부분">[20]이라고 주장한다. 그리스도교는 자기 자신의 신앙을 이해하려고 애쓴다. 더욱이 사변철학은 이와 같은 시도를 계승하고 있다. 양자의 다름은 철학이 **표상**의 형식, 곧 화상적 또는 형상적인 사유의 형식을 순수 사유의 형식으로 바꾼다는 점에 있다. 하지만 그렇더라도 이것은 사변철학을 위해 그리스도교가 전적으로 버림받는다는 의미에서 사변철학이 그리스도교의 지위를 빼앗는다는 것은 아니다. 그리스도교는 절대적 종교이고 절대적 관념론은 절대적 철학이다. 둘 다 진리이며 둘의 진리는 동일하다. 생각하는 방식과 표현의 형식은 다를지 모르나, 그 결과 그리스도교가 절대적 관념론에 의하여 대체되는 것은 아니다. 왜냐하면 인간존재는 한갓 순수 사유가 아니기 때문이다. 비록 철학자라 해도 다만 철

---

20. *W*, XV, p. 35; *SS*, I, p. 17.

학자만은 아니기 때문이다. 그래서 종교적 의식에게는 그리스도교 신학이 진리의 완전한 표현이다. 그러기에 설교가들은, 곧 종교적 의식을 향해 말하는 사람들은 그리스도교의 교의를 함부로 변경할 권리가 없다. 그리스도교는 종교적 의식에 대한 신의 완전한 자기 나타냄이란 의미에서 계시종교이기 때문이다.

나는 헤겔의 태도가 그리스도교의 정통 신앙의 입장과 일치한다고 말하려는 것이 아니다. 아니, 일치하지 않는다는 것이 내 확신이다. 그 자신은 그리스도교 신자가 아니었지만, 맥타가르트(McTaggart)의 다음과 같은 지적에 나는 동의한다. 곧 헤겔철학은 그리스도교의 동맹자인 동시에 "변장한 적이다. 그러나 이것은 거의 눈에 띄지 않지만, 매우 위험한 것이다. 바깥으로부터의 반론에 대해서는 지금까지 지켜져 온 교의가 변질되어 바야흐로 녹아 없어지게 된 것을 볼 수 있다. …">21 그러므로 이를테면 헤겔은 삼위일체나 타죄(墮罪)나 수육과 같은 교의에 철학적인 증명을 준다. 그러나 그는 그 교의들을 순수 사유의 형식으로 증명하는 것으로써 결말을 지은 것이며, 이때 그 교의들은 인간적인 언어로 진리를 올바로 언명하고 있는 교의라고 교회가 생각하고 있는 것과는 명백히 아주 다르다. 다시 말하자면, 헤겔은 사변철학을 그리스도교의 계시의 내적인 의미의 궁극적인 재결자로 한다. 절대적 관념론은 비교적(秘敎的)으로는 그리스도교로 표현되고, 그리스도교는 공교적(公敎的)으로는 헤겔철학으로 표현된다. 그리하여 신학이 끝까지 강조하는 비적(秘蹟)도 철학적인 하나의 명확한 해명을 받고 그것에 따른다. 그러나 이 해명은 실제로는 하나의 변질이 되고 마는 것이다.

그러나 동시에 적어도 내 생각으로는, 헤겔이 인격적으로 불성실하

---

21. *Studies in Hegelian Cosmology* (1901 edtion), p. 250.

다고 고발할 수 있을 만큼 설득력을 가진 이유는 아무것도 없다. 그가 그리스도교의 정통적인 신앙의 옹호자인 체했을 때, 나는 그가 겉과 속이 다른 말을 했다고는 생각하지 않는다. 앞의 머리말에서 적었던 것이지만, 베네데토 크로체의 주장에 따르면 과학과 예술과 철학에 더하여 그것들보다 열악한 사유형식인 종교까지 그대로 남겨 놓을 정당한 이유는 아무것도 있을 수 없다. 철학이 참으로 종교적 신앙의 내적인 의미를 준다면, 그때에는 종교는 철학에게 그 자리를 내주지 않으면 안 된다. 다시 말하자면, 양자는 같은 정신 속에 공존할 수 없다. 사람은 종교의 범주로 생각할지도 모르고 철학의 범주로 생각할지도 모른다. 그러나 양쪽 범주로 생각할 수는 없다. 이와 같은 크로체의 주석은 결코 소용이 없는 것은 아니지만, 그렇다고 해서 반드시 그 주석에 의하여 감추어져 있지만 진실한 헤겔의 생각이 드러나는 것은 아니다. 결국 크로체는 신앙을 가진 가톨릭교도는 아니었어도, 교회의 권위가 종교적 진리를 가지며 그것을 언명하는 궁극적인 결재자라는 생각에 익숙해져 있었다. 그리스도교에 대한 사변철학의 관계에 대한 헤겔의 이론은 **그와 같은** 생각과 양립할 수 없다는 것이 명백하다. 그러나 헤겔은 루터주의자였다. 그리고 사변철학은 신앙에 대해 우위에 선다는 생각은 결코 루터적인 생각은 아니지만, 헤겔은 크로체의 경우보다 더 쉽사리 절대적 철학과 절대적 종교의 관계에 대한 자기의 견해도 그리스도교적 입장에서 받아들일 수 있다고 충심으로 성실하게 확신하고 있었다. 헤겔은 의심할 것 없이 자기 자신이 신학자들의 일을 계속하고 있다고 생각했다. 왜냐하면 신학적인 교육을 받지 않은 종교적 의식은 그리스도교의 교의를 전적으로 영상적인 조잡한 형식으로 상상하고 그렸지만 신학자들은 그 교의를 설명하는 데 그런 형식을 피하려고 노력했기 때문이다.

5. 철 학 사 의 철 학

그러나 절대적 종교가 종교적 의식의 한갓된 나타남이 아닌 것과 마찬가지로 절대적 철학도 사변적 이성의 한갓된 나타남이 아니다. 그리고 예술과 종교가 그 역사를 가지고 있는 것과 마찬가지로 철학도 그 역사를 가지고 있다. 더욱이 이 역사는 하나의 변증법적인 과정이다. 어떤 관점에서 보면, 이 과정은 무한한 사유가 자기 자신에 대한 어떤 타당치 않은 사고방식으로부터 다른 사고방식으로 움직여 가고, 다시 이 양자의 사고방식을 한층 높은 통일에서 통일시켜 나간다는 식으로, 자기 자신을 명확하게 사유하게 되는 과정이다. 다른 관점에서 보면 이 과정은, 인간의 정신이 궁극의 실재인 절대자에 대한 타당한 사고방식을 향하여 변증법적으로 움직여 가는 과정이다. 그러나 이 두 관점은 하나의 과정의 오직 다른 국면을 나타내고 있는 데 지나지 않는다. 왜냐하면 정신은, 곧 자기사유적 사유는 인간 정신의 반성에서 그리고 그것을 통해서 절대 앎의 단계에서 명확해지기 때문이다.

물론 이것은 철학사의 여러 단계에서 나타나는 실재성에 대한 여러 일면적이고 타당치 않은 생각이 각각 그것에 이어지는 한층 높은 단계에서도 취해져 보존된다는 것을 의미하고 있다. "최후의 철학은 그 이전의 모든 철학의 결과다. 곧, 아무것도 상실되지 않았으며 모든 원리가 보존되어 있다."[22] "철학사의 일반적인 결과는 이렇다. 첫째, 모든 시대를 통해 존재해 온 것은 오직 하나의 철학이며, 동시대에서의 철학의 다름은 하나의 원리의 필연적인 여러 국면을 나타내고 있다. 둘째,

---

22. *W*, XIX, p. 685; *HS*, III, p. 546. 헤겔의 《철학사강의》에서 인용할 때의 *HS*는 E. S. 홀데인 (Haldane)과 F. H. 심슨(Simson)에 의한 영역을 나타낸다.

여러 철학체계의 계기(繼起)는 우연적인 사건이 아니고 이 학의 발전에서의 여러 단계의 필연적인 계기를 보여 준다. 셋째, 한 시대의 마지막 철학은 그러한 발전의 결과이며, 정신의 자기의식이 가져오는 최고의 형태에서의 진리다. 따라서 그 마지막 철학은 그 이전의 여러 철학을 품고 있다. 그것은 그것 이전의 철학의 모든 단계를 자기 안에 포괄하고 있다. 그것은 자기에 선행하는 모든 철학의 소산이며 결과다."[23]

　그런데 철학사가 신적 자기 앎의 발전, 절대적 자기의식의 발전이라면 철학사에서 계속 일어나고 있는 여러 단계는, 사념 곧 논리학적 이념에서 계속 일어나는 여러 단계 또는 여러 계기에 대응하게 될 것이다. 따라서 파르메니데스, 곧 헤라클레이토스가 절대자를 생성이라고 단언하는 데 대해 절대자를 존재로 파악한 이 사람을, 헤겔이 최초의 진정한 철학자라고 말한 것을 보게 된다. 만약 이것이 연대적인 순서로 언명한 것이라면 비판을 면할 수 없다. 그러나 이것은 헤겔이 일반적으로 하는 방식의 보기를 보여 주는 것이다. 그 이전으로 말하면 아리스토텔레스와 마찬가지로 그도, 자기보다 앞선 자들은 진리의 여러 국면을 밝음에 드러내 놓고 있으며, 그들 여러 국면이 그 자신의 체계 안에서 보존되고 높여지며 서로 보완하는 국면과 함께 통합되어 있다고 여기고 있다. 말할 것도 없지만, 정신의 범주를 명확하고 타당한 모양으로 인식하는 것이 독일관념론에 의하여 처음으로 시작되었다. 더욱이, 피히테와 셸링의 철학은 절대적 관념론이 발전해 가기 위한 계기로 간주된다.

　그러므로 헤겔의 철학사는 그의 체계의 없어서는 안 될 일부다. 그의 철학사는 철학자들이 받들었던 설이나, 그들의 사상에 영향을 주어

---

23. *W*, XIX, pp. 690~1; *HS*, III, pp. 552~3.

그들을 그러한 생각에 이르게 한 요인이나, 그들이 후계자들에게 준 영향 또는 널리 사회에 준 영향을 설명하는 것만은 아니다. 그의 철학사는 철학사의 여러 가지 사료 속에 필연적인 변증법적 전진을, 곧 목적론적 발전을 제시하려는 부단한 시도이다. 더욱이 이 시도의 작업은 명백히 하나의 총괄적인 철학에 비추어 수행된다. 이 시도의 작업은 철학자의 다음과 같은 작업이다. 곧 그는, 자기가 현재까지의 진리의 최고의 표현이라고 믿는 유리한 위치를 갖는 하나의 체계로부터 과거를 뒤돌아보는 것이며, 또한 이 체계를 자기 자신을 사유하게 되는 사유에 대한 반성 과정의, 그것도 모든 우연적인 요소에도 불구하고 본질적인 개요에서는 필연적 운동이었다고 반성되는 과정의 정점으로 보는 것이다. 그러므로 헤겔의 철학사는 철학사의 철학이다. 그런데 그때 하나의 특정한 체계 중에서 본질적인 여러 요소가 선별된다. 이 선별은 철학상의 선입적 사고방식이나 원리에 의하여 지배되고 있다는 이의가 제기될지도 모른다. 그러나 만약 그런 이의가 제기된다 해도 물론, 헤겔은 이렇게 대답할 수가 있다. 곧, 어떤 철학사도 그 이름값을 하는 것이라면 필연적으로 해석을 수반하며, 더욱이 철학적으로 중요한 것과 그렇지 못한 것에 대한 신념에 비추어 본질적인 것과 비본질적인 것의 분리를 수반하는 것이라고. 하지만 이와 같은 답은 아무리 그럴듯해도 지금의 경우의 충분한 답이라고 할 수는 없을 것이다. 왜냐하면 헤겔은 역사철학에 접근할 때, 인류의 역사는 하나의 이성적인 목적론적 과정이라는 신념을 가지고 있지만 그것과 꼭 마찬가지로 다음과 같은 확신을 가지고 철학사에도 접근하고 있기 때문이다. 곧, 철학사는 '자기의식적 이성의 전당' >24이고, 이념의 변증법적으로 연속된 전진적인 한정이

---

24. *W*, XVII, p. 65; *HS*, I, p. 35.

며, '내재적 필연성에 강제된 논리학적 전진'[25]이며, 시간 안에서 자기를 발전시켜 나가는 하나의 참철학이고 자기사유적인 사상의 역동적인 과정이라는 확신을 가지고서다.

철학사에 대한 이러한 사고방식으로부터, 그렇다면 헤겔은 자신의 철학을 최후의 체계, 곧 모든 체계의 끝을 이루는 체계로 보고 있다는 결론이 될 것인지? 그는 정말 그렇게 생각하고 있다고 주장된 일도 있었다. 그러나 나에게는 그와 같은 헤겔상은 하나의 희화라고 생각된다. 확실히 그는 독일관념론 전반을, 더욱이 그중에서도 특히 그 자신의 체계를 철학이 역사적으로 발전해 오면서 지금까지 다다른 최고의 단계라는 식으로 서술하고 있기는 하다. 철학사에 대한 그의 해석에서 본다면, 그는 달리 어떻게도 할 수가 없는 것이다. 더욱이 그는, 헤겔철학과 더불어 철학이 종말에 이른다는 바보 같은 생각을 그가 가지고 있었다고 보려는 사람들이 이용하기 쉬울 것 같은 소견도 말하고 있다. "세계에는 하나의 새로운 시대가 일어났다. 세계정신이 바야흐로 일체의 소원한 대상적 존재로부터 자기를 해방하고 마침내 절대정신으로서 자기 자신을 파악하는 일에 성공했다고 생각된다. … 유한한 자기의식과 이 자기의식에게는 자기의 바깥에 있다고 생각되었던 절대적 자기의식 사이에 다툼이 있었으나 그것이 이제 없어졌다. 유한한 자기의식은 유한이 아니게 되고, 이로써 다른 쪽에서는 절대적 자기의식이 전에는 없었던 실재성을 얻고 있는 것이다."[26] 이 한 절에서 분명히 절대적 관념론이 그것에 선행하는 모든 철학의 정점에 있다고 말하고 있다. 그러나 그럼에도 불구하고 헤겔은 이어서 "오늘에 이르기까지의 일반으로 세계사 전체, 더욱이 그중에서 특히 철학사"[27]에 대해 말하고 있다. 또

25.　*W*, XVII, p. 66; *HS*, I, p. 36.

26.　*W*, XIX, pp. 689~90; *HS*, III, p. 551.

"철학은 **사상 속에 표현된 자기 자신의 시대**이며"[28] 어떤 개인이 자기 자신의 시대를 뛰어넘을 수 있다고 생각하는 것이 어리석듯이, 어떤 철학이 자기와 동시대의 세계를 뛰어넘을 수 있다고 생각하는 것도 어리석은 일이라고 그는 확실히 말하고 있다. 이렇게 확실히 말하고 있는 사람이 과연 자기 자신과 함께 철학이 종말에 이르렀다고 진심으로 생각했을 것인가? 헤겔의 원리에 선다면 분명 비록 그의 체계가 어떤 한층 더 높은 차원의 종합 속에서의 일면적 계기의 모습으로 나타나게 된다 해도, 어떻든 후에 뒤따르는 철학이 절대적 관념론을 병합하지 않으면 안 될 것이다. 하지만 이렇게 말하는 것은 뒤따르는 철학이 있을 수 있다는 것, 또는 있을 것임을 부정하는 것과 같은 것이 아니다.

그러나 다음과 같은 것이 중요하다. 만약 그리스도교가 절대적 종교라면 헤겔철학은 비교적(秘敎的)으로는 그리스도교이기 때문에 절대적 철학이지 않으면 안 된다. 그런데 지금 경우의 '절대적'이라는 말을 최종적으로 또는 종국적으로 언명된 진리라는 의미보다 이제까지 얻어진 최고의 형태에서의 진리라는 의미로 이해한다면, 헤겔철학은 이미 최종의 철학은 아니며, 마찬가지로 그리스도교도 최종의 종교가 아니다. 그런데 헤겔 자신의 원리에 서면 그리스도교와 절대적 관념론은 존망을 같이하고 있다. 그래서 만약 그리스도교를 넘어갈 수는 없지만, 헤겔철학은 넘어갈 수 있다고 말하려고 한다면, 그때에는 양자의 관계에 대한 헤겔의 설명은 납득할 수 없는 것이 되다.

---

27. *W*, XIX, p. 690; *HS*, III, p. 551. 28. *W*, VII, p. 35; *R*, 머리말.

6. 헤겔의 영향과
헤겔 우파와 좌파로의 분열

헤겔의 체계는 포괄적 성격의 것이며 또 그는 독일철학계에서 지도적인 지위를 차지하게 되었다. 이 점에서 본다면 여러 가지 분야에서 볼 수 있는 그의 영향력은 놀랄 것이 못 된다. 그의 사상은 절대자를 중심문제로 한 것이며, 그는 그렇게 비판적이 아닌 입장에서 또는 그렇게 정통적이지 않은 입장에서 보는 자에게는, 극히 최신의 철학 용어로 그리스도교의 하나의 합리적인 정당화를 주었다고 생각되었다. 그리하여 이런 인물의 경우 예상될 수 있듯이 신학 분야도 그가 영향을 준 영역의 하나였다. 이를테면 하이델베르크대학의 신학 교수였던 카를 다우프(1765~1836)는 셸링의 사상을 버리고 프로테스탄트신학에 이바지하도록 헤겔의 변증법적 방법을 이용하려고 노력했다. 헤겔의 매력에 의하여 회심한 것인지 아니면 미혹되었는지, 사태를 어떻게 보려고 하느냐에 따라서 어느 쪽이라고도 말할 수 있지만, 어떻든 그런 또 한 사람의 저명한 신학자에 필립 콘라트 마르하이네케(1780~1846)가 있다. 그는 베를린대학에서 신학 교수가 되었고 또 헤겔의 저서의 최초의 전집판을 편집하는 데 협력했다. 마르하이네케는 그의 사후에 출판된 《그리스도교 교의학의 체계》에서 헤겔철학을 그리스도교 신학의 용어로 번역하려고 했으며, 그와 동시에 헤겔적인 방식으로 그리스도교의 교의 내용을 해석하려고 했다. 이를테면, 절대자는 교회에서 자기 자신에 대한 완전한 의식을 획득했다고 그는 주장했으며, 그에 의하면 교회야말로 정신의 구체적인 현실화이며, 더욱이 이 정신은 삼위일체의 셋째 위격으로 해석되고 있는 것(성령)이다.

인류의 여러 체계의 역사에 대해서는 레오폴트 폰 헤닝(1791~1866)

에 의하여 헤겔적 입장에서 연구되었다. 그는 베를린대학에서 헤겔의 강의의 뒤를 이었고, 헤겔을 가장 열렬하게 칭송하는 자의 하나가 되었다. 법학 분야에서의 헤겔의 영향은 대단한 것이었다. 그런 그의 제자 중에서 뛰어났던 것은 고명한 법학자 에두아르트 간스(1798~1839)였다. 그는 베를린대학에서 법학의 강좌를 얻었으며, 상속권에 대한 잘 알려진 저서도 출판했다.>29 미학 분야에서는 하인리히 테오도르 뢰쳐(1803~71)가 헤겔의 감화를 받은 자의 하나라고 할 수 있겠다. 철학사에서 헤겔의 영향을 받은 것은 요한 에두아르트 에르트만(1805~92), 에두아르트 첼러(1814~1908), 쿠노 피셔(1824~1907)와 같은 저명한 역사가들이었다. 어떻든 절대적 관념론을 어떻게 생각하든 여러 가지 분야의 학자에게 헤겔이 자극적인 영향을 준 것은 부정할 수 없다.

  신학 분야로 다시 한번 돌아오기로 하자. 앞에서 주의한 것이지만, 헤겔의 체계가 그리스도교의 유신론과 엄밀한 의미에서 관련되어 있는지 어떤지에 대해서는 논의의 여지가 있는 것이었다. 더욱이 실제로 헤겔 생전에조차 이 문제에 대해 논쟁이 생겼다. 다만 그의 죽음이 자연스럽게 이 논쟁에 새로운 실마리를 주었다. 일반으로 헤겔 우파에 속한다는 사람들은, 절대적 관념론은 어떤 의미에서는 그리스도교와 양립될 수 있다고 해석해도 이상하지 않다고 주장한다. 헤겔이 아직 살아 있는 동안에 카를 프리드리히 괴셀(1784~1861)이 종교의식에 특유한 사유형식과 순수사유 또는 앎과의 관계에 대한 헤겔의 이론은 종교가 철학보다 열등하다고 말하는 것이 아니라고 해석하려고 했다. 더욱이 헤겔에 대한 이와 같은 변호는 헤겔의 따뜻한 반응을 얻었다. 헤겔 사후에 괴셀은 헤겔철학이 인격신과 인격의 불멸성의 교의와도 양립할

---

29. *Das Erbrecht in weltgeschichtlicher Entwicklung* (1824~35).

수 있음을 보이려고 하는 몇 가지 저작을 출판했다. 베를린대학의 교수
였던 카를 루트비히 미슐레(1801~93)의 이름도 여기서 또한 들어 둘
수가 있다. 그는 헤겔의 삼지구조의 도식을 삼위일체의 위격과 동일시
했으며(아니, 이것은 이미 헤겔 자신이 그렇게 했던 것이지만), 헤겔철
학과 그리스도교 신학은 양립될 수 있다는 것을 보이려고 했던 것이다.

　헤겔 좌파를 대표하는 것은 이를테면, 유명한 《예수의 생애》(1835)
의 저자인 다비드 프리드리히 슈트라우스(1808~74)였다. 슈트라우스
에 의하면, 복음서의 이야기는 신화였다. 그래서 그는 명확히 이 견해
를 헤겔의 표상 이론과 결부시켰으며 역사적 그리스도교를 해소시키고
마는 그 자신의 생각이야말로 헤겔의 사상을 참으로 발전시키는 것이
라고 주장했다. 이렇게 그는, 헤겔철학과 그리스도교가 양립할 수 있다
는 헤겔 우파의 주장을 거부하는 그리스도교 저자들에게 귀중한 무기
를 마련해 주었다.

　헤겔 운동의 중도파의 대표로서는 헤겔의 전기 작가이며 쾨니히스
베르크대학의 교수였던 요한 카를 프리드리히 로젠크란츠(1805~79)
의 이름을 들 수 있다. 그는 슐라이어마허와 헤겔 양쪽의 제자로서 헤
겔의 체계를 발전시켜 가는 중에 이 양자를 조정하려고 했다. 그는 그
의 《신학적 학문들의 엔치클로패디》(1831)에서 사변적 신학과 역사적
신학과 실천적 신학을 구별했다. 사변적 신학은 절대적 종교인 그리스
도교를 아 프리오리한 형태로 제시해 보인다. 역사적 신학은 절대적 종
교의 이 같은 개념의 시간 속에서의 대상화를 다룬다. 로젠크란츠는 슈
트라우스에 비해 역사적 그리스도교를 줄곧 조심스럽게 평가했으며,
슈트라우스는 그를 헤겔학파의 중도파에 속한다고 보았다. 그리고 후일
로젠크란츠는 헤겔의 논리학을 발전시키려고 했다. 비록 그의 이 방면
에서의 노력은 다른 헤겔 학도에 의하여 그렇게 평가받지는 못했지만.

이처럼 헤겔 우파와 좌파의 분열은 무엇보다도 우선, 종교적 그리고 신학적 문제에 관한 헤겔의 입장을 어떻게 해석하고, 어떻게 평가하고, 어떻게 발전시키느냐에 관한 것이었다고 할 수 있다. 우파는 헤겔을 그리스도교, 곧, 신이 말하자면 본래의 권리로 인격적인 자기의식적 존재이지 않으면 안 된다고 하는 그리스도교와 어떤 의미에서는 다소라도 양립할 수 있다고 해석했던 것이다. 좌파는 하나의 범신론적 해석을 주장한 것이고 인격의 불멸성을 부정했던 것이다.

좌파는 그러나 곧 범신론을 넘어서 자연주의와 무신론으로 나아갔다. 더욱이 마르크스와 엥겔스의 손으로 사회와 역사에 대한 헤겔의 이론은 혁명적으로 변경되었다. 그래서 좌파 쪽이 우파보다 역사적으로 훨씬 중요하다. 그러나 좌파의 그룹 중의 급진적인 사상가들은 헤겔과는 분리하여 따로 다루지 않으면 안 되고 헤겔의 제자로 다루면 안 된다. 헤겔은 결코 그들을 자기의 제자로 인정하지 않았을 것이기 때문이다.

헤겔의 영향이라는 표제 아래 언급할 수 있는 것으로 물론, 19세기 후반과 20세기의 처음 20년 동안의 영국 관념론이 있고, 베네데토 크로체(1866~1952)와 지오반니 젠틸레(1875~1944)와 같은 이탈이아의 철학자가 있으며, 최근의 프랑스인의 헤겔에 관한 저서가 있다. 헤겔이 오랜 동안에 걸쳐 영향을 주어 온 것의 다른 보기는 문제 삼지 않겠다. 그것들을 문제 삼게 되면, 이 책의 범위를 벗어나게 될 것이다. 그대신 우리는 형이상학적 관념론에 대한 반동과 19세기의 독일철학계에 나타난 그 밖의 방향의 사상의 고찰로 향할 수 있다.

제 **2** 부   형 이 상 학 적
             관 념 론 에   대 한
             반 동

chapter 12

1. 프 리 스 와 그 의 제 자 들

야코프 프리드리히 프리스(Jakob Friedrich Fries, 1773~1843)는 피히테, 셸링, 헤겔로 이루어지는 관념론의 전개를 큰 잘못으로 여겼다. 그의 견해로는 철학의 적절하고도 유익한 과제는 칸트철학을 형이상학의 체계로 전환시키는 일 없이 칸트의 작업을 수행하는 것이었다. 사실, 프리스 자신 '형이상학'이라는 말을 사용했으며, 1824년에《형이상학의 체계》(*System der Metaphysik*)를 출판하고 있다. 그러나 이 형이상학이란 용어는, 그에게는 인간 인식의 비판을 의미하고 있었던 것이며, 절대자에 대한 학문을 의미하고 있었던 것은 아니었다. 따라서 이 점에서 그는 칸트의 발자취를 따르고 있었던 것이다. 그러나 동시에 그는 인식에 관한 칸트의 초월론적 비판을 심리학적 연구, 곧 심리학적인 자기관찰의 과정으로 옮겨 놓았다. 따라서 프리스는 칸트와 함께 출발해서 칸트의 철학을 수정하고 또 발전시키려고 했지만, 그것이 칸트의 철학을 심리학적으로 다루는 모양새를 취했다는 사실은 결과적으로 어느 정도 로크의 태도와의 유사성을 가져왔다. 프리스에 의하면, 우리는 인식의 대상에 관한 여러 문제와 맞붙기 전에, 우선 인식의 본질과 법칙의 범위를 탐구하지 않으면 안 되기 때문이다. 그리고 이와 같은 탐구를 수행하는 방법은 경험적 관찰이다.

프리스는 자기의 활동 범위를 인식론에 국한시키려고 하지 않았다. 그는 1803년에 《철학적 법론》(*Philosophische Rechtslehre*)을 출판했고, 1818년에는 《윤리학》(*Ethik*)을 출판했다. 그의 정치적 견해는 진보적이었으며, 그 때문에 1819년에 예나대학의 교수직을 박탈당했다. 그러나 수년 후, 같은 대학의 수학과 물리학의 교수에 임명되었다. 그는 이미 자연철학과 물리학에 관한 몇 개의 저작을 간행했으며, 또 뉴턴의 수리물리학과 그가 해석한 한에서의 칸트철학을 결합하려고 했다.

1832년에 프리스는 《종교철학과 철학적 미학교본》(*Handbuch der Religionsphilosophie und der philosophischen Aesthetik*)을 출판했다. 어렸을 때, 그는 경건주의의 전통 속에서 교육받았다. 그리고 그는 끝까지 종교적 감정과 내면적 경건을 강조했다. 우리는 한편으로는 수학적 또는 과학적 지식을 가지고 있으며, 다른 한편으로는 종교적 그리고 미적 감정의 예감, 곧 현상계의 배후에 있는 존재자에 관한 증거를 가지고 있다. 실천적 또는 도덕적 신앙은 우리를 본질적 실재와 관련시킨다. 그러나 종교적 그리고 미적 감정은 현상의 배후에 있는 실재가 도덕적 신념이 그것이라고 생각하고 있는 바의 것임을 우리에게 한층 더 확신시킨다. 그리하여 프리스는 칸트의 실천적 신앙의 교설에 종교적 감정의 가치를 덧붙였다.

프리스가 후세에 끼친 영향이 없는 것은 아니다. 그의 제자들 중에서 두드러진 것은 E. F. 아펠트(1812~59)이다. 그는 스승인 프리스의 심리학적 칸트해석을 옹호하고, 철학과 과학의 긴밀한 통합의 필요성을 주장했다.[1] 그리고 저명한 종교철학자인 루돌프 오토(1869~1937)

가 종교에서의 감정의 근본적 중요성에 관한 프리스의 주장의 영향을
받았다는 것은 언급할 가치가 있다―비록, 오토를 프리스의 제자라고
하는 것은 전적으로 옳다고 할 수 없지만.

20세기의 초두, 이른바 신프리스학파가 레오나르드 넬슨(1882
~1927)에 의하여 창립되었다.

2. 헤르바르트의 실재론

칸트 이후의 관념론에 대한 당시의 반대자들 중에서 요한 프리드리
히 헤르바르트(Johann Friedrich Herbart, 1776~1841)의 이름은 프리
스의 이름보다 훨씬 더 잘 알려져 있었다. 1809년에 헤르바르트는 한
때 칸트가 차지한 일이 있는 쾨니히스베르크대학의 교수 자리에 임명
되어, 1833년에 괴팅겐대학으로 갈 때까지 그 자리에 있었다. 스위스에
있었을 때(1797~1800), 그는 페스탈로치와 알게 되어, 교육문제에 큰
관심을 가졌으며, 교육에 관한 글을 썼다. 그의 주된 철학상의 저작 중
에는 《철학입문》(*Einleitung in die Philosophie*, 1813), 《과학으로서의
심리학》(*Psychologie als Wissenschaft*, 1824~5)과 《일반형이상학》(*Allge-
meine Metaphysik*, 1828~9)이 있다.

일찍이 헤르바르트는, 자기는 1828년의 한 사람의 칸트 학도라고 했
다. 물론 이 말로써 그가 말하고자 한 것은, 그는 자기가 지금 차지하고
있는 자리에 예전에 있었던 위대한 사상가의 업적에 경의를 표하지만,

---

1. 현대의 논리학자들은 정당하게도 논리학을 심리학적으로 다루려는 것에 대해 호의적이지 않다. 그러나
   이러한 심리학적 해석은 그것이 아무리 틀려도 과학적 태도의 표현이라고 하는 생각과 결부되어 있었다.

그동안 벌써 많은 세월이 흘렀다는 것, 그리고 그는 칸트의 체계를 한갓 스승이 물려준 그대로 받아들이지 않았다는 것이었다. 확실히 헤르바르트는 어떤 통상적인 의미로도 칸트 학도라고 할 수가 없다. 과연, 그는 칸트 이후의 관념론을 부정하고 있다. 그러나 그가 칸트 이후의 관념론을 칸트사상의 왜곡이라고 보았다는 것은, 바로 그가 한 사람의 칸트 학도라는 것과 반드시 같은 것이 아니다. 그리고 어떤 점에서는 헤르바르트는 칸트 자신보다 오히려 칸트 이전의 철학자들과 유사하다.

적어도 어느 국면에서 보면, 철학에 대한 헤르바르트의 설명은 극히 근대적인 운치를 지니고 있다. 그는 철학을 개념 다듬기(*Bearbeitung*)로 기술하고 있기 때문이다. 이러한 철학의 규정에 대해서는, 그렇다면 철학의 고유한 주제에 대해서는 아무런 지시도 줄 수 없다는 뻔한 반론이 일어난다. 어떤 과학도 그렇게 규정될 수 있을 것이다. 그러나 헤르바르트의 생각으로는, 철학은 여러 낱낱의 특수과학의 주제와 나란히 하여 철학 고유의 주제를 가지고 있는 것이 아니다. 더 정확하게 말하자면, 우리는 첫 출발점부터 철학은 자기의 고유한 주제로서 실재의 특정한 영역을 가지고 있다고 할 수 없다는 것이다. 우리는 우선 그것을 뭇 개념을 다듬는 것, 또는 명석화의 활동으로 기술하지 않으면 안 된다.

철학의 여러 부문이 생기는 것은 이러한 활동의 과정에서이다. 이를테면, 우리가 명확한 여러 개념과 그것들의 결합의 이론, 또는 개념을 명석하게 하는 여러 원리를 구축하는 일에 관심을 가지고 있다면, 그때 우리는 논리학에 종사하고 있다. 그러나 만약 우리가 논리학적 원리들을 경험에 의하여 공급된 개념들을 명석하게 하는 데 적용한다면, 그때 우리는 형이상학에 종사하고 있는 것이다.

헤르바르트의 생각으로는, 이러한 명석화 작업은 불가결하다. 경험에서 얻은 기본적인 개념들이 논리학적 분석에 복종할 때, 그것들은 자기 자신이 모순투성이란 것을 보이기 때문이다. 물(物)의 개념을 예로 들자면, 만약 그것이 하나의 물이라고 한다면, 그것은 하나이지 않으면 안 된다. 곧, 하나의 통일체이지 않으면 안 된다. 그러나 만약 우리가 그것을 서술하려고 하면 그것은 여러 성질로 분해된다. 그것은 하나이면서 여럿이다. 곧, 하나이면서 하나가 아닌 것이다. 이리하여 우리는 모순에 빠진다. 그리고 우리는 그로써 만족하지 못한다. 그러나 그것은 단순히 경험에서 얻은 개념을 부정하기만 하면 되는 것이 아니다. 만약 우리가 사유와 경험 사이의 끈을 끊는다면, 우리는 현실로부터 우리 자신을 차단하는 것이 되기 때문이다. 필요한 것은 개념의 명석화와 다듬기를 모순이 없어지는 방법으로 수행하는 것이다.

따라서 헤르바르트는 무-모순의 원리가 근본적인 것이라고 생각했다. 그는 헤겔의 변증법적 논리학과 어떤 관계도 가지려고 하지 않았다. 그의 생각으로는 헤겔의 논리학은 이 무-모순의 원리를 흐리게 하는 것이었다. 현실은 모순이 없는 것이지 않으면 안 된다. 곧, 그것은 서로 일관된, 본질적으로 모순이 없는 개념들의 조화적 체계와 같은 것이지 않으면 안 된다. 그런데 말하자면 경험은 우리에게 그러한 세계관을 제공하지 않는다. 경험에서 얻고, 여러 과학에서 사용되고 있는 개념들을 명석하게 하고 또 그것을 수정해서 일관성 있는 것이 되게 함으로써, 이러한 세계관을 구축하는 것이 바로 철학에 속해 있는 것이다.

헤르바르트의 입장을 더 잘 표현하는 방법은, 현실은, 그것에 대한 완전한 설명이 서로 일관된 모순이 없는 명제들로 이루어지는 포괄적인 체계의 형태를 취할 것이라고 말하는 것이겠다. 사실, 헤겔 자신은 진리에 대해 이와 비슷한 생각을 가지고 있었다는 것, 그리고 그가 무-모순의 원리를 부정했다고 해석될 일도 아니라는 것은 논의의 여지가 있다. 결국, 헤르바르트도 모순이 사물을 고찰하는 통상의 방법에서 생긴다는 것을 승인하고, 거기에서 그들 모순을 해결하려고 했다. 그러나 헤겔이, 모순을 마치 현실 자체의 과정, 곧, 절대자의 삶의 특징인 것처럼 말하고 있는 데 반하여, 헤르바르트에게는 모순은 다만 현실을 이해하는 우리의 적절하지 못한 방법에서 생기는 것이었다. 곧, 그것들은 현실 자체의 특징이 아니다. 따라서 헤르바르트의 견해는 헤겔의 견해보다 오히려 F. H. 브래들리의 견해에 가깝다. 실제로 브래들리는 헤르바르트에게 상당한 영향을 받았다.[2]

그러면 사물에 대한 통상적인 관념은 모순을 품고 있다 또는 모순을 일으킨다고 가정해 보자. 우리는 한 송이의 장미를 하나의 물(物)로 보고, 하나의 각설탕을 다른 물로 본다. 그 각각은 통일체인 것처럼 보인다. 하지만 우리가 그것을 기술하려고 하면, 그것들은 다양한 성질로 분해된다. 장미는 붉고 향기로우며 부드럽다. 설탕은 희고 달고 단단하다. 각각의 경우 우리는 여러 성질을 하나의 통일적 실체 또는 물에 돌린다. 그러나 그것은 도대체 무엇인가? 우리가 그것에 관하여 무엇인가 말하려고 하면 그 통일은 다시 다양한 것으로 분해된다. 또는, 우리가 그것은 여러 성질들의 바탕에 있다고 말하면, 그것은 어떤 다른 것처럼 보인다. 우리는 이미 그 장미는 붉고 향기로우며 부드럽다고 말할 수 없다.

헤르바르트에 의하면, 이 문제는 그가 '실재'(Realen)라고 부르는 단일하고 불변하는 다수의 존재나 실체를 가정함으로써 해결된다. 그것들은 서로 다른 관계에 들어서며, 또한 현실적인 여러 성질이나 변화는 이들 여러 관계와 대응하고 있다. 이를테면, 하나의 통일체로서 우

---

2. 물론 나는 다만, 사물을 사고하고 서술하는 우리의 통상의 방법은 모순을 일으키는 데 대해, 현실 자체는 어떠한 모순도 없는 조화적 전체라고 하는 브래들리의 견해를 말하고 있다. 다원론과 일원론의 문제에 대해서는 헤르바르트와 영국의 절대적 관념론자 사이에 아주 큰 견해차이가 있다.

리에게 나타나는 각설탕은 비연장적(非延長的)이며 불변하는 다수의
실재로 이루어져 있다. 그리고 설탕의 여러 가지 현상적인 성질은 이들
실재가 서로 맺고 있는 관계와 대응하고 있다. 한편 설탕의 현상적 변
화는 실재 사이의 변화하는 관계에 대응한다. 이렇게 해서 우리는 통일
성과 다양성, 변하지 않음과 변화를 어우를 수가 있다.

　따라서 헤르바르트는 요사이 영국에서 유행하고 있는 철학에 대한
견해, 곧 철학은 개념을 명석하게 하는 것이거나 분석하는 것이라고 하
는 견해를 제안한 다음, 나중에 브래들리가 《나타난 모습과 실재》
(*Appearance and Reality*)에서 상당한 관심을 기울인 문제를 제기하고
있는 것이다. 그러나 브래들리가, 칸트 이후의 관념론의 정신에 따라,
다양한 물(物)로 '나타나는' 일자(一者)에 의하여 해결을 찾은 데 반
해, 헤르바르트는 데모크리토스의 원자와 라이프니츠의 모나드를 생
각하게 하는 다원론적 형이상학에 의지하였다. 확실히 그의 '실재'는,
그것이 성질을 가지고 있다는 점에서, 비록 그 성질이 초현상적이어서
인식되지 않는다 해도, 데모크리토스의 원자와는 다르다. 더욱이, 각각
의 '실재'는 단일하고 본질적으로 불변하지만, 라이프니츠의 모나드처
럼 '무창'(無窓)인 것 같아 보이지는 않는다. '실재'는 다른 실재로부
터의 방해(*Störungen*)에 직면하여 자기동일성을 간직한다고 주장되고
있으며, 따라서 거기에는 어떤 상호영향이 있는 것으로 생각되기 때문
이다. 동시에 헤르바르트의 이론은 명백히 칸트 이전의 형이상학과의
유사성을 가지고 있다.

　어떤 방해도 방해받은 실재 쪽에 자기 보존적 반응을 일으킨다고 하
는 방해이론은 몇 가지 난점을 가져온다. 이 이론과, 시간, 공간 그리고
인과적 상호작용은 현상적이라고 하는 관념을 조정하기가 쉽지 않기
때문이다. 확실히 헤르바르트는, 현상적 사건은 '실재'의 작용에 근거

하며 또한 그 작용에 의하여 설명할 수 있다고 가정하고 있다. 또 '실재'의 세계는 파르메니데스의 정적 실재로 받아들여지면 안 된다. 그러나 '실재' 사이의 요청된 여러 관계들에 관한 한, 어쨌든 그것들은 필연적으로 현상적 영역에 가져와지는 것으로 생각될 여지가 있다. 그것들은 현상적이라고 말해지는 여러 관계에 의하지 않고서는 거의 생각될 수 없기 때문이다.

어쨌든, 헤르바르트는 이와 같은 형이상학적 바탕 위에 그의 심리학을 구축했다. 영혼은 단일하고 비연장적인 실체이거나 '실재'이다. 그러나 그것은 의식이라고 하는 순수한 주관 또는 자아(ego)와 동일시되면 안 된다. 한갓 그 자체로서 생각된 영혼은 전혀 의식적이 아니다. 또한 그것은 **아 프리오리한** 형식과 범주라고 하는 칸트적인 장치를 아무것도 갖추고 있지 않다. 모든 영혼의 작용은 2차적이며 파생적이다. 곧, 영혼은 다른 '실재'에 의하여 생기는 방해에 대하여 자기 자신을 보존하려고 노력한다. 그리고 자기 보존적 반응은 감각과 관념에서 표현된다. 그리고 정신적 삶은 감각과 관념 사이의 관계의 상호작용으로 이루어진다. 독특한 능력이라는 관념은 버려질 수 있다. 이를테면, 장애와 만나는 관념은 욕구라고 할 수 있으며, 성공이라는 가정에 수반된 관념은 의욕이라고 할 수 있다. 욕구적이고 의지적인 능력들을 요청할 필요가 없다. 관련된 심리적 현상은 관념으로써 설명될 수 있으며, 또 그 관념 자신은 방해에 대한 영혼의 자기 보존적 반응에 의하여 직접 또는 간접으로 생긴 자극에 의하여 설명될 수 있다.

헤르바르트의 심리학의 흥미로운 특징은 그의 잠재의식에 관한 이론이다. 관념들은 서로 연결되어 있을지도 모른다. 그러나 그것들은 또한 서로 대립하고 있을지도 모른다. 이 경우, 긴장 상태가 생기고, 어떤 관념 또는 여러 관념들은 의식 아래의 수준으로 밀쳐진다. 그때 그것들은 충동이 된다. 그것들은 여러 관념으로 의식에 복귀할 수가 있지만, 우리는 또한 의식의 수준에서 자기 이외의 대상의 의식은 자기의식에 앞선다는 주장뿐 아니라, 자기의식은 언제나 경험적인 자기의식, 곧 나라고 하는 대상의 의식이라고 하는 헤르바르트의 주장에 주목할 수 있을 것이다. 자아라는 관념은 있다. 그러나 순수한 자기의식 같은 것은 없다.

그러나 헤르바르트의 잠재의식론은 역사적 중요성을 가지고 있지 않은 것은 아니지만, 아마도 그의 심리학의 특징은 심리학을 수학화함으로써 그것을 하나의 과학으로 만들려고 한 그의 시도에 있다. 그리하여 그는, 관념들은 저마다 다른 강도를 가지고 있으며 또 그들 관념들의 상호관계는 수학적 정식(定式)에서 표현될 수 있다고 생각했다. 이를테면, 어떤 관념이 의식 아래 수준에서 억제되거나 압박될 때, 그러한 관념이 의식에로 복귀하는 것은 수학적으로 확정될 수 있는 순서에 따라서, 그 관념에 연결되어 있는 여러 관념들의 복귀까지 포함하고 있을 것이다. 그리고 우리가 충분한 경험적 사실을 가지고 있다면, 우리는 그와 같은 사실의 원인을 예측할 수 있을 것이다. 어떻든 원칙으로서 심리학은 엄밀한 과학으로, 곧 표상이라고 하는 심적 삶의 정역학(靜力學)과 동역학(動力學)으로 전환할 수가 있다.

따라서 심리학은 형이상학과 마찬가지로 실재에 관계한다. 미학과 윤리학은 가치와 관계한다. 그리고 이 둘 중에서 더 기본적인 것은 미학이다. 윤리적 판단은 찬성 또는 불찬성을 나타내는 취미판단인 미적 판단의 일부분이기 때문이다. 그러나 그것은 윤리적 판단이 어떠한 객관과도 관계하지 않는다는 것은 아니다. 찬성, 불찬성은 어떤 일정한 관계들에 바탕을 두고 있으며, 윤리학의 경우, 그것은 의지의 여러 관계들이기 때문이다. 여기서 헤르바르트는 다섯 가지의 관계를 발견하

고 있다. 첫째로, 경험은, 의지가 개인의 내적 확신과 일치하고 있을
때, 곧, 내적 자유의 이상과 일치하고 있을 때, 우리가 승인하는 것을
보여 준다.[3] 둘째로, 우리의 승인은 개인적 의지의 상이한 경향 또는
노력 사이의 조화에 주어진다. 그리고 그때, 우리의 승인은 완전성이라
고 하는 이상과의 일치에서 이끌어 내진다. 셋째로, 우리는 어떤 의지
가 다른 의지의 충족을 그 목적으로 간주하는 관계를 승인한다. 그리고
여기서 우리의 판단의 바탕이 되어 있는 것은 박애라고 하는 이상이다.
넷째로, 찬성 또는 불찬성은 정의의 관념에 따라서 이끌어 내진다. 우
리는 여러 의지 사이의 상극이나 부조화의 관계에 찬성하지 않으며, 저
마다의 의지가 다른 의지에 자기를 제한할 것을 허용하는 관계에 찬성
한다. 다섯째로, 우리는 의도된 선악의 행위가 보상받지 못하는 관계에
찬성하지 않는다. 여기에는 응보의 관념이 작용하고 있다.

　헤르바르트가 칸트의 윤리학을 비판하고 있는 것은 지금까지 보아
온 것과 같은 가치론의 빛에서이다. 우리는 정언적 명령을 궁극적인 도
덕적 사실로 받아들일 수가 없다. 우리는 언제나 실천적 이성이나 의지
가 도대체 어디서 그 권위를 이끌어 내느냐고 물을 수 있기 때문이다.
명령과 명령에 대한 복종의 배후에, 명령에 대한 존경을 보장하는 무엇
이 있어야 한다. 그리고 그것은 가치의 승인, 곧 도덕적으로 아름답고
즐거운 가치를 승인하는 데서 발견된다.

　우리는 여기서 헤르바르트의 교육이론에 들어갈 수 없다. 그러나 그

---

3. 심리학이 위에서 간단히 말한 바와 같다고 해도, 헤르바르트는 무차별적 자유론을 받아들이지 않았다.
　실제로 그는 그 이론이 착실하고 꿋꿋한 성격―이것을 펼치는 것이 교육의 주된 목적의 하나이다―의
　관념과 양립할 수 없는 것으로 여기고 있다. 그러나 물론 그는 신념이나 양심에 따라서 선택하는 것과
　양심에 반한 양식으로 행위 하려는 충동이나 욕망에 의하여 이끌리는 것 사이에는 심리학적 차이가 있
　음을 인정하고 있다.

것은 그의 윤리학과 심리학을 결합시킨 것임은 물론이다. 윤리학은 그 가치론으로써 교육의, 곧, 성격 발달의 목적 또는 목표를 제공한다. 도덕적 삶의 목표는 의지와 도덕적 이상 또는 가치와의 완전한 일치이다. 그리고 이것이 덕이다. 그러나 이 목적이 어떻게 교육학적으로 달성되는지를 평가하기 위해서는, 우리는 심리학을 고려하고 그것의 법칙과 원리를 이용하지 않으면 안 된다. 교육의 주요 목적은 도덕적이다. 그러나 교육자는 세계에 대한 경험과 사회적 교제나 환경으로부터 도출되는 두 종류의 표상을 바탕으로 삼아야 한다. 첫째 바탕은 지식으로 발전되어야 하며, 둘째 바탕은 다른 사람에 대한 선행과 공감에로 발전되지 않으면 안 된다.

 분명히 헤르바르트의 철학은 위대한 관념론자의 체계와 같은 로맨틱한 매력이 없다. 어떤 의미에서 그것은 시대에 뒤떨어진 것이었다. 다시 말하자면, 그것은 칸트를 뒤돌아보고, 그 저자는 동시대의 독일에서 유행하고 있는 운동에 대하여 공감하지 않았다는 것이다. 그러나 다른 의미에서 그것은 매우 현대적이었다. 왜냐하면, 그것은 철학과 과학 사이의 더욱 긴밀한 통합을 요구하고 있었으며, 관념론의 붕괴에 뒤따르는 체계를, 그리고 그러한 통합을 엄밀하게 요구하는 체계를 기대하고 있었기 때문이다. 아마도 헤르바르트의 철학의 가장 중요한 특징은 그의 심리학과 교육이론이었다. 교육학의 영역에서 그는, 페스탈로치의 실천적 관념들을 위한 이론적 배경을 제공하는 데 이바지했다. 심리학의 영역에서는 그는 자극적인 영향을 끼쳤다. 그러나 감각과 관념의 심리적 삶의 역학(力學)으로서의 심리학이라고 하는 그의 생각에 관해서는, 그는 유물론자가 아니었음을 기억해야 한다. 물질은 그에게 현상적인 것이었다. 더욱이 그는 신적이며 초감각적인 존재를 가리키는 일종의 의도적인 논증을 받아들이고 있었다.

3. 베네케와 기초과학으로서의 심리학

심리학의 중요성은 프리드리히 에두아르트 베네케(Friedrich Eduard Beneke, 1798~1854)에 의하여 더욱 강조되었다. 베네케는 헤르바르트의 저서로부터 상당한 영향을 받았지만, 헤르바르트의 제자는 아니었다. 또 그는 프리스의 영향도 받고 있었다. 그러나 베네케는 무엇보다도 영국의 사상에서 영감을 받았고, 로크를 대단히 존경하고 있었다. 그는 당시의 지배적인 관념론의 철학에는 전혀 공감하지 않았다. 그리하여 그는 아카데믹한 경력에서 많은 어려움을 겪었다. 결국 그는 자살한 것 같아 보인다. 그리고 그것은 아르투르 쇼펜하우어로부터 아주 악의에 찬 비판을 받았다.

베네케의 견해로는, 심리학은 기초과학이며 철학의 바탕이다. 그것은 헤르바르트에게서처럼, 형이상학에 바탕을 두면 안 된다. 오히려 반대로, 그것은 우리에게 기초적인 심리적 과정을 드러내는 내적 경험에 바탕을 두고 있거나, 두지 않으면 안 되는 것이다. 수학은 도움이 안 되며 필요하지도 않다. 확실히 베네케는 관념연합적 심리학의 영향을 받고 있다. 그러나 그는, 심리학은 수학화함으로써 그것을 엄밀한 과학이 되게 하려는 헤르바르트의 생각을 나누어 가지고 있지 않다. 오히려 그는 영국경험론자들의 내성적 방법에 의지하고 있다.

영혼에 관해서 말하자면, 그것은 로크가 옳게 주장했듯이 생득관념이 아니다. 또 헤르바르트가 지적한 것같이 전통적 의미에서의 어떠한 특유의 능력도 가지고 있지 않다. 그러나 우리는, 만일 그렇게 부르고 싶다면, 능력이라고 부를 수 있는 많은 충동이나 경향을 발견할 수가 있다. 그리고 자아의 통일은 이들 충동의 조화에서 생긴다. 더욱이, 교육학과 윤리학은 둘 다 응용심리학이지만, 그것들은 충동이나 경향이 행위와 행위의 결과에 대한 고찰에 의하여 규정된 뭇 선(善) 또는 가치의 계층에 비추어, 어떻게 펼쳐지고 어우러지는지를 보여 준다.

의심할 것도 없이 베네케의 철학은 독일관념론의 장대한 체계에 비하면 보잘것없는 것이다. 그러나 어쩌면 우리는 그가 심리적 삶에서의 기초적 요소로 충동을 강조한 것이나, 이론적인 것보다 실천적인 것을 강조한 경향에서, 쇼펜하우어의 형이상학적 체계에서 장대한 규모로 표현되어 있는 주의주의(主意主義)로의 전환 사이의 어떤 친근성을 볼 수가 있다. 쇼펜하우어는 베네케의 자살에 대하여 신랄한 비판을 한 장본인이지만. 주의주의에 관해서는, 이미 피히테가 충동과 충박(衝迫, drive)의 기초적 구실을 강조한 바 있다.

4. 볼차노의 논리학

몇 가지 점에서 현대 논리학의 발전의 선구자로서의 베른하르트 볼차노(Bernhard Bolzano, 1781~1848)의 재발견은 그를 실제보다 더 최근의 사상가처럼 여기게 만들지만, 이 장에서 그에 대하여 간단히 언급하는 것은 다름 아닌 연대적 이유에서이다.

볼차노는 이탈리아인인 부친과 독일인인 모친 사이에서 프라하에서 태어났다. 1805년 그는 사제로 서품되었으며, 그 후 바로 프라하대학의 종교학 교수로 임명되었다. 그러나 1819년 말에 그는 교수직을 박탈당했다. 그것은 가끔 말해지는 것처럼 그의 교회의 고위층에 의해서가 아니라 비엔나의 황제의 명에 의해서였다. 칙령은, 전쟁이나 사회적 계급이나 시민의 불복종에 대한 볼차노의 불손한 교설에 대해 특별히 언급하고 있다. 실제, 볼차노는 학생들에게, '앞으로 전쟁은 결투와 꼭 마찬가지로 혐오의 대상으로 여겨질 것이다. 사회적 차별은 조만간 적당한 한도로 축소될 것이다. 그리고 시민 권력에 대한 복종은 도덕적 양심에 의하여, 그리고 주권의 합법적 사용의 규범에 의하여 제한된다'고 말했다. 그리고 이러한 견해는 신성로마황제의 눈에는 불손한 것으로 비쳤을지 모르나, 신학적으로는 이단도 아무것도 아니었다. 실제로, 프라하의 교회 당국은 비엔나로부터 볼차노의 사건을 조사하도록 명령받았을 때, 그는 정통 가톨릭교도라고 언명했다. 하지만 볼차노는 학생들을 가르치는 일을 포기하지 않으면 안 되었고 연구와 저술 생활에 몰두했다. 그러나 오스트리아의 통치하에서 책을 낸다는 것은 적지 않은 어려움이 따르는 일이었다.

1827년 볼차노는 흔히 《아타나시아》(*Athanasia*)로 불리는, 영혼불멸의 신앙의 근거에 관한 저작을 익명으로 출판했다. 그의 주저 《지식학 — 논리학의 상세한 그리고 대부분 새로운 서술의 시도》(*Wissenschaftslehre: Versuch einer ausführlichen und grösstenteils neuen Darstellung der Logik*)는 1837년에 네 권으로 출간되었다. 《무한의 패러독스》(*Paradoxen des Unendlichen*)는 1851년에 사후 출판되었다. 더하여 그는 논리학, 수학, 물리학, 미학, 정치학 등의 주제에 관한 상당히 많은 논문을 썼다. 그리고 그중 많은 것이, 그가 적극적인 회원이었던 보헤미안과학협회에 기고한 것이었다.

볼차노는 자기의 지적 발전에 대하여 쓴 짧은 글 가운데서, 자기는 한 번도 참된 철학이라고 주어진 어떤 철학체계도 승인하고 싶은 생각이 없었다고 말하고 있다. 그가 18세 때에 그의 제1 《비판》을 연구하기 시작한 칸트에 대한 언급에서, 볼차노는 비판철학 중에 많은 승인해야 할 것을 발견했음을 인정하고 있다. 그러나 동시에 그는 거기에 많은 찬성할 수 없는 점, 그리고 많은 결함을 발견했다. 이를테면, 그는 분석적 명제와 종합적 명제의 구별을 기꺼이 승인하는 한편, 두 명제의 구별에 대한 칸트의 설명을 받아들일 수가 없었다. 하물며 아 프리오리한 직관에 의거한 종합적 명제로서의 수학적 명제라는 견해는 받아들일 수가 없었다. 볼차노는 자기 자신, 개념의 분석을 통해 몇 가지의 기하학적 진리를 연역하는 데 성공하고 있었기 때문이었다. 수학은 그 본성상, 순전히 개념적이며, 엄밀한 분석 과정에 의하여 구축되어야 한다고 그는 생각하고 있었다.

개념적 분석과 논리적 엄밀성에 대한 이러한 주장은 실로 볼차노의 특징이었다. 그는 지도적 철학자들이 그들의 용어를 정의할 때의 오류 >4와 깔끔하지 못한 개념적 분석의 오류, 그리고 일관성 없는 그들의 용어 사용에서의 오류를 발견했다. 그는 또한 그의 생각으로는, 그 누구도 훌륭한 수학자가 아닌 한, 훌륭한 철학자가 될 수 없다는 것을 명확히 했다. 분명히 그는 형이상학적 관념론자들의 소행을 관대한 눈으로 볼 수가 없었던 것이다.

더욱이, 볼차노의 정신은 논리학을 탈-심리학화해서 형식화하는 일, 그리고 그것을 주관이나 자아나 생산적 구상력, 또는 그 어떤 다른 주관적 요소와의 본질적 연관으로부터 풀어 주는 경향을 가지고 있었다. 그리고 이와 같은 경향은 그의 명제 자체(*der Satz an sich*)의 이론에 제시되었다. 명제 자체란, "그 진술이 참인지 거짓인지, 누군가가 일찍이 그것을 말로 정식화했는지 아닌지, 그리고 누군가의 정신에 사상으로 나타났는지 아닌지에 상관없이, 어떤 것이 존재하고 있는지 아닌지에 대한 진술">5이라고 정의되어 있다. 명제 자체란 관념은 약간의 곤

---

4. 이를테면 그는, 칸트가 제1 《비판》의 처음 부분에서 '경험'이란 용어를 그가 그것에 부속시키고 있는 의미에 대한 아무런 적절하고도 명료한 설명도 없이 사용하고 있음을 비판하고 있다.

란을 가져올지도 모른다. 그러나 볼차노에게 명제에서의 주 요소는 그의 객관적 내용이나 의미라는 것이 분명하다. 객관적 의미와 상관없이 주관에 의하여 사고되거나 설정된 존재는 제2차적 요소이다.

볼차노는 또 표상 자체(*die Vorstellung an sich*)에 대하여 말하고 있다. 표상 자체란, 무엇이든 명제의 구성요소가 될 수 있지만, 그러나 그것만으로는 명제를 구성하지 못한다. 따라서 어떤 표상 또는 개념도 그 자체로는 참도 거짓도 될 수 없다. 참과 거짓은 오직 명제에 관하여 진술되는 것이고, 명제의 낱낱의 구성요소에 관하여 진술되는 것이 아니기 때문이다. 그러나 표상 자체의 의미나 내용은 분석될 수 있다. 그리고 그것은 그 어떤 주관에 대한 언급 없이 이루어질 수 있다. 논리적으로 말하자면, 주관은 관계가 없다. 이를테면, 만약 관념 X를 A, B, C 세 사람이 품고 있다면, 심리적 관점에서는 세 개의 관념이 있는 것이 되지만, 단지 관념의 내용에만 관심이 있는 논리분석가의 관점에서 보면, 오직 하나의 관념이 있을 뿐이다. 어떤 관념이 갖는 의미의 범위는, 그 관념이 사용되고 있는 명제를 떠나서 분석될 수 있는지 어쩐지는 논의의 여지가 있다고 나는 생각한다. 의미는 쓰임에 의하여 규정되기 때문이다. 그러나 어떻든, 볼차노가 탈-심리학적 논리학에 관심을 가지고 있는 것은 충분히 명백하다.

셋째로, 볼차노는 판단 자체(*das Urteil an sich*)에 대하여 말하고 있다. 모든 판단은 하나의 명제를 표현하고 긍정하고 있다.

그런데 명제 자체가 있다고 하면, 진리 자체(*Wahrheiten an sich*)도 있어야 한다. 곧, 실제로 옳은 여러 명제가 있지 않으면 안 된다. 그러나 그것들의 진리성은 그것들이 사유하는 주관에 의하여 판단의 형태

---

5. *Wissenschaftslehre* (2nd edition, Leipzig, 1929), p. 77.

로 표현되거나 긍정되는 것과는 전혀 상관이 없다. 그리고 이것은 한갓 유한한 주제에 관해서뿐만 아니라 신에 관해서도 말할 수 있다. 진리 자체는 신이 그것을 설정하기 때문에 진리인 것이 아니다. 그것이 진리 이기 때문에 신이 그것을 사유하는 것이다. 볼차노는, 신이 창조주이시 며, 따라서 적어도 세계가 존재하는 데 대해 책임이 있다고 하는 의미 에서, 신은 세계에 대한 참된 사실의 명제를 참된 것이게 한다고 주장 하는 것이 잘못되었다고 말하려는 것이 아니다. 그는 그 명제를 논리학 자의 입장에서 보아, 명제의 진리성은 그것이 유한한 주관이건 무한한 주관이건 간에, 어떻든 주관에 의하여 사유되는 것에는 달려 있지 않다 는 것을 주장하고 있는 것이다. 이를테면, 수학적 명제의 진리성은 용 어의 의미에 달려 있으며, 그것이 수학자—인간적이건 신적이건—에 의하여 사유되느냐 아니냐와는 상관이 없다.

철학자로서, 볼차노는 형이상학에 대한 칸트의 비판을 거부했다. 그 리고 신에 관한 또한 영혼의 영성과 불멸성에 관한 중요한 진리는 증명 될 수 있다고 주장했다. 그의 일반적인 형이상학적 견해에서 볼차노는 라이프니츠의 영향을 받고 있다. 확실히 그는 라이프니츠의 '창이 없 는' 모나드 설을 받아들이지 않았다. 그러나 그는, 모든 실체는 활동적 인 존재이며, 그 활동성은 표상의 형식으로, 또는 라이프니츠의 말대 로, 지각의 형식으로 표현된다는 확신을 나누어 가지고 있었다. 그러나 볼차노의 중요성은 그의 형이상학에 있는 것이 아니라, 논리학자 및 수 학자로서의 그의 업적에 있다. 처음에 인정받은 것은 수학자로서의 그 의 지위였지만, 현대에서는 특히 에드문트 후설에 의하여 논리학자로 서의 그에게 찬사가 바쳐졌다.

5 . 헤 겔 비 판 자 로 서 의 바 이 세 와 I. H. 피 히 테

우리는 이 장의 앞의 몇 절에서, 칸트 이후의 형이상학적 관념론의
운동권 밖에 있어, 다른 사상의 계열에 속한 사상가들에게 관심을 가졌
었다. 여기서는 관념론 운동에 속하면서도 절대적 관념론에 비판적 태
도를 펼친 두 사람의 철학자를 간단히 고찰하기로 한다.

(a) 라이프치히대학의 교수였던 크리스챤 헤르만 바이세(Christian
Hermann Weisse, 1801~66)는 한때 상당히 헤겔에 가까이 있었다. 비
록 그는, 헤겔은 (바이세의 해석에 따르면) 현실을 존재의 추상적 여러
형태로부터 이끌어 내려고 함으로써 논리학의 구실을 과장했다고 여겼
지만 말이다. 우리가 그 체계를 주장할 수 있으려면 인격적 창조신의
관념이 필요하다.

그의 사변적 유신론을 전개하는 데 바이세는 셸링 후기의 종교철학
에서 자극을 받았다. 그리고 《현대의 철학적 과제》(*Das philosophische
Problem der Gegenwart*, 1842)에서 그는, 헤겔이 그의 논리학에서 철학
의 소극적 측면을 발전시켰다고 주장하고 있다. 헤겔의 변증법은 우리
에게 가능적 신성(神性)의 관념을 제공한다. 논리학적 절대자는 실재
하는 신은 아니고, 실재하는 신에게 없어서는 안 되는 논리학적 기초이
다. 여기에 헤겔도 물론 동의했을 것이다. 이와 같은 논리학적 이념 자
체는 그에게는 현존하는 신적 존재가 아니었기 때문이다. 그러나 바이
세가 변호하려고 한 것은, 물론 이념의 정당성을 전제하지만, 그러나
그 현존이 절대적 이념으로부터는 이끌어 내질 수 없는 인격적이고 자
유로운 신이라는 관념이었다. 곧, 신적 존재는, 그것이 유일하다면, 자
기사유적 사유, 인격적인 자기의식적 존재이지 않으면 안 된다. 그러나
그와 같은 존재자가 존재한다는 것은 아 프리오리한 논리적 연역이 아

닌 다른 방법으로 제시되어야 한다. 바이세는 더 나아가 신은 하나의 인격일 수 없다는 것, 그리고 우리는 그리스도교의 삼위일체의 교리를 받아들여야 한다는 것을 제시하려고 했다.

(b) 바이세의 헤겔 비판은 유명한 관념론자의 아들인 임마누엘 헤르만 피히테(Immanuel Hermann Fichte, 1796~1879)의 눈에는 어중간한 것으로만 보였다. 피히테 2세는 낱낱의 인격성을 강조했다. 그리고 그가 헤겔의 경향이라고 여겼던, 개인을 보편자에 몰입시키는 경향에 강하게 반대했다. 그의 해석에 따르면, 헤겔주의에서는 인간의 인격은 보편적 정신의 덧없는 한순간에 지나지 않는 것으로 표현된다. 한편, 그 자신의 견해로는 인격성의 발전은 창조의 목적이며, 사람은 인격적 불멸성을 확신하고 있다.

피히테 2세의 사상은 그의 부친과 칸트의 영향이 두드러진 시기로부터 인간의 전의식(前意識)의 여러 국면과 의사(擬似)심리학적 현상에 대한 강한 관심을 수반한 후기의 철학적 인간학에 몰두하는 시기에 이르기까지 여러 단계를 겪었다. 그러나 그의 철학의 일반적인 틀 짜기는 관념론적인 여러 명제와 유신론을, 그리고 인간의 인격성의 강조를 결합하려고 하는 사변적 유신론에 의하여 마련되어 있었다. 그의 사변적 유신론에 관한 3부작의 제3권을 이루고 있는《사변적 신학 또는 보편적 종교론》(*Die spekulative Theologie oder allgemeine Religionslehre*, 1846)에서, 이념적인 것과 실재적인 것과의 궁극적인 인격적 통일로 표현되어 있는 신의 이념적인 측면은 그의 무한한 자기의식이다. 한편, 신의 실재적 측면은 신의 영원한 사상인 모나드들에 의하여 형성된다. 창조란 이와 같은 자유의지를 가진 그리고 자기 자신의 삶을 가진 모나드를 부여하는 행위를 의미한다. 그리고 인간의 인격성의 발전은 전의식 또는 잠재의식의 수준을 기준으로 하는 자기의식의 발전이다.

분명히 I. H. 피히테는 관념론의 운동의 강한 영향을 받고 있다. 사람은 그 이외의 것을 거의 기대할 수 없을 것이다. 그러나 그는 신의 인격적 성질, 인간의 인격의 가치와 불멸성을 강조했다. 그리고 그가 헤겔의 체계—거기서는 유한한 인격성이 모든 것을 먹어 치우는 절대자의 제물로 바쳐진다고 그는 확신했다—를 공격한 것은, 이와 같은 인격주의적 관념론의 이름으로였다.

chapter 13 쇼펜하우어 (1)

1. 생애와 저작

어떤 철학자가 그의 독창적이고 극적인 세계상을 제시함으로써 우리의 상상력을 때리는 능력은 확실히 그것이 진리라는 것의 절대로 확실한 기준은 아니다. 그러나 그러한 능력은 그 세계상에 대한 관심을 크게 더해 준다. 하지만 그 재능은, 앞 장에서 고찰된 어느 철학자에게서도 눈에 띄지 않았던 것이다. 헤르바르트가 하나의 전체적인 체계를 낳은 것은 사실이다. 그러나 만약 사람이 19세기의 철학자들에 의하여 마련된 극적인 세계관을 하나 골라야 한다면, 아마 헤르바르트의 이름을 꺼내는 사람은 아무도 없을 것이다. 헤겔의 이름은 들 수 있다. 마르크스도, 니체도. 그러나 헤르바르트의 이름은 아니라고 나는 생각한다. 하물며 차분한 논리학자요 수학자였던 볼차노는 더욱 아니다. 그러나 1819년에 아르투르 쇼펜하우어의 주저가 나왔는데, 이 해에 헤르바르트는 쾨니히스베르크의 교수였으며, 이보다 조금 앞서 헤겔이 하이델베르크대학에서 베를린대학으로 옮겼다. 그것은 그 당시에는 별로 주목받지 못했으나, 세계와 인생에 대하여 그것 자체로 인상적이었음과 함께, 그리고 몇 가지 중요한 점에서 위대한 관념론자들이 내린 해석과 대립되는 해석을 보이고 있었다. 확실히 쇼펜하우어의 체계와 관념론자들 사이의 체계 사이에는 어떤 종류의 친근성이 있다. 그러나 결코 점잔을 빼며 말하지 않는 저자는 피히테나 셸링, 특히 헤겔에 대하여 단호한 모멸의 말을 뱉었으며, 자기 자신을 그들의 위대한 적수요 인류에 대한 참진리의 조달자로 여겼다.

아르투르 쇼펜하우어는 1788년 2월 22일, 단치히에서 태어났다. 부유한 상인이었던 부친은 아들이 그의 뒤를 이을 것을 바랐다. 그리고 그는 아들이 1803~4년에 영국, 프랑스 그리고 다른 나라들을 여행하도록 허락했는데, 그 여행 후에는 상회 일을 이어받는다는 조건이었다. 젊은 쇼펜하우어는 그 약속을 지켰다. 그러나 그는 사업에는 관심이 없었다. 그리고 1803년, 그의 부친이 세상을 떠나자 그는 모친으로부터 학업을 계속할 허락을 받았다. 1809년 그는 의학을 배우기 위해 괴팅겐대학에 입학했다. 그러나 그는 다음 해 철학으로 바꾸었다. 이에 대하여 그는 이렇게 말하고 있다. "인생은 하나의 문제이며, 나는 그것을 성찰하기 위해 내 시간을 소비하기로 마음먹지 않으면 안 되었다."

괴팅겐대학에서 그는 플라톤의 찬미자가 되었는데, 1811년에 피히테와 슐라이어마허의 강의를 듣기 위해 베를린대학으로 옮겼다. 피히테의 애매함은 그의 비위를 거슬렀으며, 슐라이어마허의 "종교적이지 않은 자는 진정한 철학자가 될 수 없다"라는 주장은 "종교적인 자는 철학에 관심이 없다. 그에게는 그럴 필요가 없기 때문이다"라는 신랄한 비판을 이끌어 냈다.

쇼펜하우어는 자기 자신을 코스모폴리탄으로 여겼다. 그리고 그는 한시도 독일민족주의자가 아니었다. 후에 말하고 있듯이, 그는 군대의 일을 혐오했으며 프러시아가 나폴레옹에 대항하여 일어났을 때, 그는 조심스럽게 베를린을 떠나서 평화롭게 은거하면서《충족이유율의 네 개의 뿌리에 대하여》(*Über die vierfache Wurzel des Satzes vom zureichenden Grunde*)를 준비하는 일에 몰두했다. 그는 이 논문으로 예나 대학에서 박사학위를 받았으며, 그것은 1813년에 출판되었다. 괴테는 저자에게 축사를 보냈고, 그 답례로 쇼펜하우어는 논문《시각과 색채에 대하여》(*Über das Sehen und die Farben*, 1816)를 썼는데, 거기서 그는 뉴턴에 대하여 다소 괴테를 지지했다. 그러나 위대한 시인으로부터 발림말의 치사를 받은 것 외에는,《네 개의 뿌리》는 실제로는 주목받지 못했으며, 팔리지도 않았다. 그러나 저자는 그것을 계속 그의 철학에 대한 불가결의 서론으로 간주했다. 이에 대해서는 다음 절에서 약간 언급하려고 한다.

1814년 5월부터 1818년 9월까지 쇼펜하우어는 드레스덴에서 살았다. 그리고 그가 그의 철학적 주저인《의지와 표상으로서의 세계》(*Die Welt als Wille und Vorstellung*)를 구상한 것은 이 드레스덴에서였다. 원고를 출판인들에게 넘긴 다음, 쇼펜하우어는 이탈리아로 여행을 떠났다. 그 저작은 1819년 초에 출판되었다. 그리고 저자는 그것이 헤르바르트나 베네케 같은 몇 사람의 철학자의 주의를 끈 것을 보고 위로를 받았다. 그러나 그 위로는, 저자가 그 속에 우주의 비밀이 들어 있다고 확신했던, 그 저작이 거의 팔리지 않음으로 해서 상쇄되었다.

그러나 그의 주저가 완전히 주목받지 못한 것은 아니라고 하는 사실에 고무되고, 또한 세계에 대한 진리를 글로 쓴 것과 마찬가지로 입으로 설명하고 싶은 열망으로, 1820년 쇼펜하우어는 몸소 베를린으로 갔으며 거기에서 강의를 시작했다. 비록 그는 대학에서의 강좌를 가지고 있지 않았지만, 헤겔이 언제나 강의하는 시간에 자기의 강의 시간을 택하는 것을 망설이지 않았다. 그러나 그 일은 완전히 실패했다. 쇼펜하

우어는 한 학기 후에 강의를 고만두었다. 그의 교설은 지배적인 시대정
신(*Zeitgeist*)을 거의 표현하지 못했던 것이다.

얼마의 편력 후, 1833년에 쇼펜하우어는 프랑크푸르트 암 마인에 정
착했다. 그는 그의 철학 이론의 보기나 경험적 확증에 이바지할 여러
가지 점에 날카롭게 주의하면서, 폭넓게 유럽 문학을 읽고 과학서나 과
학 잡지를 조사했다. 그리고 극장을 찾고 저술을 계속했다. 1836년 그
는 《자연에서의 의지에 대하여》(*Über den Willen in der Natur*)를 출판
했다. 그리고 1839년에 그는 노르웨이의 드론트하임 과학원으로부터
자유의지에 대한 논문으로 상을 받았다. 그러나 그는 왕립 덴마크 과학
원의 도덕의 기초에 대한 현상논문에서는 입상하지 못했다. 그리고 그
이유의 하나는, 저명한 철학자들에 대한 그의 불경스런 언급에 있었다.
그는 칸트에 대해서는 대단한 존경을 보냈지만, 피히테나 셸링이나 헤
겔 같은 사상가에 대해서는, 좀 부드럽게 말해서, 인습에 사로잡히지
않은 말로 언급했다—그런 그의 표현은 나중 세대 사람들에게는 재미
있을지 모르지만. 두 논문은 함께 《윤리학의 두 근본문제》(*Die beiden
Grundprobleme der Ethik*)란 표제로 1841년에 출판되었다.

1844년 쇼펜하우어는 50개의 장을 더 보탠 《의지와 표상으로서의
세계》 제2판을 출판했다. 그리고 그는 그 본문에서 독일의 철학 교수들
에 대한 그의 태도를 충분히 보여 주지 못할지도 모르는 경우에 대비해
서, 머리말에서 그들에 대한 자기의 견해를 분명히 했다. 1851년에 그
는 널리 다양한 주제를 다룬 《파레르가와 파랄리포메나》(*Parerga und
Paralipomena*)라는 표제의, 성공적인 수필집을 출판했다. 마지막으로
그는 1859년에 주저의 증보 제3판을 출판했다.

1848년의 혁명이 실패한 후—쇼펜하우어는 혁명에 대하여 전혀 공
감하지 않았다—사람들은 세계의 악과 인생의 헛됨을 강조하고, 인생

으로부터 낯을 돌려 미적 관조나 금욕주의를 강조하는 철학에 더 주의를 기울이게 되었다. 그리고 그의 생애의 마지막 10년간에 쇼펜하우어는 유명한 사람이 되었다. 모든 방면에서 방문자가 그를 만나러 왔고 그의 현란한 대화력의 응대를 받았다. 그리고 독일의 철학자들은 쇼펜하우어의 빈정거림과 독설을 잊은 것은 아니지만, 그의 체계에 대한 강의가 몇 대학에서 행해졌다. 그것은 그가 마침내 성공한 확실한 징표였다. 그는 1860년 9월에 죽었다.

쇼펜하우어는 매우 폭넓은 교양을 지녔으며, 극히 탁월한 문장력을 가지고 있었다. 강인한 성격과 의지를 가진 인간으로서 그는 자기의 의견을 표현하는 데 결코 두려움이 없었다. 그리고 그는 재치가 있었으며 상당한 실제적 감각과 상재를 아울러 가지고 있었다. 그러나 그는 이기적이었으며, 독선적이고 노하기를 잘하며, 때로 조잡하기까지 했다. 그는 거의 애정이란 것을 가지고 있지 않았다고 한다. 그와 여성들과의 관계는 윤리적이고 신비적인 일에 관해서 웅변으로 말하는 인간에게서 상상되는 것이라곤 아무것도 없었다. 그리고 그의 유고 관리자는 여성에 대한 그의 언설의 얼마를 삭제했을 정도였다. 더욱이, 인간의 고뇌에 관한 그의 이론적 감수성은 그것을 완화시키려는 실천적 노력을 전혀 동반하지 않고 있었다. 그러나 그가 현명하게 말하고 있듯이, 철학자가 성자가 될 필요가 없는 것은 성자가 철학자가 될 필요가 없는 것과 같다. 그리고 인간으로서 그는 가장 사랑할 만한 철학자의 한 사람이라고는 도저히 말할 수 없지만, 저작가로서의 그의 탁월한 재능은 의문의 여지가 없다고 나는 생각한다.

2 . 쇼펜하우어의 박사학위 논문

쇼펜하우어는 그의 박사학위 논문을 칸트의 강한 영향 아래 쓰고 있다. 경험계는 현상계이다. 곧, 그것은 주관에 대한 객관이다. 그리고 그러한 것으로서 그것은 우리의 심적 표상(presentations:*Vorstellungen*)의 세계이다. 그러나 어떤 표상도 완전한 고립과 격리의 상태로 우리에게 표상된 적이 없다. 곧, 우리의 모든 표상은 다른 여러 표상과 규칙적으로 연관되고 결합되어 있다고 하는 것이다. 그리고 지식이라든지 과학이라고 하는 것은 바로 이와 같은 규칙적인 뭇 관계에 대한 지식이다. "과학이란 말하자면 인식된 객관들의 체계">1이며 한갓 표상들의 집체는 아니다. 그리고 이와 같은 관계와 결합에 대해서는 충분한 이유가 있지 않으면 안 된다. 따라서 객관 또는 현상에 관한 우리의 지식을 지배하고 있는 보편적인 원리는 충족이유율(充足理由律)이다.

쇼펜하우어는 충족이유율의 예비적 언명으로서 "어느 것도 왜 그것이 존재하느냐고 하는 이유(*Grund*, ground)가 없이는 존재하지 않는다(*Nihil est sine ratione cur potius sit quam non sit*)는 볼프의 가장 일반적인 정식">2을 택하고 있다. 그러나 그는 네 개의 주요한 타입 또는 단계의 객관과 네 개의 주요한 타입의 관계 또는 결합을 발견하려고 했다. 그리고 네 개의 기본적인 충족이유율의 형식이 있어서 그것의 일반적인 정식에서의 원리는 그것으로부터의 추상이라는 결론을 이끌어 내고 있다. 그러므로 박사학위 논문의 제목은《충족이유율의 네 개의 뿌리에 대하여》로 되어 있다.

---

1. *W*, I, p. 4. 쇼펜하우어의 저작 인용은 J. Frauenstädt 판(1877)의 권수와 쪽수를 나타낸다.
2. *W*, I, p. 5.

　첫째 종류의 객관 또는 표상은 우리의 직각적이고 경험적인, 그리고 완전한[3] 표상의 그것이다. 이것은 그렇게 계발적인 것 같지 않다. 그러나 예사로운 실재론의 용어에서, 문제가 되는 객관은 인과적으로 시간과 공간에 관련된 물질적 객관이며, 물리학이나 화학과 같은 자연과학의 주제를 이루고 있는 물질적 객관이다. 쇼펜하우어에 의하면, 이와 같은 공간적, 시간적 그리고 인과적인 관계는 현상 곧 기본적 감각의 질료를 감각능력의 아 프리오리한 형식인 시간과 공간 그리고 한갓 오성의 범주인 인과성의 순수형식에 따라서 조직되는 정신의 활동에 돌려진다. 따라서 그는 칸트를 따르고 있다. 비록 칸트의 오성 범주들은 하나로 환원되어 있지만. 그리고 이들 표상이나 현상, 또는 실재론자의 용어로 말해서, 물질적 객관에 대한 우리의 지식은 **생성의 충족이유율**(*principium rationis sufficientis fiendi*)[4]의 지배를 받는다.

　둘째 종류의 객관은 추상적 개념에 의하여 이루어져 있으며, 그들의 관계의 적절한 형식은 판단이다. 그러나 판단은 그것이 없으면 지식을 표현하고 있지 않다. 그리고 '진리란 판단과는 다른, 그리고 판단의 근거라고 할 수 있는 어떤 것에 대한 판단의 관계이다'.[5] 근거 또는 충족이유는 다른 타입의 것일 수 있다. 이를테면, 어떤 판단은 그 근거로서 다른 판단을 가지고 있다. 그리고 우리는 내포와 추론의 규칙을 형식적으로 고찰할 때, 우리는 논리학의 영역 안에 있다.[6] 그러나 어떻든 판단, 곧 개념들의 종합은 **지식의 충족이유율**(*principium rationis sufficientis*

---

3. 그와 같은 표상은 현상의 형식과 내용의 쌍방으로 이루어졌다는 의미에서 완전하다. 다시 말하자면, 여기서는 추상적 개념은 문제가 되지 않는다.
4. *W*, I, p. 34.　　　　　5. *W*, I, p. 105.
6. 그것은 절대자에 대한 학이라는 의미에서, 헤겔이 논리학과 형이상학을 동일시하는 것은 불합리하다는 뜻을 품고 있다.

cognoscendi)>7의 지배를 받는다.

셋째 종류의 객관은 '외감과 내감, 곧 시간과 공간의 형식에서의 아프리오리한 직각'>8으로 이루어져 있다. 시간과 공간은 그의 각 부분이 어떤 일정한 방식으로 다른 부분과 연관되어 있는 것 같은 성질을 가지고 있다. 그리고 '시간과 공간의 여러 부분을 … 서로 규정하는 법칙을 나는 존재의 충족이유율(*principium rationis sufficientis essendi*)라고 한다.'>9 이를테면, 시간에서는 이것은 불가역적으로 잇따르는 것의 법칙이며, '모든 수의 계산은 이러한 시간의 부분들의 종합에 바탕하고 있다.'>10 다시 말하자면, 산수는 시간의 부분들 사이의 관계를 지배하고 있는 법칙에 바탕하고 있으며, 한편 기하학은 공간의 부분들의 저마다의 위치를 지배하고 있는 법칙에 바탕하고 있다. 따라서 쇼펜하우어가 말하는 셋째 종류의 객관은 수학적 대상이라고 할 수 있으며, 또 기하학적 관계들과 산수적 관계들을 지배하고 있는 충족이유율의 적절한 형식은 공간과 시간의 부분들이 그것에 의하여 저마다 서로 관련되는 법칙(차라리 법칙들)이라고 할 수 있다.

넷째 종류의 객관은 오직 하나의 구성요소를 포함하고 있다. 곧 그것은 '인식 주관에게 있어 객관이라고 생각되는 의지 주관'>11이다. 곧, 그 객관은 의욕의 원천이나 주체로서의 자기이다. 그리고 이와 같은 주관과 그의 의욕 또는 의지행위 사이의 관계에 대한 우리의 인식을 지배하고 있는 원리는 '행위의 충족이유율(*principium rationis sufficientis agendi*), 더 간결하게는 동기부여의 법칙'>12이다. 이것은 성격-결정론을 함축하고 있다. 사람은 여러 가지 동기로 행위한다. 그리고

---

7. *W*, I, p. 105.　　　　8. *W*, I, p. 130.　　　　9. *W*, I, p. 131.
10. *W*, I, p. 133.　　　11. *W*, I, p. 140.　　　12. *W*, I, p. 145.

그가 행위 하는 동기는 그 근거 또는 충족이유를 자기 성격에 가지고 있다. 우리는 어떤 사람의 사려 깊은 행위와 의욕의 주체로서의 그 자신 사이의 연관을 이해한다. 곧 그 행위가 주체의 성격에서 이루어진 것이라고 생각한다. 그러나 이 문제에 관해서는 나중에 고찰될 것이다.

쇼펜하우어의 용어는 볼프에 바탕하고 있다. 그러나 그의 일반적 입장은 칸트에 바탕하고 있다. 세계는 현상, 주관에 대한 객관이다. 그리고 그것은 필연성의 영역에 있다. 물론 그는 다른 타입의 필연성을 인정하고 있기는 하다. 이를테면, 의욕의 영역에서는 도덕적 필연성이 지배하고 있다. 그리고 그 필연성은 물리적 필연성과 논리적 필연성으로부터 구별되지 않으면 안 된다. 그러나 전체로서의 표상의 영역 안에서는 그들 표상들 사이의 관계는 충족이유율의 저마다 다른 뿌리로 기술되는 일정한 법칙에 의하여 지배된다.

하지만 충족이유율은 오직 현상의 영역 안에서만, 곧 주관에 대한 객관의 영역 안에서만 적용된다는 것에 유의해야 한다. 그것은 본체, 곧 초현상적 세계—그것이 무엇이든 간에—에는 적용되지 않는다. 충족이유율은 현상들 **사이의** 관계를 지배하고 있는 원리이기 때문이다. 따라서 신의 존재의 우주론적 증명은 만약 그것이 전체로서의 세계로부터, 현상의 원인이나 충족이유율로서의 신의 존재를 증명하는 것이라면 타당하다. 여기서 쇼펜하우어는 다시 칸트와 실질적으로 일치하고 있다. 확실히 그는, 칸트처럼 실천적 또는 도덕적 신앙의 대상으로서의 신에 대한 신앙의 제안을 따르지 않았지만 말이다.

3. 표상으로서의 세계

우리가 간단히 고찰해 온 쇼펜하우어의 박사학위 논문은 그의 대작
《의지와 표상으로서의 세계》와 비교해 보면 무미건조하고 자극적이지
않은 것 같다. 그러나 그는 전자를 후자의 서론으로 여기고 있었다. 왜
냐하면 그의 **주저**는 "세계는 나의 표상이다">13라는 말로 시작되고 있
기 때문이다. 곧, 모든 가시적 세계, 또는 쇼펜하우어가 말하는 경험의
총체는 주관에 대한 객관이다. 곧, 그 실재성은 주관에 대하여 나타나
있다는 데, 또는 주관에 의하여 지각되어 있다는 데 있다. 버클리가 말
하고 있듯이 감각적 사물의 **있음**(*esse*)은 **지각됨**(*percipi*)인 것이다.

그런데 다음과 같은 점에 주의하여야 한다. 여기서 '표상'(idea)이
라고 번역된 독일어는 *Vorstellung* 이다. 그리고 나는 쇼펜하우어의 박
사학위 논문에 대하여 서술한 절(둘째 절)에서는 이 말을 'presenta-
tion' 으로 옮겼다. 그것은 *Vorstellung*의 역어로서는 'idea' 보다 바람직
하다. 그러나 *The World as Will and Idea*란 표제가 너무 많이 알려졌기
때문에, 그것을 바꾸려는 주장은 지나치게 현학적인 것 같아 보인다.
또한 우리는, 쇼펜하우어가 직각적 표상(*intuitive Vorstellungen*)과 추
상적 표상(*abstrakte Vorstellungen*) 또는 개념을 구별하고 있음을 이해
하는 것이 중요하다. 그리고 그가 "세계는 나의 표상이다"라고 할 때,
그 표상은 직각적 표상을 가리키고 있는 것이다. 이를테면 그는, 나무
는 나무에 대한 나의 추상적 개념과 동일하다고 말하려는 것이 아니다.
나에게 지각된 것으로서의 나무는 지각하고 있는 주관으로서의 나와의

---

13. *W*, II, p. 3; *HK*, I, p. 3. 《의지와 표상으로서의 세계》에서 인용할 때, *HK*는 R. B. Haldane과 J.
    Kemp에 의한 영어번역본을 나타낸다.

관련에서만 존재한다고 말하려는 것이다. 그것의 실재성은, 말하자면, 그것을 지각하는 능력에 남김없이 밝혀져 있다. 그것은 다만 내가 지각하는 바의 것이거나 지각될 수 있을 바의 것이다.

쇼펜하우어의 입장은 다음과 같이 명백하게 할 수 있다. 추상적 개념은 인간만 가지고 있다. 직각적 표상은 인간과 동물, 적어도 고등동물에 공통적이다. 인간에 대한 현상적 세계가 있을 뿐 아니라, 동물에게도 있는 것이다. 곧, 현상적 세계가 존재할 가능성의 여러 조건은 동물에게도 현존한다. 이들 조건이란 감각의 **아 프리오리한** 형식, 곧 시간과 공간이며, 오성의 범주 곧 인과성이다. 쇼펜하우어의 견해로는, 오성(Verstand)은 동물에게서도 볼 수 있다. 그리고 생성의 충족이유율은, 이를테면 한 마리의 개에서, 곧 그것에게 인과적으로 연관되어 있는 사물의 세계가 현존하고 있는, 그런 개에서 작용하고 있다. 그러나 동물은 추상적 개념능력인 이성(Vernunft)을 가지고 있지 않다. 개는 시간과 공간에서 사물을 지각한다. 그리고 개는 구체적인 인과관계를 지각할 수 있다. 그러나 그렇다고 해서 개가 시간과 공간 또는 인과성을 추상적으로 반성할 수 있다고 할 수는 없다. 다시 말하자면, 가시적 세계는 지각할 수 있는 주관에 대해 객관이라고 하는 진술은, 인간과 마찬가지로 개에게도 적용될 수 있다. 그러나 그렇다고 해서 개가 그 진술이 참이라고 알 수 있는 것은 아니다.

쇼펜하우어에 따르면, 물질계의 아 프리오리한 조건인 시간과 공간은 그 자체, 직관될 수 있다는 것이 칸트의 중요한 발견이었다고 부언되어야 한다. 따라서 시간과 공간은 "물질계 전체 또는 경험계 전체를 그 가능성의 뭇 조건과 함께"[14] 구성하고 있는 우리의 직관적 표상의

14.　*W*, II, p. 7; *HK*, I, p. 7.

영역 내에 포함시킬 수가 있다. 그러나 개에게 시간·공간의 세계는 존재하지만, 그렇다고 해서 개가 시간·공간 그 자체를 직관할 수 있는 것이 아니며 순수 수학의 문제를 풀 수 있는 것도 아니다.

그런데 세계가 나의 표상이라고 하면 내 몸도 나의 표상이지 않으면 안 된다. 세계는 가시적이기 때문이다. 그러나 우리는 여기서 더 앞으로 나가야 한다. 세계는 다만 주관에 대한 객관이라는 것이 옳다면 지각하는 주관은 그 객관과 상관적이라는 것도 역시 옳다. '나[쇼펜하우어]에게 물질과 지성과는 따로 나눌 수 없게 연관되어 있으며, 다른 한편은 다른 편을 위해서만 존재하고 있으며, 따라서 또한 상대적이다. … 둘은 함께 마치 칸트가 말하는 **현상**을 가리키고 있는 것 같은, **표상으로서의 세계**를 이루고 있으며, 따라서 그것은 어떤 부차적인 것이다.' >15 그리하여 표상으로서의 세계는 지각하는 것과 지각되는 것으로 이루어져 있다. 칸트가 말하고 있듯이 이 총체성은 경험적으로는 실재적이지만 초월론적으로는 관념적이다.

쇼펜하우어는 칸트를 매우 존경하고 있었다. 그리고 그는 자기는 칸트의 진정한 후계자라고 주장하고 있었다. 그러나 경험적 현실의 현상적 성격에 대한 그의 이론은 다른 요인에 의하여 크게 강화되었다—물론 그 요인으로부터 이끌어 내진 것은 아니었지만, 1813년 그의 박사학위 논문을 출간한 얼마 후에 쇼펜하우어는 바이마르에서 동양학자 F. 마이어를 만났다. 마이어는 그에게 인도철학의 문헌을 소개했고, 쇼펜하우어는 그의 생애의 마지막까지 동양철학에 흥미를 가졌다. 그는 노인처럼 우파니샤드의 텍스트를 숙고했다. 그러므로 그가 의지와 표상으로서의 세계에 대한 그의 이론을 인도의 마야(Maya)의 교설과 관련

---

15. *W*, III, pp. 19~20; *HK*, II, p. 181.

시켜 고찰하고 있는 것은 놀라운 일이 아니다. 낱낱의 주관과 객관은 모두 현상, 곧 마야인 것이다.

　그런데 세계가 현상이라면 본체는 무엇이냐고 하는 의문이 생긴다. 마야의 베일 뒤에 있는 실재는 무엇인가? 그리고 이 실재의 본성과 그의 자기-드러냄에 관한 쇼펜하우어의 논의는 그의 체계에서 참으로 흥미로운 부분이다. 왜냐하면 쇼펜하우어의 견해에 따르면, 표상으로서의 세계의 이론은 그의 철학에서 없어서는 안 될 부분이지만, 그것은 명백히 칸트의 입장의 하나의 발전인 데 대해, 의지로서의 세계의 이론은 독창적인 것이며>[16], 또 인생에 대한 그의 독특한 해석의 표현을 포함하고 있기 때문이다. 그러나 우리는 이 문제에 대하여 논하기 전에, 그 개념의 실천적 기능에 관한 그의 이론에 대해 얼마큼 고찰해 두지 않으면 안 된다. 그리고 그것은 그 자체로 흥미 있는 것이다.

4. 개념의 생물학적 기능과 형이상학의 가능성

　우리가 이미 보았듯이, 직각적 표상 이외에 추상적 개념이 있으며, 그것은 이성에 의하여 형성되고, 직접이든 간접이든 경험을 전제로 하고 있다. 그러나 어째서 우리는 그러한 개념들을 형성하는 것일까? 그것들의 기능은 무엇인가? 쇼펜하우어의 대답은 개념의 기본적인 기능은 실천적이라는 것이다. '개념의 큰 효용은 그에 의하여 앎의 원재료

---

16. 쇼펜하우어는 그의 의지 철학을 즐겨 칸트의 실천이성 또는 이성적 의지의 우위론의 발전으로 보았다. 그러나 그의 형이상학적 주의주의(主意主義)는 칸트의 정신과는 전혀 어울리지 않는 것이었다. 그것은 쇼펜하우어의 독자적인 창조물이다.

를 더 쉽게 다루고 검토하며 질서 지울 수 있다는 사실에 있다' >17 추상적 개념은 직각적 표상이나 직접적인 감각지에 비하여 어떤 의미에서 빈약하다. 왜냐하면 그것은 많은 것을, 이를테면 하나의 종류의 각 항의 다름을 사상(捨象)하기 때문이다. 그러나 만약 커뮤니케이션이 가능하려면, 그리고 만약 경험적 앎이 보유되고 전달되어야 한다면, 추상적 개념이 요구된다. '이성적 또는 추상적 앎의 가장 큰 가치는 그의 전달 가능성과 그것을 영구히 보유하는 가능성에 있다. 그리고 그것이 실천을 위해서도 극히 중요한 것은 주로 이 점에 있다.' >18 또한 쇼펜하우어는 개념과 추상적 추리의 윤리학적 중요성에도 언급하고 있다. 도덕적 인간은 그의 행위를 원리에 따라 이끈다. 그리고 원리는 개념을 필요로 한다.

　그러나 쇼펜하우어는 단지 개념의 실천적 가치의 여러 보기들을 드는 데만 관심이 있는 것은 아니다. 그는 또한 이 실천적 가치가 어떻게 그의 인식론 일반과 맺어져 있는지를 보이려고 한다. 앎은 의지의 종이다. 또는 형이상학을 뺀다면, 앎은 우선 신체적 욕구를 충족시키기 위한 도구, 곧, 신체의 종이다. 동물에게 욕구는 인간의 경우만큼 복잡하지 않다. 그리고 그 욕구는 더 쉽게 충족된다. 지각은 충분하다─특히 자연은 동물들에게, 사자의 발톱이나 장수말벌의 침과 같은, 그들 고유의 공격이나 방어의 수단을 공급했기 때문이다. 그러나 유기체가 더욱 발전함으로, 특히 뇌의 발전으로 욕구와 욕망 사이의 조화적인 발전을 보게 된다. 그리고 앎의 더 높은 타입은 그것들을 충족시키게끔 요구된다. 인간에서는 이성이 나타난다. 그리고 그것은 인간에게 자기의 여러 욕구를 충족시키는 새 방법을 발견하거나 도구를 만들어 내는 것을 가

---

17. *W*, III, p. 89; *HK*, II, p. 258.　　18. *W*, II, p. 66; *HK*, I, p. 72.

능케 한다.[>19]

　따라서 이성은 본래 생물학적 기능이다. 자연은 동물의 욕구보다 더욱 고도로 복잡화되고 발달된 유기체의 욕구를 충족시키기 위한 도구로서의 이성을 사용할 것을 꾀했다고 사람들은 말할지도 모른다. 그러나 당면한 욕구는 신체적 욕구이다. 이성은 본디 양육과 번식에, 곧, 개(個)와 종(種)의 신체적 욕구에 관계한다. 따라서 이성은 현상의 베일을 통해서 그 뿌리에 있는 실재, 곧 본체를 통찰하는 데는 적합하지 않다. 개념은 실천적 도구이다. 그것은 동일한 클래스(class)에 속해 있는 많은 것을 나타낸다. 그리고 우리에게 방대한 양의 재료를 쉽고 효율적으로 처리할 수 있게 해 준다. 그러나 이성은 현상을 넘어서 그 뿌리에 놓여 있는 본질이나 물자체(物自體)에는 적용되지 않는다.

　이 경우에, 우리는 어떻게 형이상학이 가능한지 물을 수 있다. 쇼펜하우어의 대답은 이렇다. 지성은 본디 의지의 종이지만 그것은 인간에게서 객관성을 얻을 정도로 발전할 수 있다. 곧, 인간 정신은 그 최초의 단계에서는 자기의 신체적 욕구를 만족시키는 도구이지만 그것은 적어도 일시적으로 욕망에 대한 봉사에서 자기를 해방시키는 어떤 종류의 잉여능력을 발휘할 수가 있다. 그리고 그때 인간은 공평한 관찰자가 된다. 그는 미적 관조나 철학에서처럼 명상적 태도를 취할 수 있게 된다.

　확실히 인간 정신에 관한 이와 같은 주장은, 그것만으로는 개념에 대한 쇼펜하우어의 설명에서 생기는 곤란을 제거하지 못한다. 왜냐하면 체계적으로 전달이 가능한 철학은 개념적으로 표현되어야 하지만, 만약 개념이 단지 현상을 다루기에만 적합하다면, 형이상학이 배제되

---

19. 모든 이러한 주장에는 본말을 전도하는 요소가 있다는 반론이 명백히 있을 수 있다. 곧, 인간은 추리할 수 있는 힘을 가지고 있기 때문에 자기의 요구나 욕망의 범위와 양을 확대할 수 있다고 주장되는 것이다.

는 것 같아 보이기 때문이다. 그러나 이에 대하여 쇼펜하우어는 이렇게 대답한다. 만약 현상의 뿌리에 있는 실재의 본성에 대한 직접적 통찰, 곧, 철학이 그것을 개념적 형식에서 표현하려고 하는 통찰을 우리에게 주는 지각적 앎의 단계에서의 근본적 직관이 있다면, 형이상학적 철학은 가능하다. 따라서 철학은 직관과 개념적 추리 사이의 상호작용을 품고 있다. '직관을 개념에로 높이는 것은 시와 철학의 끊임없는 관심사이다.' >20 개념은 우리에게 새로운 앎을 주지는 않는다. 직관이 근본적이다. 그러나 직관은 그것이 철학에 이르려면 개념의 단계까지 높여지지 않으면 안 된다.

쇼펜하우어는 꽤 난처한 입장에 서 있다. 그는 철학의 기초로서 지각과도 전혀 다르며, 또한 추상적 추리력과도 다른 어떤 특수한 직관을 요청하지 않는다. 따라서 그가 말하는 직관은 지각지의 단계의 것이지 않으면 안 된다. 하지만 지각은 낱낱의 대상에 관계하며, 따라서 또한 현상에도 관계한다. 왜냐하면 개체성은 현상의 영역에 속해 있기 때문이다. 따라서 그는 지각의 단계에서조차도 본체에 대한 직각적 자각, 곧, 철학적 매개의 기초를 형성하는 자각이 있을 수 있음을 보여 주려고 애썼다.

이와 같은 직관의 본질에 대한 고찰은 다음 절에서 하기로 하고, 쇼펜하우어는 몇 가지 점에서 베르그송적 입장을 선취하고 있는지 언급해 두려고 한다. 왜냐하면 베르그송은 지성의 실천적 기능과 개념이 삶의 실제를 파악할 수 없다는 것을 강조하고 있기 때문이다. 그리고 그는 철학을 직관 위에 두고, 철학자의 과제의 일단을 이러한 직관을 가능한 한 개념적 단계로 중개하기 위해 애쓰는 것이라고 말하고 있기 때

---

20. *W*, III, p. 80; *HK*, II, p. 248.

문이다. 따라서 쇼펜하우어와 마찬가지로 베르그송에게도 철학은 직
관과 논증적 또는 개념적 추리의 상호작용을 품고 있다. 실제로 베르그
송이 그의 생각을 쇼펜하우어에게서 얻었다고 말하는 것은 아니다. 나
는 그것을 보여 줄 어떠한 현실적인 증거도 가지고 있지 않기 때문이
다. 철학자 X가 그의 선행자 Y와 유사한 생각을 가지고 있는 경우, 전
자는 필연적으로 후자에게서 그 생각을 차용했다거나, 후자의 영향을
받았다고 생각하는 것은 불합리하다. 베르그송이 그 유사성을 깨달았
을 때, 그는 직관에 대한 자기의 생각과 독일철학자의 그것을 구별했
다. 그러나 양자의 입장 사이에 분명한 유사성이 있다는 사실은 남는
다. 다시 말하면, 문제되고 있는 국면에서 볼 때, 쇼펜하우어의 철학에
서 표현되어 있는 것과 동일한 사상의 경향 또는 방향이 베르그송의 사
상 속에 다시 나타난다는 것이다. 달리 표현하자면, 쇼펜하우어의 체계
와 베르그송 사상의 현저한 사례인 생철학 사이에는, 다름도 있지만 어
떤 종의 연속성이 있는 것이다.

5. 삶의 의지의 나타남으로서의 세계

칸트는 현상의 상관물(相關物)인 물자체는 인식될 수 없다고 주장했
다. 그러나 쇼펜하우어는 물자체가 무엇인지를 우리에게 말하고 있다.
그것은 의지이다. '물자체는 우리의 지각을 떠나서 존재하는 것이다.
곧, 본래적으로 존재하고 있는 것이다. 데모크리토스에게 그것은 형태
를 가진 물질이었다. 로크에게도 근본적으로는 같은 것이었다. 칸트에
게 그것은 X였다. 나에게 그것은 의지이다.'[21] 그리고 그것은 오직 하
나의 의지이다. 다수성이란 오직 시간·공간적 세계, 곧, 현상세계에서

만 존재할 수 있기 때문이다. 둘 이상의 초현상적 실재 또는 물자체는 있을 수 없다. 다시 말하면, 이른바 세계의 안쪽에는 오직 하나의 실재가 있다. 그에 대하여 세계의 바깥쪽에는 여러 가지의 유한한 사물로 이루어진 경험적 세계가 있는 것이다.

쇼펜하우어는 어떻게 해서 물자체가 의지라고 하는 확신에 도달한 것일까? 실재에 이르는 열쇠를 찾으려면 나는 내 안을 보지 않으면 안 된다. 왜냐하면, 내적 의식 또는 안으로 향한 지각에는 '진리에 이르는 오직 하나의 좁은 문' >22이 놓여 있기 때문이다. 이 내적 의식을 통하여 나는 의지작용에 따른다. 또는 의지작용에서 생긴다고 하는 신체적 행위가 의지작용과 다른 것이 아니라 바로 동일한 것임을 알게 된다. 곧, 신체적 행위는 한갓 객관화된 의지이다. 그것은 관념 또는 표상이 되는 의지이다. 사실, 몸 전체는 객관화된 의지, 곧, 의식에 대한 표상으로서의 의지 이외의 아무것도 아니다. 쇼펜하우어에 따르면, 누구나 자기 자신 안에 들어가면 이것을 이해한다. 그리고 일단 그가 이와 같은 근본적인 직관을 하게 되면 그는 실재에의 열쇠를 갖는 것이다. 그는 다만 그의 발견을 세계에 널리 펼치기만 하면 된다.

쇼펜하우어는 그렇게 했다. 그는 자석이 북극을 가리키는 자력, 견인과 반발 현상, 인력(引力), 동물적 본능, 인간의 욕망 등에서 오직 하나의 개체적 의지의 나타남을 본다. 그것이 비유기적 영역이든, 유기적 영역이든 그는 어디에서나 현상은 오직 하나의 형이상학적 의지의 나타남이라고 하는 그의 명제의 경험적 확증을 발견한다.

이에 대하여 당연히 다음과 같은 물음이 생길 것이다. 만약 물자체

21.　*W*, VI, p. 96. *Parerga und Paralipomena*에서 인용.

22.　*W*, III, p. 219; *HK*, II, p. 406.

가 인력이나 인간적 욕망과 같은 자연의 보편적 힘으로 다양한 현상 안에 나타난다면, 어째서 그것을 '의지'라고 부르는가? 차라리 '힘'이라든가 '에너지'라는 말이 더 적합하지 않을까? 더욱이 그것 자체로서 생각된 이른바 의지가 '앎이 없는, 한갓 맹목적인 끊임없는 충동'[23]이라고 하며, '끝없는 충박(衝迫)'[24]이라고 할 때 그렇다. 왜냐하면, 합리성을 품고 있는 '의지'라는 용어는 맹목적인 충동이나 충박을 표현하는 데 적합하지 않아 보이기 때문이다.

그러나 쇼펜하우어는, 우리는 우리의 서술용어를 우리에게 가장 잘 알려진 말 중에서 사용해야 한다고 주장함으로써 그의 용어법을 변명하고 있다. 우리는 직접 우리의 의지작용을 의식하고 있다. 그리고 더 잘 알려진 용어를 가지고 덜 알려진 사태를 서술하는 편이 그 반대보다 적절하다.

형이상학적 의지는 맹목적 충동이라든가 끝없는 충박이라든지, 영원한 생성으로 표현되는 외에 '삶에의 의지'로 특징지어진다. 실제로, 쇼펜하우어에게 '의지'와 '삶에의 의지'는 동일한 것이다. 따라서 경험적 현실은 형이상학적 의지의 객관화 또는 현상이므로, 그것은 필연적으로 삶에의 의지를 나타내고 있다. 그리고 쇼펜하우어는 이러한 나타남의 사례를 늘리는 데 아무 어려움도 느끼지 않았다. 우리는 단지 자연이 종(種)을 보존하는 데 기울이는 관심에 주목하기만 하면 된다. 이를테면, 새는 아직 태어나지 않은 새끼를 위해 둥지를 만든다. 곤충은 유충이 먹이를 찾게 될 장소에 그들의 알을 낳는다. 동물적 본능의 현상의 전 계열은 삶에의 의지가 편재하고 있음을 드러낸다. 만약 우리가 개미나 꿀벌의 지칠 줄 모르는 활동을 보고, 무엇이 그들의 이 모든

---

23. *W*, II, p. 323; *HK*, I, p. 354.   24. *W*, II, p. 195; *HK*, I, p. 213.

활동을 이끌고 있으며, 그것으로 얻는 것이 무엇인가를 묻는다면, 우리
는 다만 '굶주림과 성적 본능의 충족' >25, 다시 말해, 삶에서의 종의 유
지의 수단이라고 대답할 수 있을 뿐이다. 그리고 우리가 공업이나 상업
에 종사하고 있는 사람이나 발명이나 기술을 가진 사람을 볼 때, 우리
는 이 모든 노력이 우선 첫째로, 덧없는 개인의 짧은 삶을 지탱하고, 얼
마의 위로를 가져다주는 데 이바지하고 있으며, 또 그것들을 통해 종의
유지에 이바지하고 있다는 것을 인정하지 않으면 안 된다.

   이 모든 것은, 주로 물질적 욕구를 충족시키기 위해 갖춰져 있는, 이
성의 생물학적 기능에 대한 쇼펜하우어의 이론에 관하여, 앞 절에서 언
급한 것과 일치하고 있다. 확실히 우리는 인간 지성이 적어도 일시적으
로, 의지의 종속에서 자기 자신을 해방시킬 수 있는 양식으로 발전하는
것이 가능하다는 것을 알고 있다. 그리고 후에 우리는, 쇼펜하우어가
인간의 활동범위를 먹고 마시며, 교접할 수 있는 영역, 곧 개체와 종의
생명의 유지를 위한 수단에 결코 한정하고 있지 않음을 보게 될 것이
다. 그러나 이성의 첫째 기능은 삶에의 의지로서의 의지라는 성격을 드
러내고 있는 것이다.

6 . 형 이 상 학 적 비 관 주 의

   이제, 의지가 끝없는 노력이요, 맹목적인 충동이나 충박이라고 하
면, 그것은 만족해지거나 고요한 상태에 도달할 수가 없다. 의지는 언
제나 노력하지만, 그러나 결코 도달하지 못한다. 그리고 형이상학적 의

---

25. W, III, p. 403; HK, III, p. 111.

지의 이와 같은 특징은 그의 자기 객관화에서, 특히 인간적 삶에서 반영된다. 인간은 만족이나 행복을 찾는다. 그러나 그는 그것을 얻을 수 없다. 우리가 행복 또는 향락이라고 하는 것은 단지 욕망의 한순간의 휴식에 지나지 않는다. 그리고 요구나 욕구의 표현으로서의 욕망은 일종의 고뇌이다. 따라서 행복은 '고뇌로부터의, 욕망으로부터의 해방' >26이다. 그것은 '실제로 그리고 본질적으로 언제나 **소극적**인 것이며, 결코 적극적인 것이 아니다.' >27 그것은 이윽고 권태로 바뀌고, 만족을 구하는 충박이 다시 자기를 주장한다. 그것은 말하자면 서로 거의 사랑하지 않는 사람들을 서로 사랑하도록 만드는 권태이다. 그리고 뛰어난 지적 능력은 다만 고뇌하고 개인의 고립을 심화시키는 능력을 증가시킬 뿐이다.

하나인 삶에의 의지의 객관화로서 각 개체는 다른 개체의 희생의 대가로 자기 자신의 존재를 주장하려고 노력한다. 그러므로 세계는 싸움의 영역이다. 곧, 자기 자신에 적대하는 것으로서의, 고통을 주는 것으로서의 의지의 본성을 표시하는 싸움의 영역이다. 그리고 쇼펜하우어는 비유기적 영역에서조차도 이와 같은 싸움의 보기를 찾아내고 있다. 그러나 그가 그의 주장의 경험적 확증을 위해 주목하고 있는 것은 주로 유기적 영역과 인간적 영역이다. 이를테면, 그는 어떤 동물의 종이 다른 종을 포식하는 방법을 강조하고 있다. 그리고 그가 인간에 대한 서술에 다다랐을 때 그는 실제로 자제를 잃었다. "인간을 괴롭히는 가장 중대한 악의 주된 원천은 인간 자신이다. 인간은 인간에 대해 늑대이다 (*homo homini lupus*). 이 최후의 사실을 확실히 마음에 간직하고 있는 사람이라면 누구나, 인간은 다른 사람에게 악마가 되지 않으면 안 되는

---

26. *W*, II, p. 376; *HK*, I, pp. 411~12.   27. *Ibid.*

사실을 통해, 단테의 지옥을 능가하는 세계를 본다."[28] 물론 쇼펜하우어의 방앗간에게 전쟁과 잔혹함은 곡물이었다. 그리고 1848년의 혁명에 대하여 아무 공감도 보이지 않았던 사람이, 산업 노동자의 착취나 노예제나 사회적 악폐와 같은 것에 대하여 가장 신랄한 말투로 말하고 있다.

쇼펜하우어에게 참으로 국가를 정당화하는 것은 인간의 에고이즘이며 탐욕이고 가혹함이란 것은 주목할 만하다. 국가는 신적 나타남이 아닐 뿐 아니라, 그것이 존재하지 않을 때보다 세상을 좀 견딜 만한 것으로 만들려는 계몽적 에고이즘의 산물에 지나지 않는다.

이리하여 쇼펜하우어의 비관주의는 그것이 형이상학적 의지의 본성의 결과로서 표현되어 있다고 하는 의미에서 형이상학적이다. 그는 세계에는 많은 해악과 고통이 있다고 하는 경험적 사실에 주의를 끄는 일에만 전심하고 있는 것은 아니다. 동시에 그는 이러한 경험적 사실의 원인이 무엇인가를 지적하고 있다. 물자체는 있는 그대로의 존재이지만, 현상 세계는 우리가 실제로 관찰하는 것 같은 암담한 성질을 가진 것으로 특징지어지지 않으면 안 된다. 물론, 우리는 그러한 고통을 완화시키기 위해 무슨 일을 할 수는 있다. 이 또한 경험적 사실이다. 그러나 우리가 세계나 인생의 근본성격을 바꿀 수 있다고 생각하는 것은 좋은 생각이 아니다. 이를테면, 전쟁이 폐지된다 해도, 그리고 인간의 모든 물질적 욕구가 충족된다 해도, 쇼펜하우어의 전제에 따르면, 그 결과는 아마도 견딜 수 없는 권태로운 상태가 될 것이며, 그리하여 또다시 다툼이 생길 것이다. 어떻든, 세계에서의 고통과 악의 보급은 궁극적으로는 물자체의 본성에 기인한다. 그리고 쇼펜하우어는 그가 라이

---

28. *W*, III, p. 663; *HK*, III, p. 388.

프니츠의 경박한 낙관주의라고 보았던 것을, 그리고 독일관념론자들, 특히 헤겔이 인간 존재의 어두운 측면을 간과하는 방법, 또는 그들이 그것을 인정했을 때에는 그것을 '합리적'이라고 정당화하는 방법을 철저히 비판하고 있다.

7.　몇　가지　비판적　주석

말할 것도 없이 쇼펜하우어는, 경험적 현실의 현상적 성격에 관한 자기의 이론이 자기의 의지의 이론과 잘 맞는다고 생각했다. 곧 그는, 세계의 현상적 성격에 대한 칸트의 일반적 명제를 일단 받아들이면 물자체의 본성을 모순 없이 밝힐 수 있다고 생각했다. 그러나 이것은 의심스럽다.

내적 의식을 통해 의지로 나아가는 그의 접근을 예로 들어 보자. 쇼펜하우어의 의지의 원리에 관해서 헤르바르트가 주장했듯이, 의지는 내적 지각에서 볼 수 있는 것으로서 시간의 형식에 종속되지 않으면 안 된다. 의지는 그것의 계기적 행위에서 알려진다. 그리고 이들 행위는 현상적이다. 우리는 초현상적 실재로서의 의지에 도달할 수가 없다. 우리가 그것을 의식하는 한 그것은 현상적이기 때문이다. 확실히 우리는 형이상학적 의지에 관하여 말할 수 있다. 그러나 그것에 대하여 말해지거나 이야기되는 한, 그것은 주관에 대한 객관, 따라서 현상적인 것이지 않으면 안 되는 것처럼 생각된다.

확실히 쇼펜하우어는, 우리가 형이상학적 의지 자체를 알 수 없다는 것, 그리고 그것은 우리에게 알려지지 않았으며 참으로 우리에게는 이해될 수 없는 속성을 가지고 있을 것임을 승인했다. 그러나 그는, 비록 부분적이기는 해도, 형이상학적 의지는 그 드러남이나 객관화에서 알려질 수 있다고 주장하고 있으며, 또한 우리 자신의 의지작용은 우리에게 그것의 가장 명백한 드러남이라고 주장한다. 그러나 이 경우에는 형이상학적 의지는 우리의 앎에 관한 한, 말하자면 현상으로 분해되어 있는 듯하다. 따라서 우리는 물자체를 알 수 없다는 결론이 생긴 것 같다. 달리 말하자면, 쇼펜하우어는 그의 철학을 궁극적 실재에 대한 특권적, 예외적인 직관 위에 기초를 두려고 하는 것이 아니라, 차라리 우리 자신의 의지작용에 대한, 우리의 직관적 지각 위에 기초를 두려고 하는 것이다. 그러나 이 직관적 지각은 그 자신의 전제에 따르면, 주관-객관 관계의 전 영역을 포함한 현상적 세계에 속한 것처럼 보인다. 결국 쇼펜하우어의 《대작》의 제1권에서, 일단 **표상으로서의 세계**라는 교설이 주어지면, 어떻게 물자체에의 접근이 가능한지를 이해하기란 어렵다. 아마도 칸트는 그것은 불가능하다고 할 것이다.

나는 이상과 같은 반론은 정당하다고 생각한다. 그러나 쇼펜하우어의 철학을 그의 칸트적 계류장에서 풀어서 그것을 하나의 가설로 제출하는 것은 물론 가능하다. 철학자(쇼펜하우어)는 그의 성격상, 세계와 인생과 역사의 어두운 여러 국면을 백일하에 보고 그것을 강조하려는 경향이 있었다고 가정해 보자. 그것들은 그에게 부차적인 성질이기커녕, 세계의 가장 중요하고 적극적인 여러 국면을 구성하고 있는 것같이 보인다. 그리고 그는, 행복과 고통의 개념의 분석은 이 최초의 비전의 옳음을 확증한다고 생각했다. 이와 같은 토대 위에 그는 그가 의지라고 부르는 맹목적이고 한없이 노력하는 충동 또는 힘이라고 하는 설명적 가설을 세웠다. 그리고 나서 그는, 그의 가설의 새로운 경험적 확증을 비유기적 영역과 유기적 영역, 특히 인간적 영역에서 발견하려고 했다. 더 나아가 그 가설은 그에게 미래에서의 인간의 삶과 역사에 대한 약간의 일반적 예언을 가능케 하였다.

물론, 쇼펜하우어는 표상으로서의 세계에 대한 그의 이론을 포기하고 싶어 했다는 것을 시사하는 것이 나의 의도는 아니다. 반대로 그는 그의 이론을 강조했다. 또, 쇼펜하우어의 세계상(像)은, 만약 그것이 위에서 말한 방향으로 표현되어 있으면 승인될 수 있는 것이었으리라는 것을 시사하는 것도 나의 의도가 아니다. 다만 비판받아야 할 점을 하나 든다면, 그의 '소극적인 것'으로서의 행복의 분석은, 나에게는 전혀 지지될 수 없는 것으로 생각된다. 오히려 내가 지적하고 싶은 것은, 쇼펜하우어의 철학은 세계의 어떤 일정한 국면들에 관심을 갖는 하나의 세계 '상'을 표현하고 있다는 것이다. 그리고 이 세계상은, 만약 그의 철학이 해당 국면들에 대한 독점적인 관심에 기인하는 하나의 가설 형식으로 표현되었다면 더 명료해졌을 것이다. 확실히 그것은 세계에 대한 일면적인 상이거나 상념이다. 그러나 바로 그 일면성과 과장 때문에, 그것은 헤겔과 같은 체계에 대한 효과적인 평형력(平衡力) 또는 반정립이 되어 있다. 헤겔의 체계에서는 초점이 주로 역사를 통한 이성의 승리의 행진에 맞춰져 있기 때문에, 세계에서의 악과 고통은 어마어마하게 과장된 말투로 해서 잘 보이지 않는다.

1. 의지에의 예속으로부터 일시적 구원으로서의 미적 관조

쇼펜하우어에게 모든 악의 뿌리는 의지에의 예속, 곧, 살려고 하는 의지에의 굴종에 있다. 그러나 이미 그의 주장은, 인간 정신이 물질적 요구의 범위를 넘어서 발전하는 능력을 가지고 있음을 언급하고 있었다. 인간 정신은 말하자면, 그의 본래의 생물학적 그리고 실천적 기능을 충족시키기 위해 요구되는 에너지를 초월한, 잉여 에너지를 발전시킬 수가 있다. 그리하여 인간은 욕망과 충박의 무익한 삶, 곧, 이기적인 자기주장과 갈등의 무익한 삶에서 벗어날 수 있다.

쇼펜하우어는 의지에의 예속에서 벗어나는 두 가지 방법을 기술하고 있다. 하나는 사막의 오아시스와 같은 일시적인 방법이고, 다른 하나는 더 지속적인 방법이다. 전자는 미적 관조의 방법, 예술의 방법이며, 후자는 금욕주의의 방법, 해탈의 방법이다. 이 절에서 우리는 첫째의, 예술을 통해 벗어나는 방법을 다루려고 한다.

사람은 미적 관조에서 공평한 관찰자가 된다. 이 말이, 미적 관조가 무관심이라고 하는 것이 아님은 더 말할 필요가 없다. 이를테면, 내가 아름다운 대상을 욕망의 대상 또는 욕망에 대한 자극물로 본다면, 나의 이 관점은 미적 관조의 그것이 아니다. 그 경우, 나는 '관심을 가진' 관찰자이다. 사실, 나는 의지의 노예 또는 도구이다. 그러나 나는, 아름다운 것을 욕망의 대상으로서가 아니라, 또한 욕망을 자극하는 것으로서도 아니고, 오직 그의 미적 의의만을 위해 관조할 수 있다. 그때 나는 공평하지만 무관심하지는 않은 관찰자이다. 그리고 나는 적어도 일시적으로 의지에의 예속으로부터 자유롭게 된다.

　그것이 자연의 대상이든 예술적 작품이든, 미적 관조를 통한 이러한 일시적인 탈출 이론은 쇼펜하우어에 의해 그가 플라톤적인 이데아라고 부르는 형이상학적 이론과 결부되어 있다. 의지는 모사(模寫)를 위한 원형으로서 낱낱의 자연적 물체에 대응해 있는 이데아에서 자기를 직접적으로 객관화한다. 이데아는 "무기적 그리고 유기적인 모든 자연물의 일정한 종(種) 또는 원초적이며 불변하는 형태와 성질이며, 또한 자기 자신을 자연법칙에 따라서 나타내는 보편적인 힘"[1]이다. 그리하여 중력과 같은 자연의 힘의 이데아가 있으며, 또 종의 이데아가 있다. 그러나 유(類)의 이데아는 없다. 왜냐하면, 쇼펜하우어에 따르면, 자연적 종은 있어도 자연적 유는 없기 때문이다.

　종의 이데아는 사물의 내재적 형상과 혼동되면 안 된다. 종 또는 자연적 종의 낱낱의 구성원은 '이데아의 경험적 상관물'[2]이라고 한다. 그리고 이데아는 영원한 원형이다. 쇼펜하우어가 그의 이데아와 플라톤의 형상이나 이데아와를 동일시하는 것은 물론 이와 같은 이유 때문이다.

---

1. *W*, II, p. 199; *HK*, I, p. 219.　　　2. *W*, III, p. 417; *HK*, III, p. 123.

맹목적인 의지 또는 끝없는 충박이 어떻게 자기를 플라톤적 이데아에서 직접 객관화한다고 합리적으로 말할 수 있는지 나로서는 이해가 안 된다. 쇼펜하우어는, 그의 악담에도 불구하고, 예술과 미적 직관의 형이상학적 의의에 관해서 셸링, 헤겔과 같은 확신을 가지고 있었다. 그리고 그는 미적 관조가 욕망에 대한 예속으로부터 일시적인 탈출을 제공한다는 인식에서, 자기가 매우 존경하고 있던 철학자, 곧, 플라톤으로 돌아와, 맹목적이고 자학적인 충동 또는 충박으로서의 의지의 교설과는 분명 아무 관련도 없는 이데아론을 그에게서 빌려 온 것처럼 나에게는 생각된다. 그러나 이 점에 대해 이것저것 고찰할 필요는 없다. 중요한 것은 예술적 천재는 이데아를 파악할 수 있으며 그것을 예술작품에서 표현할 수 있다고 하는 것이다. 그리고 미적 관조에서 관조자는 이와 같은 이데아의 파악에 참가하고 있다. 그리하여 그는 일시적이고 가변적인 것을 넘어서 올라가고, 영원하고 불변한 것을 관조한다. 그의 태도는 관조적이며 욕구적이 아니다. 욕구는 미적 경험을 통해 잠재워져 있다.

예술적 천재의 구실에 관한 쇼펜하우어의 칭송은 낭만주의 정신과 모종의 유사성을 보이고 있다. 그러나 그는 예술적 천재의 본성에 대하여, 또는 천재와 범인과의 관계에 대하여 분명히 자기의 생각을 말하고 있지 않다. 자주 그는, 천재란 한갓 이데아를 파악하는 능력뿐 아니라 또한 그것을 예술적 작품에서 표현하는 능력이라고 말하고 있는 듯하다. 그러나 다른 한편 그는, 천재란 이데아를 직관하는 능력이며, 이데아에 외적 표현을 주는 능력은 훈련과 연습에 의하여 터득되는 기술의 문제라고 말하고 있는 듯하다. 그 첫째 규정 방식은, 아마도 우리의 통상의 확신, 곧, 예술적 천재는 창조적 생산의 능력을 품는다는 확신에 가장 적합할 것이다. 만약 어떤 사람이 이 능력이 없다면, 우리는 통상 그를 예술적 천재라고 하지 않을 것이다. 따라서 예술가라고 하지도 않을 것이다. 둘째 규정 방식은 예술적 파악과 관조의 능력을 가진 자는 누구나 어느 정도 천재의 소질을 가지고 있음을 의미한다. 그러나 사람은 베네데토 크로체(Benedetto Croce, 1866~1952)와 함께 다음과 같이 주장할지도 모른다. 예술적 직관은 상상적 재생이라는 의미에서 외적 표현과는 구별된 내적 표현을 의미하고 있다고 말이다. 창조적 예술가와 예술적 작품을 관조하고 감상하는 사람은 다같이 '표현'하고 있을 것이다. 다만 전자만이 외적으로 표현하고 있을 것이지만. 그러나 두 규정 방법을 그런 식으로 조정할 수 있을지는 모르지만, 쇼펜하우어에게 예술적 천재는, 이데아를 직관하는 능력과 이 직관에 창조적 표현을 주는 능력—비록 이것은 기술적 훈련에 의하여 보태지지만—의 양쪽을 갖추고 있는 것이라고 나는 생각한다. 이 경우, 자기 자신으로서는 예술작품을 산출할 수 없는 사람은 예술작품의 외적 표현에서 그리고 외적 표현을 통해서 이데아를 직관하는 데까지는 그래도 천재와 함께 갈 수가 있을 것이다.

그러나 현재의 문맥에서 중요한 것은 미적 관조에서 사람은 의지에의, 곧, 욕망의 원초적 예속에서 초월한다고 하는 것이다. 그는 "이미 충족이유율에 따르는 어떤 관계도 쫓지 않으며, 그에게 나타나는 객관에 대하여, 다른 객관과의 모든 관계에서 떠나서, 부동의 관조에 안식하며 그 속에서 자기를 잃어버린다."[3] 만약 관조의 객관이 다만 중요한 형상, 곧, 지각에 대하여 구체적으로 나타난 것으로서의 이데아인 경우, 우리는 아름다운 것에 관계하고 있다. 하지만 만약 관조의 객관을 자기 몸에 대하여 적대적인 관계를 갖는 것으로서, 곧, 그의 위대한

---

3. *W*, II, pp. 209~10; *HK*, I, p. 230.

능력에 의하여, 인간 신체라는 형식에서의 의지의 객관화에 위협을 주
는 것으로 지각하는 경우, 그는 숭고한 것을 관조하고 있다. 곧, 그가
객관의 위협적 성격을 승인하면서도 객관적 가치를 지속하고 공포라고
하는 자기사랑의 감정으로 자기가 압도되는 것을 허용하지 않을 때, 그
는 숭고한 것을 관조하고 있다. 이를테면, 무서운 폭풍우 속을 작은 배
를 타고 바다에 있는 사람이 만약 그의 주의를 그 상황의 장대함과 자
연의 힘에 고정시킨다면, 그때, 그는 숭고한 것을 관조하고 있다.>4 그
러나 사람이 아름다운 것을 관조하든, 숭고한 것을 관조하든, 그는 일
시적으로 의지에의 예속에서 해방된다. 그의 정신은 말하자면, 욕망에
의 충족을 위한 도구인 데서 휴식을 즐기고, 순수하게 객관적이며 공평
한 입장을 취한다.

2. 개개의 예술

　셸링과 헤겔의 두 사람은 개개의 예술을 상승적 계열로 배열했다.
그리고 쇼펜하우어도 이 놀이에 참가하고 있다. 그의 분류와 배열의 기
준은 일련의 의지의 객관화의 단계이다. 이를테면, 건축은 중력, 응집
력, 강도(剛度), 경도(硬度)라고 하는 돌의 일반적 성질 같은 낮은 단계
의 이데아를 표현하고 있다는 것이다. 또한, 중력과 강도 사이의 긴장
을 표현함으로써, 건축은 간접적으로 의지의 투쟁을 표현하고 있다. 예
술적 원예술이나 조경술(造景術)이 식물적 삶의 더 높은 단계의 이데아

---

4. 쇼펜하우어는 칸트를 따라서, 역학적 숭고와 수학적 숭고를 구별하고 있다. 보트 안의 사람은 역학적 숭
　고의 보기를 관조하고 있다. 수학적 숭고는 이를테면, 큰 산맥 같은, 정적인 거대함이다.

를 표현하고 있는 데 대해, 예술적 수력학(水力學)은, 이를테면 분수나 인공폭포에서의 유체(流體)의 이데아를 표현하고 있다. 역사적인 회화와 조각은 인간의 이데아를 표현하고 있는데, 조각은 주로 아름다움과 기품에 관계하며, 회화는 주로 성격과 정열의 표현에 관계하고 있지만, 시는 모든 단계의 이데아를 표현할 수가 있다. 그 직접의 재료가 개념이기 때문이다. 시인은 자기의 형용사를 써서 추상적 개념을 지각의 단계로 이끌고, 그리하여 상상력을 자극해 독자나 청자(聽者)가 지각할 수 있는 객관에서 이데아를 이해시키려고 한다.[5] 시는 모든 단계의 이데아를 표현할 수 있다. 그러나 그의 주된 객관은 일련의 행위를 통하여, 그리고 사상이나 감정을 동반함으로써 자기 자신을 표현하는 인간이라는 표상이다.

당시, 예술 개념의 범위에 대하여 전문가들 사이에 논쟁이 있었다. 그러나 예술적 수력학과 조경술을 예술로서 논하는 일이 적당한 것인지를 논하는 것은 거의 아무 유익도 없을 것이다. 또, 의심쩍은 형이상학적 체계와의 연관에 의존하고 있는 예술의 배열을 논할 필요도 없을 것이다. 그보다 우리는 다음의 두 가지를 주목할 수 있다.

첫째, 예상할 수 있듯이, 쇼펜하우어에게 최고의 시적 예술은 비극이다. 왜냐하면, 비극에서 우리는, 예술로 변용되고, 극적 형식에서 표현되어 있는 인생의 참된 성격, 곧, "말로 다 할 수 없는 고통, 인간의 비탄, 악의 승리, 우연의 조소적 지배, 바르고 무죄한 자의 돌이킬 수 없는 몰락"[6]을 본다.

둘째, 모든 예술 중에서 최고의 예술은 비극이 아니라 음악이다. 왜

---

5. 이를테면, 호머는 다만 바다나 새벽노을에 대하여 말하고 있을 뿐 아니라, '포도주 빛 어두움'이라든가 '장미 빛 손가락' 같은 형용사를 써서 관념을 좀 더 지각의 수준으로 이끌었다.

6. *W*, II, p. 298; *HK*, I, p. 326.

냐하면, 음악은 이데아 또는 뭇 이데아의 표현이 아니며, 의지의 직접적 객관화이기 때문이다. 그것은 의지 자체, 곧, 물자체의 내적 본성을 표현하고 있다.[7] 따라서 음악을 들음으로써 사람은 현상의 밑바탕에 있는 실재에 대한 직접의 계시─개념의 형식에서는 아니지만─를 받는다. 그리고 그는 예술이라는 형식으로 계시된 이러한 실재를 의지의 전제의 속박 아래서 파악된 것으로서가 아니라, 객관적이고 공평한 방법으로 직각한다. 더 나아가, 만약 음악이 개념 없이 표현하는 것을 모두 개념적으로 정확하게 표현할 수 있다면, 그때 우리는 진정한 철학을 갖게 될 것이다.

3. 덕과 부정: 구원으로 가는 길

미적 관조는 의지에의 종속으로부터의 일시적인 또는 잠깐의 도피 이상일 수가 없다. 그러나 쇼펜하우어는 삶에의 의지의 부정을 통해 영속적인 해방을 제시하고 있다. 실제로, 적어도 도덕이란 것이 가능한 것이라면, 도덕적 진보는 이와 같은 형식을 취하지 않으면 안 된다. 왜냐하면, 에고이즘이나 자기주장이나 증오나 투쟁에서 자기 자신을 드러내는 삶에의 의지는, 쇼펜하우어에게 악의 원천이기 때문이다. "참으로 우리 모두의 마음속에는 남을 해치려고 미쳐 날뛰는 기회를 기다리고 있는 짐승, 그리고 남이 그것을 막으려고 하지 않으면 그들을 파괴해 버리고 말려는 짐승이 살고 있다."[8] 이 사나운 짐승, 이러한 근본

---

7. 쇼펜하우어가 하이든의 <사계> 를 언급하면서 모방적 음악을 비난하는 것은 이 때문이다.
8. *W*, VI, p. 230. *Parerga und Paralipomena*에서 인용.

적 악이 삶에의 의지의 직접적 표현이다. 따라서 도덕성은, 만약 그것이 가능하다면, 의지를 부정할 필요가 있다. 그리고 인간은 의지의 하나의 객관화이므로, 의지의 부정은 자기 부정, 금욕, 고행을 의미할 것이다.

과연 쇼펜하우어는 그의 철학에서, 세계는 도덕적 의식을 가지고 있다고 말하고 있다. 그러나 그가 이 말로 하고자 하는 최초의 놀라운 의견은 다음과 같다. 존재, 곧, 삶은 하나의 범죄이다. 그것은 우리의 원죄이다. 그리고 그것은 필연적으로 고뇌와 죽음에 의하여 속죄된다. 따라서 우리는 정의가 세계를 다스린다고 말할 수 있으며, 헤겔의 유명한 말을 적용한다면, "세계 자체가 세계의 법정">9이라고 말할 수 있다. 따라서 이런 의미에서 세계는 도덕적 의의를 지니고 있다. "만약, 우리가 세계의 모든 고뇌를 저울의 한쪽에 달고, 다른 한쪽에 모든 죄를 달 수 있다면, 저울의 바늘은 한가운데를 가리킬 것이다.">10 쇼펜하우어는 마치 죄는 의지 자체에 있으며, 벌을 받는 것도 의지 자체라고 말하는 것 같다. 왜냐하면, 의지는 자기 자신을 객관화하고 그 객관화에서 고뇌하기 때문이다. 그리고 이런 식으로 말하는 것은 터무니없어 보일 것이다. 왜냐하면, 쇼펜하우어의 가정으로는, 인간의 고뇌는 현상적이어야 한다. 곧, 그것들은 물자체에는 거의 영향을 줄 수 없기 때문이다. 그러나 이 점을 무시하면, 우리는 존재 또는 삶 자체가 범죄라고 하는 진술에서 도덕은, 만약 그것이 가능하다면, 삶에의 의지의 부정의 형식, 곧 삶으로부터 물러서는 형식을 취하지 않으면 안 된다고 하는 결론을 이끌어 낼 수가 있다.

이러한 전제들로부터, 최고의 도덕적 행위는 자살일 수 있다는 견해

---

9. *W*, II, p. 415; *HK*, I, p. 454.   10. *W*, II, p. 416; *HK*, I, p. 454.

가 생길지도 모른다. 하지만 쇼펜하우어는, 자살은 의지의 부정이라기보다 의지에 대한 항복을 나타낸다고 주장하고 있다. 왜냐하면, 자살하는 자는 어떤 악을 피하기 위해 그렇게 하기 때문이다. 그리고 만일 그가 자살하지 않고 그 악을 피할 수 있다면, 그는 물론 그렇게 할 것이다. 그러므로 역설적이긴 하지만, 자살은 삶에의 의지의 감춰진 표현이다. 따라서 삶에의 의지의 부정과 포기는 자살 이외의 어떤 다른 형식을 취하지 않으면 안 된다.

　그러나 과연 도덕은 쇼펜하우어의 철학의 틀 안에서 가능한가? 각 사람은 저마다의 의지의 객관화이다. 그리고 그의 행위들은 결정되어 있다. 쇼펜하우어는 예지적 성격과 경험적 성격을 구별한다. 형이상학적 의지는 자기의 개별적 의지에서 객관화한다. 그리고 이 개별적 의지는 그 자체에서 그리고 그 행위에 앞서서 생각될 때, 예지적 또는 본체적 성격을 가지고 있다. 그의 계기적(繼起的) 행위들을 통해 드러난 개별적 의지는 경험적 성격을 갖는다. 그런데 의식은 의지의 개별적 행위를 자기의 객관으로서 가지고 있다. 그리고 그것들은 계기적으로 나타난다. 그리하여 사람은 자기의 성격을 오직 점차적으로, 그리고 불완전하게만 알게 된다. 원칙으로서 그는 국외자와 동일한 입장에 서게 된다. 그는 그의 의지의 장래의 행위를 예견하지 않으며, 다만 이미 이루어진 행위만을 의식할 뿐이다. 따라서 그는 자기 자신에 대해 자유인 것 같아 보인다. 그리고 이 자유의 감정은 극히 자연스럽다. 하지만 경험적 행위는 참으로 예지적 또는 본체적 성격의 전개이다. 전자는 후자의 결과이며 후자에 의하여 규정되어 있다. 자유의 감정 또는 신념은, 스피노자가 말했듯이, 인간의 행위를 결정하는 원인에 대한 무지의 산물이다.

　따라서 언뜻 보아, 사람들이 욕망과 끊임없는 충박의 노예상태에서 벗어나려면 어떻게 행위 하여야 하는가를 지시하는 일은 거의 문제가 없는 것 같다. 그들의 행위는 그들의 성격에 의하여 결정되어 있기 때문이다. 그리고 이들 성격은 의지의 객관화이며, 그 의지는 삶에의 의지이어서 정확하게 욕망과 끊임없는 충박에서 자기 자신을 드러낸다.

그러나 쇼펜하우어는 성격결정론이 행위에서의 변경을 배제하는 것은 아니라고 주장한다. 이를테면, 나는 금전상의 이익이 되는 것보다 더 잘 계산된 방식으로 행위 하는 데 익숙하다고 가정해 보자. 어떤 날, 누가 천국에서의 보배는 지상의 보배보다 더 가치가 있으며 영속적이라고 나에게 설득했다고 하자. 그리하여 나의 새로운 확신이 행위에서의 변경을 가져온다. 톰 존즈를 희생으로 해서 부자가 될 기회를 이용하려고 하는 대신에 나는 금전적 이익을 얻는 기회를 그에게 맡긴다. 만약 나에게 친구가 있다면, 친구는 내 성격이 변했다고 말할 것이다. 그러나 실제로는 나는 이전과 꼭 같은 사람이다. 내가 지금 하는 행위는 내 과거의 행위와 다르다. 그러나 내 성격은 변하지 않았다. 왜냐하면 나는 이전과 꼭 같은 동기, 곧 개인적인 이익 때문에 행위 하고 있기 때문이다. 물론, 무엇이 유익한 행위인가에 대한 나의 생각은 변했지만 말이다. 다시 말하면, 나의 예지적 성격은 어떤 종류의 동기가 나를 행위로 몰아가는가를 결정한다. 그리고 그 동기는 내가 지상에서 재산을 축적하건, 또는 천국의 부를 위해 그것을 포기하건 전혀 같은 것이다.

확실히 이 보기는 그 자체로서는, 어떻게 삶에의 의지를 부정할 수 있는지를 우리에게 이해시키는 데 도움이 되지 않는다. 왜냐하면, 그것은 근본적인 자기부정의 드러남보다 오히려 에고이즘의 영속성을 예증하고 있기 때문이다. 그리고 그것은 성격결정론의 교설과 성격에서의 변화 가능성을 보여 주는 것같이 보이는 경험적 사실을 조화시키는 그럴듯한 방법을 제시하는 것으로 유익하기는 하지만, 삶에의 의지가 어뚱게 그 객관화에서, 그리고 객관화를 통해서 자기 자신에게로 반전하여 자기 자신을 부정하는지를 설명하지 않는다. 그러나 이 점은 잠시 넘어가도 좋겠다. 여기서는, 인간의 관점의 변화라고 하는 관념은 스피노자에서처럼 쇼펜하우어의 철학에서도 중요한 구실을 하고 있다는 것을 주의하는 것으로 충분하다. 왜냐하면, 쇼펜하우어는 말하자면 마야의 베일을 통한, 곧 개체성과 다수성의 현상적 세계를 통한 점진적 통찰을 구상하고 있기 때문이다. 이것은 그의 주된 실천적 기능을 다하기 위해 요구된 범위를 넘어서 발전하는 지성의 능력 때문에 가능한 것이다. 그리고 도덕적 진보의 정도는 마야의 베일의 투시력의 정도에 대응한다.

개체성은 현상적이다. 본체는 하나이다. 낱개의 복수성은 오직 현상적 주관에 대해서만 존재한다. 그리고 사람은 우선 그가 다른 사람을 그와 같은 차원에 놓고, 그들에게 위해를 가하지 않을 정도까지, 개체라고 하는 환영을 통찰할 것이다. 그때 우리는 다른 사람을 배제하자고 주장할 정도로 마야의 베일에 말려든 인간과 구별되는 올바른 인간을 갖는다.

그러나 앞으로 더 나아갈 수가 있다. 사람은, 모든 낱개는 정말은 하나라는 것을 통찰할 만큼 마야의 베일을 꿰뚫어 볼 수 있을 것이다. 왜냐하면, 그것들은 모두 하나의 불가분한 의지의 현상이기 때문이다. 그때 우리는 동정이라고 하는 윤리적 단계를 갖는다. 우리는 다른 사람에 대한 사심 없는 사랑으로 특징지어지는 선 또는 덕을 갖는다. 참된 선은, 칸트가 생각했던 것같이, 오직 의무를 위한 정언(定言)명령에 대한 복종에 있는 것이 아니다. 참된 선은 사랑이다. 자기에게 향하는 사랑인 **에로스**(*eros*)와 구별된 사랑, **아가페**(*agape*) 또는 **카리타스**(*caritas*)이다. 그리고 사랑은 동정이다. "모든 참된 순수한 사랑은 동정(*Mitleid*)

이다. 그리고 동정이 아닌 모든 사랑은 아욕(我慾, *Selbstsucht*)이다. 에로스는 아욕이다. 아가페는 동정이다."[11] 쇼펜하우어는 힌두의 마야 철학에의 열중과 불타에 대한 깊은 존경을 결부시키고 있다. 그리고 아마도 그는 좀 더 동적인 서양의 이타주의의 개념보다 불교도의 윤리학에 더 공감했다.

그러나 우리는 더 앞으로 나아갈 수 있다. 왜냐하면, 의지는 인간에게서 그리고 인간을 통해 자기 자신에 대한 명확한 인식에 도달하고, 자기를 공포로부터 돌아서게 하며, 자기 자신을 부정할 수 있기 때문이다. 그때 인간의 의지는 어떤 것에도 집착하지 않고, 사람은 금욕과 신성의 길을 추구한다. 따라서 쇼펜하우어는 자발적인 순결이나 궁핍이나 고행을 칭송하게 되고, 또 의지에의 종속의 죽음에서 완전한 구제의 전망을 제시했다.

의지의 자기부정이 어떻게 가능한지를 이해하기 어렵다는 것은 이미 말했다. 그리고 쇼펜하우어 자신 그 어려움을 알고 있었다. 현상에서 드러나거나 객관화하는 의지가 자기 자신을 부정해야 한다는 것, 또 현상이 표현하고 있는 것, 곧 삶에의 의지를 포기해야 한다는 것은 쇼펜하우어가 솔직히 인정하고 있는 것처럼 일종의 자기모순이다. 그러나 자기모순이든 아니든 이 자기부정이라는 근본적 행위는 비록 그것이 예외적인 드문 경우이기는 해도 일어날 수 있는 것이다. 의지 자체는 자유이다. 그것은 충족이유율에 예속되어 있지 않기 때문이다. 그리고 전적인 자기부정, 전적인 자기포기의 경우에는 물자체인 의지의 본질적 자유는 현상에서 제시된다. 달리 말하자면, 쇼펜하우어는 결정론의 원리에 대한 예외를 승인하고 있는 것이다. 자유로운 형이상학적 의

---

11. *W*, II, p. 444; *HK*, I, p. 485.

지는 "현상의 근저에 있는 본질을 폐기함으로써, 현상 자체는 시간에서 계속 존속하지만, 현상과 자기와의 모순을 일으킨다."[12] 말하자면, 성자는 자살하지 않는다. 그는 시간에서 계속 존속한다. 그러나 그는 현상으로서의 자기 자신의 근저에 있는 실재, 곧 의지를 전적으로 부정하고 그것을 '폐기한다'. 이것은 모순이다. 그러나 그것은 의지가 충족이유율을 초월하는 진리를 드러내고 있는 모순이다.

우리는 덕과 거룩함의 궁극 목적은 무엇인가?라고 물을 수 있다. 당연하지만, 의지를 부정하는 사람은 세계를 무(無)로 다룬다. 세계는 한갓 의지의 드러남이며, 그 의지를 그는 부정하고 있기 때문이다. 따라서 적어도 이러한 의미에서 다음과 같이 말하는 것은 옳다. 곧, 의지가 돌아서고 자기 자신을 부정할 때, "모든 항성과 은하계를 가진 우리의 세계는─무(無)이다."[13] 그러나 죽을 때 무슨 일이 일어날까? 전적인 멸절을 의미하는가, 그렇지 않은가?

"우리 앞에는 참으로 오직 무가 있을 뿐이다"[14]라고 쇼펜하우어는 말한다. 그리고 그것이 진상인 것같이 생각되는데, 만약 그가 인격적 불멸성을 전제하고 있음이 의문의 여지가 없다면, 명백히 이 주장은 어떤 의미에서 옳지 않으면 안 된다. 왜냐하면, 개체는 현상적이며 마야라고 한다면, 그때 죽음, 곧 말하자면 현상적 세계로부터의 퇴각은 의식의 멸절을 의미하고 있기 때문이다. 아마도 거기에는 유일한 의지로 몰입해 들어가는 가능성이 남겨져 있을 것이다. 그러나 쇼펜하우어는 명확하게 말하고 있지는 않지만, 의지를 부정하는 인간에게는 죽음은 전적인 멸절을 의미한다고 넌지시 비추고 있는 것 같다. 삶에서 그는

---

12. *W*, II, p. 339; *HK*, I, p. 371.　　13. *W*, II, p. 487; *HK*, I, p. 532.

14. *W*, II, p. 486; *HK*, I, p. 531.

존재를 한 가닥의 가는 실로 환원했다. 죽음으로 그것은 마침내 파괴된다. 인간은 삶에의 의지의 부정이라고 하는 최종목표에 다다른 것이다.

확실히 쇼펜하우어는 다른 가능성에 대하여서도 말하고 있다.[15] 이미 말했듯이 그는 물자체 곧, 궁극적 실재는 아마도 우리가 모르는, 그리고 알 수 없는 성질들을 가지고 있다는 것을 승인하고 있다. 만약 그렇다고 하면, 의지가 의지로서의 자기 자신을 부정할 때 이 여러 성질들은 남을 것이다. 그러므로 아마도 무로 돌아가지 않는 자기 포기를 통해 이루어지는 어떤 상태의 가능성이 있을 것이다. 그것은 거의 지식의 상태는 아닐 것이다. 주관-객관 관계는 현상적이기 때문이다. 그러나 그것은 신비주의자가 모호한 말로 언급하고 있는 것 같은, 전달할 수 없는 경험과 유사할 것이다.

그러나 이것을 용인하도록 강제하는 것은, 원한다면 누구나 할 수 있겠지만, 나는 그렇게 하면 안 될 것이다. 부분적으로 쇼펜하우어는, 우리는 궁극적 실재를 의지로서의 그의 자기 드러남에서 아는 것이고 현상을 떠나서 그 자체로서 아는 것이 아니라고 하는 그의 진술 때문에 그것을 용인할 의무가 있다고 느꼈을 것이라고 짐작된다. 또 그는, 신비주의자의 경험은 그의 의지의 철학의 용어로써는 적합하게 설명될 수 없다고 느꼈을지도 모른다. 그러나 만약 사람이, 쇼펜하우어는 유신론이나 범신론을 옳다고 시사했다고 주장한다면, 그것은 지나친 것이 될 것이다. 그는 유신론을 유치하고 성숙한 정신을 만족시킬 수 없는 것이라고 비판하고 있는 것이다. 또 범신론을 한층 더 불합리한 것, 더욱이 그 어떤 도덕과도 조화될 수 없는 것으로 단정하고 있다. 고뇌와 악과 잔혹함으로 가득 차 있는 세상을 신과 동일시하거나 그것을 문자

---

15. *W*, II, p. 485 and III, pp. 221~2; *HK*, I, p. 530 and II, p. 408 참조.

그대로 신의 드러남이라고 해석하는 것은 전적인 난센스이며, 헤겔과 같은 사람에게나 어울리는 것이다. 더욱이 그것은 모든 생기하는 것의 정당화를 가져오지만 그 정당화는 도덕의 요구와 조화되지 않는다.

어쨌든, 궁극적 실재가 맹목적 의지로서의 그 서술을 정당화하는 성질들 이외의 여러 성질을 가지고 있다 해도, 철학은 그들에 대하여 아무것도 알지 못한다. 철학에 관한 한, 물자체는 의지이다. 이리하여 의지의 부정은 철학자들에게 실재의 부정을, 곧, 존재하는 모든 것의, 적어도 그가 존재하고 있다는 것을 알 수 있는 모든 것의 부정을 의미한다. 그러므로 어쨌든 철학은 "무의지, 무표상, 무세계"[16]라고 하는 결론으로 만족하지 않으면 안 된다. 만약 의지가 자기 자신에게서 돌아서고 자기 자신을 "폐기한다"면 아무것도 남지 않는다.

4. 쇼펜하우어와 형이상학적 관념론

쇼펜하우어의 철학은 형이상학적 관념론에 대한 일반적인 반동의 방향에서 고찰되어야 한다고 말하면, 아마 독자들은 놀랄 것이다. 그리고 물론 거기에는 이유가 있다. 쇼펜하우어는 피히테, 셸링, 헤겔을 비판하고 있음에도, 명백히 그의 체계는 몇 개의 중요한 점에서 독일관념론의 운동에 속해 있기 때문이다. 실제로 의지는 피히테의 자아나 헤겔의 로고스 또는 이념을 대신하고 있다. 그러나 현상과 본체의 구별이나 시간·공간과 인과성의 주관적이고 현상적인 성격에 대한 이론은 칸트에 의거하고 있다. 그리고 쇼펜하우어의 체계를 초월론적·주관주의적

---

16. *W*, II, 486; *HK*, I, p. 531.

관념론으로서 그리는 것은 부당하지는 않다. 그것은, 세계는 우리의 표상이나 표현이라고 주장한다는 의미에서 관념론이다. 그것은, 이성이나 사유의 개념보다 오히려 의지의 개념이 실재를 푸는 열쇠라고 주장한다는 의미에서 주의주의(主意主義)적이다. 그리고 유일한 인격적 의지는 경험의 다양한 현상에서 자기 자신을 드러내는 절대적 의지라고 하는 의미에서 초월론적이다.

이렇게 볼 때, 쇼펜하우어의 철학은 피히테, 셸링, 헤겔의 체계를 포함한 칸트 이후의 사변적 체계의 한가지로 나타나지만, 그와 다른 3인의 철학자와의 사이에는 상당한 차이가 있다. 이를테면 헤겔의 체계에서는, 궁극적 실재는 이성, 곧 자기 자신을 구체적 정신으로서 현실화하는 자기사유적 사유이다. 현실적인 것은 이성적이며 이성적인 것은 현실적인 것이다. 그러나 쇼펜하우어에서 현실은 이성적이라기보다 비합리적이다. 곧, 의지는 맹목적 충동이거나 에너지의 드러남이다. 물론, 헤겔의 우주적 이성과 쇼펜하우어의 의지 사이에는 일종의 유사성이 있다. 이를테면, 헤겔에서 이성은 자기 자신을 사유하기에 이르는 사유라고 하는 의미에서 자기 자신을 목적으로 가지고 있다. 쇼펜하우어의 의지 또한 의지를 위해 의지한다는 의미에서 자기 자신을 목적으로 가지고 있다. 하지만 자기를 전개하는 이성의 삶으로서의 우주라는 관념과 존재 또는 삶에의 맹목적이고 비합리적인 충동의 표현으로서의 우주라고 하는 관념과의 사이에는 커다란 차이가 있다. 확실히 독일관념론 자체에도 '비합리주의'의 요소가 있다. 신에게 있는 비합리적 의지에 관한 셸링의 이론은 그 적절한 예이다. 그러나 쇼펜하우어에서는 존재의 비합리적 성격은 강조되어야 할 그 무엇이다. 곧, 그것은 더 높은 차원의 종합에서 극복되어야 하는 부분적인 진리가 아니라 오히려 근본적 진리인 것이다.

쇼펜하우어의 철학에서의 이러한 형이상학적 비합리주의는, 존재의 공포를 미적 관조의 고요한 세계에서 잠잠케 하는 가능성을 우리에게 내세우는 그의 예술론으로 해서 모호하게 되어 있는지도 모른다. 그러나 그것은 중요한 결과를 지니고 있다. 한편으로, 거기에는 절대적 관념론이라는 형이상학적으로 터 잡은 낙관주의 대신에, 형이상학적으로 터 잡은 비관주의가 있다. 다른 한편으로, 현실이 자기전개적 사유 또는 이성으로 간주된다면 충분히 자연적일 수 있는, 그러한 형이상학적 관념론의 연역적 성격은 훨씬 더 경험적인 접근에 길을 내준다. 확실히 쇼펜하우어의 철학의 포괄적이고 형이상학적인 성격은 그의 강하게 각인된 낭만주의적 요소와 함께 다른 위대한 칸트 이후의 체계들과 한집안이라는 것을 보여 준다. 그러나 동시에 그것은 경험적 소여의 일반화에 바탕하는 매우 넓은 가설로서 쉽사리 해석된다. 그리고 우리는 자연스럽게, 그리고 정당하게 그것을 칸트 이후의 사변적 형이상학의 일반적 운동의 일부분으로 간주하지만, 그것은 또한 절대적 관념론의 붕괴에 따라 나타난 귀납적 형이상학을 예상하고 있는 것이다.

더 나아가, 훨씬 역사가 흐른 지점에서 쇼펜하우어의 체계를 돌이켜 본다면, 우리는 거기에 관념론자의 운동과 후일의 삶의 철학 사이의 이행단계를 볼 수 있다. 확실히 어떤 견지에서 보면, 체계는 단순히 그 자체이며 '이행단계'는 아니다. 그러나 그것은 그 체계를 전체의 운동과 연관시키는 견지를 배제하지 않으며, 따라서 쇼펜하우어의 체계를 합리주의자의 관념론과 독일과 프랑스에서의 삶의 철학 사이의 구름다리로 보는 견지를 배제하지 않는다. 물론, 쇼펜하우어가 삶에 대한 부정적인 태도를 강조한 것에 대해서는 반대할 수 있을 것이다. 삶은 긍정되기보다는 오히려 부정되어야 할 그 무엇이다. 그러나 쇼펜하우어의 [삶의] 포기와 부정의 이론은 삶의 의지의 관념을 강조하고 세계를 이 관념의 빛 안에서 해석하는 철학을 통하여서만 도달할 수 있는 것이다. 본능과 이성은 쇼펜하우어에 의하여 생물학적 도구 또는 연장으로 기술되고 있다. 비록 그가 계속해서 이의 실제적 적용으로부터의 인간지성의 초월을 말하고 있다 해도. 그러므로 그는 철학에서의 중심 관념으로서 사유의 관념을 대신하고 있는 삶의 관념을 위한, 말하자면, 재료를 제공하고 있는 것이다. 쇼펜하우어의 비관주의는 후의 삶의 철학에서는 더 이상 나타나지 않는다. 그러나 이것은 그가 삶의 관념을 무대의 중심에 가져왔다고 하는 사실을 바꾸는 것이 아니다. 확실히 삶의 관념은, 이를테면 피히테나 헤겔의 철학에서도 볼 수 있다. 그러나 쇼펜하우어와 함께 '삶' 이라는 용어는 주로 생물학적 의미를 지니고, 이성은 (물론 이것도 삶의 한 형식이다) 생물학적 의미에서의 삶의 도구로 해석된다.

5. 쇼 펜 하 우 어 의 일 반 적 영 향

헤겔이 죽은 후에, 그리고 1848년의 혁명이 실패한 후에 세론은 쇼펜하우어의 비합리주의적이고 염세주의적인 체계를 재평가하는 방향으로 기울었다. 그리고 그것은 더욱 광범위하게 알려졌으며, 몇 사람의 추종자를 얻었다. 그중에는 율리우스 프라우엔슈태트(Julius Frauen-städt, 1813~79)가 있었다. 그는 프랑크푸르트에서 쇼펜하우어와 긴 이야기를 나누는 동안에 헤겔주의에서 쇼펜하우어의 철학으로 전향했다. 그는 시간, 공간, 인과성이 단순한 주관의 형식이 아니라는 것, 그리고 낱개와 여럿이 단순한 현상이 아니라고 주장함으로써 그의 스승의 입장에 약간의 수정을 가했다. 그러나 그는 궁극적 실재는 의지라고 하는 이론을 옹호하였으며 쇼펜하우어의 전집을 출판했다.

쇼펜하우어의 전집은 독일에서 동양의 사상과 종교에 관한 흥미를 자극했다. 이 방향에서 그의 영향을 받은 철학자 중에 우리는 파울 도이센(Paul Deussen, 1845~1919)의 이름을 들 수 있다. 그는 **쇼펜하우어 협회**(*Schopenhauer-Gesellschaft*)의 창설자이며 또한 니체의 친구이기도 했다. 그는 킬대학의 교수가 되었다. 일반적인 철학사에 더해 도이센은 인도사상에 관한 몇 권의 저서를 출판하고, 철학사 일반의 불가결한 일부분으로서 동양철학을 승인하게 하는 데 이바지했다.

철학계 밖에서의 쇼펜하우어의 영향은 상당한 것이었다. 특히 바그너에 대한 영향을 들 수 있다. 음악이 최고의 예술이라고 하는 이론은 당연히 바그너의 뜻과 일치하였으며, 바그너는 자기를 쇼펜하우어의 천재의 개념의 살아 있는 화신이라고 여겼다.[17] 물론, 삶에 관한 바그너의 견해를 쇼펜하우어의 철학에 환원할 수는 없다. 바그너의 많은 생각은 그가 쇼펜하우어를 알기 전에 형성되어 있었다. 그리고 시일이 지나면서 그는 자기의 생각을 수정하고 바꾸었다. 그러나 1854년, 그는 쇼펜하우어의 저작을 소개받았을 때, 쇼펜하우어에게 감사의 편지를 보냈다. 그리고 특히 《트리스탄과 이졸데》는 쇼펜하우어의 영향을 반영하고 있다고 한다. 우리는 또한 쇼펜하우어에게 힘입은 바 있는 한 사람으로 작가 토마스 만을 들 수 있다.

철학계에서의 쇼펜하우어의 영향은 학파라고 할 수 있는 것의 형성에서보다는, 이 방향 또는 저 방향에서의 자극이라는 모양으로 감지되었다. 독일에서는 그의 저작은 젊은 니체에게 강력한 영향을 주었다. 비록 니체는 후에 쇼펜하우어의 삶에 대한 부정적 태도를 거부했지만,

---

17. 니체는 그들의 우정이 평온한 시절에 바그너에게 이렇게 생각할 모든 용기를 주었다.

우리는 또 쇼펜하우어에게 약간의 자극을 받은 철학자로서 빌헬름 분트(Wilhelm Wundt)와 한스 파이잉거(Hans Vaihinger)의 이름을 들 수 있다. 두 사람 다 위대한 비관주의자의 제자는 아니었지만 말이다. 프랑스에 관해서 말하자면, 사고의 유사성은 필연적으로 그것으로부터의 파생이나 차용(借用)을 나타낸다고 상정하는 진기한 잘못을 피하지 않으면 안 된다는 것은 이미 주의했다. 프랑스에서의 삶의 철학의 발전은 쇼펜하우어의 이름을 필요로 함이 없이 자기 자신을 설명하고 있다. 그러나 물론 이것은 독일 철학자의 프랑스의 사상가들에 대한 직·간접의 자극적 영향을 배제하는 것은 아니다.

6. 쇼펜하우어 철학의 발전으로서의 에두아르트 폰 하르트만에 대한 주

쇼펜하우어와 명백히 가장 유사하며 그에게서 아주 많은 것을 얻은 꽤 유명한 철학자가 적어도 한 사람 있다. 자기를 연구와 저술에 바친 퇴역 포병장교 에두아르트 폰 하르트만(Eduard von Hartmann, 1842 ~1906)이다. 폰 하르트만은 또한 라이프니츠와 셸링의 영향을 받았음을 자인하고 있지만, 쇼펜하우어의 철학을 그것과 헤겔주의와의 간격을 줄이는 방향으로 발전시키려고 노력했다. 그리고 그는 그 자신의 체계를 경험적이고 과학적인 기초 위에 세웠다고 주장했다. 그의 가장 잘 알려진 저작은 《무의식의 철학》(*Die Philosophie des Unbewußten*, 1869)이다.

폰 하르트만에 의하면, 실로 궁극적 실재는 무의식적이다. 그러나 그것은 쇼펜하우어가 말하는 것과 같은 한갓 맹목적인 의지일 수는 없다. 그 점에 대해서는 쇼펜하우어도, 마치 의지가 어떤 목적을 가지고 있는 듯이 말하지 않을 수 없었다. 그러므로 우리는, 이 하나의 무의식적인 원리는 상관적이며 상호 환원적이 아닌 두 개의 속성, 곧 의지와 이념을 가지고 있다는 것을 승인하지 않으면 안 된다. 또는 우리는 이 하나의 무의식의 원리는 두 개의 동등한 기능을 가지고 있다고 함으로써 그것을 표현할 수 있다. 의지로서는, 그것은 세계의 **그것**(that), 곧 존재의 원인이다. 이념으로서는, 그것은 세계의 **무엇**(what), 곧 본질의 원인이다.

이렇게 하여 폰 하르트만은 쇼펜하우어와 헤겔과의 종합을 가져올 것을 요구한다. 전자의 의지는 결코 목적론적인 세계과정을 산출할 수 없었고, 후자의 이념은 현존하는 세계에서 자기 자신을 객관화할 수 없었다. 그리하여 궁극적 실재는 의지와 이념이 하나가 된 것이어야 한다. 하지만 그렇다고 해서 궁극적 실재는 의식적이어야 된다는 것은 아니다. 오히려 우리는 셸링으로 돌아가, 자연의 배후에 있는 무의식적 이념이라는 생각을 끌어들이지 않으면 안 된다. 세계는 하나 이상의 국면을 가지고 있다. 쇼펜하우어가 가르쳐 주듯이, 의지는 고뇌나 재앙이나 악에서 자기 자신을 드러낸다. 그러나 셸링이 그의 자연철학 속에서 주장하고 있듯이, 무의식적 이념은 궁극성이나 목적론이나 지적 발전이나 의식에로의 진보에서 자기 자신을 드러낸다.

폰 하르트만은 쇼펜하우어와 헤겔 그리고 셸링을 조정하는 것으로 만족하지 않고 동시에 또한 쇼펜하우어류의 비관주의와 라이프니츠류의 낙관주의를 종합하는 일에 관심을 가졌다. 의지로서의 무의식적 절대자의 나타남은 비관주의에 근거를 준다. 한편, 이념으로서의 무의식적 절대자의 나타남은 낙관주의에 근거를 준다. 그러나 무의식적 절대자는 하나이다. 따라서 비관주의와 낙관주의는 조정되지 않으면 안 된다. 그리고 그것은 '소극적인 것'으로서의 쾌락과 향락에 대한 쇼펜하우어의 분석이 수정될 것을 요구한다. 이를테면, 미적 관조와 지적 활동이라는 쾌락은 확실히 적극적인 것이다.

이제, 우주의 과정의 목적 또는 **텔로스**(*telos*)는 의지에의 종속으로부터의 의식의 발전을 통한 이데아의 해방이라고 폰 하르트만이 주장하는 한, 우리는 낙관주의가 최고 권위자라고 예상할 수 있다. 그러나 과연 지성의 발전이 더 높은 쾌락, 특히 미적 관조의 쾌락을 가능하게는 하지만, 그와 동시에 고뇌에 대한 수용력은 지적 발전에 비례해서 증대한다고 폰 하르트만은 주장한다. 이런 이유로, 미개인과 교양이 없는 계급은 문명인이나 더 교양이 있는 계급보다 행복하다.

따라서 문명과 지적 발전에서의 진보는 그 진보와 더불어 행복의 증대를 가져온다고 생각하는 것은 환상이다. 이교도는 행복은 현세에서 얻을 수 있다고 생각했다. 그리고 그것은 환상이었다. 그리스도교도는 그것이 환상이라는 것을 알고 행복을 천국에서 찾았다. 그러나 이것도 환상이었다. 하지만 그것이 환상임을 아는 자는 다시 제3의 환상, 곧 지상의 낙원은 부단한 진보를 통해 얻어진다는 환상에 빠지기 쉽다. 그들은 두 가지 진리를 간과했다. 첫째는 교양의 증대와 심적 발달은 고뇌에 대한 수용력을 증대시킨다는 것이며 둘째는 물질적 문명의 발전과 행복에는 정신적 가치의 망각과 천재의 퇴폐가 따른다고 하는 것이다.

이들 환상은 궁극적으로는 무의식적 원리가 하는 일이며, 이 원리는 이런 식으로 인류를 영속시킴으로써 그 교활함을 보여 준다. 그러나 폰 하르트만은 우주의 자살이 일어나는 실제 상태의 의식이 인류 일반에게 발달되는 때를 대망하고 있다. 개인은 자기 부정과 금욕에 의하여 멸절될 수 있다고 시사함으로써 쇼펜하우어는 잘못을 범했다. 필요한 것은 가능한 한의 의식의 발전이다. 그리하여 마침내 인간은 의지의 어리석음을 깨닫고, 자살하고, 자기를 파괴함으로써 세계과정에 종지부를 찍는다. 그때까지는 세계의 존재 근거인 무의식적 절대자의 의지는 인간으로 나타나거나 인간에서 객관화된다. 따라서 인간 측의 자살은 세계를 종말로 가져갈 것이다.

이 놀라운 이론을 대개의 사람들은 비관주의로 서술할 것이다. 그러나 폰 하르트만은 그렇지 않다. 우주의 자살은 그 조건으로서 의식의 진보의 최대 가능성과 지성의 의지에 대한 승리를 요구하고 있다. 그러나 바로 이것은 이념, 곧 무의식적 정신인 절대자에 의하여 겨냥된 바로 그 목적인 것이다. 따라서 세계는 우주의 자살과 그의 소멸에 의하여 구제된다고 말할 수 있다. 그리고 구속된 세계는 최량(最良)의 가능적 세계이다.

폰 하르트만의 철학에 대하여 지적해 두고 싶은 것은 다음의 두 가지이다. 우선 첫째는, 누구나 폰 하르트만이 쓴 것만큼 많은 것을 쓰면, 그중에 얼마간의 진리가 들어 있을 것이고, 또 그 배경이야 어쨌든 적절한 말을 할 수 있을 것이라는 것, 그리고 둘째는, 만약 인류가 자기를 파괴한다면, 오늘날 그것은 물리적으로 가능하다, 그것은 인류의 지혜보다 우매함에 돌려질 것이며, 폰 하르트만의 말로 하자면 이념의 승리라기보다 오히려 의지의 승리에 돌려질 것이라고 하는 것이다.

chapter 15 관념론의 전환 (1)

1. 머리말

헤겔의 영향을 고찰했을 때, 우리는 헤겔 사후에 우파와 좌파가 나타난 것을 말해 두었다. 그리고 헤겔철학에서의 신 관념의 해석과 헤겔 체계의 그리스도교와의 관계에 대한 해석을 둘러싼 양 파 사이의 견해의 차이에 대해서도 약간 말해 두었다. 여기서는 헤겔을 해석하는 일보다 오히려 헤겔의 몇 개의 관념을 사용하여, 형이상학적 관념론을 전혀 다른 것으로 전환시키는 데 관심을 가진 좌파 사람들 중에서 한층 더 급진적인 대표자들을 고찰할 수 있을 것이다.

이들 사상가들은 일반적으로 청년 헤겔학파로 알려져 있다. 본디 이 용어는 우파에 속하든, 좌파에 속하든 또는 중파에 속하든, 어떻든 헤겔의 영향 아래 있었던 젊은 세대를 의미하는 것이었다. 그러나 실제로는 그것은, 이를테면 포이어바흐와 같은 급진적인 좌파 사람들을 가리키는 데 쓰이게 되었다. 어떤 점에서는 그들은 반(反)헤겔주의자라고 불리는 편이 적합할 것이다. 왜냐하면, 헤겔의 주된 교설은, 절대자는 정신으로 규정되지 않으면 안 된다고 하는 것임에 대해, 그들은 변증법적 유물론에서 그 정점에 이르는 사상의 계열을 표현하고 있기 때문이다. 하지만 다른 점에서 보면, '반헤겔주의자' 란 용어는 잘못된 명칭이다. 그들은 헤겔을 발로 세우는 데 관심을 가지고 있으며, 또한 비록 그들이 헤겔철학을 전환시켰다 해도, 이미 언급했듯이, 그들은 헤겔에 고유한 사상의 얼마를 이용하고 있기 때문이다. 다시 말하면, 그들은 헤겔주의의 좌파의 발전을 대표하고 있다. 그리고 그것은 동시에 전환이기도 하다. 거기서 우리는 연속성과 비연속성의 양쪽을 본다.

2. 포 이 어 바 흐 와   신 학 의   인 간 학 으 로 의   전 환

루트비히 포이어바흐(Ludwig Feuerbach, 1804~72)는 하이델베르크에서 프로테스탄트 신학을 공부한 다음, 베를린으로 가서 헤겔의 강의를 들었으며 철학 연구에 전념했다. 1828년, 그는 에를랑겐대학에서 사강사(*Privatdozent*)가 되었다. 그러나 교수 자리를 얻을 전망이 없었으므로 그는 개인적인 연구와 저작생활로 물러났다. 죽을 무렵에는 그는 뉘른베르크 근교에 살고 있었다.

만약 사람이 포이어바흐의 저작의 제목만을 본다면, 틀림없이 그를 첫째로 그리고 무엇보다 신학자로, 아니면, 어쨌든 포이어바흐는 강한 신학적 관심을 가지고 있었다고 단정할 것이다. 확실히 그의 초기의 저작은 명백히 철학에 관한 것이었다. 이를테면, 1833년에 그는 프란시스 베이컨으로부터 스피노자에 이르는 근세철학사를 출판했다. 1837년에는 라이프니츠의 체계에 대한 해설과 비판을 시도한 저작을, 그리고 1838년에는 베일(Pierre Bayle, 1647~1706)에 관한 저작을 각각 출판했다. 그리고 1839년에는 헤겔철학을 비판한 논문을 발표했다. 그러나 그 후, 《그리스도교의 본질》(*Das Wesen des Christentums*, 1841), 《종교의 본질》(*Das Wesen der Religion*, 1845), 《종교의 본질에 대한 강의》(*Vorlesungen über das Wesen der Religion*, 1851)와 같은 그의 주요저작이 나타났다. 그리고 이 제목들은 「철학과 그리스도교에 대하여」(*Über Philosophie und Christentum*, 1839)나 「루터의 의미에서의 신앙의 본질」(*Das Wesen des Glaubens im Sinne Luthers*, 1844) 등의 다른 논문들과 함께 포이어바흐의 마음이 신학적 문제에 사로잡혀 있었음을 뚜렷이 일러 준다.

어떤 의미에서는 이 인상은 전적으로 옳다. 포이어바흐 자신, 그의 저작의 주요 테마는 종교와 신학이라고 주장하고 있다. 그러나 이 진술은 그가 인간의 사유 바깥에 있는 신의 객관적 존재를 믿고 있다는 것을 의미하지 않았다. 주로 그는, 종교의 진정한 의미와 기능을 전체로서의 인간적 삶과 사유에 비추어 밝히는 일에 관심을 가지고 있었다. 종교는 그에게 하찮은 현상, 곧 그것이 없었더라면 더 좋았을 것이라거나, 그 효능은 다만 인간의 발달을 더디게 하는 데 있을 뿐이라고 하여 물리쳐 버릴 수 있는, 일종의 불행한 미신 같은 것이 아니었다. 오히려 반대로, 종교적 의식은 포이어바흐에게 인간적 의식 일반의 발전에서 불가결한 하나의 단계였다. 동시에 그는 신의 관념을 인간의 자기 자신에 대한 이상의 투영(投影)이라고 생각했으며, 또한 종교를 인간적 의식의 발전에서의 비록 본질적이긴 하지만 일시적인 단계로 생각했다. 따라서 그는 신학을 인간학으로 전환시켰다고 말할 수 있다.

포이어바흐는 헤겔의 체계를 근본적으로 비판함으로써 이 입장, 곧 신학의 인간학으로의 전환이라는 입장에 도달했다. 그러나 그 비판은 어떤 의미에서 내재적이다. 왜냐하면, 그것은 헤겔주의가 오늘날까지의 철학의 최고의 표현이라는 것을 전제하고 있기 때문이다. 헤겔은

'셸링을 통하여 매개된 피히테'>1이며, '헤겔철학은 사변적 체계적 철학의 정점'>2이었다. 그러나 관념론 그리고 확실히 형이상학 일반은 헤겔의 체계에서 그의 가장 완전한 표현에 다다랐지만, 그 체계는 지지될 수 없다. 필요한 것은 헤겔을 제 발로 서게 하는 것이다. 특히 우리는 절대적 관념론의 개념적 추상으로부터 구체적 현실로 돌아오는 길을 찾지 않으면 안 된다. 사변철학은 '추상적인 것으로부터 구체적인 것에로, 관념적인 것으로부터 현실적인 것에로'>3의 이행을 시도해 왔다. 그러나 이것은 잘못이었다. 관념적인 것으로부터 현실적인 것에로의 추이나 이행은 오직 실천철학이나 도덕철학의 몫이다. 거기서는 행위에 의하여 이념을 실현하는 것이 문제가 된다. 이론적 지식이 문제가 될 때에, 우리는 현실적인 것으로부터, 곧, 존재에서 출발하지 않으면 안 된다.

물론 헤겔은 존재에서 출발하고 있다. 그러나 중요한 것은 이 문맥에서의 존재는 포이어바흐에게는 자연이지 관념이나 사유가 아니라고 하는 것이다.>4 "존재는 주어이며 사유는 술어이다.">5 근본적 실재는 시간·공간적 자연이다. 의식과 사유는 2차적, 파생적인 것이다. 참으로 자연의 존재는 의식적 자기에 의해서만 알려진다. 그러나 자기 자신을 자연으로부터 구별하는 존재는 자기가 자연의 근거가 아니라는 것을 알고 있다. 반대로 인간은 **자기의** 근거, 곧, 감각적 현실로부터 자기를 구별함으로써 자연을 안다. "자연은 따라서 인간의 근거이다.">6

---

1. *W*, II, p. 180. 포이어바흐의 저작으로부터의 인용은 프리드리히 요들(Friedrich Jodl)이 편집한 전집 제2판(슈투트가르트, 1959~60)의 권수와 쪽수를 나타낸다.

2. *W*, II, p. 175.　　3. *W*, II, p. 231.

4. 셸링처럼 포이어바흐도 헤겔은 현존하는 자연을 논리학적 이념으로부터 연역했다고 생각하였다. 만약 그렇게 생각하지 않았다면 그 비판은 빗나간 것이 된다.

5. *W*, II, p. 239.　　6. *W*, II, p. 240.

과연 우리는 슐라이어마허와 더불어, 의존의 감정은 종교의 기초라고 말할 수 있다. 그러나 "원래 인간이 의존하고 있는 것, 또 의존하고 있다고 느끼는 것은 자연 이외의 아무것도 아니다."[7] 그래서 우리가 종교를 단순히 그리스도교적 유신론의 형태로 고찰하지 않고 역사적으로 고찰한다면, 종교의 첫째 대상은 자연이다. 자연종교는 수목이나 샘 같은 대상의 신격화에서부터 자연물의 물리적 원인이라고 생각되는 신의 관념에까지 미치고 있다. 그러나 그 모든 국면에서의 자연종교의 기초는 외적인 감각적 현실에 대한 인간의 의존의 감정이다. "자연에서 자기 자신을 드러내는 신적 본성은 자기 자신을 인간에게 계시하고 드러내는 자연, 그리고 인간에게 자기를 신적 존재로서 여기게 하는 자연 이외의 아무것도 아니다."[8]

인간은 오직 자기 자신을 자연으로부터 구별함으로써만 자연을 대상화할 수 있다. 그리고 인간은 자기 자신으로 돌아와 자기 자신의 본질을 숙고할 수 있다. 그 본질은 무엇일까? "이성, 의지, 심정. 완전한 인간에게는 사유의 능력과 의지의 능력과 심정의 능력이 딸려 있다."[9] 이성과 의지와 사랑이 결합하여 인간의 본성을 이루고 있다. 더 나아가 만약 우리가 이 셋 중의 어떤 것을 완전성 자체라고 생각한다면, 우리는 그것을 무한한 것으로서 생각한다. 이를테면, 우리는 사유의 능력 자체를 어떤 특정한 대상에 한정된 것으로는 생각하지 않는다. 그리고 만약 우리가 이 세 가지의 완전성을 무한한 것으로 생각한다면, 우리는 무한한 앎, 무한한 의지, 그리고 무한한 사랑으로서의 신의 관념을 갖는다. 그래서 일신교는, 적어도 신에게 도덕적 속성이 부여된다면, 그것은 무한성에로 높여진 인간 자신의 본질을 투영한 산물이다. "신의

---

7. *W*, VII, p. 434.　　8. *W*, VII, p. 438.　　9. *W*, VI, p. 3.

본질은 인간의 본질 이외의 아무것도 아니다. 더 옳게는, 그것은 개인성, 곧, 현실적인 육체를 가진 인간이라고 하는 제한을 벗어나 대상화된 것이다. 다시 말하자면, 인간 자신으로부터 구별되어 독립적 존재로서 숭배된 인간의 본질이다."[10]

종교가 역사적으로 고찰되고 있는《종교의 본질》에서 포이어바흐는 자연에 대한 의존의 감정을 강조했던 것에 대해,《그리스도교의 본질》에서 그는 주로 인간의 자기의식의 반영으로서의 신의 관념에 주목하고 있다. 그러나 또한 그는 두 입장을 결합하기도 했다. 자기가 외적 현실에 의존하고 있음을 의식하고 있는 인간은 자연의 여러 힘과 특수한 자연현상을 숭배하기 시작한다. 하지만 인간은 자기 투영 없이는 인격신이나 창조신의 관념에는 이르지 못한다. 다신교에서는 인간과 인간을 구별하는 뭇 성질은 신인동형설(神人同形說)적 뭇 신들의 다양성으로 신격화되고 그들의 성질 저마다가 남신(또는 여신)의 특징이 된다. 일신교에서는 그것은 인간을 통일하는 것, 곧, 초월적 영역에로 투영되고, 규정되는 인간 자신의 본질이다. 어떤 형태의 일신교로 넘어가게 하는 한의 유력한 요소는, 자연은 인간의 물질적 요구에 봉사할 뿐 아니라 인간이 자기에 대하여 자유롭게 세우는 목적에도 봉사할 수 있다고 하는 의식이다. 왜냐하면, 이런 식으로 인간은 자연을 인간을 위해 있는 것으로, 또 어떤 목적을 실현하고 있으며 어떤 예지적 창조주의 소산인 것 같은 통일체로 생각하게 되기 때문이다. 그러나 창조주를 생각하면서 인간은 자기 자신의 본질을 투영한다. 그리고 만약 우리가 신의 관념으로부터 이러한 투영에 의한 모든 것을 제거한다면 우리에게 남는 것은 자연뿐이다. 따라서 종교는 궁극적으로는 인간의 자연에 대

---

10. *W*, VI, p. 17.

한 의존의 감정에 바탕하고 있지만, 무한한 인격신이라고 하는 관념을 형성하는 데 가장 중요한 요소는 인간의 자기 자신의 본질의 투영(投影)인 것이다.

그런데 이 자기 투영은 인간의 자기 자신으로부터의 소외를 나타내고 있다. "종교는 인간의 자기 자신으로부터의 분리이다. 인간은 신을 대립적인 존재로서 자기 자신에게 대항시킨다. 신은 인간인 바가 아니며 인간은 신인 바가 아니다. 신은 무한자이며 인간은 유한자이다. 신은 완전하며 인간은 불완전하다. 신은 영원하며 인간은 일시적이다. 신은 전능하며 인간은 무력하다. 신은 신성하며 인간은 죄가 많다. 신과 인간은 양극단이다. 신은 절대적으로 긍정적(positive)이며 모든 실재의 본질임에 비해, 인간은 부정적(negative)이며 모든 무의 본질이다." [11] 이래서 인간은 자기의 본질을 초월적 영역에로 투영하고 그것을 신으로 객관화함으로써 자기 자신을 가련하고 비참한 죄 많은 피조물로 떨어뜨렸다.

물론 이 경우, 종교는 극복되어야 하는 것이다. 그러나 그렇다고 해서 종교는 인생에서 아무 본질적인 구실을 못해 왔다는 것은 아니다. 반대로 인간이 자기 자신의 본질을 신이라는 관념 속에 객관화하는 것은 인간의 자각의 뚜렷한 발전에서의 불가결한 하나의 단계를 이루고 있다. 왜냐하면 인간은 그것이 **자기의** 본질이라고 자각하기에 앞서 먼저 자기의 본질을 대상화했기 때문이다. 그리고 이 대상화는 가장 높은, 그리고 가장 완전한 종교의 형태, 곧, 그리스도교에서 자기 자신을 극복할 것을 요구하는 단계까지 다다랐기 때문이다. 인간은 하나의 사회적 존재이다. 그리고 사랑의 힘은 인간의 본질에 속한다. 인간은

---

11. *W*, VI, p. 41.

'너' 와의 관계에서의 '나' 이다. 그리고 이와 같은 사실의 자각은 그리스도교에서는 삼위일체의 교의에서 구체적인 표현을 찾고 있다. 더 나아가 수육(受肉, incarnatio)의 교리에서 "그리스도교는 **인간**이라는 말과 **신**이라는 말을 **신인**(神人)이란 이름으로 결합하고, 그럼으로써 인간성을 지고(至高)한 존재자의 속성이 되게 하였다.">12 남아 있는 것은 신성(神性)을 인간의 한 속성이 되게 함으로써 이 관계를 역전하는 것이다. "새 철학은 진리를 좇아서 이 속성(인간성)을 주어로 한다. 그것은 술어를 주어로 한다. 새 철학은 … 그리스도교의 진리이다.">13

이 최후의 말은 절대적 종교와 절대적 철학의 관계에 대한 헤겔의 생각을 생각나게 한다. 그러나 물론 포이어바흐의 의도는, '새 철학' 은 같은 정신에서 그리스도교와 공존할 수 있다는 것을 시사하려는 데 있는 것이 아니다. 반대로 새 철학은 그리스도교라는 이름을 틀림없이 버린다. 왜냐하면, 그것은 그리스도교의 합리적인 진리-가치를 부여하고 그렇게 함으로써 그것을 신학으로부터 인간학에로 전환하기 때문이다. 그리스도교의 철학적 해명은 이미 그리스도교가 아니다. 인간은 '신' 이 초월적 영역에서 투영된 인간 자신의 이상화된 본질에 대한 이름이라는 것을 한번 알고 나면, 그는 종교에 말려든 자기소외를 극복한다. 그리고 그때에는 이 본질이 인간 자신의 활동과 사회적 삶에서 객관화되는 길이 열린다. 인간은 자기 자신에 대한 신앙과 인간 자신의 힘 그리고 미래에 대한 신앙을 회복한다.

신학의 포기는 역사적인 헤겔주의의 포기를 의미한다. "헤겔철학은 신학의 최후의 피난처, 최후의 합리적 버팀목이기 때문이다.">14 그리고 "헤겔철학을 단념하지 않는 자는 신학을 단념하지 않는다. 왜냐하

---

12. *W*, II, p. 244.   13. *Ibid.*   14. *W*, II, p. 239.

면, 자연, 곧, 현실은 이념에 의하여 정립된다고 하는 헤겔의 교설은 바로 자연은 신에 의하여 창조되었다고 하는 신학적 교설의 합리적 표현이기 때문이다."[15] 그러나 신학을 극복하려면 헤겔의 자기소외의 개념을 이용하지 않으면 안 된다. 헤겔은 절대자가 자연에서의 자기 외화 (外化)로부터 자기 자신으로 돌아오는 것을 말했다. 우리는 이 개념을 인간의 자기 자신에로의 돌아옴이라는 개념으로 대체하지 않으면 안 된다. 그리고 그것은 "신학을 인간학으로 전환하는 것, 그리고 인간학으로의 해소를 의미한다."[16] 하지만 철학적 인간학은 그 자신 종교이다. 그것은 종교가 도달한 최고의 형태로 종교의 진리를 부여하기 때문이다. "어제 아직 종교이었던 것은 오늘은 종교가 아니다. 그리고 오늘 무신론으로 여겨지는 것은 내일 종교로 여겨진다."[17]

신학이 인간학으로 전환됨으로써 인간은 인간에게 최고의 대상이 되고 자기 자신의 목적이 된다. 그러나 그것은 에고이즘을 의미하지 않는다. 인간은 본성상 사회적 존재이기 때문이다. 인간은 한갓 고립된 인간(*Mensch*)이 아니고 동시에 공동존재(*Mit-Mensch*)이기도 하다. 그리고 철학의 궁극원리는 '인간과 인간의 통일'[18], 곧, 사랑에서 표현되는 통일이다. "사랑은 지성과 자연의 보편적 법칙이다—그것은 바로 감정 단계에서 종의 통일을 이루는 것이다."[19]

틀림없이 포이어바흐는 헤겔이 인간의 사회적 본성을 강조했다는 사실을 눈치 채고 있었다. 그러나 그는, 헤겔은 종에서의 통일의 바탕이라고 하는 잘못된 생각을 가지고 있었다고 주장한다. 절대적 관념론에서는, 인간은 자기를 사유하는 사유로서 설명되는 보편적 정신의 삶

---

15. *Ibid.*   16. *W*, II, p. 245.   17. *W*, VI, p. 40.

18. *W*, II, p. 319.   19. *W*, II, p. 321.

과 하나가 됨에 따라 통일된다고 생각한다. 그리하여 순수 사유의 단계에서 처음으로 인간의 통일이 달성된다. 그러나 여기서 또다시 헤겔을 확실히 발로 서게 할 필요가 있다. 인간의 특성은 생물학적 단계 위에, '나와 너의 **다름**(相違)에 바탕을 둔 **현실** 위에' [20] 곧, 성의 차이(差異) 위에 바탕을 둔다. 남자와 여자의 관계는 차이에서의 통일과 통일에서의 차이를 나타내고 있다. 남성과 여성의 구별은 단지 생물학적인 구별이 아니다. 그것은 다른 양식의 감정 방법이나 사고 방법을 규정하고 있으며, 그리하여 그것은 전 인격에 영향을 미치기 때문이다. 물론 그것은 인간의 사회적 본성을 나타내는 유일한 양식은 아니다. 그러나 포이어바흐는 **공동존재**로서의 인간의 본성은 순수 사유에가 아니라 감각적 현실인 근본 실재에 바탕을 두고 있다는 사실을 강조하려고 한다. 다시 말자면, 성적 차이는 개인은 불완전하다는 것을 가리킨다. '나' 는 나의 보어로서의 '너'에 대해 말해진다는 사실은, 그것의 제일 근본형태에서 남성은 여성을 필요로 하고 여성은 남성을 필요로 한다는 사실을 가리키고 있다.

인간의 특성에 관한 그리고 인류의 통일에 관한, 더 나아가 사랑에 관한 이와 같은 주장으로부터 포이어바흐는 초국가적 사회에 대한 주제를 펼친다, 또는 국제연맹과 같은 조직을 제안한다고 짐작할지도 모른다. 그러나 사실 그는 국가를 인간의 살아 있는 통일로, 그리고 이 통일의 의식의 객관적 표현으로 묘사할 만큼 충분히 헤겔주의자이다. "국가에서 인간의 뭇 능력은 분화하고 발전하지만, 그것은 이러한 분화와 그의 재통합을 통해 무한적 존재를 구성하기 위해서이다. 많은 인간, 많은 힘이 하나의 힘이 된다. 국가는 모든 실재의 총체개념이다. 국

---

20. *W*, II, p. 318.

가는 인간의 섭리이다. … 진정한 국가는 제한받지 않는, 무한한, 진실한, 완성된, 신적 인간이다. … 절대적인 인간이다."[21]

여기서 "정치가 우리의 종교가 되지 않으면 안 된다"[22]고 하는 주장이 생긴다—역설적이지만, 무신론이 이 종교의 조건인데도 말이다. 포이어바흐는 말한다. 전통적인 의미에서의 종교는 국가를 통일하기보다 오히려 해체하는 경향이 있다. 그리고 우리가 신 대신 인간을, 또한 신학 대신 인간학을 바꿔 놓을 때에 비로소 국가는 우리에게 절대적인 것일 수 있다. "인간은 국가의 근본적 본질이다. 그리고 국가는 인간의 본질의 총체가 현실화되고 형성되고 명시된 것이다."[23] 우리가 인간의 본질을 신이라고 하는 개념 형태에서의 초월적 영역에 계속 투영한다면, 이와 같은 진리를 정당하게 다룰 수 없다.

포이어바흐가 내심 품고 있는 국가는 민주주의적 공화국이다. 프로테스탄티즘은 교황의 위치에 군주를 둔다고 그는 주장한다. "종교개혁은 **종교적** 가톨리시즘을 파괴했지만, 근대는 그 대신 **정치적** 가톨리시즘을 건설했다."[24] 이른바 근대라고 하는 시대는 프로테스탄트적인 중세시대가 되어 있다. 그리고 우리는 프로테스탄트 종교의 해소를 통해서만, 인간의 산 통일로서의 그리고 인간의 본질의 구체적 표현으로서의 진정한 민주주의적 공화국을 발전시킬 수가 있다.

순수하게 이론적인 견지에서 보면, 확실히 포이어바흐의 철학은 걸출하지 않다. 이를테면, 신의 관념의 기원을 설명함으로써 유신론을 끝장내려는 시도는 피상적이다. 그러나 역사적 견지에서 보면 그의 철학은 진정한 중요성을 가지고 있다. 일반적으로 말해서, 그것은 세계에

---

21. *W*, II, p. 220. 　　　22. *W*, II, p. 219. 　　　23. *W*, II, p. 244.
24. *W*, II, p. 221.

대한 신학적 해석으로부터 사회적 존재로 보아진 인간 자신이 무대의
중심을 차지하는 것 같은 해석에 이르기까지의 운동의 일부를 이루고
있다. 포이어바흐가 신학 대신에 인간학을 제창한 것은 이의 명백한 자
기 승인이다. 그리고 그는 헤겔주의를 이와 같은 변혁의 과정에서의 하
나의 중간항으로 보고 있다는 점에서 어느 정도 정당화된다. 특히 포이
어바흐의 철학은 마르크스와 엥겔스의 변증법적 유물론과 경제적 역사
이론에서 정점에 달하는 운동의 한 단계이다. 확실히 포이어바흐의 사
상은 사회적 통일의 최고의 표현으로서의 국가, 그리고 경제적 인간보
다도 오히려 정치적 인간이라고 하는 개념의 최고의 표현으로서의 국
가라는 사상의 틀 안에서 움직이고 있다. 그러나 관념론의 유물론에로
의 전환과, 종교에서 나타나고 있는 인간의 자기소외의 극복에 대한 그
의 주장은 마르크스와 엥겔스의 사상의 기초를 마련했다. 마르크스는
포이어바흐를 엄하게 비판했는지도 모른다. 그러나 그는 분명 포이어
바흐에게 빚지고 있는 것이다.

3. 헤겔의 역사적 태도에 대한 루게의 비판

포이어바흐는 주로 종교 문제에 몰두하고 있었기 때문에 헤겔 좌파
에서의 논리적, 형이상학적, 종교적 문제로부터 사회나 정치의 본질 문
제로의 역점이 옮겨진 것은 아마도 아놀드 루게(Arnold Ruge, 1802~80)
에 의하여 더 잘 예증될 것이다. 루게가 조금이나마 정통적 헤겔주의자
였을 때에 쓴 최초의 두 권의 저작은 모두 미학에 관한 것이었다. 그러
나 그의 관심은 이윽고 정치적, 역사적 문제에 집중되었다. 1838년 루
게는 다비드 슈트라우스, 포이어바흐, 브루노 바우어(1809~82) 등의

협력을 얻어 《할레연보(年報)》(*Hallische Jahrbücher für deutsche Wissenschaft und Kunst*)를 창간했다. 1841년 잡지는 《독일연보》(*Deutsche Jahrbücher für Wissenschaft und Kunst*)로 개칭되고, 이 무렵 마르크스가 거기에 참가하기 시작했다. 그러나 그것은 점점 더 급진적인 경향을 취하게 되고 프러시아정부의 적의에 찬 관심을 야기하여 1843년 초 마침내 탄압받기에 이르렀다. 그리하여 루게는 파리로 옮겨가 《독불연보》(*Deutsch-französische Jahrbücher*)를 창간했다. 그러나 루게와 마르크스의 절교, 다른 기고자들의 이산으로 말미암아 새 잡지는 바로 폐간에 몰렸다. 루게는 취리히로 갔다. 그리고 1847년, 그는 독일로 돌아갔다. 그러나 1848년의 혁명이 실패하자 영국으로 건너갔다. 그는 만년에 새 독일 제국의 지지자가 되었고 브라이턴에서 죽었다.

　루게는 역사는 자유의 실현을 향한 점진적 진보이며, 이성적 일반의지의 창조물인 국가에서 달성된다는 헤겔과 신념을 함께하고 있었다. 따라서 그는 헤겔이 루소의 일반의지(*volonté generale*)의 개념을 이용한 것과, 국가를 개인에서, 그리고 개인을 통해 자기 자신을 실현하는 보편의지에 근거 지운 것에 대하여 전적으로 동의하고 있었다. 그러나 동시에 그는 헤겔이 새로운 것에 대하여 아무런 터도 주지 않았다고 하는 의미에서, 미래에 대하여 닫힌 역사해석을 한 것에 대하여 헤겔을 비판했다. 루게에 의하면, 헤겔 체계에서는 역사적 사건이나 제도는 논리적인 필연성을 가지고 자기 자신을 성취하는 변증법적 도식의 사례나 예증으로서 그려져 있다. 헤겔은 역사적 사건, 제도, 사건의 독자성, 반복 불가능성을 이해할 수가 없었다. 그리고 프러시아의 군주정체에 관한 헤겔의 연역은 그의 사상의 폐쇄적 성격, 곧 미래나 진보나 새로운 것에 대한 개방성의 결여를 알려 주는 징조였다.

　루게의 생각으로는 헤겔에서 볼 수 있는 근본적인 문제점은 그가 역사의 도식을 체계로부터 이끌어 냈다는 것이다. 우리는 미리 이성적인 도식을 전제하고 거기에서 역사의 유형을 이끌어 내면 안 되는 것이었다. 만약 그렇게 한다면 그것은 필연적으로 현실의 상태를 정당화하는 것으로 끝날 것이다. 오히려 우리가 해야 하는 일은 역사를 이성적이게 하는 것, 이를테면, 이미 존재하고 있는 것보다 더 합리적인 새로운 제도가 현실이 되도록 하는 것이다. 다시 말해서, 헤겔에서 지배적으로 볼 수 있는 역사, 사회, 정치적 삶에 대한 사변적이고 이론적인 태도 대신에 실천적이고 혁명적인 태도로 대체하지 않으면 안 되는 것이다.

이것은 우리가 역사에서의 목적론적 운동이라는 관념을 버려야 한다는 것을 의미하지 않는다. 오히려 그것은, 철학자는 그 시대정신(*der Zeitgeist*)의 움직임과 요구를 확실히 통찰하기 위해 노력해야 한다는 것, 그리고 철학자는 이와 같은 요구에 비추어 현존하는 제도들을 비판해야 한다는 것을 의미한다. 프랑스혁명 후 한때 헤겔은 직장을 잃었지만, 그러나 그의 시대정신의 현실의 움직임에 대해서는 거의 이해하지 못했다. 이를테면, 그가 그토록 주장했던 자유의 실현은 그가 신성시했던 제도들의 급진적인 변혁 없이는 달성될 수 없다는 것을 이해하지 못했다.

우리는 루게의 태도에서 역사에서의 목적론적 운동에 대한 확신과 실천적이고 혁명적인 태도를 결합하려는 시도를 볼 수 있다. 헤겔은 주로 역사를 이해하는 일에, 곧, 현실 속에서 이성적인 것을 통찰하는 일에 관심이 있었다. 루게와 마르크스는 역사를 형성하는 일에, 곧, 세계를 변혁하기 위해 세계를 이해하는 일에 관심이 있었다. 그러나 루게는 공산주의로 가는 길에서 마르크스를 추종하는 것을 거부했다. 루게의 생각으로는 마르크스의 인간관은 일면적이었다. 그리고 그는 그 자리에 그가 완전한 휴머니즘이라고 부르는 것을 내세웠다. 충족되도록 요구되고 있는 것은 단지 인간의 물질적, 경제적 욕구들뿐 아니라 동시에 정신적 욕구들이기도 하다. 그러나 두 사람의 단절은 단지 이데올로기의 다름에만 근거한 것은 결코 아니었다.

4.　슈티르너의　자아의　철학

　헤겔 좌파의 사상의 전반적인 동향에 대한 강렬한 반론은 다소 엉뚱한 철학자 막스 슈티르너(Max Stirner, 1806~56), 본명 요한 카스퍼 슈미트(Johann Kasper Schmidt)에 의하여 제기되었다. 슈티르너는 베를린대학에서 슐라이어마허와 헤겔의 강의를 들은 후, 어떤 학교에서 수년간 교편을 잡았고, 그 후에 개인적 연구에 전념했다. 그의 저작 중에서 가장 잘 알려진 것은 《유일자와 그의 소유》(*Der Einzige und sein Eigentum*, 1845)이다.

　이 저작의 처음 부분에서 슈티르너는 인간은 인간에 대하여 최고의 존재라고 하는 포이어바흐의 말과 인간은 이제 막 발견되었을 뿐이라는 브루노 바우어의 말을 인용하고 있다. 그리고 그는 이 최고의 존재와 새 발견물을 아주 주의 깊게 보도록 그의 독자에게 종용하고 있다. 그들은 무엇을 발견하게 될까? 슈티르너 자신이 발견하는 것은 자아(ego)이다. 그것은 피히테의 철학에서와 같은 절대자아가 아니라 구체적이며 개인적인 자아이다. 피와 살을 가진 인간이다. 그리고 개인적 자아는 처음부터 자기 자신을 보존하고 주장하려고 하는 유일한 실재이다. 자아는 자기의 현존을 실제적으로 또는 잠재적으로 위협하는 타 존재에 직면하여 자기 자신을 보존하지 않으면 안 되기 때문이다. 다시 말하면, 자아의 관심은 자기 자신이다.

　대개의 철학자가 간과하고 또 잊은 것은 바로 이 유일한 자아이다. 헤겔에서는 개인적 자아는 절대적 사유나 정신 때문에 과소평가되고 있다. 거기서는 역설적으로, 인간은 보편적 정신의 삶에서의 한 요소가 됨에 따라서 그의 자기 또는 본질을 자각한다고 생각되었다. 추상이 구체적인 현실 자리에 들어섰다. 포이어바흐의 철학도 같은 결점을 가지고 있다. 확실히 포이어바흐는, 인간은 종교적 태도에서 볼 수 있는 자기소외를 극복하고 자기 자신을 다시 찾아야 한다고 올바로 주장하고 있다. 참으로 인간의 본질인 자유는 유대교나 그리스도교에서는 인간의 바깥인 신의 개념 속에 투영되고, 인간은 노예가 되어 있기 때문이다. 곧, 인간은 자기 자신을 부정하고 복종하도록 말해지고 있기 때문이다. 그러나 포이어바흐는 과연 종교의 자기소외에 대한, 그리고 헤겔주의의 추상성에 대한 논쟁에서 옳았지만, 그는 유일한 개인을 이해할 수 없었고, 그 자리에 추상적인 인류나 절대적 인간의 개념과 국가에서의, 그리고 국가를 통한 자아의 실현을 제시하고 있는 것이다. 마찬가지로, 비록 인도주의적 사회주의에서 휴머니즘이 그리스도교의 신이나 헤겔의 절대자의 자리에 들어서 있다 해도, 여전히 개인은 추상의 제단에 제물로 바쳐져 있다. 요컨대, 헤겔 좌파의 사람들은 그들이 헤겔 자신에 대하여 퍼부은 것과 같은 성질의 비난을 받을 수 있다.

　슈티르너는 추상적인 절대정신 또는 인류나 인간의 보편적인 본질 대신에 유일하고 자유로운 개인을 왕좌에 앉힌다. 그의 생각으로는 자유는 소유하는 것을 통해 실현된다. 그리고 나는 이러한 유일한 개인으로서 내가 전유할 수 있는 모든 것을 소유한다. 물론 그것은 내가 실제로 모든 것을 나의 소유로 삼아야 한다는 것을 의미하지는 않는다. 그러나 내가 그렇게 할 능력이 없는 경우나 나 자신의 자유의지가 그렇게 하지 않도록 결정을 내리는 경우가 아니고서는 내가 그렇게 해서 안 될

아무 이유도 없다. 나는 '창조적 무'에서 생겨나 '창조적 무'로 돌아간
다. 그리고 내가 현존하고 있는 동안에 나의 유일한 관심사는 나 자신
이다. 나의 노력은, 신이나 국가와 같은 더 높은 차원의 의심적은 권력
이나 추상적인 인류나 보편적 도덕법칙에 의하여 나 자신이 노예가 되
거나 훼방 받는 것을 허용치 않고, 나 자신의 유일한 개성을 표현하도
록 노력해야 할 것이다. 그와 같은 가공의 존재에 대한 종속은 나 자신
의 유일성에 대한 나의 감각을 약하게 만든다.

　슈티르너의 에고이즘의 철학은 그것이 집단이나 추상물을 숭배하는
것에 대한 구체적인 인간적 인격의 항의성명인 한 매우 흥미롭고 그 나
름의 의의를 가지고 있다. 더 나아가 거기에 실존주의와의 그 어떤 정
신적 유사성을 찾아보려는 사람이 있을지도 모른다. 소유라고 하는 주
제의 강조는 실존주의의 특징이라고 하기는 어렵지만, 그러나 유일한
자유로운 개인이라는 주제는 확실히 실존주의의 한 특징이다.>[25] 그러
나 슈티르너의 철학은 여기서는 훗날의 사상의 선구로서가 아니라 형
이상학적 관념론에 반항하는 운동의 한 국면으로서 언급되었다. 아마
도 그것은 보편자의 지나친 강조가 언제나 야기하는 유명론자(唯名論
者)의 반작용의 한 표현이라고 할 수 있다. 물론 그것은 일종의 과장이
다. 개인적 자아의 유일성에 대한 건전한 주장은 근거 없는 에고이즘의
철학과 결합되어 있다. 하지만 과장에 대한 항의는 흔히 반대방향의 과
장의 형태를 취한다.

　그러나 슈티르너는 위대한 철학자라고는 도저히 할 수 없었다는 사
실 말고는 그의 사상은 시대정신과의 일치에서 생겨났다. 그러므로 마
르크스가 슈티르너의 사상 중에 불운한 부르주아 사회에서 소외되고

25.　'창조적 무'에 대한 슈티르너의 모호한 의견은 하이데거의 사상의 어떤 국면을 생각나게 한다.

고립된 개인의 표현을 보았다 해도 그것은 그리 놀라운 일이 아니다. 마르크스와 엥겔스는 그들의 사상 속에 슈티르너가 그렇게 싫어했던 특성, 곧, 헤겔의 국민국가 대신에 경제적 계급, 국가의 변증법 대신에 계급투쟁, 절대적 정신 대신에 인류를 집어넣었다. 그러나 그들의 철학은 좋건 나쁘건 간에 대단한 역사적 의의를 가지고 있었다는 사실은 남는다. 이에 대해 막스 슈티르너는 모든 것을 집어삼키는 보편자에 대한 자유로운 개인의, 끊임없이 되풀이되는 반항의 한 계기로서 그의 철학이 고려될 때 이외에는 거의 중요성이 없는 괴짜 철학자로 기억될 뿐이다.

1 .   머 리 말

마르크스와 엥겔스의 사상을 대할 때, 철학사가는 상당히 곤란한 처지에 몰린다. 한편에서는 그들의 철학이 현대에 끼친 영향과 중요성이 너무 명백하기 때문에 그것을 헤겔 좌파의 발전과 연관시켜, 말하자면 스쳐 지나가면서 서술한다고 하는, 통상적이 아닌 방법은 거의 정당화되지 않는 것처럼 여겨진다. 실제로 그것을 인간의 삶과 역사에 대한 현대의 위대한 비전의 하나로 다루는 것이 더 적당한 것처럼 여겨진다. 그러나 다른 한편, 현대 세계에서 공산주의가 지니고 있는 의문의 여지가 없는 중요성에 혹한 나머지, 그의 기본적인 이데올로기를 19세기에서의 그것의 역사적 배경으로부터 억지로 떼어 놓도록 허용하는 것은 잘못일 것이다. 마르크스주의는, 좋건 나쁘건 간에, 그것이 현대에서 광범한 영향을 주고 있는 세력을 고무하고 그 운동력과 결합력을 주고 있다는 의미에서 확실히 산 철학이다. 그것은 그 확신의 정도는 다를지언정 매우 많은 사람들에게 받아들여지고 있다. 그러나 동시에 다소간에 통일된 체계로서의 그의 지속적 생명은 주로 철학 외의 요소와의 연합, 곧, 오늘날 누구도 그 의의를 부정하지 않는 강력한 사회적, 정치적 운동과의 연합에 의거하고 있다고 할 수 있다. 물론, 그와 같은 결합이 우연이 아님은 확실하다. 곧, 공산주의는 자기 자신의 발생과 발전 과정의 바깥에 있는 관념들의 체계를 채택하지는 않았다. 그러나 문제는 마르크스주의를 하나의 신념이 되게 함으로써 19세기의 다른 철학들이 겪은 운명으로부터 그것을 구한 것은 바로 공산당이었다는 점이다. 그리고 19세기 철학의 철학사가는 마르크스와 엥겔스의 사상을 주로 그것의 역사적 배경에서 서술하는 것이 정당화되고, 또 그것을 하나의 당파—비록 그것이 아무리 강력하다 해도—의 기본강령으로서 현대에서의 중요성으로부터 떼어 내어 생각하는 것이 정당화된다.

따라서 나는 나의 관심을 마르크스와 엥겔스 자신의 사상의 몇 가지 국면에 한정하기로 했다. 그리고 약간의 간단한 논급을 제하고는 공산당의 매개를 통한 현대 세계에서의 그것의 영향력과 그들의 철학의 그 후의 발전을 도외시하기로 했다. 실제로, 19세기의 독일철학에 대한 어느 정도 과분한 서술이 문제가 될 때에는 이와 같은 한정은 자기변호의 필요가 없을 것이다. 그러나 우리 시대에서의 공산주의의 중요성은, 독자로 하여금, 좀 더 상세한 서술이 바람직하며, 또한 철학사인 이 책은 마르크스의 철학으로 정점에 이르게 해야 한다고 생각하게 할지도 모르기 때문에, 다음과 같은 것을 지적해 두는 것이 좋겠다. 곧 그것은, 마르크스주의를 19세기 철학의 정점으로서, 그리고 합류점으로 서술하는 것은 오늘날의 세계에서의 정치적 상황의 결정적인 영향 아래서는 잘못된 역사상을 주게 될 것이라고 하는 것이다.

2. 마르크스와 엥겔스의 생애와 저작
그리고 그들 사상의 발전

카를 마르크스(Karl Marx, 1818~83)는 유대계 독일인이었다. 진보적 유대인이었던 부친은 1816년에 프로테스탄트로 개종했고 마르크스 자신은 1824년에 세례를 받았다. 그러나 부친의 종교적 신념은 결코 깊은 것이 아니었으며 마르크스는 칸트적 이성주의와 정치적 자유주의의 전통 아래 양육되었다. 트리어(Trier)에서의 학교교육을 마친 다음 그는 본과 베를린의 대학에서 공부했다. 베를린대학에서는 청년 헤겔파, 곧, 이른바 **독토르 클럽**(*Doktorklub*)의 회원들, 특히 브루노 바우어(Bruno Bauer)와 사귀었다. 그러나 얼마 안 되어 그는 헤겔 좌파의 순전히 이론적인 태도에 만족할 수 없게 되었다. 그리고 그 불만은 1842년에 쾰른에서 새로 발간된 《라인신문》(*Rheinische Zeitung*)의 편집—얼마 안 되어 그는 그 편집장이 되었다—에 협력하기 시작했을 때 강해졌다. 왜냐하면, 그의 일은 그를 구체적인 정치적, 사회적, 경제적 문제와의 밀접한 관계로 이끌었는데, 거기서 그는, 이론이란 그것이 유효한 것이라면, 실천적 활동이나 행위를 낳아야 한다고 확신하게 되었기 때문이었다. 이것은 아주 자명한 것으로 마치 동어반복(同語反覆)같이 생각된다. 그러나 중요한 것은 마르크스가 철학자의 일은 다만 세계를 이해하는 것이며, 우리는 말하자면 이념이나 이성의 계획을 신용할 수 있다고 하는 헤겔적 관념에서 이미 낯을 돌리고 있다는 점이다. 전통적 관념이나 현존하는 제도들의 비판은 만약 그것이 정치적, 사회적 행위를 낳지 않는다면, 그것을 변혁하기에 충분하지 않다. 실제로 종교가 인간의 인간으로부터의 소외를 나타내고 있다면, 독일철학도 그 나름의 방식으로 그것을 나타내고 있다. 독일철학은 인간을 그가 그 안에 포함되어 있는 과정의 한갓 관찰자가 되게 함으로써 현실로부터 유리시켜 버리고 있기 때문이다.

그와 동시에 현실의 상황에 대한 반성은 마르크스로 하여금 헤겔의 국가론에 대하여 비판적 태도를 취하게 했다. 그리고 그가 《헤겔의 국법론 비판》(*Kritik des Hegelschen Staatsrechts*)이란 표제 아래 헤겔의 국가개념에 대한 비판을 저술한 것은 분명 이 1841년부터 43년의 시기였다. 헤겔에 의하면, 객관적 정신은 국가에서 그의 최고의 표현에 이른다. 가족과 시민사회는 국가라고 하는 관념의 변증법적 발전에서의 두 계기 또는 국면이다. 객관적 정신이라는 형태에서의 이념의 최고의 표현인 국가는, 헤겔에게는 '주어'이며, 가족과 시민사회는 '술어'이다. 그러나 이것은 사실을 뒤집어 놓은 것이다. 국가가 '주어'가 아니라 반대로 가족과 시민사회가 주어인 것이다. 가족과 시민사회는 인간사회에서의 기본적 현실을 이루고 있다. 헤겔의 국가는 사람들의 삶으로부터 절단되고 또 그것에 대립하고 있는 추상적인 보편자이며 정치적, 관료적 제도이다. 사실, 공적 이익과 사적 이익 사이에는 모순이 있다. 마르크스는 인간의 자기소외의 표현으로서의 종교라고 하는 포이어바흐의 생각을 정치의 영역에 옮겨 놓고, 인간은 헤겔에 의하여 생각된 국가에서는 자기의 참본질을 소외하고 있다고 주장한다. 왜냐하면, 인간의 참된 삶은 국가에 있다고 생각되는데, 실제로는 국가는 낱낱의 인간과 그 이익에 대립되고 있기 때문이다. 그리고 공적 이익과 사적 이익 사이의 이러한 모순이나 간격은 인간이 사회화된 인간이 될 때까지, 그리고 헤겔에 의하여 찬양된 정치적 국가가 진정한 민주주의로, 곧, 사회적 기구가 인간과 인간의 현실의 이익에 대하여 더 이상 겉치레의 것이 아닌 진정한 민주주의에 길을 내주게 될 때까지 지속될 것이다.

마르크스는 또한 시민사회의 기초로서의 사유재산을 강조하는 헤겔의 생각을 공격하고 있다. 하지만 그는 아직 명확한 공산주의 이론으로 까지는 이르지 못하고 있다. 오히려 그는 군주제 폐지와 사회적 민주주의의 발전을 호소하고 있다. 그러나 계급이 없는 경제적 사회라는 관념은 헤겔의 정치적 국가에 대한 그의 비판과 진정한 민주주의에 대한 그의 관념 속에 잠재해 있다. 더 나아가 인간의 신체에 대한 그의 관심과 그의 국제주의는 그의 헤겔 비판 속에 잠재해 있다.

1843년 초, 라인신문은 국가권력에 의하여 폐쇄되었다. 마르크스는 파리로 갔고, 거기서 루게와 힘을 합해《독불연보》(*Deutsch-französische Jahrbücher*)를 편집했다. 발행된 최초이자 유일한 호에서 그는 두 개의 논문을 발표했다. 하나는 헤겔의《법철학》을 비판한 것이고, 다른 하나는 브루노 바우어의 유대인 문제에 관한 논문을 비판한 것이었다. 첫째 논문에서 마르크스는 인간 쪽의 자기소외로서의 종교에 대한 포이어바흐의 분석에 언급하고, 그와 같은 자기소외가 왜 생기는가를 묻는다. 왜 인간은 초자연적인, 가공의 세계를 만들고 그 자신의 참된 자기를 그것에 투영하는 것인가? 종교는 인간 사회에서의 왜곡을 반영하고 표현하고 있기 때문이라는 것이 그 답이다. 인간의 정치적·사회적·경제적 삶은 인간의 참된 자기를 충족시킬 수가 없다. 그리하여 인간은 종교라고 하는 가공의 세계를 만들고 자기의 행복을 거기에서 찾는다. 결국 종교는 인간이 자기에게 투여한 아편이다. 종교는 거기에서만 찾을 수 있는 인간의 행복을 인간이 찾는 것을 방해하는 한, 그것은 공격받지 않으면 안 된다. 하지만 만약 그 비판이 정치적·사회적 비판에서 분리된다면, 종교비판은 별 가치가 없다. 왜냐하면, 그것은 결과를 공격하고 원인을 무시하고 있기 때문이다. 더욱이 비판은 단지 그것만으로는 어떻든 부적당하다. 우리는 다만 사회에 대해 철학하는 것만으로는 사회를 변혁시킬 수가 없다. 사상은 행동을, 곧, 사회혁명을 낳지 않으면 안 된다. 왜냐하면, 철학적 비판은 이렇게 해서만 풀릴 수 있는 문제를 제기하기 때문이다. 마르크스의 말로 하자면, 철학은 극복되지 않으면 안 된다. 그리고 이 극복은 또한 철학의 실현이기도 하다. 그것은 이론의 영역을 떠나 대중에게 침투하지 않으면 안 된다. 그리고 그 때에는 그것은 이미 철학이 아니다. 그것은 가장 억압된 계급, 곧, 프롤레타리아트의 일이 되어야 하는 혁명의 형태를 띠게 된다. 프롤레타리아트는 사유재산을 폐지함으로써, 의식적으로 그리고 명확하게, 자기 자신을 해방하고 또 자기 자신을 개방함으로써 사회 전체를 해방한다. 왜냐하면, 에고이즘과 사회적 부정은 사유재산제도와 결부되어 있기 때문이다.

분명히 약간의 국면에서 마르크스의 사고방식은 헤겔의 영향을 받고 있다. 이를테면, 소외와 그의 극복이라는 관념은 헤겔에서 온 것이다. 하지만 동시에 그가 정신으로 규정되는 절대자의 자기 드러냄이나 표현으로서의 역사라는 개념을 거부하고 있다는 것은 명백하다. 확실히 실천과 행위를 통한 자기표현으로서의 역사라고 하는 마르크스의 생각은 이념의 구체적인 자기전개라고 하는 헤겔의 관념을 상기시킨다. 그러나 그에게 근본적 실재는 포이어바흐에서처럼 이념이나 로고스가 아니라 자연이었다. 그리고 1844년에 쓰인 그의 정치학적, 경제학적 초고에서 마르크스는 자신의 입장과 헤겔의 입장의 차이를 강조하고 있다.

참으로 마르크스는 헤겔을 높이 평가하고 있다. 그는 헤겔이 모든 과정의 변증법적 성격을 통찰하고 있었던 것에 대해, 그리고 인간은 자기 자신의 활동을 통해서, 곧, 자기 외화와 그의 극복을 통하여 자기 자신을 전개 또는 표현한다고 생각했던 것에 대하여, 헤겔을 칭찬하고 있다. 그러나 동시에 마르크스는 자기의식으로서의 인간이라고 하는 헤겔의 관념론적 견해에 대하여, 그리고 인간의 활동을 주로 사유의 정신적 활동으로 생각했던 것에 대해 헤겔을 비판하고 있다. 확실히 헤겔은, 인간을 객관적 정신에서 자기 자신을 밖으로 표현한 다음에, 더 높은 단계에서 자기 자신으로 돌아오는 것으로 생각하고 있다. 그러나 그의 관념론은 객관적 질서를 다만 의식과의 관계에서 설명함으로써 그것을 배제하는 경향을 가지고 있다. 따라서 자기 외화와 그 극복의 과정은 헤겔에게는 객관적 현실에 있다기보다 오히려 사유 속에, 그리고 사유에 대해 있는 것이었다.

　마르크스가 헤겔을 공평하게 다루고 있는지 아닌지는 논의의 여지가 있을 것이다. 그러나 어떻든 그는 헤겔이 이념에 우위를 두었던 것에 반대하여 감성계에 우위를 두었다. 그리고 그는 인간 노동의 기본적 형태는 사유가 아니라 손일이며 이 손일에서 인간은 자기 자신을 자기의 노동의 객관적 생산물 속에, 곧, 현재의 사회에서는 생산자에 속해 있지 않는 것 같은 생산물 속에 소외한다고 주장했다. 이와 같은 소외는 사유재산이라고 하는 관념이 더 높은 관념으로의 변증법적 운동에서의 한 계기로 간주되는 사유의 과정으로써는 극복될 수 없다. 그것은 다만 사유재산을 폐지하고 공산주의에로의 이행을 가져오는 사회혁명을 통해서만 극복될 수 있다. 변증법적 운동은 현실에 대한 사유의 운동이 아니다. 그것은 현실 자신의 운동이며 역사적 과정이다. 그리고 부정의 부정(사유재산의 폐지)은 인간의 자기소외가 한갓 사유에 대하여 극복되는 것이 아니라 현실로 극복될 수 있을 새로운 역사적 상황의 적극적인 출현을 의미하고 있다.

　1843년의 여러 논문들과 1844년의 초고에서 볼 수 있는 이러한 사상과 행동의 통일이라는 주장과 사회혁명과 공산주의로의 이행을 통한 인간의 자기 소외의 극복이라는 주장은, 적어도 부분적으로는 헤겔 좌파와 마르크스가 파리에서 사귀게 된 사회주의자의 운동과의 밀접한 결합의 소산이라고 볼 수 있다. 청년 헤겔파에 지배적이었던 비판적이고 이론적이었던 태도에 만족할 수 없었던 마르크스는 파리에서는 그것보다 훨씬 활동적인 태도를 발견했다. 애덤 스미스나 리카도와 같은 영국의 고전경제학자들을 연구하는 한편, 그는 독일의 망명 사회주의자나 프루동이나 루이 블랑과 같은 프랑스의 사회주의자, 더 나아가 러시아의 바쿠닌과 같은 혁명가들과의 개인적인 사귐을 가졌기 때문이었다. 그리고 비록 마르크스가 이미 실천의 필요성을 강조하는 경향을 보이고 있었다고는 하지만, 사회주의자의 운동과의 이와 같은 개인적 접촉은 그의 정신에 깊은 영향을 미쳤다. 그러나 동시에 그는 사회주의자들은 독일의 철학자들보다 한결 더 현실과 접촉하고 있지만, 그들은 상황과 그의 여러 요구에 대하여 바른 평가를 내리지 못했다고 하는 결론에 이르렀다. 그들은 비전과 목적과 방법을 통일하는 지적인 도구를 필요로 하고 있었다. 그리고 마르크스는 철학의 지양에 대해 말하고, 그 자신의 역사 이론을 하나의 철학체계로 여기지는 않았지만, 그것은 실제로는 하나의 철학체계가 되었을 뿐 아니라, 또한 그것은 헤겔주의의 전환에 많은 것을 힘입고 있음이 분명하다.

하지만 마르크스가 파리에서 얻은 가장 중요한 개인적 접촉은 1844년에 영국으로부터 파리에 도착한 엥겔스와의 만남이었다. 물론 두 사람은 몇 해 전에 만난 일이 있었다. 그러나 그들의 우정과 공동 저술은 1844년에 시작된다.

프리드리히 엥겔스(Friedrich Engels, 1820~95)는 부유한 실업가의 아들이었다. 그리고 젊었을 때 그는 부친의 상회에서 어떤 지위에 있었다. 1841년, 베를린에서 병역을 치르는 동안 그는 브루노 바우어의 서클과 알게 되어 헤겔적 입장을 취했다. 그러나 포이어바흐의 저작은 그의 정신을 관념론으로부터 유물론으로 바꾸었다. 1842년, 그는 부친의 상회에서 일하기 위해 맨체스터로 가서 초기의 영국 사회주의자들의 사상에 관심을 가졌다. 1845년에 독일에서 간행된 영국에서의 노동계급에 대한 논문(「영국에서의 노동계급의 상태」 *Die Lage der arbeiten-den Klassen in England*)가 쓰여진 것은 맨체스터에서였다. 그는 또한 《독불연보》에 「국민경제학비판 개요」(*Umriße einer Kritik der National-ökonomie*)를 기고했다.

마르크스와 엥겔스가 파리에서 만난 직접적인 성과는 **《성가족》**(聖家族, *Die heilige Familie*, 1845)을 공동집필한 것이었다. 이 저작은 「비판」은 「성가족」, 곧, 바우어의 서클 사람들에서 그 구체화를 발견한 초월적 존재이다라고 생각하는 듯이 보이는 브루노 바우어와 그의 친구들을 겨냥하고 있었다. 관념론자들이 사유와 의식을 강조하는 것에 반대하여 마르크서와 엥겔스는 국가, 법률, 종교 그리고 도덕의 형태들은 계급투쟁의 여러 단계에 의하여 결정된다고 주장했다.

1845년 초에 마르크스는 프랑스로부터 브뤼셀로 추방되었다. 거기서 그는 "철학자는 세계를 여러 가지로 해석해 왔을 뿐이다. 실제로 필요한 것은 그것을 변혁하는 것인데도 말이다"라고 하는 유명한 말로 끝나는 포이어바흐에 관한 11개의 테제를 썼다. 그리고 그가 엥겔스와 합류했을 때, 두 사람은 함께 **《독일 이데올로기》**(*Die deutsche Ideologie*)를 썼다. 그러나 이것은 1932년까지 공간되지 않았다. 이 저작은 포이어바흐, 바우어, 슈티르너로 대표되는 동시대의 독일철학과 독일의 사회주의자들을 비판한 것이며, 그것은 역사에 관한 유물론자의 생각의 개요를 보여 주는 것으로 중요하다. 근본적인 역사적 실체는 자연에서 활동하고 있는 사회적 인간이다. 물질적 또는 감성적 활동은 인간의 근본적 삶이다. 그리고 의식을 규정하고 있는 것은 삶이며 관념론자가 생각하듯이 그 반대가 아니다. 다시 말하면, 역사에서의 근본적 요소는 물질적 또는 경제적인 생산의 과정이다. 그리고 사회적 계급의 형성과 여러 계급 간의 투쟁, 그리고 간접적으로는 정치적 삶이나 법률이나 논리학의 여러 형태는 모두 여러 가지의 계기적인 생산양식에 의하여 규정된다. 더 나아가 역사의 전 과정은 프롤레타리아 혁명과 공산주의의 도래에로 움직이고 있는 것이고, 절대적 정신의 자기인식이나 그러한 따위의 철학적 환상으로 움직이고 있는 것이 아니다.

1847년에 마르크스는 프루동의 《가난의 철학》(*Philosophie de la misère*)을 비판한 《철학의 가난》(*Misère de la philosophie*)을 프랑스어로 출판했다. 그 책에서 마르크스는 그가 부르주아 경제학의 특징이라고 생각하고 있는 고정관념, 영원한 진리, 자연법칙의 관념을 공격하고 있다. 이를테면 절도로서의 재산을 인정한 다음에 프루동은 이와 같은 성격의 재산을 없애는 사회주의 제도를 마음속에 그리고 있다. 그리고 이것은 그가 사유재산이라는 것을 영원한, 또는 자연적인 가치로서 그리고 고정된 경제적 범주로 생각하고 있음을 가리키고 있다. 그러나 이러한 뭇 가치나 뭇 범주는 존재하지 않는다. 그뿐 아니라 아 프리오리하게 수행되고 그 후에 역사와 사회를 이해하는 데 적용되는 철학은 없다. 구체적인 역사적 상황의 분석에 의거한 비판적 인식만이 있을 수 있다. 마르크스의 견해로는 변증법은 현실에서 표현되고 있는 사유의 법칙이 아니다. 그것은 실재의 현실적 과정에 깃들어 있으며, 정신이 구체적 상황을 바르게 분석할 때 사유에서 반영된다.

그러나 마르크스는 사상과 행동의 통일이라고 하는 그의 생각에 충실하게, 바우어나 포이어바흐와 같은 독일의 관념론자나 프루동과 같은 사회주의자의 결점을 비판하는 것으로 결코 만족하지 않았다. 그는 공산주의자 동맹에 가입하였고, 1847년에 엥겔스와 더불어 그 동맹의 근본 방침과 목적에 대한 짧은 성명을 작성하도록 위촉받았다. 이것이 유명한 《공산당선언》(*Communist Manifesto*)으로서 1848년에 런던에 서 공간되었다. 그것은 그 해에 유럽에서 일어난 일련의 혁명과 반란에 조금 앞서서였다. 독일에서 혁명운동의 활발한 국면이 시작되었을 때, 마르크스와 엥겔스는 고국에 돌아왔다. 그러나 혁명이 실패한 다음에, 고발되고 사면받은 마르크스는 파리로 물러갔으며, 1849년에는 프랑 스에서 재차 추방되었다. 그는 런던으로 갔고 거기서 친구인 엥겔스의 재정적 원조를 받으면서 그의 여생을 거기서 보냈다.

1859년, 마르크스는 《경제학비판》(*Zur Kritik der politischen Oeko- nomie*)을 베를린에서 출판했다. 이 책은 《선언》과 마찬가지로, 유물론 적 역사관의 표명으로서 중요하다. 그리고 다시금 이론과 실천이 일치 하여 마르크스는 1864년에 국제노동자동맹을 창설했다. 그것은 통상 제1인터내셔널로 알려져 있다. 그러나 그것의 성장에는 어려움이 따랐 다. 이를테면, 마르크스와 그의 친구들은 프롤레타리아트가 성공적으 로 승리하려면, 위원회의 손에 권위가 집중될 필요가 있다고 생각했음 에 반해, 다른 사람들, 이를테면 아나키스트 바쿠닌은 중앙위원회의 독 재권을 승인하는 것을 거부했다. 뿐더러 마르크스는 얼마 안 있어 프랑 스와 독일의 사회주의자 그룹들과 다투었다. 1872년, 헤이그 회의에서 중앙위원회는 마르크스의 제의로 뉴욕으로 옮겨졌다. 그리고 제1인터 내셔널은 오래가지 못했다.

마르크스의 유명한 저작 《자본론》(*Das Kapital*) 제1권은 1867년에 함부르크에서 출판되었다. 그러나 저자는 출판을 계속하지 않았다. 그 는 1883년에 죽었다. 그리고 제2권과 제3권은 그의 사후에 엥겔스에 의해 1885년과 1894년에 각각 출판되었다. 더 나아가 초고들이 K. 카 우츠키에 의하여 1905~10년에 몇 권으로 나뉘어 출판되었다. 이 저작 속에서 마르크스는 부르주아 또는 자본주의 제도는 필연적으로 계급대립을 품고 있다고 주장했다. 상품의 가치는 말하자면 구체화된 노동이기 때문이다. 곧, 상품의 가치는 거기에 주입된 노동을 나타내고 있다. 그런데 자본가는 그 상품의 가치가 낳는 것보다 더 적은 임금을 노동자에게 지불함으로써 이 가치의 일부분을 자기 자신을 위해 제 것으로 만든다. 그렇게 해서 그는 노동자를 사취(詐取) 또는 착취한다. 그리고 이와 같은 착취는 자본주의를 폐지하는 것이 아니면 지양될 수 없다. 물론 마르크스는 가능한 한 임금을 계속 낮게 주는 습관과 같은, 경제조직에서의 동시대의 악습에 언급하고 있다. 그러나 착취는 이런 의미에서만 이해되어서는 안 된다. 만약 이른바 노동가치설이 일단 받아들여진다면 자본주의 제도는 필연적으로 노동자의 착취 또는 사취를 가져오기 때문이다. 그리고 높은 임금의 지불로써도 이 사실은 변하지 않을 것이다.

1878년, 엥겔스는 《반(反)뒤링론》(*Anti-Dühring*)으로 널리 알려진 저작을 출판했다. 그것은 당시 영향력이 있었던 독일의 사회주의자 오이겐 뒤링(Eugen Dühring, 1833~1921)에 반대하여 엥겔스가 쓴 몇 개의 논문이었다. 그중의 한 장은 마르크스에 의하여 쓰여졌다. 엥겔스는 또한 《자연변증법》(*Dialektik der Natur*)을 쓰는 데 골몰했다. 그러나 그는 마르크스의 《자본론》의 제2권과 제3권을 출판하는 일과 인터내셔널을 부흥시키는 일에 너무 정력을 기울였으므로 그 저작 《자연변증법》을 완성시킬 수 없었다. 그리고 그것은 1925년에 모스크바에서 출판될 때까지 공개되지 않았다. 엥겔스는 마르크스와 같은 철학적 훈련이 없었다. 그러나 그는 광범한 영역에 걸친 관심을 가지고 있었다. 그리고 변증법적 유물론을 자연철학에 적용한 것은 마르크스가 아니라 엥겔스였다. 그러나 아마도 그 성과는 그의 저작을 강령의 1부로 승인하지 않는 사람들 사이에서 철학자로서의 그의 평가를 높여 주는 것은 아니었다.

엥겔스의 다른 저작 중에서는 《가족, 사유재산 그리고 국가의 기원》 (*Der Ursprung der Familie, des Privateigentums und des Staats*, 1884)이 언급되지 않으면 안 된다. 거기서 그는 계급분열의 기원과 국가의 기원을 사유재산 제도로부터 이끌어 내려고 했다. 1888년에 엥겔스가 쓴 일련의 논설은 《루트비히 포이어바흐와 독일고전철학의 종언》(*Ludwig Feuerbach und der Ausgang der klassischen deutschen Philosophie*)이라는 제목의 한 권의 책으로 출판되었다. 엥겔스는 1895년 8월 죽었다.

3. 유물론

헤겔이 개념(概念, *der Begriff*) 또는 논리학적 이념을 자연에서 자기 자신을 객관화하는 실재라고 생각했는지 아닌지는 논의의 여지가 있다. 그러나 마르크스와 엥겔스는 헤겔을 그렇게 이해했다. 곧, 로고스는 자기 자신을 그의 대립물, 곧 무의식적 자연에서 표현한 다음에 정신으로서 자기 자신에게 돌아오고, 그리하여 말하자면 자기 자신의 본질과 규정을 실현하는 근본적 실재라고 주장하는 것으로 이해했다. 그리하여 마르크스는 그의 《자본론》의 독일어 제2판의 머리말에서 "헤겔에게는 그가 '이념'이라는 이름으로 하나의 독립한 주체로 전화시키고 있는 사유과정이 현실적인 것의 창조자이며 현실적인 것은 단지 그의 외적 현상에 지나지 않는다"[1]고 말하고 있다. 또 엥겔스는 《포이어바흐론》에서 "헤겔에서 변증법은 개념의 자기전개이다. 절대적 개념은 영

---

1. *Das Kapital*, I, p. xvii (Hamburg, 1922); *Capital*, II, p. 873 (London, Everyman).

원한 옛날부터—어디엔지 모르지만—있으며, 또한 그것은 현존하는 세계의 원래의 산 혼이다. … 그것은 자연이 됨으로써 자기를 외화하고 이 자연에서는 그것은 자기를 의식하는 일 없이 자연 필연성의 모습으로 새로운 발전을 하고, 마지막으로 인간에서 다시 자기의식에 이른다."[2]

이와 같은 형이상학적 관념론에 대하여 마르크스와 엥겔스는 근본적 실재는 자연이라고 하는 포이어바흐의 명제를 받아들였다. 그리하여 엥겔스는 유물론을 다시 왕좌에 앉힌 포이어바흐의 《그리스도교의 본질》이 준 해방적인 영향에 대하여 다음과 같이 말하고 있다. "자연은 모든 철학을 떠나 독립적으로 현존하고 있다. 그것은 우리 인간이 그 위에 성장한 토대이며 우리 자신이 자연의 산물이다. 자연과 인간 이외에는 아무것도 존재하지 않으며, 우리의 종교적 공상으로부터 만들어 내는 더 높은 차원의 존재는, 우리 자신의 본질이 공상 중에 반영된 것에 지나지 않는다. … 폭풍우 같은 감격으로써 마중되었다. 우리는 즉시 포이어바흐주의자가 되었다. 마르크스가 이 새 사상을 얼마나 열광적으로 받아들였는지, 그리고 그가—모든 비판적 유보에도 불구하고—그것에 의하여 영향을 받았는지는 《성가족》 중에서 읽어 낼 수가 있다."[3]

이 한 구절에서 엥겔스는 유물론의 복권에 대해 말하고 있다. 물론 마르크스와 엥겔스는 둘 다 유물론자였다. 그러나 명백히 그것은 그들이 정신의 실재성을 부인했다고 하는 것이나 사유의 과정을 그대로 물질의 과정과 동일시했다는 것을 의미하지는 않는다. 그들에게 유물론이란, 우선 첫째로 자연에 앞서, 자연에서 자기 자신을 표현한다고 하

---

2. *Ludwig Feuerbach*, p. 44 (Stuttgart,1888); *Ludwig Feuerbach*, edited by C. P. Dutt with an introduction by L. Rudas, p. 53 (London, no date).

3. *Ludwig Feuerbach*, pp. 12~13 (p. 28). 영역본을 2회 이상 인용할 때에는 처음을 제외하고는 책이름을 쓰지 않고 쪽수만을 ( ) 안에 적는다.

는 정신, 또는 이념의 존재를 부인하는 것이었다. 명백히 그것은 인간이 정신을 가지고 있다는 것을 부인하는 것과 동일한 의미는 아니었다. 엥겔스는 《자연변증법》에서 자연 가운데 전화(轉化)를 일으키는 법칙으로서 양으로부터 질에로의 전화와 그 역의 법칙에 대해 말하고 있다.[4] 이런 종류의 전화는 점차적인 양적 변화가 급격한 질적 변화에 의하여 이어질 때 일어난다. 그리하여 물질이 어떤 복잡한 조직의 형태에 이를 때, 정신은 새로운 질적 요소로 나타난다.

확실히 정신의 능력의 문제가 마르크스와 엥겔스에 의하여 다소 불명확한 채로 남겨져 있다. 마르크스는 《경제학 비판》의 머리말에서 다음과 같은 유명한 말을 하고 있다. "인간의 의식이 그 존재를 규정하는 것이 아니다. 반대로 인간의 사회적 존재가 그 의식을 규정한다."[5] 그리고 엥겔스는 이렇게 말하고 있다. "우리는 현실의 사물을 절대적 개념의 이런 저런 단계의 묘사로 보지 않고, 다시 유물론적 견지에서 우리의 두뇌 속에 있는 개념을 현실의 사물의 모사(模寫)로 본다."[6] 그리고 이와 같은 표현은 모두 인간의 사유를 물질적·경제적 조건이나 자연 과정의 모사나 반영에 지나지 않는 것으로 여기는 것 같다. 다시 말해, 그것들은 인간 정신의 수동적 성격을 암시하고 있는 것 같다. 그러나 우리는 이미 마르크스가 포이어바흐에 관한 테제에서, 철학자는 단지 세계를 해석해 왔을 뿐이지만, 세계를 변혁하는 것이 인간의 과제라고 주장했음을 보았다. 따라서 《자본론》 제1권에서 그가 인간 노동자를 거

---

4. 사실, 헤겔은 《대논리학》에서 질의 범주로부터 양의 범주로 나가고 있다. 그러나 도량(度量)을 다룰 때, 그는 연속적 양의 변화 다음에 급격한 질의 변화, 곧 비약이 뒤따르는 맺힘점에 대하여 말하고 있다. 그리고 이것은 차례로 다음의 양적 변화가 새로운 맺힘점에 이를 때까지 계속된다.

5. *Zur Kritik der politischen Oekonomie*, p. xi (Stuttgart, 1897); *Marx-Engels: Selected Works*, I, p. 363 (London, 1958).

6. *Ludwig Feuerbach*, p. 45 (p. 54).

미나 꿀벌과 비교하고 있는 것을 보아도, 그리고 가장 나쁜 건축가라도
가장 훌륭한 꿀벌과 구별된다—전자는 자기가 만들기 전에 자기 일의
소산에 대해 생각하는 데 비해 후자는 그것을 생각하지 않는다는 점에
서—고 말하고 있다 해도 사실 놀랄 일이 아니다. 인간 노동자에서는
목적을 가진 의지, 그리고 자기 자신을 구체화하려는 의지가 있다.〉[7]
만약 마르크스와 엥겔스가 그들이 실제로 그렇게 한 것처럼, 혁명적 행
동의 필요성과 상황을 바르게 분석하고, 거기에 따라서 행동하는 것의
필요성을 주장한다면, 그들은 명백히 정신과는 그 표면에 자연의 여러
과정과 경제적 조건들이 수동적으로 반영되고 있는 일종의 풀(pool)에
지나지 않는다고 주장할 수는 없다. 그들이 헤겔을 발로 일으켜 세우려
고 할 때, 곧, 관념론을 유물론으로 전환하려고 할 때, 그들은 인간적
개념과 사유과정이 모사—관념(copy-idea)임을 강조하는 경향이 있다.
그러나 그들이 사회혁명과 그 준비의 필요성에 대하여 말할 때, 명확하
게 그들은 인간 정신과 의지에 대하여 어떤 적극적인 소임을 주지 않으
면 안 된다. 그들의 발언은 언제나 완전히 일관된 것은 아니나 그들의
유물론은 기본적으로는 물질의 우위를 주장하는 것이지, 정신의 실재
성을 부정하는 것이 아니다.

4. 변증법적 유물론

　마르크스와 엥겔스는 자기들의 유물론을 헤겔의 관념론에 대한 맹
렬한 반대론으로 여겼지만, 그들은 분명히 자기 자신을 한갓 헤겔에 대

---

7. *Das Kapital*, I, p. 140 (I, pp. 169~70).

한 반대자로 여긴 것은 아니었다. 왜냐하면, 현실의 변증법적 과정, 곧, 부정과 부정의 부정―그것은 또 **더** 높은 단계에서의 긍정이기도 하다―의 방법에 의한 과정에 대한 관념에 관해서 그들은, 그들이 헤겔에게 힘입고 있음을 인정하고 있기 때문이다. 같은 것을 달리 표현한다면, 과정 또는 발전은 현존하는 상황이나 사태의 모순이라는 형태를 취한다. 그리고 모순의 모순―이 모순은 처음 모순의 극복이다―이 그것에 잇따른다. 그것은 정립·반정립·종합의 문제라기보다 차라리 부정과 부정의 부정의 문제이다―제2의 부정은 그것이 변증법적 과정에서의 **더** 높은 단계로의 이행인 한, 어떤 의미에서 종합으로 간주된다.

이와 같은 변증법적 과정으로서의 발전이라는 관념은 마르크스와 엥겔스의 사상에 본질적이다. 분명, 사람은 마르크스주의자가 아니라도 물질의 정신에 대한 우위라는 명제와, 지금은 창발적(emergent) 진화로 불리는 어떤 종류의 형태를 받아들일 수가 있다. 마르크스와 엥겔스의 유물론은 오늘날 일반적으로 쓰이고 있는 용어로 말하면, 변증법적 유물론이다. ― 마르크스 자신은 그 말을 쓰고 있지 않지만.

확실히 마르크스와 엥겔스는 변증법에 대한 그들의 견해와 헤겔의 그것을 구별하려고 애썼다. 그들의 생각으로는, 헤겔은 사유가 변증법적으로 운동한다고 봄으로써 이 절대적 사유의 과정, 곧, 이념의 자기 전개를 실체화했다. 그리하여 세계와 인간의 역사에서의 변증법적 운동은 헤겔에 의하여 사유의 운동의 반성 또는 현상적 표현으로 간주되었다. 하지만 마르크스와 엥겔스에게 변증법적 운동은 무엇보다도 현실에서, 곧 자연과 역사에서 볼 수 있다. 인간 사유의 변증법적 운동은 한갓 현실의 변증법적 과정의 반영일 뿐이다. 그리고 그들에게 사유와 현실과의 관계의 이와 같은 역전은 헤겔을 발로 일으켜 세운다는 과제의 본질적인 부분이었다. 그러나 동시에 마르크스와 엥겔스는 변증법이라는 관념이 헤겔에 의하여 도출되었다고 하는 사실을 숨기지 않았다. 그러므로 그들은 그들의 유물론을 본질적으로 헤겔 이후의 유물론으로 보고, 이전의 유물론으로의 단순한 복귀로 보지 않았다.

그런데 마르크스는 포이어바흐와 함께 물질의 정신에 대한 우월성을 시인하고 있지만, 그는 인간과 독립되어 생각된 자연 자체에는 관심이 없었다. 사실 그는 자주, 자연은 인간에게 대해 있는 것 외에는 존재하지 않는다고 주장하는 것 같다. 그러나 그것은, 자연은 의식의 대상으로서 외에는 어떤 존재론적 실재성도 가지고 있지 않다는 의미로 받아들여지면 안 된다. 마르크스를 관념론자로 해석하는 것은 어리석은 일일 것이다. 그가 말하고자 하는 것은, 자연은 인간이 그것으로부터 자기 자신을 구별할 때 비로소 인간에게 존재한다—동시에 인간은 자기 자신과 자연과의 연관을 승인하지만—고 하는 것이다. 동물은 하나의 자연적 소산이다. 그리고 우리는 그것을 자연과 연관되어 있는 것으로서 본다. 그러나 동물은 이와 같은 연관 자체를 의식하고 있지 않다. 그와 같은 연관은 '동물에게는' 존재하지 않는다. 그러므로 자연은 '동물에게는' 존재한다고 할 수 없다. 하지만 의식과 주관-객관 관계의 발생과 더불어 자연은 인간에게 존재하기 시작한다. 그리고 이것은 우리가 인간의 형성이라고 하는 것에 본질적이다. 인간이기 위해서는 인간은 자기 자신을 대상화하지 않으면 안 된다. 그리고 인간은 자기 자신을 자연으로부터 구별하는 것 이외의 방법으로써는 그렇게 할 수 없다.

그러나 인간은 자기가 자기 이외의 대상들을 통해서만 채울 수 있는 욕구를 가지고 있다는 의미에서 자연을 향하게 되어 있다. 그리고 자연은 그것이 인간의 이와 같은 욕구들을 채우는 수단이라고 하는 의미에서 인간을 향해 있다. 더욱이 인간의 욕구를 채우는 것은 인간 쪽의 활동 또는 노동을 의미한다. 그리고 어떤 의미에서 노동은 말하자면 알맞은 대상을 획득함으로써 기본적인 신체적 욕구를 자발적으로 채우는 것이다. 그러나 그것은 적어도 신체적 행위로 생각되지 않을 때에는 인간 특유의 노동 또는 활동이 아니다. 이를테면, 어떤 사람이 갈증을 풀기 위해 허리를 굽히고 냇물을 마신다고 하자. 그러나 그것은 많은 동물들도 하는 행위이다. 노동은 인간이 자기의 욕구를 채우기 위해 자연적 대상을 의식적으로 변용시킬 때, 그리고 그것을 위해 인간이 수단이나 도구를 사용할 때, 명확히 인간적인 것이 된다. 다시 말하면, 인간의 노동의 근본적 형태와 인간의 자연에 대한 근본적 관계는 그의 생산적 활동, 곧, 자기의 욕구들을 채우기 위한 수단의 의식적 생산이다. 원래 인간은 경제적 인간인 것이다—인간은 경제적 인간 이외의 아무것도 아니라는 의미에서는 아니지만.

하지만 인간은 자기 자신도 또한 타인에게 대상이 되지 않으면 자기 자신을 대상화하여 인간이 될 수가 없다. 다시 말하면, 인간은 사회적 동물이다. 자기의, 친구에 대한 관계는, 인간으로서의 자기의 존재에 대해 본질적이다. 그리고 사회의 기본적 형태는 가족이다. 따라서 우리는, 마르크스가 주시하고 있는 근본적 실재는, 자연에 대한 관계와 다른 인간에 대한 관계라고 하는, 2중의 관계에 서 있는 생산적 인간이다라고 할 수 있다. 또는, '생산적 인간'이라는 용어 자체가 이미 자연에 대한 관계를 품고 있으므로 우리는, 마르크스에 의하여 생각된 근본적 실재는 사회에서의 생산적 인간이라고 할 수 있다.

따라서 마르크스에게 인간은 본디 관상적 존재가 아니라 활동적 존재이며, 이 활동성은 원래 생산이라고 하는 물질적 활동성이다. 그리고 인간과 자연의 관계는 정적인 것이 아니라 가변적이다. 인간은 자기의 욕구들을 채우기 위해 생산의 수단을 사용한다. 따라서 새로운 욕구들은 생산 수단을 한층 더 발전시킴으로써 자기 자신을 표시한다. 더욱이 인간의 욕구들을 채우기 위한 생산 수단의 발전 단계에 대응하여 인간 상호 간의 사회적 관계가 생긴다. 그리고 생산 수단이나 생산력들 사이의 동적인 상호작용과 인간 상호의 사회적 관계들이 역사의 기초를 이루고 있다. 인간의 기본적인 신체적 욕구들에 대하여 말하자면, 마르크스는 "최초의 역사적 사실은 인간에게 이와 같은 욕구들을 가능케 해 줄 수단의 생산이다">8라고 주장한다. 그러나 이미 서술한 것같이, 이 것은 새로운 욕구들을 이끌어 내고, 생산 수단의 발전을 가져오며, 일련의 새로운 사회적 관계를 이끈다. 그러므로 이른바 최초의 역사적 사실은 그 자체 속에 말하자면 인류의 전 역사를 맹아적으로 품고 있다. 그리고 이와 같은 역사는 마르크스에게 말하자면 변증법의 '장' (場, locus)이다. 그러나 마르크스에 의한 역사의 변증법에 대한 설명은 다음 절로 돌리는 것이 좋겠다. 여기서는 마르크스에게, 역사에서의 기본 요소는 인간의 경제적 활동, 곧 자기의 신체적 요구를 채우는 생산적 활동이라는 의미에서, 그의 역사이론은 유물론적이라는 것을 지적해 두는 것만으로 충분하다.

엥겔스가 변증법을 자연 자체에로 확장하고 그럼으로써 자연철학이라고 할 수 있는 것을 발전시켰다는 사실에 대해서는 이미 말했다. 그리고 변증법의 이와 같은 확장이 마르크스의 태도와 일치하는 것인지 아닌지에 대해서는 다소 논쟁이 있었다. 물론 우리가, 마르크스에게 자연은 인간의 노동에 의한 변혁의 장으로서만 인간에게 현존한다고 가정한다면, 그리고 또한 변증법적 운동은 인간과 인간의 자연적 환경과의 사이의 동적인 관계를 전제하고 있는 역사에 한정된다고 가정한다

---

8. *Deutsche Ideologie*, *W*, III, p. 28; *The German Ideology*, p. 16 (Parts I and III, translated by W. Lough and C. P. Magill, London, 1942). 전집으로부터의 인용은 Dietz판 마르크스-엥겔스전집 (베를린, 1957 이래)을 나타낸다.

면, 자연 자체에의 변증법의 확장은 참신한 것일 뿐 아니라 변증법의 마르크스적 관념의 변화를 가져오는 것이다. 모름지기 거기에는 인간의 과학적 인식의 발전에서의 변증법적 운동이 있을 것이다. 그러나 이 운동은 인간을 떠나서 생각할 수 있는 자연 자체에 돌려지는 일은 거의 없을 것이다. 그것은 자연철학을 실제로 배제하고 인간의 역사에만 전념한 마르크스의 경우뿐 아니라 원칙적으로도 부인될 것이다. 그러나 마르크스주의에서는 역사의 변증법적 운동은 절대적 사유의 내적 운동의 표현이 아니라 현실 자신의 운동이었음을 상기하지 않으면 안 된다. 그것은 인간 정신에서 재생산될 수 있지만, 그러나 그것은 우선 첫째로 객관적 현실의 운동이다. 따라서 우리는 마르크스를 관념론자로 만들기 위해 그의 말 몇 마디를 억지로 고르는 것이 아니라면, 내 생각에 그의 입장은 원칙적으로 자연 변증법을 배제하고 있지 않는 것 같다. 더욱이 마르크스는 자기 친구가 자연 변증법에 종사하고 있음을 잘 알고 있었다. 그리고 그는 그것을 찬성했거나 아니면 적어도 거기에 불찬성을 나타내지 않았다. 그리하여 비록 엥겔스가 마르크스의 사상에 충실하지 않았다 해도, 또한 그가 변증법적 유물론의 기계적 해석—거기서는 역사의 운동은 자동적인 물질의 필연적 운동의 연속으로 생각된다—의 기초를 준비하고 있었다 해도 자연 자체에로의 변증법의 확장이 마르크스에 의하여 배제되었다는 주장에 나는 동의하기 어렵다. 이 점에 관해 약간의 마르크스의 진술이 있다면, 그 진술은, 자기는 그것을 배제했어야 했다는 내용일지도 모른다. 그러나 실제로는 그는 그렇게 한 것 같지 않다.

어떻든, 엥겔스는 그가 '수학과 자연과학의 요약'[9]이라고 부른 것

---

9. *Anti-Dühring*, p. xv (Stuttgart, 1919); *Anti-Dühring*, p. 17 (London, 1959, 2nd edition).

중에서 자연에서는 어느 것 하나 고정된 것은 없고, 모든 것은 운동, 변화 그리고 발전 중에 있다는 사실에 감동했다. 그리고 그 자신 우리에게 말하고 있듯이 그는 특히 다음의 세 가지 요소에 강한 인상을 받았다. 첫째는 세포의 발견―그 증식과 분열을 통해 식물이나 동물은 발전한다―이고, 둘째는 에너지 전환(轉換)의 법칙이며, 셋째는 다윈의 진화론의 주장이다. 엥겔스는 동시대의 과학에 의하여 밝혀진 자연에 대한 반성을 통해 "역사에서 뭇 사건의 표면상의 우연성을 지배하고 있는 변증법적 운동법칙과 완전히 동일한 것이 자연에서도 무수하게 얽힌 변화들을 꿰뚫고 있다">[10]는 결론에 다다랐다.

엥겔스는 이 법칙들을《자연변증법》>[11]에서, 양으로부터 질로의 전환 법칙, 대립물의 상호침투 법칙, 부정의 부정 법칙으로 요약하고 있다. 이 최후의, 부정의 부정 법칙에 관해서 자주 인용되는 사례는《반(反)뒤링론》에서 볼 수 있다. 이를테면 엥겔스는 보리에 대해 말하고 있다. 그것은 싹을 내고 자라기 시작할 때 부정된다고 한다. 그리고 나서 그것은 많은 종자를 낳고 그럼으로써 자기 자신은 부정된다. 그리하여 '이 부정의 부정의 결과로 우리는 다시 처음의 보리를 얻게 되는데, 그것은 하나가 아니라 10배, 20배 또는 30배이다.'>[12] 마찬가지로 애벌레는 알을 부정한다. 그리고 마침내 나비가 되고 죽음으로써 자기 자신을 부정한다.

'부정'이나 '모순'과 같은 논리학적 용어가 이 문맥에서 적합한지 아닌지는, 조심해서 말한다 해도, 논의의 여지가 있다. 그러나 우리는 이 점에 얽매일 필요가 없다. 그 대신 우리는 엥겔스가 인간의 사고와

---

10. *Ibid.*
11. *Dialektik der Natur*, p. 53 (Berlin,1952); *Dialectics of Nature*, p. 83 (London,1954).
12. *Anti-Dühring*, p.138 (p.187).

인식에 관해 변증법의 2중의 적용 영역인 자연과 인간의 역사의 본성으로부터 어떤 중요한 결론을 이끌어 냈음을 알 수 있다.[13] 그가 보기에, 세계는 완결된 것의 복합이 아니고 여러 과정의 복합이라는 것은 헤겔의 위대한 발견이었다. 그리고 하나하나가 하나의 과정이나 그의 복합이라고 하는 것은 자연과 인간의 양쪽에 대하여 말할 수 있다. 이로부터 이와 같은 2중 현실의 거울로서 인간의 지식은 그 자체가 완결된, 또는 절대적인 진리의 체계에는 다다르지 않으며 또 다다를 수 없는 하나의 과정이라는 것이 된다. 헤겔은 "진리는 인식 과정 자체 속에, 곧, 과학의 긴 역사적 발전 속에 있다. 그것은 과학적 인식의 낮은 단계로부터 점차 더 높은 단계로 올라가지만, 언젠가 이른바 절대적 진리를 발견하여 더 이상 나아갈 수가 없어 팔짱을 끼고, 손에 넣은 절대적 진리를 놀라면서 바라보는 것밖에는 할 일이 없다는 지점에 다다르는 일은 없다"[14]는 것을 꿰뚫어 보았다. 오직 학습되고 받아들여지기만 하면 되는 절대적인 철학체계 같은 것은 없으며 또 있을 수도 없다. 실제로, 절대적 진리는 바로 철학자가 지향하고 있는 바의 것인 한, 우리는, 철학이 헤겔과 함께 종극에 다다른다고 말할 수 없다. 그 대신, 우리는 언제나 끊임없는 변화와 발전에로 열려 있는 현실에 대한, 변증법적으로—진전하고 발전해 가는 과학적 인식을 가지고 있다.

따라서 마르크스와 마찬가지로 엥겔스는 '영원한 진리'라고 하는 관념을 공격한다. 확실히 누구든지 미쳤다고 여겨지지 않고는 의심할 수 없는 진리가 있다. 이를테면 "2+2=4, 세모꼴의 내각의 합은 2직각과 같다, 파리는 프랑스에 있다, 아무것도 안 먹는 사람은 굶어 죽는

---

13. 엄밀하게 말하면 엥겔스에게는 세 개의 적용영역이 있다. "변증법이란 자연과 인간의 사회 그리고 사유에서의 운동과 발전법칙에 대한 과학 이외의 것이 아니다." *Anti-Dühring*, p. 144 (p. 193).

14. *Ludwig Feuerbach*, p. 4 (p. 21).

다. …">15 그러나 엥겔스는 말한다. 그와 같은 진리는 평범하고 진부하다. 그리고 누구든지, 인간의 역사의 영역에서 어떤 영원한 도덕법칙, 영원한 정의의 본질 따위가 있다고 하는 결론을 거기서 이끌어 내려고 하는 것이 아니라면, 그것들을 '영원한 진리'라고 하는 엄숙한 이름으로 부르려고 하지 않을 것이다. 그러나 잘못된 것은 바로 이런 따위의 결론이다. 물리학이나 생물학에서의 가설이 수정되고 혁명적인 변경을 받게 되듯이 도덕 또한 그렇다.

따라서 마르크스와 엥겔스는 현실에 대한 그들의 해석을 절대적이고 궁극적인 철학체계로서는 제출하지 않았다. 사실, 그들은 그것을 사변적 철학이라기보다 차라리 과학으로 여기고 있었다. 그리고 물론 이것은, 그 이전의 모든 해석을, 그것이 관념론적이든 유물론적이든 간에, 대신하는 것으로 여겼음을 의미한다. 동시에 그들에게 과학은 언젠가는 완결된 궁극적인 형태에 이를 수 있는 것이 아니었다. 만약 현실이 변증법적 과정이라고 한다면 인간의 사유도 그런 것이다. 그것이 현실을 반영하고 있는 한, 그리고 그것이 영원한 진리와 완결된 본질이라고 하는 환상의 세계로 도피하지 않는다면 말이다.

이와 같은 영원한 진리나 완결된 입장 그리고 궁극적인 해답을 부인하는 것은, 그 자체로서는, 마르크스나 엥겔스에게 철학에 대한 편견 없는 바람직한 태도를 의미한다. 그러나 그들은 철학을 한갓 세계와 역사를 해석하는 이론적 훈련으로 보지 않았다. 그리고 그들이 헤겔을 비판한 태도는 바로 편견 없는 이론적인 태도였다. 그러나 실천적 도구나 무기로서의 변증법적 유물론이라고 하는 그들의 견해의 의미 내용을 검토하는 것은 잠시 뒤로 밀지 않으면 안 된다.

---

15. *Anti-Dühring*, p. 81 (p.122).

5 . 유 물 론 적 역 사 개 념

이미 서술했듯이 마르크스주의적 역사이론은, 근본적 상황은 물질적 존재라고 생각된 인간과 자연과의 관계로 그려진다는 의미에서, 곧, 그것은 인간의 신체적 활동을 통한 자기의 기본적 욕구를 충족시키는 수단의 생산으로 그려진다는 의미에서 유물론적이다. 그러나 우리는, 사적 유물론이 단지 이것만을 의미하는 것이 아님을 덧붙여 말하지 않으면 안 된다. 곧, 더 나아가 그것은, 인간의 생산활동은 직접적 또는 간접적으로 그의 정치적 삶이나 법률이나 도덕이나 종교나 예술이나 철학을 규정하고 있다는 것을 의미한다. 이 문맥에서 유물론은 이미 언급했듯이 정신이나 의식의 실재성을 부정하지 않을뿐더러 정신에 의존하는 여러 문화적 활동의 가치를 부정하지 않는다. 그러나 그것은 문화적 상부구조 일반은 경제구조에 의존하고 있으며, 또 어떤 의미에서 규정되어 있다고 주장한다.

경제적 하부구조에서 마르크스는 두 가지 요소를 구별한다. 그것은 물질적 생산력과 생산 관계이며, 후자는 전자에 의존하고 있다. "인간은 그들의 삶의 사회적 생산에서 일정한, 필연적인, 그리고 그들의 의지로부터 독립된 뭇 관계들을, 곧 그들의 물질적 생산력들(*Produktivkräfte*)의 일정한 발전단계에 대응하는 생산관계들(*Produktionsverhältnisse*)을 맺는다. 이 생산관계의 총화는 사회의 경제적 구조를 이루고 있다."[16] 이 문장에서는 사회의 경제적 구조는 분명 그의 생산관계들의 총화와 동일시되고 있다. 그러나 이들 관계들은 그 사회의 생산력의 일정한 발전 단계에 대응하고 있다고 주장되고 있기 때문에, 그리

---

16. *Zur Kritik der politischen Oekonomie*, p. x (I, p. 363).

고 그 사회의 생산력과 생산관계의 모순의 출현은 마르크스의 인간 역사 서술의 본질적인 특징이므로 분명히 우리는 사회의 경제적 구조에서의 두 가지 주요한 요소, 곧, 마르크스에 의하여 생산양식(*Produktionsweise*)으로 서술되어 있는 구조에서의 두 가지 주요한 요소를 구별하지 않으면 안 된다.

'물질적 생산력' 이란 용어는 인간의 생산적 활동에서, 곧, 신체적 욕구들을 충족시키는 데 원시적인 석기 연장으로부터 가장 복잡한 현대적 기계에 이르는 인공적 연장으로서 인간에 의하여 사용되는 모든 물질적 사물을 망라하고 있다. 또한 그것은 생산 과정에서 인간에 의하여 사용되는 한에서의 자연적 힘을 포함하고 있다. 그리고 분명히 그것은 생산적 활동을 위해 요구되는 모든 대상을 포함하고 있다. 비록 그 대상들은 직접 생산적 활동에 참여하지 않는다 해도.[17]

그런데 생산력이라는 용어가 주로 인간 자신과는 구별된 사물에 적용된다 해도 분명히 인간이 전제되어 있다. 마르크스는 생산력을 이것저것을 하는 것으로 말하는 경향이 있다. 그러나 그는 이 힘들이 어떤 인간적인 작용 없이 자기 스스로 발전한다고 생각할 만큼 어리석지는 않았다. "인간의 모든 역사의 첫째 조건은 말할 것도 없이 낱낱의 살아 있는 인간의 존재이다."[18] 그리고 《공산당선언》에서 그는 생산 도구를 크게 변혁하고 그럼으로써 생산관계에 큰 변혁을 일으키는 부르주아 계급에 대하여 말하고 있다. 그러나 《독일 이데올로기》에서 마르크스는 삶의 생산은, 그것이 노동에 의한 인간 자신의 삶의 생산이든, 출산을 통한 다른 삶의 생산이든 간에, 몇 사람의 개인의 공동이라는 의미

---

17. Cf. *Das Kapital*, I, p. 143 (I, pp. 172~3).
18. *Deutsche Ideologie, W*, III, p. 20 (p. 7).

에서 언제나 사회관계를 함유하고 있음을 지적하고 있다. 그리고 이로
부터 일정한 생산양식은 언제나 일정한 공동양식과 관련되어 있다는
결론을 이끌어 낸 다음, 그는 이 공동양식 자체가 하나의 '생산력'[19]
이라고 주장했다. 물론 그의 말은, 생산 과정에서의 인간 사이의 사회
적 관계는 그 자신 인간의 뭇 욕구에, 그리고 뭇 생산력에 반응할 수 있
음을 의미한다. 그러나 노동과정에서의 공동양식을 생산력으로 볼 수
있다면, 이를테면 프롤레타리아트를 생산력으로 간주하면 안 된다는
이유는 전혀 없는 것같이 생각된다. 이를테면 생산력이라고 하는 용어
는 마르크스에 의하여 일반적으로 인간 자신에 대해서보다 생산 도구
또는 수단으로 사용되고 있다 해도 말이다.[20] 어떻든 마르크스에 대하
여 그와 같은 용어의 정확하고 보편적인 사용을 기대하기는 어렵다.

　'생산관계'라고 하는 용어는 특별히 모든 소유관계를 의미한다. 실
제로, 《경제학 비판》에서는 '소유관계'(Eigentumsverhältnisse)는 '생산
관계'의 법률적 표현에 지나지 않는다고 말하고 있다.[21] 그러나 일반
적 '생산관계'는 노동과정에 포함되고 있는 것으로서의 인간 사이의
사회적 관계로 간주된다. 이미 말했듯이, 이들 뭇 관계는 생산력의 발
전단계에 대응하고 있다고 한다. 그리고 양자는 함께 경제적 하부구조
를 이루고 있다.

　이와 같은 경제적 하부구조는 상부구조를 제약하고 있다고 한다.
"물질적 생활의 생산양식은 사회적·정치적·정신적(geistigen) 삶 일반
을 제약한다. 인간의 의식이 그의 존재를 규정하는 것이 아니라 반대로

---

19. *Ibid.*, p. 30 (p. 18).
20. 마르크스는 《철학의 가난》에서 혁명적 프롤레타리아트는 모든 생산력 중에서 가장 위대한 생산력이라
　　고 확실히 말하고 있다. 아래 536쪽 참조.
21. *Zur Kritik der politischen Oekonomie*, p. x (I, p. 363).

인간의 사회적 존재가 그의 의식을 규정하는 것이다."[22] 경제적 하부
구조가 상부구조를 '제약한다'(*bedingt*)고 하는 진술은 분명 모호하다.
그것은, 매우 약한 의미로 받아들여지는 경우는 조금도 놀랄 필요가 없
다. 다만, '제약한다'는 용어의 의미가 "규정한다"라고 하는 의미에 가
까워질수록 그것은 흥미 있는 것이 된다. 그리고 그것은 흔히 이와 같
은 강한 의미로 받아들여져 왔다. 그리하여 이를테면, 중세 신학에서의
(신으로부터 천사의 찬양대와 성자의 무리에 이르는) 천상의 계급은
그 자신 경제적 요소에 의하여 규정되어 있는 중세의 봉건적 구조의 이
데올로기적 반영에 지나지 않다고 주장되어 왔다. 그리고 부르주아 계
급의 발흥과 자본주의적 생산양식은 가톨리시즘으로부터 프로테스탄
티즘에로의 이행을 반영하고 있다. 엥겔스에 의하면, 칼뱅주의의 예정
설은 상업상의 경쟁에서의 성공이나 실패는 개인적인 공적에 달린 것
이 아니라, 이해할 수 없고 통제될 수 없는 여러 경제력에 달렸다고 생
각된 경제적 사실을 반영하고 있다. 그러나 또한 마르크스와 자기의 이
론이 오해되어 왔다고 항의한 것도 엥겔스였다. 그들은 의존 관계는 주
로 일방적이라는 의미에서, 인간의 뭇 관념은 경제적 조건들의 미약한
반영이라고는 결코 주장하지 않았다. 뭇 관념(곧, 관념에 의하여 고취
된 인간)은 자기를 제약하고 있는 토대에 반작용할 수 있는 것이다.

　사실, 그들이 이룬 관념론적 역사개념의 전도에서, 마르크스와 엥겔
스는 경제적 토대의 규정적 영향을 무리하게 강조하지 않았다고 나는
생각한다. 그러나 그들은, 그들에게 의식과 관념의 세계는 오직 경제적
생산양식에 의하여 규정되어 있음을 시사하는 것 같은 표현을 써서 세
계에 대한 그들의 비전을 진술했기 때문에, 이와 같이 단순한 견해에

---

22. *Ibid.*, p. xi (I, p. 363).

근거를 주도록 강요되었다. 정치적, 법률적 기구는 종교나 철학과 같은 이데올로기적 상부구조보다 더 직접적으로 경제적 기구에 의하여 규정되어 있다. 그리고 인간의 뭇 관념은 경제적 조건들에 제약받고 있지만, 이들 조건들에 반작용할 수 있다. 사실, 그들은 혁명적 행동을 허용하자면 그러한 반작용을 용인하지 않으면 안 되었다.

이제, 역사의 더 동적인 국면에 눈을 돌려 보자. 마르크스에 의하면 "사회의 물질적 뭇 생산력은 그 발전이 어느 단계에 도달하면 기존의 생산 관계와 갈등(모순)을 일으키게 된다."[23] 곧, 일정한 사회적 단계에서는 생산력은 기존의 생산관계, 특히 소유관계가 생산력이 앞으로의 발전에 질곡이 되는 단계까지 발전할 때, 사회의 경제적 구조 안에 모순이 나타나고 그리하여 혁명이 일어난다. 곧, 새 경제적 구조나 새로운 사회적 단계로의 질적 변화가 일어난다. 그리고 토대에서의 이러한 변화는 상부구조의 변화를 가져온다. 인간의 정치적·법률적·종교적·예술적·철학적 의식은 경제적 영역에서의 혁명에 의존하거나 종속된 혁명을 경험한다.

이런 종류의 혁명, 곧 새로운 사회적 시대로의 변화는 마르크스의 주장에 의하면, 생산력이 기존의 생산관계와 양립할 수 있는 극한의 단계까지 발전하고 새로운 사회형태가 존재할 수 있는 물질적 조건이 이미 낡은 사회형태 안에 보일 때까지는 일어나지 않는다. 왜냐하면, 이것이 모순, 곧, 생산력과 기존의 사회적 관계들과의 사이의 모순을 이루고 있는 사태이기 때문이다. 사회의 경제적 구조나 생산양식에서의 질적 변화는 모순이, 말하자면 일련의 양적 변화를 통해 낡은 사회 안에서 성숙할 때까지는 일어나지 않는다.

---

23. *Ibid.*

그런데 이론이 오직 이렇게 표현된다면, 그것은 한갓된 과학 기술적인, 기계적 이론인 것 같은 인상을 준다. 곧, 사회적 혁명, 곧, 어떤 사회적 단계에서 다른 사회적 단계로의 이행은 마치 필연적으로 그리고 기계적으로 일어나는 것같이 보인다. 그리고 또한, 변혁을 요구하는 인간의 의식과 그의 혁명적 행동은 마치 뭇 사건들의 과정에 아무런 실제적인 영향도 끼치지 않는 부대현상인 것같이 보인다. 이와 같은 해석은 일반적 교설, 곧 의식을 규정하고 있는 것은 삶의 물질적 조건이며 그의 그 역이 아니라는 교설과는 일치하겠지만, 이론과 실천의 통일이라는 마르크스의 주장, 그리고 자본주의적 경제를 전복하는 프롤레타리아트의 혁명적 행동을 위해 적극적인 준비가 필요하다는 마르크스의 주장과는 거의 일치하지 않는다. 그래서 마르크스는 때로 뭇 물질적 생산력은 마치 현실의 혁명적 동인인 것같이 말하고 있지만, 우리는 계급투쟁과 인간의 행위라고 하는 관념을 끌어들이지 않으면 안 된다.

마르크스와 엥겔스는 토지가 부족 공동으로 소유되고 경작되는, 그리고 거기서는 어떠한 계급의 차별도 없는 원시 공산제의 상태를 역사의 처음에 생각하고 그렸다. 그러나 일단 사유재산제가 들어서자마자 사회는 경제적 계급들로 분열되었다. 물론 마르크스는 문명화된 사회에서의 사회적 차별은 다소간 복잡한 양식을 이룬다는 것을 알아차리고 있었다. 그러나 그의 일반적 경향은 근본적인 차별을 억압자와 피억압자, 착취자와 피착취자의 차별로 표현함으로써 그 상황을 단순화하는 것이었다. 따라서 사유재산 제도를 전제하는 모든 사회형태에서, 어떤 때는 은폐되고 어떤 때는 드러난 계급들 간의 적대가 있다. 그리고 "지금까지의 모든 사회의 역사는 계급투쟁의 역사이다."[24] 국가는 지배계급의 기관 또는 도구가 된다. 법률도 역시 그렇다. 그리고 지배계급은 그들 자신의 도덕관념을 찍어 누르려고 한다. 따라서 마르크스주

의적인 역사의 변증법에서는 계급의 개념은 헤겔의 민족 국가의 개념
으로 대체되고, 계급투쟁은 국가 간의 전쟁으로 대체된다.>25

　이와 같은 계급전쟁 또는 계급투쟁은 일정한 사회적 단계에서, 곧,
기존의 생산관계 특히 소유관계가 하나의 브레이크와 질곡으로 변하는
단계로까지 생산력이 발전하는 시기에 특히 중요하다. 왜냐하면, 이제
까지의 지배계급은 (개인적인 변절은 별도로) 기존의 생산관계를 유지
하려고 애쓰는 데 대해, 그것을 뒤집는 것이 신흥계급의 관심사이기 때
문이다. 그리고 생산력과 생산관계 사이의 모순이 신흥계급에 의하여,
곧, 그 관심이 기존의 낡아 버린 사회질서를 뒤집는 데 있는 신흥계급
에 의하여 이해되기에 이르렀을 때, 혁명이 일어난다. 그리고 이번에는
새 지배계급이 국가와 법률을 그들의 도구로 이용한다. 이러한 과정은
사유재산이 폐지되고 그것과 더불어 사회가 서로에게 적대적인 계급들
로 분열하는 일이 없어질 때까지 필연적으로 계속된다.

　마르크스는 《경제학 비판》의 머리말에서 인류의 전사(前史, *die
Vorgeschichte*)를 이루고 있는 4개의 점진적인 사회적 단계를 대충 구분
할 수 있다고 했다. 그 최초의 형태, 곧, 아시아적 형태—이것을 엥겔스
는 **부족**조직(*gens* organization)이라고 했다—는 원시 공산제의 단계이
다. 이미 말했듯이 그것은 토지의 공동소유, 공동노동과 사유재산의 결
여로써 특징지어진다. 그러나 사유재산 제도와 함께, 엥겔스에 의하면,
그것과 관련하여 가모장제(家母長制)로부터 가부장제로의 변화와 더
불어, 그리고 또한 생산방법의 개량과 함께 사유재산의 축적이 가능해
졌다. 이를테면 인간에게 그 자신의 욕구로 요구되는 것 이상의 것을

24.　*Manifest der kommunistischen Partei, W*, IV, p. 462; *Communist Manifesto*, p. 125 (edit. H.
　　J. Laski, London, 1948). 명백히 이것은 원시 공산주의 이후의 모든 알려진 역사에 들어맞는다.

25.　곧, 계급투쟁은 가장 근본적인 것으로 간주된다. 그리고 국가 간의 전쟁은 경제적 관점에서 설명된다.

생산할 수 있게 되었다. 그 때문에 부한 자와 가난한 자의 구별이 생기고, 새로운 형태의 경제기구가 요구되었다. 그와 같은 이행의 한 요인이 된 새로운 생산력이 무엇이냐고 묻는다면, 우리는 특히 철(鐵)을 들수 있다. 그와 같은 이행의 주요한 요인은 분명하지 않지만. 하여튼, 사유재산과 부의 증대는 장래성 있는 부유한 자들에게 노동을 그들의 자유를 위해 이용할 필요성을 느끼게 했다. 그러나 원시 공산제 아래서는 자유로운 노동은 구할 수 없었음으로 노예는 전쟁에서의 포로를 통해 조달되지 않으면 안 되었다.

이렇게 해서 우리는 노예제, 자유인과 노예와의 적대관계로 특징지어지는 고대를 통과한다. 이를테면, 그리스와 로마로 대표되는 이와 같은 경제구조 위에 그것에 대응하는 법률적·정치적 제도가 생기고 고전세계의 빛나는 이데올로기적 상부구조가 생긴다.

마르크스와 엥겔스는 고대로부터 중세에서 그의 최고의 국면에 다다르는 봉건시대로의 이행의 여러 역사적 요인에 대하여 말하고 있지만, 그러한 이행의 원인인 생산력이나 생산력들에 대하여 아무런 설득력 있는 설명을 주고 있지 않다. 그러나 봉건시대는 실제로 생겼다. 그리고 봉건경제는 그 시대의 정치적·법률적 제도들에게, 그리고 더 간접적이긴 하나 중세의 종교와 철학에 반영되어 있다.

중세시대에 중산계급 또는 부르주아 유산 계급은 서서히 발전했다. 하지만 그 부를 축적하려는 성벽은 봉건적 제약이나 길드의 규칙이나 자유롭게 고용할 수 있는 노동력의 부족 따위의 여러 요인에 의하여 억지 되고 있었다. 그러나 미 대륙의 발견과 세계의 여러 지역에서의 시장의 개방은 상업적 항해와 산업에 강력한 자극을 주었다. 부의 새로운 원천이 획득되었다. 그리고 중세가 끝날 무렵에는 귀족에 의한 토지 울타리 치기와 그 밖의 요인들이, 쉽사리 고용되고 착취될 수 있는, 토지를 빼앗긴 사람들의 계급 형성에 이바지했다. 변혁의 시기가 무르익었다. 그리고 길드 조직은 자본주의 사회의 초기 단계에서 새로운 중산계급에 의하여 타도되었다. 마지막으로, 증기와 기계들이 산업을 개혁했다. 세계시장이 열렸다. 그리고 부르주아 유산 계급은 중세 때부터 일하지 않고 살아온 계급을 뒤로 밀어냈다.

마르크스가 알아차렸듯이 봉건사회에서는 기구의 형태가 매우 복잡해서 호족(豪族)과 농노의 관계와 같은 오직 하나의 계급 대립으로 환원할 수 없었다. 그러나 말할 것도 없이 마르크스가 가장 관심을 가진 자본주위 사회에서는, 그는 점점 늘어 가는 단순화에 대하여 말하고 있다. 왜냐하면, 거기에는 자본이 점점 줄어드는 사람들 손에, 많건 적건 국제적 또는 코스모폴리탄적 성격을 가진 거대한 기업 합동에 집중하는 경향이 있기 때문이다. 그와 동시에 많은 소자본가는 프롤레타리아트>[26]로 전락해 갔다. 그리고 그 프롤레타리아트도 역시 국제적 성격을 갖는 경향이 있었다. 따라서 우리는 현저한 두 계급, 곧, 착취하는 계급과 착취당하는 계급에 직면한다. 말할 것도 없이 '착취' 라는 용어는 굶어 죽지 않을 정도의 적은 임금을 위해 오랜 시간의 노동이 부과된다는 것이다. 그러나 확실히 마르크스는 산업혁명의 초기단계의 악폐를 통렬하게 비판하고 있지만, 그 말의 본래의 의미는 그로서는 전문적인 것이고 감정적인 것이 아니다. 이미 말했듯이 《자본론》에서 자세히 설명되어 있는 이론에 의하면, 상품의 전 가치는 말하자면, 구체화된 노동이다. 그것은 그 생산에 소비된 노동에 의거한다. 그러므로 임금 체계 자체가 필연적으로 착취인 것이며 지불된 임금의 많고 적음과는 관계

---

26. 이것이 《공산당선언》에서 말하고 있는 것이다. 그리고 그 날짜가 1848년으로 되어 있음에 주의하지 않으면 안 된다.

가 없는 것이다. 모든 경우에 자본가는 노동자로부터 좀도둑질하기 때문이다. 어떤 자본가는 임금과 노동조건을 개선하기 위해 최선을 다하는 인도적인 인간이라고 하는 사실은 두 계급 사이에 필연적인 적대관계가 있다는 기본적 상황을 조금도 바꾸는 것이 아니다.

그런데 부르주아지는 생산력을 지금까지 알 수 없었던, 그리고 꿈에도 생각하지 못했을 만큼 발전시켰다. 그러나 동시에 부르주아지는 생산력을 기존의 생산관계와는 이미 공존할 수 없는 단계까지 발전시켰다. 마르크스에 의하면, 이와 같은 사실은 이를테면, 경제적 위기의 주기적 발생에서 볼 수 있다. 따라서 자본주의 체제를 뒤엎을 시기가 다가오고 있다. 그리고 혁명적 활동의, 특히 공산당의 임무는 프롤레타리아트를 그 자신으로 있는(in itself) 계급에서, 헤겔의 용어를 쓰자면, 그 자신에 대한(for itself) 계급으로, 다시 말해서, 자기 자신을 의식하고 또한 그 사명을 자각하고 있는 계급으로 바꾸는 것이다. 그때 프롤레타리아트는 자본주의 체제를 일소하고 국가의 기관을 장악하여 그것을 공산주의로 가는 길을 준비하는 프롤레타리아트 독재의 확립을 위해 이용할 수 있을 것이다. 그리고 이와 같은 사회에서는 정치적 국가는 소멸될 것이다. 왜냐하면, 국가란 다른 계급 또는 여러 계급과 대치하고 있는 지배계급에게 자기의 지위를 지탱하기 위한 도구이지만, 공산주의에서는 계급분열이나 계급투쟁은 소멸할 것이기 때문이다.

부르주아지 자체가 생산력을 발전시키고 있다는 사실에서 새롭게 나타나는 생산력은 무엇이고, 자본주의적 생산양식에 얽매여 있는 새로운 생산력이란 무엇인지 묻고 싶어질 것이다. 그러나 마르크스는 그 대답을 준비하고 있다. 그리고 그는 《철학의 빈곤》에서 모든 생산력 중에서 최고의 것은 '혁명적 계급 자신'[27]이라고 말하고 있다. 그것은 기존의 경제체제와 충돌하고 그것을 혁명에 의하여 뒤엎는 생산력이다.

이리하여 인간의 역사는 원시 공산제로부터 발달한 공산주의에 이르는 변증법적 과정이다. 그리고 적어도 어떤 점에서 중간 단계가 필요하다. 왜냐하면, 생산력이 발전하는 것은 그 여러 단계를 통해서이기 때문이며, 또한 발달한 공산주의가 다만 가능할 뿐 아니라, 동시에 필연적 귀결이기도 한 양식에서 생산관계가 변화해 온 것은 전적으로 그러한 단계를 통해서이기 때문이다. 그러나 마르크스주의적 역사이론은 한갓 역사적 상황에 대한 관찰자의 분석은 아니며, 동시에 도구이자 무기이기도 하다. 그것은 프롤레타리아트가 그의 전위인 공산당을 통해 자기 자신을 자각하고 또한 자기가 수행해야 할 역사적 임무를 자각하게 되는 도구이다.

하지만 그 이론 역시 인간의 철학이다. 마르크스는 자기를 실현하려면 자기 자신을 대상화하지 않으면 안 된다는 헤겔적 테제를 전제하고 있다. 그리고 자기 대상화의 주요한 형태는 노동, 곧 생산에 있다. 생산은 말하자면 자기의-타자에서의-인간(man-in-his-otherness)이다. 그러나 사유재산에 바탕한 모든 사회에서는 이 자기 대상화는 자기소외 또는 자기외화(外化)의 형태를 취한다. 노동자의 생산이 무엇인가 그에게 소원한 것으로 다루어지기 때문이다. 자본주의 사회에서는 그것은 노동자에게가 아니라 자본가에게 속해 있다. 더욱이, 이러한 경제적인 자기소외는 사회적 자기소외 속에 반영되어 있다. 그것은, 어떤 계급의 성원은 전체적 인간을 나타내고 있지 않다. 그가 어떤 계급에 속해 있건, 말하자면 그 자신의 어떤 것은 다른 계급 속에 있다. 그리하여 계급대립은 인간 본성에 있는 깊은 분열, 곧 자기외화를 표현하고 있기

---

27. *W*, IV, p. 181; *The Poverty of Philosophy*, edited by C. P. Dutt and V. Chattopadhyaya, p. 146 (London, no date); p. 174 (London, 1956).

때문이다. 그러나 이미 말했듯이, 마르크스에게 종교적 의식에서의 자기소외는 사회적 경제적 영역에서의 더 깊은 자기소외의 반영이다. 그리고 그것은 사유재산을 폐지하고 공산주의를 수립하는 것이 아니면 극복될 수 없다. 경제적 그리고 사회적 차원에서의 자기소외가 극복된다면 그의 종교적 표현도 소멸될 것이다. 그리고 마지막으로 전체적 인간, 곧 분리되지 않는 인간이 나타날 것이다. 계급도덕 대신 인간적인 도덕이 생길 것이다. 그리고 진정한 휴머니즘이 떨칠 것이다.

이로써 프롤레타리아트에 의한 자본주의체제의 전복은 한갓 어떤 계급을 다른 계급으로 대치하는 문제가 아니라는 것을 알 수 있다. 물론 그런 측면도 있다. 그러나 그 이상의 것이다. 프롤레타리아트 독재는 자기소외, 계급분열이 없는 공산주의 사회로 가는 길을 준비하는 일시적인 국면에 지나지 않는다. 다시 말하자면, 국제적인 프롤레타리아트는 그의 혁명적 행동으로 다만 자기 자신을 구원할 뿐 아니라 동시에 모든 인류를 구원한다. 프롤레타리아트는 메시아적 사명을 가지고 있는 것이다.

6. 마르크스와 엥겔스의 사상에 대한 주석

유물론적 역사이론에 어떤 그럴듯함을 주는 일은 조금도 어렵지 않다. 이를테면 내가 정치적 그리고 법률적 형태들이, 그리고 또한 이데올로기적 상부구조가 경제적 구조에 의하여 제약당하고 있는 사례를 들려고 하면, 나는 아주 많은 종류의 사실을 끌어 댈 수가 있다. 나는 당시의 경제적 그리고 계급적 구조와 일찍이 영국에서 절도에게 과한 잔인한 형벌과의 관계를 지적할 수 있으며, 또 미국 남부의 여러 주에서의 농장 소유자의 경제적 관심과 노예제에 대한 강한 도덕적 감정의 결여와의 관계를 지적할 수가 있다. 나는 수렵부족의 경제적 생활과 사후의 삶에 대한 그 부족의 관념과의 관계나, 계급분열과 "그의 성 안의 부자와 그의 성문 곁의 가난한 사람, 신은 그들을 높게 또는 낮게 하여 그들의 계급을 정해 줬다"는 찬미가의 시구와의 관계에 주목할 수도 있다. 나는 그리스의 정치기구가 플라톤의 이상국가상(像)에 준 명백한 영향에 언급할 수 있으며, 또 실제로 산업계의 현존하는 조건들이 마르크스나 엥겔스의 사상에 끼친 영향에 대해 언급할 수도 있다.

그러나 경제적 하부구조와 상부구조와의 관계에 대한 마르크스주의 이론은 그럴듯한 것으로 여겨질 수 있지만, 그 그럴듯함은 거의 사람들의 데이터 선택에, 다른 요소의 간과에, 더 나아가 골치 아픈 문제의 회피에 의거하고 있다. 이를테면, 나는 그 이론을 유지하기 위해, 그리스도교는 로마제국 말기에 지배적 종교가 되었다는 사실이나, 그것은 중세의 봉건사회를 건설한 사람들에게 받아들여졌다는 사실을 간과하지 않으면 안 된다. 나는 또 생산력의 발전과 이슬람교의 기원의 관계라고 하는 골치 아픈 문제를 회피하지 않으면 안 된다. 만약 그와 같은 문제의 해답을 강요당한다면, 나는 이데올로기적 상부구조에 대한 나의 이론으로써는 설명할 수 없는 요소에 언급하지 않으면 안 되며, 더욱이 동시에 나의 이론의 옳음을 계속 주장하지 않으면 안 된다. 그리고 나는 상부구조는 그 자신 하부구조에 영향을 끼칠 수 있다는 것을, 또 상부에서의 여러 변화는 하부에서의 여러 변화와 상관없이 일어날 수 있다는 것을 경솔하게 승인함과 동시에 나는, 이와 같은 양보가 나의 처음 입장과 모순된다는 것을 부인하지 않으면 안 된다. 정말이지 왜 나는 이것을 승인하여야 하는가? 나는 하부구조와 상부구조와의 관계를 하부에 의한 상부의 '제약'으로 말했기 때문이다. 그리하여 나는 내가 고찰하고 있는 특수한 상황의 요구에 따라 '제약'이라는 용어를 어떤 때는 약한 의미로, 또 어떤 때는 강한 의미로 이해할 수가 있다.

마르크스와 엥겔스에게 변증법은 밖으로부터 세계에 강제된 그 무엇, 곧 절대적 사유나 이성의 표현이 아니다. 사유로서의 변증법은 현실의 내적 운동의, 그 발전의 내적 법칙의 반영이다. 그리고 이 경우, 그 운동은 모름지기 필연적이며 불가피한 것이다. 말할 것도 없이 그것은 인간적 사유가 하는 구실은 아무것도 없다는 뜻이 아니다. 자연과 인간 사회와 관념의 세계 사이에는 밀접한 연관이 있기 때문이다. 우리는 이미 "변증법은 자연과 인간 사회와 사유에서의 운동과 발전의 일반 법칙에 대한 과학 이외의 아무것도 아니다"[28]라는 엥겔스의 말을 인용했다. 그렇다면 이 경우 혁명적 활동의 여지가 거의 없어진다. 아니면 차라리 혁명적 활동은 어쩔수 없는 과정의 한 국면이 될 것이다. 그러나 변증법이 그런 것이라면, 전체의 과정은 내적인 여러 법칙의 필연적인 발전이 될 것이다.

어떤 점에서는 변증법에 대한 이와 같은 기계적인 견해는 공산주의의 도래가 필연적이라고 하는 마르크스와 엥겔스의 확신에 의하여 요구되고 있는 것처럼 보인다. 그러나 인간의 역사에서 작용하고 있는 변증법이, 어떻든 엥겔스가 시사하고 있듯이, 자연에서 작용하고 있는 변증법과 연속되어 있다면, 곧 그것이 궁극적으로는 자동적 물질의 자기 발전의 문제라면, 어째서 그 과정은 모순이나 적대가 소멸되는 단계 (공산주의)에 도달하는지, 또 거기서 끝나는지 이해하기 어렵다. 확실히 엥겔스의 《자연변증법》에는 물질은 영원한 순환을 통해서만 앞으로 나가며, 또 그것은 '철의 필연성'을 가지고 그 최고의 생산물, 곧, 사유

---

28. *Anti-Dühring*, p. 144 (p.193).

하는 정신을 근절하고, 또 그것을 언젠가, 어디선가 다시 만들어 낼 것이다>[29]라는 말이 있다.

그러나 이와 같은 생각은 목표, 곧 지상의 낙원을 향해 앞으로 나가는 역사라고 하는 비전을 요구하는 마르크스주의의 묵시록적 측면과는 거의 일치하지 않는다. 이 두 견해는 아마도 어느 지점까지는 양립할 수 있을 것이다. 곧 저마다의 주기(週期)를, 말하자면, 극점까지 이끄는 것으로 볼 수는 있다. 그러나 역사의 목적론적 측면, 곧 원시 공산제라는 무구(無垢)의 시대로부터 사유재산과 그 결과인 이기성, 착취와 계급투쟁의 출현으로 대표되는 타락을 통해서, 더 높은 단계에서의 공산주의의 회복과 인간의 자기소외의 극복이라고 하는 목적론적 측면을 강조하면 할수록, 더욱더 어떤 계획의 수행, 어떤 이념의 실현이라고 하는 관념을 은밀히 다시 끌어들이기 쉽다.

달리 말하자면, 마르크스주의에는 근본적인 모호함이 있는 것이다. 어떤 측면이 강조되면 우리는 역사과정에 대한 기계론적 설명을 갖는다. 다른 측면이 강조되면 그 체계는 마르크스와 엥겔스가 관념론이라고 부르고 있는 것을 다시 끌어들일 필요가 있는 것같이 보인다. 이것은 결코 이상한 일이 아니다. 왜냐하면, 부분적으로는 마르크스주의는 관념론의 전환이며 따라서 이 특수한 원천의 요소들이 남아 있기 때문이다. 변증법과 유물론의 짝짓기는 그렇게 쉬운 일이 아니다. 왜냐하면, 마르크스도 엥겔스도 알아챘듯이, 변증법은 근원적으로는 사유의 운동으로 돌려지기 때문이다. 그리고 그들은 변증법의 운동을 주로 사유의 대상에서 찾고, 오직 2차적으로 그리고 그 반영으로서 인간의 사고에서 찾았지만, 이러한 치환은 필연적으로, 역사적 과정이 이념의 자

---

29. *Dialektik der Natur*, p. 28 (p. 54).

기전개라는 것을 암시하기 쉽다. 우리가 취할 수 있는 다른 길은 그 과정을 순전히 기계적인 것으로 설명하는 것이다.[30]

이것은 대단히 중요한 문제이다. 말하자면 그 자체로서는 마르크스주의는 두 개의 서로 다른 사유의 계열로 갈라지는 경향이 있다. 그것은 필연성, 불가피성, 결정론의 관념을 강조할 수 있다. 그리고 그것은 사려 깊은 행동과 자유로운 행위를 강조할 수 있다. 그것은 유물론적 요소를 강조할 수 있으며, 또 변증법적 요소를 강조할 수도 있다. 뿐만 아니라 이들 다른 측면들을 함께 잡으려는 시도도 물론 가능하다—그 시도는 앞에서 말했듯이 모호함을 불러오지만. 그러나 소비에트에서조차 일련의 다른 해석과 전개를 보였다는 것은 중요하다. 이와 같은 일련의 다른 사상의 출현이 저지된다면, 이것은 공산당의 정책의 강제력에 의한 것이고, 철학 이외의 요인에 의한 것으로, 마르크스와 엥겔스 자신의 사상에서 볼 수 있는 본질적인 일관성에 의한 것도 아니며 모호함의 결여에 의한 것도 아니다.

어떤 점에서 보면 앞의 단락[31]에서 지적한 것은 빗나갔다. 곧 만약 우리가 마르크스주의를 세계에 대한 흥미 있는 '비전'으로 본다는 선택을 한다면, 마르크스주의에 대한 상세한 비판은 필연적으로 현학적이고 따분한 것으로 생각될 것이다. 세계에 대한 인상적인 비전을 제공하는 철학자들은 현실의 한 측면을 취해 그것을 모든 문을 여는 열쇠로 사용하려는 경향이 있다. 그리고 그것에 대한 상세한 비판은 적절하지 못한 것이라는 말을 들을 수 있다. 왜냐하면, 세계를 새로운 빛 아래 볼 수 있게 하는 것은 바로 그 비전 속에 들어 있는 과장이기 때문이다. 우

---

30. 자연 영역으로 변증법을 확대함으로써 기계적 설명에 최고의 근거를 준 것은 아마도 엥겔스이다.
31. 물론 시사되어 있는 것과 같은 비판은 전혀 새로운 것이 아니다. 그것은 '부르주아' 철학자, 곧 객관적 방관자에게는 흔해 빠진 것이다.

리가 그와 같은 새 빛 아래서 볼 때, 우리는 그 과장을 잊을 수가 있다. 곧, 그 비전은 그 목적을 달성하고 있는 것이다. 이렇게 해서 마르크스 와 엥겔스의 철학은 경제적 생활, 곧 이른바 토대의 의의와 그 광범위 한 영향력을 우리에게 알려 준다. 그리고 그것이 이러한 영향력, 곧 다 른 세계상이나 세계해석의 경직성을 타파하는 영향력을 가질 수 있는 것은 주로 그 속에 있는 과장 때문이다. 마르크스와 엥겔스가 무엇에 관심을 가지고 있었는지를 알면, 우리는 그들의 저작에서 자세히 논해 지고 있는 것 같은 마르크스주의를 잊을 수가 있다. 곧 그들의 비전의 본질은 통속적인 견해가 된다. 자유와 필연성과의 엄밀한 관계라든지, '제약'의 정확한 의미라든지, 도덕성과 가치는 어느 정도까지 서로 관 계가 있다고 생각할 수 있는지 따위의 세밀한 문제에 대하여 고민하는 것은 현학적이다.

과연 이러한 태도는 이해할 수 있다. 그러나 마르크스주의의 역사이 론은 한갓 인간의 사유에 이바지하고, 그리고 역사적 배경으로 물러간 19세기의 두드러진 하나의 세계상이 아니다. 그것은 지금 살아 있으며, 영향력을 가지고 있는 체계로서 역사적 발전에 대한 과학적 분석이요, 예언을 가능케 하는 분석이라고 스스로 고백하고 있다. 그리고 동시에 그것은 현대 세계에서 그것이 지니고 있는 의의를 그 누구도 부정하지 않는 그룹의 신조 또는 신념이기도 하다. 따라서 이 철학이 유력한 당 파의 교조적 강령으로 전화된 것은, 그것이 없다면 다른 모양의 국면이 생겼으리라고 예상되는 일련의 다른 사상의 자연적 전개를 저지했다는 것을 지적할 필요가 있다.

아마도 공산주의의 이론가는 마르크스와 엥겔스의 철학이 어느 당 파에 의하여 받아들여지고, 그것이 무기나 도구로 전화된 것은 전혀 문 제가 되지 않는다고 대답할 것이다. 왜냐하면, 그것은 처음부터 그러했

기 때문이다. 그리고 이 철학을 그 이전의 모든 철학에서 구별하는 것
은 바로 이 사실이다. 마르크스는 언제나 자기의 철학을 세계를 변혁하
는 수단으로 생각했으며, 오직 세계를 해석하는 것으로서는 아니었다.
이 점은 의심할 여지없이 참이지만, 그러나 그 경우 다음과 같은 의문이
생긴다. 곧 마르크스주의는 변화해 가는 경제적 구조에 대응하고 있는
이데올로기라는 마르크스주의적 관념에 그 자신도 해당하는가, 아니면
이와 같은 상황을 초월하여 절대적 진리를 표현하고 있는가 하는 의문
이다. 마르크스주의가, 프롤레타리아트가 부르주아에 대립하고 있는
상황에 적응하는 이데올로기라면 이 적대관계가 극복될 때 마르크스주
의도 소멸한다. 그러나 그것이 절대적 진리를 표현하고 있다면, 그 주
장은 마르크스와 엥겔스가 영원한 진리나 자연법칙 따위에 대하여 주
장하지 않으면 안 되는 것들과 어떻게 조정(調停)될 수 있는가?

　그럼에도 불구하고 마르크스와 엥겔스의 철학 내에 있는 모호함에
근거한 비판은 어떤 의미에서는 무익하다. 그것은 마르크스주의가 '과
학적'이라는 이유만으로 마르크스주의에 매료되어 있는 사람들에게는
영향을 줄 수 있을지도 모른다. 그러나 주로 마르크스주의가 표현하고
있는 인간사회의 이상에 매료되어 있는 사람들에게는 별로 영향을 줄
것 같지 않다. 필요한 것은 인간과 인간의 사명에 대한 더 적절한 견해
와 현실의 본질에 대한 더 적절한 견해에 근거해 다른 이상을 설계하는
것이다.

　말할 것도 없이 마르크스와 엥겔스의 철학은 약간의 발전을 보았다.
이를테면, 인식론에 관심이 기울여졌다. 그리고 최근 토미스트들은, 현
대의 철학적 전통 속에서 소비에트의 철학자들에 의하여 대표되는 마
르크스주의는 그 인식론과 존재론에서의 실재론의 주장으로 해서, 그
들과 공통의 토론의 장을 주고 있다고 생각하는 것 같다. 이것은 이 책

이 다루는 범위를 넘어선 주제이지만, 비록 그와 같은 실재론은 토미즘과 마르크스주의에 공통된다 해도, 마르크스주의자에게 토미즘은 하나의 '관념론적' 체계라는 것이 지적될 수 있을 것이다. 그리고 마르크스와 엥겔스가 그들의 유물론의 진리성을 주장할 때, 그들이 부정하려고 했던 것이 바로 이 교설이었다.

chapter 17 　키 르 케 고 르

1. 머 리 말

셸링의 사상 발전에 관한 장에서 그가 지은 소극철학과 적극철학과의 구별에 대해 말해 두었다. 전자는 여러 관념 내에서 전개된다. 곧, **그것**은 뭇 개념 또는 본질의 연역이다. 후자는 사물의 그것, 곧 실존에 관계한다. 적극철학은 소극철학 없이는 불가능하다. 그러나 소극철학 자체는 현실적 실존을 피해 간다. 그리고 그 근대의 주 대표자는 헤겔이다.

셸링이 베를린에서 이와 같은 구별을 자세히 설명했을 때, 그의 청강자 중에 덴마크 사람 쇠렌 키르케고르가 있었다. 셸링이 적극철학이라고 하는 그의 고유한 사상을 전개한 방식에 대해서는 키르케고르는 거의 공감하지 않았다. 그러나 헤겔에 대한 비판에는 전적으로 동감이었다. 하지만 그렇다고 해서 키르케고르가 헤겔을 존경하지 않았다거나 그의 위대한 업적을 평가하지 않았던 것은 아니었다. 반대로 그는 헤겔을 모든 사변철학자 중에서 가장 위대한 철학자로서, 그리고 훌륭한 지적 역작(*tour de force*)을 저술한 사상가로 여기고 있었다. 그러나 키르케고르의 생각에 그것은 거대한 역작이긴 하나 그 이상의 것이 아니라는 데 바로 헤겔주의의 문제가 있었다. 헤겔은 모든 실재를 그의 변증법의 개념적 그물을 가지고 파악하려고 했다. 그러나 실존은 그 그물의 눈을 빠져나갔다.

나중에 설명되듯이, 키르케고르에게 실존이란 자유로운 개인에 관한 범주였다. 그의 용어법에서 실존한다는 것은 이것이냐-저것이냐의 자유로운 선택, 곧 자기 기투(企投)를 통해 자기 자신을 실현하는 것을 의미하고 있다. 따라서 실존한다는 것은 점점 더 많은 개인이 된다는 것, 그리고 점점 더 덜 집단의 한낱 구성원이 된다는 것을 의미한다. 그것은 개체를 위해 보편을 초월하는 것이라고 할 수 있다. 그러므로 키르케고르는 자기가 헤겔의 견해라고 여기고 있던 것, 곧 사람은 자기의 특수성을 초월하여 보편적 사유의 삶의 한 계기로서, 모든 시간과 실존에 대한 관찰자가 됨에 따라서 참된 자기 또는 본질을 실현한다고 하는 견해에는 거의 공감하고 있지 않았다. 키르케고르의 생각에 헤겔주의에는 실존적 개인을 위한 터가 없었다. 그것은 공상적인 방법으로 개인을 보편화할 수 있을 뿐이었다. 그리고 헤겔주의는 보편화할 수 없는 것을 중요하지 않은 것으로 간단히 처리해 버린다—사실은, 그것이 가장 중요하고 의의 깊은 것인데도 말이다. 보편적인 것—그것이 국가라고 생각되든 또는 보편적 사유로서 생각되든—에 자기 자신을 몰입 또는 침잠시키는 것은 개인적 책임과 참실존을 거절하는 것이다.

자유로운 선택—그것에 의하여 개인이 이것이냐-저것이냐의 한쪽을 선택하고 다른 쪽을 거절하는 것—을 통한 자기 기투를 강조하는 것은, 안티테제나 차이를 그럴듯한 말로 빠져나가는 것보다 오히려 그것을 강조하는 키르케고르의 일반적 경향의 한 측면을 나타내고 있다. 이를테면, 신은 인간이 아니며 인간은 신이 아니다. 그리고 양자의 틈바귀는 변증법적 사유로 메울 수 없다. 그것은 오직 신앙에 의한 비약으로써만, 그리고 인간이 자기 자신을 신과 관계 지우고, 말하자면 창조주에 대한 피조물로서, 초월적인 절대자에 대한 유한한 개인으로서의 자기의 관계를 자유로이 승인하는 자발적 행위에 의해서만 메워진다. 그러나 헤겔은 구별되어야 하는 것을 혼동했다. 그리고 무한자와 유한자 사이의, 신과 인간 사이의 변증법적 중개는 결국 우리에게 신도 인간도 남겨 놓지 않고, 다만 절대정신이라고 하는 그럴듯한 이름을 가진 사유의 실체화된 창백한 유령을 남겨 놓았다.

이와 같은 개체나 선택이나 자기 기투를 강조함으로써 키르케고르의 철학적 사유는 문제점을 명확히 한다거나 선택을 호소하는 것 같은 성격을 띠게 되는 경향이 있으며, 또한 인간이 직면하고 있는 실존적 상황과 이것이냐-저것이냐의 상황을 깨닫게 해 주려는 시도의 성격을 띠게 되는 경향이 있다. 물론 그것은 모든 실재를 사유에 의하여 지배하거나 그것을 개념의 필연적 체계로 전시하려는 시도는 아니다. 이러한 생각은 그의 정신과 전혀 이질적인 것이며 비위에 거슬리는 것이었다. 그의 생각으로는 사변적 체계적 철학—그에게 그것의 가장 위대한 보기는 절대적 관념론이었다—은 근본적으로 인간적 실존을 잘못 표현하고 있었다. 참으로 중요한 문제, 곧 실존하는 개인인 인간에게 참으로 중요한 문제는, 사유로써는, 곧 사변적 철학자의 절대적 입장을 취하는 것으로써는 해결될 수 없으며, 초연한 객관적 반성의 단계보다 오히려 실존의 단계에서의 행위의 선택에 의하여 해결되는 것이었다.

예상되듯이 키르케고르의 철학은 매우 개성적이다. 물론, 어떤 의미에서는 그 이름에 어울리는 철학자는 모두 개성적 사상가이다. 사유하는 것은 바로 그 사람이기 때문이다. 그러나 키르케고르의 경우에는 그의 삶과 철학 사이에 다른 많은 철학자의 경우보다 **더** 밀접한 연관을 볼 수 있다. 그는 전통적인 문제나 동시대의 철학적 동아리에서 가장 많이 논의되고 있는 문제를 이어받아 그것을 순전히 객관적인 그리고 공평한 정신으로 해결하려고 하지 않았다. 그가 논한 문제는 근본적인 자기 기투를 포함한 그 자신의 개인적 선택에 대해 제시된, 이것이냐-저것이냐의 형식으로, 자기 안에서 생겼다고 하는 의미에서 그 자신의 삶에서 생겼다. 그의 철학은 말하자면 산 철학이다. 그리고 그가 헤겔주의를 반대하는 이유의 하나는 사람은 그것으로는 살아갈 수가 없다는 것이었다. 분명히 키르케고르는 자기를 보편화할 필요가 있다. 보편화하지 않으면 자서전이 있을 뿐이리라. 그러나 동시에 말하고 있는 것은 관찰자가 아니라 행위자라고 하는 것도 지나치게 명료할 정도로 명료하다.

어떤 견지에서 보면 그의 철학의 이러한 특징은 약점이 되고 있다. 곧, 그의 사유는 너무 주관적이며 또한 객관성에 대하여 너무 적대적인 것 같아 보인다. 실제로, 어떤 사람들은 적어도 그것을 철학이라고 부르기를 거절할 것이다. 그러나 다른 견지에서 보면 키르케고르 사상의 극단적으로 개인적인 성격은 장점이기도 하다. 왜냐하면, 그것은 필요한 소질과 경향을 가진 사람들에게 유희 또는 학문적 소일거리로서의 철학이라는 개념을 확실히 멀리하는 진지함과 깊이를 그의 저작에 주고 있기 때문이다.

나는 연대적인 이유 외에 키르케고르의 사상은 헤겔주의 또는, 그렇게 말해도 좋다면, 절대적 관념론에 의하여 대표되는 사변철학에 대한 의식적인 반항의 형태로 전개되어 있다는 사실에 비추어 그의 철학에 관한 장을 이 권의 이 부분에 넣었다. 그러나 연대를 도외시하고 효과적인 영향이란 점을 기준으로 삼는다면 그의 사상에 대한 고찰은 훨씬 나중 단계로 연기되지 않으면 안 될 것이다. 그는 그의 시대의 가장 정열적인 사상가의 한 사람이었지만 당시는 거의 관심을 끌지 못했었기 때문이다. 덴마크 사람인 그는 20세기 초의 10년 동안에 독일 사람들에 의하여 말하자면 비로소 발견되었다. 그리고 그는 실존주의의 몇 개의 국면과 카를 바르트로 대표되는 현대의 프로테스탄트 신학에 깊은 영향을 주었다. 키르케고르의 시대와 문화적 환경에서의 지배적 철학이었던 헤겔주의에 대한 키르케고르의 몰두는 그의 사상의 시대적 요소를 이루고 있다. 그러나 그가 헤겔주의에 대립시킨 관념들은 완전히 독립된 중요성을 가지고 있으며, 그것들은 다른 문화적 맥락에서 광범한 영향을 미쳤다.

2. 생애와 저작

쇠렌 키르케고르는 1813년 5월 15일 코펜하겐에서 태어났다. 그는 부친에 의하여 극도로 종교적으로 양육되었다. 그의 부친은 우울증을 앓았으며 그와 그의 가족 위에 신의 저주가 걸려 있다고 망상하고 있는 사람이었다.[1] 그리고 키르케고르 자신도 어느 정도 이 우울증에 걸려 있었다. 빈정거리는 위트로 그것을 감추고 있었지만.

1830년 키르케고르는 코펜하겐대학에 입학하고, 부친의 희망을 따라 신학부를 택했다. 그러나 그는 신학 연구에는 거의 관심이 없었으며, 주로 철학이나 문학이나 역사에 몰두했다. 그가 헤겔주의에 관한 지식을 얻은 것은 이 시기였다. 그 당시의 키르케고르는 거의 인생에 환멸을 느낀 냉소적인 관찰자였다. 그러나 그는 대학에서의 사교에 푹

---

1. 키르케고르의 부친은 소년 시절에 유틀란트 반도의 황야에서 양을 보고 있었다. 어떤 날, 그는 배고픔과 추위와 외로움에 지쳐서 신을 저주했다. 그리고 이 사건이 지울 수 없이 그의 기억에 각인되었다.

빠져 있었다. 부친과 부친의 종교에서 떠나 그는 그리스도교의 '숨막힐 것 같은 분위기'에 대해 말하고, 철학과 그리스도교는 양립할 수 없다고 주장했다. 종교적 회의는 도덕적 기준에서의 방종을 거느리고 있었다. 그리고 이 시기의 키르케고르의 일반적인 태도는 후일 그가 삶의 미적 단계라고 부른 것에 해당된다.

1836년 봄에 키르케고르는 자살하려는 유혹에 빠진 것 같아 보인다. 그러나 그의 내적인 냉소주의에 의하여 그것을 극복했다. 그리고 같은 해 6월에 그는 일종의 도덕적 회심을 경험했다. 그가 도덕적 규범을 채용하고 비록 언제나 성공한 것은 아니지만, 어떻든 그 규범들에 따라 행동하려고 했다는 의미에서이다. >2 이 시기는 후일 그의 변증법의 윤리적 단계에 상응한다.

1838년 5월 19일, 그의 부친이 죽었다. 키르케고르는 "말로 다할 수 없는 기쁨"이 따르는 일종의 종교적 회심을 경험했다. 그는 그의 신앙의 실천을 다시 시작했다. 그리고 1840년, 그는 신학의 여러 시험에 합격했으며 레기네 올센과 약혼했다. 그러나 1년 후 파혼했다. 확실히 그는 사람들이 옳다고 생각할 결혼생활에 자기가 맞지 않는다고 생각하고 있었다. 그러나 그는 자기가 사명을 지닌 인간이며, 결혼은 그 방해가 될 것이라는 확신을 품게 되었다.

1843년 키르케고르는 《이것이냐-저것이냐》—이 표제는 인생에 대한 그의 태도와 그가 헤겔의 '이것도 저것도'라고 간주하고 있었던 것에 대한 혐오를 썩 잘 표현하고 있다—와 《두려움과 떨림》과 《반복》을 출판했다. 이어서 1844년에는 《불안의 개념》과 《철학적 단편》이, 1845

---

2. 나는 키르케고르가 흔히 알려진 것같이 방탕한 생활을 했다고 말하려는 것이 아니다. 오히려 그것은 윤리적으로 자기를 구속하는 것을 거부하는 일로부터의 내면적 태도의 변화의 문제이다.

년에는 《인생길의 여러 단계》가, 그리고 1846년에는 《철학적 단편에 대한 결론으로서의 비학문적 후기》—이것은 그 표제에서 받는 인상과 달리 방대하고 중요한 저작이다—가 출판되었다. 그리고 이 사이에 몇 개의 《교화적 강화》를 출판했다. 그리고 이 시기의 저작은 여러 가지 익명으로 나왔다—동일한 저자란 것은 코펜하겐에서는 잘 알려져 있었지만. 그리스도교의 신앙에 관한 한 그것은 진리의 직접적인 전달에 온 힘을 다하려는 사도의 입장이 아니라 한낱 관찰자의 입장에서, 키르케고르가 말하는 간접적 전달에 의하여 쓰여졌다.

1848년 봄 키르케고르는, 그의 일기에 쓰고 있듯이, 그의 성격을 바꾸고 그를 직접적 전달로 몰아가는 종교적 경험을 누렸다. 곧바로 그는 익명 사용을 고만둔 것은 아니었다. 그러나 안티 클리마쿠스라는 익명을 써서 그리스도교 신앙의 입장을 적극적으로 표현하는 변화의 경향은 명료하게 되어 있다. 1848년, 《그리스도교의 훈련》이 출판되었다. 그리고 《나의 저작활동의 관점》은 이 시기에 저술되었고—그가 죽은 다음에 출판되었다. 《죽음에 이르는 병》은 1849년에 출판되었다.

키르케고르는 덴마크 국교회에 정면공격을 꾀하고 있었다. 그의 생각에 국교회는 이미 그리스도인의 이름에 어울리지 않았다. 왜냐하면, 적어도 그의 공적 대표자에 관한 한, 그리스도교는 교양 있는 사람들의 감정에 거슬리지 않도록 계산된 약간의 종교적 신앙을 가진, 고상하고 도덕적인 휴머니즘으로 약화되어 있는 것으로 키르케고르에게는 보였기 때문이다. 그러나 그의 부친의 친구의 한 사람이었던 뮌스터 감독에게 상처를 주지 않기 위해, 키르케고르는 감독이 죽는 1854년까지 공격의 포문을 열지 않았다. 키르케고르가, 그가 구하는 것은 한갓 여느 성실성이며, 무기력해진 국교회의 그리스도교는 이미 그리스도교가 아니라는 것을 알고 승인해야 한다고 주장하고 있는 동안에 활발한 논쟁이 일어났다.

키르케고르는 1855년 11월 4일에 죽었다. 그의 장례 때에, 그의 조카가 이렇게 정력적으로 국교회를 정죄한 사람이 교회에 받아들여지는 데 대해 덴마크 감독에게 항의하는 불행한 장면이 있었다.

3. 개인과 대중

어떤 의미에서 분명 모든 사람은 다른 사람이나 사물과 구별되어 개인이며 또 어디까지나 개인에 머문다. 이 개인이라고 하는 의식에서는 격노한 군중의 일원조차도 개인이다. 그러나 동시에 그러한 군중의 일원으로서의 개체는 어떤 의미에서는 공통의 의식 안에 묻혀 있다. 대중은 말하자면 공통의 감정으로 지탱되고 있다. 대중은, 그 일원이 바로 개인으로서는 할 수 없는 행위를 할 수 있는 것임은 잘 알려진 사실이다.

참으로 이것은 극단적인 예일 것이다. 그러나 나는 인간 존재가 다소간에 개인이라는 관념에 아주 쉽사리 현금가치를 줄 수 있다는 것을 간단히 보여 주기 위해 그것에 언급했다. 물론, 덜 극적인 예를 들 수 있을 것이다. 나의 의견이 주로 '사람이 생각하는' 것으로 지시되고, 나의 감정적 반응이 '사람이 느끼는' 것으로, 그리고 나의 행위가 내 환경의 사회적 관습에 의하여 지시된다고 생각해 보자. 이때, 나는 이 한낱의 사람으로서보다는 오히려 '세인'의 한 사람으로서, 비인격적 집단의 일원으로서 생각하고, 느끼며 행위 하고 있다고 말할 수 있다. 그러나 만약 내가, 말하자면, 내 익명의 지위를 깨달아 나 자신의 행동원칙을 형성하고 거기에 따라 결연히 행위 하기 시작한다면, 비록 그것이 나의 사회적 환경의 관습적인 행동양식과 전적으로 대립된 형식에서 행위 하는 것

을 의미한다 하더라도, 어떤 의미에서는 나는 **더** 개인이 되었다고 말할
수 있다—다른 의미에서는, 나는 내가 전에 그러했던 것보다 **더** 개인이
된 것도 아니며 **덜** 개인이 된 것도 아니라는 사실에도 불구하고 말이다.

물론, 지면이 허락된다면 이 개념들은 신중한 분석을 요할 것이다.
그러나 지금 이 상태만으로도 다음과 같은 키르케고르의 문장을 이해
하는 것을 쉽게 할 것이다. "대중—이 대중 또는 저 대중이 아닌 대중,
현재 살아 있는 대중 또는 벌써 죽어 버린 대중, 천한 사람들의 대중 또
는 고귀한 사람들의 대중, 부자 대중 또는 가난한 사람들의 대중 등
등—그 참된 개념에서의 대중은 비진리이다. 그것은 개인을 완전히 고
집스럽게 하고 무책임하게 만들기 때문에. 또는 적어도 개인을 미소부
분으로 끌어내림으로써 그들의 책임감을 약화시키기 때문이다."[3] 물
론 , 키르케고르는 사람을 군중이라는 의미의 대중의 일원이 되게 하는
위험성에만 관심을 가졌던 것은 아니다. 그가 문제 삼은 것은, 지금까지
철학은, 인간이 특수적인 것보다 보편적인 것을 강조함으로써, 모멸적
으로 한갓 특수성이라고 간주되고 있는 것을 넘어서서 높아지고, 보편
적인 것의 삶에서의 한 계기가 됨에 따라서 자기의 참본질을 실현한다
는 것을 보여 주려고 해 왔다는 것이다. 키르케고르에 의하면 이와 같은
이론은 잘못된 것이다. 비록 보편적인 것이 국가로 여겨지던, 경제적
·사회적 계급이라고 여겨지던, 또는 인류라고 여겨지던, 절대적 사유로
여겨지던, "나는 '인종' 이란 카테고리를 인간이 그러해야 하는 것을 가
리키는 데 채용하거나, 또 특히 그것의 초고의 도달점을 가리키는 것으
로 채용하는 것은 오해이며, 우상숭배에 지나지 않는다는 것을 보여 주
는 일에 힘써 왔다. 왜냐하면, 인종, 인류는 종족으로서의 그 일반적 우

---

3. *The Point of View*, p. 114 (tr. by W. Lowrie, London, 1939).

월성에 의하여서뿐 아니라, 또 종족에서의 각 개인은(탁월한 개인뿐 아니라 각 개인도) 종족 이상의 것이라고 하는 **인간적** 특성에 의하여서도, 동물의 종과는 다르기 때문이다. 개인을 신과의 관계에 들어가게 하는 것은 개인을 민족과의 관계에, 그리고 민족을 통해 신과의 관계에 들어가게 하는 것보다 훨씬 고차의 것이기 때문이다."[4]

이 인용문의 끝 문장은 키르케고르 사상의 일반적 방향을 가리키고 있다. 개인의 최고의 자기실현 형태는 개인을 보편자나 절대적 사유에 대해서가 아니라, 절대적인 당신으로서의 신과의 관계에 들어가는 것이다. 그러나 개인이 된다고 하는 것으로써 키르케고르가 뜻하는 것의 자세한 설명은 그의 3단계설 대목에서 하는 것이 가장 적합할 것이다. 우선 그것은 '세인'에서의 자기상실 또는 보편자 속으로의 자기침잠─그것이 어떻게 생각되던 간에─에 반대하는 것을 의미하고 있다는 것을 지적하는 것만으로 충분하다. 보편자나 집단이나 전체성에 대한 찬미는 키르케고르에게는 '부질없는 우상숭배'일 뿐이다. 그러나 그는 또한 다음과 같이 주장했다. 역사적 우상숭배는 그리스도교에로 방향을 잡은 데 반하여, 새로운 우상숭배는 그리스도교로부터의 탈락 또는 배교이다.[5]

4. 단계의 변증법과 주체성으로서의 진리

헤겔은《정신현상학》에서, 정신이 자기의식으로, 그리고 보편적 의

---

4. *Ibid.*, pp. 88~9, in Note.
5. 이를테면《죽음에 이르는 병》, pp. 73~4 (tr. by W. Lowrie, Princeton and London, 1941) 참조.

식으로, 다시 절대적 사유의 입장으로 눈뜨는 단계의 교묘한 변증법을 자세히 논했다. 키르케고르도 변증법을 논하고 있다. 그러나 그것은 헤겔의 변증법과는 근본적으로 다르다. 우선 첫째로, 그것은 모든 것을 포괄하는 보편자의 형식에서가 아니라 개체성의 실존적 개인의 형식에서 정신이 실현되는 과정이다. 둘째로, 어떤 단계에서 다음 단계로의 이행은 사유에 의하여서가 아니라 선택에 의하여, 또는 의지적 행위에 의하여 그리고 이런 의미로 비약에 의하여 이루어진다. 거기에는 개념적 종합의 과정에 의하여 반정립을 극복한다는 문제는 없다. 그 대신, 이것이냐-저것이냐의 선택이 있다. 그리고 고차의 선택이나 변증법의 더 높은 단계로의 이행은 전체적 인간의 의지적 자기 기투이다.

첫째 단계 또는 영역은 미적인 것으로 묘사된다.[6] 그리고 그것은 감성 차원에서의 자기상실로 특징지어진다. 미적인 인간은 감각이나 충동, 감정에 지배되고 있다. 그러나 우리는 그를 한갓 관능적인 인간으로 여기면 안 된다. 미적 단계는 또한, 이를테면, 세계를 환상적이고 낭만적인 왕국으로 바꾸는 시인에 의하여 예시된다. 미적 의식의 본질적 특징은 확고한 보편적 도덕적 기준이나 견고한 종교적 신앙의 결여와 감정적 및 감성적 경험의 모든 범위를 누리려고 하는 바람의 존재이다. 사실, 식별은 있을 수 있다. 그러나 식별의 원리는 미적인 것이고, 비인격적인 이성의 명령으로 생각되는 보편적 도덕법칙에 대한 복종 같은 것이 아니다. 미적 인간은 무한을 추구한다. 그러나 그것은 그 자신의 취미에 의하여 강요된 것 이외에는 아무런 제한이 없다고 하는 의미에서의 악무한이다. 그는 모든 감정적 그리고 감성적 경험을 추구하고 모든 꽃에서 꿀을 빨면서, 그의 선택의 영역을 제한하는 모든 것을 혐오

---

6. 이 단계는 이를테면 《이것이냐저것이냐》의 제1권이나 《인생길의 여러 단계》의 처음 부분에서 논해졌다.

하고 그의 인생에 대하여 결코 일정한 형식을 주지 않는다. 오히려 그의 인생의 형식은 바로 그와 같은 형식의 없음, 곧 감성 차원에서의 자기확산에 있다.

미적인 인간에게 자기의 실존은 자유의 표현인 것처럼 여겨진다. 그러나 그는 감정적이고 창조적인 힘과 감성적 향수를 위한 능력이 주어져 있는 정신적-신체적 유기체 이상의 것이다. "어떤 인간도 마음과 몸의 종합으로서 정신이게끔 지음 받았다. 이것이 그의 집의 얼개이다. 그런데 그는 지하실에 사는 것, 곧 감성의 규정 아래 사는 것을 좋아한다."[7] 그리고 인생에 대한 미적 의식 또는 태도는 이러한 사실의 막연한 자각에다 쾌락과 감성적 향수를 추구할 때의 자기확산에 따르는 막연한 불만족을 수반하고 있다. 더욱이 사람이, 키르케고르가 지하실이라고 부르는 데에 살고 있다는 것을 자각하면 할수록, 점점 더 그는 '절망'에 빠진다. 왜냐하면, 그가 서 있는 단계에는 어떤 구제책도 구제수단도 없다는 것을 그가 발견할 것이기 때문이다. 따라서 그는 이것이냐-저것이냐의 선택에 직면한다. 그는 미적 단계에서 절망에 머물던가, 아니면 선택을 행함으로써, 자기 기투에 의하여 다음 단계로 이행할 것인가! 단지 생각하는 것만으로는 그는 목적을 이룰 수 없을 것이다. 그것은 이것이냐-저것이냐의 선택의 문제이다.

둘째 단계는 윤리적 단계이다. 어떤 사람은 일정한 도덕적 규범이나 의무나 보편적 이성의 소리를 받아들이고, 그리하여 그의 인생에 형식과 일관성을 준다. 미적 단계가 돈 후안으로 대표된다고 하면, 윤리적 단계는 소크라테스로 대표된다. 키르케고르에게 미적 단계에서 도덕적 단계로의 알기 쉬운 사례는, 사람이 순간적인 유혹에 의한 성적 충

---

7. *The Sickness unto Death*, p. 67.

동의 충족을 포기하고, 그 모든 의무를 받아들여 결혼상태에 들어가는 것이다. 왜냐하면, 결혼은 하나의 윤리적 제도이며 보편적인 이성법칙의 표현이기 때문이다.

이제, 윤리적 단계는 그의 고유한 영웅주의를 가지고 있다. 그것은 키르케고르가 비극적 영웅이라고 일컫는 것을 낳을 수가 있다. "비극적 영웅은 보편자를 표현하기 위해 자기 자신을 포기한다."[8] 그것은 소크라테스가 행한 일이다. 그리고 안티고네는 성문화되어 있지 않은 자연법을 옹호하기 위해 그녀의 삶을 희생으로 바칠 각오가 되어 있었다. 그러나 윤리적 의식 자체는 죄를 이해하지 못한다. 물론, 윤리적 인간은 인간의 약함을 고려할 것이다. 그러나 그는 그것을 의지의 힘으로 극복되고 명석한 관념에 의하여 교화될 수 있다고 생각한다. 그가 윤리적 의식 자체에 특징적인 태도를 예시하는 경우, 그는 인간의 도덕적인 자기 충족성을 믿고 있다. 그러나 사실, 인간은 지켜야 할 도덕법칙에 따르는 데, 그리고 완전한 덕을 획득하는 데 자기 자신의 무력함을 깨닫는다. 그는 자기 충족의 결여와 자기의 죄와 죄과를 자각하게 된다. 그때 그는 신앙의 입장을 택하던가 그것을 거절하던가의 양자택일의 상황에 직면한다. 바로 '절망'이, 말하자면 미적 의식에 대한 안티테제, 곧 윤리적 자기 기투에 의하여 극복되고, 해결되는 것 같은 안티테제를 형성하듯이, 죄의 의식은 윤리적 단계에 대한 안티테제를 형성한다. 그리고 이 안티테제는 오직 신앙이라고 하는 행위에 의해서만, 곧 신과의 관계에 들어감으로써만 극복된다.

인격적이며 초월적인 절대자인 신에 대한 자기의 관계를 긍정하는 것은 자기를 정신으로서 긍정하는 것이다. "자기가 자기 자신에 관계

---

8. *Fear and Trembling*, p. 109 (tr. by R. Payne, London, 1939).

함으로써, 그리고 자기 자신이려고 함으로써, 자기는 자기를 설정한 힘 속에 명료하게 자기를 세운다. 그리고 이 정식은 … 신앙의 정의이다."[9] 인간은 모두, 말하자면, 무한과 유한의 종합이다. 바로 유한으로 생각하면, 그는 신과 분리되어 있고 신과 멀리 떨어져 있다. 무한으로 생각하면, 인간은 물론 신은 아니지만, 신에게 이르는 하나의 운동, 정신의 운동이다. 그리고 신앙에서 신에 대한 자기의 관계를 전유하고 긍정하는 자는 참자기, 곧 신 앞에서의 개인이 된다.

둘째 단계와 셋째 단계의 차이를 강조하기 위해 키르케고르는, 신의 명령에 자기 아들을 기꺼이 희생의 제물로 바치려고 했던 아브라함의 행위를 상징적으로 사용했다. 소크라테스와 같은 비극적 영웅은 보편적 도덕 법칙을 위해 자기 자신을 희생한다. 그러나 키르케고르가 말하는 것처럼, 아브라함은 보편적인 것을 위해서는 아무 일도 하지 않는다. "그리하여 우리는 역설 앞에 선다. 개인은 개인으로서 절대자에 대한 절대적 관계에 설 수 있는가? 그렇다면, 윤리는 궁극적인 것이 아니다. 아니면, 아브라함은 파멸인가? 그렇다면, 그는 비극적 영웅도 아니고 미적 영웅도 아니다."[10] 말할 필요도 없이 키르케고르는, 종교는 도덕의 부정을 의미한다는 일반적 명제를 주장하려는 것이 아니다. 그가 말하려고 하는 것은, 신앙자는 그 명령이 절대적이며, 인간적 이성의 기준만으로는 간단히 헤아릴 수 없는, 그러한 인격신과 직접 관계된다고 하는 것이다. 의심할 바 없이 키르케고르의 마음속에는 레기네 올센에 대한 그의 행동의 기억이 있다. 그리고 만약 윤리, 또는 보편자가 궁극적인 것이라면, 키르케고르의 행동은 용서될 수 없다. 그는 오직 그가, 그 절대적 요구가 개인에게 주어진, 신으로부터의 개인적 사명을 가지고 있을 때에만 정당화될 수 있다.

---

9. *The Sickness unto Death*, p. 216.　　　10. *Fear and Trembling*, p. 171.

물론 나는, 사람마다 똑같은 특별한 경험을 가지고 있을 것이라는 의미에서, 키르케고르가 그 자신의 경험을 보편화했다고 말하려는 것이 아니다. 그는 그 보편적 의의를 반성하고 있다는 의미에서 그것을 보편화하고 있는 것이다.

키르케고르의 변증법은 어떤 단계에서 다음 단계로의 이행은 선택이나 자기 기투에 의하여 이루어지는 것이고, 개념적 매개의 연속적인 과정을 통해서 이루어지는 것이 아니라는 의미에서, 비연속의 변증법이다. 그는 종교적 신앙을 다루고 있을 때에는 당연히 이성의 구실을 가볍게 다루고 의지의 구실을 강조하고 있다. 그의 생각으로는 신앙은 비약이다. 곧, 신앙은 객관적 불확실성에 대한 모험이며 위험한 내기이고 자기 기투이다. 신은 초월적 절대자이며 절대적 당신이다. 신은 그 존재가 증명될 수 있는 대상이 아니다. 확실히 신은, 인간이 자기의 죄와 신으로부터 멀어진 것, 신에 대한 자기의 욕구를 알게 된다는 의미에서, 인간의 의식에 당신 자신을 계시한다. 그러나 인간의 응답은 하나의 모험이다. 곧, 사변철학의 범위를 넘어선 존재자에 대한 신앙의 행위이다. 그리고 이러한 신앙의 행위는 오직 한 번만 이루어지는 어떤 것이 아니다. 그것은 끊임없이 반복되어야 한다. 신은 신(神)-인(人)인 그리스도에서 자기를 계시했다는 것은 옳다. 그러나 그리스도는 역설이며 유대인에게는 걸려 넘어지는 돌이요 그리스인에게는 어리석은 것이다. 신앙은 언제나 하나의 모험이며 비약이다.

어떤 점에서는, 신앙의 입장에 대한 키르케고르의 설명은 주로 헤겔주의로 대표되는 사변철학의 방법, 곧 신과 인간의 구별을 모호하게 하고, 그리스도교의 교리를 철학적으로 논증된 결론으로 바꿈으로써 합리화하는 방식에 대한 강한 항의이다. 헤겔의 체계에서는 "신과 인간 사이의 질적 구별이 범신론적으로 폐기되어 있다."[11] 그 체계는

"인간의 눈에는 신앙의 세계보다 **더** 높은 확실성을 낳는 것처럼 생각되는 환상적 세계"[12]의 매력적인 전망을 제공한다. 그러나 망상은 신앙에 해롭다. 그리고 그리스도교를 나타내고 있다는 그 주장은 **속임수**이다. "그것이 그리스도교라고 자기도 생각하고 사람들에게도 그렇게 생각하도록 하는 것이 근대철학의 전적으로 비소크라테스적인 까닭이다."[13] 다시 말하자면, 키르케고르는 삶에서 신앙의 입장보다 **더** 높은 입장이 있을 수 있다는 것을 승인하기를 거절한다. 신앙의 사변적 앎에로의 자랑스러운 전환은 미망이다.

위에서, 주로 키르케고르의 염두에 있는 것은 헤겔주의이지만, 그는 형이상학적 논증으로 신의 존재를 증명하려는 생각―그 경우 명백히 유신론적인 신의 관념이 주장되고 있다는 조건 아래―에 대하여 크게 공감하고 있었을 것이라는 견해에는 아무런 충분한 근거도 없다. 그의 생각으로는, 인간은 영원히 신앙 또는 불신앙에 책임이 있다는 사실은, 신앙은 논증적 증명의 결과를 받아들이느냐 받아들이지 않느냐의 문제가 아니라 의지의 문제라는 것을 가리키고 있다. 아마도 가톨릭의 신학자들은 이 점에서 약간의 이의를 제기할지도 모른다. 그러나 키르케고르는 가톨릭의 신학자는 아니었다. 그리고 중요한 것은, 그가 의식적으로 신앙의 본성을 비약으로서 강조하고 있는 것이다. 그것은 단순히 헤겔의 합리주의에 대한 반항의 문제가 아니었다.

이것은 주체성으로서의 진리에 대한 그의 잘 알려진 설명에 뚜렷이 표현되어 있다. "**가장 정열적인 내면성의 자기 터득에서 굳게 잡은 객관적 불**

---

11. *The Sickness unto Death*, p. 192.

12. *Concluding Unscientific Postscript*, p. 213 (tr. by D. F. Swenson, Princeton and London, 1941).

13. *The Sickness unto Death*, p. 151.

확실성이 진리이다. 이것이 실존하는 개인에 대한 최고의 진리이다."[14] 키
르케고르는 객관적 진리, 비개인적 진리 같은 것이 있다는 것을 결코
부정하지 않았다. 그러나 이를테면 수학적 진리와 같은 것은 '실존하
는 개인' 자체와는 아무 상관도 없는 진리이다. 곧, 그것은 인간의 전체
적인 자기 기투의 삶과는 관계가 없다. 그는 그러한 진리를 승인하기는
한다. 그는 그럴 수밖에 없다. 그러나 그는 그의 온 존재를 거기에 걸지
않는다. 내가 나의 온 존재를 거는 것은 어떤 논리적 모순을 범하지 않
고는 부정할 수 없는 그런 것이 아니다. 그것은 내가 의심할 수 있는 것
이지만, 그러나 그것은 나에게 아주 중요한 것이어서, 만약 내가 그것
을 받아들일 때에는 정열적인 자기 기투로 받아들이는 어떤 것이다. 그
것은 어떤 의미에서 나의 진리인 것이다. "진리란 바로 무한한 정열로
객관적으로 불확실한 것을 선택하는 모험이다. 나는 신을 찾기 위해 삼
라만상을 관찰한다. 거기서는 확실히 전능과 지혜를 볼 수 있지만, 동
시에 나를 불안과 혼란에 빠뜨리는 많은 협잡물도 볼 수 있다. 이것들
은 요컨대, 객관적 불확실성이다. 그러나 바로 그렇기 때문에 내면성의
위대한 힘이 발휘되는 것이다. 내면성은 이 객관적 불확실성을 무한한
모든 정열을 기울여 받아 내기 때문이다."[15]

　의심할 여지없이, 위에서 말한 것과 같은 진리는 바로 키르케고르가
신앙이라는 이름 아래 생각하고 있었던 것이다. 주체성으로서의 진리
의 정의와 신앙의 정의는 일치한다. "모험 없이 신앙은 없다. 신앙이란
바로 내면성의 무한한 정열과 객관적 불확실성의 모순을 그대로 받아
들이는 것이다."[16] 명백히, 키르케고르는 영원한 진리는 그 자체로서
는 역설이 아님을 여러 차례 주장하고 있다. 그러나 그것은 우리와의

---

14. *Concluding Unscientific Postscript*, p. 182.　　　　15. *Ibid.*

관계에서 역설적이 된다. 확실히, 신의 작품인 자연에서 몇 가지 증거를 볼 수 있다. 그러나 동시에, 반대 방향을 가리키는 많은 것도 볼 수 있다. 자연을 보든, 복음서를 보든, 거기에는 '객관적 불확실성'이 있으며, 또 계속 있을 수 있다. 유한한 이성에게 신-인이라는 관념은 그 자체 역설적이기 때문이다. 신앙은 객관적으로 불확실한 것을 붙잡고 그것을 긍정한다. 그러나 신앙은 그 자신 말하자면 이해할 수 없는 심연을 넘어서 주장되지 않으면 안 된다. 종교적 진리는 객관적으로 불확실한 것을 '정열적으로' 내 것으로 삼는 데 있다.>[17]

확실히 키르케고르는, 신앙이라는 행위에는 이성적 동기가 전혀 없다고 하지 않으며, 또한 신앙은 순전히 변덕스런 선택에 의한 자의적인 행위라고 하는 것도 아니다. 그러나 그는 종교적 신념에 합리적 동기를 최소한으로 그치게 하는 데, 그리고 진리의 주체성과 비약으로서의 신앙의 본성을 강조하는 데에 기쁨을 찾고 있다. 따라서 어쩔 수 없이 그에게 신앙이란 의지의 자의적 행위라고 하는 인상을 준다. 그리고 적어도 가톨릭 신학자들은 그 점에서 그를 비판하고 있는 것이다. 그러나 만약 우리가 신앙을 그의 시학적 분석에서 떼어 내고, 심리적 측면에만 경주한다면, 사람이 가톨릭이건 프로테스탄트이건, 키르케고르가 신앙을 하나의 모험 또는 내기로 서술하려고 할 때, 그가 도대체 무슨 말을 하려고 했는가를, 스스로의 경험으로부터 아주 잘 이해할 수 있는 사람이 있다는 것을 상상하기는 쉬운 일이다. 그리고 일반적으로 보아, 그가 그리고 있는 의식의 세 가지 다른 태도 또는 차원에 대한 키르케고르의 현상학적 분석은 그 특유의 과장에 의해 상쇄되는 일이 없는 가

---

16. *Ibid.*

17. 키르케고르에게 신앙은 여러 명제에 대한 것이라기보다 차라리 절대적이며 초월적인 당신, 곧 인격신에 대한 관계라는 것을 기억해야 한다.

치와 자극적인 힘을 가지고 있다.

5.　실존의　개념

　진리에 대한 키르케고르의 관용적이지 않은 정의에 관해 앞서 인용한 문장 속에 '**실존하는** 개인'에 대한 언급이 있다. 또 키르케고르에 의하여 사용되고 있는 '실존'이란 용어는, 이를테면 돌덩이에는 적용될 수 없는 인간에게 독특한 범주라는 것이 이미 설명되었다. 그러나 이 자리에서 그것에 대하여 좀 더 설명해 두는 것이 좋겠다.

　그가 말하는 실존 개념의 용법을 보이기 위해 키르케고르는 다음과 같은 유비를 사용하고 있다. 어떤 사람이 짐을 실은 마차에 앉아서 고삐를 잡고 있다. 그러나 말은 마부의 능동적인 다잡음 없이 익숙한 길을 따라 가고 있다. 어쩌면 마부는 잠이 들었는지도 모른다. 다른 사람은 그의 말을 적극적으로 이끌고 방향을 잡아 주고 있다. 어떤 의미에서는 두 사람 다 마부라고 할 수 있다. 그러나 다른 의미에서는 후자만이 말을 부리고 있다고 할 수 있다. 비유적으로 말해서, 대중과 함께 표류하는 사람, 이름 없는 '세상 사람' 가운데 몰입하는 사람은, 어떤 의미에서는 실존한다고 할 수 있지만, 어떤 의미에서는 실존한다고 말할 수 없다. 왜냐하면 그는, 주어진 순간에 단 한 번밖에는 실현될 수 없는 목적, 그리하여 그의 선택하는 행위를 반복함으로써, 말하자면 자기 자신이려고 하는, 또는 자기 자신을 형성하려고 하는 끊임없는 상태에서 찾아지는 목적을 향하여 단호히 노력하는 '실존하는 개인'이 아니기 때문이다. 또한, 세계와 인생의 관찰자로서의 구실에 만족하고, 모든 것을 추상적 개념의 변증법으로 바꾸는 사람은 어떤 의미에서는 물론 실존하고 있지만, 다른 의미에서는 그렇지 않다. 왜냐하면, 그는 모든 것을 이해하려고 하지만 그 자신은 아무것도 기투하려고 하지 않기 때문이다. 그러나 '실존하는 개인' 은 관찰자라기보다 행위자이다. 그는 자기를 기투하고 그리하여 그의 인생에 형식과 방향을 준다. 그는 한 목적을 위해 이것을 택하고 저것을 거절하는 적극적인 노력을 통해 그 목적에로 나아간다. 바꾸어 말하자면, 키르케고르에게 '실존' 이란 용어는, 다소간에, 몇몇 현대의 실존철학자들에 의하여 사용되고 있는 '본래적 실존' 이란 용어와 똑같은 의미를 가지고 있다.

만약 '실존' 이란 용어가 한갓 이렇게 이해된다면, 그것은 변증법의 3단계의 어느 단계에서도 적용될 수 있다는 의미에서 중립적이다. 사실, 키르케고르는 분명히 말하고 있다. "실존의 세 영역이 있다. 그것은, 미적 실존, 윤리적 실존, 종교적 실존이다."[18] 사람은 미적 인간으로서 양자택일을 배제하고, 자각적으로 단호하게 일관된 행동을 한다면, 그는 미적 영역 안에서 '실존' 할 수 있다. 이런 의미에서 돈 후안은 미적 영역에서 실존하는 개인을 대표하고 있다. 마찬가지로, 보편적 도덕법칙을 위해 그 자신의 취향을 희생하고 영원히 그를 끌어들이는 도덕적 이념의 실현을 향해 끊임없이 노력하는 사람은, 윤리적 영역에서 실존하는 개인이다. "실존하는 개인은 자기 자신, 생성 중에 있다. … 실존에서는 슬로건은 언제나 앞으로이다."[19]

이처럼 '실존' 이란 용어는 확실히 넓은 적용 영역을 가지고 있지만, 그것은 특히 종교적 의미를 띠는 경향이 있다. 이것은 그렇게 놀랄 일이 아니다. 왜냐하면, 키르케고르에게 정신으로서의 인간을 최고로 실현한 꼴은, 인격적 절대자에 대한 인간의 자기관계이기 때문이다. "실

---

18. *Concluding Unscientific Postscript*, p. 448.   19. *Ibid.*, p. 368.

존은 무한자와의 종합이다. 그리고 실존적 개인은 무한이기도 하고 유한이기도 하다."[20] 그러나 실존적 개인이 무한이라는 것은 그와 신을 동일시하는 것이 아니다. 그것은 그의 생성은 신을 향한 끊임없는 노력이라는 것이다. "실존 자체, 곧 실존하는 일은 노력이다. … (그리고) 노력은 무한이다."[21] "실존은 무한자와 유한자, 영원한 것과 가사적인 것 사이에 태어난 자식이다. 따라서 끊임없는 노력이다."[22] 따라서 다음과 같이 말할 수가 있다. 실존은 두 계기로 이루어져 있다. 곧, 분리 또는 유한성과 신을 향한 끊임없는 노력의 두 계기로 이루어져 있다고. 노력은 끊임없으며, 끊임없는 생성이어야 한다. 왜냐하면, 신앙에서의 신께 대한 자기관계는 한 번만으로 성취되는 것이 아니기 때문이다. 그것은 곧, 끊임없이 반복된 자기 기투라고 하는 형태를 취하지 않으면 안 되기 때문이다.

6. 불안의 개념

실존주의자들의 저작에서 불안의 개념[23]은 뚜렷하다. 그러나 그것은 여러 사상가들에 의하여 여러 가지 방식으로 사용되고 있다. 키르케고르에게 그것은 종교적인 배경을 가지고 있다. 그리고 《불안의 개념》에서는 그것은 죄의 관념과 밀접히 관련되어 있는 것으로 서술되어 있다. 그러나 우리는 그것의 적용 영역을 넓혀서, 불안이란 인생길의 한

20. *Ibid.*, p. 350. 21. *Ibid.*, p. 84. 22. *Ibid.*, p. 85.

23. 독일 사람은 Angst라고 하고 프랑스 사람은 angoisse라고 한다. 몇몇 영국 사상가들은 'anguish' 또는 'anxiety' 라는 말을 쓴다. 나는 'dread' 란 말을 쓴다. 어찌하든, 본문에서 논해지는 이유로 'fear' 라는 말은 피해야 할 것이다.

단계에서 다른 단계로 질적 비약을 하는 데 앞서는 상태라고 말할 수
있다고 나는 생각한다.

불안은 키르케고르에 의하여 '**공감적 반감과 반감적 공감**'[24]으로 정의
되고 있다. 모험에 대한 매력과 '놀라운 것이나 불가사의한 것에 대한
갈망'[25]을 느끼고 있는 어린 소년의 예를 들어 보자. 그 소년은 미지의
것에 매력을 느끼고 있다. 그러나 동시에 자기의 안전을 위협하는 것으
로서 그것에 반발을 느끼고 있다. 소년의 마음은 이끌림과 반감, 공감
과 반감이 섞여 있다. 이 경우, 소년은 불안한 상태에 있는 것이며, 공
포의 상태에 있는 것은 아니다. 왜냐하면 공포란, 그것이 실재적인 것
이든, 상상적인 것이든, 이를테면 침대 밑의 뱀이라든가, 지금 막 찌르
려고 하는 말벌과 같이 일정한 어떤 것과 관련된 것인 데 대해, 불안은
미지의, 확실하지 않은 것과 관련된 것이기 때문이다. 그리고 그 소년
을 끌어당기는 동시에 반발을 느끼게 하고 있는 것은, 바로 이와 같은
미지의 것, 불가사의한 것이다.

키르케고르는 이 관념을 죄에 적용한다. 그는 말한다. 무구(無垢)한
상태에서 정신은 꿈꾸는 상태에 있다. 직접성의 상태에 있다. 그것은
아직 죄를 모른다. 그러나 그것은 어떤 확실한 죄에 대해서는 아니고,
자유와, 따라서 또한 죄의 가능성에 대하여 막연한 매력을 느끼고 있
다. "불안은 자유의 가능성이다."[26] 키르케고르는 아담을 예로 들고
있다. 무구한 상태에 있는 아담이 선악을 알게 하는 나무의 열매를 먹
으면 안 된다는 말을 죽음의 위협과 함께 들었을 때, 그는 악 또는 죽음
의 의미를 알 수 없었다. 그러나 금령은 아담 속에 "자유의 가능성을 …

---

24. *The Concept of Dread*, p. 38 (tr. by W. Lowrie, Princeton and London, 1944).
25. *Ibid.*   26. *Ibid.*, p. 139.

할 수 있다고 하는 것의 불안한 가능성을>[27] 일깨웠다. 그리고 그는 그것에 매료됨과 동시에 그것에 반발을 느꼈다.

그러나 또한 키르케고르는, 신에 대한 관계에도 불안이 있다고 한다. 이를테면, 어떤 사나이가 죄에 빠져 있다고 하자. 그는 이 상태에서 벗어날 가능성을 알아차리고 있는지도 모른다. 그리고 그 가능성에 매료되어 있는지도 모른다. 그러나 그는 동시에 자기의 죄의 상태를 사랑하고 있기 때문에 거기에서 탈출할 수 있는 가능성에 반발을 느끼고 있는지도 모른다. 그 경우, 그는 불안에 사로잡혀 있다. 그리고 만약 그 사나이가 죄의 매력에 사로잡혀 있다면, 그것이 참으로 자유의 불안이다. 그에게 자유란 공감적 반감과 반감적 공감의 대상이다. 그리고 이러한 불안은 그 자체 자유의 가능성이다.

불안의 개념은 우리가 그것을 다음과 같이 적용할 수 있다면 아마 더욱 명확해질 것이다. 어떤 사람이 죄를 의식하기 시작하고 전혀 자기 충족감을 느낄 수 없게 되었다고 가정하자. 그리고 그는 신앙의 비약의 가능성에 직면해 있다.>[28] 그것은 앞에서 보았듯이, 객관적 불확실성에 대한 자기 기투이며 미지의 것에 대한 비약이다. 그는 마치 절벽의 벼랑에서, 자기 자신이 뛰어들 가능성을 깨닫고 있으며, 그에 대하여 매력과 반발을 느끼고 있는 사람과 같다. 참으로 신앙의 비약은 구원을 의미하며 파멸을 의미하지 않는다. "가능성의 불안은 그것이 그를 구원받은 자로 신앙의 손에 넘겨줄 수 있을 때까지 그 사람을 포로로 잡고 있다. 그는 신앙 이외의 어디서도 안식을 찾지 못한다. …>[29] 이 문장은 불안은 비약에 의하여 극복된다는 것을 넌지시 비치고 있는 것 같

---

27. *Ibid.*, p. 40.
28. "죄의 반대는 덕이 아니라 신앙이다." *The Sickness Unto Death*, p. 132.

다. 그러나 적어도 신앙의 입장을 유지하는 것이 객관적으로 불확실한 것에 대한 반복된 자기 기투를 품는 한, 불안은 반복된 비약의 감정적 색조로서 되풀이될 것이다.

7. 키르케고르의 영향

키르케고르는 무엇보다도 우선 종교적 사상가이다. 그리고 그는 그의 동시대인들에게는 바로 광야에서 외치는 자의 소리였으나, 그리스도교에 대한 그의 생각은, 현대의 프로테스탄트 신학의 주요한 흐름에 강력한 영향을 주고 있다. 이미 카를 바르트에 대해서는 언급했다. '자연신학'에 대해 적의를 품고 있던 바르트는 형이상학에 의한 신앙의 영역에로의 침해에 대한 키르케고르의 태도와 잘 어울린다. 물론, 카를 바르트에 의하여 표현되고 있는 신학 형태에서는, 키르케고르를 따르기보다 오히려 프로테스탄트의 사상과 정신의 원천과의 새로운 접촉이 문제 되어 있다고 말할 수 있으며 또 옳을 것이다. 그러나 키르케고르의 생각의 어떤 것은, 특히 루터파의 것이었기 때문에, 그것은 그의 저작이 주었을 (그리고 실제로 준) 영향의 하나였다.

동시에 그의 저작은 명백히 다른 여러 방면에도 영향을 줄 수 있다. 한쪽에서는, 그는 프로테스탄티즘에 대해 매우 엄한 태도를 취하지 않으면 안 되었다. 그리고 우리는 그의 사상 속에 거세된 프로테스탄티즘으로부터 떠나는 움직임을 알아차릴 수 있을 뿐 아니라, 프로테스탄티즘 자체로부터도 떠나는 움직임을 알아차릴 수 있다. 만약 그가 더 오

---

29. *The Concept of Dread*, p. 141.

래 살았더라면 가톨릭 신자가 되었을 것이라고 말하려는 것이 아니다. 그가 그렇게 되었는지 아닌지는 우리가 도저히 대답할 수 없는 문제이다. 따라서 그것을 논하는 것은 무익한 일이다. 그러나 실제로 그의 저작은 어떤 사람들의 정신을, 특히 그가 첫째 그리스도교라고 부른 이상을 언제나 지탱해 왔다고, 그가 언명하고 있는 가톨리시즘으로 향하게 하는 데 이바지해 왔다. 다른 쪽에서는, 그의 저작은 사람들을 아주 그리스도교로부터 떠나게 하는 데 이바지할 가능성을 예상할 수 있다. 우리는 사람들이 이렇게 말하는 것을 상상할 수 있을 것이다. "그렇다. 나는 그 논의를 이해할 수 있다. 키르케고르는 전적으로 옳다. 나는 진정한 그리스도교 신자가 아니다. 그리고 더욱이 나는 그리스도교 신자임를 원치 않는다. 나에게는 아무런 비약도 없다. 객관적 불확실성에 대한 아무런 정열적인 믿음도 없다."

따라서 현대의 실존주의운동의 전개에서 키르케고르의 어떤 명제가 그의 종교적 배경에서 분리되고, 무신론적 체계에서 사용되고 있다 해도 그렇게 놀랄 것이 없다. 그것은 사르트르 씨의 철학에서 두드러지게 볼 수 있는 경우이다. 일반적으로 실존주의자로서 분류되는 철학자들 [30] 중에서, 키르케고르에 가장 가까운 카를 야스퍼스의 경우에는, 실존이란 개념의 종교적 배경이 대체로 보존되어 있다. [31] 그러나 사르트르 씨의 철학은 우리에게 본래적 실존이나, 자유로운 자기 기투나, 불안의 개념은 이러한 종교적 배경을 배제할 수 있음을 우리에게 깨닫게

---

30. 이들 철학자 중의 어떤 이는 그 딱지를 거부하고 있다. 그러나 우리는 여기서 그 문제에 대하여 논할 수 없다. 어찌하든, '실존주의'는 그것이 사르트르 씨의 철학에 한정되지 않는 한, 일종의 혼성어이다.

31. 야스퍼스는 전문 철학자이며 대학교수이다. 이에 대해 이 엉뚱하고 정열적인 덴마크의 사상가를 대학교수로 상상하기는 어렵다. 그러나 키르케고르의 생애와 사상은, 니체의 그것과 더불어, 야스퍼스에게는 오랜 숙고의 대상이었다.

해 준다.

이상의 말들은 현대의 실존주의의 기원은 주로 키르케고르 사후의 영향력에서 찾아야 한다는 것을 말하려는 것이 아니다. 그것은 엄청난 오류일 것이다. 그러나 키르케고르적 주제는 그 역사적 문맥은 변했지만, 실존주의 안에 되풀이되고 있다. 그리고 실존주의에 관한 저자들은 그 사상의 정신적 선구자를 키르케고르에서 봄으로써 완전히 정당화된다—물론, 그는 그 사상의 충분한 원인은 아니지만, 동시에 키르케고르는 자기 자신은 실존주의자가 아니라고 하는 사람들, 또는 어떤 종류의 직업적 철학자라도, 신학자도 아닌 많은 사람들에게 자극적인 영향을 주었다. 이 장의 제1절에서 말한 것처럼, 그의 철학사상은 사람으로 하여금 그들이 직면하고 있는 실존적 상황과 양자택일의 상황을 통찰시키는 시도인 동시에, 스스로 선택하고 자기 기투하여 '실존하는 개인'이 되도록 호소하는 경향을 가지고 있다. 말할 것도 없이, 그것은 또한 집단에의 매몰에 대한 자유로운 개인 또는 인격의 이름으로 하는 항의이기도 하다. 확실히 키르케고르는 과장하고 있다. 그리고 그와 같은 과장은 실존의 개념에서 종교적 의의가 벗겨질 때 더 명백해진다. 그러나 과장이란 적어도 말할 가치가 있는 것에 주의를 돌리는 데 극히 유효하다.

제 3 부　　　그　후의

　　　　　　　　사 상 의　 흐 름

1.　머리말

절대적 관념론이 무너지고 나서 얼마 후에 유물론의 철학이 일어났다. 그것은 변증법적 유물론처럼 헤겔 좌파로부터 생겨난 것이 아니라 경험과학에 대한 진지한 고찰에서 생겼다. 말할 것도 없이 과학은 철학적 유물론과 아무런 본질적 연관도 없다—비록 셸링이나 헤겔에 의하여 상술된 자연과학이 과학을 선천적으로 보완하고 온전케 하는 것은 형이상학적 관념론이라는 확신을 부추기는 데 거의 기여한 바 없다고 해도 말이다. 뿐더러, 마르크스를 제외하고, 주요한 독일의 철학자들은 확실히 줄곧 유물론자가 아니었다. 그래서 나는 19세기 독일에서의 유물론의 동향에 많은 지면을 할애할 생각이 없다. 하지만 그런 움직임이 있었다는 것은 이해되어야 할 것이다. 그리고 그럼에도 불구하고 그것은 상당한 영향력을 가졌다. 참으로, 뷔히너의 《힘과 물질》과 같은 책이 널리 받아들여지고, 여러 판을 거듭한 것은 바로 그것이 심오하지 않고, 과학의 위신에 호소했기 때문이었다.

2 . 유 물 론 적 동 향 의 첫 국 면

19세기 중엽의 독일의 유물론자 중에서 유명한 사람은 카를 포크트 (Karl Vogt, 1817~95), 하인리히 촐베(Heinrich Czolbe, 1819~73), 야코프 몰레쇼트(Jakob Moleschott, 1822~93), 그리고 루트비히 뷔히너 (Ludwig Büchner, 1824~99)였다. 동물학자이며, 얼마동안 기센대학의 교수였던 포크트는 "사상의 뇌수에 대한 관계는 담즙의 간장에 대한 관계와 같다"는 말로 유명하다. 그의 일반적인 견해는 생리학자 루돌프 바그너에 대한 그의 논쟁서의 제목 《맹신과 과학》(*Kohlerglaube und Wissenschaft*, 1854)에 나타나 있다. 곧, 루돌프 바그너는 내놓고 신의 창조에 대한 신앙을 고백하고 있었다. 그리고 포크트는 바그너를 과학의 이름으로 공격했던 것이다. 《신감각론》(*Neue Darstellung des Sensualismus*, 1855)의 저자이며, 칸트와 헤겔과 로체를 공격한 촐베는 감각으로부터 의식을 이끌어 냈다. 그리고 그때 그는 감각을 데모크리토스를 생각나게 하는 방식으로 설명했다. 그러나 동시에 그는 자연 안에 순전히 기계적으로 설명할 수 없는 유기체가 있다는 것을 용인했다.

몰레쇼트는 생리학자이며 의사였다. 그는 그의 유물론적 이론에 반대하는 세력에 의하여 우트레히트대학 교수직에서 쫓겨났다. 그 후 그는 이탈리아에서 교수가 되었다. 그리고 거기에서 실증주의와 유물론에 기운 사람들에게 상당한 영향을 주었다. 특히 그는 체사레 롬브로소 (1836~1909)에 영향을 주었다. 롬브로소는 토리노대학의 범죄인류학의 유명한 교수이며, 몰레쇼트의 《생명의 순환》(*Der Kreislauf des Lebens*, 1852)을 이탈리아어로 번역했다. 몰레쇼트에 의하면, 우주의 전 역사는 힘과 에너지를 그 고유한 본질적 속성으로 하는 하나의 원초적 물질로써 설명될 수 있다. 힘 없이 물질이 없으며, 물질 없이 힘이 없다.

생명은 다만 물질 자체의 하나의 상태에 지나지 않는다. 포이어바흐는 세계에 대한 모든 신인동형설(神人同形說)적 목적론적 설명을 분쇄하는 길을 준비했다. 그리고 이 일을 이어받아 완성시키는 것이 현대과학의 구실이다. 자연과학과 인간과 그 역사에 대한 연구를 구별하는 아무런 충분한 이유도 없다. 과학은 양자에게 동일한 설명원리를 줄 수가 있다.

독일유물론의 처음 국면에서 가장 잘 알려진 저작은 아마도 뷔히너의 《힘과 물질》(*Kraft und Stoff*, 1855)일 것이다. 그것은 유물론의 일종의 통속적 교과서가 되었고, 여러 나라말로 번역되었다. 뷔히너는 보통 교육을 받은 독자가 이해할 수 없는 모든 철학에 즉시 유죄판결을 내렸다. 그리고 바로 그 때문에 이 책은 상당한 인기를 얻었다. 그 제목이 가리키듯이 힘과 물질은 충분한 설명원리라고 여겨졌다. 그리고 이를테면 영혼은 폐기되었다.

3. 랑게의 유물론 비판

1866년, 프리드리히 알베르트 랑게(Friedrich Albert Lange, 1828~75)는 유명한 《유물론사》(*Geschichte des Materialismus*)를 출판했다. 이 책에서 랑게는 신칸트학파의 입장에서 유물론 철학을 충분한 근거에 바탕하여 비판했다. 만약 유물론이 오직 자연과학에서의 방법론적 원리로서 생각되는 것이라면, 유물론은 긍정되지 않으면 안 된다. 곧, 이를테면, 물리학자는 마치 물질적 사물만이 존재하는 것같이 논의를 진행시켜 나가야 한다. 칸트 자신도 이런 생각이었다. 자연과학자는 정신적 실재에는 관계하지 않는다. 그러나 유물론은 자연과학의 영역에서 방법적 원리로 승인될 수 있지만, 그것이 형이상학이나 일반의 철학으로 넘어갈 때에는 이미 그것은 받아들여지기 어렵다. 이때에 그것은 비판력을 상실한 문외한의 이론이 된다. 이를테면, 경험심리학에서는 심적 과정의 생리학적 설명을 할 수 있는 데까지 하는 것은 아주 정당하며 또 적당하다. 그러나 거기에서 의식 자체를 순수히 유물론적으로 설명할 수 있다고 생각한다면, 그것은 비판력을 상실한 문외한의 견해라고 하는 확실한 징조이다. 모름지기 우리가 육체나 신경 등에 대하여 무엇인가를 아는 것은 바로 그 의식을 통해서만이기 때문이다. 따라서 의식을 유물론적으로 환원하려는 시도는 바로 그 환원 불가능한 성격을 폭로한다.

　더욱이 유물론자들은 그들이 물질의 힘이나 원자 따위를 마치 물자체인 듯이 다룰 때, 그들의 무비판적인 지성을 폭로한다. 사실, 그것들은 세계를 이해하려고 하는 노력에서, 정신이나 지성에 의하여 형성된 개념이다. 확실히 우리는 그것들의 개념을 사용하지 않으면 안 된다. 그러나 그런 개념을 사용한다는 것은 그것들이 독단적인 형이상학에게 적절한 기초가 될 수 있다는 것을 가리킨다고 추정하는 것은 유치하다. 그리고 이것이야말로 바로 철학적 유물론이 그렇게 하고 있는 것이다.

4. 헤켈의 일원론

　랑게의 비판은 유물론에게 호된 일격을 가했다. 그는 한갓 논쟁자에 머물지 않고, 그의 말에 따르자면, 유물론적 태도에 있는 정당한 요소를 드러내는 데 힘쓴 결과, 그 비판은 유물론에게 더욱 호된 일격이 되었다. 그러나 쉽사리 예상할 수 있듯이, 그의 비판은 유물론이 도지는 것을, 곧, 유물론의 두 번째 물결을 막지 못했다. 그것은 인간의 기원과 발전은 우주 일반의 진화의 한갓 하나의 국면이라는 것, 인간의 더 높은 차원의 여러 활동은 이 진화로 충분히 설명될 수 있다는 것, 그리고 초월적 존재자에 의한 창조적 활동의 개념을 도입할 필요가 전혀 없다는 것을 가리키는, 증명이 끝난 요인으로서 다윈의 진화론에 도움을 구했다. 생물학적 진화라고 하는 과학적 가설과 철학적 유물론 사이에 필연적인 연관이 없다는 사실은 확실히 그 당시의 몇 사람에게는 명백했다. 그러나 그 가설을 한쪽에서는 환영하는 사람이, 또 다른 쪽에서는 공격하는 사람이 많이 있었다. 왜냐하면 그들은, 유물론은 그와 같은 가설에서 이끌어 내지는 당연한 결과라고 생각했기 때문이었다.

독일에서의 이와 같은 유물론적 동향의 둘째 국면의 전형적이고 통속적인 표현은 헤켈의 《우주의 수수께끼》(*Die Welträtsel*, 1899)였다. 에른스트 헤켈(Ernst Haeckel, 1834~1919)은 오랫동안 예나대학의 동물학 교수였으며, 수많은 그의 저작은 순전히 그의 과학적 탐구의 성과를 다룬 것이었다. 그러나 그 밖의 저작은 진화의 가설에 바탕한 일원론적 철학을 구명하는 데 바쳐졌다. 다윈의 《자연도태에 의한 종의 기원》이 공간된 1859년과 《인간의 기원》이 나타난 1871년 사이에 헤켈은 진화에 관한 문제를 다룬 몇 권의 책을 출판하여, 그의 생각에 따르면, 마침내 다윈은 참으로 과학적인 기초 위에 진화론적 가설을 세웠음을 명백히 했다. 그리고 이와 같은 가설에 바탕하여 헤켈은 보편적 일원론을 발전시키는 일을 추진하고, 전통적 의미에서의 종교를 참으로 대체하는 것으로, 그것을 제공하려고 했다. 그리하여 그는 1892년에 그의 강의록을 《종교와 과학의 유대로서의 일원론》(*Der Monismus als Band zwischen Religion und Wissenschaft*)이라는 표제로 주를 달아 출판했다. 그리고 인간의 종교에 대한 욕구의 충족을 그의 일원론에서 찾으려는 그러한 시도는 《신-자연, 일원론적 종교에 대한 연구》(*Gott-Natur*,

Studien über monistische Religion, 1914)에서 볼 수 있다.

헤켈의 주장에 따르면, 세계에 대한 고찰은 많은 수수께끼나 문제를 일으켰다. 이들의 몇 개는 답을 찾았지만, 다른 것은 해답 불가능이며, 적어도 진정한 문제가 아니다. "일원론적 철학은 궁극적으로는 우주의 유일한 포괄적인 수수께끼, 곧 실체의 문제를 승인할 용의가 있다."[1] 만약 이것이 현상의 배후에 있는 신비한 물자체의 본성을 뜻하고 있는 것이라면, 우리는 아마도 '2400년 전의 아낙시만드로스와 엠페도클레스'[2]가 그러했던 것처럼, 그 문제를 풀 수 없다는 것을 헤켈은 기꺼이 승인하려고 한다. 그러나 우리가 이와 같은 물자체를 알려고 하지 않는한, 그 본성이 무엇이냐고 하는 논의는 무의미하다. 밝혀진 것은 '실체의 포괄적 법칙'[3], 힘과 물질의 보존법칙이다. 물질과 힘이나 에너지는 실체의 두 속성이다. 그리고 그것들의 보존법칙은 그것이 진화의 보편적 법칙으로 설명될 때, 우리에게 우주를 하나의 통일체로서, 곧, 거기서는 자연법칙이 영원히 그리고 보편적으로 유효한 하나의 통일체로 이해하는 것을 정당화한다. 이리하여 우리는 모든 현상 간의 통일과 인과관계의 증명에 바탕하는 우주의 일원론적 해석에 이른다. 그리고 이 일원론은 또한 이원론적 형이상학의 세 가지 주요한 도그마, 곧, '신, 자유, 불사'[4]를 논파한다.

이리하여 칸트의 두 세계론, 곧, 자연적·물질적 세계와 도덕적·비물질적 세계는 일원론 철학에 의하여 배제된다. 그렇더라도 일원론 철학이 인간의 사회적 본능에 바탕해 있고 몇 개의 가정된 정언적 명령에 바탕하고 있지 않다면, 일원론 철학에 윤리학이 껴들 여지가 없게 되는

---

1. *Die Welträtsel*, p.10 (Leipzig, 1908 edition).   2. *Ibid.*, p. 239.
3. *Ibid.*   4. *Ibid.*, pp. 140, 217 and 240.

것은 아니다. 일원론은 이기주의와 이타주의, 자기사랑과 이웃사랑과
의 조화의 실현을 그 최고의 도덕적 이상으로 승인한다. "이와 같은 일
원론적 윤리학을 위한 기초를 진화론에서 찾아내는 일에 대해 우리가
감사해야 할 이는, 그 누구보다도, 위대한 영국의 철학자 허버트 스펜
서이다."[5]

　　유물론이라는 명칭은 그의 일원론 철학에 적용되기에는 부적당한
형용사라고 헤켈은 항의하고 있다. 일원론 철학은 확실히 비물질적인
정신이라는 관념을 부정하지만, 그것은 또한 죽은, 정신이 없는 물질이
라는 관념도 부정하기 때문이다. "모든 원자 속에 양자는 떨어질 수 없
게 결합되어 있다."[6] 그러나 모든 원자 속에 정신과 물질(*Geist und
Materie*)이 결합되어 있다는 것은 실제로 모든 원자 속에 힘과 '질료'
(*Kraft und Stoff*)가 결합되어 있다고 하는 것이다. 그리고 헤켈은 그의
철학이 유물론이라고 불릴 정도라면, 차라리 유심론이라고 불리는 것
이 좋겠다고 주장하지만, 그러나 그것은 명백히 대부분의 사람들이 유
물론이라고 하는 것이다. 확실히 그것은 진화론적 형태를 갖추고 있지
만, 그럼에도 불구하고 유물론이다. 의식과 이성의 본성에 대한 그의
설명은 그것을 아주 확실히 하고 있다—아무리 그가 그 반대라고 주장
한다 해도.

　　'유물론'이라는 용어가 헤켈에게 바람직하지 않다면, '무신론'이라
는 용어도 그렇다. 일원론적 철학은 범신론적이지 무신론적이 아니다.
곧, 신은 완전히 내재적이며 우주와 동일하다. "우리가 이 비인격적 '전
능자'를 '신-자연'(*Theophysis*)이라고 부르든, '범-신'(*Pantheos*)이라

---

5. *Ibid.*, p. 218. 만약 헤켈이 아직 살아 있다면, 그는 의심 없이 줄리안 헉슬리(Julian Huxley) 교수의 윤
　리학적 견해를 평가할 것이다.

6. *Der Monismus*, p. 27 (Stuttgart, 1905 edition).

고 부르든 결국은 아무래도 좋다."[7] 범신론이 우주를 '신'이라고 하는 데 있고, 종교가 참과 좋음과 아름다움의 이상으로 향해 도야된 과학, 윤리학 그리고 미학이라고 한다면, 범신론과 무신론은 다만 자기 자신을 범신론자라고 하는 사람에게는 있고, 한편, 자기 자신을 무신론자라고 하는 사람에게는 없는, 그러한 우주에 대한 어떤 종류의 감정적 태도에 의해서만 구별될 수 있다는 생각은 헤켈에게는 떠오르지 않았던 것 같다. 확실히 헤켈은 "'신'은 모든 사물의 궁극 원인으로 가정된 '실체의 원초적 근거'"[8]임을 시사하려고 했다. 그러나 생각건대, 이 개념은 앞서 말한 바와 같이, 헤켈이 다른 데서는 포기한 유령과 같은 비인격적 물자체의 개념과 꼭 같다. 따라서 그의 범신론은 우주를 '신'이라 하고 그에 대하여 어떤 감정적 태도를 받아들이는 것 이상일 수 없다.

5 . 오 스 트 발 트 의 에 네 르 게 티 크

1906년 독일 '일원론자동맹'(Monistenbund)이 헤켈의 지원 아래 뮌헨에서 창설되고[9], 1912년에는 《일원론자의 세기》(*Das monistische Jahrhundert*)가 당시 '일원론자동맹'의 회장이었던 오스트발트에 의하여 발간되었다.

빌헬름 오스트발트(Wilhelm Ostwald, 1853~1932)는 고명한 화학자이며, 처음에는 리가, 후에는 라이프치히의 화학교수였다. 또한 그는 노벨상 수상자(1909)이며 《자연철학 연보》(*Annalen der Naturphilo-*

---

7. *Gott-Natur*, p. 38 (Leipzig, 1914).　　8. *Ibid.*
9. 동맹의 지도적 이념은 삶의 한 양식을 제공하는 것으로서의 과학이라고 하는 이념이었다.

sophie, 1901~21)의 창설자였는데, 이 연보의 최종호에는 루트비히 비트겐슈타인의 《논리−철학 논고》(*Tractatus logico-philosophicus*)의 독일어 원문이 실려 있다. 1906년에 그는 라이프치히대학의 교수직에서 물러나고, 그 후 철학적 문제에 관한 많은 저작을 출간했다.

1895년 오스트발트는 《과학적 유물론의 극복》(*Die Überwindung des wissenschaftlichen Materialismus*)을 출판했다. 그러나 이른바 유물론의 극복은 그에게는 물질의 개념을 에너지의 개념으로 대체하는 것을 뜻했다. 실재의 근본적 요소는 에너지이며 그것은 변화의 과정에서 여러 가지의 상이한 형태를 취한다. 물질의 상이한 특성은 에너지의 상이한 형태이다. 그리고 무의식적이거나 무의식적일 수 있는 심적 에너지는 이와는 다른 수준 또는 형태를 이루고 있다. 하나의 확고한 형태는 다른 것과 동일시될 수 없다는 의미에서, 다른 형태 또는 수준은 환원이 안 된다. 그러나 동시에 그것들은 유일한 궁극적 실재 곧, 에너지의 변용을 통해 생긴다. 따라서 '에네르게티크'는 일원론적 이론이다. 그것은 형이상학적 가설에 대한 어떠한 접근도 배제하려고 하는 오스트발트 자신의 과학적 방법의 규범과는 아마도 일치하기 어려울 것이다. 그러나 어쨌든 그가 자연철학으로 돌아섰을 때 그는 경험과학의 한계를 넘었던 것이다.

6. 유물론과 관념론의 대립을 극복하려는 시도로서 생각된 경험 비판론

유물론이 모든 과정을 물질적이라고 주장하는 것은 그의 가장 조잡한 형태에서뿐이다. 그러나 무릇 철학은 그것이 어쨌든 물질의 우월성을 주장하고 또 물질로 적절하게 설명할 수 없는 과정을 물질로부터의 파생물이나 물질적 과정의 부수 현상이라고 주장하지 않는 한, 유물론으로 분류될 수 없을 것이다. 마찬가지로 관념론은 모든 사물은 통상적인 의미에서의 관념이라고 주장하는 것은 아니나, 무릇 철학은 그것이 어쨌든 사유, 이성이나 정신의 우월성을 주장하며, 또 물질적 세계를 정신의 표현 또는 외화라고 주장하지 않는 한, 그것은 형이상학적 관념론의 체계로 적절히 서술될 수 없었다. 어쨌든 유물론과 관념론의 싸움은 일견 물질과 정신과의 구별을 전제하고 있다. 그때 한쪽의 용어를 다른 쪽 용어에 종속시킴으로써 그러한 대립을 극복하려는 시도가 이루어진다. 따라서 유물론과 관념론 사이의 싸움을 배제하는 하나의 방법은 실재를 물질적이라고도 정신적이라고도 할 수 없는 현상으로 환원하는 것이다.

우리는 그와 같은 시도를 마흐와 아베나리우스의 현상주의(現象主義, phenomenalism)에서 본다. 그것은 통상, 경험 비판론으로 알려져 있는 것이다. 하지만 이들은 단지 유물론과 관념론과의 대립을 극복하는 일에만 관심을 가졌던 것이 아니었다. 이를테면, 마흐는 자연과학의 본성에 대한 아주 강한 관심을 가지고 있었다. 그러나 동시에 그들은 현상주의를 유물론과 관념론과의 이원론을 제거하고 양자를 통일하는 형이상학적 시도를 하는 것으로 여기고 있었다. 우리가 여기서 그들의 이론을 고찰하는 것은 바로 이와 같은 이유에서이다.

취리히대학의 물리학 교수이며 《순수경험 비판》(*Kritik der reinen Erfahrung*, 1888~90)과 《인간적 세계개념》(*Der menschliche Weltbegriff*, 1891)의 저자인 리히아르트 아베나리우스(*Richard Avenarius*, 1843~96)는 순수경험, 곧 모든 덧붙인 설명을 벗긴 경험의 본성을 보려고 했다. 그리고 그는 경험의 소여 또는 요소를 감각에서 찾았다.

이 감각들은 중추신경조직에서의 여러 변화에 의존하며, 후자는 외적인 자극으로서만, 아니면 영양과정으로서 작용하는 환경에 의하여 제약되어 있다. 더욱이 뇌수가 발달하면 할수록 그것은 환경에서의 항상적 요소에 의하여 자극받는다. 이리하여 친숙한 세계의 인상이 생긴다. 곧 사람이 거기서 안심할 수 있는 세계가 생기는 것이다. 그리고 이와 같은 친숙함과 안전감의 증대에는 수수께끼 같은, 불확실한, 그리고 신비적인 것으로서의 세계라는 인상의 감소가 따른다. 결국 대답할 수 없는 형이상학의 문제는 배제되기에 이른다. 그리고 순수경험론은 외적 세계와 내적 세계의 두 세계를 감각에 환원함으로써 물질적인 것과 정신적인 것, 물(物)과 사유, 객관과 주관이라고 하는 이분법을 배제한다—이 이분법이 지금까지 유물론과 관념론 같은 대립되는 형이상학적 이론의 기초가 되어 왔던 것이지만.

유사한 이론이, 다른 방법으로서이긴 하지만, 에른스트 마흐(Ernst Mach, 1838~1916)에 의하여 전개되었다. 그는 여러 해 동안 빈대학의 교수였다. 그리고 자연과학에 관한 저작 외에《감각의 분석을 위한 공헌》(*Beiträge zur Analyse der Empfindungen*, 1886)과《인식과 오류》(*Erkenntnis und Irrtum*, 1905)를 출판했다. 경험은 순수히 물질적이거나 정신적이지 않으며 차라리 중성적인 감각으로 환원된다. 이리하여 마흐는 철학자들이 형이상학적 이론을 구축하기 위해 기초로 해 왔던 물질적인 것과 정신적인 것과의 구별을 회피했다. 그러나 그는 일반적인 철학을 전개하는 것보다 자연과학을 형이상학적 요소들로부터 순수화하는 일에 더 많은 관심을 가졌다.[10] 과학은 우리의 생물학적 요소

10. 마흐는 자연에 대립하고 있는 정신적 실체로서의 자아라는 개념을 부정하고, 자기라는 것을 자연과 연속해 있는 현상의 복합으로서 설명하고 있다. 그러나 이 이론을 그 어떤 철저한 양식으로도 만들지 않았다. 그리고 그는 자아가 경험을 결합하는 띠라고 인정했다.

들로부터 생기고 우리에게 예견을 가능케 함으로써 자연을 제어함을 목적으로 한다. 우리는 이 목적을 위해 가능한 한 적은 수의 단순한 개념으로 제 현상을 결합시킴으로써 사유를 절약하지 않으면 안 된다. 그러나 이 개념들은 과학적 예견을 가능케 하는 데 없어서는 안 될 도구이지만, 그것들은 우리에게 형이상학적 의미에서의 원인이나 본성이나 실체에 대한 통찰을 주는 것은 아니다.

레닌은 《유물론과 경험비판론》(1909)에서 마흐와 아베나리우스의 현상주의는 필연적으로 관념론에, 따라서 종교적 신념에 다다른다고 주장했다. 왜냐하면, 사물이 감각이나 감각소여로 환원된다고 하면 그것들은 정신에 의존적이지 않으면 안 된다. 그리고 그것들은 단지 개인적 정신에만 의존적이라고는 생각할 수 없기 때문에, 결국 신적 정신을 끌어내지 않으면 안 되기 때문이다.

역사적으로 보아, 마흐와 아베나리우스의 현상주의는 20세기의 20년대에 빈학파의 신실증주의에서 열매를 맺는 사상 계열의 일부를 이루고 있다. 그것이 관념론의 부흥, 더욱이 유신론의 부흥을 이끌었다고는 결코 말할 수 없다. 하지만 그렇다고 해서 레닌의 견해가 전혀 무의미하다고 할 수는 없다. 이를테면 아베나리우스는, 어떤 의미에서 인간이 존재하기에 앞서 사물이 존재한다는 것을 부정할 생각은 없었으므로, 감각은 가능적 감각으로서 정신보다 먼저 존재할 수 있다고 주장했다. 그러나 감각으로 사물을 환원하는 것이 가장 단호한 실재론자조차 싸우지 않을 만한 진술, 곧 물질적 대상은 만약 감각적 주관이 바로 가까이에 있다면, 원칙적으로 감각되는 존재일 수 있다는 진술과 동일한 것으로 설명되지 않는다면, 그것은 레닌에 의하여 이끌어 내진 결론을 피하기 어렵게 된다. 물론, 사람은 감각에 대하여 말하는 것보다 **가능적 감각**(sensibilia)에 대해 말함으로써 그것을 피하려고 할 수는 있다. 그러나 그때에, 정신에 대하여 물질적 대상을 복권시키거나, 아니면 전과 똑같은 곤란에 빠지거나이다. 그뿐 아니라 현대의 사상가들의 의견으로는, 자기를 **가능적 감각**의 복합이나 연속으로 환원시키는 것은 불합리하다. **가능적 감각**으로 환원될 수 없는 것으로서의 자기의 존재는 그러한 환원을 시도하는 가능성의 하나의 조건이기 때문이다. 따라서 한쪽에는 자기가 남고, 다른 쪽에는 **가능적 감각**이 남는다. 바꾸어 말하면, 바로 경험적 비판론이 극복하려고 했던 형태의 이원론이 남는 것이다.[11] 자연과학을 형이상학으로부터 순수화하려고 한 마흐의 시도와 철학적 이론으로서의 현상주의는 전혀 딴 것이다.

---

11. 신실증주의는, 물적 대상이 감각소여라고 하는 진술은, 물적 대상이 진술되어 있는 문장은 마치 원문이 참(또는 거짓)이면 그 번역은 참(또는 거짓)이며, 또 그 반대도 마찬가지라고 하는 양식에서, 다만 감각소여만 진술되어 있는 문장 내지 문장들로 번역될 수 있음을 의미한다고 주장함으로써, 현상주의를 존재론적 이론으로부터 언어이론으로 변환하려고 시도했다. 그러나 나는 이 시도가 성공적이었다고 생각하지 않는다.

chapter 19 　신 칸 트 학 파 의　동 향

1 . 머 리 말

1865년 오토 리프만(Otto Liebmann, 1840~1912)은《칸트와 추종자
들》(*Kaut und Epigonen*)에서 '칸트로 돌아가라'는 모토를 내걸었다.
이 칸트로 돌아가라는 요구는 당시의 상황에 비추어 아주 잘 이해할 수
있다. 한편에서는, 관념론적 형이상학이 여러 체계를 만들었다. 그러나
열광적인 처음의 감격이 사라지자 그 체계들은 여러 사람들에게 참으
로 지식이라고 할 만한 것을 아무것도 제공할 수 없는 것으로 여겨지
고, 그리하여 형이상학에 대하여 칸트가 취한 태도를 정당화하고 있는
듯이 생각되었다. 다른 한편에서는, 과학의 이름으로 주장되는 유물론
이 그 자신 극히 의심스러운 형이상학의 형태를 제공하기 시작하고 또
칸트에 의하여 설정된 그 사용의 제한—그것은 정당하게 과학적 개념
으로 되어 있었다—에 맹목적이었다. 달리 말하면, 관념론자도 유물론
자도 칸트가 이론적 인식을 위해 설정한 제한을 넘어서는 것을 그들이
얻은 성과로써 정당화하려고 했다. 그러니 인간 인식의 주의 깊은 비판
에 의하여 유물론자의 독단론에 빠지는 일 없이, 형이상학의 방종을 피

하는 데 성공했던 근대의 위대한 사상가로 돌아가는 것은 바람직한 일이 아니겠는가? 그것은 칸트에 맹종하는 것이 아니라 오히려 그의 일반적 입장 또는 태도를 받아들이는 것이고, 그가 좋은 방향을 따라 작업을 이어가는 것이다.

신칸트학파의 운동은 독일철학에서 하나의 유력한 세력이 되었다. 사실 그것은 아카데믹한 철학, 또는 독일사람이 말하는 '강단철학' (*Schulphilosophie*)이 되었다. 그리고 세기가 바뀔 무렵에는 거의 모든 대학의 교수 자리는 적어도 어느 정도는 그 운동에 가담하고 있는 사람들이 차지했다. 그러나 신칸트주의는 그 대표자의 수와 거의 맞먹을 정도의 많은 형태를 취했다. 그리고 우리는 그 모두를 여기서 서술할 수 없다. 주요한 계열의 사상에 대한 약간의 일반적인 지적으로 만족하지 않으면 안 될 것이다.

2 . 마르부르크학파

신칸트학파는 마르부르크학파(Marburg Schule)와 바덴학파(Baden Schule)로 구분된다. 마르부르크학파는 주로 논리학적, 인식론적, 방법론적 문제에 전념했다고 할 수 있다. 그리고 그것은 특히 헤르만 코헨 (Hermann Cohen, 1842~1918)과 파울 나토르프(Paul Natorp, 1854~1924)의 이름과 결부되어 있다.

1876년에 마르부르크대학의 철학 교수로 취임한 코헨은 칸트의 사상을 주석하고 발전시키는 두 방향에 관심을 가졌다. 넓은 의미에서 그의 주 테마는 문화적 의식과 그 진화의 통일의 문제였다. 그리고 그가 논리학에 대하여 글을 쓰든, 윤리학에 대하여 글을 쓰든, 그리고 미학에 대하여 글을 쓰든, 종교에 대하여 글을 쓰든[1], 끊임없이 그는 그가 다루고 있는 관념들의 역사적 발전과 저마다 다른 발전단계가 가지고 있는 문화적 의의에 언급하고 있음은 주목할 만하다. 풍부한 역사적 반성은 코헨의 개인적 견지를 직접 파악하기 쉽게 하는 것은 아니지만, 그의 사상의 이와 같은 국면이 그의 사상을 칸트만큼 형식주의적이지 않고, 또 추상적인 것이지도 않게 하고 있다.

《철학의 체계》(*System der Philosophie*, 1902~12) 제1권에서 코헨은 칸트의 감성의 이론, 곧, 초월론적 감성론을 버리고 순수사유 또는 순수인식(*die reine Erkenntnis*), 특히 수학적 물리학의 기초에 있는 아 프리오리한 순수인식의 논리학에 전념하고 있다. 물론 논리학적 과정은 광범위한 적용영역을 가지고 있다. 그러나 "논리학은 수학적 자연과학의 영역을 넘어서 정신과학(*Geisteswissenschaften*)의 영역에까지 뻗치는 관계를 가져야 한다는 사실은, 수학적 자연과학에서 인식에 대하여 논리학이 가지는 근본적인 관계를 조금도 해치는 것이 아니다".[2] 참으로 "형이상학과 수학적 자연과학 사이의 관계를 수립한 것은 칸트의 중요한 공적이다".[3]

순수의지의 윤리학(*Ethik des reinen Willens*)에 바쳐진 제2권에서 코헨은 "인간의 학으로서의 윤리학은 철학의 중심이 된다"[4]고 말하고 있다. 그러나 인간의 개념은 복잡하고, 그것은 두 개의 주요한 측면, 곧 개

---

1. 그의 《철학체계》에서 신의 관념은 제2권에서 논의되고 있다. 《철학체계에서의 종교의 개념》(*Der Begriff der Religion im System der Philosophie*, Giessen, 1915)도 참조할 것. 신의 관념은 진리와 완전성의 통일적 이상으로 그려져 있다.
2. *System der Philosophie*, I, p. 15 (Berlin, 1922, 3rd edition). 정신과학이란 용어는 나중에 논해질 것이다.
3. *Ibid.*, p. 9. 명백히 코헨은 칸트가 이해한 의미에서 형이상학에 언급하고 있다.
4. *System der Philosophie*, II, p. 1 (Berlin, 1921, 3rd edition).

인으로서의 측면과 사회의 일원으로서의 측면을 포함하고 있다. 이리 하여 타당한 인간의 개념의 연역은 이 두 개의 측면이 서로 침투하는 것으로 여겨질 때까지, 몇 단계 또는 계기를 통해서 이루어진다. 코헨 은 이 문제에 관한 논술에서, 철학은 국가를 인간의 윤리적 의식의 구 체화로 여겨지게 되었다고 말하고 있다. 그러나 유감스럽게도, 경험적 또는 현실적 국가는 주로 '지배계급'[5]을 위한 국가이다. 그리고 권력 국가(der Machtstaat)는 오직 그것이 특정한 계급의 이익에 봉사하는 일을 고만둘 때에 비로소 정의와 공정의 원리를 구현하는 법치국가(der Rechtsstaat)가 될 수 있다. 다시 말해, 코헨은 자유로운 인격적 개인으 로 생각될 수 있음과 동시에 본질적으로 사회적 삶과 공통되는 이상적 목표의 달성에로 방향 지어져 있다고 생각된, 인간의 윤리적 의지의 진 정한 표현인 민주주의적이며 사회주의적인 국가를 대망하고 있다.

철학의 전 체계가 '문화적 의식의 통일이라는 관점에서'[6] 구축되어 있기 때문에, 또한 이와 같은 의식은 과학과 도덕으로써는 완전히 특징 지어질 수 없기 때문에 코헨은 제3권을 미학에 바치고 있다. 미학을 다 루는 법은 칸트가 그렇게 생각했듯이, 종합적 철학의 본질적 부분을 이 루고 있다.

역시 마르부르크대학의 교수였던 나토르프는 코헨에게 강한 영향을 받았다. 《정밀과학의 철학적 기초》(Die philosophischen Grundlagen der exakten Wissenschaften, 1910)에서 나토르프는 수학의 논리학적 전개 는 시간·공간의 직관에 의지할 필요가 없음을 보여 주려고 했다. 그리 하여 그의 수학 철학은 칸트의 그것보다 상당히 '현대적'이다. 윤리학

5. *Ibid.*, p. 620.
6. *System der Philosophie*, III, p. 4 (Berlin, 1922).

에 관해서 말하자면, 나토르프는 코헨의 일반적 견해를 나누어 가지고 있었다. 그리고 도덕법칙은 개인으로 하여금 자기의 행동을 인류의 향상을 위해 종속시킬 것을 요구한다는 관념에 바탕하여 그는 사회적 교육의 이론을 전개했다. 또 나토르프는 그의 잘 알려진 저작 《플라톤의 이데아론》(*Platons Ideenlehre*, 1903)에서 플라톤과 칸트의 유사성을 입증하려고 시도했다.

코헨과 나토르프 두 사람은 칸트의 물자체의 이론에 의하여 시사된 듯이 보이는 사유와 존재의 이원론을 극복하려고 노력했다. 그리하여 나토르프에 의하면 "양자, 곧 사유와 존재는 부단한 상호관계에서만 존재하고 또 의미를 갖는다".[7] 존재는 사유의 활동에 대립하고 있는, 정적이고 고정된 그 무엇이 아니다. 그것은 본질적으로 이 사유의 활동과 연관되어 있는 생성의 과정에서만 현존하고 있다. 그리고 사유란, 점진적으로 그 대상, 곧 존재를 규정하는 과정이다. 그러나 코헨과 나토르프는, 사유와 존재를 하나의 과정의 연관된 두 극으로 결합하려고 했지만, 그들은 칸트의 입장을 버리지 않고는, 그리고 형이상학적 관념론으로 이행하지 않고서는 물자체를 실제로 제거할 수 없었을 것이다.

3. 바덴학파

마르부르크학파가 자연과학의 논리학적 기초의 탐구를 강조한 것에 대해, 바덴학파는 가치의 철학과 문화과학에 관한 고찰을 강조했다. 그리하여 빈델반트(Wilhelm Windelband, 1848~1915)[8]에게, 철학자는

---

7. *Philosophie*, p. 13 (Göttingen, 1921, 3rd edition).

가치판단의 원리들과 전제에 관한 연구와 판단주관 또는 의식과 그것에 비추어 판단이 이루어지는 가치나 규범이나 이상과의 관계에 관심을 갖는다.

철학에 대한 이와 같은 설명이 허용된다면, 윤리적 판단과 미적 판단이 철학적 고찰을 위한 재료를 제공한다는 것은 명백하다. 이를테면, 도덕적 판단은 그 성격상 기술적(記述的)이라기보다 분명히 가치론적이다. 그것은 세계의 실정보다 어떠해야 할 것인지를 언표하고 있다. 그러나 빈델반트는 또한 논리적 판단도 포함하고 있다. 왜냐하면, 윤리학이 마치 도덕적 가치에 관여하는 것과 꼭 마찬가지로, 논리학은 가치, 곧, 진리에 관여하기 때문이다. 사유되는 모든 것이 참인 것은 아니다. 참인 것은 사유되어야 하는 것이다. 그리하여 모든 논리적 사유는 가치와 규범에 의하여 이끌린다. 논리학의 궁극적 공리는 증명될 수 없다. 그러나 우리가 진리를 중히 여긴다면 그것을 승인해야 한다. 그리고 모든 논리적 사유를 거부하는 것이 아니라면, 우리는 진리를 객관적 규범이나 가치로 받아들이지 않으면 안 된다.

그러므로 논리학, 윤리학, 미학은 저마다 참, 좋음, 아름다움의 가치를 전제하고 있다. 그리고 이와 같은 사실은 우리에게 말하자면 경험적 의식의 배후에 있는 초월론적인 규범 설정적 또는 가치 정립적 의식을 요청하지 않을 수 없게 한다. 더욱이, 사람마다 자기의 논리적, 윤리적, 미적 판단에서 보편적·절대적 가치에 호소하기 때문에 이와 같은 초월론적 의식은 개인들 사이의 살아 있는 띠를 이루고 있다.

그러나 절대적 가치는 형이상학적 닻 내림(*eine metaphysische Ver-*

---

8. 저명한 철학사가인 빈델반트는 취리히대학의 교수가 되고, 이어 프라이부르크대학, 스트라스부르크대학의 교수가 되었다. 그리고 1903년에 하이델베르크대학 교수로 임명되었다. 그는 이른바 바덴학파의 최초의 주요 인물이었다.

änkerung)을 요구한다. 곧, 객관적 가치를 인식하고 승인하는 것은 우리로 하여금 우리가 신이라고 부르는 초감각적인 실재 속에 형이상학적 기초를 요청하도록 이끈다. 그리하여 거룩한 것이라는 가치가 생긴다. "우리는 거룩한 것을 참된 것, 좋은 것, 아름다운 것같이 보편적 가치의 특수한 종류로 이해하지 않고, 오히려 그것이 초감각적 실재와의 관계에 있는 한, 이 모든 보편적 가치 자체라고 이해한다."[9]

빈델반트의 가치철학은 하이델베르크대학의 그의 후임 철학 교수였던 하인리히 리케르트(Heinrich Rickert, 1863~1936)에 의하여 계승되었다. 리케르트는, 실재성은 갖지만 현존한다고는 정확하게 말할 수 없는 가치의 영역이 있다고 주장한다.[10] 그 가치는, 주관은 그것들을 인식하지만 그것들을 창조할 수 없다는 의미에서 실재성을 갖는다. 그러나 그들은 다른 현존하는 사물 사이에서 현존하고 있는 것 같은 사물은 아니다. 하지만 가치판단에서 주관은 사물과 사상(事象)에 평가적 의의를 줌으로써 가치와 감각적 세계의 영역을 맺는다. 그리고 가치 자체는 참으로 현존한다고는 할 수 없지만, 우리는 우리의 이론적 인식을 초월한 영원한 신적 존재에 바탕을 갖는, 그러한 가치 자체가 있다는 가능성을 부정할 자격이 없다.

리케르트는 나중의 일반적 견해를 좇아서 역사에서의 가치의 관념의 구실을 강조한다. 빈델반트는 자연과학은 예증적(例證的) 타입으로서의 보편적 측면에서의 사물들에, 또는 반복 가능한 것으로서의, 곧,

---

9. *Einleitung in die Philosophie*, p. 390 (Tübingen, 1914).
10. 《철학체계》(*System der Philosophie*, 1921)에서 리케르트는 가치를 여섯 종류 또는 영역으로 나누려고 시도했다. 곧, 논리학의 가치(진리적 가치), 미학의 가치(아름다움의 가치), 신비적 체험의 가치(비인격적 신성함 또는 숭고함의 가치), 윤리학의 가치(도덕적 가치), 연애의 가치(행복의 가치), 종교의 가치(인격적 신성함의 가치)이다.

예증적 보편적 법칙으로서의 사상(事象)들에 관계하는 데 대해, 역사
는 단일한 것, 독자적인 것에 관계한다고 주장했다.[11] 자연과학은 '입
법적' 또는 법칙 정립적인 데 대해, 역사는(곧, 역사과학은) '개별사례
적(個別事例的, idiographic)'[12]이다. 리케르트는 역사가가 낱개의, 독
자적인 것에 관계하는 것은 인정한다. 그러나 역사가는, 오직 가치와의
관계에서만 개인이나 사상(事象)에 관심을 갖는다고 주장한다. 다시
말하면, 수사(修史)의 이상은 역사적 발전을 다른 사회나 문화에 의하
여 인정된 가치에 비쳐서 서술하는 문화의 과학이다.

리케르트의 친구였던 후고 뮌스터베르크(Hugo Münsterberg, 1863
~1916)는 그의 사상의 특수한 측면에 관한 한, 신칸트주의의 바덴학파
와 관련하여 생각될 수 있다. 《가치의 철학》(*Philosophie der Werte*,
1908)에서 그는 가치의 체계에 의하여 세계에 의미를 부여하려는 생각
을 상술했다. 그러나 그는 하버드대학의 실험심리학 교수로서 그의 관
심을 주로 심리학의 영역에 돌렸다. 그리고 그 영역에서 그는 분트
(Wundt)의 영향을 강하게 받았다.

4. 프래그머틱한 경향

우리는 빈델반트가 초감각적인 신적 실재의 현존을 절대적 가치의
승인의 요청으로 여겼음을 보았다. 동시에 그는, 이 맥락에서 쓰인 '요

---

11. 그의 《역사와 자연과학》(*Geschichte und Naturwissenschaft*, 1894)에서.

12. 어떤 과학은, 그것이 단지 인간을 다룬다고 하는 사실에 의하여 '개별사례적'인 것이 아니다. 이를테
면, 경험심리학은 인간을 다룬다. 그러나 그것은 그럼에도 불구하고 '법칙정립적' 과학이다. 스콜라철
학의 용어를 쓰자면, 구별은 실질적이기보다 형식적이다.

청'이라는 용어가 '유익한 가설' 이상의 것을 뜻하고 있음을 논증하는
데 관심을 가지고 있었다. 그러나 칸트의 요청이론을 분명히 프래그머
틱한 의미에서 해석하려는 몇 사람의 신칸트주의자가 있었다.

프리드리히 알베르트 랑게(1828~75)—그에 대해서는 유물론의 비
판자로서 이미 언급해 두었다—는 형이상학적 이론과 종교적 교의를
함께 지식과 시 사이의 영역에 속하는 것으로 설명했다. 만약 그와 같
은 이론과 교의가 실재에 대한 앎을 표현하는 것으로 제출된다면, 그것
들은 칸트나 다른 비판자들에 의하여 행해진 모든 반대에 직면한다. 왜
냐하면, 우리는 초현상적 실재에 대한 이론적 인식을 가질 수 없기 때
문이다. 그러나 만약 그것들이 앎을 넘어선 실재의 상징으로 설명된다
면, 그리고 동시에 인생에 대한 그것들의 가치가 강조된다면, 그것들은
인식의 가치가 형이상학과 신학에 대하여 주장된다면 하는 점에만 논
점을 두고 있는 반대의견을 면할 수 있게 된다.

요청이론을 유익한 가설로 만든 것은 저 유명한《마치 ~인 것처럼
의 철학》(*Die Philosophie des Als-Ob*, 1911)의 저자인 한스 파이잉거
(Hans Vaihinger, 1852~1933)이며, 이 이론은 그에 의하여 가장 체계적
으로 전개되었다. 그와 함께 형이상학적 이론과 종교적 교의는 일반적
인 프래그머티즘적 진리에 대한 견해의 적용의 특수한 보기에 지나지
않게 되었다. 감각과 감정만이 실재적이다. 그 밖의 인간의 모든 지식
은 '가설'로써 이루어져 있다. 이를테면 논리학의 원리는 그 실제의 유
익함이 경험에 의하여 증명된 가설이다. 그리고 그것들이 어김없이 참
이라고 하는 것은 그것들이 필연적으로 유익하다는 것을 안다는 것과
같다. 따라서 이를테면, 종교적 교의에 대해 물어야 할 질문은, 그것이
실제로 참인지 아닌지 하는 것보다 그것이 마치 참인 것처럼 행위 하는
것이 유익한지, 또는 가치가 있는지 없는지 하는 것이다. 실제로 교의

가 '정말' 참인지 아닌지 하는 문제는 거의 생기지 않는다. 그것은 우리가 그것이 옳은지 그른지를 결코 알지 못하기 때문만이 아니라, 또한 진리의 개념은 프래그머틱하게 설명되기 때문이다.>13

이와 같은 프래그머티즘적인 가설주의는 명백히 칸트의 입장을 넘어서고 있다. 확실히 그것은 칸트에 의하여 정립된 이론적 인식과 도덕법칙의 요청 사이의 명확한 구별을 배제하는 한, 칸트의 요청이론으로부터 그 의미를 박탈하고 있다. 그러나 나는 파이잉거를 신칸트학파에 포함시켰지만, 그는 니체의 활력론(Vitalism)과 가설이론의 강한 영향을 받고 있다. 니체에 관해서 파이잉거는 유명한 《철학자로서의 니체》(*Nietzsche als Philosoph*, 1902)를 출판했다.

5 . E . 카 시 러 :   맺 음 말

이미 알아보았듯이, 신칸트주의는 결코 동질적인 사상체계가 아니었다. 한편 우리는 베를린대학의 교수였던 알로이스 릴(Alois Riehl, 1844~1924)과 같은 사상가를 가지고 있다. 그는 단호하게 모든 형이상학을 부정했을 뿐 아니라 가치론은 엄밀한 의미에서 철학으로부터 배제되어야 한다고 주장했다.>14 다른 한편 우리는 빈델반트와 같은 철학자를 가지고 있다. 그는 비록 '요청'에 대해 말하고 있지만 절대적 가치론

---

13. 파이잉거를 공평하게 평가하자면, 그는 '마치 ~인 것처럼'과 '가설'의 두 개념이 작용하고 있는 다른 양식을 구별하려고 했다. 그는 단지 논리학의 원리와 과학적 가설과 종교적 교설을 무차별적으로 같은 광주리에 던져 넣으려고 하지 않았다.

14. 릴에 의하면, 학이라고 불리우기에 합당한 철학은 자연과학에서 이해된 인식의 비판에 자기를 한정하지 않으면 안 된다. 물론 그는 인생에서의 가치의 중요성을 부정하지는 않는다. 그러나 그들 가치의 인식은 적절하게 말하자면, 인식작용이 아니라 학적 철학의 범위 밖에 있다고 주장한다.

을 실제적으로 형이상학을 다시 끌어들이는 양식으로 발전시켰다.

이와 같은 상이는 '신칸트학파'라는 용어의 적용 영역이 확장됨에 따라 자연스럽게 더욱 두드러지게 된다. 이를테면, 그것은 때때로 라이 프치히대학의 교수인 요하네스 폴켈트(Johannes Volkelt, 1848~1930) 에게도 적용되었다. 그러나 폴켈트는, 인간 정신은 절대자와의 합일에 대한 직각적 확신을 향유할 수 있다. 그리고 절대자는 무한한 정신이다, 나아가 창조는 예술적 창작과의 유추에 의하여 생각될 수 있다고 주장했기 때문에, 그를 신칸트학파라고 하는 것은 매우 의문스럽다. 그리고 실제로 폴켈트는 칸트 이외의 독일철학자들의 영향도 받고 있다.

지금까지 말해 온 철학자의 대개가 20세기까지 살았다는 것은 유의할 만하다. 그리고 신칸트학파의 운동은 비교적 최근에 한두 사람의 유명한 대표자를 가지고 있다. 이들 중에서 주목해야 할 것은 에른스트 카시러(Ernst Cassirer, 1874~1945)이다. 그는 베를린, 함부르크, 요테보리 그리고 미국의 예일대학의 교수를 역임했다. 마르부르크학파의 영향으로 그는 인식 문제에 관심을 갖게 되었다. 그리고 그의 연구의 성과는 세 권으로 된 《근대의 철학과 과학에서의 인식의 문제》(*Das Erkenntnisproblem in der Philosophie und Wissenschaft der neueren Zeit*, 1906~20)로 출판되었다. 이어서 1910년에 《실체개념과 함수개념》 (*Substanzbegriff und Funktionsbegriff*)가 나왔다. 카시러는 물리학의 점진적 수량화에 강한 인상을 받았다. 그는 근대물리학에서 감각적 실재는 상징의 세계로 전환되고 재구성된다고 결론지었다. 나아가 상징주의의 기능에 관한 고찰은 그를 대규모의 《상징형식의 철학》(*Philo-sophie der symbolischen Formen*, 1923~9)으로 이끌었다. 이 책에서 그는 인간을 동물과 구별하는 것은 상징을 사용하는 것이라고 주장했다. 인간이 새로운 세계, 곧, 문화 세계를 창조하는 것은 언어라고 하는 수단에 의해서이다. 그리고 카시러는 상징주의라는 관념으로 많은 문을 열었다. 이를테면, 그는 인간의 인격의 통일을 인간의 상이한 상징적 활동을 결합하는 기능적 통일로서 설명했다. 그는 신화의 형식에 있는 상징주의의 기능에 특히 주의했다. 그리고 예술이나 수사(修史)와 같은 활동을 상징적인 전환의 관념에 비추어 연구했다.

그러나 신칸트주의는 20세기까지 계속되었지만 그것은 도저히 20세기의 철학이라고 할 수 없다. 새로운 사상운동과 경향의 출현이 신칸트주의를 배경으로 밀어냈다. 그러나 그것이 다룬 주제는 죽어 버린 것이 아니다. 오히려 그것들은 사유의 다른 환경이나 체제에서 다루어지고 있다. 과학의 논리와 가치철학의 탐구가 그 좋은 보기이다. 더욱이, 인식론이나 지식의 이론은 이미 칸트와 그의 제자들이 추정했던 것처럼 중심적인 위치를 차지하지 않고 있다.

이상은 물론 칸트의 영향이 소진되었다고 말하려는 것이 아니다. 결코 그렇지 않다. 그러나 어쨌든 신칸트학파라고 적절하게 불릴 수 있는 어떠한 운동의 계속에서도 그 영향은 큰 규모로 감지되지 않는다. 더욱이, 칸트의 영향은 때로 전혀 비칸트적인 방향으로 작용했다. 이를테면, 실증주의자는, 칸트는 인식의 영역에서 형이상학을 배제했다는 점에서 실질적으로 옳다고 믿고 있는 데 대해, 현대의 토미즘에는 체계적 형이상학을 구축한다고 하는 전혀 반칸트적인 목적을 위해, 칸트의 초월론적 방법을 해석하고 발전시킨 사상의 흐름이 있다.

6. 딜타이에 관한 몇 가지 주석

여기서 빌헬름 딜타이(Wilhelm Dilthey, 1833~1911)에 대해 몇 가

지 소견을 말하는 것이 좋을 것 같다. 그는 바젤, 킬, 브레슬라우의 각 대학과 마지막으로 베를린대학의 철학 교수가 되었다. 베를린대학에서는 로체의 후임이었다. 딜타이는 칸트를 깊이 존경하고 있었지만, 그는 정당하게 신칸트주의자로 간주되지 않는다. 확실히 그는 역사적 이성의 비판(*Kritik der historischen Vernunft*)과 그것에 부합하는 범주 이론을 전개하려고 애썼다. 그리고 그 활동은 어떤 점에서는, 독일인이 정신과학(*Geisteswissenschaften*)이라고 부르는 것에 대한 칸트의 비판적 작업의 연장으로 볼 수 있다. 그러나 동시에 그는, 역사적 이성, 곧, 역사를 이해하고 설명하는 데 종사하는 이성의 범주는, 역사를 구성하는 원 자료에 적용되는 아 프리오리한 범주는 아니라고 주장한다. 그들 범주는 역사에서의 자기 자신의 객관적 표시에 대한, 인간 정신에 의한 생생한 통찰에서 생긴다. 그리고 일반으로, 특히 1883년 이후, 딜타이는 칸트의 사상의 추상성과 그 자신의 구체적 방법 사이를 명확히 구별했다. 하지만 우리가 이 장에서 이미 자연과학과 정신과학 사이의 구별에 언급했다는 사실은 여기서 딜타이에 대하여 논할 충분한 이유를 제공한다고 나는 생각한다.

'정신과학'(mental sciences)이란 용어가 *Geisteswissenschaften*의 잘못된 번역이라는 사실은 딜타이에 의하여 주어진 사례들을 고찰하면 쉽사리 이해될 것이다. 자연과학과 나란히 정신과학 또는 문화과학이라고 할 수 있는 다른 종류의 과학들, 곧, "역사학, 국민 경제학, 법과 국가에 대한 과학, 종교학, 문학과 시의 연구, 예술과 음악과 철학적 세계관과 체계들의 연구, 그리고 마지막으로 심리학"[15]과 같은 과학이 자라나고 있다고 그는 말한다. 정신과학(mental sciences)이란 용어는

---

15. *Gesammelte Schriften*, VII, p. 79. 이하 *GS*로 줄인다.

단지 심리학만을 가리키는 경향이 있다. 그러나 유사한 사례표에서 딜타이는 심리학에 언급도 하지 않았다.>16 프랑스인은 '도덕과학' 이란 말에 익숙하다. 그러나 영국에서는 이 용어는 주로 윤리학을 의미한다. 따라서 나는 '문화과학' (cultural sciences)이라는 말을 제안하고 싶다. 이 용어는 일반으로는 경제학을 의미하지 않을 것이다. 그러나 그것은 딜타이가 '문화과학' (*Kulturwissenschaften*) 또는 '정신과학' (*Geistes-wissen-schaften*)이라고 한 것을 떠맡기 위해 쓰이는 용어라는 것을 지적하는 것으로 충분하다.

문화과학과 자연과학은 단지 전자가 인간에 관여하는 데 대해, 후자는 그렇지 않다는 것으로써는 편의적으로 구별될 수 없음이 명백하다. 왜냐하면, 생리학은 자연과학이지만 인간을 다루기 때문이다. 그리고 동일한 것이 실험심리학에 대해서도 말해진다. 또 우리는 단순히 자연과학은 인간의 물질적 측면도 포함한 물질적인 것, 그리고 감각적인 것에 관여하는 데 대해, 문화과학은 정신적인 것, 내면적인 것, 감각적 세계에 들어가지 않는 것에 관여한다고 할 수도 없다. 왜냐하면, 이를테면, 예술 연구에서 우리는 예술가의 정신적 상황보다 오히려 회화와 같은 감각적 대상에 관여고 있기 때문이다. 확실히 예술작품은 인간 정신의 객관화로서 연구된다. 그러나 그럼에도 불구하고 그것은 감각적인 객관화이다. 따라서 우리는 두 종류의 과학을 구별하는 어떤 다른 방법을 찾지 않으면 안 된다.

인간은 자연과의 생생하게 느껴지는 통일 속에 있다. 그리고 물질적 환경에 대한 자기의 최초의 경험은 개인적으로 겪은 여러 체험 (*Erlebnisse*)이고 인간이 그것으로부터 자기 자신을 떨어뜨리는 반성의

---

16. *GS*, VII, p. 70.

대상들이 아니다. 하지만 사람은 자연과학의 세계를 구축하기 위해 거기서 그가 생생하게 체험하는 물질적 환경에 대한 인상의 측면에서 떠나지 않으면 안 된다. 사람은 자기를 될 수 있는 대로 국외에 두고[17], 시간, 공간, 양, 운동이라고 하는 여러 관계로 자연에 대한 추상적인 개념을 전개하지 않으면 안 된다. 자연은 그에게 말하자면 밖으로부터 고찰되는 중심적 실재, 곧, 법칙으로 질서 지워진 물질적 체계가 되지 않으면 안 된다.

그러나 인간 정신의 객관화인 역사와 문화의 세계로 눈을 돌리면 사정은 달라진다. 거기서는 안으로부터의 통찰이 문제된다. 그리고 고유한 사회적 환경과의 개인적이며 생생한 관계가 근본적으로 중요해진다. 이를테면, 만약 내가 사회적 여러 관계에 대한 나 자신의 산 경험을 제거한다면, 인간 정신의 객관화로서의 고대 그리스의 사회적·정치적 삶을 이해할 수 없다. 왜냐하면, 그와 같은 경험은 다른 시대의 사회적 삶에 대한 나의 이해의 기초를 이루고 있기 때문이다. 확실히 역사적 그리고 사회적 삶에서의 인간성의 모종의 통일은 역사를 이해하는 열쇠를 제공하는 나의 체험을 가능하게 하는 필요조건이긴 하다. 그러나 딜타이가 '역사적 세계의 원초적 세포'[18]라고 부르고 있는 것은 바로 개인의 체험, 곧, 개인과 고유한 환경 사이의 살아 있는 상호작용에 대한 경험이다.

그러나 딜타이가 체험이라고 부르고 있는 것은 물론 문화과학의 발전을 위한 필요조건이긴 하지만, 그것만으로는 어떠한 과학도 구성하지 못한다. 거기에 더해 또한 이해(Verstehen)가 필요하다. 그리고 우리

---

17. 생리학에서 인간은 자기 자신을 비인격적이며 외면적 관점으로부터, 물적 대상으로서, 자연의 부분으로서 고찰한다.

18. *GS*, VII, p. 161.

가 역사와 다른 문화과학들에서 이해하여야 할 것은, 말하자면 그 내면
성에서의 정신이 아니라 예술, 법률, 국가 따위와 같은, 이 정신의 외적
대상화와 그의 객관적 표현이다. 달리 말하자면, 우리의 관심은 객관적
정신을 이해하는 데 있다.[19] 그리고 객관적 정신의 한 국면을 이해하
는 것은 그 현상을 그 현상에서 표현을 찾는 내적 구조에 관계시키는
것을 의미한다. 이를테면, 로마법을 이해하는 것은, 외적인 기구 아래,
말하자면, 법률에서 표현되어 있는 정신적 구조를 통찰하는 것을 의미
한다. 그것은 마치 바로크 건축을 이해하는 것은 이 양식에서 표현되어
있는 정신, 곧, 목적과 이상의 구조를 통찰함을 의미하듯이, 로마법의
정신이라고 불리는 것을 통찰함을 의미한다. 따라서 우리는 "문화과학
은 체험과 표현과 이해의 관계에 터하고 있다"[20]고 말할 수 있다. 표현
은 그 바탕에 있는 정신구조가 그 외적 표현에서, 그리고 외적 표현을
통해서만 제공될 수 있기 때문에 요구된다. 이해는 바깥쪽으로부터 안
쪽으로의 운동이다. 그리고 이해의 과정에서 정신적 대상은 우리의 시
야에 나타나고, 한편, 자연과학에서는 물질적 대상은 과학적 지식의 과
정에서 구성된다(칸트적 의미에서는 아니지만).

　우리는 고유한 환경에 대한 인간의 개인적 경험은 과거에서의 사람
들의 경험을 재생시키는 필요조건이라는 것을 보았다. 체험(*Erleben*)
은 추체험(追體驗, *Nacherleben*)의 가능성의 조건이다. 그리고 전자는,
딜타이가 삶(*Leben*)으로서 서술하고 있는 발전적인 역사적-문화적 현

---

19. 딜타이는 헤겔의 '객관정신'의 개념의 영향을 받았다. 그러나 분명 그 용어의 그 자신의 용법은, 예술
　　과 종교를 '절대정신'의 항목 아래 분류한 헤겔의 그것과는 다소 달랐다. 헤겔의 용법은 물론 그의 관
　　념론적 형이상학과 결부되어 있었다. 그러나 딜타이의 경우는 그렇지 않았다. 더욱이 딜타이는 그가
　　역사와 인간의 문화를 설명하는 헤겔의 아 프리오리한 방법으로 여겼던 것을 거부했다.
20. *Auf dem Verhältnis von Erlebnis, Ausdruck und Verstehen; GS*, VII, p. 131.

실의 연속성과 근본적 통일성으로 해서 후자를 가능케 한다. 물론 문화
들은 시간적·공간적으로 다르다. 그러나 만약 우리가 외적 세계에 의
하여 조정된 여러 조건 아래서, 인간과 인간 사이의 상호관계를 시간적
·공간적인 구별을 통해 존속하는 구조적이고 발전적인 통일로 생각한
다면, 그때 우리는 삶의 개념을 갖는다. 그리고 이와 같은 삶을 연구함
에 있어 역사적 이성은 어떤 범주를 사용한다. 이미 지적되었듯이, 이
들 범주는 어떤 **원**(raw)재료에 적용되는 아 프리오리한 형식이나 개념
이 아니다. "그것들은 삶 자체의 본질 속에 놓여 있다."[21] 또 그것들은
이해의 과정에서 추상적으로 개념화된다. 우리는 그와 같은 범주의 정
확한 수를 결정할 수 없다. 또 그것들을 기계적인 사용을 위해 정연한
추상적 논리적 도식으로 바꿀 수도 없다. 그러나 우리는 그것들 안에서
'의미, 가치, 목적, 발전, 이상'[22] 등의 범주를 들 수 있다.

　이 범주들은 형이상학적인 의미로 이해되면 안 된다. 이를테면, 역
사적 발전의 과정이 도달하게끔 예정되어 있는 목적이란 의미에서의
역사의 목적이나 의의를 규정하는 것이 문제가 아니다. 오히려 특정한
사회에 대하여 삶이 가지고 있는 의의를 이해하는 것이 문제이며, 또
그 사회의 정치적·법률적 제도나 예술이나 종교 등에서 표현되어 있는
활동적인 이상을 이해하는 것이 문제이다. "의미의 범주는 삶의 부분
들의 전체에 대한 관계를 나타낸다."[23] 그러나 "삶의 의미에 대한 우리
의 개념은 항상 변화하고 있다. 각각의 삶의 계획은 삶의 의미에 대한
우리의 하나의 관념을 표현하고 있다. 그리고 우리가 미래를 위하여 설
정하는 목적은 과거의 의미에 대한 우리의 설명을 제약하고 있다."[24]
우리가, 미래를 위한 일은 이러저러한 것을 성취하는 것이라고 말할

21.　*GS*, VII, p. 232.　　　22.　*Ibid.*　　　23.　*GS*, VII, p. 233.

때, 그 판단은 과거의 의미에 대한 우리의 이해를 제약하고 있다. 그리고 물론, 그 반대도 말할 수 있다.

딜타이의 사상이 역사적 상대주의의 요소를 두드러지게 가지고 있다는 것은 거의 부정할 수 없다. 이를테면, 모든 세계관(*Weltanschauungen*)은 다른 문화적 국면과 관련된 세계에 대한 부분적인 견해이다. 그리고 그와 같은 세계관이나 형이상학적인 체계의 연구는 그것들의 상대성을 나타낼 것이다. 하지만 딜타이는, 보편적으로 타당한 진리 따위는 있을 수 없다고 주장하지 않았다. 그리고 그는 삶에 대한, 또한 전체로서의 역사에 대한 연구를 인간에 의한 객관적이고 완전한 자기인식에로 끊임없이 나아가는 것이라고 보고 있다. 인간은 근본적으로 역사적 존재이며, 자기 자신을 역사에서 알게 된다. 이와 같은 자기인식은 실제로는 결코 완성되지 않는다. 그러나 인간이 역사 연구를 통해서 터득하는 앎은 마치 자연과학을 통해 터득되는 앎이 순전히 객관적이지 않듯이, 순전히 주관적이지 않다. 실제로 딜타이가 어느 정도 순수한 역사주의를 극복하는 데 성공했는지는, 의심할 것도 없이 크게 논의할 여지가 있다. 그러나 그는 그의 세계역사의 개념을 필연적으로 무효화시키는 극단적인 상대주의를 주장할 뜻이 없음이 확실하다.

자연과학이 지식의 모든 영역을 삼킬 것 같아 보였을 때, 자연과학과 문화과학을 구별할 수 있는가 없는가, 또 그것은 어떻게 가능한가 하는 문제가 중요한 쟁점이 되었던 일이 있다. 그리고 딜타이의 설명은 그런 문제에 대하여 가장 뛰어난 공헌을 했다. 사람이 그 가치에 대하여 어떻게 생각하는가는 역사가의 구실에 대한 그 사람의 견해에 크게 의존하는 것 같다. 이를테면 사람이 외적인 표현의 배후에 있는 내면적·정

---

24. *Ibid.*

신적 구조(로마법의 '정신'이나 바로크 예술과 건축의 '정신' 따위)를 통찰한다고 하는 딜타이의 생각에는, 그 자신이 부정하고 있는 초월론적 형이상학의 경향이 있다고 생각한다면, 그리고 동시에 사람이 그와 같은 초월론적 형이상학을 부정한다면, 사람은 두 종류의 과학 사이의 다름에 대한 딜타이의 설명을 결코 승인하려고 하지 않을 것이다. 그러나 사람이 인간의 문화적 삶에 대한 이해는 실제로 외적 현상으로부터 그 현상들 속에 표현되어 있는 활동적 이상이나 목적이나 가치로의 옮겨 갈 것을 요구한다고 생각한다면, 그는 체험과 추체험의 연관을 결코 부정하지 않을 것이다. 왜냐하면, 그 경우에 역사적 이해는 안으로부터의 과거의 통찰을, 그리고 가능한 한 과거의 경험이나 태도나 평가나 이상에 대한 재(再)체험을 필연적으로 포함하고 있기 때문이다. 그리고 어쨌든, 이것은 역사적·문화적 과학의 하나의 두드러진 특징일 것이다. 왜냐하면, 물리학자는 원자의 경험을 재체험하려 한다고 말할 수 없으며, 원자 이하의 미립자들의 관계 배후에 표현되어 있는 정신적 구조를 체험하려 한다고는 말할 수 없기 때문이다. 그와 같은 개념을 수리물리학에 도입하는 것은 수리물리학의 파멸을 의미한다. 거꾸로, 그 개념들을 문화과학의 이론에 도입할 수 없다는 것은 "역사를 탐구하는 사람은 역사를 창조하는 사람과 동일한 사람"[25]이라는 것을 잊고 있는 것이다.

---

25. *GS*, VII, p. 278.

chapter 20   형이상학의 부활

1. 귀납적 형이상학에 대한 의견

유물론자와 신칸트주의자는 함께 형이상학에로의 그들의 복귀에도 불구하고 현실에 관한 적극적인 인식의 원천으로서의 형이상학이라는 관념에 반대하고 있었다. 전자는 그들의 태도를 정당화하는 과학적 사유에 호소함으로써. 그리고 후자는 인간의 이론적 인식의 한계라고 하는 칸트의 이론에 호소함으로써. 그러나 경험적 과학의 어떤 학과나 다른 학과에서 철학으로 옮겨 온 철학자의 집단과 과학적 세계관은 형이상학적 반성을 통한 완성을 요구한다고 확신하는 철학자의 집단이 있었다. 그들은 유효한 형이상학의 체계는 아 프리오리하게, 또는 우리의 과학적 인식과 상관없이 수행될 수 있다고 믿지 않았다. 그리고 그들은 형이상학적 이론을 가설적인 것으로, 그리고 더 높거나 더 낮은 개연성을 갖는 것으로 보는 경향이 있었다. 따라서 그들의 경우, 우리는 귀납적 형이상학에 대하여 말할 수 있다.

말할 것도 없이 귀납적 형이상학은 몇 사람의 주목할 만한 대표자를, 특히 앙리 베르그송(Henri Bergson)을 가지고 있다. 그러나 19세기 후반의 독일의 귀납적 형이상학자들은 위대한 독일관념론자들과 아주 똑같은 수준에 있다고 주장하는 사람은 없을 것이다. 그리고 일반으로 귀납적 형이상학의 약점의 하나는 그것이 바탕하고 있는 기본적 원리를 음미하거나 확립하지 않은 채 방치해 두는 경향이 있다는 것이다. 하지만 우리는 또한 독일의 철학자들을 단순히 두 부류로, 곧 아 프리오리한 양식으로 형이상학을 구축한 사람들과 과학의 이름으로, 또는 인간 정신의 유한성의 이름으로 형이상학을 부인한 사람들의 두 부류로 분류할 수도 없다는 것을 또한 이해해야 할 것이다. 왜냐하면, 과학을 기성의 철학체계에 조화시킴으로써가 아니라 특수과학을 통해 알려지는 것으로서의 세계에 대한 고찰이 합리적으로 형이상학적 이해론을 인도한다는 것을 보임으로써, 과학과 형이상학의 종합을 달성하려고 시도한 사람들도 있었기 때문이다.

2. 페히너의 귀납적 형이상학

귀납적 형이상학의 대표자로서 우리는 구스타프 테오도르 페히너 (Gustav Theodor Fechner, 1801~87)의 이름을 들 수 있다. 그는 여러 해 동안 라이프치히대학의 물리학 교수였으며, 실험심리학의 창시자의 한 사람으로 유명했다. 그는 감각과 자극과의 관계에 관한 E. H. 베버(E. H. Weber, 1795~1878)의 연구를 계승하면서 《정신물리학 첫걸음》(*Elemente des Psychophysik*, 1860)에서, 감각의 강도는 자극의 강도의 대수(對數)에 비례하여 변화한다는 '법칙'을 주장했다. 또 그는 미학의 심리학적 연구에도 전념하여 《미학입문》(*Vorschule der Aesthetik*)을 1876년에 출판했다.

그러나 정신과학에서의 이와 같은 연구는 페히너를 유물론적 결론으로 이끌지 않았다.>1 심리학에서 그는 병행론자(竝行論者)이었다. 곧, 그는 《젠드-아베스타》(Zend-Avesta, 1851)와 《정신물리학 첫걸음》에서 설명하고 있듯이, 정신적 현상과 물질적 현상은 원전과 그 번역, 또는 하나의 원전의 두 개의 번역 사이의 관계에 유사한 양식에서 대응한다고 생각했다. 사실 그에게 정신적인 것과 물질적인 것은 하나의 실재의 두 국면에 지나지 않았다. 그리고 이러한 생각에 따라 그는 식물에도, 동물보다 낮은 차원에서이지만, 정신적 삶이 있어야 한다고 요청했다.>2 더 나아가 그는 유추 원리에 근거하여 이 범심론(汎心論, panpsychism)을 정당화함으로써 이와 같은 병행론을 혹성이나 별들, 그리고 모든 물질적 사물에까지 확장했다. 이 경우, 유추 원리란 대상들이 어떤 성질들 또는 특성들을 갖는 점에서 일치할 때, 만약 그것이 확증된 과학적 사실과 모순되지 않는다면, 그것들은 또한 다른 성질들을 갖는 점에서도 일치하는 것을 개연적으로 가정할 권리가 있다고 주장하는 것이다.

이것은 매우 신중한 절차를 밟은 규칙이라고는 하기 어렵다. 그러나 페히너를 공평하게 평하면, 그는 과학적 사실들 사이의 모순이 없을 것뿐 아니라 형이상학적 이론을 위한 몇 개의 적극적이 근거도 요구하고 있다는 것이 부언되어야 한다. 그러나 동시에 페히너는 반(反)-형이상학자들이, 그리고 그것에 관해서는 많은 형이상학자들도, 그의 형이상학을 추천하는 것으로는 생각되지 않는 원리를 쓰고 있다. 그 원리란

---

1. 젊었을 때, 페히너는 줄곧 무신론적 경향을 지니고 있었다. 그러나 셸링의 제자의 한 사람인 오켄의 한 저작이 그에게 유물론적 무신론은 결코 엄밀한 학으로 승인받을 수 없음을 확신시켰다.
2. 1848년 페히너는 《나나, 또는 식물의 심적 생명》(Nanna, oder das Seelenleben der Pflanzen)을 출판했다.

것은, 어떤 적극적인 근거를 가지고 있으며 또 어떤 확증된 사실과도 모순되지 않는 가설은 주저 없이 받아들여지면 질수록, 그것은 인간을 더욱 행복하게 한다는 것이다.>3

이와 같은 원리의 정신에서 페히너는 그가 낮의 경치와 밤의 경치라고 부르는 것을, 후자가 불리해지도록, 대비시키고 있다.>4 유물론자에게만 아니라 칸트에게도 돌릴 수 있는 밤의 경치란, 소리가 없는, 죽은 것으로서의, 그리고 그 목적론적 의미에 아무런 현실적인 실마리도 주지 않는 자연의 경치이다. 낮의 경치란 혼에 의하여 생명이 불어넣어진 살아 있는 조화적 통일로서의 자연의 모습이다. 우주의 영혼은 신이며, 물체적 체계로 생각된 우주는 신적인 겉모습이다. 이렇게 해서 페히너는 그의 유추의 원리를 인간으로부터 다른 특수한 사물의 종류뿐 아니라, 모든 특수한 사물로부터 전체로서의 우주에 이르는, 정신물리적 병행론으로 확장하기 위해 이용했다. 그리고 그는 그것을 인격의 불멸성의 신앙을 위한 기초로서도 채용하였다. 우리의 지각은 기억 속에서 존속하며, 다시 의식에 나타난다. 그리하여 우리는, 영혼은 신적 기억 속에 흡수되지 않고 존속한다고 생각할 수 있다.

물론 범심론은 아주 옛날부터 있는 이론이며, 또 그것은 되풀이해서 주장되는 경향이 있다. 말할 것도 없이 그것은 페히너 개인의 발명이 아니다. 하지만 페히너가 순수히 과학적 영역에서 떠나 철학으로 들어갈 때, 그는 우주에 대한 일종의 시인이 된다고 하는 인상을 씻기 어렵다. 그러나 그의 사상 속에 있는 실용주의적 요소를 관찰하는 것은 흥미가 있다. 앞서 말했듯이, 그의 견해 속에는 다른 사실이 같다면, 행복

---

3. 페히너에게 행복은 한갓 감각-쾌락을 의미하지 않는다. 그것은 아름다운 것, 선한 것, 참된 것에서의, 그리고 신과의 합일이라고 하는 종교적 감정에서의 기쁨을 포함하고 있다.

4. *Die Tagesansicht gegenüber der Nachtansicht*, 1879 참조.

을 촉진하지 않는 이론보다 행복을 촉진하는 이론 쪽이 선택되어야 한다는 생각이 보인다. 그러나 페히너는 그것을 한갓 개인적인 취향의 문제로 보지 않는다. 그가 주장한 또 하나의 원리는, 신앙의 개연성은 특히 그 신념을 받아들이는 일이 인간의 문화의 발전에 이어질 때 그 재생의 길이에 비례해서 증대된다는 것이다. 그러므로 윌리엄 제임스가 페히너로부터 영감을 받았다고 하는 것은 놀라운 일이 아니다.

3. 로체의 목적론적 관념론

철학자로서 훨씬 더 인상적인 인물은 루돌프 헤르만 로체(Rudolf Hermann Lotze, 1817~81)이다. 그는 라이프치히대학에서 의학과 철학을 공부하고 또 페히너의 물리학 강의를 들었다. 그리고 1844년, 괴팅겐대학의 철학 교수로 임명되고 1881년 죽음 직전에 베를린대학의 철학 교수직을 승낙하고 있었다. 그는 생리학이나 의학이나 심리학에 관한 저작 외에 꽤 많은 철학적 저작을 출판했다.[5] 1841년에는 《형이상학》이, 1843년에는 《논리학》이, 1856~64년에는 《소우주》(*Mikrokosmus*)라는 제목의 철학적 인간학에 관한 방대한 3권짜리 책이, 1868년에는 《독일에서의 미학의 역사》가, 그리고 1874~9년에는 《철학체계》(*System der Philosophie*)가 각각 출판되었다.

로체 자신의 말에 의하면, 처음 그의 정신을 철학으로 향하게 한 것은 시나 예술에 대한 그의 취미였다. 따라서 그는 과학으로부터 철학으

---

5. 《의학적 심리학 또는 혼의 생리학》(*Medizinische Psychologie oder Physiologie der Seele*, 1852)과 같은 의학적-심리학적 저작의 몇은 그의 철학에 중요하다.

로 옮겼다고 말하는 것은 좀 오해라고 할 수 있다. 그러나 그는 라이프
치히대학의 의학부에 입학하고 거기서 과학적인 훈련을 받았다. 그리
고 그가 자연의 기계론적 설명이라고 부르는 것을 전제하며 또 그것을
진지하게 받아들이고 있었던 것은 그의 체계적인 철학적 사고의 특징
을 이루고 있다.

이를테면 산 것과 죽은 것의 행동에는 물론 차이가 있다는 명백한
사실을 승인하는 한편, 로체는 생물학자는 유기체의 유지와 작용인 어
떤 특수한 활력 원리를 요청하지 않으면 안 된다는 것을 승인하지 않았
다. 보편적 법칙에 의하여 정식화되는 관계를 어디에서나 발견하려고
하는 과학에게 "생명의 영역은 생명에 고유한 고차적인 힘으로써, 자
기 자신을 다른 행동양식과는 성질을 달리하는 어떤 것으로 높임으로
써, 비유기적인 자연의 영역에서 구별되는 것이 아니라…, 그의 여러
가지 성분이 엮는 특수한 종류의 관계에 의하여 구별된다. …">[6] 곧, 유
기체에 특징적인 행동은 물질적 요소들의 어떤 일정한 양식에서의 결
합에 의하여 설명될 수 있다. 그리고 생물학자의 일은, 할 수 있는 대로
이와 같은 설명 방식을 밀고 나가는 것이지, 특수한 활력 원리에 호소
하는 것이 아니다. "활력적 현상들의 관계는 생명을 특수한 작용 원리
에 의해서가 아니라, 물질적 과정에 대한 일반적 원리의 특수한 적용에
의하여 설명하는 것 같은, 전혀 기계적인 취급 방법을 요구한다."[7]

과학 발전에 필요한, 자연에 대한 이러한 기계적 설명은 될 수 있는
한 확장되어야 한다. 그리고 이것은 생물학에 대해서와 마찬가지로 심
리학에 대해서도 말할 수 있다. 하지만 우리는 기계론적 견해의 적용

---

6. *Mikrokosmus*, Bk. I, ch. 3, sect. 1 (in 5th German edition, Leipzig, 1896~1909, I, p. 58).
7. *System der Philosophie*, II, p. 447 (Leipzig, 1912; Bk. 2, ch. 8, sect. 229).

가능성을 제한하는 경험적 가능성을 찾아내는 가능성을 아 프리오리하게 제외할 자격이 없다. 그리고 실제로 우리는 그와 같은 경험적 사실을 찾아낸다. 이를테면, 두 개의 표상을 비교해서 그것이 유사하다거나 유사하지 않다고 판단하는 단순한 행위에서 자기 자신을 드러내는 의식의 통일은 인간의 정신적 삶을 다른 물질적 사상(事象) 사이의 인과관계로 설명하는 가능성을 제한한다. 그것은 영혼의 존재를 일종의 불변하는 영혼 원자로서 추론하는 것 같은 문제가 아니다. "그것은 사실상 의식의 통일의 사실이며 동시에 실체, 곧, 영혼의 존재의 사실이다."[8] 바꿔 말하면, 영혼의 존재를 긍정하는 것은 의식의 통일의 논리적 조건을 요청하는 것도 아니고, 이 통일로부터 신비적 실체를 추론하는 것도 아니다. 왜냐하면, 의식의 통일을 승인하는 것은 동시에 영혼의 존재도 승인하는 것이기 때문이다—영혼을 정확하게 서술하는 것은 명백히 또다른 고찰을 필요로 하는 문제이긴 하지만.

　이처럼 자연에 대한 기계론적 설명의 적용 영역을 제한하는 어떤 종류의 경험적 사실이 있다. 그리고 과학의 진보는 이런 사실들을 폐기할 것이라고 시사하거나 그것들이 사실이 아니라는 것을 가리키려고 해도 소용이 없다. 그것은 의식의 통일의 경우 극히 명백한 사실이다. 왜냐하면, 경험심리학 그리고 정신물리학적 심리학에서의 과학적 진보는 의식의 통일에 바탕하고 있으며 또 그것을 전제로 하고 있기 때문이다. 그리고 로체에게 의식의 통일에 대한 고찰은 심적 상태들은 그것들의 주체로서의 비물질적 실재에 관련지어지지 않으면 안 된다는 것을 가리키고 있기 때문에, 인간의 심적 삶에 대한 기계론적 설명의 한계가 결정적으로 분명해지는 지점은 또한 형이상학적 심리학에 대한 요구가

---

8. *Ibid.*, p. 481 (sect. 243).

분명해지는 지점이기도 하다.

그러나 물질적 자연에 대한 기계론적 설명이 더 낮은 차원의 계층이고 정신적 실재에 대해 첨가된 형이상학이 더 높은 차원의 계층이라고 하는, 말하자면 2개의 계층의 체계를 구축하는 것이 로체의 의도는 아니다. 왜냐하면, 그는 자연 자체에 관해서조차 기계론적 설명은 일면적인 상(像), 곧 과학적 목적을 위해서는 확실히 유효하지만, 형이상학적 관점에서는 부적당한 상을 준다고 주장하고 있기 때문이다.

자연에 대한 기계론적 설명은 상호작용의 인과관계에 있는 별개의 사물의 존재를, 그리고 그 하나하나가 상대적으로 불변인, 곧 자기 자신의 변화 상태와의 관계에서 불변인 별개의 사물의 존재를 전제하고 있다. 그러나 로체에 의하면, A와 B의 상호작용은 그것들이 하나의 유기체적 통일의 한 요소일 때에만 가능하다. 그리고 변화의 상태와의 관계에서의 불변성은 우리에게 가장 잘 알려져 있는 변화의 항상적 주체, 곧, 의식의 통일에서 나타나는 인간 영혼과의 유추에 의하여 가장 잘 설명될 수 있다. 이리하여 우리는 유기적 통일로서의 자연이라고 하는 개념에 이끌릴 뿐 아니라 또 어떤 의미에서 정신적 또는 심적 실재로서의 사물이라는 관념에로 이끌린다. 더욱이, 이와 같은 통일의 근거는 우리에게 알려진 최고의 것, 곧 인간 정신과의 유비에 의하여 생각되지 않으면 안 된다. 따라서 유한한 정신의 세계는 무한한 정신 또는 신의 자기표현으로 생각될 수 있다. 모든 것은 신에게 내재적이며, 과학자가 기계론적 인과성으로서 고찰하는 것은 다름 아닌 신적 활동의 표현이다. 신은 세계를 창조하고 그 후 거기에서 말하자면 휴식하는 것이 아니다. 세계는 신이 부여한 법칙에 따른다. 이른바 법칙이란 신의 행위 자체이며 신의 작용의 양태이다.

이리하여 로체는 자연에 대한, 어느 편인가 하면 기계적인 개념에서의 현실적 출발점으로부터 형이상학적 이론에로 자세히 설명해 나간다. 그리고 그의 형이상학적 이론은 라이프니츠의 모나돌로지를 상기시키고 우주는 현상적이라는 결론을 수반한다. 그러나 물론 로체는 라이프니츠와 헤르바르트에게 자극을 받았지만, 또한 그는 그 자신이 언명하고 있듯이, 피히테의 윤리적 관념론으로부터 영감을 얻었다. 그는 피히테의 제자가 아니었다. 그리고 그는 칸트 이후의 관념론자의 아 프리오리한 방법, 특히 헤겔의 방법에 동의하지 않았다. 그러나 도덕적 목표를 가진 유한한 주체에서 자기 자신을 표현하는 궁극원리라고 하는 피히테의 생각은 로체의 정신에 강한 매력을 주었다. 그리고 그는 창조의 의미를 푸는 열쇠를 가치철학에 구했다. 감각적 경험은 우리에게 세계의 궁극원리에 대하여 아무것도 일러 주지 않는다. 그러나 도덕적 확신에 의하면 세계는 목적 또는 목표가 없이는 있을 수 없다. 그리고 우리는 신을 신적 활동에서, 그리고 신적 활동을 통하여 부단히 성취되고 있는 가치, 곧 도덕적 이상의 실현을 위해 세계에서 자기 자신을 표현하는 것으로 생각하지 않으면 안 된다. 이와 같은 목적 또는 목표가 무엇인지에 대한 우리의 인식에 관해 말하자면, 우리는 다만 선(善) 관념의 분석, 곧 최고의 가치라고 하는 관념을 분석함으로써만 그것에 대한 어떤 인식에 이를 수가 있다. 이리하여 가치의 현상학적 분석은 철학의 불가결의 부분이다. 실제로 신의 존재에 대한 우리의 확신은 궁극적으로는 가치에 대한 우리의 도덕적 경험과 평가에 바탕을 두고 있다.[9]

로체에게 신은 인격적 존재이다. 비인격적 정신이라고 하는 관념을

---

9. 신 존재의 전통적 증명을 논할 때, 로체는 가장 위대하고 가장 아름답고 또 가장 가치 있는 것은 실재를 갖는다는 직접적인 도덕적 확신은, 존재론적 증명의 바탕에 있는 동시에 목적론적 증명을 그 전제들로부터 논리적으로 이끌어 내지는 모든 결론을 넘어서게 하는 요인이라고 지적한다. *Mikrokosmus*, Bk. IX, ch. 4, sect. 2 (5th German edition, III, p. 561).

그는 이성에 반하는 것으로서 추방한다. 인격은 필연적으로 유한하고 한정되어 있으므로 무한자의 속성일 수 없다고 하는 피히테나 다른 철학자들의 견해에 관해 말하자면, 로체는 세계에서 가장 완전한 의미에서 인격적일 수 있는 것은 오직 무한한 정신뿐이며, 유한한 것은 인격성의 한정을 의미한다고 대답한다. 그러나 동시에 모든 것은 신 안에 있다. 그리고 이미 말했듯이 기계적 인과성은 순수하게 신적인 행위이다. 이런 의미에서 신은 절대자이다. 그러나 신, 유한한 정신은 신적 실체의 양태라고 생각될 수 있다는 점에서 절대자인 것은 아니다. 왜냐하면, 각각의 유한한 정신은 '스스로' 존재하며, 활동의 중추이기 때문이다. 형이상학적 관점에서는, 범신론은 그것이 무한자를 정신으로만 이해하는 모든 경향을 버릴 때에만 가능적 세계관으로서 받아들여질 것이라고 로체는 말한다. 왜냐하면, 공간적 세계는 현상적이어서 실체라는 이름 아래서 신과 동일시될 수 없기 때문이다. 종교적 관점에서는, "모든 유한한 것을 무한한 것을 위해 억압하려고 하는 범신론적 상상력을 흔히 지배하고 있는 성향을 우리는 나누어 가지고 있지 않다. …">10

분명, 로체의 목적론적 관념론은 칸트 이후의 관념론 운동과 비슷하다. 그리고 무한한 정신의 이상적 가치의 실현의 표현인 유기적 통일로서의 세계에 대한 그의 구상은 관념론적 사상에 새로운 생명을 주었다고 말할 수 있다. 그러나 그는, 현실에 대해 기술하는 형이상학적 체계를 사유의 궁극적 원리 또는 명증적 진리로부터 연역할 수 있다고는 믿지 않았다. 이른바 논리학의 영원한 진리는—그것들은 가능성의 조건들을 진술한다는 의미에서—그 본성상 가언적(假言的)이기 때문이다. 따라서 그것들은 현실에 대한 아 프리오리한 연역을 위한 가설로서는

---

10. *Mikrokosmus*, Bk. IX, ch. 4, sect. 3 (5th German edition, III, p. 569).

사용되지 않는다. 하물며 인간은 절대적 입장에 도달할 수 없으며 또 현실의 모든 과정을 인간이 이미 알고 있는 궁극 목적에 비추어 서술할 수 없다. 우주에 대한 형이상학적 설명은 경험에 바탕을 두지 않으면 안 된다. 그리고 이미 말했듯이, 로체는 가치에 대한 경험에 깊은 의미를 부여한다. 왜냐하면, 세계는 목적이나 윤리적 가치의 한갓 기계적인 체계가 아니라 정신적 목적을 점진적으로 실현하고 있는 것으로 생각되지 않으면 안 된다고 하는 확신의 바탕에 있는 것은 바로 이와 같은 경험이기 때문이다. 그러나 그것은, 형이상학자는 한번 이러한 확신으로 무장하면 실재의 본성에 관한 논리적 사유에 의하여 제한받지 않는 분방한 상상력에 몸을 맡기는 자격을 갖는다는 의미는 아니다. 그러나 우주에 대한 로체의 체계적인 설명 속에는 필연적으로 가설적인 것도 많이 있을 것이다.

　로체의 영향은 상당한 것이었다. 이를테면, 그것은 심리학의 영역에서는 카를 슈툼프(Carl Stumpf, 1848~1936)와 프란츠 브렌타노(Franz Brentano)―그에 대해서는 마지막 장에서 약간 언급할 작정이다―에서 볼 수 있다. 그러나 그의 영향이 가장 많이 보이는 것은 아마도 가치 철학의 영역에서였다. 로체로부터 자극을 받은 많은 영국의 사상가들 중에서는 특히 제임스 워드(James Ward, 1843~1925)의 이름을 들 수 있다. 미국에서는 관념론자 조사이어 로이스(Josiah Royce, 1855~1916)가 로체의 인격주의적 관념론의 영향을 받았다.

4. 분트 그리고 과학과 철학의 관계

　과학에서 철학으로 옮겨 온 19세기 후반의 독일철학자들 중에서는

빌헬름 분트(Wilhelm Wundt, 1832~1920)를 언급하지 않으면 안 된
다. 분트는 의학을 공부한 다음 생리학과 심리학 연구에 몰두했다. 그
리고 1863~4년에《인간의 영혼과 동물의 영혼에 대한 강의》(*Vorlesun-
gen über die Menschen- und Tierseele*) 총서를 출판했다. 하이델베르크
대학의 '원외' 교수가 된 지 9년 후인 1874년에 취리히대학의 귀납철
학의 교수로 임명되었다. 다음해 그는 라이프치히로 옮겨 가 거기서
1918년까지 철학 교수로 있었다. 그가 실험심리학의 최초의 실험실을
창설한 것은 이 라이프치히대학에서였다. 그의《생리학적 심리학 강
요》(*Grundzüge der physiologischen Psychologie*)의 제1판은 1874년에 출
판되었다. 철학의 영역에서는 그는 두 권짜리《논리학》을 1880~3년>[11]
에 출판하고,《윤리학》을 1886년에,《철학체계》를 1889년>[12]에, 그리고
《형이상학》을 1907년에 각각 출판했다. 그러나 그는 그의 심리학 연구
를 단념하지 않았다. 그리고 1904년에 그는 세 권으로 된《민족심리학》
(*Völkerpsychologie*)를 출판했는데, 이의 새로운 대폭적인 증보판은
1911~20년에 출판되었다.

　분트는 실험심리학과 실험적 방법에 대해 말할 때, 일반으로 내성적
(內省的) 심리학과 내성적 방법에 언급했다. 또는 더 정확하게는 그는
내성을 사회적 심리학과 구별된 개인적 심리학을 연구하는 적절한 방
법이라고 생각했다. 내성은 그 직접적 소여로서의 정신적 사상(事象)들
이나 과정들의 관계를 나타내는 것이어서 실체적 영혼이나 상대적으로
보편적인 일련의 대상을 나타내는 것이 아니다. 왜냐하면, 내성에 의하
여 드러난 어떠한 사상도, 정확하게 어떤 순간에서 다음 순간까지 완전

11.　세 권으로 된 증보판은 1919~21년에 출판되었다.

12.　두 권으로 된 책은 1919년에 출판되었다.

히 동일하게 남아 있지 않기 때문이다. 그러나 동시에 거기에는 관계의 통일이 있다. 그리고 마치 자연과학자가 자연의 영역을 지배하고 있는 인과법칙을 확립하려고 하는 것같이, 내성심리학자는 심적 인과성의 관념에 내용을 주는 것 같은 관계와 발전의 근본적 법칙을 확인하려고 노력해야 할 것이다. 인간의 심적 삶의 설명에서 분트는 인식적 요소보다 오히려 의지적 요소를 중시하였다. 물론, 전자는 부정되는 것은 아니다. 그러나 의지적 요소는 근본적인 것으로, 그리고 전체로서의 인간의 심적 삶의 설명에 대한 열쇠를 제공하는 것으로 받아들여지고 있다.

　내성에서 표시되어 있는 심적 삶으로부터 인간 사회로 눈을 돌리면, 우리는 언어라든가 신화라든가 관습과 같은 공통적이면서 상대적으로 불변하는 소산을 발견한다. 그리고 사회심리학자는 이들 공통적인 소산의 원인으로 생각될 수 있는, 그리고 또 그것들이 함께 어울려 민족 정신 또는 영혼을 형성하고 있는 것 같은 심적 에너지를 연구하도록 요구받는다. 이와 같은 정신은 저마다의 개인에서만, 그리고 저마다의 개인을 통해서만 현존하고 있다. 그러나 이와 같은 정신은 개인이 저마다 따로 생각될 때에는 각 개인으로 환원될 수 없다. 다시 말하면, 사회에서의 개인들의 관계들을 통해 하나의 실재, 곧 민족의 정신이 태어나는 것이다. 그리고 그것은 공통의 정신적 소산에서 자기를 표현한다. 사회심리학자는 이들 관계들의 발전을 연구한다. 그것은 또 이를테면, 순수히 민족적인 종교를 대신하는 보편적 종교의 발흥이나 과학의 발전, 인간의 공공 권리들의 개념의 성숙 따위에서 자기 자신을 표시하는 인간성의 개념과 인간의 보편적 정신의 개념의 발전을 연구한다. 이리하여 분트는 사회심리학에 원대한 계획을 할당한다. 왜냐하면, 사회심리학의 과제는 심리학적 견지에서 인간 사회와 문화의 발전을 그의 모든 주요한 현상을 통해 연구하는 것이기 때문이다.

분트에 의하면 철학은 자연과학과 심리학을 전제한다, 철학은 양자 위에 세워지고 또 양자를 종합에로 이끈다. 그러나 동시에 철학은 뭇 과학을 넘어간다. 하지만 이 점에 관해 그것이 과학적 정신에 반한다는 이유로 어떤 정당한 반론도 이루어질 수 없다. 왜냐하면, 특수과학 그 자신에서 경험적 소여를 넘어선 설명상의 가설이 세워져 있기 때문이다. 물리학이라든가 심리학이라고 하는 과학이 생겨나는 오성 인식 (*Verstandeserkenntnis*)의 단계에서는, 표상은 논리적 방법과 기술의 도움으로 종합된다. 철학, 특히 형이상학은 이성 인식(*Vernunfterkenntnis*)의 단계에서 이전 단계에서의 성과들을 체계적으로 종합하려고 한다. 정신은 인식의 모든 단계에서 인간의 앎의 근본적 출발점을 형성하는 표상의 발전적 종합에서의 모순의 결합을 겨냥한다.

분트는 실재에 대한 보편적 형이상학적 상(像)에서, 세계를 다른 정도의 의지적 통일이라고 간주되는 개인적 행위나 활동적 중추의 총체성이라고 생각한다. 이들의 의지적 통일은 전체 정신(*Gesamtgeist*)의 출현으로 향하는 발전적 계열을 형성하고 있다. 더 구체적으로 말하면, 인간 또는 인류의 완전한 정신적 통일로 향하는 운동이 있다. 그리고 낱낱의 인간은 이와 같은 목적에 이바지하는 가치에 따라 행위 할 것을 요구받는다. 이리하여 형이상학과 윤리학은 밀접하게 결합하고, 양자는 종교적 관념론에서 본래적으로 완결된다. 왜냐하면, 이상으로 향하는 우주의 과정이라는 개념은 종교적 세계관으로 이끌리기 때문이다.

5 . 드 리 쉬 의 생 기 론

로체는 실재의 정신적 본질에 대한 형이상학적 이론을 계속 전개해

나갔지만, 그는 생물학자가 경험과학에 적절한, 자연에 대한 기계론적 설명을 무시하는 권능을, 그리고 유기체의 행동을 설명하는 특별한 활력적인 원리를 요청할 권능을 갖는다는 것을 결코 승인하려고 하지 않았다. 그러나 우리가 한스 드리쉬(Hans Driesch, 1867~1941)에 눈을 돌릴 때, 한때 헤켈의 학생이었던 그가 그의 생물학적 그리고 동물학적 연구에 의하여 역동적 생기론으로, 또 목적성은 생물학에서 본질적인 범주라고 하는 확신에로 이끌린 것을 보게 된다. 그는 유기체에는 그 생명적 과정을 방향 짓는 자율적 활동적 원리가, 또 삶의 순수히 기계적인 이론으로써는 설명될 수 없는 활동적인 원리가 있다는 것을 확신하게 되었다.

드리쉬는 이와 같은 원리를 아리스토텔레스의 용어를 써서 엔텔레키라고 불렀다. 그러나 그는 엔텔레키 또는 생명적 원리를 심적인 것으로 서술하는 일을 조심스럽게 피했다. 왜냐하면 그것은 그것의 인간적 연상과 모호성 때문에 적절하지 못하다고 생각되기 때문이다.

엔텔레키의 개념을 형성함으로써 드리쉬는 철학자가 되었다. 1907~8년에 그는 애버딘(Aberdeen)대학에서 기퍼드 강의(Gifford Lectures)를 하고, 1909년에는 두 권으로 된 《유기체의 철학》(*Philosophie des Organischen*)을 출판했다. 1911년에 그는 하이델베르크의 철학 교수가 되고 이어서 처음에는 쾰른대학의, 다음에는 라이프치히대학의 교수가 되었다. 그의 일반철학[13]에서 유기체의 개념은 전체로서의 세계에 외삽법적(外揷法的)으로 적용되었다. 그리고 그의 형이상학은 궁극적인 엔텔레키, 곧, 신의 관념에서 정점에 달했다. 신의 모습은

---

13. 드리쉬의 인식론은 칸트의 영향을 받았다. 그러나 그는 범주에 실재의 형이상학을 가능케 할 만한 객관적 성격을 돌림으로써 칸트의 교설에서 벗어났다.

최고도로 가능한 단계의 지적 실현으로 향한 우주적 엔텔레키, 곧, 목적론적 활동성의 그것이었다. 그러나 유신론이냐 범신론이냐 하는 문제는 결정되지 않은 채 남겨졌다.

드리쉬는 기계론적 생물학에 대한 공격을 통해 상당한 영향을 끼쳤다. 그러나 기계론적 설명은 불충분하며, 유기체는 목적성을 표시하고 있다는 점에서 그에게 동의하는 자 모두가 그의 엔텔레키 이론을 받아들인 것은 아니다. 드리쉬처럼 과학에서 철학으로 오고 또 얼마 후에 일련의 기퍼드 강의를 한 두 사람의 영국인에 관해 말하자면, 로이드 모건(Lloyd Morgan, 1852~1936)은 드리쉬의 신생기론을 거부했으며, J. A. 톰슨(J. A. Thomson, 1861~1933)은 엔텔레키 이론이라는 형이상학적 스킬라〔Scylla: 그리스 신화에 나오는 메시나 해협에 있는 암초. 그 앞에 위험한 소용돌이 카리브디스(Charybdis)가 있다〕와 기계론적 유물론이라고 하는 카리브디스의 사이를 걸어가려고 했다.

6 . 오 이 켄 의 활 동 주 의

이 장에서 우리가 고찰해 온 철학자들은 모두 과학적 훈련을 거쳤으며, 어떤 특수과학 또는 여러 과학의 연구로부터 철학적 사색으로 돌아섰던가 두 활동을 결합하고 있었다. 그런데 우리는 여기서 한 사람의 사상가 루돌프 오이켄(Rudolf Eucken, 1846~1926)을 간단히 고찰해 두지 않으면 안 된다. 그는 확실히 과학에서 철학으로 돈 것이 아니라 이미 학생 때>14부터 철학이나 종교적 문제에 관심을 가지고 있었으며, 괴팅겐대학과 베를린대학에서 철학 연구에 전념했다. 1871년에 그는 바젤대학의 교수로 임명되었고 1874년에는 예나대학의 철학 교수가 되었다.

오이켄은 세계에 대한 순전히 이론적인 해석으로서의 철학이라는 견해에는 거의 아무런 공감도 가지고 있지 않았다. 그에게 철학이란 스토아 철학자에게와 마찬가지로 인생에 대한 지혜였다. 더욱이 그에게 철학은 인생의 한 표현이었다. 그의 견해로는 여러 인생관(*Lebens-anschauungen*)으로서의 철학체계라는 해석은 깊은 진리를 간직하고 있다. 곧 철학은 인생에 뿌리박고 있으며, 인생과 연속되어 있다. 그러나 동시에 그는 철학의 분열, 곧 인생에 대한 순전히 개인적인 여러 태도와 여러 이상에의 분열을 극복하려고 했다. 그리고 그는 삶의 표현으로서의 철학이 주관적이며 개인적인 의미 이상의 것을 갖는다고 하면, 그것은 인간을 한갓된 특수성으로부터 구해 내는 삶의 표현이 되지 않으면 안 된다는 결론을 내렸다.

오이켄에 의하면 이와 같은 보편적인 삶은 그가 정신적인 삶(*das Geistesleben*)이라고 부르는 것과 동일시된다. 순전하게 자연주의적인 관점에서 보면, 심리적 삶은 "현실의 힘든 싸움에서 존재를 유지하기 위한 한갓된 수단과 도구를 이룬다".[15] 그러나 정신적 삶은 새 정신적 세계를 낳는 활동적 실재이다. "이리하여 과학과 예술, 법률과 도덕과 같은 모든 영역이 생기고, 그리하여 그것들은 자기의 고유한 내용이나 동력이나 법칙을 발전시킨다."[16] 사람은 자연주의적이고 이기적인 입장을 돌파하면 이와 같은 정신적인 삶에 관여하게끔 고양될 수 있다. 그때 그는 "한갓된 하나의 점 이상의 것이 된다. 보편적인 삶은 그에게

---

14. 오이켄은 학교에서는 철학자 크라우제(Krause)의 제자의 한 사람이었던 빌헬름 로이터(Wilhelm Reuter)의 영향 아래 있었다.

15. *Einführung in eine Philosophie des Geisteslebens*, p. 9 (Leipzig, 1908).

16. *Ibid.*, p. 8.

그 자신의 삶이 된다".[17]

따라서 정신적 삶은 인간 내부에서 그리고 인간을 통해서 운동하는 활동적 실재이다. 그리고 그것은 정신의 모든 실현으로 향하는 실재의 운동이라고 생각된다. 그것은 말하자면 안으로부터 심적 통일로 자기 자신을 유기화(有機化)하는 실재이다. 그리고 사람이 참된 인격을 이룩하는 것은 이 삶에서의 관여를 통해서이므로 인간적 인격성의 바탕인 삶은 그 자신 인격적 존재로 간주된다. 그것은 실제로 신이다. "신의 개념은 여기서는 절대적 정신적 삶이라는 의미를 얻는다."[18] 곧 "완전한 독립을 얻음과 동시에 모든 실재를 자기 자신 안에 함유하는 정신적 삶"[19]이라는 의미를 얻는 것이다.

철학은 이와 같은 삶의 표현이거나 표현이어야 한다. "철학이 기획하는 다양성의 종합은 밖으로부터 현실에 강제되는 것이 아니라, 현실 자체에서 생기며 또한 현실의 발전에 이바지하는 것이지 않으면 안 된다."[20] 곧 철학은 정신적 삶의 통일적 활동의 개념적 표현이지 않으면 안 되고, 동시에 그것은 인간에게 그와 같은 통일적 활동에 대한 자기의 관계를 이해시킴으로써 이 삶의 발전에 이바지하게 하지 않으면 안 된다.

정신적 삶(das Geistesleben)이라는 개념은 자연스럽게 헤겔철학을 생각케 한다. 그리고 이 점에서 오이켄의 사상은 신-관념론으로 서술될 수 있다. 그러나 헤겔이 문제의 개념적 해결을 강조한 데 대해 오이켄은 삶의 중요한 문제들은 행위로써 해결된다고 주장하는 경향이 있

---

17. *Grundlinien einer neuen Lebensanschauung*, p. 117 (Leipzig, 1907).
18. *Der Wahrheitsgehalt der Religion*, p. 138 (Leipzig, 1905, 2nd edition).
19. *Ibid.*, p. 150.
20. *Einführung in eine Philosophie des Geisteslebens*, p. 10.

다. 인간은 자기의 비정신적 본성의 끌어당김을 극복하고 정신적 삶에 적극적으로 관여하는 한, 진리를 터득한다. 따라서 오이켄은 자기의 철학을 "활동주의"[21]라고 불렀다. 그 자신의 철학과 프래그머티즘과의 유사성에 관해 말하자면, 오이켄은 프래그머티즘을, 진리를 '한갓된 인간의' 이기적 만족의 추구를 위한 도구로 환원하는 것으로 따라서 또 그가 극복하려고 하는, 철학의 분열을 조장하는 것으로 해석하는 경향이 있었다. 그의 생각으로는 진리란 그것을 향해서 정신적 삶이 적극적으로 노력하는 바의 것이다.

오이켄은 그의 생전에 상당한 평판을 얻었다. 그러나 그가 제시한 것은 체계들의 다툼의 하나의 효과적인 극복이라고 하기보다 분명 또 하나의 세계관, 인생관이다. 그리고 그의 철학에서는 정확한 진술과 설명이라는 요소는 결코 언제나 두드러졌다고 할 수 없었다. 그것은 이를 테면, 행위로써 해결될 수 있는 문제들을 논할 때는 아주 훌륭하다. 그러나 이론적인 문제를 논할 때는 행위를 통한 해결이란 개념은 오이켄에 의하여 주어진 것보다 더 신중한 분석을 필요로 한다.

7. 과거의 충용(充用): 트렌델렌부르크와 그리스 사상; 토미즘의 부활

앞에서 보았듯이, 헤겔은 철학사 연구를 크게 촉진시켰다. 그러나 그에게 철학사는 발전 도상의 절대적 관념론, 또는 형이상학적으로 표현하면, 절대정신의 자기 자신에 대한 점진적인 이해였다. 그리고 헤겔

---

21. *Ibid.*, p. 155.

적 원리에 완전히 물들어 있는 철학사가는 철학적 사유의 발전에서 부단한 변증법적 전진을 보고, 또 그 이전의 사상의 여러 국면들을 자기 자신 안에 전제하며 또한 포섭하고 있는 나중의 체계를 본다. 그러나 과거의 사상의 여러 국면들을 그것에 뒤따르는 체계들에서 이어받고 높여진 것으로서가 아니라, 잊혀지고 간과된 가치 있는 통찰의 원천으로서 회고하는 다른 철학자들이 있어도 이상할 것은 없다.

그 영원히 가치 있는 요소를 다시 사유하고 재충용하려는 생각을 가지고 과거에 대한 객관적 연구를 강조한 철학자의 예로서 우리는 아돌프 트렌델렌부르크(Adolf Trendelenburg, 1802~72)의 이름을 들 수 있다. 그는 여러 해 동안 베를린대학의 교수였으며 역사적 연구의 발전에 상당한 영향을 미쳤다. 그의 역사적 저작은 스피노자, 칸트, 헤겔 그리고 헤르바르트를 다루고 있는데, 그는 특히 아리스토텔레스 연구에 몰두했다. 헤겔과 헤르바르트 양쪽의 강렬한 반대자로서 그는 19세기 중엽에 전자의 위력을 떨어뜨리는 데 이바지했다. 그리고 그리스 사상에서의 유럽철학의 영원히 가치 있는 원천에 관심을 돌리게 했다. 비록 그는, 그리스철학의 고찰은 세계에 대한 근대적 과학적 개념에 비추어 다시 사유되고 재충용될 필요가 있다고 확신했지만.

그에 의하여 '유기적 세계관'(*organische Weltanschauung*)이라고 불리는 트렌델렌부르크 자신의 철학은 두 권짜리 책《논리학적 연구》(*Logische Untersuchungen*, 1840)에서 전개되었다. 그것은 많은 것을 아리스토텔레스에게 힘입고 있으며, 또한 거기서는 아리스토텔레스주의에서처럼 목적성의 관념이 근본적이다. 그러나 동시에 트렌델렌부르크는 공간, 시간과 범주들을 존재와 사유의 두 형식으로 생각함으로써 아리스토텔레스와 칸트를 조정하려고 했다. 또한 그는《권리의 인륜적 이념》(*Die sittliche Idee des Rechts*, 1849)과《윤리학에 기초를 둔 자연

법》(*Naturrecht auf dem Grunde der Ethik*, 1860)에서 권리와 법의 관념
에 도덕적 기초를 부여하려고 했다.

　아리스토텔레스 연구는 또 베를린대학에서 트렌델렌부르크의 영향
아래 있었던 구스타프 타이히뮐러(Gustav Teichmüller, 1832~88)에 의
하여 이루어졌다. 그러나 타이히뮐러는 후에 라이프니츠와 로체, 특히
전자에 의하여 영감을 받은 철학을 전개했다.

　트렌델렌부르크의 제자들 중에 오토 빌만(Otto Willmann, 1839
~1920)이 있었다. 그의 정신은 아리스토텔레스의 사상으로부터 관념
론과 유물론 쌍방의 비판을 통해 토미즘철학으로 옮아 갔다. 그리고 여
기에서 중세철학, 특히 성 토마스 아퀴나스의 사상의 재충용이 언급될
수 있다. 확실히 이 주제를 한갓 19세기의 독일철학의 문맥 내에서만
다루는 것은 매우 곤란하다. 왜냐하면, 토미즘의 발흥은 가톨릭교회 일
반의 지적인 삶 내부에서의 현상이며, 더욱이 독일인의 공헌이 가장 중
요하다고 주장할 수는 거의 없기 때문이다. 그래도 그 주제는 다만 침
묵한 채 지나칠 수도 없다.

　17~8세기와 19세기 초, 일반으로 교회의 신학교나 교육기관에서의
철학은 다른 사상의 조류, 특히 데카르트주의 그리고 나중에는 볼프철
학에서 얻은 관념들과 뒤섞인 평범한 스콜라적 아리스토텔레스주의의
형태를 취하는 경향이 있었다. 그리고 그것은 지적 세계에서 충분히 그
존재를 느끼게 하는 고유한 활력을 가지고 있지 못했다. 더욱이 19세기
전반에는 프랑스와 이탈리아와 독일에 많은 가톨릭 사상가들이 있었
다. 그리고 동시대의 사상과의 대화에서 또는 그 영향 아래 전개된 그들
의 사상은 교회의 당국에게는 직접적이든 간접적이든 가톨릭 신앙의
고결함에 흠을 내는 것같이 생각되었다. 이리하여 독일에서 처음에는
뮌스터대학의, 후에는 본대학의 신학 교수였던 게오르크 헤르메스

(Georg Hermes, 1775~1831)는 그가 반대하려고 하던 칸트나 피히테와 같은 철학자로부터 너무 많은 것을 들여왔다고, 그리고 가톨릭의 교의를 철학적 사변의 도가니에 던져 넣었다고 교회로부터 비난받았다. 또 안톤 귄터(Anton Günther, 1783~1863)는 신학의 소생에 대한 그의 열중에서 삼위일체의 교의를 설명하고 증명하기 위해 헤겔의 변증법을 사용하려 했다고 비판받았으며[22] 다른 한편 사제인 동시에 뮌헨대학의 교수이기도 했던 야코프 프로슈하머(Jakob Froschhammer, 1821~93)는 초자연적 신앙과 계시를 관념론 철학에 종속시켰다고 비판받았다.[23]

　하지만 19세기를 지나면서 많은 가톨릭 사상가들은 중세사상, 특히 13세기에 성 토마스 아퀴나스에 의하여 전개된 신학적·철학적 종합의 재충용을 주장했다. 독일에 관해서 말하자면, 스콜라철학 일반과 특히 토미즘에 대한 관심의 부활은 요제프 클로이트겐(Joseph Kleutgen, 1811~83), 알베르트 슈퇴클(Albert Stöckl, 1832~95), 그리고 콘스탄틴 구트베를레트(Konstantin Gutberlet, 1837~1928)와 같은 사람들의 저작에 많이 힘입고 있었다. 구트베를레트의 여러 저작은 1879년에 레오 13세가 토미즘의 영원한 가치를 주장하고, 가톨릭철학자들에게 그들의 영감을 거기에서 이끌어 냄과 동시에 그것을 현대의 요구들과 직면케 함으로써 발전시키도록 요청한 칙령 「영원하신 아버지의」(*Aeterni Patris*)의 공포 후에 나타났다. 그러나 슈퇴클의 《철학교본》(*Lehrbuch der Philosophie*)는 1868년에, 클로이트겐의 《태고(太古)에 옹호된 신학》(*Die Theologie der Vorzeit verteidigt*)과 《태고(太古)에 옹호된 철학》(*Die Philosophie der Vorzeit verteidigt*)은 각각 1853~60년과 1860~3년

---

22. 교회로부터 이성주의라고 비판받고 귄터는 교회의 판단에 따르지 않을 수 없었다.
23. 자기의 견해가 견책받았을 때, 교회적 권위에 복종할 것을 거부한 프로슈하머는 후에 교황 무오류설의 반대자의 한 사람이었다.

에 나타났다. 따라서 레오 13세가 토미즘의 부활을 꾀했다고 하는 것은 완전히 옳다고 할 수 없다. 그가 한 것은 이미 있는 운동에 힘찬 자극을 주는 것뿐이었다.

당연한 것이지만, 토미즘의 부활은 아퀴나스의 사상뿐 아니라 중세 철학 일반의 사상에 대한 정확한 지식과 이해를 요구했다. 그리고 부활 의 첫째 국면은 필연적으로 그 영역에서의 전문가의 연구에 의하여 계 승되었다. 우리는 그와 같은 전문가로서 독일에서는 클레멘스 보임커 (Clemens Baeumker, 1853~1924)와 마르틴 그라프만(Martin Grabmann, 1875~1949)을, 그리고 벨기에에서는 모리스 드 불프(Maurice De Wulf, 1867~1947)를, 또한 프랑스에서는 피에르 만돈(Pierre Mandonnet, 1858~1936)과 에티엔느 질송(Étienne Gilson, 1884~1978)의 이름을 들 수 있다.

그러나 토미즘이 순수하게 역사적 관심을 갖는 것으로가 아니라 산 사유의 체계로서 나타나기 위해서는, 첫째로 그것이 시대에 뒤떨어진 물리학이나 버림받은 과학적 가설과 얽히지 않았다는 것, 둘째로 그것 이 현대 정신에 자기를 나타내고 있는 철학적 문제들을 발전시키고 또 그것들에게 빛을 던질 수 있었음을 보이지 않으면 안 되었다. 첫째 과 제의 수행에 관해서는 추기경 메르시에(Cardinal Mercier, 1851~1926) 와 루뱅대학의 그의 협력자와 후계자들의 작업에 의하여 많은 것이 이 루어졌다.[24] 둘째 과제의 수행에 관해서는 우리는 독일의 요제프 가이 저(Joseph Geyser, 1869~1948)와 프랑스의 자크 마리탱(Jacques Maritain, 1882~1973)의 이름을 들 수 있다.

---

24. 메르시에는 한갓 토미즘이 과학과 상극하지 않는다는 것을 보이는 데만 관심을 가졌던 것이 아니었다. 그는 토미즘의 발전이 과학들의 적극적이고 순수히 객관적인 연구와 밀접하게 결부되어 있다고 생각했다. 그의 계획을 수행한 저명한 대표자는 루뱅의 심리학자 알베르 미쇼트(Albert Michotte, 1881~?)이다.

토미즘은 그 자신이 말하자면 훌륭한 사상체계로 구축된 이상, 자멸하지 않고 다른 철학에 있는 여러 가치 있는 요소를 흡수할 수 있음을 보이지 않으면 안 되었다. 그러나 그것은 20세기에서의 토미즘 사상의 역사에 속하는 주제이다.

1. 생애와 저작

우리는 이미 20세기에 들어와 있으므로 신체적으로는 1900년에 죽었고, 그 저작에 관해서는 그보다 10년이나 더 먼저 끊어진 철학자에 관해, 여기서 두 장을 할애하는 것은 적절하지 못하다고 생각될지 모른다. 확실히 이 절차는 연대적인 관점에서 보면 문제가 있을지도 모른다. 그러나 19세기의 독일철학에 관한 이 책을 1900년에 죽었지만, 그 영향은 20세기에 이르도록 충분히 느낄 수 없었던 사상가로써 끝맺는 것은 수긍할 수 있다. 니체의 사상에 대해서 사람이 어떻게 생각하든, 사람은 그의 넓은 범위에 걸친 평판과 효능 좋은 포도주같이 사람들의 정신 속에서 작용하는 그의 사상의 마력을 의심할 수는 없다. 그리고 이것은 우리가 앞의 여러 장에서 고찰해 온 유물론자나 신칸트학파나 귀납적 형이상학자들에게서는 거의 볼 수 없었던 것이다.

프리드리히 빌헬름 니체(Friedrich Wilhelm Nietzsche)는 1844년 10월 15일, 프러시아령 작소니아의 뢰켄에서 태어났다. 그의 부친은 루터파의 목사였다. 그의 부친은 1849년에 죽었고, 니체는 나움부르크에서 그의 모친과 누이와 조모로 이루어진 여자들만의 경건한 가정에서 양육되었다. 1854년에서 58년까지 그는 지방의 김나지움에서 공부하였고 1858년부터 64년까지는 포르타의 유명한 전교생이 기숙사 생활을 하는 학교의 학생이 되었다. 그리스의 천재에 대한 동경은 이 학교 시절에 싹 텄다. 그가 사랑한 고전작가는 플라톤과 아이스퀼로스였으며, 그는 시를 쓰고 음악을 시도했다.

1864년 10월, 니체는 후일의 동양학자이며 철학자인 그의 학우 파울 도이센(Paul Deussen)과 함께 본대학에 들어갔다. 그러나 다음 해 가을, 그는 리츨(Ritschl) 밑에서 문헌학의 연구를 계속하기 위해 라이프치히대학으로 옮겼다. 거기서 그는 에르빈 로데(Erwin Rohde)와 친교를 맺었다. 로데는 당시는 니체의 선배였고, 후일 대학교수이자 《프시케》의 저자가 되었다. 이맘때 니체는 그리스도교를 버리고 있었다. 그리고 라이프치히대학에서 그가 쇼펜하우어를 알았을 때 그를 매료한 것은, 그 자신이 말하고 있듯이, 그의 저작의 무신론적 견해였다.

니체는 《라인학술잡지》(*Rheinisches Museum*)에 몇 편의 논문을 기고했다. 그리고 바젤대학이 리츨에게 그 논문들의 저자가 바젤대학의 철학 교수로 적합한지를 물어 왔을 때, 그는 그의 마음에 드는 제자를 위해 무자격의 추천서를 쓰는 데 주저하지 않았다. 그 결과, 니체는 그가 박사 학위를 획득하기 전에 대학교수로 임명되었다.[1] 그리고 1869년 5월, 그는 '호메로스와 고전문헌학'이라는 제호로 그의 취임 연설을 했다. 독불전쟁이 일어나자 니체는 독일군의 야전 위생대에 참가했다. 그러나 이질에 걸려 이 근무를 단념하지 않을 수 없어, 불충분한 회복기를 지낸 다음, 그는 다시 바젤대학 교수로 근무하기 시작했다.

---

1. 그래서 라이프치히대학은 무시험으로 즉시 학위를 수여했다.

바젤대학에서의 니체의 큰 위로는 루체른 호반에 있는 리히아르트 바그너의 별장을 찾는 일이었다. 그는 이미 라이프치히대학의 학생이 었을 때에 바그너의 음악에 매료되어 있었다. 그리고 바그너와의 우정 은 그의 저작에 아마도 불행한 영향을 미쳤다. 1872년에 출판된《음악 의 정신으로부터의 비극의 탄생》(*Die Geburt der Tragödie aus dem Geiste der Musik*)에서 니체는 우선 소크라테스 이전과 이후의 그리스 문화 의 상위를 후자에 대해 비판적으로 서술한 다음, 현대의 독일 문화가 소 크라테스 이후의 그리스 문화와 매우 닮았음을 지적하고, 나아가 그것 은 바그너의 정신으로써 침투될 때에만 구제된다고 논했다. 당연히 그 저작은 바그너의 열광적인 환영을 받았다. 그러나 문헌학자들은 그리 스 비극의 원천에 관한 니체의 견해에 대하여 다소 다른 반응을 보였다. 당시 아직 약관이었던 빌라모비츠–묄렌도르프(Wilamowitz-Möllendorff)는 특히 그 저작을 신랄하게 비판했다. 그리고 로데의 그의 친구 에 대한 충실한 변호로써도 고전학계에서의 니체의 신용의 실추를 구 할 수가 없었다. 그러나 이것은 오늘날 우리에게 대단한 문제가 아니다. 우리에게 흥미가 있는 것은 철학자, 도덕가 그리고 심리학자로서의 니 체이지 바젤대학의 문헌학 교수로서의 니체가 아니기 때문이다.

니체는 1873~6년 사이에 《반(反)시대적 고찰》(*Unzeitgemässe Betrachtungen*)—영어로는 《철 지난 사상》(*Thoughts out of Season*)으로 번역이 되어 있다—이란 공통의 제목 아래 4편의 논문을 출판했다. 처음 논문에서 그는 가엾은 다비드 슈트라우스를 독일적 교양의 속물의 대표 자로 맹렬히 공격했다. 둘째 논문에서는 그는 산 문화의 대용물로서의 역사적 연구의 우상화를 비판했다. 셋째 논문은 대학의 철학 교수들을 비판하고 교육자로서의 쇼펜하우어를 칭송하는 데 바쳐졌다. 그리고 넷 째 논문은 그리스의 천재를 재생시키는 것으로서의 바그너를 묘사했다.

'바이로이트에서의 리히아르트 바그너' 란 제목의 넷째 논문이 출판된 1876년까지 니체와 바그너는 이미 소원해지기 시작하고 있었다.[2] 그리고 바그너와의 절교는 니체의 발전에서의 첫째 국면 또는 단계의 종말을 나타내고 있었다. 첫째 시기에 니체는 합리주의자인 소크라테스를 비난하고 있었다면, 둘째 시기에 그는 소크라테스를 찬양하는 경향이 있었다. 첫째 시기에는 문화와 참으로 인간의 삶 일반은, 천재나 시인이나 음악가와 같은 창조적 예술가를 산출함으로써 정당화되는 것으로 서술되어 있다. 이에 대해 둘째 시기에는 니체는 시보다 과학을 애호하고 일반으로 인정되고 있는 모든 확신을 의심하여 프랑스 계몽운동의 합리주의적 철학자의 구실을 잘하고 있다.

이 시기의 대표작은 《인간적인, 너무나 인간적인》(*Menschliches, Allzumenschliches*)이다. 그것은 처음에 1878~9년에 3부로 나뉘어 출판되었다. 그 저작은 어떤 의미에서 겉보기에는 실증주의적이다. 니체는 형이상학적 설명에 필요하고, 형이상학적 상부 구조를 정당화한다고 생각되었던 인간의 경험이나 지식의 여러 특질은 유물론적으로 설명이 가능하다는 것을 보여 주려고 함으로써 간접적으로 형이상학을 비판하고 있다. 이를테면 선과 악의 도덕적 구별은 그 기원을, 사회에 유익한 행위들에 대한, 그리고 사회에 해로운 다른 행위들에 대한 경험에 가지고 있다—물론 그 구별의 공리적인 기원은 시간의 흐름과 더불어 잊혀지지만. 그리고 양심은 권위에 대한 신앙에 그 기원을 가지고 있다. 그것은 신의 소리가 아니라 부모나 교육자의 소리이다.

건강이 좋지 않은 것과 혐오감을 일으킬 지경에 이른 교수로서의 의

---

2. 니체는 의심하지 않고 정당하게, 바그너가 자기를 바그너주의 운동을 촉진하는 앞잡이로 여긴다고 생각했다. 또 그는 진정한 바그너는 그가 생각하고 있던 것이 아니라고 느끼기 시작하고 있었다. 《파르지팔》의 발표는 니체에게 인내의 한계였다.

무에 대한 불만이 겹쳐 1879년 봄, 니체는 바젤대학의 교수직을 물러났다. 그리고 계속되는 10년 동안, 그는 어쩌다 독일에 귀국한 것 외에는 건강 회복을 위해 스위스나 이탈리아의 여러 곳을 방랑했다.

1881년 니체는《서광》(*Morgenröte*)을 출판했다. 거기서 그는 그 자신이 언명하고 있듯이, 헌신의 도덕에 대한 싸움을 시작했다. 그리고 1882년[3]에는《기쁜 지식》(*Die fröhliche Wissenschaft*)이 그 뒤를 이었다. 이 저작에서 우리는 삶에 대하여 적대적인 그리스도교라는 관념을 본다. "신은 죽었다"는 고지는 니체가 말하고 있듯이 자유로운 정신에게 광대한 지평을 열어 보인다. 그러나 두 책 다 평이 좋지 않았다. 니체는《서광》을 로데에게 보냈다. 그러나 이전의 그의 친구는 받았다는 소식조차 주지 않았다. 그리고 니체의 저작이 독일에서 받은 냉담은 동포에 대한 그의 사랑을 더하게 한 것 같지 않다.

1881년 니체가 엔가딘의 질스 마리아에 체재하고 있을 때, 영원회귀(永遠回歸)의 사상이 번득였다. 무한한 시간에 모든 존재하는 것이 영원히 되풀이되는 주기적인 순환이 있다. 이 어쩌면 기죽이는 생각은 조금도 새로운 것이 아니었지만, 일종의 영감의 힘으로 니체를 덮쳤다. 그리고 그는 그의 정신 속에서 발효하고 있는 생각을 페르시아의 철인 차라투스트라의 입을 통해 표현하는 계획을 품었다. 그 성과가 그의 가장 유명한 저작《차라투스트라는 이렇게 말했다》(*Also sprach Zara-thustra*)였다. 처음의 2부는 1883년에 따로따로 출판되었다. 영원회귀의 사상을 말하는 제3부는 1884년 초에 출판되었고, 제4부는 1885년 초에 출판되었다.

초인과 가치의 가치전도(顚倒) 사상을 가진《차라투스트라》는 니체

3.　《기쁜 지식》의 제5부는 1887년에 덧붙여졌다.

사상의 셋째 국면을 표현하고 있다. 그러나 그 시적이며 예언자적인 스타일은 그 저작에 마치 공상적인 작품과 같은 외관을 주고 있다.[4] 니체 사상의 좀 더 부드러운 해설은 《선악의 건너편》(*Jenseits von Gut und Böse*, 1886)과 《도덕의 계보》(*Zur Genealogie der Moral*, 1887)에서 볼 수 있다. 그것들은 《차라투스트라》와 함께 아마도 니체의 가장 중요한 저작이다. 《선악의 건너편》은 이폴리트 테느로부터 칭찬의 편지를 가져왔다. 그리고 《도덕의 계보》를 출간한 후, 니체는 덴마크의 평론가 게오르그 브란데스로부터 같은 편지를 받았다. 브란데스는 후에 코펜하겐대학에서 니체의 사상에 대해 연속강연을 했다.

《선악의 건너편》은 장래의 철학을 위한 서곡이라는 부제를 가지고 있었다. 니체는 그의 철학을 체계적으로 서술하려는 계획을 세웠다. 그리고 그 때문에 많은 분량의 메모를 했다. 저작의 제명에 관해서는 그의 생각은 여러 가지로 바뀌었다. 처음에 그것은 《힘에의 의지—자연에 대한 새로운 해석》, 또는 《힘에의 의지—우주에 대한 새로운 해석의 시도》가 될 것이었다. 다시 말하면, 쇼펜하우어가 철학을 '삶에의 의지' 개념 위에 기초했듯이, 니체는 철학을 '힘에의 의지' 사상 위에 기초 지우려고 했던 것이다. 나중에 역점이 달라져 계획된 제명은 《힘에의 의지, 모든 가치의 전도의 시도》(*Der Wille zur Macht: Versuch einer Umwerthung aller Werthe*)가 되었다. 그러나 계획된 주저는 실제로는 완성되지 않았다—《안티 크리스트》(*Der Antichrist*)는 그것의 처음 부분으로 예정되어 있었지만. 니체가 계획한 저작을 위한 메모는 그의 사후에 출판되었다.

---

4. 루돌프 카르납은 니체가 형이상학에 몸을 맡길 때 매우 적절하게 시에 의지하고 있음을 지적하고 있다. 그리하여 카르납은 《차라투스트라》를 형이상학의 본질에 관한 그 자신의 신실증주의적 해석의 경험적 확증으로 간주한다.

니체는 바그너에 대한 격렬한 비판서인 《바그너의 경우》(*Der Fall Wagner*, 1888)를 쓰기 위해 그가 계획하고 있던 일을 중단했다. 그리고 바그너에 대한 비판은 《니체 대 바그너》(*Nietzsche contra Wagner*)에서 속행되었다. 이 둘째 논문은 그의 다른 저작 《우상의 황혼》(*Die Götzendämmerung*), 《안티 크리스트》, 그리고 일종의 자전적 저작인 《이 사람을 보라》(*Ecce Homo*)처럼, 니체가 정신에 이상을 가져온 후인 1888년에 출판되었다. 이해에 나온 저작들은 명백히 극도의 긴장과 정신적 불안정을 드러내고 있다. 그리고 고양된 자기주장의 정신을 가진 《이 사람을 보라》는 특히 정신장애의 두드러진 인상을 주고 있다. 그해 말에 명확한 광기의 징후가 나타나기 시작해 1889년 1월, 니체는 체재 중인 토리노로부터 바젤의 요양소로 옮겨졌다. 그는 다시 회복되지 않았다. 하지만 바젤에서 그리고 그 후 예나에서 요양한 후 나움부르크의 어머니 집에 돌아갈 수가 있었다.[5] 모친 사망 후에 그는 그의 여동생과 바이마르에서 지냈다. 그러나 그때까지 그는 유명 인사가 되어 있었다—물론 그는 그 사실에 합당한 처지에는 결코 있지 않았지만. 그는 1900년 8월 25일에 죽었다.

2. '가면'으로서의 니체 사상의 국면

앞 절에서는 니체 사상의 발전에서의 여러 국면을 서술했다. 니체 자신은 자기를 되돌아보고 이 국면들을 가면으로 서술하고 있다. 이를

---

5. 실제로 니체는 건강악화와 불면증에 시달렸다. 그리고 고독과 그에 대한 세상의 무시가 그의 정신을 괴롭혔다. 그러나 그의 누이가 그것을 부정함에도 불구하고 그는 대학생 때에 매독에 감염되고, 그것이 불규칙한 과정을 겪은 후 마침내 뇌를 침범한 것으로 생각된다.

테면 그의 둘째 시기에 취한 자유로운 정신의 태도, 곧 삶에 대한 비판적이고 합리주의적이며 회의적인 관찰자의 태도는 하나의 '중심일탈적인 자세', 말하자면 그것으로써 그의 최초의 또는 진정한 본성을 극복하는 수단으로서 생각된 제2의 본성이었다고 주장하고 있다. 그것은 마치 뱀이 그 낡은 가죽을 벗어 버리듯이 버려지지 않으면 안 되었던 것이다. 더 나아가 니체는 곧잘 특정한 교설이나 이론을 마치 자기보존적 기교나 자가 복용적 강장제인 듯이 말하고 있다. 이를테면 영원회귀의 이론은 강함의 시금석, 곧 인생에 대한 쇼펜하우어의 '부정' 대신 그것을 '긍정'하는 니체의 능력의 시금석이었다. 그는 그의 전 인생이, 곧 그 삶의 모든 순간, 모든 재앙, 모든 고뇌, 모든 굴욕이 헤아릴 수 없는 시간을 통해 한없이 되풀이된다는 생각에 견딜 수 있을까? 그는 이와 같은 사상에 직면하여 그것을 스토아적인 체념으로써만이 아니라 또한 감격을 가지고 품에 안을 수 있을까? 만약 그렇게 할 수 있다면 그것은 내면적 강함의 표시이며 삶에 대한 니체 자신의 긍정적 태도의 승리의 표시이다.

물론 니체는 어느 날씨 좋은 날 "자, 나는 얼마 동안 실증주의자로서 그리고 냉정하고 비판적이며 과학적인 관찰자로서의 태도를 취하자. 그것이 내 정신 위생상 바람직하기 때문이다"라고 자기 자신에게 말한 것은 아니다. 오히려 그는 진지하게 그 구실을 다한 나머지 거기에서 벗어나, 나중에 그것을 돌이켜 보고 그것이 자가 복용적 강장제라는 것, 그리고 거기서 그의 참된 사상의 방향이 눈에 보이지 않게 전개되는 가면이라는 것을 이해하게 되었던 것이다. 그러나 그의 사상의 참된 방향은 과연 무엇이었을까? 니체가 그의 참된 본성을 통한 승리에 대해 말하고 있는 것에 비추어서, 사람은 물론 니체의 후기 저작과 함께 출판된《힘에의 의지》의 메모에 쓰여 있는 교설이 그의 참된 사상을 나타낸다고 생각하고 싶을 것이다. 하지만 우리가 가면의 이론을 강조하려고 하면, 우리는 그 이론을 그의 셋째 시기에도 적용하지 않으면 안 된다고 나는 생각한다. 이미 지적했듯이, 그는 영원회귀의 이론을 강함의 시금석으로 말했다. 그리고 이 이론은 그의 사상의 셋째 시기에 속해 있다. 더욱이 니체가 진리에 대하여 그의 상대주의적이고 프래그머틱한 생각을 확실히 말하고 있는 것은 바로 이 셋째 시기에서이다. 진리에 대한 그의 일반적 이론은 생물학적으로 일정한 종 또는 인간에게 유익한 이론이 진리로 불린다는 의미에서 확실히 개인적이라기보다 사회적이다. 이리하여 초인의 이론은 인간의 잠재 능력을 발전시킨, 더 높은 인간 유형을 가능케 하는 한에서 진리인 일종의 신화일 것이다. 그러나 우리가 가면의 이론을 강조하려고 하면, 우리는 '진리의 기준은' 개인적 의미에서의 "힘의 감정의 충일 속에 있다">6고 하는 명제를 채용하지 않으면 안 되며, 또 그것을 니체의 첫째, 둘째 시기의 사상과 마찬가지로 셋째 시기의 사상에도 적용하지 않으면 안 된다.

　말할 것도 없이 이 경우 명확한 철학적 이론에 의하여 진술될 수 있는 니체의 그 어떤 '참된 사상'도 남아 있지 않다. 왜냐하면 그가 나타낸 사상의 전체는 키르케고르의 말로 하자면 그것에 의해 니체가 실존적 개인으로서 그 고유한 가능성을 실현하려는 도구가 되기 때문이다. 그의 사상은 그것을 통해 우리가 실존의 의미를 인식하려고 시도하지 않으면 안 되는 매체가 되어 있다. 그때 우리는 카를 야스퍼스가 좋은 보기를 보여 주고 있는 것 같은 니체의 생애와 저작에 대한 해석을 갖는다.>7

---

6. *W*, III, p. 919(XV, p. 49). 별 언급이 없는 한 인용은 K. Schlechta 편집의 3권으로 된 니체전집(뮌헨, 1954~6)의 권수와 쪽수를 나타낸다. 괄호 안의 인용은 언제나 Oscar Levy박사가 편집한 니체 영역전집을 가리킨다(참고문헌 참조). 원전비평적인 독일어판의 니체전집은 아직 완성되지 않았다.

현대의 사상가는 니체의 생애와 사상에 대한 실존주의적 해석의 가치에 대하여 아무 의심도 가지고 있지 않다. 그러나 이 책과 같이 철학의 역사를 다루는 저작에서는, 독자는 니체가 무엇을 주장했느냐에 대한, 그리고 그의 말하자면 표면상의 얼굴이나 외관에 대한 대강을 기대할 권리가 있다. 결국, 철학자가 그의 생각을 종이 위에 분명히 하고 그것을 출판할 때, 그것은 말하자면 자기의 삶을 책임지고 상황에 따라 더 많은 또는 더 적은 영향을 준다. 니체의 철학은 스피노자나 헤겔의 철학과 같은 체계의 훌륭함이 없다는 것이 사실이며, 그것은 니체 자신이 잘 알고 있었다. 그리고 사람이 거기서 독일적인 '심원함'을 찾으려면, 사람은 표면 아래 있는 것을 고찰하지 않으면 안 된다. 그리고 니체 자신은 독자에게 그의 사상의 개인적인 국면과 표면 아래 있는 것을 조사하려고 하는 요구에 주의를 촉구했지만, 그는 어떤 종의 확신을 강하게 가지고 있었다는 사실, 그리고 그는 자기를 한 사람의 예언자로서, 하나의 구제하는 힘으로서, 아니면 그의 사상을 '다이너마이트'로 생각하게 되었다고 하는 사실은 남는다. 그 자신의 진리관으로부터 필연적으로 그의 이론은 신화의 성격을 가지고 있었다 해도, 이들 신화는 니체가 정열을 가지고 주장한 가치판단과 밀접히 결부되어 있었다. 그리고 아마도 그의 위대한 영향력의 원천은 다른 무엇보다 바로 이 가치판단에 있었던 것이다.

---

7. 그의 《니체, 그의 철학하기의 이해를 위한 안내》(베를린, 1936)에서. 야스퍼스에게 니체와 키르케고르는 두 '예외', 곧 인간적 실존의 두 가지 다른 가능성의 체현(體現)을 보여 준다.

3 . 니 체 의 초 기 저 작 과 동 시 대 의 문 화 비 판

우리는 이미 니체가 라이프치히대학의 학생이었을 때, 쇼펜하우어의《의지와 표상으로서의 세계》를 만났다는 것을 언급했다. 그러나 니체는 쇼펜하우어에게 강한 자극을 받았지만 그는 어떤 시기에도 쇼펜하우어의 제자는 아니었다. 이를테면, 확실히 그는《비극의 탄생》에서는 세계와 인생에서 자기 자신을 표시하는 '원시적 통일' 이란 것을 요청할 정도로 쇼펜하우어를 따르고 있다. 그리고 쇼펜하우어와 마찬가지로 그는 인생을 가혹한 것, 비극적인 것으로 그리고 예술, 곧 창조적 천재의 작품을 통한 인생의 의미의 전환에 대하여 말하고 있다. 그러나 쇼펜하우어의 철학에서 영감을 얻은 것이 명백한 초기의 저작에서조차 니체 사상의 일반적인 경향은 삶의 부정보다 오히려 삶의 긍정에 있다. 그리고 그가 1888년에《비극의 탄생》을 돌이켜 보고, 그것이 쇼펜하우어의 태도에 대한 반대주장으로서 인생에 대한 하나의 태도를 표현하고 있다고 주장했을 때, 그 주장은 근거가 없는 것이 아니었다.

《비극의 탄생》에서의 니체의 소견에 따르면, 그리스인은 삶이 가혹하고 불가해하며 위험한 것임을 잘 알고 있었다. 그러나 그들은 세계와 인생의 본래의 성격에는 민감했지만, 그들은 삶에 등을 돌림으로써 비관주의에 항복하지 않았다. 그들이 한 것은 예술이라는 수단을 통해서 세계와 인생의 의미를 전환하는 것이었다. 그리고 그렇게 함으로써 그들은 미적 현상으로서의 세계를 긍정할 수가 있었다. 하지만 거기에는 두 가지 방법이 있었다. 그것은 각각 디오니소스적 태도 또는 정신과 아폴로적인 태도 또는 정신을 표시하고 있다.

니체에게 디오니소스는 모든 장애를 파괴하고 모든 속박을 무시하는 삶 그 자체의 분류의 상징이다. 우리는 디오니소스 또는 바커스 의식에서 말하자면, 삶과 일체를 이루는 술에 취한 신도들을 볼 수가 있다. 개체화의 원리에 의해 세워진 장애는 타파되는 경향이 있다. 마야의 베일은 곁으로 쫓겨난다. 그리고 남자들과 여자들은 원시적 통일을 나타내면서 삶의 분류에 삼켜진다. 하지만 아폴로는 빛과 규준과 억제의 상징이다. 그것은 개별화의 원리를 나타낸다. 그리고 아폴로적인 태도는 올림푸스의 신들의 빛나는 꿈의 세계에서 표현된다.

그러나 물론 우리는 원시적 통일에 대한 형이상학적 이론과 쇼펜하우어의 개체화의 원리에 대한 견해를 떠나 그 문제를 심리학적 형식에서 표현할 수가 있다. 흔히 그리스인에게 돌렸던 중용의 정신 배후에 그리고 예술과 아름다움과 형상에 대한 그들의 헌신의 배후에, 니체는 그 길에 있는 모든 것을 쓸어버리고 마는 경향이 있는 본능과 충동과 격정의 어둡고 부풀어 오른, 혼돈한 분류를 본다.

그런데 삶 그 자체가 공포와 혐오의 대상이라고 한다면, 그리고 삶에 대한 부정적 태도라는 의미에서의 페시미즘을 현실의 미적인 전환에 의하여서만 피할 수 있다고 한다면, 거기에는 두 가지 방법이 있다. 하나는 형상과 아름다움의 이상적 세계를 창조함으로써 현실 위에 미적 베일을 치는 것이다. 이것은 아폴로적 방법이다. 그리고 그것은 올림푸스의 신화나 서사시나 조형예술에서 그 표현을 찾았다. 또 하나의 가능성은 그 모든 어둠과 가혹함에서 실존을 의기양양하게 긍정하고 포용하는 방법이다. 이것은 디오니소스적 태도이며 그 전형적인 보기는 비극과 음악에서 볼 수 있다. 확실히 비극은 실존을 어떤 미적 현상으로 전환시킨다. 그러나 그것은 있는 그대로의 실존에 베일을 치는 것이 아니다. 오히려 그것은 실존을 미적 형식에서 전시하고 긍정하는 것이다.

그 제명이 가리키듯이 니체는 《비극의 탄생》에서 직접 그리스 비극의 기원과 발전에 관심을 가졌었다. 그러나 여기서 우리는 그 문제를 논할 수는 없다. 또 비극의 기원에 대한 니체의 해석이 어떻게 고전학자의 입장에서는 받아들이기 어려운 것이었는지는 현재의 우리의 목적에 아무 문제도 안 된다. 중요한 것은 니체에게 소크라테스적 민족주의 정신에 의하여 손상되기 전의 그리스 문화의 최고의 위업은 디오니소스적 요소와 아폴로적 요소와의 융화에 있었다고 하는 것이다.[8] 그리고 이와 같은 융화 속에 그는 문화적 표준의 기초를 보았다. 진정한 문화는 디오니소스적 요소인 삶의 여러 힘과 아폴로적인 태도에 특징적인 형상과 아름다움에 대한 통일이다.

실존이 미적 현상으로서 정당화된다고 하면, 인간성의 훌륭한 꽃은 실존을 그와 같은 현상으로 바꾸고 또 그와 같은 양식에서 실존을 볼 수 있게 하며, 나아가 그것을 긍정하도록 할 수 있는 사람들에 의하여 구성될 것이다. 다시 말하면, 창조적 천재는 최고의 문화적 소산일 것이다. 실제로, 지금 우리가 고찰하고 있는 시기에, 니체는 마치 천재의 작품은 문화의 목적이며 그의 정당화인 듯이 말하고 있다. 이를테면, 그것은 그의 《그리스 국가》(*Der griechische Staat*, 1871)에 관한 논문 속에서 극히 명백하게 이야기되고 있다. 여기서 그리고 다른 데서 그는, 삶의 투쟁에서의 대다수의 애씀과 노고는 예술에서이건, 음악에서이건, 철학에서이건, 천재가 일어나기 위한 기초를 이룸으로써 정당화된다고 주장하고 있다. 왜냐하면, 천재는 그로써 말하자면 실존이 구제받는 기관이기 때문이다.

여기서 니체는 이와 같은 생각을 바탕으로 해서 현대의 독일 문화에 대한 극히 신랄한 비판을 하고 있다. 이를테면 그는, 과거의 문화에 대한 역사적 인식과 '사람들의 삶의 모든 표현에서의 예술적 양식의 통

---

8. 니체에 따르면 아이스퀼로스의 비극들은 이와 같은 융화의 최고의 예술적 표현이다.

일'로 규정되는 문화 그 자체를 대비하고 있다.[9] 그러나 여기서 우리는, 당시의 독일 문화에 대한 니체의 비판에 관여할 필요는 없다. 그 대신, 우리는 니체의 후기 사상에서도 볼 수 있는 두세 가지의 일반적인 생각을 지적할 수가 있다.

니체는 삶이 앎에 대하여 우위를 차지하는가 아니면 앎이 삶에 대해서인가라는 물음을 수정한다. '둘 중의 어느 것이 더 높고 결정적인 힘이 있는가? 삶이 더 높고 뛰어난 힘이라는 것은 누구도 의심하지 않을 것이다. …'[10] 이것은 앎과 과학의 우위로 특징지어진 19세기의 문화가 말하자면, 생명력의 도전에, 곧 그 폭발이 새로운 야만주의를 낳게 될 생명력의 도전에 노출되어 있음을 의미한다. 현대의 삶의 표면 아래, 니체는 '거칠고 원시적이며 전혀 무자비한' 생명력을 본다. 사람은 그것을 두려운 기대를 가지고 바라본다. 마치 마녀의 부엌에 있는 큰 가마솥을 보듯이 … 1세기 동안에 우리는 세계를 진동시키는 이변의 준비를 해 왔다.[11] 우리는 19세기의 사회에서 인간이 이미 다다른 상태에 대한 자기만족과 민족국가에 의하여 조장되고, 또한 민주주의와 사회주의의 운동에서 드러난 획일적 범용함이나 천재에 대한 적의를 촉진시키는 광범한 경향을 볼 수 있다. 그러나 인간의 잠재능력의 발전은 그의 한계에 도달했다고 생각할 어떤 이유도 없다. 그리고 숨은 파괴적인 힘의 발현은 걸출한 개인의 형태를 취하고 더 높은 인간 유형의 출현을 위한 길을 열 것이다.

명백히 이와 같은 견해는 니체 자신이 말하고 있듯 초역사적인 전망을 품고 있다. 곧 그것은 로고스 또는 이념의 필연적인 자기전개라는

---

9. *W*, I, p. 140 (I, p. 8).
10. *W*, I, p. 282 (II, p. 96).　　　　11. *W*, I, p. 313 (II, p. 137).

명목에서의 현실적인 것에 대한 헤겔적 찬미의 부정과, 역사적 상황을 초월하는 가치에 대한 비전을 품고 있다. 인간은 가소적(可塑的)이다. 인간은 자기 자신을 넘어서 새로운 가능성을 실현할 수 있다. 그리고 인간은 비전과 목표와 방향감각이 필요하다. 경험과학은 이와 같은 비전을 주지 못한다. 그리고 니체는 초기 저작에서는 그리스도교에 대하여 많은 것을 말하고 있지 않지만, 그리스도교를 없어서는 안 될 비전의 원천으로서 여기고 있지 않음이 분명하다.>¹² 거기에 철학이 남는다. 그것도 유식한 대학교수에 의하여 서술된 것이 아니라, 인간의 자기 초월의 가능성에 대한 명확한 비전을 가지고 있으며, 또 '위험'을 두려워하지 않는 고독한 사상가의 모습을 하고 있는 철학이. 어느 정도로 사물이 변경될 수 있는지 일단 정해지면, 철학은 **가변적이라고 인식된 세계의 국면을 개량하는 일에** 가차 없는 용기를 가지고'>¹³ 착수해야 한다. 후년 니체는 이 초기의 논문을 돌이켜 보고, 삶의 심판자로서의, 그리고 가치의 창조주로서의 철학자의 이와 같은 이상적인 모습 속에 차라투스트라 또는 자기 자신을 보고 있다. 그것은 결국 같은 것이다.

---

12. 니체는 '교육자로서의 쇼펜하우어'에서 "그리스도교는 확실히 문화에 대한 저 충동, 그리고 또 다름 아닌 성자를 언제나 새롭게 낳으려고 하는 충동의 가장 순수한 계시의 하나이다"라고 지적하고 있다. *W*, I, p. 332 (II, p. 161). 그러나 그리스도교는 줄곧 국가라고 하는 물방아의 바퀴를 돌려 왔다는 것, 그리고 그것은 희망을 잃고 타락해 왔다는 논증을 계속해 왔다. 그가 그리스도교를 피폐한 힘으로 여기고 있다는 것은 명백하다. 후에 《비극의 탄생》을 되돌아보고, 그는 그리스도교에 대한 그것의 침묵에 적대적인 침묵을 발견하고 있다. 왜냐하면, 니체에 따르면 그 저작은 주로 그리스도교가 부정하는 미적 가치만을 승인하고 있기 때문이다.

13. *W*, I, p. 379 (I, p. 120).

4. 도덕 비판

보편적인 도덕법칙이나 절대적인 도덕적 가치에 대한 주장을 품고 있는 한에서의 윤리적 태도에 대한 비판은 니체의 초기 저작에 잠재적으로 포함되어 있다. 그 자신의 말에 의하면, 오직 미적인 가치만이 《비극의 탄생》에서 승인되어 있다. 그리고 다비드 슈트라우스에 관한 논문에서 니체는 도덕의 요점과 내용은 다른 모든 인간을 자기 자신과 동일한 욕구와 원망과 권리를 가지고 있는 것으로 여기는 데 있으며, 그리고 나서 이러한 명령은 어디에서 오는가를 묻는 데 있다는 슈트라우스의 주장에 언급하고 있다. 슈트라우스는 이 명령이 그 기초를 다윈의 진화론에 가지고 있음을 자명한 것으로 여기고 있는 것 같다. 그러나 진화는 그와 같은 기초를 전혀 주지 않는다. **인간**이란 종은 다양한 유형으로 이루어져 있다. 그리고 우리는 마치 개인적 상위나 구별은 존재하지 않는 듯이, 혹 중요하지 않다는 듯이 거동하도록 요구받고 있다고 주장하는 것은 불합리하다. 그리고 우리는 니체가 민족이나 종보다 오히려 뛰어난 개인을 강조하고 있는 것을 보았다.

그러나 니체가 도덕에 대하여 자세히 논하기 시작한 것은 《인간적인, 너무나 인간적인》에서였다. 확실히 이 저작은 아포리즘으로 이루어져 있으며, 체계적인 저작은 아니다. 하지만 우리가 그중의 도덕에 대한 견해를 비교하면, 많건 적건 간에 일관된 이론이 나타난다.

그 생각이 이미 한갓 순간적인 만족을 향하지 않고 영속적인 양식에서 유익하다고 이해되는 쪽으로 향할 때가 동물이 인간이 된 최초의 징후이다.[14] 그러나 우리는 유익성이라는 개념이 사회의 생존과 재생과

---

14. *W*, I, p. 502 (VII/1, p. 92).

부를 위해 유익하다는 의미로 이해되기까지는, 도덕에 대하여 말하기 어렵다. 왜냐하면, '도덕은 주로 사회 일반을 보존하는 수단이며 또 그 것을 파괴로부터 지키는 수단이기' >15 때문이다. 강제는 처음에는 개인 이 그의 행위를 사회의 이익에 종속시키도록 하기 위해 사용된다. 그러 나 강제는 습관으로 이어진다. 그리고 이윽고 사회의 권위자의 목소리 가 양심이라고 하는 형태를 취한다. 복종은 말하자면, 제2의 본성이 되 고 그것은 쾌락을 연상시킨다. 그러나 동시에 도덕적 형용사는 행위로 부터 행위자의 의도에 이르기까지 확장된다. 그리고 덕과 덕 있는 사람 의 개념이 생긴다. 달리 말하자면, 도덕은 점진적인 순화의 과정을 통 해 내면화되는 것이다.

여기까지 니체는 공리주의자처럼 말하고 있다. 그리고 그의 도덕관 념은 베르그송이 닫힌 도덕이라고 부르는 것과 어느 정도 유사하다. 그 러나 일단 우리가 도덕의 역사적 발전을 보면, 우리는 '선악에 대한 2 중의 전사(前史)' >16를 본다. 그리고 니체에게 참으로 특징적인 것은 바로 2종의 도덕적 견해라고 하는 관념의 전개인 것이다. 그러나 이 관 념은 그의 후기의 여러 저작에서 더 잘 논의되고 있다.

《선악의 건너편》에서 니체는 도덕의 주요한 두 유형, 곧 '군주도덕 과 노예도덕' >17을 발견했다고 말하고 있다. 모든 고차의 문명에서 그 것들은 혼합되어 있으며, 두 요소는 동일한 사람에게서도 볼 수 있다. 하지만 이 둘을 구별하는 것은 중요하다. 군주도덕 또는 귀족도덕에서 는 '선'과 '악'은 '고상한'과 '비열한'과 같은 뜻이며, 도덕적 형용사 는 행위에 대해서보다 오히려 인간에게 적용된다. 노예도덕에서는 선 악의 기준은 약한 자 또는 힘없는 자의 사회에게 어느 쪽이 유익 또는

---

15. *W*, I, p. 900 (VII/2, p. 221).　16. *W*, I, p. 483 (VII/1, p. 64).　17. *W*, II, p. 730 (V, p. 227).

유용한가에 있다. 동정, 친절, 겸손과 같은 성질은 덕으로서 칭송되며, 강하고 독립적인 개인은 위험하다고 여겨지고, 그리하여 '악'으로 생각된다. 노예도덕의 기준에 따르면, 군주도덕에서의 '선한' 인간은 '악한' 인간으로 설명되기 십상이다. 이리하여 노예도덕은 축군(畜群)도덕이다. 그 도덕적 판단은 가축의 욕망의 표현이다.

이와 같은 견해는 《도덕의 계보》에서 더 체계적으로 상술되어 있다. 여기서는 니체는 원한(resentment)의 개념을 쓰고 있다. 더 높은 인간 유형은 자기 자신의 가치를 자기의 삶의 풍요와 강함에서 창조한다. 그러나 약한 자, 무력한 자는 강한 자, 힘있는 자를 두려워한다. 그리고 전자는 축군의 가치를 절대적인 것으로 주장함으로써 후자를 억제하고, 복종시키려고 한다. '도덕에서의 노예 반란은 원한이 창조적이 되고, 가치를 산출하게 되었을 때 시작된다.'[18] 물론 이 원한은 축군에 의하여 드러내 놓고 승인되지 않는다. 그것은 우회적, 간접적 방법으로 작용한다. 그러나 도덕적 삶의 심리학자는 원한의 존재와 그 작용의 복합적 양태를 간파하고 폭로할 수가 있다.

따라서 도덕의 역사에서 우리가 보는 것은 두 개의 도덕적 태도 또는 견해 사이의 상극이다. 더 높은 인간의 입장에서는 어떤 의미에서 양자의 공존은 있을 수 있다. 곧 더 높은 인간이 될 수 없는 축군이 그 가치관을 자기 속에 간직해 두는 데 만족한다면 말이다. 그러나 물론 그들은 그것으로 만족하지 않는다. 그들은 그들만의 가치관을 두루 강요하려고 힘쓴다. 그리고 니체에 따르면, 적어도 서양에서는 그리스도교가 이 일에 성공했다. 확실히 그는 그리스도교 도덕의 모든 가치를 부정하는 것은 아니다. 이를테면, 그는 그 도덕이 인간을 순화하는 데

---

18. *W*, II, p. 782 (XIII, p. 34).

이바지해 왔음을 인정한다. 그러나 그는 그 속에 축군본능이나 노예도덕에 특징적인 원한의 표현을 본다. 그리고 이 원한은 니체가 그리스도교의 파생물이라고 여기는 민주주의적인 그리고 사회주의적인 운동에도 볼 수 있다고 주장한다.

　따라서 니체는 획일적이고 보편적이며 절대적인 도덕적 체계라는 것은 부인되어야 한다고 주장한다. 왜냐하면, 그것은 원한의 소산으로서 열등한 삶, 하강적 삶, 퇴화를 표현하는 데 대해, 귀족도덕은 상승적인 삶의 운동을 표현하고 있기 때문이다.[19] 그리고 하나의 보편적이고 절대적인 도덕체계 (또는 저마다의 가치관이 사회의 모든 구성원을 맺어 주고 있는 한에서의, 여러 가지 사회에 상관된 여러 가지 가치관) 대신, 우리는 도덕의 다양한 유형 사이의 점차적 이행이라고 하는 개념을 도입하지 않으면 안 된다. 축군은 현재 상태를 초월하는 것을 가능케 하는 자기만의 가치 창조를 요구하는 **더** 높은 인간유형을 자기에게 과하는 힘을 **빼앗긴다면**, 자기만의 가치관을 마음대로 한다.

　따라서 니체가 선악의 건너편에 설 것을 주장할 때, 그의 마음속에 있는 것은 이른바 축군 도덕을 넘어서 상승하는 것이다. 그의 생각으로는 축군 도덕은 각 사람을 비속한 차원으로 환원하고 범인을 편들어 더 높은 인간 유형의 발전을 방해한다. 니체는 가치에 대한 모든 존경은 버림받아야 하는 것이라거나, 모든 자기 억제는 포기되어야 한다고 말하려는 것이 아니다. 관습적으로 도덕이라고 불리는 것의 구속력을 부인하는 사람은 자기 자신 매우 약하고 또한 타락해 있기 때문에, 그는 자기 자신을 도덕적으로 파괴해 버릴지도 모른다. 원한의 도덕에서 걸머지고 있는 의미에서 선악을 넘어서 틀림없이 앞으로 나갈 수 있는 것은

19.　이와 같은 판단이 그 배경으로서 필요로 하고 있는 삶에 대한 일반적 철학은 후에 고찰될 것이다.

오직 더 높은 인간 유형뿐이다. 그리고 바로 그와 같은 인간은 삶의 상승의 표현인 동시에, 인간의 더 높은 단계로서의 초인을 향하여 자기를 초월시키는 수단이기도 한 가치를 창조하기 위해 그렇게 하는 것이다.

확실히 니체는 새로운 가치의 내용을 서술할 단계가 되면 우리에게 그렇게 많은 가르침을 주지 않는다. 그가 주장하는 덕의 몇 가지는 낡아 빠진 덕처럼 수상쩍어 보인다. 그것들은 '전도된 가치', 곧 그것들의 표현하고 있는 상이한 동기나 태도나 평가 때문에 다른 것이 된 가치라고 그는 주장하고 있지만. 하지만 일반적으로 니체가 탐구하고 있는 것은 인간성의 모든 국면의, 가능한 한 가장 고차원의 완성이라고 할 수 있다. 그는 그리스도교가 몸, 충동, 본능, 정열, 정신의 자유로 구속받지 않는 작용, 미적 가치 등을 경시하는 것을 비난한다. 그러나 분명히 그는, 인간의 인격을 적대적인 충동의 다발이나 분방한 정열로 분열시키는 것을 바라지 않는다. 중요한 것은 강함의 표현으로서의 그것들을 통합하는 것이며, 약함의 의식에 바탕하고 있는 공포의 동기로부터 그것들을 근절하거나 금욕하는 것은 아닌 것이다. 말할 것도 없이 니체는 인간과 가치에 대한 그리스도교적 교의에 관해서 일면적인 해석을 하고 있다. 그러나 그로서는 이와 같은 일면적인 견해를 역설한다는 것은 불가결한 것이다. 그렇지 않으면 그는 나치스의 몇 사람이 그에게 돌리기 일쑤인 인간의 이상유형을 제외하고는 그가 제공해야 할 무엇인가를 가지고 있다고 주장하기 곤란할 것이다.

5. 무 신 론 과 그 귀 결

《기쁜 지식》에서 니체는 다음과 같이 말하고 있다. "근래의 가장 위대한 사건, 곧 '신은 죽었다'는 것, 그리스도교의 신 신앙은 신앙할 것이 못된다는 것은 이미 최초의 그림자를 유럽에 드리우기 시작했다. …마침내 수평선이 우리 눈앞에 광활하게 펼쳐져 있다. 비록 그것이 뚜렷하지는 않지만. 적어도 바다가, 우리의 바다가 우리 앞에 펼쳐져 있다. 아마도 이렇게 탁 트인 바다는 일찍이 없었을 것이다."[20] 달리 말하자면, 신에 대한 신앙의 쇠퇴는 인간의 창조적 에너지를 충분히 발전시키는 길을 연다. 그리스도교의 신은, 그 명령과 금기와 함께, 이미 앞길을 막고 서 있지 않다. 그리고 인간의 이미 비현실적이고 초자연적인 영역이 되지 않는다. 현세 이외의 다른 세계로 향하지 않는다.

　분명히 이와 같은 입장은, 신의 개념은 삶에 적대적이라는 것을 보여 준다. 그리고 이것은 바로 니체가 주장하려고 했던 것이고, 그는 때가 지남에 따라 더욱 격렬한 기세로 그것을 말하고 있다. 이를테면, 그는 《우상의 황혼》에서 "신의 개념은 오늘날까지 실존에 대한 최대의 난점이었다"[21]고 말하고 있다. 또 《안티 크리스트》에서는 "신과 함께 삶과 자연과 삶에의 의지에 대해 싸움이 선포된다. 신은 이 세상에 대한 모든 중상의 정식이며 저 세상에 관한 모든 거짓말의 정식이다"[22]라고 말하고 있다. 그러나 이 이상의 인용은 불필요할 것이다. 니체는 종교는 그 몇 가지 국면에서 삶에의 의지 또는 차라리 힘에의 의지를 가지고 있음을 솔직히 승인하고 있다. 그러나 그의 일반적 태도는 신, 특히 그리스도교의 신 신앙은 삶에 대해 적대적이라는 것, 그리고 그것이 힘에의 의지를 표현하고 있을 때, 그 의지는 더 낮은 인간유형의 의지라고 하는 것이다.

---

20. *W*, II, pp. 205~6 (X, pp. 275~6).　　　21. *W*, II, p. 978 (XVI, p. 43).

22. *W*, II, p. 1178 (XVI, p. 146). 니체는 특히 신에 대한 그리스도교적 개념에 대해 말하고 있다.

이와 같은 태도가 인정된다면, 니체가 유신론 특히 그리스도교적 유신론과 무신론과의 사이의 선택을 기호나 본능의 문제로 환원하려는 경향이 있다는 것이 이해된다. 신앙자이며 또한 아주 위대한 인간이 있다는 것은 그도 인정한다. 그러나 적어도 오늘날에는, 곧, 이미 신의 존재가 자명하지 않게 된 오늘날에는, 인간의 강함, 지적인 자유, 독립 그리고 인간의 미래에 대한 관심은 무신론을 요구한다고 그는 주장한다. 신앙은 약함, 비겁, 퇴폐, 인생에 대한 부정적 태도의 표징이다. 확실히 니체는 신의 기원에 대한 하나의 소묘를 시도하고 있다. 그리고 그는 신의 관념이 어떻게 생겨나는지를 보이면, 신의 존재에 대한 어떤 반증도 필요하지 않게 된다고 주장함으로써, 기꺼이 발생학적 오류를 범하고 있다. 또 그는 가끔 신 신앙에 대한 이론적 이의를 넌지시 비치기도 한다. 하지만 일반적으로 말해 이 신앙의 환상적 성격이 가정되고 있다. 그리고 그 거절의 결정적 동기는 인간(또는 니체 자신)은 가치의 입법자와 창조주로서 신을 대신하게 될 것이라는 것이다. 순전히 이론적인 공격으로 보았을 때, 니체의 유신론 일반과 그리스도교에 대한 비판은 보잘 것이 없다. 그러나 그것은 그가 매우 중요하게 여기는 문제의 한 국면은 아니다. 신학에 관한 한, 그와 같은 우화에 구애될 필요가 없다. 그리스도교에 대한 니체의 증오는 주로 그것이 인간을 약소하게 하고 온순하게 하며 체념적이고 비굴하게 하고 양심에서 괴로워하게 하며 또 인간 자신을 자유롭게 발전하지 못하게 한다는 그의 상상상(想像上)의 영향에 대한 그의 생각에서 왔다. 그것은 탁월한 개인의 성장을 방해한다. 또는 파스칼의 경우처럼, 그것을 파괴하고 만다.[23]

그의 그리스도교에 대한 공격 중에서 니체는 자주 그리스도교의 신앙과 이상의 매력과 유혹의 힘에 대해 말하고 있음은 확실히 주목할 만한 것이다. 그리고 그 자신이 그것에 매혹되어 있음도 분명하며, 또 그는 한편으로는 "자기가 퇴폐적인 사람이며 또 다른 의미에서 그 반대물이기도 하다"[24]는 것을 스스로에게 증명해 보이려고 그것을 거절하고 있다는 것도 분명하다. 신을 거절하는 것은 그 자신에 대하여 그의 내적인 강함을, 신 없이 사는 그의 능력을 증명했다. 그러나 순수히 철학적 관점에서 본다면, 그가 무신론으로부터 끌어내고 있는 결론은 그가 그리스도교의 신을 거절하는 것이 지니고 있는 심리적 요소보다 중요하다.

어떤 사람들은, 니체는 그리스도교의 신앙과 그리스도교적인 도덕적 기준 및 가치를 승인하는 것 사이에는 필연적인 연관이 없다는 것을 주장하고 있는 것이라고 생각해 왔다. 곧 그들은, 전자가 폐기되어도 후자는 다소간 그대로 유지될 수 있다고 생각해 왔던 것이다. 이리하여 우리는 그 신학적 바탕이 없는, 민주주의라든가 사회주의라고 하는 세속화된 그리스도교의 여러 형태의 성장을 목격해 왔다. 그러나 니체의 생각으로는 그와 같은 시도는 무익하다. '신의 죽음'은 조만간 절대적 가치라고 하는, 곧 객관적이고 보편적인 도덕법칙이라는 관념의 부정을 이끌 것이다.

그러나 유럽인은 그리스도교적 신앙과 결부되어 있는 도덕적 가치를, 그리고 또 니체가 말하고 있듯이, 어떤 의미에서 그리스도교적 신앙에 의존하고 있는 도덕적 가치를 승인하는 데까지 성장했다. 따라서 유럽인이 이들 가치에 대한 신앙을 잃는다면 그는 모든 가치에 대한 신

---

23. 어쩌다 니체는 다소 그리스도교적 가치에 찬동해 말하고 있다. 그러나 그의 찬성은 결코 그리스도교도에게 위로가 되도록 의도된 것이 아니다. 이를테면 그는 그리스도교가 진리의 관념과 사랑의 이상을 발전시켜 온 것을 승인하는 한편, 진리의 관념은 결국 실재에 대한 그리스도교적 설명에 적대한다는 것, 또 사랑의 이상은 그리스도교의 신의 관념에 적대한다는 것을 주장하고 있다.

24. *W*, II, p. 1072 (XVII, p. 12).

앙을 잃는다. 왜냐하면, 그는 '도덕' 밖에, 곧 말하자면 그리스도교에 의하여 규범화되고, 신학적 기초가 주어져 있는 도덕밖에 모르기 때문이다. 그리고 생성하는 세계의 무목적성이라는 의미로 집결하는 모든 가치에 대한 불신앙은 **니힐리즘**의 주요한 하나의 요소이다. "도덕은 실천적이고 이론적인 니힐리즘에 대한 가장 위대한 대항수단(Gegenmittel)이었다"[25]는 것은, 그것이 절대적 가치를 인간에게 돌리고 "인간이 자기를 인간으로서 경멸하지 않도록, 삶에 적대하지 않도록, 인식의 가능성에 대하여 절망하지 않도록 꾀한다. 곧 그것은 하나의 **보존수단**이었기[26] 때문이다. 확실히, 이와 같은 그리스도교적 도덕을 보유하고 있는 인간은 더 낮은 인간 유형이었다. 그러나 문제는, 그리스도교적 도덕은 직접적 형태에서건, 또 그의 파생적 형태에서건 자기 자신을 널리 일반에게 강요하는 데 성공했다고 하는 것이다. 따라서 그리스도교적 도덕적 가치에 대한 신앙의 붕괴는 인간을 니힐리즘의 위험에 드러낸다. 그것은 다른 어떤 가능적 가치도 없기 때문이 아니라, 적어도 서양에서는 많은 사람이 다른 어떠한 가치도 모르기 때문이다.

니힐리즘은 하나 이상의 형식을 취할 수가 있다. 이를테면 수동적 니힐리즘이 있다. 곧 가치의 부재와 실존의 무목적성에 대한 비관주의적 묵인이 있다. 그러나 한편, 이미 믿고 있지 않은 것을 파괴해 버리려고 하는 능동적 니힐리즘이 있다. 그리고 니체는 세계를 진동시킬 이데올로기상의 전쟁에서 자기 자신을 나타내는 능동적 니힐리즘의 도래를 예언한다. "땅 위에 일찍이 없었던 전쟁이 있을 것이다. 오직 나 다음에 비로소 큰 정치가 땅 위에 있을 것이다."[27]

---

25. *W*, III, p. 852 (IX, p. 9).   26. *Ibid.*

27. *W*, II, p. 1153 (XVII, p. 132).

니체 생각에 니힐리즘의 도래는 불가피하다. 그리고 그것은 유럽의 퇴폐적인 그리스도교적 문명의 마지막 전복을 의미할 것이다. 그러나 그것은 동시에 새로운 서광을 위한, 가치의 가치전도를 위한 그리고 **더** 높은 인간 유형의 출현을 위한 길을 열 것이다. 이런 까닭에, 입구에 서 있는 '모든 방문자 중에서 가장 섬뜩한 방문자' >28는 환영받아야 한다.

---

28. *W*, III, p. 881 (IX, p. 5).

chapter 22   니 체 (2)

1. 힘에의 의지의 가설

  니체는 주장한다. **"이 세계는 힘에의 의지이다—그리고 그것 이외의 아무
것도 아니다. 더욱이 그대 자신도 이 힘에의 의지이다—그리고 그것 이
외의 아무것도 아니다"**[1]라고. 이 말은 그의 주저 끝에 있는 쇼펜하우
어의 주장의 번안이다. 그리고 니체가 '힘에의 의지'에 대해 말하는 투
는, 당연한 것이지만, 그가 쇼펜하우어의 현존에의 의지 또는 삶에의
의지를 힘에의 의지로 전환시켰다는 인상을 준다. 물론, 그 인상은 어
떤 의미에서는 옳지만, 우리는 니체가 세계는, 세계를 초월해 있는 어
떤 형이상학적 통일체의 현상이라고 말하려는 것이라고 이해하면 안
된다. 왜냐하면, 그는 한갓 현상적 존재로서의 세계와 '참으로 실재적
인' 초월적 실재와의 사이에 구별을 두는 것에 대해 끊임없이 비판하고
있기 때문이다. 세계는 환상이 아니다. 하물며 힘에의 의지는 초월 상
태에 있는 것도 아니다. 세계, 우주는 하나의 통일체이며 생성의 과정

---

1. *W*, III, p. 917 (XV, p. 432).

이다. 그리고 그것은 의지가 지적인 성격을 가지고 있다고 하는 의미에서 힘에의 의지이다. 우리는 모든 사물에서 그리고 모든 곳에서 힘에의 의지가 자기 자신을 표현하고 있는 것을 본다. 그리고 아마도 니체에게 힘에의 의지는 우주의 내적 실재라고 말할 수 있지만, 그것은 그 나타나 보임에서만 현존한다. 이리하여 니체의 힘에의 의지 이론은 가시적 세계의 **배후**에 놓여 있으며, 또 그것을 초월해 있는 실재에 대한 형이상학적 교설이라기보다 차라리 우주에 대한 하나의 해석이며, 우주를 바라보고 서술하는 하나의 방법이다.

　물론 니체는 그의 정신의 배경에 쇼펜하우어를 가지고 있었다. 그러나 그는《의지와 표상으로서의 세계》를 읽고 곧바로 우주에 대한 일반 이론으로 도약한 것이 아니다. 오히려 그는 힘에의 의지의 나타남을 인간의 심적 과정에서 확실히 보고, 거기서부터 이 관념을 유기적 삶 일반으로 확장했던 것이다.《선악의 건너편》에서 그는 말하고 있다. 논리적 방법은 우리에게 하나의 설명 원리, 곧 그것으로써 우리가 활력 있는 현상을 통일할 수 있는 하나의 인과적 활동의 근본형식을 발견할 수 있는지 없는지를 생각하게 한다고. 그리고 니체는 이 원리를 힘에의 의지 속에서 발견한다. "살아 있는 것은 무엇보다 먼저 자기의 힘을 발휘하려고 한다. 삶 그 자체가 힘에의 의지이다. 자기보존은 그의 간접적인, 그리고 가장 흔한 결과에 지나지 않다."[2] 니체는 이 설명원리를 전체로서의 세계에 확장하려고 한다. "만약 우리가 우리의 모든 충동적 삶을 의지라고 하는 유일한 근본 형태, 곧 나의 명제에 따르면, 힘에의 의지의 전개와 분기(分岐)로서 설명할 수 있다면, 그리고 모든 유기적 기능을 이 힘에의 의지로 환원할 수 있다면 … 이로써 모든 활동적 힘

---

2. *W*, II, p. 578 (V, p. 20).

을 힘에의 의지로서 명백히 정의할 수가 있다. 내부에서 본 세계, 그의 '예지적 성격'에 의하여 규정되고 특징지어진 세계는 바로 '힘에의 의지'이며 그 이외의 아무것도 아니다."[3]

이와 같이 니체의 힘에의 의지 이론은 아 프리오리한 형이상학적 명제라기보다 차라리 포괄적인 경험적 가설이다. 우리는 인과성 전체에 대한 참신앙인 의지의 인과성을 믿는다면, "우리는 의지의 인과성을 유일한 인과성의 형식으로서 가설적으로 정립하는 시도를 **하지 않으면 안 된다**"[4]고 니체는 말한다. 적어도 니체의 의도로서는, 그 이론은 하나의 설명적 가설이며 그의 계획했던 **주저**에서는, 그는 그것을 다른 종류의 현상에 적용하려고 했었다―그것들이 이 가설에 의하여 어떻게 통일되는가를 보이기 위해. 이 작업을 위해 그가 만든 메모는 그의 사상의 방향을 보여 준다. 그리고 나는 다음 두 절에서 그의 생각의 얼마의 보기를 제시하려고 한다.

2. 인식에서 드러난 힘에의 의지 : 니체의 진리관

"인식은 힘의 도구로서 기능한다. 따라서 그것은 모든 힘의 증대와 함께 증대한다는 것이 명백하다. …"[5]고 니체는 주장하고 있다. 인식에 대한 소망, 인식에의 의지는 힘에의 의지에 바탕하고 있다. 곧 그것은 현실의 어떤 영역을 지배하고 자기에게 봉사시키려는 충동에 바탕

---

3. *W*, II, p. 601 (V, p. 52).   4. *Ibid.*
5. *W*, III, p. 751 (XV, p. 11).

하고 있다. 인식의 목적은 절대적 진리 그 자체를 위해 그것을 파악한다는 의미에서 아는 것이 아니라 지배하는 것이다. 우리는 다양한 인상과 감각을 우리의 여러 실천적 욕구에 의하여 요구되는 정도에 따라서 도식화하고, 또 질서와 형식을 부여하려고 한다. 실재는 생성이다. 생성의 흐름에 안정된 유형을 줌으로써 그것을 존재로 바꾸는 것은 우리들 인간이다. 그리고 그와 같은 활동이 힘에의 의지인 것이다. 그리하여 과학은 '자연을 지배한다고 하는 목적 때문에 자연을 개념으로 바꾸는 것'[6]으로 정의 또는 규정된다.

물론, 인식은 해석의 과정이다. 그러나 그 과정은 생생한 요구에 바탕하고 있으며, 또 그것은 생성의 비(非)인식적 흐름을 지배하려는 의지를 표현하고 있다. 그리고 그것은 현실 속에서 해석을 말하자면 읽어내는 문제가 아니라 차라리 해석을 현실로 바꿔 읽는 문제이다. 이를테면, 영원한 실체로서의 자아 또는 자기의 개념은 생성의 흐름에 주어진 하나의 해석이다. 그것은 실천적 목적을 위한 우리의 창조물이다. 확실히 '우리'는 심적 상태들을 유사한 것으로 해석하고 그 상태들에게 영원한 주체를 부여한다는 생각은, 분명 니체를 곤란한 문제에, 그리고 내 생각에는, 해결할 수 없는 문제에 말아 넣고 있다. 하지만 그의 일반적인 주장은, 우리는 해석의 유용성으로부터 그 해석의 객관성을 정당하게 논증할 수 없다고 하는 것이다. 왜냐하면, 절대적 진리를 믿는 사람이 이해할 것 같은 객관성이 없는 어떤 유익한 가구(假構), 곧 해석이 우리의 욕구에 의해 요구되고 또 그것에 의해 정당화되기 때문이다.

그러나 니체에 따르면 절대적 진리 같은 것은 없다. 절대적 진리라는 개념은 생성의 세계에 만족하지 않고 영원한 존재의 세계를 요구하

---

6. *W*, III, p. 440 (XV, p. 105).

는 철학자들의 창작물이다. "**진리란** 그것 없이는 어떤 특정 생물이 살 수 없는 **일종의 오류이다. 삶**을 위한 가치가 궁극적으로 결정적이다."[7]

　물론 어떤 종의 '허구'는 인류에게 유익하고 또 확실히 실천적으로도 필요하므로, 그것들은 의심할 여지가 없는 가설이 되기 일쑤이다. 이를테면, "영속적인 사물이 있다는 것, 똑같은 사물이 있다는 것, 사물·실체·물체가 있다는 것. …"[8] 따위. 삶으로서는 사물 또는 실체의 개념이 현상의 끊임없는 흐름에 주어질 필요가 있었다. "정확하게 사물을 보지 않은 자는 모든 것을 '흐름' 가운데 본 자보다 우위를 차지했다."[9] 마찬가지로 인과성의 법칙은 지나치게 인간의 신념에 의하여 동화되었기 때문에 "그것을 믿지 **않는** 것은 우리 종의 파멸을 의미할 것이다".[10] 그리고 아주 똑같은 것을 논리학의 법칙들에 대해서도 말할 수 있다.

　다른 허구보다 쓸모가 없다는 것이 알려진 허구 또는 명백히 해로운 허구는 '오류'라고 한다. 그러나 종에 대한 유용성이 증명되고 의문의 여지가 없는 '진리'의 지위에 이른 허구는 말하자면, 언어 속에 깊이 묻혀 있게 된다. 그리고 바로 여기에 위험이 잠재해 있다. 왜냐하면, 우리는 언어에 의하여 오도되고 세계에 대한 우리의 말하는 방식은 필연적으로 현실을 반영하고 있다고 상상하게 되기 때문이다. "우리는 언어와 개념에 의하여 부단히 사물들을 실제보다 단순하게, 서로 분리되어, 나눌 수 없게, 독립해 있는 것으로 생각하도록 유혹받는다. 언어에는 아무리 조심해도 모든 순간에 다시금 터져 나오는 철학적 신화론이 숨어 있다."[11]

7. *W*, III, p. 844 (XV, p. 20).　　8. *W*, II, p. 116 (X, p. 153).
9. *W*, II, p. 119 (X, p. 157).　　10. *W*, III, p. 443 (XV, pp. 21~2).
11. *W*, I, pp. 878~9 (VII/2, p. 192).

모든 '진리'는 '허구'이다. 모든 허구는 해석이다. 그리고 모든 해석은 상관관계(perspective)이다. 그 어떤 본능일지라도 그의 상관관계, 곧 입각점을 가지고 있으며, 그것을 다른 본능에 강요하려고 애쓴다. 그리고 이성의 범주도 역시 논리적 허구이며 상관관계로서 그것은 필연적 진리도 아니고 아 프리오리한 형식도 아니다. 그러나 진리에 대한 상관관계적 견해는 물론 모든 차이를 허용한다. 우리가 보았듯이 어떤 종의 상관관계는 종족의 번영에 실제로 필요하다는 것이 증명되었다. 그러나 결코 필요하지 않은 다른 상관관계도 있다. 그리고 여기에 평가의 구실이 특히 두드러진다. 이를테면, 변화를 넘어서며, 유일하게 '참으로 실재적'인 절대자의 현상으로 세계를 해석하는 철학자는 생성의 세계에 대한 부정적 평가에 바탕한 상관관계를 주장한다. 그리고 거꾸로 그것은 그가 어떤 종류의 인간인지를 가리킨다.

진리에 대한 니체의 일반적 견해에 관해서 확실히 지적해 두지 않으면 안 되는 것은 그것이 모든 진리의 상대성 또는 그의 허구적 성격이 그것으로부터 주장될 수 있는, 그러한 절대적 입장을 차지할 가능성을 가정하고 있다는 것이며, 또 이 가정은 진리에 대한 상대주의적 해석과 모순된다고 하는 것이다. 더욱이, 이러한 지적은 니체가 세계에 대한 그 자신의 견해와, 진리에 대한 그 자신의 견해조차 상관관계적이며 '허구적'[12]이라는 것을 자진해서 승인하려고 한다면, 급소를 찌른 것이 된다. 그리고 약간의 반성만으로도 이 지적이 적절하다는 것이 밝혀질 것이다. 그러나 그럼에도 불구하고 니체가 진리에 대한 프래그머틱한 또는 도구주의적인 견해를 논리학과 같은 절대적 진리론의 중심점

---

12. 의심할 여지도 없이 니체는, 원칙으로서 이와 같은 지적을 인정할 것이다. 그러나 한쪽에서는, 세계에 대한 그의 해석은 힘에의 의지보다 더 높은 차원의 형태의 표현이라고 주장할 것이다. 하지만 더 높다거나 더 낮다고 하는 기준은 과연 무엇일까?

으로 적용함으로써 존 듀이의 선구를 이루고 있음을 보는 것은 흥미롭다. 니체에게는 논리학의 근본원리마저 오직 힘에의 의지의 표현, 곧 생성의 흐름을 인간이 지배할 수 있도록 하는 도구에 지나지 않았던 것이다.

3 . 자 연 과 인 간 에 서 힘 에 의 의 지

니체가 진리에 대한 그의 상대주의적 견해를 근거가 박약한 영원한 진리에 자진해서 적용하려고 한다면, 분명히 그는 그것을 과학적 가설로, 한층 더 강하게 적용하지 않으면 안 된다. 이를테면, 원자론은 그 본성상 허구적이다. 곧 그것은 현상을 지배하기 위해 과학자들에 의하여 부과된 도식이다.>13 확실히 우리는 마치 힘 또는 에너지의 자리와 힘 자체 사이에 구별이 있는 듯이 말하지 않을 수 없다. 그러나 우리는 실재, 곧 힘의 자리로 여겨진 원자는 과학자에 의하여 발명된 하나의 상징이며, 심적 투영(投影)이라는 사실에 대하여 맹목이어서는 안 된다.

그러나 우리가 원자론의 허구적 성격을 전제한다면, 우리는 모든 원자는 에너지 또는 더 적절하게는, 힘에의 의지의 분량이라고 계속 주장할 수가 있다. 그것은 그 에너지를 방사하고 그 힘 또는 권력을 폭사(輻射)하려고 하는, 그리하여 이른바 물리적 법칙이라고 하는 것은 둘 또는 그 이상의 힘들 사이의 힘의 관계를 표현하고 있다. 우리는 그것들을 통일할 필요가 있으며, 또 그것들을 이해하고 분류하고 지배하기 위

---

13. 물론 지배는 비속하게 공리주의적인 의미로 이해되어서는 안 된다. 인식 자신은 지배다. 곧, 힘에의 의지의 한 표현이다.

해 수학적 공식을 필요로 한다. 그러나 이것은 사물은 규칙이라는 의미에서의 법칙을 따르고 있다는 것의 증명도 아니고, 힘 또는 권력을 행사하는 실체적 사물이 있다는 것의 증명도 아니다. 있는 것은 다만 '다른 모든 역학적 양에 대하여 긴장관계에 있는 역학적 양'>14뿐이다.

유기적 세계로 눈을 돌려 보자. "공통의 영양(榮養) 현상으로 맺어진 여러 힘을 우리는 **삶**이라고 한다.">15 그리고 삶은 "여러 가지 투쟁자가 서로 다르게 성장하는 힘을 확립하는 과정의 지속적인 형식">16이라고 정의될 것이다. 다시 말하자면, 유기체는 힘의 감정의 증대를 겨냥하고 노력하는 얽히고 설킨 복합 조직체이다. 그리고 그것은 그 자체가 힘에의 의지의 나타남이므로 장애, 곧 무엇이건 극복할 것을 구한다. 이를 테면, 전유(專有)와 동화(同化)는 니체에 의하여 힘에의 의지의 표시로 설명된다. 그리고 아주 똑같은 것을 모든 유기적 기능에 대해서도 말할 수 있다.

생물학적 진화를 다룰 때, 니체는 다윈주의를 공격하고 있다. 이를 테면 그는 어떤 기관이나 성질을 형성하는 데 소용된 대개의 시간 동안에, 초기의 기관은 그 소유자에게 소용없게 되고, 외적 환경이나 외적과의 싸움에서 그 소유자를 도울 수 없음을 지적하고 있다. "'외적 환경'의 영향을 다윈은 부당하게 **과대평가**하고 있다. 삶의 과정에서 본질적인 것은 실로 형태화하고 안으로부터 형식을 창조하는 어마어마한 힘이며, 이 힘이 외적 환경을 **남김없이 이용하고 착취한다**.">17 또한 자연 도태는 종과 그의 더 좋은 본질을 이루고 있는 보기, 곧 낱낱의 더 강한 보기의 발달을 위해 이바지한다고 하는 가정은 시인되지 않는다. 소멸

---

14. *W*, III, p. 778 (XV, p. 120).   15. *W*, III, p. 874 (XV, p. 123).
16. *W*, III, p. 458 (XV, p. 124).   17. *W*, III, p. 889 (XV, p. 127).

하는 것은 바로 더 좋은 보기이며 살아남는 것은 평범한 것이다. 왜냐하면, 예외자, 곧 가장 좋은 보기는 다수파에 비하면 약하기 때문이다. 낱낱의 것을 보면 다수파의 성원은 열악할 것이다. 그러나 공포와 집단본능에 의하여 무리를 지을 때 그들은 강력하다.

따라서 우리는 우리의 도덕적 가치들을 근대의 사실을 가지고 근거지우려고 하면 우리는 "평범한 자는 예외자보다 가치가 있고, 퇴폐적인 자는 이 평범한 자보다 더 가치가 있다">18고 결론짓지 않으면 안 된다. 따라서 우리는 더 높은 가치를 자기의 고독에서 자기 자신의 고상한 목적을 세우도록 고무되어 있는 더 뛰어난 개인에서 구하지 않으면 안 된다.

니체는 힘에의 의지의 나타남을 진단하는 풍부한 기회를 인간 심리학의 영역에서 발견했다. 이를테면, 그는 쾌락주의자에 의하여 전제되어 있는 심리학적 이론, 곧 쾌락을 추구하고 고통을 피하는 것은 인간의 행위의 기본적 동기라고 하는 이론을 전혀 근거가 없는 것이라고 물리친다. 니체의 생각으로는, 쾌락과 고통은 힘의 증대를 추구할 때 생기는 부수 현상이다. 쾌락은 증대하는 힘의 감정으로 서술될 수 있다. 다른 한편, 고통은 힘에의 의지가 저해당하는 감정에서 생긴다. 그러나 동시에 고통은 흔히 이와 같은 힘에의 의지를 자극한다. 왜냐하면, 모든 승리는 극복되어야 하는 장애나 방해를 전제하고 있기 때문이다. 그리하여 고통을 전적으로 악으로 보는 것은 어리석다. 고통은 인간에게 끊임없는 새로운 노력을 위한 자극으로서, 곧 그에게 요구된 승리에 따르는 새로운 형식의 쾌락을 얻기 위한 자극으로서 필요한 것이다.

우리는 니체의 심리학적 분석에 상세히 들어갈 수 없지만, 이들 분

---

18. *W*, III, pp. 748~9 (XV, p. 159).

석 중에서 승화(昇華)의 개념이 하고 있는 구실은 언급할 가치가 있다. 이를테면 그의 견해로는, 고행과 금욕주의는 그것 자신 힘에의 의지의 표현인 원시적 잔인성의 승화된 형태일 수 있다. 그리고 그는 도대체 어떤 본능이 세계에 대한 미적 견해로 승화될 수 있는가를 묻고 있다. 니체는 도처에서 힘에의 의지의 자주 우회적이고 은폐된 작용을 본다.

4. 초 인 과   위 계 질 서

니체에 따르면, 위계(位階)는 힘에 의하여 결정된다. "위계를 결정하고 구별하는 것은 힘의 양이며 그 밖의 아무것도 아니다."[19] 그리고 사람들은 범속한 다수자가 비범한 개인보다 더 많은 힘을 가지고 있다면, 그것은 또 더 큰 가치를 가지고 있다는 결론을 이끌어 낼 수 있을 것이다. 그러나 물론 그것은 결코 니체의 견해가 아니다. 그는 힘이란 것을 개인에게 고유한 성질이라고 생각한다. 그리고 그는 우리에게 이렇게 말하고 있다. "나는 상승하는 삶을 표현하는 유형과 데카당스나 부패나 약함을 표현하는 유형을 구별한다."[20] 그리고 범속한 다수자가 단결하여 어쩌다 강력하게 되었다고 해도 그것은 니체에게는 상승하는 삶을 표현하는 것이 아니다.

하지만 평범한 인간은 필요하다. 그것은, "고도의 문화는 오직 광범한 기초 위에만, 곧 강력하게, 그리고 착실하게 다져진 범속 위에만 현존할 수 있기 때문이다."[21] 사실, 이와 같은 관점에서 니체는 민주주

---

19. *W*, X, p. 105 (XV, p. 295). 처음 인용은 여기서는 Schlechta 판에서가 아니고 슈투트가르트의 A. 크로너의 문고판에서이다. 이 권의 날짜는 1921년이다.

20. *W*, III, p. 829 (XV, p. 296).　　　　　21. *W*, III, p. 709 (XV, pp. 302~3).

와 사회주의가 퍼지는 것을 반겼다. 왜냐하면, 그것들은 범속함에게 없
어서는 안 될 기초를 만들어 내는 데 이바지하기 때문이다. 《차라투스
트라》제1부의 한 유명한 마디에서, 니체는 민족국가, 곧 '모든 냉랭한
괴물 중에서도 가장 냉랭한 것' >22 그리고 모든 것을 중용이라고 하는
비속한 상태로 환원시키려고 하는 새로운 우상에 대하여 공격하고 있
다. 그는 민족국가를 이와 같은 관점에서, 곧 뛰어난 개인의 발전을 방
해하는 것으로 비판하고 있지만, 그럼에도 불구하고 그는 범속한 대중
은 **더** 높은 인간 유형의 출현이라고 하는 목적에 대한 수단으로 필요하
다고 주장하고 있다. 양치기가 양의 무리를 이끌 듯이 대중을 이끄는
것이 **더** 높은 인간 유형 또는 계급(카스트)의 사명은 아니다. 오히려 새
로운, 이른바 지상의 지배자가 자기 자신의 삶을 이끌 수 있는, 그리고
더 높은 인간 유형이 출현할 수 있는 기초를 형성하는 것이 대중의 할
일인 것이다. 그러나 그런 일이 일어나기 전에 니체가 그렇게 부르는
새 야만인이 생길 것이다. 그들은 대중에 의한 현실의 지배를 깨뜨리고
그리하여 뛰어난 개인의 자유로운 발전을 가능케 할 것이다.

　가능한 **더** 높은 인간에의 박차와 목표로서 니체는 초인(超人, *der
Übermensch*)의 신화를 제시한다. " '인류' 가 아니라 **초인**이 목표다."">23
"인간은 극복되어야 하는 것이다. 인간은 다리이지 목표가 아니다.">24
그러나 이것은, 인간은 필연적인 과정을 거쳐 초인으로 진화할 것이라
는 뜻으로 받아들여지면 안 된다. 초인은 신화이며 의지를 위한 목표이
다. "초인은 대지의 의미이다. 그대의 의지로 하여금 말하게 하라. 초인
은 대지의 의미**이어야 한다고.**">25 확실히 니체는 말하고 있다. "인간은

22. *W*, II, p. 313 (IV, p. 54).
24. *W*, II, p. 445 (IV, p. 241).
23. *W*, III, p. 440 (XV, p. 387).
25. *W*, II, p. 280 (IV, p. 7).

동물과 초인 사이에 걸쳐진 하나의 밧줄이다. 심연 위를 건너는 밧줄이다">26라고. 그러나 그것은 인간이 자연도태 과정에 의하여 초인으로 진화한다는 것이 아니다. 그 점에 관해서 말하자면, 그 밧줄은 심연으로 떨어질지도 모르는 것이다. 고급한 개인이 모든 가치를 뒤집고 낡은 가치 목록, 특히 그리스도교적 가치의 목록을 찢고, 그의 넘쳐흐르는 삶과 힘으로부터 새 가치를 창조할 용기를 갖지 않으면 초인은 나타나지 못할 것이다. 새 가치는 **더** 높은 인간에게 방향과 목표를 줄 것이다. 그리고 초인은 말하자면 그의 구현(具現)이다.

니체는 초인에 대한 명확한 설명을 하고 있지 않다고 비판받는다고 하면, 그때 아마도 그는, 초인은 아직 나타나지 않았으므로 자기는 명확한 설명을 요구받아도 그렇게 할 수 없다고 대답할 것이다. 그러나 만일 초인이라는 관념이 박차, 자극 또는 목표로서 작용할 수 있다면, 그것은 일정한 내용을 가지고 있어야 한다. 그리고 아마도 우리는 말할 수 있다. 그것은 지적인 힘, 성격과 의지의 강함, 독립, 열정, 기호와 체격의 최고도로 가능한 발달과 완성의 개념이라고. 니체는 어떤 곳에서 '그리스도의 혼을 가진 로마 황제'>27에 관해 언급하고 있다. 초인은 괴테와 나폴레옹을 한데 합친 것 같은 것이거나 아니면 에피쿠로스학파가 말하는 신이 지상에 나타난 것 같은 것이리라고 니체는 시사하고 있다. 그것은 모든 신체적 기예(技藝)에 뛰어나고 강하기 때문에 관대하며, 또 그것이 약함의 징표가 아니라면, 그것이 '덕'의 형식 아래 있건, '악덕'의 형식 아래 있건 어떤 것도 금지된 것이라고 여기지 않는, 극도로 교화된 인간일 것이다. 곧, 완전히 자유하고 독립적이며, 또한 삶과 우주를 긍정하는 인간이라고 말할 수 있을 것이다. 요컨대, 초인

---

26. *W*, II, p. 281 (IV, p. 9).　　　27. *W*, III, p. 422 (XV, p. 380).

은 괴로워하고 고독하며 고민하고 세상에서 잊혀진 교수 프리드리히 니체 박사가 그랬으면 좋겠다는 것의 전부이다.

5. 영원회귀의 이론

　초인의 사상은 그것이 가치 전환의 사상과의 연관에서 파악될 때, 《차라투스트라》의 근본사상이라고 독자들은 쉽사리 생각할 것이고, 또 그것은 조금도 이상하지 않을 것이다. 그리고 독자는 니체는 적어도 인간의 끊임없는 발전을 바라고 있다고 결론을 내리고 싶어 할 것이다. 그러나 차라투스트라는 한갓 초인의 예언자일 뿐 아니라 동시에 영원회귀설의 스승이기도 하다. 더욱이 니체는 《이 사람을 보라》에서 《차라투스트라》의 근본사상은 '모름지기 도달할 수 있는 한의 (인생에 대한) 최고의 긍정형식' [28] 으로서의 영원회귀의 그것이라고 알리고 있다. 그는 또 《차라투스트라》의 이와 같은 '근본사상' [29] 은 처음에 《기쁜 지식》의 끝에서 두 번째의 아포리즘에서 표현되어 있음을 알리고 있다. 따라서 영원회귀설이 《차라투스트라》의 근본사상이라고 하면 그것은 니체철학에서의 야릇한 무용지물로 버려질 수는 도저히 없을 것이다.

　확실히 니체는 영원회귀의 관념에 어떤 경악스럽고 숨막히는 것을 보았다. 그러나 앞에서 말했듯이 그는 그 관념을 그의 강함, 곧 있는 그대로의 삶을 '긍정하는' 능력의 시금석으로 사용했다. 그리하여 《기쁜 지식》의, 그것과 관련된 아포리즘에서 그는 그의 앞에 나타나서, 그의 삶은 그 가장 사소한 것마저도 몇 번이고 헤아릴 수 없이 되돌아올 것

---

28. *W*, II, p. 1128 (XVII, p. 96).　　　29. *Ibid.*

이라고 말하는 정령을 상상하고 있다. 그리고 영원회귀가 생성의 세계에 영원성의 도장을 찍는 한, 그는 이 사상에 압도되어 대화자를 저주해야 할지, 아니면 그 알림을 인생에 대한 긍정적 정신으로 환영해야 할지 묻고 있다. 마찬가지로 니체는 《선악의 건너편》에서 지칠 줄 모르고 한없이 연극을 하려고 하고 또 그 연극에 대해서뿐 아니라 그 연기자들에 대해서도 앙코르를 외치는 세계 긍정적 인간에 대해 말하고 있다. 그리고 그는 이 생각을 쇼펜하우어의 페시미즘의 철학에서 표현되어 있는 '반은 그리스도교적, 반은 독일적 편협과 단순함'[30]에 대치시키고 있다. 또 니체는 《차라투스트라》의 제3부에서 가장 저급한 인간조차도 회귀할 것이라고 하는, 그리고 그 자신은 '가장 큰 점도 가장 작은 점도 이 삶에로 다시 돌아오지'[31] 않으면 안 된다고 하는 구역질나는 감정에 대해 말하고 있다. 그리고 그는 이와 같은 회귀를 환영하려고 한다. "아, 어떻게 내가 영원을 열망하고, 혼례의 가락지―회귀의 가락지를 열망하지 않을 수 있을까!"[32] 마찬가지로 그는 그의 주저를 위한 메모에서 숨막힘과 동시에 해방적인, 위대한 훈육상의 사상으로서의 영원회귀설에 대하여 몇 차례 말하고 있다.

그러나 동시에 그 이론은 한갓 훈육적 사상이나 내적 강함의 시금석으로서뿐 아니라 경험적 가설로서 언표되어 있다. 그리하여 "에너지 항존의 원리는 **영원회귀**를 요청한다."[33] 만약 세계가 일정한 양의 힘이나 에너지로서, 그리고 일정한 수의 힘의 중심으로 보인다면, 세계의 과정은 이와 같은 중심의 연속적 결합의 형태를 취할 것이다. 이들 결합의 수는 원리상 규정할 수 있다. 곧 유한하다. 그리고 "무한한 시간

---

30. *W*, II, p. 617 (V, p. 74). 31. *W*, II, p. 467 (IV, p. 270).

32. *W*, II, p. 474 (IV, p. 280). 33. *W*, III, p. 861 (XV, p. 427).

안에서는 모든 가능적인 결합 관계는 언젠가는 한번 달성되었을 것이다. 그뿐 아니다. 그것들은 한없이 달성되었을 것이다. 더욱이 모든 결합 관계와 그 다음의 회귀와의 사이에는 가능한 그 밖의 모든 결합 관계가 이루어졌을 것임에 틀림없으며, 이들 결합 관계의 하나하나가 동일 계열 안에서 일어나는 이들 결합 관계의 모든 계기(繼起)를 조건 지우고 있으므로 이로써 절대적으로 동일한 계열들의 원환 운동이 증명되어 있을 터이다."[34]

　왜 니체가 영원회귀의 이론을 강조하느냐고 하는 주된 이유의 하나는, 그에게는 그것이 그의 철학 안에 있는 빈틈을 메우는 것같이 보이기 때문이다. 그것은 생성의 흐름에 존재의 외관을 준다. 더욱이 그것은 우주를 초월하는 어떤 존재도 끌어들이지 않고 그렇게 한다. 나아가 그 이론은 한쪽에서는 초월적 창조신의 관념을 끌어들이는 것을 피하는 동시에, 다른 한쪽으로는 우주라는 이름 아래 신의 관념을 은연중에 다시 끌어들이는 범신론도 피한다. 니체에 따르면, 우주는 새 형태를 끊임없이 창조하면서 자기 자신을 되풀이한다고 하면, 그것은 신에의 열망을 배반한다. 그 경우 우주 자신은 창조신의 개념에 융합되기 때문이다. 그리고 이러한 융합은 영원회귀의 이론에 의하여 배제되어 있다. 물론 그 이론은 또 '피안'에서의 개인의 불멸성이라는 관념도 배제한다. 비록 그 이론은 그 대용물, 곧 산 사람의 삶은 그 모든 세목에 걸쳐서 무한히 되풀이된다는 관념을 제공하지만. 그러나 그것은 거의 아무 매력도 없는 것이다. 다시 말하자면, 영원회귀의 이론은 이승(*Diesseitigkeit*)에 대한 니체의 단호한 의지를 나타내고 있다. 우주는 말하자면 자기 자신을 가둬 놓고 있다. 우주의 의미는 순수히 내재적이다. 그리

---

34. *W*, III, p. 704 (XV, p. 430).

고 참으로 강한 인간, 참으로 디오니소스적인 인간은 약함의 징표인 현실도피를 멀리하면서, 확고하게 용기를 가지고 또한 기쁨마저 느끼면서 이 우주를 긍정할 것이다.

때때로 영원회귀의 이론과 초인의 이론은 모순된다고 말해진다. 그러나 두 설이 논리적으로 모순된다고 주장할 수는 없다고 나는 생각한다. 왜냐하면, 원환적 회귀의 이론은 초인에의 의지의, 또는 그 점에 관해서는, 초인 자신의 의지의 회귀를 배제하지 않기 때문이다. 물론, 영원회귀의 이론은 되풀이되지 않는 창조적 과정의 궁극 목적으로서의 초인이라고 하는 개념을 배제한다는 것은 옳다. 그러나 니체는 이러한 개념을 승인하고 있지 않다. 오히려 반대로 그는 우주를 해석하는 신학적 양식을 은연중에 다시 들여오는 것과 같다고 그것을 배제하고 있는 것이다.

6. 니체철학에 대한 주해

니체의 사상을 하나의 체계로 가져오려고 애쓴 그의 제자들이 있었다. 그들은 니체의 사상을 일종의 복음으로 받아들이고 그것을 보급하려고 했다. 그러나 일반적으로 말해 그의 영향은 이 방향 또는 저 방향으로 자극하는 형태를 취했다. 그리고 이러한 자극적인 영향은 넓은 범위에 미쳤다. 그러나 말할 것도 없이 그것은 그 성격상 통일적이지 않았다. 니체는 사람에 따라 다른 의미를 가지고 있었던 것이다. 이를테면, 도덕과 가치의 영역에서는, 어떤 사람들에게 니체의 중요성은 주로 도덕에 대한 그의 자연주의적 비판의 전개에 있었다. 한편, 다른 사람들은 오히려 가치의 현상학에서의 그의 업적을 강조할 것이다. 또, 아카데믹하지 않은 철학적 경향의 정신을 가진 사람들은 가치의 가치전도에 관한 그의 생각을 강조해 왔다. 사회·문화철학의 영역에서는, 어떤 사람은 나치즘과 같은 것 때문에 민주주의와 민주주의적 사회주의를 공격한 사람으로 그를 그리고, 다른 사람들은 위대한 유럽인 또는 코스모폴리탄, 곧 어떤 민족주의적 입장도 초월한 인간으로 그를 그렸다. 어떤 자에게 그는 주로 서양문명의 퇴폐와 내적 붕괴를 진단한 인물로 일관했던 데 대해 다른 자는 그와 그의 철학 속에 바로 그가 그 처방전을 제시한다고 언명한 니힐리즘의 체현을 보았다. 종교적 영역에서는, 어떤 자에게 그는 종교적 신앙의 해독을 드러내기에 여념이 없는 급진적 무신론자라고 생각되었음에 대해, 다른 자는 그리스도교에 대한 그의 격렬한 공격 속에 신에 대한 그의 근본적 관심의 증거를 보았다. 또 어떤 자는 그를 우선 문학적 관점에서 독일어의 가능성을 발전시킨 인물로 생각하고, 다른 자, 이를테면 토마스 만과 같은 사람은 디오니소스적 견해 또는 태도와 아폴로적인 견해 또는 태도를 구별하는 사상에서 영향을 받았다. 또한, 다른 자들은 그의 심리학적 분석을 강조했다.

　이와 같이 다양한 해석의 가능성을 낳는 원인의 하나는 명백히 니체의 저술 방법에 있다. 그의 많은 저작은 아포리즘으로 되어 있다. 그리고 그 몇 개의 경우에 그는 그의 고독한 산보 때에 번뜩인 사상을 적어 두고 그것을 나중에 한 권의 책으로 만들기 위해 함께 배열했다. 그 결과는 예상할 수 있는 바와 같다. 이를테면 부르주와의 삶의 무기력함이나 전쟁 때에 생기는 영웅적 행위와 자기희생에 대한 성찰은 전쟁과 전사를 찬양하는 아포리즘이나 언어를 산출할 것이다. 한편, 전쟁이 민족의 가장 뛰어난 요소의 황폐와 파괴를 가져오고, 또 소수의 이기적 개인을 제외하고는 그 누구에게도 감지될 수 있는 이익을 전혀 끼치지 않는 전시에서의 성찰은, 승자에게도 패자에게도 어리석고 자살적인 행위로서 전쟁에 대한 비난을 낳을 것이며, 또 실제로 낳았다. 그때 주석자는 니체를 전쟁 찬미자로 그릴 수도 있고, 또 거의 평화주의자로 그릴 수도 있다. 필요한 것은 다만 원전의 현명한 취사선택이다.

물론 니체를 철학적으로 다루는 것과 그의 개인적 삶과 갈등과의 관계로 해서 사정은 복잡하다. 그리하여 자기의 관심을 쓰인 말에 한정할 수 있는 한편, 또한 그의 사상에 대한 심리학적 해석을 펼 수도 있다. 그리고 이미 지적했듯이 그의 생애와 사상의 복합 전체의 의의에 대하여 실존주의적 해석을 내릴 수도 있다.

어느 점에서는 니체가 예민하고 선견지명이 있는 사상가라는 것은 거의 의심의 여지가 없다. 그의 심리학으로의 일탈을 보기로 들어 보자. 사람은 현대 심리학에서 잘 알려져 있는 여러 중요한 생각을 니체가 말하자면 예시하고 있었음을 기꺼이 승인하기 전에 그의 분석의 모두를 승인할 수 있는 것으로 여기지 않아도 된다. 우리는 다만 그의 잠재적으로 작용하고 있는 이상이나 동기라고 하는 관념이나 그의 승화의 개념을 생각하기만 하면 된다. 인간 심리학에의 열쇠가 되는 그의 힘에의 의지의 개념, 그것은 아돌프 아들러의 심리학 이론에, 그 전형적인 표현을 볼 수 있는, 사용에 관해 말하자면, 우리는 확실히 그것이 과장되어 있다는 것, 그리고 그 개념이 더 광범위하게 적용되면 될수록, 그 내용은 점점 더 불명료하게 된다는 것을 지적할 수가 있다.>35 그러나 동시에 그것이 유일한 열쇠는 아니라 해도, 인간의 심적 삶에 대한 하나의 열쇠로 힘에의 의지의 개념을 사용한 니체의 실험은 강력한 충동의 작용에 주의를 집중시키는 데 이바지했다. 또 우리가 20세기

---

35. 명백히 동일한 지적을 프로이트의 **리비도**의 개념에 대해서도 할 수 있다.

의 사건에 비추어 '새로운 야만'과 세계전쟁의 도래에 대한 니체의 예상을 뒤돌아본다면, 과정의 필연성에 대한 자기만족적인 낙관적 확신을 말한 그의 동시대인들에 비해, 니체가 상황에 대한 더욱 깊은 통찰력을 가지고 있었음을 우리는 인정하지 않을 수 없다.

그러나 니체는 어떤 점에서는 명민했지만, 다른 점에서는 근시안적이었다. 이를테면, 그는 상승적 삶과 하강적 삶 사이에, 그리고 인간의 더 높은 유형과 더 낮은 유형 사이에 그가 세운 구별은 바로 그가 거절했던 가치의 객관성을 암암리에 전제하고 있는 것이 아니냐고 하는 문제에 대해, 확실히 충분한 고려를 하지 않았다. 물론, 그가 이따금 말했듯이 그것을 기호와 미적 취미의 문제로 환원하는 것은 자유일 것이다. 그러나 아마도 그 경우, 고급과 저급의 구별이 한갓 주관적 감정의 문제가 되는 것이 아니라면, 그리고 어떤 사람의 개인적 감정이 다른 어떤 사람에게도 규범으로서 받아들여져야 한다고 누구도 주장할 수 없는 것이라야 한다면, 똑같은 문제가 미적 가치의 문제에 대해서도 생길 수 있다. 또 니체는 이미 시사되었듯이, 어떻게 해서 주관은 생성의 흐름에 지적 구조를 부과하는가—주관 자신이 그 흐름 속에 용해하고 하나의 주관으로서, 곧 그것이 부과한다고 하는 해당 구조의 일부분으로 실존하면서—라는 문제에 대해 필요하고 충분한 고찰을 할 수가 없었다.

그리스도교에 대한 니체의 태도에 관해 말하자면, 그의 점점 더 날카로워진 목소리의 공격은 그의 적을 공정하게 다룰 수 없게 했다. 그리고 그의 공격의 격렬함은 일부분 그가 억제하려고 애썼던 내적 긴장과 불안의 표현이라고 할 수 있다.[36] 니체 자신이 말하고 있듯이, 그는 그의 혈관 속에 신학자의 피를 가지고 있었다. 그리고 만약 우리가 그

---

36. 자칭 무신론자는, 그가 유신론을 집요하게, 맹렬히 공격하는 바로 그 이유 때문에 '참으로' 일종의 신

의 그리스도교 비판의 격렬함과 일면성을 제거한다면, 이와 같은 비판은 모든 신앙이나 철학—형이상학적 관념론 같은—에 대한 그의 보편적인 전투의 일부를 구성하고 있다고 말할 수 있다. 형이상학적 관념론은 세계와 인간의 실존 그리고 역사에 대하여 인간 자신에 의하여 자유롭게 부과된 의미 이외의 의미나 목적이나 목표를 돌리는 것이다.[37] 세계는 어떤 목적을 위해 신에 의하여 창조되었다고 하는 관념이나, 세계는 절대적 이념 또는 정신의 자기 드러냄이라고 하는 관념을 거부하는 태도는 사람에게, 인생에 대해 부여하고 싶은 의미를 자유롭게 부여하게 한다. 그리고 세계는 그 이외의 의미를 가지고 있지 않은 것이다.

이와 같이 하여 신의 관념—그것이 유신론적으로 이해되든, 범신론적으로 이해되든—은 세계에 예지성을 부여하는 존재로서의, 그리고 가치를 창조하는 존재로서의 인간이라는 개념에 길을 내준다. 그러나 우리는 결국, 말하자면 최후의 결정적인 말을 쥐고 있는 것은 세계 자신이라고 해야 할 것인가? 또, 도덕적 입법자이며 의미를 부여하는 자인 인간은 역사의 무의미한 고리 속에 하나의 무의미한 알갱이로서 흡수된다고 해야 할 것인가? 만약 그렇다면, 인간이 자기의 삶에 의미와 가치를 부여하려는 노력은 무의미한 우주에 대한 긍정적 태도라고 하

앙자라고 주장하는 것은 억지이며, 역설적일지도 모른다. 그러나 소년시절 매우 종교적이었던 니체는 존재의 문제와 실존의 의미나 목적의 문제에 결코 무관심하지 않았다. 더욱이 《이 사람을 보라》의 최후의 말, '십자가의 사람에 대한 디오니소스'에서 정점에 도달한 그리스도와의, 말하자면 그의 대화는, '반그리스도인'은 비록 니체가 그것을 자신의 약함에의 경향을 초월하는 문제로 생각했었다 하더라도, 그 자신을 모욕하는 것이지 않으면 안 되었다는 것을 확실히 보여 준다. 신에 대한 그의 거부에도 불구하고 그는 일반적으로 '반종교적 인간'이라고 생각되는 사람과는 거리가 먼 인간이었다.

37. 확실히 니체는, 그리스도교에 대한 그의 주된 반대는 도덕과 가치 체계에 대한 것이라고 주장했다. 그러나 동시에 그는 세계는 일정한 의미 또는 목표를 가지고 있다는 견해에 대한 그의 공격에서, 그리스도교를 독일관념론과 결부시키고 있다. 그리고 독일관념론을 그리스도교의 한 파생물 또는 그의 숨은 형태로 생각하고 있다.

기보다 오히려 도전적인 '부정' 또는 거부처럼 보인다.[38] 아니면 우리는, 일정한 의미나 목표를 갖지 않는 것으로서의 세계, 또는 여러 계열들의 무한한 고리로서의 세계라는 해석은 힘에의 의지를 표현하는 하나의 허구라고 해야 할 것인가? 만약 그렇다면, 세계는 일정한 의미를 갖느냐 아니냐 하는 문제는 미해결로 남는다.

　마지막으로 한마디 하겠다. 직업적 철학자는 니체를 읽으면, 주로 도덕에 대한 그의 비판 아니면 그의 현상학적 분석, 또는 그의 심리학적 이론에 흥미를 가질 것이다. 그러나 보통, 일반 독자의 관심은 니체가 니힐리즘이라고 부르고 있는 현대인의 정신적 위기를 극복하기 위해 그가 제시한 처방전에 집중한다는 것이 아마 옳을 것이다. 그들의 관심을 끄는 것은 가치들의 가치전도의 개념이며, 위계질서의 개념이며, 또한 초인의 신화이다. 그러나 아카데믹하지 않은 니체라고 할 수 있는 것에서 참으로 중요한 것은, 니힐리즘에 대하여 그가 제안한 대책이 아니라 오히려 그 자신의 철학에서는 논해지지 않은, 그가 몸소 겪은 정신적 위기의, 참으로 극적인 표현이라고 볼 수 있는 그의 실존과 사유라고 할 수 있을 것이다.

38.　실제로, 우리는 긍정적 태도를 강한 것과 약한 것은 실제로 다르다고 승인하는 것으로, 곧 모든 것을 동일 수준에 두려는 데 대한 반대로 이해하는 것이 아니라면 말이다. 그러나 이 경우, 긍정적인 태도는 또한 다수파는 자주적인 반역자의 활동을 제한한다는 사실의 승인을 포함하는 것이어야 한다.

chapter 23

회 고 와 전 망

1. 19세기 독일철학에서 생기는 몇 가지 물음

칸트는 자기가 상극하는 형이상학적 체계들의 스캔들이라고 여겼던 것을 극복하고 철학을 확고한 기초 위에 세우려고 애썼다. 그리고 이 책에서 다루고 있는 시기(독일관념론 철학으로부터 니체까지)의 처음 에는 피히테가 철학은 모든 학을 기초 지우는 근본학이라고 주장하고 있었다. 그러나 피히테가 철학은 근본학이라고 언명할 때, 그는 물론 '지식학', 곧 그 자신의 철학을 가리켜 그렇게 말하고 있었다. 그리고 그의 체계는 흥미롭고 또한 때로 매력적이지만 그러나 그것은 19세기 에, 말하자면 하나로 이어진 산봉우리처럼 펼쳐진, 실재에 대한 일련 의, 극히 개인적인 해석의 하나에 지나지 않는다. 다른 해석의 사례는 셸링의 유신론, 헤겔의 절대적 관념론, 쇼펜하우어의 의지와 표상으로 서의 세계, 키르케고르의 인간 역사에 대한 비전, 또한 니체의 힘에의 의지의 철학이다. 그리고 사람은 이와 같은 일련의 해석이 철학의 학적 성격을 위해서라고 하는 피히테의 요구의 정당함을 경험적으로 확증해 준다고 주장하기에는 용기가 필요할 것이다.

철학이 서로 다른 것은 비록 그 다름이 상당한 것이라 해도 철학은 어떠한 인식론적 가치도 가지고 있지 않다는 것을 증명하는 것은 아니라고 말할 수 있다. 왜냐하면, 각 철학은 하나의 진리, 곧 실재나 인간의 삶과 역사에 대한 진정한 국면에 대한 이해를 보이고 있을 수 있으며, 또 이들 진리는 서로 보충적일 수 있기 때문이다. 곧, 다툼의 요소는 상이한 체계의 바탕에 있는 근본적인 관념들 사이의 상반성에서 생기는 것이 아니라, 오히려 각 철학자가 세계나 인간의 삶과 역사의 한 국면을 과장하고, 그리하여 하나의 부분을 전체에 미치게 하고 있는 데서 생긴다. 이를테면, 마르크스는 의심할 것도 없이 인간과 인간의 현실적 측면에 관심을 기울이고 있다. 그리고 그 측면들과, 이를테면 셸링에 의하여 강조된 인간적 실존의 종교적 측면과의 사이에는 아무런 근본적인 상반성도 없다. 상반성은 마르크스가 인간과 인간의 역사에 대한 부분적인 측면을 표현하고 있는 하나의 개념을 모든 문을 여는 핵심 관념이라고 생각할 때 생긴다.

그러나 이와 같이 사물을 보는 하나의 문제점은 그것이 여러 철학체계를 실제로는 자명한 이치와 같은 것이 될 정도로 깎아 버리는 것을 뜻하며, 또 그런 과정은 그 체계로부터 흥미의 태반을 빼앗아 버리는 것을 뜻한다는 있다. 이를테면, 마르크스의 철학은 인간의 역사 전체를 어떤 시각에 끼어 맞추고, 바로 그 과장된 요소로 해서 흥미가 있다고 할 수 있다. 만약 마르크스주의가 인간의 경제적 삶이 없이는 어떠한 철학도 예술도 과학도 있을 수 없다는 자명한 진리로까지 깎인다면, 그것은 그 흥미의 태반과 자극적인 성격의 모두를 잃고 만다. 마찬가지로 니체의 철학이 힘에의 의지나 충동은 인간의 삶의 유력한 하나의 요소라고 하는 진술이 될 만큼 깎인다면, 그것은 축소된 마르크스주의의 버전과 양립될 수 있다. 그러나 그것은 자기를 상당히 자명한 명제로 축소하는 희생을 치룸으로써이다.

이와 같은 논의에 대항할 수 있는 방도는, 철학적 체계에서의 과장은 유익한 목적에 이바지한다고 주장하는 것이다. 왜냐하면, 체계 속에 포함되어 있는 기초적 진리로 효과적으로 관심을 돌리게 하는 것은 바로 인상적인, 그리고 사람의 눈을 끄는 과장이기 때문이다. 그리고 한번 우리가 이 진리를 터득한다면 우리는 그 과장을 잊을 수가 있다. 중요한 것은 그 체계를 깎는 것이 아니라, 오히려 그것을 통찰의 원천으로 이용하는 것이며, 또 참으로 우리가 그 통찰을 돌이키는 수단으로서 재차 그것에 언급할 필요가 없을 때는, 우리가 그것에 의하여 그와 같은 통찰을 얻은 그 연장을 잊어버리는 것이다.

그러나 그것은 그 자체는 불합리한 사상이라고 할 수 없지만, 철학은 학의 학이라고 하는 피히테의 주장을 지지하는 데 거의 쓸모가 없다. 왜냐하면, 우리가 쇼펜하우어, 마르크스 그리고 니체의 철학을 각기 "세계에는 아주 많은 악과 고뇌가 있다", "우리는 과학들을 발전시키기 전에 식량을 생산하고 소비하지 않으면 안 된다", "힘에의 의지는 우회적인, 숨은 형태에서 작용할 수 있다"와 같은 진술로 환원한다고 하자. 그때 우리는 세 명제를 갖게 되는데, 그중 처음의 두 명제는 대개의 사람들에게 명백해지는 명제인 데 대해, 세 번째 명제는, 오히려 더 흥미로운 명제이지만, 심리학적 명제이다. 그리고 통상 어느 명제도 확실히 철학적 명제라고 할 수는 없을 것이다. 그리하여 쇼펜하우어, 마르크스 그리고 니체의 철학적 명제는 몇 개의 다른 형태의 명제에 주목하도록 하기 위한 도구가 될 것이다. 그리고 그것은, 철학은 근본학이라고 피히테가 말했을 때, 그의 의중에 있었던 것이 아니었음이 명백하다.

나는 뛰어난 독창적 체계, 곧, 산봉우리에만 주목하고 산기슭, 곧,

신칸트주의와 같은 일반적 동향을 무시하고 있다고 반대받을지도 모른다. 곧 만약 우리가 우주나 인생에 대한 극히 개성적이고 상상력이 풍부한 해석을 구한다면, 우리는 저명한 철학자들을 향하지 않으면 안 된다는 것이 옳겠지만, 특수한 동향이 보편적인 경향 속에 융합되어 있는 것 같은 일반적인 동향에서는, 우리는 철학에서의 가장 통속적인 학문적 업적, 곧 낱낱의 문제와 씨름하는 끈기 있는 공동의 노력의 결과를 볼 수 있다는 것도 참이라는 시사를 받을지도 모른다.

그러나 과연 그것은 참일까? 이를테면, 신칸트주의에서는 물론, 그것을 다른 운동과 구별된 명확한 운동으로서 서술하는 것을 정당화하는 몇 가지의 유사점이 있다. 그러나 우리가 일단 그것에 다가가서 점검하기 시작하면, 우리는 그 전체로서의 운동 속에 어떤 다른 것과는 다른 일반적 경향들을 보게 될 뿐 아니라, 동시에 여러 낱낱의 철학도 보게 된다. 또 귀납적 형이상학의 운동에서는 세계를 해석하는 핵심 관념으로서, 이 철학자는 어떤 관념을 사용하고, 다른 철학자는 다른 관념을 사용하고 있다. 분트는 인간 심리학에 대한 그의 주의주의(主意主義)적 해석을 일반적 철학의 기초로 사용하는가 하면, 드리쉬는 생물학적 과정에 대한 성찰에서 이끌어 낸 엔텔레키의 이론을 사용하고 있다. 확실히 조화의 감각과 사유경제의 요구들은 많은 경우, 낱낱의 체계는 잊혀지든지, 아니면 일반적 동향의 배경으로 가라앉도록 내버려 두는 것이 가장 좋다는 것을 시사하고 있다. 그러나 이것은 다음과 같은 사실, 곧 우리가 19세기의 철학을 더 자세히 개관하면 할수록 커다란, 탄탄한 그룹이 낱낱의 철학으로 해체되는 경향이 있다는 사실을 바꾸는 것은 아니다. 실제로, 때의 경과와 더불어 모든 철학 교수는 자기 자신의 체계를 산출할 필요가 있다고 생각하게 되었다고 주장하는 것은 전혀 과장만은 아니다.

명백히, 철학의 본질과 기능에 대한 일치된 확신의 틀 안에서도 다른 의견은 있을 수 있다. 이와 같이 신칸트학파는 철학은 무엇을 할 수 없는가에 대해 다소간 의견이 일치하고 있었다. 그러나 철학의 본질과 기능에 대한 상충하는 의견은, 반드시 그것과 동연(同延)의 다른 철학적 견해나 체계를 갖는 것은 아니지만, 19세기의 독일 사상에는 철학이란 무엇이어야 하는가에 대한 몇 가지의 다른 생각이 있었다. 이를테면, 피히테가 철학은 학이어야 한다고 말했을 때, 그 말로써 그가 주장하려고 한 것은 철학은 유일한 근본원리로부터 체계적으로 연역되어야 한다는 것이었다. 그러나 귀납적 형이상학자들은 철학에 대하여 다른 관념을 가지고 있었다. 그리고 우리가 니체에게 눈을 돌린다면, 그가 절대적 진리라는 개념을 부정하고, 다종다양한 철학의 평가의 기초, 곧 가치판단(그것은 그것을 하는 인간의 타입에 달려 있다)을 강조하고 있음을 본다.[1]

말할 것도 없이, 두 사람의 철학자의 생각이 다르다는 사실은, 그것 자체는, 두 사람이 다 옳지 않다는 것을 입증하는 것이 아니다. 그리고 두 사람이 다 틀렸더라도 어떤 다른 철학자는 옳을지도 모른다. 하지만 19세기의 상충하는 체계들은, 하물며 철학의 본질과 기능에 대한 상충하는 견해들은, 철학의 참된 본질과 기능에 대한 칸트의 단호한 해결의 시도는 역사적 관점에서는 잘못되었음을 보여 준다. 그리고 예로부터의 물음은 재생된 힘으로써 정신 앞에 나타난다. 철학은 학일 수 있는

---

1. 이와 같은 견해는 자연스럽게 사람이 어떤 철학을 택하는가는 그 사람이 어떤 인간인가에 달렸다는 피히테의 진술을 상기케 한다. 그러나 비록 우리가 피히테는 이 진술이 학으로서의 철학이라는 개념을 배제한다는 의미로 이해되어야 한다고 생각하고 있지 않았다는 사실, 그리고 그 속에 진리의 개념의, 인간의 삶 또는 실존의 개념에 대한 종속의 경향을 예기하고 있지 않았다는 사실을 고려하지 않고 있더라도 이와 같은 경향의 구체적인 발전을 더듬음으로써 우리는 그것이 인간에 대한, 그리고 인간의 삶과 실존에 대한 다른 견해로 분열하는 것을 보게 된다. 사람은 다만 이를테면 키르케고르와 니체의 이름만 들어도 된다.

가? 만약 있다면, 어떻게 그럴 수 있는가? 어떤 종류의 앎을 우리는 정당하게 철학에게 기대할 수 있는가? 철학은 특수과학의 성장과 발전에 의하여 조롱받았는가? 아니면 철학은 지금도 여전히 자기의 고유한 영역을 가지고 있는가? 만약 그렇다면, 철학의 고유한 영역이란 무엇인가? 그리고 도대체 무엇이 이 영역을 탐구하는 적당한 방법인가?

학적인 철학의 본질과 한계에 대한 칸트의 판단이 보편적인 승인을 얻을 수 없었던 것은 그렇게 놀랄 일이 아니다. 왜냐하면, 그 판단은 그 자신의 체계와 밀접하게 연관되어 있었기 때문이다. 다시 말하면, 그것은 피히테나 헤겔이나 마르크스나 니체나 오이켄이나 그 밖의 철학적 판단의 언명과 마찬가지로, 하나의 철학적 판단이었기 때문이다. 실제로, 사람이 용어의 당대의 관습적 사용에 대하여, 또는 '철학'이라는 말의 역사적인 여러 가지 사용에 대해 진술하는 것이 아닌 한, 철학의 '참된' 본질과 기능에 대해 사람이 내리는 어떤 언명도 하나의 철학적 진술이다. 곧, 그것은 철학 내부에서 만들어지고, 사람이 특정한 철학적 입장을 밝히고 표현하는 하나의 철학적 진술이다.

어떤 철학적 입장도 채택되면 안 된다든가, 철학의 본질과 기능에 대하여 철학적 판단을 내리는 것은 부적당하다는 것을 시사하는 것은 결코 나의 의도하는 바가 아니다. 또한, 다른 판단보다 어떤 판단을 받아들이기 위한 그 어떤 적당한 이유도 들 수가 없다는 것을 시사하는 것도 내가 의도하는 바가 아니다. 그러나 동시에 나는 현 시점에서 역사가의 구실로부터 명확한 철학체계의 이름으로 말하는 자의 구실로 급격히 옮아 가려고 하는 것도 아니다. 나는 오히려 위에서 말한 문제에 대하여 20세기 전반(前半)의 독일 사상에서 제공된, 약간의 일반적 해답을 훑어보려고 한다. 이와 같은 절차는 과거와 현재 사이에 모종의 구름다리를 마련하는 데 이바지할 것이다.

2 . 실 증 주 의 자 의 해 답

철학의 범위에 관한 여러 문제들에 대한 일련의 가능한 해답의 하나는 다음과 같이 주장하는 것이다. 곧 특수과학은 세계에 대한 앎의 유일한 원천이며, 또한 철학은 그 기능이 특정한 단계 또는 타입의 존재를 탐구하는 데 있다는 의미에서의 고유한 영역을 가지고 있지 않다고 말이다. 일찍이 사람들은 철학적 사색을 통해 세계에 대한 앎을 터득하려고 했던 것은 아주 완전히 이해할 수 있다. 그러나 그 전개과정에서 여러 가지 과학이 예전에는 철학에 돌려졌던 탐구영역을 차례차례 물려받았다. 그리하여 철학적 사변은 서서히 과학적 인식과 교체되었다. 그리고 가설이나 연역이나 검증이라고 하는 과학적 방법 이외의 수단에 의하여 현실에 대한 우리의 앎을 증대시킬 수 있다고 생각하는 철학자들이 약간의 미적 가치나 감정적 의의는 가지고 있지만, 이미 인식적 가치를 가졌다고는 진지하게 생각할 수 없는, 그러한 상충되는 체계들을 낳고 있을 뿐이라고 해도 조금도 놀랄 일이 아니다. 철학은 학이어야 하며, 학의 탈을 쓴 시의 한 형태가 아니라면, 그 기능은 본성상 순수히 분석적인 것이어야 한다. 이를테면, 철학은 여러 과학에서 채용하고 있는 근본적 개념의 몇을 명석하게 할 수 있을 것이고, 또 과학적 방법론을 탐구할 수 있을 것이다. 그러나 철학은 세계에 대한 학적 인식에 무엇인가를 덧붙이거나 보충함으로써 여러 과학을 넘어설 수가 없다.

이상과 같은 일반적인 실증주의적 태도, 곧, 경험과학들은 세계에 관한 인식의 유일한 확실한 원천이라는 신념은 명백히 널리 퍼져 있다. 19세기에 그것은 오귀스트 콩트의 철학에서 그 고전적 표현을 보았다. 그리고 우리는 좀 인상은 약하지만, 독일에서의 유물론자와 실증주의자의 사상 조류에서도 이러한 표현을 본다. 하지만 우리는 또 이와 같은 사상의 조류를 대표하는 독일의 철학자의 몇 사람은 실재에 대한 일반적인 견해를 전개함으로써, 어떻게 특수과학을 훨씬 넘어섰는지를 지적한 바 있다. 헤켈의 일원론이 그 전형이다. 그리고 바로 이와 같은 경향, 곧, 철학을 세계관(Weltanschauung)으로 발전시키려는 경향을 배제하는 것이 바로 20세기의 실증주의자의 관심거리였던 것이다.

철학을 과학의 시녀의 자리로 되돌리는 것에 대한 명백한 반대 이유는 어떠한 특수과학에서도 생기지 않는, 그러면서도 그 해답이 요구되는, 더욱이 전통적으로 또한 정당하게 철학적 탐구의 영역에 속한다고 여겨져 온 여러 문제 또는 과제가 있다는 것이다. 물론 실증주의자는 궁극적 실재 또는 절대자에 관한 문제들, 유한자의 기원에 대한 문제들 따위는, 이를테면 셸링 같은 형이상학자에 의해서는 실제로 해답되지 않았다고 확신하고 있다. 그러나 비록 그 문제가 명확하게는 해답되지 않았음을 인정한다 하더라도, 또는 비록 우리는 그 문제를 해답할 자리에 있지 않다는 것을 인정한다 하더라도, 이런 문제를 제출하고 논의하는 것은 대단히 큰 가치가 있다고 주장할 수 있을 것이다. 왜냐하면, 그것은 학적 인식의 한계를 가리키고 우리에게 유한한 존재의 비밀을 상기시키는 데 이바지하기 때문이다. 따라서 형이상학적 철학을 효과적으로 배제하려면 두 개의 보충적인 명제를 확립할 필요가 있다. 곧, 우선 형이상학적 문제들은 우리가 지금 이 자리에서 해답할 처지에 있지 않다고 하는 의미에서뿐 아니라, 원리상으로도 해답될 수 없다고 하는 것이 제시되지 않으면 안 된다. 또한 더욱이 원리상 해답될 수 없는 문제들은 조금도 현실적인 문제가 아니며 어떠한 명확한 의미도 없는 언어상의 표현일 뿐이라는 의미에서 사이비문제라는 것이 제시되어야 한다.

이것은 바로 빈학파의 신실증주의자들과 그 회원들이 의미의 기준이나 이른바 검증가능성의 원리를 전개함으로써 20세기의 20년대에 지적하려고 했던 것이다. 여기서 말하는 검증 가능성의 원리란, 모든 유의미한 문제나 진술의 종류로부터 형이상학적 문제나 진술을 효과적으로 배제하는 원리를 말한다. 논리학이나 순수기하학의, 순수히 형식적인 명제들을 제외하고, 유의미한 모든 명제는 경험적 가설로, 곧 그 의미가 감각 경험에서 사유 가능한, 반드시 실감될 수 없을지라도, 검증양식과 일치하는 경험적 가설로 설명되었다. 따라서 이를테면, 우리는 파르메니데스의, 모든 사물은 실제로는 오직 하나의 불변하는 실재라고 하는 진술에 대하여, 감각 경험에서 어떠한 경험적 검증을 가질 수가 없으므로, 이 진술은 유의미한 것으로는 받아들일 수가 없었다.>[2]

그러나 이와 같은 형식으로 진술되고 있는 신실증주의자의 의미의 기준은 비판을 견딜 수가 없었다. 그 비판이 신실증주의자의 운동의 외부로부터의 것이든, 내부로부터의 것이든 간에 말이다. 그리고 그것은 적절하게 과학적 가설이라고 할 만한 범위를 정한다는 목적 때문에, 순수히 방법론적인 원리로서 설명될 수 있게 되었든가, 아니면 사변철학을 배제하는 데 전혀 효과가 없을 만큼 깎이고, 또 그런 것으로 설명되게 되었기 때문이다.

진상은, 철학으로서의 신실증주의는 정신이나 태도로서의 실증주의의 이론적 정당화를 제시해 보려는 것이었다고 나는 생각한다. 그리고 신실증주의자의 의미의 기준은 이와 같은 태도에 잠재적으로 함축되어 있는 여러 철학적 전제들을 짊어지고 있었다. 더욱이 형이상학적 철학에 대한 무기로서의 그 유효성은 이러한 명시되지 않은 전제들에 바탕

---

2. 말하자면, 그 진술은 의미심장하고 정의적(情意的) 태도를 불러일으킬 것이다. 그리하여 그것은 '정의적' 의미를 가지고 있다. 그러나 엄밀한 신실증주의적 원리에서 보면, 그것은 참일 수도 거짓일 수도 없다는 의미에서 무의미일 것이다.

을 두고 있었다. 일단 그것들의 전제가 명확해지면 신실증주의는 더 의
심쩍은 철학이라는 것이 밝혀진다. 물론 이것은 정신이나 태도로서의
실증주의의 소멸이 필연적으로 따르는 것은 아니다. 하지만 신실증주
의의 발흥과 비판(일부분은 자기비판)에 관한 모든 에피소드는 숨은
전제들을 백일하에 드러낸다고 하는 장점을 가지고 있다. 문제는 20세
기에 퍼진 실증주의적 정신이 자기 자신을 의식하고 자기의 고유한 전
제들을 깨닫게 되는 것이다. 확실히 이 자기의식은 철학적 영역 내부에
서 터득되고 실증주의자의 정신이나 태도의 위대한 영역에서는 손이
미치지 않은 채로 있었다. 그러나 이것은 순수히 철학의 요구를 예증하
는 데 이바지한다. 곧 철학의 기능의 하나는 비반성적인 철학적 태도
의, 숨어 있는 잠재적 전제들을 바로 드러나게 하고, 비판적인 음미를
하는 데 있다.>3

3. 실 존 철 학

신실증주의자들에 따르면, 철학은 과학적일 수 있다. 그러나 그것은
철학이 순수히 분석적으로 됨으로써, 그리고 실재에 관한 우리의 실제
적인 인식을 증대시킨다고 하는 어떤 요구도 포기함으로써이다. 철학
의 기능과 본질을 서술하는 또 하나의 가능한 길은, 철학은 존재와 관

---

3. 신실증주의에 관한 문헌은 *Logical Positivism* (an anthology), edited by A. J. Ayer, Glencoe, Ill.,
   and London, 1959에 실려 있다. 검증 가능성의 원리에 대한 논의를 보기를 들어 설명하고 있는 저작
   은 정선된 참고문헌과 함께, *A Modern Introduction to Philosophy*, edited by P. Edwards and A.
   Pap, pp. 543~621, Glencoe, Ill., 1957에서 볼 수 있다. 그리고 신실증주의에 대한 비판적 논고로서
   Contemporary Philosophy, by F. C. Copleston, pp. 26~60, London, 1956을 참조할 것.

계하는 한, 자기의 고유한 영역을 가지고 있다고 주장하는 것이며, 동시에 철학은, 그것이 보편적 학으로서든, 낱낱의 경험과학과 더불어 하나의 개별과학으로서든, 어떻든 하나의 학이며 또 학일 수 있다는 것을 부정하는 것이다. 어떤 의미에서 철학은 그것이 지금까지 언제나 그러했던 것이다. 곧 철학은 모든 존재자(*die Seienden*)와 구별된 존재(*das Sein*)와 관련한다. 그러나 존재에 대한 학이 있을 수 있다고 생각한 것은 잘못이었다. 왜냐하면 존재는 대상화할 수 없기 때문이다. 곧 그것은 학적 탐구의 대상이 될 수 없다. 철학의 본래의 기능은 존재자를 초월하고 또한 기초 지우고 있는 존재에 대한 의식에로 사람들을 각성시키는 것이다. 그러나 존재에 대한 학은 있을 수 없으므로 어떠한 형이상학적 체계도 보편적 타당성을 가질 수 없다. 여러 가지 체계는 대상화할 수 없는 존재에 대한 많은 개인적인 암호해독이다. 그러나 이것은 그것이 무가치하다는 것을 뜻하지 않는다. 왜냐하면 그 어떤 위대한 형이상학적 체계도, 말하자면 실증주의가 닫고 있는 문을 여는 데 공헌할 수 있기 때문이다. 그리하여 상극하는 체계들의 스캔들에 대해 말하는 것은 철학의 참된 본질에 대한 오해를 드러낸다. 왜냐하면 반론은 오직 철학—적어도 정당화된 철학—이 하나의 학이어야 할 때만 정당하기 때문이다. 그런데 사실은 그렇지 않다. 확실히 철학은 학이라고 주장함으로써 과거의 형이상학자들은 여러 가지 대립되는 체계들의 스캔들에 대해 말하는 절호의 화제를 제공해 왔다. 그러나 일단 이와 같은 주장이 포기되고, 인간과 다른 모든 유한한 존재자가 거기서 기초지어져 있는 포괄자(包括者)에 대한 의식에로 인간을 각성시킨다고 하는 형이상학의 참된 기능을 우리가 이해하면 스캔들의 근거는 소멸되고 만다. 왜냐하면 초월적 존재에 대한 여러 가지 개인적 해독이 있다고 하는 것은 사람이 예상해야 할 유일한 일이기 때문이다. 중요한 것은 그것들이 무엇 때문에 있느냐 하는 바로 그 목적을 위해 그것을 고찰하는 것이며, 저자의 터무니없는 주장을 문자 그대로 받아들이지 않는다고 하는 것이다.

이와 같은 견해는 카를 야스퍼스 교수(1883~1969)의 철학의 한 국면을 나타내고 있다. 그러나 그는, 사변적 형이상학은 우리에게 이론적 인식을 줄 수 없다는 칸트적 주장의 수용과 키르케고르의 영향을 볼 수 있는 '실존'의 이론을 결합하고 있다. 인간은 생리학자와 심리학자에 의하여 객관화되고, 과학적으로 연구될 수 있다. 그때, 개인은 이것저것으로 분류될 수 있다. 그러나 자유로운 행위자 자신이라는 관점에서, 곧 자유로운 선택에 바탕하는 삶의 안쪽에서 보았을 때, 개인은 이 유일한 실존하는 것으로서, 곧 그가 언제나 있는 바의 상황을 초월하여, 말하자면 자유로운 수련을 통해 자기 자신을 창조하는 존재자로 보인다. 실제로, 이러한 관점에서 볼 때, 인간은 언제나 형성 과정에, 곧 자기 자신을 형성하는 과정에 있다. 곧 **실존**은 언제나 **가능적 실존**(*mögliche Existenz*)이다. 이와 같은 관점에서 보는 인간에 관해서는 어떤 학적 연구도 있을 수 없다. 그러나 철학은 실존하는 개인이 자기 자신의 경험으로부터 '실존'이 무엇을 의미하고 있는지를 이해할 수 있도록 개인으로 하여금 '실존'에 관심을 돌리게 하고 또 '실존'을 조명할 수가 있다. 또 그것은 특히 어떤 상황에서 개인이 자기의 유한성과, 자기 그리고 다른 모든 존재자가 거기에 기초하고 있는 초월자로서의 존재의, 숨은 현존을 알아차리게 되는 운동에 주의를 끌 수가 있다. 그러나 초월자는 대상화가 안 될 뿐 아니라 논증이나 증명의 귀결로도 환원될 수 없기 때문에, 그것이 유한한 존재의 대상화되지 않는 보충물이며, 기초라고 알아차리는 사람은, 그것을—야스퍼스가 '철학적 신앙'이라고 부르는 것을 통해—키르케고르처럼 긍정하든지, 아니면 니체처럼 부정하는 것은 자유이다.

우리는 또한 카를 야스퍼스의 철학의 자세한 서술에 들어갈 수 없다.[4] 왜냐하면, 우리가 그의 철학에 언급해 온 것은 20세기 중반의 독일 사상에서 예시되어 온 철학의 본질과 기능에 대한 서술의 한 방식으로서이고, 그의 철학 자체를 위한 것이 아니기 때문이다. 하지만 야스퍼스가 그 이전의 칸트와 마찬가지로 학적 비판의 범위를 넘어서 인간의 자유와 신 신앙을 승인하려고 애썼던 것은 유의하여야 한다. 사실 우리는 그의 철학 속에 칸트적 주제의 명백한 재현을 볼 수 있다. 이를테면, 외적-학적 관점에서 본 인간과 '실존'이라고 하는 내적 관점에서 본 인간과의 구별은, 어떤 의미에서, 현상적 존재와 예지적 존재의 칸트적 구별에 대응하고 있다. 그러나 동시에 칸트와 야스퍼스 사이에는 또 현저한 다름도 볼 수 있다. 이를테면, 칸트 식의 도덕법칙—신 신앙은 그 위에 실천적으로 근거 지워져 있다—의 강조는 약해지고, 키르케고르적인 실존하는 개인의 개념이 표면에 나온다. 더욱이 야스퍼스의 '철학적 신앙'—그것은 키르케고르의 신앙의 비약의 가장 아카데믹한 타입이다—은 존재로서의 신을 향한 것이며, 칸트처럼 덕과 행복을 종합하는 매개자로서의 신이라는 개념을 향한 것은 아니다.

학적 범위를 넘어선 형이상학을 수립하려는 야스퍼스의 방법에 대하여 반대할 뚜렷한 이유는 자유에 대한, 그뿐 아니라 존재에 대하여 말할 때 그는, 그 자신의 말에 따르면 대상화될 수 없을 터의 것을 필연적으로 대상화하고 있는 것이다. 만약 존재가 참으로 대상화될 수 없다면, 우리는 그것에 대하여 진술할 수 없다. 오직 침묵할 수 있을 뿐이

---

4. 공감적 연구서로는 *Karl Jaspers et la philosophie de l'existence*, by M. Dufrenne and P. Ricoeur, Paris, 1947을 권할 수가 있다.

다. 그러나 물론, 사람은 비트겐슈타인이 말하는 구별을 채용해서 다음
과 같이 말할 수 있을 것이다. 곧, 야스퍼스에게 철학은 '말할' 수 없는
것을 '가리키는' 시도라고 말이다. 사실, 철학의 '조명적' 기능에 대한
야스퍼스의 강조는 확실히 이 방향을 가리키고 있다.

4. 현상학의 성립: 브렌타노, 후설, 현상학적 분석의 광범한 사용

신실증주의자에게 철학은 과학적일 수 있다. 그러나 과학적일 수 있
다는 바로 그 사실로 해서 철학은 자기의 고유한 영역을 갖는다고 하는
의미에서의 과학이 아니다. 야스퍼스에게 철학은 어떤 의미에서 자기
의 고유한 영역을 갖는다.[5] 그러나 그것은 과학이 아니며, 여러 과학
들의 지평과는 다른 지평을 움직인다. 하지만 현상학자들은 철학에 하
나 또는 여러 영역을 할당함과 동시에 그의 학적 성격을 주장하려고 해
왔다.

(i) 현상학의 생성에 대한 간결한 서술을 위해 프란츠 브렌타노
(Franz Brentano, 1837~1917) 이전으로 거슬러 올라갈 필요는 없다.
트렌델렌부르크에게 배운 후 브렌타노는 가톨릭의 신부가 되었다.
1872년 뷔르츠부르크대학 교수로 임명되고, 1874년에는 빈대학의 교
수가 되었다. 그러나 1873년 그는 교회를 떠났다. 그리고 결혼한 전 신

---

5. '실존의 철학'이란 용어는 실존이 이 영역을 구성하고 있다는 것을 시사한다. 그러나 야스퍼스는 더 나
아가 존재나, 존재의 자각에 이르는 길로서의 '실존'의 조명에 대해 더 많은 것을 주장하고 있다. 그러나
철학자는 존재에 대한 자각을 불러일으키거나 또 그 자각을 끊어뜨리지 않게 할 수는 있겠지만, 존재는
철학에 의한 학적 탐구를 위한 영역은 아니다.

부로서의 그의 신분은 오스트리아 수도에서 대학교수로서의 그의 생활을 어렵게 했다. 1895년 그는 교직에서 물러나 피렌체에 주거를 정했는데, 제1차 세계대전이 일어나자 스위스로 이주했다.

1874년 브렌타노는 《경험적 입장으로부터의 심리학》(*Psychologie vom empirischen Standpunkt*)이라는 제목의 저서를 출판했다.[6] 그의 주장에 따르면, 경험심리학은 형이상학적 의미를 함축한 용어인 혼에 대한 학이 아니라 심적 현상의 학이다. 더욱이 브렌타노가 경험심리학에 대하여 말할 때, 그의 마음속에 있는 것은, 발생적 심리학보다 오히려 기술(記述)심리학이다. 그리고 기술심리학은 그에게 '존재하지 않는'(내재적) 대상들, 곧 작용 그 자체 안에 함축되어 있는 것으로서의 대상들에 관계하는 것으로서의 심적 작용 또는 의식 작용을 탐구한다. 모든 의식은 어떤 것에 **대한** 의식이다. 생각한다는 것은 어떤 것에 대하여 생각하는 것이며, 욕구한다는 것은 어떤 것에 대하여 욕구하는 것이다. 이리하여 모든 의식작용은 '지향적'(志向的)이다. 곧, 그것은 어떤 대상을 '지향한다'. 그리고 우리는 심적 본질과 상태 이외의 문제를 제출하는 일 없이, 대상을 바로 지향된 것으로, 내재적인 것으로 고찰할 수 있다.

이 의식의 지향성의 이론―그것은 아리스토텔레스-스콜라적 사유로까지 거슬러 올라갈 수가 있다―은 그것 자체는 주관주의적 이론은 아니다. 기술심리학자는 브렌타노가 그 직무를 설명하고 있듯이, 의식의 대상은 의식을 떠나서는 현존하지 않는다고 주장하지는 않는다. 다만 그는 그것들을 주로 내재적인 것으로 고찰하는, 심적 작용 또는 의

---

6. 다른 저작들 중에서 우리는 《윤리적 인식의 기원》(*Vom Ursprung der sittlichen Erkenntnis*, 1889), 《철학의 미래에 대하여》(*Ueber die Zukunft der Philosophie*, 1893), 그리고 《철학의 4단계》(*Die vier Phasen der Philosophie*, 1895)를 들 수 있다.

식작용에 관계할 뿐이며, 마음 바깥의 현실에 대한 존재론적 문제에 관계하고 있지 않다는 이유에서이다.

그런데 의식의 고찰에서 명백히 사람은 의식의 내재적 대상에 전념하거나 아니면 지향적 관계 자체에 전념할 수가 있다. 브렌타노는 후자의 국면에 전심하고 지향적 관계의 주요한 세 유형을 구별하고 있다. 첫째로, 참과 거짓이 문제되지 않는 단순한 표상이 있다. 둘째로 승인(*Anerkennen*) 또는 부인(*Verwerfen*)을, 바꿔 말하자면 긍정이나 부정을 동반하는 판단이 있다. 셋째로, 의지와 감정의 움직임(*Gemütsbewegungen*)이 있는, 거기서는 의식의 근본적 태도나 구조는 사랑과 미움 또는 브렌타노가 말하는 것같이 쾌와 불쾌의 의식이다.

우리는 브렌타노가 명백히 진실인 논리적 판단이 있듯이 명백히 옳은 도덕적 감정이 있다는 것을 믿었다고 덧붙일 수 있을 것이다. 선한 것이, 곧 명백히 그리고 언제나 바람직한 도덕적 시인 또는 쾌락의 대상이 있다. 그러나 현상학의 성립이라고 하는 견지에서는 브렌타노의 사상의 중요한 특성은 의식의 지향성의 학설에 있다.

(ii) 브렌타노의 생각은 때로 통합적으로 오스트리아학파로 불리는 사람들, 이를테면 프라하대학 교수 안톤 마르티(Anton Marty, 1847~1914)나, 마르티의 제자로 같은 프라하대학의 교수가 된 오스카 크라우스(Oskar Kraus, 1872~1942)나, 저명한 심리학자였던 카를 슈툼프(Carl Stumpf, 1848~1936), 또한 에드문트 후설과 같은 많은 철학자들에게 영향을 끼쳤다.

그러나 특히 알렉시우스 마이농(Alexius Meinong, 1853~1920)에 관해 언급하지 않으면 안 된다. 그는 빈대학에서 브렌타노에게 배우고 그 후 그라츠대학 교수가 되었다. 마이농은 그의 대상론(*Gegenstandstheorie*)에서 대상의 여러 가지 타입을 구별했다. 우리는 일상생활에서

'대상'이라는 용어로써 흔히 나무라든가 돌이라든가 탁자와 같은 낱낱의 현존하는 사물을 이해하고 있다. 그러나 우리가 '대상'을 의식의 대상으로 고찰한다면, 우리는 다른 타입의 대상도 존재한다는 것을 쉽게 이해할 수 있다. 이를테면, 가치나 수(數) 같은, 확실히 나무나 소가 현존한다는 의미에서는 현존하지 않지만 실재성을 가지고 있다고 할 수 있는 관념적 대상이 존재한다. 또 황금의 산이라든가 프랑스의 왕과 같은 상상의 대상도 있다. 현존하는 황금의 산은 없으며, 오랫동안 프랑스의 왕은 존재하지 않았다. 그러나 우리가 황금의 산에 대해 말할 수 있다면, 우리는 어떤 것에 대하여 말하지 않으면 안 된다. 왜냐하면, 무에 대하여 말하는 것은 말하는 것이 아니기 때문이다. 비록 마음 바깥에 그것에 대응해서 현존하는 사물이 없다 해도 의식에 나타나는 대상이 있다.

버트런드 러셀(Bertrand Russell, 1872~1970)의 기술(記述)이론은 마이농의 논점의 방향을 앞지르고, 또 어떤 의미에서는 실재적이지만 그러나 현존하지 않는 대상의 세계를 말하자면 절멸시키기 위해 고안되었다. 그러나 이것은 현재의 우리의 목적과는 관계가 없다. 주요한 점은, 마이농의 이론은 바로 의식의 대상으로 생각된 대상에, 곧, 브렌타노의 용어를 쓰자면, 의식에 내재적인 것으로 생각된 대상에 주의를 집중하는 데 이바지했다고 하는 것이다.

(iii) 현상학적 운동에 실제적인 기초를 놓은 자는 브렌타노도 마이농도 아니고 에드문트 후설(Edmund Husserl, 1859~1938)이었다. 수학으로 박사학위를 받은 후 후설은 빈에서 브렌타노의 강의를 청강했다(1884~6). 그리고 그를 철학에 전념하도록 한 것은 브렌타노의 영향에 의한 것이었다. 그는 괴팅겐대학의 철학 교수가 되고, 이어 브라이스가우의 프라이부르크대학의 교수가 되었다. 마르틴 하이데거는 그

때 그의 제자의 한 사람이었다.

1891년 후설은《산수의 철학》(*Philosophie der Arithmetik*)를 출판했다. 거기서 그는 어떤 종의 심리주의적 경향, 곧 논리학을 심리학의 기초 위에 세우는 경향을 보였다. 이를테면, 수의 개념에 불가결한 다수성의 개념은 의식의 다양한 내용을 하나의 표상으로 결합하는 심리적 작용 위에 기초 지어진다. 이와 같은 견해는 저명한 수학자이며 논리학자이기도 한 고틀로프 프레게(1848~1925)로부터 비판받지 않을 수 없었다. 그리고《논리학 연구》(*Logische Untersuchungen*, 1900~1)에서 후설은 논리학은 심리학으로 환원될 수 없다고 명확히 언명했다.>⁷ 논리학은 의미의 영역, 곧 생각되고 있는(*gemeint*) 것, 또는 지향되고 있는 것에 관계하는 것이고, 심적 작용의 현실적인 계기(繼起)에 관계하는 것이 아니다. 바꾸어 말하면, 우리는 심적 사실이나 사건 또는 체험(*Erlebnisse*)의 복합으로서의 의식과 생각되고 지향되어 있는 의식의 대상들과를 구별하지 않으면 안 된다. 후자는 의식에 대하여, 또는 의식에게 '나타난다'. 그러나 전자는 그렇지 않다. 그것들은 체험되고(*erlebt*), 경험된다. 분명히 그것은, 심적 작용 자신은 반성에 의하여 현상에로 환원될 수 없다는 것을 의미하지 않는다. 오히려, 그것은 의식에 나타나는 것으로서 생각될 수 있다면, 이미 현실의 심적 작용이 아니라는 것을 의미한다.

이것은 의미와 사물 사이의 상당히 중요한 의미를 간직하고 있다. 왜냐하면, 경험론자가 보편적 개념이나 관념의 존재를 부정할 필요가 있다고 생각한 주된 이유의 하나는 바로 이와 같은 구별을 하지 않는 데 있었기 때문이다. 사물은 현실의 심적 작용도 포함해서 모두 낱개이

---

7. 심리주의를 거절하는 데 아마도 후설은 프레게뿐 아니라 볼차노의 영향도 받았다(pp. 427~31 참조).

며, 특수적이다. 이에 대해 의미는 보편적일 수 있다. 그리고 그와 같은 것으로서 의미는 '본질' 이다.

그 영역본의 제목이 《이념 : 순수현상학에의 일반적 서설》로 되어 있는 《순수현상학과 현상학적 철학을 위한 이념》(*Ideen zu einer reinen Phänomenologie und phänomenologischen Philosophie*, 1913)에서 후설은 의식의 작용을 노에시스(*noesis*)라고 하고, 생각되거나 지향된 그 상관되는 대상을 노에마(*noema*)라고 하고 있다. 나아가 그는 본질직관(*Wesensschau*)에 대해 말하고 있다. 이를테면 순수수학에서는 경험적인 개괄이 아니라 그것과는 다른 아 프리오리한 명제의 타입에 속하는 명제를 생기게 하는 본질직관이 있다. 그리고 현상학 일반은 여러 본질이나 관념적 여러 구조의 기술적 분석이다. 이리하여, 이를테면 가치의 현상학이 있을 수 있을 것이다. 그러나 또한 의식의 근본 구조에 대한 현상학적 분석도 있을 수 있을 것이다—물론, 이들의 구조가 본질이나 에이도스(*eidos*)일 경우에 말이다.

후설에 의하여 역설되고 있는 것은 의식의 대상의 존재론적 또는 실체론적 상태와 관계에 관한 판단의 중지(이른바 에포케, *epoche*)이다. 이 중지에 의하여 현존재는 '괄호쳐진다' 고 한다. 이를테면, 나는 아름다움에 관한 심미적 경험의 현상학적 분석을 전개하려 하고 있다면, 나는 존재론적 의미에서의 미의 주관성 또는 객관성에 대한 모든 판단을 중지하고, 오직 의식에 '나타나는 것' 으로서의 심미적 경험의 본질적 구조에만 나의 주의를 돌린다.

후설이 왜 이러한 판단의 중지를 역설하는가 하는 것은 그의 저작의 하나인 《엄밀한 학으로서의 철학》(*Philosophie als strenge Wissenschaft*, 1910~11)라는 제목의 의미를 고찰함으로써 이해될 수 있다. 그 이전의 데카르트와 마찬가지로 후설은 철학을 확고한 기초 위에 세우려고 했다. 그리고 그의 생각에 이것은 모든 전제의 배후에 있는, 의심할 수 없는 것에까지 도달하는 것을 의미하고 있다. 그런데 일상생활에서는 우리는 모든 종류의 실체론적 가정을 하고 있다. 이를테면 의식으로부터 독립된 물질적 대상의 실재를 가정하고 있다. 따라서 우리는 이와 같은 '자연적 입장'(*natürliche Einstellung*)에서 떠나 그것을 괄호에 넣지 않으면 안 된다. 문제는 자연적 입장이 잘못되었고 그 전제들이 부당하다는 것이 아니다. 문제는 이러한 전제들로부터 방법론적으로 떠나서, 의심할 수도 떠날 수도 없는 의식 자체에까지 도달하는 것이다. 더욱이 우리는, 이를테면 우리가 무엇에 대해 말하는지, 무슨 가치를 '생각하고 있는지' 분명해질 때까지는 가치의 존재론적 지위에 대한 유익한 논의를 할 수가 없다. 그리고 그것은 현상학적 분석에 의하여 밝혀진다. 그러므로 현상학은 근본적 철학이다. 곧, 그것은 모든 존재론적 철학이나 형이상학에 앞서는 것이지 않으면 안 되고, 또 그것들을 기초 지어 주는 것이지 않으면 안 된다.

이미 시사되었듯이 후설이 판단중지(에포케)를 사용한 것은 데카르트가 방법론적 회의를 사용한 것과 유사하다. 그리고 실제로 후설은 데카르트의 철학에서 현상학의 모종의 선구를 보았다. 그러나 동시에 그는 정신적 실체로서의 자아, 또는 데카르트가 말하는 '사유하는 것'(*res cogitans*)으로서의 자아의 존재 자신은 괄호에 넣어지지 않으면 안 된다고 주장했다. 확실히 자아는 간단히 제거될 수 없다. 그러나 의식의 객관과 상관적인 것으로서 요구되는 주관은 한갓 순수한 또는 초월론적 자아이며, 순수주관 그 자체이지 정신적 실체 또는 영혼이 아니다. 그와 같은 실체의 현존성은 순수현상학에 관한 한 판단을 중지해야 할 성질의 것이다.

에포케의 방법론적 사용은 그것만으로는 후설을 관념론으로 넘겨주는 것이 아니다. 의식의 현존은 오직 하나의 부정할 수 없는, 그리고 의심할 수 없는 현존이라고 주장하는 것은, 의식이 유일한 현존하는 것이라고 주장하는 것은 반드시 아니다. 그러나 후설은 의식을 초월론적 자아로부터 연역하려 함으로써, 그리고 세계의 현실은 의식과 상관적이라고 생각함으로써 관념론으로 넘어가기 시작했다. 어떤 것도 의식의 대상이 아닌 것으로는 생각할 수 없다. 따라서 대상은 의식에 의하여 구성되지 않으면 안 된다.>8

이미 《이념》에서 볼 수 있었던 이러한 후설의 관념론적 자리 매김은 《형식논리학과 초월론적 논리학》(*Formale und transzendentale Logik*, 1929)에서 더욱 현저해졌다. 그리고 이 저작과 《데카르트적 성찰》(*Méditations cartésiennes*, 1931)에서는 논리학과 존재론이 일치하기에 이르렀다. 이와 같은 관념론으로의 이행은 후설의 초기의 에포케의 주장이 다른 현상학자들에게 받아들여지는 데 유리하게 작용하지 않았다는 것은 이해가 된다. 이를테면, 마르틴 하이데거는 에포케의 요구를 단호히 거부하고, 현상학적 분석을 존재에 대한 비(非)-관념론적 철학을 전개하는 데 사용하려고 했다.

(iv) 현상학적 분석은 여러 가지 영역에서 유익한 적용이 가능하다. 알렉산더 팬더(1870~1941)는 그것을 심리학의 영역에 적용하고, 후설의 제자인 오스카 베커(1889~1964)는 수리철학에 적용했으며, 또한 아돌프 라이나흐(1883~1917)는 법철학에, 막스 셸러(1874~1928)는 가치의 영역에 적용했다. 한편, 다른 사람들은 그것을 미학이나 종교적

---

8. 객관을 구성한다는 것은 그것을 의식에 대하여 객관이 되게 한다는 것을 의미할 수 있다. 그리고 그것은 반드시 관념론을 의미하지 않는다. 또한 그것은 사물이 가지고 있는 유일한 실재성, 곧 의식에 관련된 것으로서의, 곧 의식에 의존하는 것으로서의 실재성을 사물에게 주는 창조적 활동성에 돌릴 수 있을 것이다. 관념론은 이 둘째 의미로의 이행을 뜻한다.

의식의 영역에 적용했다. 그러나 현상학적 방법을 썼다고 해서 그 사용자가 반드시 후설의 '제자'로 불리는 것은 아니다. 이를테면 셸러는 독자적인 탁월한 철학자였다. 또 현상학적 분석은 그 일반적인 철학적 입장이 눈에 띄게 후설의 그것과 다른 사상가들에 의하여 이루어져 왔다. 사람은 다만 프랑스의 실존주의자 장 폴 사르트르(1905~80)나 모리스 메를로-퐁티(1908~61), 그리고 현대의 토마스주의자들의 이름을 드는 것만으로 족하다.

　현상학적 분석의 이와 같은 광범위에 걸친 적용은 다만 그 가치의 웅변적인 증거가 될 뿐 아니라, 또 그것이 하나의 통일적 요인이기도 하다는 것을 가리킨다고 주장하는 것은 부당하지 않다. 그러나 동시에, 후설의 에포케의 요구가 일반으로 무시되고 거절되었다고 하는 사실, 그리고 현상학이 상극하는 체계에 마침표를 찍기 위한 철학의 기초로서보다는, 다양한 철학의 틀 안에서 이용되었다고 하는 사실은, 그것이 후설의 처음의 기대에 부응하는 것이 아니었음을 가리키는 것이라고 할 수 있겠다. 더욱이, 현상학적 방법이라고 불리고 있는 것의 본질 자체에 관해 이의를 제기할 수가 있다. 이를테면, 유럽 대륙의 현상학과 영국에서 행해지고 있는 개념적 또는 '언어적' 분석과의 관계는 다른 점에서는 서로 이해하기가 곤란한, 철학자 그룹 간의 생산적인 대화를 가능케 하는 주된 주제의 하나이지만, 이러한 대화에서 첫째 쟁점이 되는 것은 바로 현상학적 분석이라고 불리는 것의 본질이다. '본질'에 대한 현상학적 분석에 대해 말하는 것은 정당한가? 만약 그렇다면, 그것은 어떤 정확한 의미에서인가? 현상학적 분석은 명확하게 철학적 활동인가? 아니면, 그것은 한쪽으로는 심리학에, 또 다른 쪽에서는 이른바 언어분석으로 분리하는가? 우리는 여기서 이와 같은 문제에 대하여 논의할 수 없다. 그러나 그와 같은 문제가 생길 수 있다고 하는 사실은,

후설은 그가 마침내 철학의 분열을 극복했다고 생각하는 데서, 그 이전의 데카르트나 칸트나 피히테와 마찬가지로 너무 낙관주의적이었다는 것을 시사하고 있다.

5. 존재론으로의 귀환: N. 하르트만

우리는 세기의 전환시기에 신칸트주의가 독일 대학에서 가장 지배적인 아카데믹한 철학 또는 '강단철학' 이 된 것을 보았다. 그리고 확실히 사람은 이와 같은 전통과 사물의 객관적 범주보다 오히려 사유나 판단에 대한 관심을 관련짓는다. 하지만 우리가 사물로의 귀환이라고 할 수 있는 것을 자기 철학에서 서술하고 인상적인 실재론적 존재론을 전개한 것은 마르부르크대학에서 코헨(Cohen)과 나토르프(Natorp)의 제자였던 니콜라이 하르트만(Nicolai Hartmann, 1882~1950)이었다. 그리고 여기서 우리는 명백히 20세기에 속하는 철학자의 사상에 대하여 자세히 서술할 수는 없지만, 그의 사상의 경향에 대해 전반적인 지적을 해 두는 것은 철학의 본질과 기능에 대한 중요한 견해의 하나를 예증하는 데 도움이 될 것이다.

《인식의 형이상학 강요(綱要)》(*Grundzüge einer Metaphysik der Erkenntnis*, 1921)에서 니콜라이 하르트만은 신칸트주의로부터 인식의 실재론적 이론으로 나가고, 그 후속 저작들에서 존재의 다양한 양태나 단계의 범주 분석의 형태를 취하는 존재론을 전개했다. 이리하여 《윤리학》(*Ethik*, 1926)에서 그는 관념적 존재를 갖는 가치들의 현상학적 연구에 전념하는 한편, 《정신적 존재의 문제》(*Das Problem des geistigen Seins*, 1933)에서는 인간 정신의 삶을 그것의 인격적 형식과 객관화의 쌍방에서 고찰했다. 《존재론의 정초(定礎)》(*Zur Grundlegung der Ontologie*, 1935), 《가능성과 현실성》(*Möglichkeit und Wirklichkeit*, 1938), 《실재적 세계의 구조. 일반적 범주론 강요》(*Der Aufbau der realen Welt. Grundriss der allgemeinen Kategorienlehre*, 1940)와 《존재론의 새 길》(*Neue Wege der Ontologie*, 1941)은 일반적 존재론을 서술하고, 한편, 《자연의 철학》(*Philosophie der Natur*, 1950)에서는 비(非)유기적 단계와 유기적 단계의 범주들에게 특별한 주의를 기울이고 있다.>9

따라서 일반으로 하르트만의 사유는 통일성과 다양성, 지속과 생성 또는 변화라고 하는 존재의 일반적인 구조적 원리 또는 범주의 연구로부터, 국부적 존재론으로, 곧, 비유기적 존재, 유기적 존재 따위의 특수한 범주의 분석으로 옮아 갔다. 그리고 이 점에서 그는 거기 있음(*Dasein*)과 이러저러하게 있음(*Sosein*)을 구별하고 있다. 그러나 그의 존재론은 경험에 나타나는 존재에서 예증되어 있는 범주의 현상학적 분석이라는 형식을 철저히 취하고 있다. 현존의 무한한 작용이라는 의미에서의 자체적 존재(*ipsum esse subsistens*)라고 하는 관념은 그의 사상과 전혀 맞지 않는다. 그리고 신은 초월적이라고 하는 의미에서의 초월적 존재에 대한 어떤 형이상학도 배제된다. 실로 하르트만에게 형이상학은 해결할 수 없는 문제를 다룬다. 이에 대하여 그가 생각하고 있는 존재론은 확실한 결과에 도달할 수 있다.

따라서 하르트만의 존재론은 실재적 존재의 객관적 범주에 대한 연구를 뜻하는 한, 신칸트주의의 하나의 극복이다. 또 그것은 철학에 고유한 일정한 영역을, 곧, 엄밀하게 그 자체로서 고찰된 존재의 다양한

---

9. 우리는 또 유작 《목적론적 사고》(*Teleologisches Denken*, 1951)와 미와 미적 가치에 대한 연구 《미학》(*Aesthetik*, 1953)을 들 수 있다.

수준이나 타입을 할당하는 한, 실증주의의 하나의 극복이다. 그리고 하르트만은 현상학적 분석의 방법을 채용하고 있지만, 그는 그 방법의 사용을 후설의 에포케의 준수가 그에게 언도하고 있듯이, 주관적 영역에 제한하는 일이 없다. 그러나 그의 존재론은 범주론이며, 존재자를 기초 지우고 있는 존재(*das Sein*)의 형이상학이 아니다. 그의 생각에, 학적 철학은 존재자로서의 존재자의 연구를 초월한 존재를 탐구하는 어떠한 권한도 가지고 있지 않다. 확실히 인간 정신에 여러 가지 정도로 알려지는 가치들의 관념적 존재가 있다. 그러나 이 가치들은 관념적 실재성을 가지고는 있지만, 그것들 자체로 현존하고 있는 것은 아니다. 그리고 현존하고 있는 존재자는 세계를 구성하고 있는 존재자이다.

6. 존재의 형이상학: 하이데거, 토마스주의자들

(i) 존재(*das Sein*)에 대한 사유로 철학을 불러들인 것은 현대의 독일 사상에서 주로, 수수께끼 같은 사상가 마르틴 하이데거(Martin Heidegger, 1889~1976)에 의하여서이다. 하이데거에 따르면, 서양의 철학 전체가 존재를 망각하고 존재자의 연구에 열중하고 있다.[10] 그리고 존재의 관념은 존재자의 모든 명확한 특성을 추상함으로써 얻어지는 공허하고 무규정한 개념을 의미해 왔든지, 아니면 존재자의 계층에서의 가장 높은 존재, 곧, 신을 의미해 왔다. 존재자의 존재로서의, 그리고 존재자에 의하여 가려져 있던 존재로서의, 존재자를 연구할 때에

---

10. 명백히 니콜라이 하르트만은 이 중에 포함된다.

전제되고 있는 주관과 객관의 이원성의 근거가 되어 있는 존재로서의 존재는 간과되고, 망각되어 있다. 그것은 은폐되고 베일에 덮인 채로 있다. 그리하여 하이데거는 존재의 의미를 묻는다. 그에게 그것은 문법 상의 문제가 아니다. 그것은 존재자의 존재의 베일을 벗길 것을 요구하 는 것이다.

인간이 이와 같은 물음을 물을 수 있다는 것은 하이데거에게는 바로 인간은 존재에 대한 모종의 선-반성적 이해를 가지고 있다는 것을 보여 주는 것이다. 그리고《존재와 시간》(*Sein und Zeit*, 1927)의 제1부에서 하이데거는 존재에 대한 물음을 물을 수 있는 존재로서의, 그리고 이리하여 존재에로 자리 매김 되어 있는 존재로서의 인간의 현상학적-존재론적 분석을 하고 있다. 이처럼 그가 기초존재론이라고 부르고 있는 것은 '현존재'(*Dasein*)로서의 인간의 실존론적 분석이 된다. 이와 같이 하이데거의 목적은 말하자면 존재를 스스로 드러나게 하는 데 있지만, 그러나 실제로는 그는 인간을 초월하여 더 나가지 않았다. 그리고 그 저작은 인간의 유한성과 시간성이 뚜렷이 폭로되어 있는 한, 존재는 저자에게 본질적으로 유한하며, 시간적이라는 인상을 주기 십상이다—비록 그런 인상은 옳은 것이 아니라 해도.《존재와 시간》의 제2부는 끝내 출판되지 않았다.

하이데거의 후기 저작에서는 존재에 대한 인간의 자기 개방과 그것을 지탱할 필요성에 대하여 우리는 아주 많은 이야기를 듣지만, 그가 존재의 베일을 벗기는 데 성공했다는 말은 거의 듣지 못했다. 그뿐 아니라 그는 그렇게 했다는 주장도 하려고 하지 않는다. 실제로 하이데거는 일반적으로 세계, 특히 철학자들은 존재를 망각해 왔다고 선언은 하고 있지만, 그들은 [존재의] 무엇을 망각해 왔는지, 또 이와 같은 망각이 어째서 그가 말하고 있는 것같이 불행한 것인지를 확실히 설명할 수 없는 것 같다.

(ii) 인간의 실존론적 분석은 따로 하더라도, 존재에 대한 하이데거의 견해는 너무나 수수께끼와 같기 때문에 결국 존재의 학이 된다고 말할 수 없었다. 존재의 학으로서의 형이상학이라는 관념은 현대의 토마스주의자들, 특히 그들이 초월론적 방법이라고 부르는 것을 채용한 사람들에 의하여 똑똑히 주장되고 있다. 칸트와, 특히 (칸트에 관한 한, 다만 사유 형식들의 초월론적 연역을 가지고), 피히테 같은 독일관념론자들에게 시사되어, 초월론적 방법은 두 개의 주요한 국면을 포함하고 있다. 우선, 학으로서의 형이상학을 수립하기 위해서는 그 자신 의심할 수 없는 기초에까지 거슬러 올라갈 필요가 있다. 곧, 그것은 귀납적인 국면 또는 계기이다.[11] 또 하나의 국면은 궁극적인 출발점으로부터의 형이상학의 체계적 연역에 있다.

실제로, 초월론적 방법은 당해 철학자들에 의하여, 토마스주의의 형이상학을 확고한 기반 위에 수립하고 그것을 체계적으로 연역하기 위하여—그 내용에 관한 한 새로운 형이상학의 체계를 산출하기 위해서는 아니며, 하물며 세계에 대한 놀랄 만한 새로운 진리를 발견하기 위해서도 아니고—사용되고 있다. 그러므로 적어도 국외자에게는, 그것은 같은 묵은 술을 새 병에 붓는 문제처럼 보인다. 하지만 당해 토마스주의자들에게서 볼 수 있듯이, 학적 방법의 문제는 존재에 대한 인간의 비반성적이고 잠재적인 이해를 체계적으로 기초 지워진 명시적 앎에로

---

11. 어떤 사람은 적절한 출발점을 절대적 단언의 작용으로서의 판단의 분석에 두고 있다. 이를테면 로츠 (J. B. Lotz)는 *Das Urteil und das Sein. Eine Grundlegung der Metaphysik* (Pullach bei München, 1957) 그리고 *Metaphysica operationis humanae methodo transcendentali explicata* (Rome, 1958)에서. 다른 사람은 모든 인식과 판단의 궁극적 기초는 무엇인가라는 물음 때문에 판단을 캐묻고 있다. 이를테면 코레트(E. Coreth)는 *Metaphysik. Eine methodisch-systematische Grundlegung* (Innsbruck, Vienna and München, 1961)에서.

전환시키는 일이 강조됨에 따라, 필연적으로 점점 더 거대한 모습을 드러내며, 중요성을 더해 갈 경향이 있음은 명백하다.

7. 맺음말

이상과 같은 20세기 전반(前半)의 독일철학에서의 몇 가지 사상의 흐름에 대한 극히 개략적인 서술은, 여러 체계나 경향으로의 분열이 마침내 극복되었다고 하는 충분한 근거가 되지 못한다. 그러나 그것은 철학이 한갓 과학의 여종 이상의 것이라는 주장을 정당화하려면 형이상학이지 않으면 안 된다는 것을 시사하고 있다. 특수과학에 의하여 고찰되는 세계의 국면이 세계가 적절하게 고찰되는 유일한 국면이라고 한다면, 철학은 모름지기 그것이 존속할 수 있기 위해선, 논리학과 과학방법론에 관여하든지, 아니면 일상언어의 분석에 관여하지 않으면 안 된다. 왜냐하면, 철학은 분명히 여러 과학 고유의 영역에서는 승부를 겨룰 수 없기 때문이다. 여러 과학들의 언어분석이나 일상언어의 분석 이외의 고유한 영역을 갖기 위해서는 철학은 존재자를 오직 존재자로서 고찰하지 않으면 안 된다. 그러나 니콜라이 하르트만의 경우처럼, 철학은 자기 자신을 경험에서 나타나는 유한한 존재의, 여러 가지 단계의 범주에 대한 구명에 국한한다면, 존재에 대한, 또는 존재자의 현존에 대한 극히 중대한 문제는 전적으로 간과되고 만다. 그리고 이 문제가 무의미한 것으로서 배제되는 것이 아니라면, 이와 같은 경시는 결코 정당화될 수 없다. 그러나 그 문제가 참된 철학적 문제로 일단 승인된다면, 절대자의 문제는 또다시 무대의 앞으로 나타난다. 그리고 결국, 유한한 실존의, 무제약적(無制約的) 절대자에 대한 관계 이상으로 중요

한 철학적 문제는 있을 수 없다는 셸링의 주장은 정당하다는 것이 제시
될 것이다.

이와 같은 셸링에 대한 언급은 독일관념론으로 돌아가자는 요구와
같은 것은 아니다. 내 마음속에 있는 것은 다음과 같은 것이다. 인간은
세계 속에 단지 장소적으로 존재하고 있을 뿐 아니라, 또한 본성상 세
계 속에 포함되어 있다. 인간은 세계 속에서 자기의 삶을 위하여, 자기
의 여러 욕구를 실현하기 위하여, 자기의 앎의 질료를 위하여, 그리고
자기의 행동을 위하여 자기가 다른 사물에 의존하고 있다는 것을 깨닫
는다. 그러나 동시에 그는 자기 자신을 세계 속에 있는 존재로 생각한
다는 바로 그 사실로 해서 세계의 밖에 서 있다. 곧 그는 세계의 과정
속에 전적으로 빠져 버린 것은 아닌 것이다. 인간은 역사적 존재이지만
그는 역사를 객관화할 수 있다는 의미에서 초역사적 존재다. 물론, 인
간의 이와 같은 두 측면을 완전히 분리한다는 것은 불가능하다. 인간은
세계의 밖에 서는 것으로서 세계 안에 있는 존재이며, '현세적' 존재이
다. 그는 또 세계 안의 존재로서 세계의 밖에 서 있다. 정신으로서, 곧
세계의 밖에 서는 것으로서 생각될 때, 인간은 형이상학적 문제를 제기
하고 주관-객관 상황의 배후에 있는, 또는 그 근저에 있는 실재를 탐구
할 수 있으며 또 탐구하도록 다그침 받는다. 세계 안에 포함되어 있는
존재로서 생각될 때, 인간은 자연히 이와 같은 문제를 쓸데없고 공허한
것으로 여기게 된다. 이와 같이 다른 태도 또는 경향은 철학적 사유의
발전에서 다양한 역사적 형태를, 그리고 역사적으로 설명이 가능한 형
태를 취하면서 되풀이된다. 그리하여 독일관념론은 형이상학적 경향
또는 충동에 의하여 취해진 하나의 역사적으로 제약된 형태다. 귀납적
형이상학은 또 하나의 형태다. 그리고 우리는 야스퍼스와 하이데거의
철학 속에 동일한 근본적인 경향이 다른 양식으로 다시 주장되고 있는

것을 볼 수 있다.

철학의 지평에서, 저마다의 경향 또는 태도는 자기를 이론적으로 정당화하려고 한다. 그러나 변증법적 대립은 계속되고 있다. 제시된 여러 정당화를 식별하는 어떤 수단도 없다고 말하려는 것은 아니다. 이를테면 인간은 자기를 대상화할 수 있는 한, 그리고 자기 자신의 과학적 탐구의 대상으로 다룰 수 있는 한, 자기를 세계 밖에 있는 것으로서, 또는 그와 같은 것으로서 정신적 국면을 가지고 있는 것으로서 말하는 것은 전혀 무의미한 것으로 여기기 쉽다. 그러나 자기를 대상화하는 것이 바로 자기 자신이라는 사실은, 피히테가 잘 보았듯이, 자기는 완전히는 대상화될 수 없다는 것, 그리고 자기의 현상학적 환원은 무비판적이고 유치하다는 것을 보여 준다. 그리고 일단 반성적 사유가 이 점을 이해하면, 형이상학은 다시 자기를 주장하기 시작한다. 하지만 인간의 '현세적' 국면의 인력은 또다시 자기를 주장하고 일단 획득된 통찰은 잊어지고 그리고 다시 획득된다.

인간의 이원적 본성에 바탕을 둔 두 가지 경향 또는 태도에 대한 이와 같은 관계는 만약 그것이 철학의 역사를 설명하는 충분한 열쇠라고 받아들여진다면, 분명 그것은 조잡하고 지나친 단순화라고 할 수 있을 것이다. 왜냐하면, 철학의 현실적인 전개에 관한 설명에서는 실로 많은 요소를 염두에 두지 않으면 안 되기 때문이다. 하지만 역사에서는 비록 단순한 반복은 없다고 해도, 지속적인 경향들은 다양한 역사적 형태로 끊임없이 되풀이되는 경향이 있다는 것은 고려되어야 할 것이다. 왜냐하면, 딜타이가 지적하고 있듯이, 역사를 이해하는 자는 또한 역사를 창조하는 자이기 때문이다. 철학의 변증법적 대립은 인간의 복잡한 본성을 반영하고 있다.

결론은 비관적인 것 같아 보일지도 모른다. 곧 우리는, 철학의 범위에 대해서조차 보편적이고 영속적인 동의에 이를 것이라고 생각되는 어떤 충분한 이유도 가지고 있지 못한 것이다. 하지만 만약 근본적인 불일치가 바로 인간 자신의 본성에서 나오는 것이라면, 우리는 변증법적 운동, 곧 다양한 역사적 형태에서의 일정한 근본적 경향과 태도 이외의 어떤 것도 거의 기대할 수 없다. 이것이 과정을 끝맺으려는 선의의 노력에도 불구하고 우리가 지금까지 가져온 모든 것이다. 그리고 만약 사람이 그 과정이 장래에도 계속될 것을 기대한다면, 그것을 부당한 비관주의라고 할 수는 없을 것이다.

붙임 :

간 추 린

참 고 문 헌

전 반 적 저 작

Abbagnano, N. *Storia della filosofia* : II, *parte seconda*. Turin, 1950.

Adamson, R. *The Development of Modern Philosophy, with other Lectures and Essays.* Edinburgh, 1908 (2nd edition).

Alexander, A. B. D. *A Short History of Philosophy*, Glasgow, 1922 (3rd edition).

Bosanquet, B. *A History of Aesthetic.* London, 1892.

Bréhier, E. *Histoire de la philosophie:* II, *deuxième partie.* Paris, 1944. (브레히에의 저작은 가장 뛰어난 철학사 중의 하나이며, 짧지만 유용한 참고문헌이 있다.)

Histoire de la philosophie allemande. Paris, 1933 (2nd edition).

Castell, A. *An Introduction to Modern Philosophy in Six Problems.* New York, 1943.

Catlin, G. *A History of the Political Philosophers.* London, 1950.

Collins, J. *A History of Modern European Philosophy.* Milwaukee, 1954. (토마스주의자가 쓴 이 저작은 크게 추천할 수 있으며, 유

용한 참고문헌이 있다.)

God in Modern Philosophy. London, 1960. (관련된 시기의 헤겔, 포이어바흐, 마르크스, 키르케고르를 다루고 있다.)

De Ruggiero, G. *Storia della filosofia: IV, la filosofia moderna. L'età del romanticismo.* Bari, 1943.

Hegel. Bari, 1948.

Deussen, P. *Allgemeine Geschichte der Philosophie: II, 3, Neuere Philosophie von Descartes bis Schopenhauer.* Leipzig, 1922(3rd edition).

Devaux, P. *De Thalès à Bergson. Introduction historique à la philosophie.* Liège, 1948.

Erdmann, J. E. *A History of Philosophy: II, Modern Philosophy*, translated by W. S. Hough, London, 1889, and subsequent editions.

Falckenberg, R. *Geschichte der neuern Philosophie.* Berlin, 1921(8th edition).

Fischer, K. *Geschichte der neuern Philosophie.* 10 vols. Heidelberg, 1897~1904. (이 저작은 피히테, 셸링, 헤겔, 쇼펜하우어를 따로 한 권씩 다루고 있다.)

Fischl, J. *Geschichte der Philosophie*, 5 vols. III, *Aufklärung und deutscher Idealismus.* IV, *Positivismus und Materialismus.* Vienna, 1950.

Fuller, B. A. G. *A History of Philosophy.* New York, 1945 (revised edition).

Hegel, G. W. F. *Lectures on the History of Philosophy*, translated by E. S. Haldane and F. H. Simson. Vol. III. London, 1895. (헤겔의 역

사철학은 그의 체계의 부분을 이룬다.)

Heimsoeth, H. *Metaphysik der Neuzeit.* München, 1929.

Hirschberger, J. *The History of Philosophy,* translated by A. Fuerst, 2 vols. Milwaukee, 1959. (제2권은 근대철학을 다루고 있다.)

Höffding, H. *A History of Philosophy* (modern), translated by B. E. Meyer, 2 vols. London, 1900 (American reprint, 1924).

A Brief History of Modern Philosophy, translated by C. F. Sanders, London, 1912.

Jones, W. T. *A History of Western Philosophy:* II, *The Modern Mind.* New York, 1952.

Klimke, F., S.J. and Colomer, E., S.J. *Historia de la filosofía.* Barcelona, 1961 (3rd edition).

Marías, J. *Historia de la filosofía.* Madrid, 1941.

Meyer, H. *Geschichte der abendländischen Weltanschauung:* IV, *Von der Renaissance zum deutschen Idealismus:* V, *Die Weltanschauung der Gegenwart.* Würzburg, 1950.

Oesterreich, T. K. *Die deutsche Philosophie des XIX Jahrhunderts.* Berlin, 1923 (reproduction, 1953). (이것은 위버베크의 철학사 강요의 개정판 제4권으로 광범위한 참고문헌이 포함되어 있으며 참조를 위한 저작으로 유용하다.)

Randall, H., Jr. *The Making of the Modern Mind.* Boston, 1940 (revised edition).

Rogers, A. K. *A Student's History of Philosophy.* New York, 1954 (3rd edition reprinted). (교과서로 딱 맞다.)

Russell, Bertrand. *History of Western Philosophy and its connection with Political and Social Circumstances from the Earliest Times to the Present Day.* London, 1946, and reprints.

Wisdom of the West. An Historical Survey of Western Philosophy in its Social and Political Setting. London, 1959. (19세기의 독일철학을 위해서는 나중에 든 것이 처음 것보다 바람직하다.)

Sabine, G. H. *A History of Political Theory.* London, 1941. (주제에 대한 귀중한 연구서.)

Schilling, K. *Geschichte der Philosophie: II, Die Neuzeit.* München, 1953. (참고문헌이 쓸 만하다.)

Souilhé, J. *La philosophie chrétienne de Descartes à nos jours,* 2 vols. Paris, 1934.

Thilly, F. *A History of Philosophy,* revised by L. Wood. New York, 1951.

Thonnard, F. J. *Précis d'histoire de la philosophie.* Paris, 1941 (revised edition).

Turner, W. *History of Philosophy.* Boston and London, 1903.

Vorländer, K. *Geschichte der Philosophie: II, Philosophie der Neuzeit.* Leipzig, 1919 (5th edition).

Webb, C. C. J. *A History of Philosophy.* (Home University Library.) London, 1915 and reprints.

Windelband, W. *A History of Philosophy, with especial reference to the Formation and Development of its Problems and Conceptions,* translated by J. A. Tufts. New York and London, 1952 (reprint of 1901 edition). (이 주목할 만한 저작은 철학사를 문제들의 전개를 따라 다루고 있다.)

Lehrbuch der Geschichte der Philosophie, edited by H. Heimsoeth with a concluding chapter, *Die Philosophie im 20 Jahrhundert mit einer Uebersicht über den Stand der philosophie-geschichtlichen Forschung.* Tübingen, 1935.

Wright, W. K. *A History of Modern Philosophy.* New York, 1941.

제1장: 독일관념론 운동에 관련된 전반적 저작

Benz, R. *Die deutsche Romantik,* Leipzig, 1937.

Cassirer, E. *Das Erkenntnisproblem in der Philosophie und Wissenschaft der neueren Zeit:* III, *Die nachkantischen Systeme.* Berlin, 1920.

Delbos, V. *De Kant aux Postkantiens.* Paris, 1940.

Flügel, O. *Die Religionsphilosophie des absoluten Idealismus: Fichte, Schelling, Hegel, Schopenhauer.* Langensalza, 1905.

Gardeil, H. –D. *Les étages de la philosophie idéaliste.* Paris, 1935.

Groos, H. *Der deutsche Idealismus und das Christentum.* München, 1927.

Hartmann, N. *Die Philosophie des deutschen Idealismus.* Berlin, 1960. 2nd edition (originally 2 vols., 1923~9).

Haym, R. *Die romantische Schule.* Berlin, 1928 (5th edition).

Hirsch, E. *Die idealistische Philosophie und das Christentum.* Gütersloh, 1926.

Kircher, E. *Philosophie der Romantik.* Jena, 1906.

Kroner, R. *Von Kant bis Hegel.* 2 vols. Tübingen, 1921~4. (이 책과 N.

하르트만의 책은 다른 관점에서 주제를 전형적으로 다루고 있다.)

Lutgert, W. *Die Religion des deutschen Idealismus und ihr Ende.* Gütersloh, 1923.

Maréchal, J., S.J. *Le point de départ de la métaphysique.* Cahier IV: *Le système idéaliste chez Kant et les postkantiens.* Paris, 1947.

Michelet, C. L. *Geschichte der letzten Systeme der Philosophie in Deutschland von Kant bis Hegel.* 2 vols. Berlin, 1837~8.

Entwicklungsgeschichte der neuesten deutschen Philosophie. Berlin, 1843.

제 2 ~ 4 장: 피 히 테

원전

Sämmtliche Werke, edited by I. H. Fichte, 8 vols. Berlin, 1845~6.

Nachgelassene Werke, edited by I. H. Fichte. 3 vols. Bonn, 1834~5.

Werke, edited by F. Medicus. 6 vols. Leipzig, 1908~12. (이 판은 피히테의 모든 저작을 포함하고 있지 않다.)

Fichtes Briefwechsel, edited by H. Schulz. 2 vols. Leipzig, 1925.

Die Schriften zu J. G. Fichte's Atheismus-streit, edited by H. Lindau. München, 1912.

Fichte und Forberg. Die philosophischen Schriften zum Atheismus-streit, edited by F. Medicus. Leipzig, 1910.

The Science of Knowledge, translated by A. E. Kroeger. Philadelphia, 1868; London, 1889.

New Exposition of the Science of Knowledge, translated by A. E.

Kroeger. St. Louis, 1869.

The Science of Rights, translated by A. E. Kroeger. Philadelphia, 1869; London, 1889.

The Science of Ethics, translated by A. E. Kroeger. London, 1907.

Fichte's Popular Works, translated, with a memoir of Fichte, by W. Smith. 2 vols. London, 1889 (4th edition).

Addresses to the German Nation, translated, by R. F. Jones and G. H. Turnbull. Chicago, 1922.

J. G. Fichtes Leben und literarischer Briefwechsel, by I. H. Fichte. Leipzig, 1862 (2nd edition).

연구서

Adamson, R. *Fichte.* Edinburgh and London, 1881.

Bergmann, E. *Fichte der Erzieher.* Leipzig, 1928 (2nd edition).

Engelbrecht, H. C. *J. G. Fichte: A Study of His Political Writings with special Reference to His Nationalism.* New York, 1933.

Fischer, K. *Fichtes Leben, Werke und Lehre.* Heidelberg, 1914 (4th edition).

Gogarten, F. *Fichte als religiöser Denker.* Jena, 1914.

Gueroult, M. *L'évolution et la structure de la doctrine de la science chez Fichte.* 2 vols. Paris, 1930.

Heimsoeth, H. *Fichte.* München, 1923.

Hirsch, E. *Fichtes Religionsphilosophie.* Göttingen, 1914.

Christentum und Geschichte in Fichtes Philosophie. Göttingen, 1920.

Léon, X. *La philosophie de Fichte.* Paris, 1902.

Fichte et son temps. 2 vols. (in 3). Paris, 1922~7.

Pareyson, L. *Fichte.* Turin, 1950.

Rickert, H. *Fichtes Atheismusstreit und die kantische Philosophie.* Berlin, 1899.

Ritzel, W. *Fichtes Religionsphilosophie.* Stuttgart, 1956.

Stine, R. W. *The Doctrine of God in the Philosophy of Fichte.* Philadelphia, 1945 (dissertation).

Thompson, A. B. *The Unity of Fichte's Doctrine of Knowledge.* Boston, 1896.

Turnbull, G. H. *The Educational Theory of Fichte.* London, 1926.

Wallner, F. *Fichte als politischer Denker.* Halle, 1926.

Wundt, M. *Fichte.* Stuttgart, 1937 (2nd edition).

제 5 ~ 7 장 : 셸 링

원전

Sämmtliche Werke, edited by K. F. A. Schelling. *Erste Abteilung,* 10 vols., 1856~61; *Zweite Abteilung,* 4 vols. 1856~8. Stuttgart and Augsburg.

Werke, edited by M. Schröter. 6 vols. München, 1927~8; 2 supplementary vols. München, 1943~56.

Of Human Freedom, translated by J. Gutman. Chicago, 1936.

The Ages of the World, translated by F. Bolman, Jr. New York, 1942.

The Philosophy of Art: An Oration on the Relation between the Plastic

Arts and Nature, translated by A. Johnson. London, 1845.

Essais, translated by S. Jankélévitch. Paris, 1946.

Introduction à la philosophie de la mythologie, translated by S. Jankélévitch. Paris, 1945.

연 구 서

Bausola, A. *Saggi sulla filosofia di Schelling.* Milan, 1960.

Benz, E. *Schelling, Werden und Wirkung seines Denkens.* Zürich and Stuttgart, 1955.

Bréhier, E. *Schelling.* Paris, 1912.

Dekker, G. *Die Rückwendung zum Mythos. Schellings letzte Wandlung.* München and Berlin, 1930.

Drago del Boca, S. *La filosofia di Schelling.* Florence, 1943.

Fischer, K. *Schellings Leben, Werke und Lehre.* Heidelberg, 1902 (3rd edition).

Fuhrmans, H. *Schellings letzte Philosophie. Die negative und positive Philosophie im Einsatz des Spätidealismus.* Berlin, 1940.
Schellings Philosophie der Weltalter. Düsseldorf, 1954.

Gibelin, J. *L'ésthetique de Schelling d'après la philosophie de l'art.* Paris, 1934.

Gray-Smith, R. *God in the Philosophy of Schelling.* Philadelphia, 1933 (dissertation).

Hirsch, E. D., Jr. *Wordsworth and Schelling.* London, 1960.

Jankélévitch, V. *L'odysée de la conscience dans la dernière philosophie de Schelling.* Paris, 1933.

Jaspers, K. *Schelling: Grösse und Verhängnis.* München, 1955.

Knittermeyer, H. *Schelling und die romantische Schule.* München, 1929.

Koehler, E. *Schellings Wendung zum Theismus.* Leipzig, 1932 (dissertation).

Massolo, A. *Il primo Schelling.* Florence, 1953.

Mazzei, V. *Il pensiero etico-politico di Friedrich Schelling.* Rome, 1938.

Noack, L. *Schelling und die Philosophie der Romantik.* Berlin, 1859.

Schulz, W. *Die Vollendung des deutschen Idealismus in der Spätphilosophie Schellings.* Stuttgart and Cologne, 1955.

Watson, J. *Schelling's Transcendental Idealism.* Chicago, 1892 (2nd edition).

더 상세한 참고문헌을 위해서는 다음을 보라.

Friedrich Wilhelm Joseph von Schelling. Eine Bibliographie, by G. Schneeberger. Bern, 1954.

제 8 장 : 슐 라 이 어 마 허

원전

Werke, Berlin, 1835~64. (Section I, theology, 13 vols.; Section II, sermons, 10 vols.; Section III, philosophy, 9 vols.)

Werke (selections), edited by O. Braun. 4 vols. Leipzig, 1910~13.

Addresses on Religion, translated by J. Oman. London, 1894.

The Theology of Schleiermacher, a Condensed Presentation of His Chief Work 'The Christian Faith', by G. Cross. Chicago, 1911.

연구서

Baxmann, R. *Schleiermacher, sein Leben und Wirken,* Elberfeld, 1868.

Brandt, R. B. *The Philosophy of Schleiermacher.* New York, 1941.

Dilthey, W. *Leben Schleiermachers.* Berlin, 1920 (2nd edition).

Fluckinger, F. *Philosophie und Theologie bei Schleiermacher.* Zürich, 1947.

Keppstein, T. *Schleiermachers Weltbild und Lebensanschauung.* München, 1921.

Neglia, F. *La filosofia della religione di Schleiermacher.* Turin, 1952.

Neumann, J. *Schleiermacher.* Berlin, 1936.

Reble, A. *Schleiermachers Kulturphilosophie.* Erfurt, 1935.

Schultz, L. W. *Das Verhältnis von Ich und Wirklichkeit in der religiösen Anthropologie Schleiermachers.* Göttingen, 1935.

Schutz, W. *Schleiermacher und der Protestantismus.* Hamburg, 1957.

Visconti, L. *La dottrina educativa di F. D. Schleiermacher.* Florence, 1920.

Wendland, I. *Die religiöse Entwicklung Schleiermachers.* Tübingen, 1915.

제9～11장 : 헤겔

원전

Werke, Jubiläumsausgabe, edited by H. G. Glockner. 26 vols. Stuttgart, 1927~39. Glockner에 의한 기념판 전집. 헤겔의 저작들이 포함되어 있는 처음 20권은 1832~87판(19권)의 중판이며, 21~2

권은 글록크너의 《헤겔》, 23~6권은 글록크너가 만든 《헤겔-찾아보기》가 수록되어 있다.

Sämmtliche Werke, kritische Ausgabe, edited by G. Lasson and J. Hoffmeister. G. Lasson과 J. Hoffmeister에 의한 원전비판 전집. 이 비판 전집은 원래 Lasson에 의하여 1905년부터 라이프치히(F. Meiner)에서 발간되기 시작했는데, 라손의 사망으로 Hoffmeister가 이어받았고, 1949년부터 함부르크(F. Meiner)에서 출판되었다. 24권으로 계획되었으나 후에 26권으로, 그리고 다시 27권으로 늘었으며, 그중 몇 권은 다른 판본으로 빠져나갔다. 이를테면, 제2권의 3판(《정신현상학》)은 1929년에, 제6권의 3판(《법철학 강요》)은 1930년에 나왔다. 전집은 미완으로 남았다.

Sämmtliche Werke, neue kritische Ausgabe, edited by J. Hoffmeister. 전 32권으로 계획된 이 판은 함부르크(F. Meiner)에서 출판되었으며, 라손-호프마이스터 판을 완결하고 능가할 계획이었다. 지금은 《첫 번째 비판 판》으로 알려져 있다. 라손-호프마이스터 판의 몇 권이 신비판 판 전집에 들어가게 됨으로써 사정이 좀 복잡하게 되었다. 이를테면, 1940년에 비판 판 전집의 제15a권으로 출판된 호프마이스터 판의 《헤겔의 역사철학 강의》의 제1부가 신비판적 전집의 제20권으로 출판된 것이다. 또 헤겔편지 모음의 호프마이스터 판의 첫째 권(1952)이 비판 판의 표제를 지니고 라손을 원편집자로 한데다, 둘째 권(1953)은 신비판 판이라는 표제에 라손에 대한 아무런 언급도 없었다. (헤겔편지 모음은 신비판 전집의 27~30권을 이루고 있다.)

Hegels theologische Jugendschriften, edited by H. Nohl. Tübingen, 1907.

Dokumente zu Hegels Entwicklung, edited by J. Hoffmeister. Stuttgart, 1936.

G. W. F. Hegel: Early Theological Writings, translated by T. M. Knox with an introduction by R. Kroner. Chicago, 1948.

The Phenomenology of Mind, translated by J. Baillie. London, 1931 (2nd edition).

Encyclopaedia of Philosophy, translated and annotated by G. E. Mueller. New York, 1959.

Science of Logic, translated by W. H. Johnston and L. G. Struthers. 2 vols. London, 1929. (헤겔의 '대논리학' 으로 불린다.)

The Logic of Hegel, translated from the Encyclopaedia of the Philosophical Sciences, translated by W. Wallace. Oxford, 1892 (2nd edition). ('소논리학' 으로 불린다.)

Hegel's Philosophy of Mind, translated from the Encyclopaedia of the Philosophical Sciences, translated by W. Wallace. Oxford, 1894.

The Philosophy of Right, translated and annotated by T. M. Knox. Oxford, 1942.

Philosophy of History, translated by J. Sibree. London, 1861.

The Philosophy of Fine Art, translated by F. P. B. Osmaston. 4 vols. London, 1920.

Lectures on the Philosophy of Religion, together with a Work on the Proofs of the Existence of God, translated by E. B. Speirs and J. B. Sanderson. 3 vols. London, 1895 (reprint 1962).

Lectures on the History of Philosophy, translated by E. S. Haldane and F. H. Simpson. 3 vols. London, 1892~6.

연 구 서

Adams, G. P. *The Mystical Element in Hegel's Early Theological Writings,* Berkeley, 1910.

Aspelin, G. *Hegels Tübinger Fragment.* Lund, 1933.

Asveld, P. *La pensée religieuse du jeune Hegel. Liberté et aliénation.* Louvain, 1953.

Baillie, J. *The Origin and Significance of Hegel's Logic.* London, 1901.

Balbino, G. *Der Grundirrtum Hegels,* Graz, 1914.

Brie, S. *Der Volksgeist bei Hegel und die historische Rechtsschule.* Berlin, 1909.

Bullinger, A. *Hegelsche Logik und gegenwärtig herrschender antihegelische Unverstand.* München, 1901.

Bülow, F. *Die Entwicklung der Hegelschen Sozialphilosophie.* Leipzig, 1920.

Caird, E. *Hegel.* London and Edinburgh, 1883. (이것은 아직도 뛰어난 헤겔 입문서다.)

Cairns, H. *Legal Philosophy from Plato to Hegel.* Baltimore, 1949.

Coreth, E., S.J. *Das dialektische Sein in Hegels Logik.* Vienna, 1952.

Cresson, A. *Hegel, sa vie, son oeuvre.* Paris, 1949.

Croce, B. *What is Living and What is Dead in the Philosophy of Hegel,* translated by D. Ainslie. London, 1915.

Cunningham, G. W. *Thought and Reality in Hegel's System.* New York, 1910.

De Ruggiero, G. *Hegel.* Bari, 1948.

Dilthey, W. *Die Jugendgeschichte Hegels.* Berlin, 1905. (딜타이 전집,

IV; 베를린, 1921에 들어 있다.)

Dulckeit, G. *Die Idee Gottes im Geiste der Philosophie Hegels.* München, 1947.

Emge, C. A. *Hegels Logik und die Gegenwart.* Karlsruhe, 1927.

Findlay, J. N. *Hegel. A Re-Examination.* London, 1958. (헤겔철학에 관한 공감적이고 체계적 보고서. 형이상학적 견해가 최소화되어 있다.)

Fischer, K. *Hegels Leben, Werke und Lehre,* 2 vols. Heidelberg, 1911 (2nd edition).

Foster, M. B. *The Political Philosophies of Plato and Hegel.* Oxford, 1935.

Glockner, H. *Hegel.* 2 vols. Stuttgart. (앞에서 언급한 글록크너 판 헤겔 전집 21, 22권.)

Grégoire, F. *Aux sources de la pensée de Marx: Hegel, Feuerbach.* Louvain, 1947.

　Études hégéliennes. Louvain, 1958.

Häring, T. *Hegel, sein Wollen und sein Werk.* 2 vols. Leipzig, 1929~38.

Haym, R. *Hegel und seine Zeit.* Leipzig, 1927 (2nd edition).

Heimann, B. *System und Methode in Hegels Philosophie.* Leipzig, 1927.

Hoffmeister, J. *Hölderlin und Hegel.* Tübingen, 1931.

　Goethe und der deutsche Idealismus. Eine Einführung zu Hegels Realphilosophie. Leipzig, 1932.

　Die Problematik des Völkerbundes bei Kant und Hegel. Tübingen, 1934.

Hyppolite, J. *Genèse et structure de la Phénomenologie de l'Esprit de Hegel.* Paris, 1946. (매우 귀중한 주석.)

Introduction à la philosophie de l'histoire de Hegel. Paris, 1948.

Logique et existence: Essai sur la logique de Hegel. Paris, 1953.

Iljin, I. *Die Philosophie Hegels als kontemplative Gotteslehre.* Bern, 1946.

Kojève, A. *Introduction à la lecture de Hegel.* Paris, 1947 (2nd edition). (저자는 헤겔에 대해 무신론적 해석을 하고 있다.)

Lakebrink, B. *Hegels dialektische Ontologie und die thomistiche Analektik.* Cologne, 1955.

Lasson, G. *Was heisst Hegelianismus?* Berlin, 1916.

Einführung in Hegels Religionsphilosophie. Leipzig, 1930. (이 책은 앞에서 언급한 라손 판 비판적 헤겔 전집 제12권의 해설을 이루고 있다. 라손에 의한 유사한 해설이 있다. 이를테면 《역사철학자로서의 헤겔》, 라이프치히, 1920.)

Litt, T. *Hegel. Versuch einer kritischen Erneuerung.* Heidelberg, 1953.

Lukács, G. *Der junge Hegel. Ueber die Beziehungen von Dialektik und Oekonomie.* Berlin, 1954 (2nd edition). (저자는 마르크스주의자의 관점에서 쓰고 있다.)

Maggiore, G. *Hegel.* Milan, 1924.

Maier, J. *On Hegel's Critique of Kant.* New York, 1939.

Marcuse, M. *Reason and Revolution: Hegel and the Rise of Social Theory.* New York, 1954 (2nd edition).

McTaggart, J. McT. E. *Commentary on Hegel's Logic.* Cambridge, 1910.

Studies in the Hegelian Dialectic. Cambridge, 1922 (2nd edition).

Studies in Hegelian Cosmology. Cambridge, 1918 (2nd edition).

Moog, W. *Hegel und die Hegelsche Schule.* München, 1930.

Mure, G. R. G. *An Introduction to Hegel.* Oxford, 1940. (헤겔의 아리 스토텔레스에 대한 관계를 강조.)

A Study of Hegel's Logic. Oxford, 1950.

Negri, A. *La presenza di Hegel.* Florence, 1961.

Niel, H., S.J. *De la médiation dans la philosophie de Hegel.* Paris, 1945.(관조의 넘치는 빛으로 본 헤겔철학 연구.)

Nink, C., S.J. *Kommentar zu den grundlegenden Abschnitten von Hegels Phänomenologie des Geistes.* Regensburg, 1931.

Ogiermann, H. A., S.J. *Hegels Gottesbeweise.* Rome, 1948.

Olgiati, F. *Il panlogismo hegeliano.* Milan, 1946.

Pelloux, L. *La logica di Hegel.* Milan, 1938.

Peperzak, A. T. B. *Le jeune Hegel et la vision morale du monde.* The Hague, 1960.

Pringle-Pattison, A. S.(=A. Seth). *Hegelianism and Personality.* London, 1893(2nd edition).

Reyburn, H. A. *The Ethical Theory of Hegel: A Study of the Philosophy of Right.* Oxford, 1921.

Roques, P. *Hegel, sa vie et ses oeuvres.* Paris, 1912.

Rosenkranz, K. *G. W. F. Hegels Leben.* Berlin, 1844.

Erläuterungen zu Hegels Enzyklopädie der Philosophie. Berlin, 1870.

Rosenzweig, F. *Hegel und der Staat.* 2 vols. Oldenburg, 1920.

Schmidt, E. *Hegels Lehre von Gott.* Gütersloh, 1952.

Schneider, R. *Schellings und Hegels schwäbische Geistesahnen.* Würzburg, 1938.

Schwarz, J. *Die anthropologische Metaphysik des jungen Hegel.* Hildesheim, 1931.

Hegels philosophische Entwicklung. Frankfurt a. M., 1938.

Specht, E. K. *Der Analogiebegriff bei Kant und Hegel.* Cologne, 1952.

Stace, W. T. *The Philosophy of Hegel.* London, 1924 (new edition, New York, 1955). (체계적이고 명석한 평가.)

Steinbüchel, T. *Das Grundproblem der Hegelschen Philosophie.* Vol. 1. Bonn, 1933. (가톨릭 사제인 저자는 이 책을 완성하기 전에 사망했다.)

Stirling, J. H. *The Secret of Hegel.* London, 1865.

Teyssedre, B. *L'ésthetique de Hegel.* Paris, 1958.

Vanni Rovighi, S. *La concezione hegeliana della Storia,* Milan, 1942.

Wacher, H. *Das Verhältnis des jungen Hegel zu Kant.* Berlin, 1932.

Wahl, J. *Le malheur de la conscience dans la philosophie de Hegel.* Paris, 1951 (2nd edition). (귀중한 연구.)

Wallace, W. *Prolegomena to the Study of Hegel's Philosophy and especially of his Logic.* Oxford, 1894 (2nd edition).

Weil, E. *Hegel et l'état.* Paris, 1950.

제 1 3 ～ 1 4 장 : 쇼 펜 하 우 어

원전

Werke, edited by J. Frauenstädt. 6 vols. Leipzig, 1873~4 (and subsequent editions). New edition by A. Hübscher, Leipzig, 1937~41.

Sämmtliche Werke, edited by P. Deussen and Hübscher, 16 vols. München, 1911~42.

On the Fourfold Root of the Principle of Sufficient Reason, and On the Will in Nature, translated by K. Hillebrand. London, 1907 (revised edition).

The World as Will and Idea, translated by R. B. Haldane and J. Kemp. 3 vols. London, 1906 (5th edition).

The Basis of Morality, translated by A. B. Bullock. London, 1903.

Selected Essays, translated by E. B. Bax. London, 1891.

연 구 서

Beer, M. *Schopenhauer.* London, 1914.

Caldwell, W. *Schopenhauer's System in Its Philosophical Significance.* Edinburgh, 1896.

Copleston, F. C., S.J. *Arthur Schopenhauer, Philosopher of Pessimism.* London, 1946.

Costa, A. *Il pensiero religioso di Arturo Schopenhauer.* Rome, 1935.

Covotti, A. *La vita a il pensiero di A. Schopenhauer.* Turin, 1909.

Cresson, A. *Schopenhauer.* Paris, 1946.

Faggin, A. *Schopenhauer, il mistico senza Dio.* Florence, 1951.

Fauconnet, A. *L'ésthetique de Schopenhauer.* Paris, 1913.

Frauenstädt, J. *Schopenhauer-Lexikon.* 2 vols. Leipzig, 1871.

Grisebach, E. *Schopenhauer.* Berlin, 1897.

Hasse, H. *Schopenhauers Erkenntnislehre.* Leipzig, 1913.

Hübscher, A. *Arthur Schopenhauer. Ein Lebensbild.* Wiesbaden, 1949 (2nd edition).

Knox, I. *Aesthetic Theories of Kant, Hegel and Schopenhauer.* New York, 1936.

McGill, V. J. *Schopenhauer, Pessimist and Pagan.* New York, 1931.

Méry, M. *Essai sur la causalité phénoménale selon Schopenhauer.* Paris, 1948.

Neugebauer, P. *Schopenhauer in England, mit besonderer Berüktsichtigung seines Einflusses auf die englische Literatur.* Berlin, 1931.

Padovani, U. A. *Arturo Schopenhauer: L'ambiente, la vita, le opere.* Milan, 1934.

Robot, T. *La philosophie de Schopenhauer.* Paris, 1874.

Ruyssen, T. *Schopenhauer,* Paris, 1911.

Sartorelli, F. *Il pessimismo di Arturo Schopenhauer, con particolare riferimento alla dottrina del diritto e dello Stato.* Milan, 1951.

Schneider, W. *Schopenhauer,* Vienna, 1937.

Seillière, E. *Schopenhauer.* Paris, 1912.

Simmel, G. *Schopenhauer und Nietzsche.* Leipzig, 1907.

Siwek, P., S.J. *The Philosophy of Evil* (Ch. X). New York, 1951.

Volkelt, J. *Arthur Schopenhauer, seine Persönlichkeit, seine Lehre, seine Glaube.* Stuttgart, 1907 (3rd edition).

Wallace, W. *Schopenhauer*. London, 1891.

Whittaker, T. *Schopenhauer*. London, 1909.

Zimmern, H. *Schopenhauer: His Life and Philosophy*. London, 1932 (revised edition). (A short introduction.)

Zint, H. *Schopenhauer als Erlebnis*. München und Basel, 1954.

제15장: 포이어바흐

원전

Sämmtliche Werke, edited by L. Feuerbach(철학자 본인). 10 vols. Leipzig, 1846~66.

Sämmtliche Werke, edited by W. Bolin and F. Jodl. 10 vols. Stuttgart, 1903~11.

The Essence of Christianity, translated by G. Eliot. New York, 1957. (London, 1881, 2nd edition, with translator's name given as M. Evans.)

연구서

Arvon, H. *Ludwig Feuerbach ou la transformation du sacré*. Paris, 1957.

Bolin, W. *Ludwig Feuerbach, sein Wirken und seine Zeitgenossen*. Stuttgart, 1891.

Chamberlin, W. B. *Heaven Wasn't His Destination: The Philosophy of Ludwig Feuerbach*. London, 1941.

Engels, F. *Ludwig Feuerbach and the Outcome of Classical German*

Philosophy. (C. P. Dutt 편집에 의한 카를 마르크스 선집에 들어 있다. Marx와 Engels 참조.)

Grégoire, F. *Aux Sources de la pensée de Marx, Hegel, Feuerbach*. Louvain, 1947.

Grün, K. *Ludwig Feuerbach in seinem Briefwechsel und Nachlass*. 2 vols. Leipzig, 1874.

Jodl, F. *Ludwig Feuerbach*. Stuttgart, 1904.

Lévy, A. *La philosophie de Feuerbach et son influence sur la littérature allemande*. Paris, 1904.

Lombardi, F. *Ludwig Feuerbach*. Florence, 1935.

Löwith, K. *Von Hegel bis Nietzsche*. Zurich, 1941.

Nüdling, G. *Ludwig Feuerbachs Religionsphilosophie*. Paderborn, 1936.

Rawidowicz, S. *Ludwig Feuerbachs Philosophie*. Berlin, 1931.

Schilling, W. *Feuerbach und die Religion*. München, 1957.

Secco, L. *L'etica nella filosofia di Feuerbach*. Padua, 1936.

제16장: 마르크스와 엥겔스

원전

Marx-Engels, Historisch-kritische Gesamtausgabe: Werke, Schriften, Briefe, edited by D. Ryazanov (from 1931 by V. Adoratsky). Moscow and Berlin. 약 42권으로 이루어질 이 비판적 전집은 모스크바의 마르크스-엥겔스연구소에 의하여 착수되었다. 그러나 유감스럽게도 완결되지 않았다. 1926년과 1935년 사이에 마

르크스와 엥겔스의 저작 7권이 엥겔스의 사망 40주기를 기념하는 특별본과 함께 출판되었다. 그리고 1929년과 1931년 사이에 마르크스와 엥겔스 사이에 주고받은 4권의 편지가 출판되었다.

Karl Marx-Friedrich Engels, Werke. 5 vols. Berlin, 1957~9. 앞에서 언급한 판의 하나에 기초한 이 책은 1848년 11월까지 쓰인 마르크스와 엥겔스의 글들을 담고 있다. 그것은 Dietz 출판사에서 출판되었다. 마르크스와 엥겔스의 저작의 상당수가 이 출판사의 마르크스주의-레닌주의 문고(*Bücherei des Marximus-Leninismus*)에서 재출판되었다.

Gesammelte Schriften von Karl Marx und Friedrich Engels, 1852 ~1862, edited by D. Ryazanov. 2 vols. Stuttgart, 1920 (2nd edition). (4권이 숙고되었다.)

Aus dem literarischen Nachlass von Karl Marx, Friedrich Engels und Friedrich Lassalle, 1841~1850, edited by F. Mehring. 4 vols. Berlin und Stuttgart, 1923 (4th edition).

Karl Marx. Die Frühschriften, edited by S. Landshut. Stuttgart, 1953.

Der Briefwechsel zwischen F. Engels und K. Marx, edited by A. Bebel and E. Bernstein. 4 vols. Stuttgart, 1913.

약간의 마르크스와 엥겔스의 글들이 모스크바에 있는 외국어 출판사를 위해 영어로 번역되었고 런던(Lawrence and Wishart 출판사)에서 출판되었다. 이를테면: *Marx's The Poverty of Philosophy* (1956), *Engels' Anti-Dühring* (1959, 2nd edition) and *Dialectics of Nature*(1954), 그리고 *The Holy Family* (1957) by Marx and Engels.

더 오래된 번역들 중에서 언급할 만한 것에는 다음과 같은 것들이 있다. Marx: *A Contribution to the Critique of Political Economy* (New York, 1904); *Selected Essays,* translated by H. J. Stenning (London and New York, 1926); *The Poverty of Philosophy* (New York, 1936). Engels: *The Origin of the Family, Private Property and the State* (Chicago, 1902); Ludwig Feuerbach (New York, 1934); *Herr Dühring's Revolution in Science,* i.e. *Anti-Dühring* (London, 1935). Marx and Engels: *The German Ideology* (London, 1938).

《자본론》의 영어 번역본 몇 가지가 있다. 이를테면:

Capital, revised and amplified according to the 4th German edition by E. Untermann (New York, 1906), 그리고 the two-volume edition of *Capital* in the Everyman Library (London), introduced by G. D. H. Cole and translated from the 4th German edition by E. and C. Paul.

《공산당 선언》의 영어판 중에서는 H. J. Laski에 의한 *Communist Manifesto: Socialist Landmark,* with an introduction (London, 1948)이 있다.

다른 저작들

Marx-Engels. Selected Correspondence. London, 1934.

Karl Marx. Selected Works, edited by C. P. Dutt. 2 vols. London and New York, 1936, and subsequent editions.

Karl Marx. Selected Writings in Sociology and Social Philosophy, edited by T. Bottomore and M. Rubel. London, 1956.

Three Essays by Karl Marx, translated by R. Stone. New York, 1947.

Karl Marx and Friedrich Engels. Basic Writings on Politics and Philo-

sophy, edited by L. S. Feuer. New York, 1959.

연 구 서

Acton, H. B. *The Illusion of the Epoch, Marxism-Leninism as a Philosophical Creed.* London, 1955. (탁월한 비판.)

Adams, H. P. *Karl Marx in His Earlier Writings.* London, 1940.

Adler, M. *Marx als Denker.* Berlin, 1908.

　　Engels als Denker. Berlin, 1921.

Aron, H. *Le marxisme.* Paris, 1955.

Aron, R., and others. *De Marx au Marxisme.* Paris, 1948.

Baas, E. *L'humanisme marxiste.* Paris, 1947.

Barbu, Z. *Le développement de la pensée dialectique.* (마르크스주의자에 의한 것.) Paris, 1947.

Bartoli, H. *La doctrine économique et sociale de Karl Marx.* Paris, 1950.

Beer, M. *Life and Teaching of Karl Marx,* translated by T. C. Partington and H. J. Stenning. London, 1934(중판).

Bekker, K. *Marx's philosophische Entwicklung, sein Verhältnis zu Hegel.* Zürich, 1940.

Berdiaeff, N. *Christianity and Class War.* London, 1934.

　　The Origin of Russian Communism. London, 1937.

Berlin, I. *Karl Marx.* London, 1939 and subsequent editions. (하나의 유용한 작은 문헌적 연구.)

Bober, M. *Karl Marx's Interpretation of History.* Cambridge (U.S.A.), 1927.

Bohm-Bawerk, E. von. *Karl Marx and The Close of His System.* London, 1898.

Boudin, L. B. *Theoretical System of Karl Marx in the Light of Recent Criticism.* Chicago, 1907.

Bouquet, A. C. *Karl Marx and His Doctrine.* London and New York, 1950. (S.P.C.K.가 출판한 작은 저작.)

Calvez, J.-V. *La pensée de Karl Marx.* Paris, 1956. (마르크스의 사상에 대한 탁월한 연구.)

Carr, H. *Karl Marx. A Study in Fanaticism.* London, 1934.

Cornu, A. *Karl Marx, sa vie et son oeuvre.* Paris, 1934.
  The Origins of Marxian Thought. Springfield (Illinois), 1957.

Cottier, G. M.-M. *L'athéisme du jeune Marx: ses origines hégéliennes.* Paris, 1959.

Croce, B. *Historical Materialism and the Economics of Karl Marx,* translated by C. M. Meredith. Chicago, 1914.

Desroches, H. C. *Signification du marxisme.* Paris, 1949.

Drahn, E. *Friedrich Engels.* Vienna and Berlin, 1920.

Gentile, G. *La filosofia di Marx.* Milan, 1955 (new edition).

Gignoux, C. J. *Karl Marx.* Paris, 1950.

Grégoire, F. *Aux sources de la pensée de Marx: Hegel, Feuerbach.* Louvain, 1947.

Haubtmann, P. *Marx et Proudhon: leurs rapports personels, 1844~47.* Paris, 1947.

Hook, S. *Towards the Understanding of Karl Marx.* New York, 1933.
  From Hegel to Marx. New York, 1936.

Marx and the Marxists. Princeton, 1955.

Hyppolite, J. *Études sur Marx et Hegel.* Paris, 1955.

Joseph, H. W. B. *Marx's Theory of Value.* London, 1923.

Kamenka, E. *The Ethical Foundations of Marxism.* London, 1962.

Kautsky, K. *Die historische Leistung von Karl Marx.* Berlin, 1908.

Laski, H. J. *Karl Marx.* London, 1922.

Lefebvre, H. *Le matérialisme dialectique.* Paris, 1949 (3rd edition).

　Le marxisme. Paris, 1958. (마르크스주의자인 저자에 의한 것.)

Leff, G. *The Tyranny of Concepts: A Critique of Marxism.* London, 1961.

Lenin, V. I. *The Teachings of Karl Marx.* New York, 1930.

　Marx, Engels, Marxism. London, 1936.

Liebknecht, W. *Karl Marx, Biographical Memoirs.* Chicago, 1901.

Loria, A. *Karl Marx.* New York, 1920.

Löwith, K. *Von Hegel bis Nietzsche.* Zürich, 1947.

Lunau, H. *Karl Marx und die Wirklichkeit.* Brussels, 1937.

Marcuse, H. *Reason and Revolution.* London, 1941.

Mandolfo, R. *Il materialismo storico in Friedrich Engels.* Genoa, 1912.

Mascolo, D. *Le communisme,* Paris, 1953. (마르크스주의자에 의한것.)

Mayer, G. *Friedrich Engels.* 2 vols. The Hague, 1934 (2nd edition).

Mehring, F. *Karl Marx: the Story of His Life,* translated by E. Fitzgerald. London, 1936.(표준적 전기.)

Meyer, A. G. *Marxism. The Unity of Theory and Practice. A Critical Essay.* Cambridge (U.S.A.) and Oxford, 1954.

Nicolaievsky, N. *Karl Marx.* Philadelphia, 1936.

Olgiati, F. *Carlo Marx*. Milan, 1953 (6th edition).

Pischel, G. *Marx giovane*. Milan, 1948.

Plenge, J. *Marx und Hegel*. Tübingen, 1911.

Robinson, J. *An Essay in Marxian Economics*. London, 1942.

Rubel, M. *Karl Marx. Essai de biographie intellectuelle*. Paris, 1957.

Ryazanov, D. *Karl Marx and Friedrich Engels*. New York, 1927.

    Karl Marx, Man, Thinker and Revolutionist. London, 1927.

Schlesinger, R. *Marx: His Time and Ours*. London, 1950.

Schwarzschild, L. *Karl Marx*. Paris, 1950.

Seeger, R. *Friedrich Engels*. Halle, 1935.

Somerhausen, L. *L'humanisme agissant de Karl Marx*. Paris, 1946.

Spargo, J. *Karl Marx. His Life and Work*. New York, 1910.

Tönnies, F. *Marx. Leben und Lehre*. Jena, 1921.

Touilleux, P. *Introduction aux systèmes de Marx et Hegel*. Tournai, 1960.

Tucker, R. C. *Philosophy and Myth in Karl Marx*. Cambridge, 1961.

Turner, J. K. *Karl Marx*. New York, 1941.

Vancourt, R. *Marxisme et pensée chrétienne*. Paris, 1948.

Van Overbergh, C. *Karl Marx, sa vie et son oeuvre. Bilan du marxisme*. Brussels, 1948 (2nd edition).

Vorländer, K. *Kant und Marx*. Tübingen, 1911.

    Marx, Engels und Lassalle als Philosophen. Stuttgart, 1920.

Wetter, G. A. *Dialectical Materialism* (based on 4th German edition). London, 1959. (이 탁월한 저작은 주로 소비에트연방에서의 마르크스-레닌주의의 전개에 바쳐졌다. 그러나 저자는 우선적으

로 마르크스와 엥겔스를 다루고 있다.)

제17장: 키르케고르

원전

Samlede Vaerker, edited by A. B. Drachmann, J. L. Heiberg and H. O. Lange. 14 vols. Copenhagen, 1901~6. 키르케고르의 전 작품의 비판적 덴마크어 판은 N. Thulstrup에 의하여 이루어지고 있다. (Copenhagen, 1951ff.) 이 전집의 독일어 번역판이 Cologne와 Olten의 두 곳에서 동시에 출판되고 있다. (물론, 키르케고르 저작의 이전 독일어 판도 있다.)

Papirer (*Journals*), edited by P. A. Heiberg, V. Kuhr and E. Torsting. 20 vols. (11 vols. in 20 parts). Copenhagen, 1909~48.

Breve (*Letters*), edited by N. Thulstrup. 2 vols. Copenhagen, 1954.

키르케고르 저작의 덴마크어 선집:

S. Kierkegaard's Vaerker i Udvalg, edited by F. J. Billeskov-Jansen. 4 vols. Copenhagen, 1950 (2nd edition).

주로 D. F. Swenson과 W. Lowrie에 의한 영어 번역본들, 수기(아래에 따로 언급한)를 제외한 키르케고르의 더 중요한 저작들은 옥스퍼드대학출판부와 프린스턴대학출판부에 의하여 오늘날까지(1936~53년) 12권이 간행되었다. 각 권에 대한 더 상세한 참조는 이 책의 키르케고르를 다룬 장에서 각주를 달았다.

Johannes Climacus, translated by T. H. Croxall. London, 1958.

Works of Love, translated by H. and E. Hong. London, 1962.

Journals (발췌), translated by A. Dru. London and New York, 1938

(Fontana Paperbacks로 입수가능).

A *Kierkegaard Anthology*, edited by R. Bretall. London and Princeton, 1946.

Diario, with introduction and notes by C. Fabro (3 vols., Brescia, 1949~52), 키르케고르의 《수기》의 유용한 이탈리아어 발췌. 저자는 키르케고르 선집도 출판하고 있다. *Antologia Kierkegaardiana*, Turin, 1952.

연 구 서

Bense, M. *Hegel und Kierkegaard*. Cologne and Krefeld, 1948.

Bohlin, T. *Sören Kierkegaard, l'homme et l'oeuvre*, translated by P. H. Tisseau. Bazoges-en-Pareds, 1941.

Brandes, G. *Sören Kierkegaard*. Copenhagen, 1879.

Cantoni, R. *La coscienza inquieta: S. Kierkegaard*. Milan, 1949.

Castelli, E. (editor), Various Authors. *Kierkegaard e Nietzsche*. Rome, 1953.

Chestov, L. *Kierkegaard et la philosophie existentielle*, translated from the Russian by T. Rageot and B. de Schoezer. Paris, 1948.

Collins, J. *The Mind of Kierkegaard*. Chicago, 1953.

Croxall, T. H. *Kierkegaard Commentary*. London, 1956.

Diem, H. *Die Existenzdialektik von S. Kierkegaard*. Zürich, 1950.

Fabro, C. *Tra Kierkegaard e Marx*. Florence, 1952.

Fabro, C., and Others. *Studi Kierkegaardiani*. Brescia, 1957.

Friedmann, K. *Kierkegaard, the Analysis of His Psychological Personality*. London, 1947.

Geismar, E. *Sören Kierkegaard, Seine Lebensentwicklung und seine Wirksamkeit als Schriftsteller.* Göttingen, 1927.

Lectures on the Religious Thought of Sören Kierkegaard. Minneapolis, 1937.

Haecker, T. *Sören Kierkegaard,* translated by A. Dru. London and New York, 1937.

Hirsch, E. *Kierkegaardstudien.* 2 vols. Gütersloh, 1930~3.

Höffding, H. *Sören Kierkegaard als Philosoph.* Stuttgart, 1896.

Hohlenberg, J. *Kierkegaard.* Basel, 1949.

Jolivet, R. *Introduction to Kierkegaard,* translated by W. H. Barber. New York, 1951.

Lombardi, F. *Sören Kierkegaard.* Florence, 1936.

Lowrie, W. *Kierkegaard.* London, 1938. (아주 충실한 문헌적 접근.)

Short Life of Kierkegaard. London and Princeton, 1942.

Martin, H. V. *Kierkegaard the Melancholy Dane.* New York, 1950.

Masi, G. *La determinazione de la possibilità dell' esistenza in Kierkegaard.* Bologna, 1949.

Mesnard, P. *Le vrai visage de Kierkegaard.* Paris, 1948.

Kierkegaard, sa vie, son oeuvre, avec un exposé de sa philosophie. Paris, 1954.

Patrick, D. *Pascal and Kierkegaard.* 2 vols. London, 1947.

Roos, H., S.J. *Kierkegaard et le catholicisme,* translated from the Danish by A. Renard, O.S.B. Louvain, 1955.

Schrempf, C. *Kierkegaard.* 2 vols. Stockholm, 1935.

Sieber, F. *Der Begriff der Mitteilung bei Sören Kierkegaard.* Würzburg,

1939.

Thomte, R. *Kierkegaard's Philosophy of Religion*. London and Prince-
ton, 1948.

Wahl, J. *Études kierkegaardiennes*. Paris, 1948 (2nd edition).

제21~22장: 니체

원전

니체의 저작과 편지의 완전한 비판적 전집, *Nietzsches Werke und
Briefe, historisch-kritische Ausgabe*는 뮌헨에서 1933년 Nietzsche
-Archiv의 후원 아래 시작되었다. 저작들의 5권(유년시절의 작
품을 포괄해)이 1933년과 1940년 사이에 나왔고, 4권의 편지 모
음이 1938년과 1942년 사이에 나왔다. 그러나 계획은 잘 진행되
는 것 같지 않다.

Gesammelte Werke, Grossoktav Ausgabe. 19 vols. Leipzig, 1901~13.
1926년에 R. Oehler의 *Nietzsche-Register*가 20번째 권으로 추가
되었다.

Gesammelte Werke, Musarionausgabe. 23 vols. München, 1920~9.

Werke, edited by K. Schlechta. 3 vols. München, 1954~6. (명백히 불
완전한, 그러나 손쉽게 사용할 수 있는 니체의 주요 저작집. 유
고의 긴 절이 있다.)

그 밖의 독일어 판 니체 저작들: *Taschenausgabe* published at
Leipzig.

Gesammelte Briefe. 5 vols. Berlin and Leipzig, 1901~9. 1916년에
Overbeck과 주고받은 편지모음 한 권이 추가되었으며, Rohde와

주고받은 편지모음 같은 여러 권이 따로 출판되었다.

The Complete Works of Friedrich Nietzsche, translated under the general editorship of O. Levy. 18 vols. London, 1909~13. (이 판은 유년시절의 글들과 유고 전체를 포함하지 않고 있다는 의미에서 완전하지 않다. 번역도 나무랄 데가 없는 것은 아니다. 그러나 영어로 된 판에서는 이에 필적할 만한 것이 없다.)

몇 가지 니체 저작이 The Modern Library Giant, New York에서 나와 있다. W. A. Kaufmann이 번역한 Portable Nietzsche (New York, 1954)도 있다.

Selected Letters of Friedrich Nietzsche, edited by O. Levy. London. 1921.

The Nietzsche-Wagner Correspondence, edited by E. Förster-Nietzsche. London, 1922.

Friedrich Nietzsche. Unpublished Letters. Translated and edited by K. F. Leidecker. New York, 1959.

연 구 서

Andler, C. Nietzsche: sa vie et sa pensée. 6 vols. Paris, 1920~31.

Banfi, A. Nietzsche. Milan, 1934.

Bataille, G. Sur Nietzsche. Volonté de puissance. Paris, 1945.

Bäumler, A. Nietzsche der Philosoph und Politiker. Berlin, 1931.

Benz, E. Nietzsches Ideen zur Geschichte des Christentums. Stuttgart, 1938.

Bertram, E. Nietzsche. Versuch einer Mythologie, Berlin, 1920 (3rd edition).

Bianquis, G. *Nietzsche en France*. Paris, 1929.

Bindschedler, M. *Nietzsche und die poetische Lüge*. Basel, 1954.

Brandes, G. *Friedrich Nietzsche*. London, 1914.

Brinton, C. *Nietzsche*. Cambridge (U.S.A.) and London, 1941.

Brock, W. *Nietzsches Idee der Kultur*. Bonn, 1930.

Chatterton Hill, G. *The Philosophy of Nietzsche*. London, 1912.

Copleston, F. C., S.J. *Friedrich Nietzsche, Philosopher of Culture*. London, 1942.

Cresson, A. *Nietzsche, sa vie, son oeuvre, sa philosophie*. Paris, 1943.

Deussen, P. *Erinnerungen an Friedrich Nietzsche*. Leipzig, 1901.

Dolson, G. N. *The Philosophy of Friedrich Nietzsche*. New York, 1901.

Drews, A. *Nietzsches Philosophie*. Heidelberg, 1904.

Förster-Nietzsche, E. *Das Leben Friedrich Nietzsches*. 2 vols. in 3. Leipzig, 1895~1904.

Der junge Nietzsche. Leipzig, 1912.

Der einsame Nietzsche. Leipzig, 1913. (니체의 누이동생에 의한 이 책들은 조심해서 사용해야 한다. 그녀에게는 몇 가지의 딴 속셈이 있었기 때문이다.)

Gawronsky, D. *Friedrich Nietzsche und das Dritte Reich*. Bern, 1935.

Goetz, K. A. *Nietzsche als Ausnahme. Zur Zerstörung des Willens zur Macht*. Freiburg, 1949.

Giusso, L. *Nietzsche*. Milan, 1943.

Halévy, D. *Life of Nietzsche*. London, 1911.

Heidegger, M. *Nietzsche*. 2 vols. Pfulligen, 1961.

Jaspers, K. *Nietzsche: Einführung in das Verständnis seines Philo-*

sophierens. Berlin, 1936. (끝으로 언급한 두 권의 책은 심오한 연구서로, 사람들은 그 책에서 저자들의 존경할 만한 철학적 입장이 니체 해석을 지배하고 있다고 예상할지 모른다.)

Joël, K. *Nietzsche und die Romantik*. Jena, 1905.

Kaufmann, W. A. *Nietzsche: Philosopher, Psychologist, Antichrist*. Princeton, 1950.

Klages, L. *Die psychologischen Errungenschaften Nietzsches*. Leipzig, 1930 (2nd edition).

Knight, A. H. J. *Some Aspects of the Life and Work of Nietzsche, and particularly of His Connection with Greek Literature and Thought*. Cambridge, 1933.

Lannoy, J. C. *Nietzsche ou l'histoire d'un égocentricisme athée*. Paris, 1952. (유용한 참고문헌 포함, pp. 365~92.)

Lavrin, J. *Nietzsche. An Approach*. London, 1948.

Lea, F. A. *The Tragic Philosopher. A Study of Friedrich Nietzsche*. London, 1957. (신앙을 가진 그리스도교인에 의한 호의적 연구.)

Lefebvre, H. *Nietzsche*. Paris, 1939.

Lombardi, R. *Federico Nietzsche*. Rome, 1945.

Lotz, J. B., S.J. *Zwischen Seligkeit und Verdamnis. Ein Beitrag zu dem Thema: Nietzsche und das Christentum*. Frankfurt a. M., 1953.

Löwith, K. *Von Hegel bis Nietzsche*. Zürich, 1941.
Nietzsches Philosophie der ewigen Wiederkehr des Gleichen. Stuttgart, 1956.

Ludovici, A. M. *Nietzsche, His Life and Works*. London, 1910.
Nietzsche and Art. London, 1912.

Mencken, H. L. *The Philosophy of Friedrich Nietzsche.* London, 1909.

Mess, F. *Nietzsche als Gesetzgeber.* Leipzig, 1931.

Miéville, H. L. *Nietzsche et la volonté de puissance.* Lausanne, 1934.

Mittasch, A. *Friedrich Nietzsche als Naturphilosoph.* Stuttgart, 1952.

Molina, E. *Nietzsche, dionisiaco y asceta.* Santiago (Chile), 1944.

Morgan, G. A., Jr. *What Nietzsche Means.* Cambridge (U.S.A.), 1941. (뛰어난 연구.)

Mügge, M. A. *Friedrich Nietzsche: His Life and Work.* London, 1909.

Oehler, R. *Nietzsches philosophisches Werden.* München, 1926.

Orestano, F. *Le idee fondamentali di Friedrich Nietzsche nel loro progressivo svolgimento.* Palermo, 1903.

Paci, E. *Federico Nietzsche.* Milan, 1940.

Podach, E. H. *The Madness of Nietzsche.* London, 1936.

Reininger, F. *Friedrich Nietzsches Kampf um den Sinn des Lebens.* Vienna, 1922.

Reyburn, H. A., with the collaboration of H. B. Hinderks and J. G. Taylor. *Nietzsche: The Story of a Human philosopher.* London, 1948. (니체에 대한 훌륭한 심리학적 연구.)

Richter, R. *Friedrich Nietzsche.* Leipzig, 1903.

Riehl, A. *Friedrich Nietzsche, der Künstler und der Denker.* Stuttgart, 1920 (6th edition).

Römer, H. *Nietzsche.* 2 vols. Leipzig, 1921.

Siegmund, G. *Nietzsche, der 'Atheist' und 'Antichrist'.* Paderborn, 1946 (4th edition).

Simmel, G. *Schopenhauer und Nietzsche.* Leipzig, 1907.

Steinbüchel, T. *Friedrich Nietzsche.* Stuttgart, 1946.

Thibon, G. *Nietzsche ou le déclin de l'esprit.* Lyons, 1948.

Vaihinger, H. *Nietzsche als Philosoph.* Berlin, 1905 (3rd edition).

Wolff, P. *Nietzsche und das christliche Ethos.* Regensburg, 1940.

Wright, W. H. *What Nietzsche Taught.* New York, 1915. (주로 인용.)

찾 아 보 기

index   찾아보기

※ 주된 언급이 있는 페이지는 굵은 서체로 표기되어 있다.

가

가면(masks) 639~42

가설(hypothesis) 페히너 611; 또한 619, 665

가이저(Geyser, Joseph 1869~1948) 631

가정(assumptions): 후설 700

가치: 니체 646~56, 671, 675f, 또한 677, 678 각주 37; 바덴학파 **593ff**; 로체 615f

　가치의 전환: 니체 423f, 426, 482, 543, 598, 605f, 622, 697~705

　가치의 가치전도: 637, 652, 657, 670, 675, 679

　가치판단: 리케르트 595

　절대적·보편적 가치: 니체 648, 651,

655; 빈델반트 593, 598

가톨리시즘: 헤겔 276, 310 각주; 또한 46, 72, 248, 495, 530, 562f, 571, 629f

간스(Gans, Eduard 1798~1839) 410

감각(sensation), 감성(sensibility): 아베나리우스 **584f**; 페히너 610; 피히테 41, 96, 99; 헤겔 282, 305f; 또한 422, 557

　감각으로 환원 585

　감각의 대상, 여건 305, 311, 386, 또한 586f

　감각 형식: 피히테 102, 120; 쇼펜하우어 441, 445

　감각적 확신: 헤겔 305

감정(*Gefühl*): 피히테 102, 120

강단철학 590

강제: 피히테 129

개념: 셸링 232f, 547; 쇼펜하우어 441, 444, **447~51**, 466; 엥겔스 517; 피히테 100; 헤겔 290, 292, 324; 또한 430, 578, 586, 696

 개념적 사고: 셸링 171, 175, 188, 213f, 234, 286, 292~3; 슐라이어마허 256, 260; 헤겔 48ff, 273, 278, 286, 291f, 296, 315, 383, 393~4, 399, 626; 또한 45, 450~1, 488

개념과 커뮤니케이션 448

개념의 명석화 418

개별 사례적 과학(idiographic science) 596 각주 12

개인, 개체: 셸링 208; 쇼펜하우어 462, 471; 헤겔 333

객관, 대상: 마이농 304, 306, 311; 셸링 177; 쇼펜하우어 441; 피히테 76, 82, 99~100, 105, 153~4; 헤겔 304, 306f, 311

 객관으로서의 신 396; 객관의 산출: 피히테 41, 76, 87ff; 관념적 객관 432; 무한한 객관 177; 물질적 대상 441, 586, 604, 700; 상상의 대상 697f; 의식의 대상 694~701; 절대적 객관 177; 그리고 정신적 대상 604; 존재하지 않는 객관 695

객관화: 셸링 217f, 219, 224; 피히테 82~8, 97f, 154, 158, 616

건축(architecture) 381f, 455

검증가능성의 원리 689, 690 각주 3

결정론: 마르크스주의 527, 542; 쇼펜하우어 468, 473; 피히테 67, 77

경건주의 254f, 416

경제 위기 536

경제인: 마르크스 **521**

경제적 그리고 사회적 계급: 마르크스주의 502, 511~2, 515, 532, 536; 또한 132, 353, 428, 555, 592

경험비판론 584

계급투쟁: 마르크스주의 502, 511ff, **533 ~8**, 541

계몽주의 40, 214

계약: 헤겔 342f

 사회계약: 바아더 249; 피히테 129

고뇌(anguish) 567 각주 23

고대 그리스: 마르크스 534, 539; 니체 644f; 헤겔 43, 313, 340, 371, 389, 391; 또한 ☞ 634

고딕건축 391

고전적 건축 391

《고르기아스》374

고전주의: 괴테 46

골상술(骨相術) 315

공동체: ☞ 사회

　보편적 공동체: 셸링 202; 포이어바

　　흐 494; 피히테 134; 헤겔 363, 377,

　　381

공리주의: 니체 636, 649f

공산당 504, 536, 542

《공산당선언》513, 528, 535 각주 26

공산주의: 마르크스주의 509, 512, 533f,

　　537; 또한 ☞ 498, 503

　원시 공산주의 533f, 537, 541

공평: 쇼펜하우어 461~7, 471

관념: 신적 관념: 셸링 208, 212, 217;

　　플라톤적 이데아: 쇼펜하우어 462

　　~5; 또한 212~3, 436, 593

　관념연합: 헤르바르트 425

관념론: 로체 618f; 마르크스주의 508~

　　12, 518~9, 541; 포이어바흐 488,

　　496~7; 피히테 76f, 97, 148f, 153

　　~4, 176, 257; 후설 701; 또한 32,

　　213~4, 433, 477, 584f, 627f

　그리스도교와 관념론 410

　독일관념론: 니체 678 각주 37; 셸링

　　196, 246; 쇼펜하우어 457, 475; 또

　한 27, 32, 405, 476, 709

　독일관념론 중의 신인동형설(神人同

　　形說) 55f, 154

　독일관념론의 인간의 철학 **58~65**

　독일관념론과 종교 35~8, 47, 253

　낭만주의와 독일관념론 **38~50**

　주관주의 196

마술적 관념론 42

만유재신론적(萬有在神論的) 관념론

　150

목적론적 관념론: 로체 618

순수관념론 = 형이상학적 관념론

윤리적 관념론: 피히테 69, 97, 162,

　165

절대적 관념론: 칸트와 절대적 관념

　론 33~4, 50~1, 54~8; 키르케고르

　549; 포이어바흐 488, 493; 헤겔

　159f, 402f, 407, 627; 또한 22, 34,

　46~7, 55, 431, 477, 575

주관적 관념론: 셸링 181; 칸트 이후

　32; 피히테 149, 159

초월론적 관념론: 셸링 168f, 181,

　197~205, 207, 211, 213, 246, 251,

　283, 286; 쇼펜하우어 **475f**; 피히

　테 42, 50~1, 70, 141, 181; 헤겔

　283, 286

형이상학적 관념론: 칸트 이후 23~4,
27~34, 36, 40, 46f, 55, 57~8, 318;
셸링 51~2, 237, 246, 251; 쇼펜하우
어 475f; 피히테 79, 84, 90 각주 22,
115, 107f; 또한 429, 485, 501, 516,
575, 584, 678

관습 621, 649

관조: 헤겔 285

'괄호치다'(bracketing): 후설 699

교육: 슐라이어마허 262~3; 피히테 132,
133 각주 31; 헤르바르트 417, 424
각주 3

괴레스(Görres, Johann Joseph von
1776~1848) 248

괴셸(Göschel, Karl Friedrich 1784~
1861) 410

괴테(Goethe, Johann Wolfgang 1749~
1831) 46

괴팅겐 417, 436, 613, 624, 697

구체적: 개인, 인격, 특수: 니체 648~
52; 슐라이어마허 255, 263; 피히테
124, 146; 헤겔 313, 351~2, 354~
60; 또한 591~2, 603, 621

구트베를레트(Gutberlet, Konstantin
1837~1928) 630

국가: 니체 647 각주 12, 413; 마르크스
506, 511, 515, 532f, 536; 셸링 201;
키르케고르 548, 555; 포이어바흐
495, 496, 500; 피히테 60, 109f, 125,
129~35; 헤겔 47, 60ff, 353~60,
364, 369, 372, 381, 385, 502; 또한
45, 249, 456, 539, 592, 601, 604

전체주의적 국가: 헤겔 357

봉쇄적 상업국가 132f

이성적 국가: 셸링 201; 피히테 133f;
헤겔 359

국가사회주의: 나치즘과 니체 652, 675

국가와 공익(公益): 피히테 132

국가와 교회 248, 265

국가유기체설: 피히테 130

국가의지 355

국민 경제 601

군주도덕과 노예도덕 649

권력국가 249, 592

권리: 피히테 110, 127; 헤겔 110, 273,
341, 351, 375

권위:
　교회적 권위 242, 403
　정치적 권위 131

권태: 쇼펜하우어 455

귄터(Günther, Anton 1783~1869) 601
　각주 15

그노시스주의: 셸링 245, 262

그라츠(Graz) 696

그라프만(Grabmann, Martin 1875~
　1949) 631

그리스도: 헤겔 275~80, 391, 394, 398;
　셸링 241; 또한 264, 561, 678 각주

그리스도교: 니체 634, 637, 647, **652~7**,
　670, 675, **677**; 셸링 209, 218, 238~
　43; 키르케고르 552, 556, 562,
　570; 포이어바흐 487, 491; 피히테
　137, 152, 156, 162; 헤겔 37, 274,
　314, 327, 371, 374 각주 62, 376,
　384, 391, 398, 401, 408; 또한 264,
　482, 500, 539

　역사 속의 그리스도교 243, 371, 376;
　관념론과 그리스도교 36f, 409f

　철학과 그리스도교: 키르케고르 552,
　561~2; 포이어바흐 492; 헤겔
　314f, 377, 394, 399, 401, 408

《그리스도교의 정신과 그 운명》: 헤겔
　216

그리스도교회: 헤겔 276, 403, 409; 또한
　265, 553; 그리스도교회와 국가
　249, 265

그리스철학과 사상: 니체 634; 셸링 195,
　209, 218; 헤겔 269, 274, 348, 360f,
　384

근본명제: 셸링 174~5; 피히테 **74~9,**
　87~95

금욕주의: 쇼펜하우어 439, 461, 468,
　472; 또한 310 각주 21, 482, 668

긍정과 부정 309, 696

기계론(적): 191, 336; 로체 **614f,** 619,
　623; 마르크스주의 523, 540; 셸링
　186, 191; 또한 28, 42, 113, 325,
　576, 624

기계장치의 신(deus ex machina) 92

기센(Giessen) 576

기술(記述)심리학: 브렌타노 695;
　경험심리학 312, 587, 596 각주 12,
　614~5, 695; 뮌스터베르크 596; 분
　트 620; 실험심리학: 페히너 612;
　또한 602

　사회심리학: 분트 620; 정신물리적
　심리학: 로체 615, 620; 정신-물리
　적 평행론: 페히너 612; 형이상학
　적 심리학: 로체 615

기술(記述)이론 697

기초존재론 706

기하학(geometry) 442

나

나와 너 494

나타남(appearances): ☞ 현상(phe-
nomena): 쇼펜하우어 440f, 446,
449~53; 셸링 184, 212, 221f; 헤겔
306f; 헤르바르트 420~1; 또한 153,
318, 585 각주 10, 586, 604, 607,
698~9

  나타남과 실재: ☞ 이상과 현실

나토르프(Natorp, Paul 1854~1924) 590,
592f, 703

나폴레옹 I(Napoleon, Bonaparte 1769
~1821) 73, 255, 359, 365, 371f, 436

낙관주의 477, 481

낭만주의 운동 **39~50**, 71, 169, 254, 258,
463, 477

낮 경치와 밤 경치: 페히너 612

넬슨(Nelson, Leonard 1882~1927) 417

노동: 헤겔 342, 353; 마르크스 509, 533
~8

노동가치설 514

노동의 분업: 마르크스 509; 피히테
132; 헤겔 342, 353

노력, 충박(striving): 쇼펜하우어 453,
458, 463, 470; 키르케고르 565; 피

히테 101

노발리스(Novalis Fr. v. Hardenberg
1772~1801) 39, 41, 42, 72, 169

노에시스-노에마 699

논리: 로체 613, 618; 볼차노 429; 쇼펜
하우어 441; 헤르바르트 418f; 후설
698, 701; 또한 591, 594, 595 각주
10, 597, 618~9

논리의 공리(axioms) 594

존재의 논리: 헤겔 322

본질의 논리 322

형식논리학: 볼차노 428~9; 피히테
93ff; 헤겔 312

헤겔의 논리 49f, **317~26**, 411, 418,
441; 개념 또는 관념의 논리 324f

논리법칙은 허구: 과학의 논리 600;
니체 653; 파이잉거 597; 순수사유
의 논리: 코헨 591; 심리학과 논리
학 417 각주 1, 429; 초월론적 논리
318

논리의 본질 280, 290, 295, 394

  낭만주의자들과 논리 48f

논증 47

놀(Nohl, Herman 1879~1960) 277

뇌: 아베나리우스 584; 보크트 576

누스(*nous*), 플로티노스: 셸링 160, 218

뉴턴(Newton, Isaac 1642~1727) 195,
    416, 437

니체(Nietzsche, Friedrich Wilhelm
    1844~1900) 35, 473, 571 각주 31,
    598

    나치스와 니체 652, 675

    쇼펜하우어와 니체 634, 635, 643f,
    659

니콜라우스 쿠자누스(Nicolaus Cusan-
    us 1401~61) 245 각주 50

니트하머(Niethammer, F. I. 1776~
    1846) 271

다

다우프(Daub, Karl 1765~1836) 409

다윈(Darwin, Charles 1809~82), 다윈
    주의: 니체 648, 666; 또한 524, 579

단체(corporation): 헤겔 354 각주 34,
    358

단치히 436

단테(Dante, Alighieri 1265~1321) 456

대립: 헤겔 278~84, 293, 295~7, 320f,
    323~4, 345, 396~7

    자아와 비자아의 대립: 피히테 87f,
    94

대립물의 상호침투 524

대상, 객관: 마이농 695f; 셸링 177; 쇼
    펜하우어 440; 피히테 76f, 82f, 99,
    105, 154; 헤겔 304, 306, 311; 절대
    적 객관 177; 의식의 대상 695~
    701; 대상으로서의 신 396; 관념적
    대상 697; 상상적 대상 697; 존재
    하지 않는 대상 695; 무한한 객관
    177; 물질적 대상 441, 586, 604,
    700; 대상의 산출: 피히테 41, 76,
    88~9; 또한 정신적 대상 603

    객관화: 셸링 168~9, 186~92, 195~
    200, 205ff, 282~3; 피히테 82~7,
    96f, 154~5, 158, 615f

    절대자의 객관화: 로체 617; 셸링
    217, 220~1, 223~4; 헤겔 283, 286f,
    310ff, 324f, 387

대상론: 마이농 696~7

대중 554, 565, 669

덕(virtue) 425, 473, 569 각주 28, 649

데모크리토스(Democritus 460~370
    B.C.) 421, 451, 576

데카르트(Descartes, René 1596~1650)
    28, 700

    데카르트주의(Cartesianism) 629

도구주의 664f

도덕과학 602

도덕법칙: 니체 648, 651, 655, 678 ; 피히
테 83, 110, 117, 122, 127, 132, 138f,
146 ; 칸트 201, 276, 598, 69[3] ; 키
르케고르 557ff, 566 ; 헤겔 216f,
312, 375 ; 또한 593

국가와 도덕법칙: 니체 648, 651, 655,
678 ; 칸트 201, 276, 598, 693 ; 키르
케고르 557ff, 566 ; 피히테 83, 110,
117f, 122, 127, 132, 138f, 146 ; 헤겔
216f, 312, 375 ; 또한 593

보편적 도덕법칙 62, 249, 374, 501,
560, 566, 648, 651

도덕성: 니체 635f, **648~52**, 667, 675,
678 각주 37 ; 마르크스주의 511,
525f, 543~4 ; 셸링 62~3, 179f,
199f ; 쇼펜하우어 467f, 475f ; 슐라
이어마허 254, 255f, 262f, 265 ; 피히
테 59~64, 96~7, 109f, 115~26, 129f,
143ff, 155 ; 헤겔 61, 262, 275f, 345 ;
또한 625, 629, 696~7

도덕의식, 경험: 피히테 76, 84, 90, 97~8,
104, 110f, 120 ; 헤겔 311ff, 347 ; 또
한 28, 424, 593, 618

도덕적 가치: 니체 **648~52**, 617 ; 또한

62, 595 각주 10

도덕적 사명: 셸링 179 ; 슐라이어마허
263 ; 피히테 60f, 71, 119, 124, 148f,
155, 161f ;

도덕적 세계질서: 셸링 202ff, 204 ; 피히
테 60, 70, 124, 144~8, 162

도덕적 의무: 키르케고르 558 ; 피히테
110, 119f, 122 ; 헤겔 347, 349

도덕적 이상(이념): 슐라이어마허 256,
262 ; 또한 424, 566, 581

도덕적 자기 충족성: 키르케고르 559,
569

도덕적 진보: 쇼펜하우어 67, 471

도덕적 질서: 셸링 201, 204, 235 ; 피히테
60~1, 70, 143~51, 162

도덕적 판단 594

도덕적 행위: 셸링 201, 204 ; 피히테 115,
119, 122, 144 ; 헤겔 247

도이센(Deussen, Paul 1845~1919) 479,
634

독단론: 셸링 167, **176~80** ; 피히테
76~7 ; 또한 589

독일, 독일 국민: 니체 634~5, 645, 675 ;
또한 248 각주 51, 250, 264, 497,
509~10, 511f ; 피히테 60, 73, 134f ;
헤겔 274, 358~9, 371

독일연보(年報) 497

《독일 이데올로기》(*Die deutsche Ideo-logie*): 마르크스와 엥겔스 511f

독일철학: 마르크스주의 505, 510, 515; 쇼펜하우어 439, 477f; 토미즘과 독일철학 629f; 헤겔 272; 또한 40, 425f, 550f, 575~6, 590, 610, 613, 629, 683~8, 692~3, 705, 708

《독불연보》 497, 507, 511

독토르 클럽 505

돈 후안(Don Juan) 558, 566

동물학 623

동양 340, 371, 479

동일성

　동일성으로서의 절대자: 셸링 187, 203, 207, 211ff, 217, 230, 245 각주 50, 246, 282, 317; 슐라이어마허 256, 262, 266; 또한 248; 헤겔 282, 289, 292, 301, 307

　동일성의 원리: 셸링 224, 283; 피히테 94; 헤겔 282

　절대적 또는 순수 동일성: 셸링 201, **211**, 228, 317

　차이에서의 동일성: 헤겔 289, 292, 298, 301, 307, 310, 324, 335, 356, 362, 380

동정(sympathy; 공감) 284, 568, 650

뒤링(Dühring, Eugen 1833~1921) 514

듀이(Dewey, John 1859~1952) 665

드라마 466

드레스덴 437

드론하임 438

드리쉬(Driesch, Hans 1867~1941) **623f**, 684

디오니소스(Dionysus)적 정신 643f, 674f, 678 각주 30

딜타이(Dilthey, Wilhelm 1833~1911) 277, **600~7**, 710; 딜타이와 헤겔 604 각주 19

라

R 341 각주 24

라이나흐(Reinach, A. 1883~1917) 701

라이프니츠(Leibniz, Gottfried Wilhelm 1646~1761): 셸링 185, 195, 245; 또한 47, 421, 431, 457, 481, 486, 617

라이프치히 67, 432, 582, 599, 610ff, 620, 623, 634, 643

라인홀트(Reinhold, K. L. 1758~1823)

69

란츠베르크(Landsberg) 254

랑게(Lange, Friedrich Albert 1828~75)
577f, 597

러셀(Russell, Bertrand 1872~1970) 697

러시아 250

레닌(Lenin, Wladimir I. U. 1870~
1924) 586

레오 XIII 630

로데(Rohde, Erwin 1845~98) 634, 637

로이스(Royce, Josiah 1855~1916) 619

로젠크란츠(Rosenkranz, Johann K. F.
1805~79) 411

로크(Locke, John 1632~1704) 415, 426,
451

롬브로조(Lombroso, Cesare 1836~1909)
576

로체(Lotze, Hermann Rudolph 1817~
81) 576, 601, **613~9**, 622

로츠(Lotz, J. B.) 707 각주 11

뢰쳐(Rötscher, Heinrich Theodor 1803
~71) 410

뢰켄(Röcken) 633

루게(Ruge, Arnold 1802~80) 496ff

루소(Rousseau, Jean-Jacques 1712~78):
피히테 68, 129; 헤겔 269, 357

일반의지 61, 129, 357, 497

루터(주의)(Luther, Martin 1483~1546)
키르케고르 570; 헤겔 310, 403

리가(Riga) 582

리프만(Liebmann, Otto 1840~1912)
589

리츨(Ritschl Albrecht 1822~89) 634

리카도(Ricardo, David 1772~1823) 510

리케르트(Rickert, Heinrich 1863~1936)
595

릴(Riehl, Alois 1844~1924) 598

마

M 74 각주 4

마르부르크학파 590, 593, 599

마르크스(Marx, Karl 1818~83) 64, 412,
502, **503~45**, 682

포이어바흐와 마르크스 496, 508, 520;
마르크스와 헤겔 508, 510, **518f**,
537

세계를 변혁하라 361 각주 44, 543~4,

마르크스주의 503f, 682; 마르크스주의
의 모호함 541

소비에트에서의 마르크스주의 542,

544; 또한 503, 682

마르쿠스 아우렐리우스(Marcus Aure-
lius, Antonius 121~180) 308

마르티(Marty, Anton 1847~1914) 696

마르하이네케(Marheineke, Philip Kon-
rad 1780~1846) 409

마리탱(Maritain, Jacques 1882~1973)
631

마야(Maya): 니체 644; 쇼펜하우어
447, 471

마이농(Meinong, Alexius 1853~1920)
696

마이어(Mayer, Friedrich) 446

마흐(Mach, Ernst 1838~1916) 584,
585, 587

만(Mann, Thomas 1875~1955) 479,
675

만돈(Mandonnet, Pierre 1858~1936)
631

만유재신론(萬有在神論): 피히테 150

맥타가르트(McTaggart, J. M. E. 1866~
1925) 37, 402

맹목적 의지: 셸링 225ff, 230~1, 241~
2; 쇼펜하우어 463, 476

메르시에(Mercier, Cardinal D. 1851~
1926) 631

메를로-퐁티(Merleau-Ponty, Maurice
1907~61) 702

명제 자체: 볼차노 430;
분석명제와 종합명제 428~9

모건(Morgan, C. Lloyd 1852~1936)
624

모나드(單子) 421, 431, 617

모리스(Maurice De Wulf 1867~1947)
631

모순: 마르크스주의 506, 519, 524,
531ff, 540; 피히테 296; 헤겔 294,
296f, 307f, 321, 419, 506, 519; 또
한 419, 472, 563

무(無)-모순의 원리: 헤겔 **296**; 헤르
바르트 419

모순의 해소: 피히테 91, 106; 헤겔
280, 297, 308~9, 322; 헤르바르트
419f

모순률: ☞ 무-모순(non-contradic-
tion)

몰레쇼트(Moleschott, Jakob 1822~93)
576

몸, 물체(body): 니체 663; 셸링 189ff,
192; 또한 462

인간의 몸: 쇼펜하우어 446, 452,
464; 또한 123, 250, 652

몸과 혼: 헤겔 281, 339, 389f; 또한 558

몽테스키외(Montesquieu, Charles de 1689~1755) 68

무(無): 헤겔 321

무계급사회: 마르크스주의 507, 533, 536

무세계론: 셸링 224; 슐라이어마허 261

무신론: 니체 634, **652~7**, 675, 677 각주 36; 피히테 70, 142, **144** 각주 **8**; 또한 412, 493, 무신론논쟁 143

무역: 피히테 133

무의식의 철학: E. v. 하르트만 480f

무차별(관념과 실재의 동일성): 셸링 209, 211

문명, 퇴폐: 니체 657, 675; 그리고 482

　문명과 수난(suffering) 482

문화: 니체 635, 645, 647 각주 12, 668; 피히테 134; 헤겔 64, 338, 362, 368; 또한 527, 590f, 599, 602, 621

　독일문화 134, 635, 645; 역사와 문화 595~6, 602f, 645

문화과학 602; ☞ 정신과학

물리학: 셸링 189, 195, 242;

　고등, 사변적 물리학: 셸링 168, 173, 182, 189, 194, 196, 242

　카시러 599; 또한 377, 416, 428, 610,

613; 헤겔 336

수학적 물리학 591, 599

물자체(物自體): 랑게 578; 셸링 185; 쇼펜하우어 449, 451, 458f, 468, 472f; 신칸트학파 593f; 피히테 76ff, 97, 102, 106, 141; 헤겔 282; 헤켈 580, 582; 또한 24, 27, 29f, 318f

뮌스터(Mynster, Bishop 1775~1854) 553

뮌스터베르크(Münsterberg, Hugo 1863 ~1916) 596

미국: 마르크스 524, 538

미쇼트(Michotte, Albert 1881~) 631 각주 24

미슐레(Michelet, Karl Ludwig 1801~93) 411

미적(aesthetic):

　미적 가치: 니체 652, 677; 또한 687

　미적 관조: E. v. 하르트만 480; 셸링 205; 쇼펜하우어 439, 449, **461ff**, 467, 477

　미적 의식: 슐라이어마허 258; 키르케고르 557f, 566f; 헤겔 384, 388, 392; 후설 699

　미적 직관: 헤겔 386; 셸링 63, 173,

204ff, 210 ; 쇼펜하우어 463

미적 판단 210, 423, 594

실재의 변형 : 니체 644f, 668

미학 : 셸링 205, 210 ; 쇼펜하우어 **465f**,
477 ; 또한 410, 416, 423, 428, 496,
582, 592, 595 각주 10, 610, 613,
701f, 704 각주 9 ; 칸트 210, 592 ;
헤겔 272

민족정신 : 헤겔 44, 274, 359, 365, 369,
377, 381 ; 낭만주의와 민족정신 44

민주주의 : 니체 646, 651, 655, 668, 675 ;
마르크스 506 ; 코헨 592 ; 포이어바
흐 495 ; 피히테 130f ; 헤겔 358

믿음(belief), 신앙(faith) : 니체 653ff,
678 ; 셸링 234ff, 242 ; 슐라이어마
허 258f, 262, 266 ; 칸트 68, 118 각
주 8, 235, 443 ; 키르케고르 548,
559~64, 567, 693 ; 피히테 68, 97,
103, 144, **147f**, 150, 156 각주 33,
156 ; 헤겔 38f, 276, 314, 394f,
399ff ; 또한 44, 249, 504, 586, 629

신 신앙 : 셸링 234, 237 ; 피히테 138,
144 ; 또한 443, 563, 653, 692

신앙의 비약 : 키르케고르 548, 561,
569, 692

도덕적 신앙 : 칸트 235, 410, 692

도덕 질서에 대한 믿음 : 피히테 143~
53

이성과 믿음 36f, 395, 562, 570, 629

밀티츠(Miltitz Baron von) 67

바

B 285 각주 9

바그너(Wagner, Richard 1813~83)
479, 635, 639

바그너(Wagner, Rudolf 1805~64) 576

바덴학파 **593f**

바르트(Barth, Karl 1886~1968) 551,
570

바아더(Baader, Franz v. 1765~1841)
248f

바우어(Bauer, Bruno 1809~82) 496,
499, 505ff, 510f

바울로(Paul, St.) 224, 398

바이세(Weisse, Christian Hermann
1801~60) 432f

바젤 601, 624, 635, 639

바커스 397, 643~4

바쿠닌(Bakunin, Michael 1814~76)
171, 510, 513

박애: 헤르바르트 424

반감: 키르케고르 558

반대(contraries): 헤겔 297

반대의 일치(*coincidentia oppositorum*) 245 각주 50

반명제, 반정립: 피히테 88; 헤겔 274, 280, 288; 키르케고르 538, 547, 549

반성: 셸링 183, 188, 200, 242, 246; 피히테 87, 103, 138; 키르케고르 549; 헤겔 278, 298, 312, 322, 362, 367, 404; 또한 50, 266, 580, 594, 610, 710

　반성의 범주 322;

　초월론적 반성: 피히테 41, 81, 87, 98, 101, 164

반정립의 공리 49

밤베르크 271

방해이론: 헤르바르트 421

배교 556

버클리(Berkeley, George 1685~1753) 444

범신론(汎神論) 224, 니체 673, 678; 로체 618; 셸링 224, 231; 쇼펜하우어 474; 슐라이어마허 265; 피히테 163; 헤겔주의 397, 412, 561; 헤켈 582; 또한 37, 244

범심론(汎心論): 페히너 611

범죄(criminal): 헤겔 343, 357

범주: 피히테 95; N. 하르트만 704, 708; 헤겔 293, 318, 321

　역사적 이성의 범주: 딜타이 601, 605

　칸트적 범주 28 각주 6, 30, 95, 318, 628; 또한 200, 422, 441, 445, 512, 623 각주 13, 664

　반성의 범주 322

법규: 피히테 127

법론(法論) 97

법의 개념: 피히테 110, 127; 헤겔 110, 341, 350~1; 또한 629

《법철학 강요》273

베네케(Beneke, Friedrich E. 1798~ 1854) **426f**, 437

베르그송(Bergson, Henri 1859~1941)과 쇼펜하우어 450, 또한 ☞ 195, 609, 649~50

베른 270, 275f

베를린 62, 70ff, 154, 171, 253ff, 272, 410, 436, 437, 486, 499, 505, 510

베버(Weber, E. H. 1795~1878) 610

베이컨(Bacon, Francis 1561~1626) 249, 489

베일(Bayle, Pierre 1647~1706) 486

베커(Becker, Oskar 1889~1931) 701

변증법: 헤겔 48, 295, 321, 325, 336~7,
　384, 396, 404, 406; 헤겔 이후 431,
　506, 515, 519, 548, 628, 630

　변증법적 발전: 마르크스주의 508,
　512, **519**, 525 각주 13, 526, 540,
　541; 키르케고르 **557~61**

　역사에서의 변증법: 헤겔 366, 372,
　376, 384; 헤겔 이후 497, 519, 522,
　537, 540~3

　엥겔스: 자연 변증법 514, 519, 522,
　540

　변증법적 방법: 마르크스주의 540;
　피히테 91; 헤겔 279, 294~302,
　306~7, 313, 321, 322, 338, 358,
　372, 376, 383, 392 각주 8, 404; 또
　한 91 각주 23, 409, 566

　변증법적 유물론: 마르크스주의 496,
　514, 518~26, 542; 포이어바흐
　485~6, 496

변화 420, 524, 704: ☞ 생성

보상케(Bosanquet, Bernard 1848~
　1923) 210 각주 39

보임커(Baeumker, Clemens 1853~
　1924) 631

보편적 공동체: 셸링 202; 포이어바흐

　494; 피히테 134; 헤겔 363, 377,
　381

본 505, 634

본질(_esse_): 피히테 153, 234 각주 36

본질직관 699

볼차노(Bolzano, Bernhard 1781~1848)
　427~431, 698 각주 7

볼프(Wolff, Christian 1659~1754) 47,
　67, 440, 443, 629

봉쇄적 상업국가: 피히테 71, 132

뵈메(Boehme, Jakob 1575~1624)와 셸
　링 170, 219, 226, 245, 249; 또한
　72, 251 각주 52

부르주아지: 니체 675; 마르크스주의
　528, 534, 542 각주 31, 544

부르크하르트(Burckhardt, Jakob 1818
　~97) 171

부정(不正): 마르크스 508

부정의 부정: 마르크스주의 509, 519,
　524; 헤겔 284, 294, 352~3, 519

분석:

　개념적 분석: 볼차노 428~9; 헤르바
　르트 418, 421

　범주의 분석: N. 하르트만 694

　언어 분석 692f, 698

　판단의 분석 707 각주 11

현상학적 분석: 후설 689, 691f; 또한
694

분석적이며 종합적인 명제: 볼차노
428~9

분열 280f, 309

분트(Wundt, Wilhelm 1832~1920) 489,
596, 620ff, 684

불교 397, 472

불안(dread, anxiety): 키르케고르 567f
각주 23, 569

불타(佛陀 566~486 B.C.) 472

불프(Wulf, Maurice de 1867~1947) 631

불행한 의식 309

뷔르츠부르크 170, 694

뷔히너(Büchner, Ludwig 1824~99) 576f

브라만: 헤겔 397

브라이턴(Brighton) 497

브란데스(Brandes, Georg 1842~1927)
638

브래들리(Bradley, Francis Herbert 1848
~1924) 54, 56, 420f

브레슬라우 254, 601

브렌타노(Brentano, Franz 1838~1917)
619, 694f, 697

브루노(Bruno, Giordano 1548~1600)
245

《브루노》 셸링 208, 212

브뤼셀 511

블랑(Blanc, Louis 1811~82) 510

비관주의: 니체 643, 656, 672; 쇼펜하우
어 456, 477; E. v. 하르트만 481

비관주의 656, 675, 679

《비극의 탄생》: 니체 **643ff**, 647 각주 12,
648

비신화화(非神話化): 피히테 156; 헤겔
377; 또한 37

비아(非我): 셸링 177, 199; 피히테 55,
78, 88, 95~107, 124

비약: 키르케고르 548, 569, 673

비연속의 변증법 561

비이성적 동물: 마르크스 510, 쇼펜하우
어 435f

비트겐슈타인(Wittgenstein, Ludwig
1889~1951) 694

비판주의: 셸링 167, 176~80

비판철학: 셸링 177, 210, 235; 피히테
24~8, 29, 41, 68, 77~82, 86, 98,
104ff, 110, 117, 140f; 헤겔 26, 33,
282, 318; 또한 415, 428

독일관념론과 비판철학 33, 51, 54~58

비합리적 동물: 마르크스 520; 쇼펜하우
어 445

비합리주의 476f

빈델반트(Windelband, Wilhelm 1848~

　1915) 593f, 596

빈(Wien)학파 586, 688

빌라모비츠-묄렌도르프(Wilamowitz-

　Moellendorff, U. von 1848~1931)

　635

빌만(Willman, Otto 1839~1920) 829

빛: 피히테 152~3; 셸링 193, 225

　빛과 어두움 215, 249

사

S 366 각주 54

사랑: 쇼펜하우어 471; 포이어바흐

　489ff; 피히테 155; 헤겔 36, 276,

　279, 352

　신에 대한 사랑: 슐라이어마허 259;

　스피노자 259; 피히테 155f

　사람에 대한 사랑: 쇼펜하우어 455,

　471; 포이어바흐 491f

사랑에 의한 삶: 헤겔 277, 279

사르트르(Sartre, Jean Paul 1905~1980)

　142, 231, 571, 702

사법 353

사유재산(제도): 마르크스주의 506f,

　512, 515, 529~33, 532, 541; 슈티

　르너 500; 피히테 110, 127f; 헤겔

　342, 352, 506

사적 유물론: 마르크스 511, 522, **527~**

　38, 540f

사회: 관념론자들 **59~65**; 슐라이어마

　허 263; 피히테 71, 110, 125ff; 헤

　겔 110, 313, 342 각주 25, 351~4,

　361~2, 412, 506~7; 또한 592, 606

사회주의: 사회주의자: 니체 646,

　651, 655, 669, 675; 마르크스주의

　자 507, 509, 511; 피히테 71, 133;

　또한 506~7, 592

　국가사회주의 133

　시민사회: 마르크스 506, 531; 헤겔

　351~4, 506

　무계급사회: 마르크스주의 507,

　532~3, 536

　사회계획 129

　사회 구조: 마르크스주의 **527~531**,

　536, 542; 헤겔 353

　사회에서의 법 201, 353; 재산과 사회

　342 각주 25

산수: 쇼펜하우어 442; 또한 698

산출적 구상력 98~103, 107, 176; 셸링

208f; 칸트 98; 쇼펜하우어 466; 헤겔 340, 393, 400, 403; 또한 40, 429

삶(생): 니체 643f, 653, 660, 666, 677; 딜타이 604f; 쇼펜하우어 467, 477; 또한 685 각주 1, 703; 오이켄 624ff; 피히테 86, 104f, 154f; 헤겔 279f; 그리고 ☞ 삶으로서의 절대자; 유물론자들 337, 685, 703

무한한 삶: 피히테 154~63; 헤겔 278; 그리고 ☞ 삶으로서의 절대자

보편적 삶: 오이켄 625

삶에의 의지: 니체 638, 653, 659; 쇼펜하우어 453, 467~74, 478

삶은 꿈: 피히테 86

삶은 범죄: 쇼펜하우어 466

삶의 긍정 또는 긍정적 태도: 니체 643f, 671, 678

- 삶을 부정하는 태도 644

삶의 철학 450~1, 477f

사랑에 의한 삶 277, 279

상승하는 삶: 니체 666, 677

심령적 삶: 오이켄 **625f**; 피히테 86

앎과 삶: 니체 646, 661ff

정신의 삶: 헤겔 299, 384

창조적 삶: 피히테 154~63, 헤겔 278

삼지구조(三肢構造, triad) 175, 298, 322, 344, 393, 398 그리고 각주 14, 411

상(像): 피히테 99, 149

상부구조 527, 530, 534, 538

상징주의: 니체 665; 셸링 189, 209; 슐라이어마허 262f, 266; 카시러 599; 또한 48

상징적 예술 388

상호한정: 셸링 192, 198~9; 피히테 94

색채 437

생기론: 드리쉬 **623ff**; 로체 614f, 622

생물학: 드리쉬 623, 684; 또한 195, 614, 624

생산: 마르크스주의 512, 521, 527~31, 533, 536f

생산관계 521, 522f, 531, 536

생산력 521, 522~36, 536

생산수단 521

생산양식 521f, 536

생성(生成): 니체 661, 671, 677; 헤겔 297, 321; 또한 453, 593, 704

절대자와 생성; 그리고 과정으로서의 절대자; 또한 ☞ 변화

《서광》: 니체 637

선(good, 善): 셸링 232; 헤겔 349; 또한 612 각주 3, 617

선과 악의 선택 ☞ 도덕적 행위

국익(the common good)과 국가 132

도덕적 선 649f, 696

선택: 셸링 63, 228f; 키르케고르 548ff, 557f, 561, 565, 572

성격: 셸링 328~9; 쇼펜하우어 443, 466, 469; 또한 425, 670

　　성격과 선택 228f, 424 각주 3, 433f, 470

성령 314, 409

성서: 헤겔 274f

세계: 니체 207f, 664, 672f, 678, 684, 687; 셸링 176, 219, 232; 피히테 143, 158, 161 또한 254, 498, 580

　　영원한 세계: 오켄 247; 신과 영원한 세계: ☞ 자연과 신: ☞ 역사, 세계

　　이념으로서의 세계: 쇼펜하우어 438, 443, 445~6, 456, 477f; E. v. 하르트만 480, 481; 그리고 ☞ 의지와 표상으로서의 세계

　　세계관, 우주관: 헤르바르트 419, 435; 쇼펜하우어 435; 또한 12, 79, 601, 606, 627f, 688

　　세계 규모의 공동체 ☞ 보편적 공동체

　　세계기구 ☞ 보편적 공동체

세계영혼: 셸링 168, 194; 피히테 612; 헤겔 516

세계사적 개인 372, 375

세계사회 ☞ 보편적 공동체

세계의 목적: 로체 616~7, 619; 하르트만 482~3; 그리고 ☞ 역사의 종국: 셸링 203

세계정신, 보편적 정신과 역사: 헤겔 368~76, 381, 407~8, 493

　　세계정신의 간지 372~3, 373 각주 62, 482

　　의지로서의 세계: 니체 660f; 쇼펜하우어 447, 451f, 475ff; E. v. 하르트만 480ff

《의지와 표상으로서의 세계》 437f, 444, 660

　　전체로서의 세계: 분트 622

　　현상적 세계 ☞ 이념으로서의 세계

세포: 엥겔스 523~4

셸러(Scheler, Max 1874~1928) 701

셸링(Schelling, Friedrich Wilhelm 1775~1854) 167~252; 쇼펜하우어 435~6, 438, 475; 스피노자 167, 245; 키르케고르 547; 피히테 73, 167~76, 177ff, 197ff, 207~8; 헤겔 67~72, 245, 271, 283f, 405; 또한

각주 27~63, 247f, 253, 480, 682, 709

소극철학과 적극철학: 셸링 171, 232~7, 238, 241f, 251, 329, 432, 547

소비에트에서의 마르크스주의 542, 544

소외, 인간의 신으로부터의 소외: 마르크스 478; 셸링 36; 키르케고르 549f; 헤겔 276, 396, 508

한정으로서의 소외 220~1, 549~ 50; 헤겔 26f, 386f; 또한 ☞ 인간의 타락

인간의 인간으로부터의 소외: 마르크스 492, 495~499, 527, 531; 슈티르너 489~90, 492; 포이어바흐 480ff, 486, 490, 495f; 헤겔 483~4, 497

재산의 소외: 헤겔 332

소유 = 전유(專有) 342, 490, 500, 521

소크라테스(Socrates 469~399 B. C.) 59, 635

소포클레스(Sophocles 496/5~406 B. C.) 269

솔로비에프(Soloviev, Vladimir 1853~ 1900) 251

쇼펜하우어(Schopenhauer, Arthur 1788 ~1860) **435~83**; 니체 635, 672; 칸트 438~47, 465 각주 4, 475; 헤겔

437f, 463, 476f, 480; 또한 426, 638, 683

순결 471

순수경험론 238f, 426, 698

순수 통각 83

순수 사실(That) 233

숭배: 헤겔 396, 401(cult)

슈퇴클(Stöckl, Albert 1832~95) 630

슈툼프(Stumpf, Carl 1848~1936) 619, 696

슈트라우스(Strauß, David Friedrich 1808~74) 411, 496, 635, 648

슈티르너(Stirner, Max 1806~56) **499ff**, 511

슐라이어마허(Schleiermacher, Friedrich D. E. 1768~1834) **253~67**; 스피노자와 셸링 262, 266; 쇼펜하우어와 슐라이어마허 436; 스피노자와 슐라이어마허 254f, 259, 261f, 265; 또한 43, 46, 49, 71, 411, 489, 499

슐레겔(Schlegel, August Wilhelm 1767 ~1845): 피히테와 슐레겔 72; 셸링 169

슐레겔(Schlegel, Caroline) 170

슐레겔(Schlegel, Friedrich 1772~1829)

39ff, 47f, 71, 169, 254

스미스(Smith, Adam 1723~90) 510

스탈린(Stalin, Joseph Vissarionovich 1879~1953) 373

스털링(Stirling, J. H. 1820~1909) 37

스토아학파 340, 625

스펜서(Spencer, Herbert 1820~1903) 354, 581

스피노자(Spinoza, Baruch de 1632~ 77) 셸링 323, 177~81, 185; 피히테 67, 71, 78; 헤겔 287, 323; 또한 **43**, 469, 528

승인: 헤르바르트 423

공동승인: 피히테 129

시대정신: 헤겔 361f, 407f, 498, 501

시민과 국가 358

시민불복종 427

시민사회 558

신(神, God)

관념으로서의 신: 셸링 233

내재하는 신: 헤겔 398; 헤켈 581

도덕적 질서로서의 신: 피히테 69, **143**

무한자 신: 셸링 240; 슐라이어마허 262; 포이어바흐 491; 헤겔 395, 398

삶으로서의 신: 셸링 64, 224f, 237, 240; 또한 72; 슐라이어마허 262; 오이켄 626

섭리: 셸링 204 각주 28, 235; 피히테 144; 헤겔 367, 372, 376

신-사랑: 셸링 227; 포이어바흐 489; 헤겔 276, 279

신 신앙: 셸링 235, 237; 피히테 138, 144; 또한 443, 653, 693

신 안의 두 원리: 바아더 249; 셸링 225, 239f

신 안의 여러 계기: 셸링 227, 237

신의 본질(essence)과 현존(existence) 233; 신의 의지: 셸링 226, 232; 포이어바흐 489

신의 죽음: 니체 653ff

신의 탄생 240

알 수 없는 신 142, 152, 595

이념으로서의 신: 셸링 233

인격적 신: 로체 380; 바이세 432f; 셸링 34, 51, 56, 59, 63, 204 각주 28, 226, 233~41, 244, 251f; 슐라이어마허 262; 오이켄 626; 키르케고르 559f, 566; 피히테 141, 145ff; 헤겔 314, 327f, 398; 헤겔주의 411~2

전체성으로서의 신: 슐라이어마허

255ff, 257, 266; 오켄 247

자유로운 신: 바이세 432; 셸링 51, 59, 225, 230, 240

절대자로서의 신 270f, 304, 320, 394

존재로서의 신 394, 704~5

증명할 수 있는 존재: 로체 617; 셸링 236; 헤겔 394f; 헤르바르트 425; 또한 595

증명할 수 없는 존재: 쇼펜하우어 443; 키르케고르 560; 또한 266

창조자: 셸링 233f, 240; 포이어바흐 470, 493; 또한 431; 그리고 ☞ 창조

초월로서의 신: 키르케고르 559f; 피히테 147; 헤겔 277, 314, 394, 398; 또한 36, 673

신격화: 포이어바흐 489

신실증주의 586, 587 각주 11, **688f**, 694

신야만주의: 니체 669, 676f

신인동형설: 칸트 이후의 관념론 **54ff**; 포이어바흐 480, 567; 피히테 135, 153~4

신칸트학파 31, 577, **589~600**, 609, 633, 684, 703f

신프리스학파 417

신플라톤주의: 셸링 212, 218, 245

실재론: 하르트만 703f; 마르크스주의

544; 헤르바르트 417~425

실재(성): 니체 661; 피히테 95, 103, 149, 161; N. 하르트만 705; 헤겔 272, 290, 295, 318; 또한 28, 418, 432

나타남과 실재: ☞ 이상과 실재

사고와 실재의 동일 50~5, 149, 476 = 이상적인 것 416

실재의 변형: 니체 634f, 657; 2중의 실재 28

초감각적 실재 595, 765

실존: 키르케고르 **547, 565**, 571; 니체 641, 645, 653, 679; 셸링 171, 176, 233, 236, 251, 549; 쇼펜하우어 468, 474, 477; 야스퍼스 692, 694 각주 5; 키르케고르 547, 565, 571

실존주의: 사르트르 231, 571~2; 셸링 231, 251; N. 하르트만 704, 708; 하이데거 706; 후설 698; 또한 501, 566, 642, 676, 702

실존철학 234 각주 36; 야스퍼스 **670~94**

실존론적 분석 706

실증주의 576, 600, 636, 628 각주 4, **687ff**, 691, 705

실천이성의 우위 104

실체: 니체 662, 666; 셸링, 스피노자

177f, 185; 헤겔 323f; 헤르바르트 420f; 헤켈 580, 582; 또한 145, 431, 585f, 599

윤리적 실체, 무한실체 179, 185; 실체의 법칙 580; 실체로서의 자아 585 각주 10, 662, 700; 실체로서의 영혼 420, 615, 617ff, 620

심리학: 니체 635, 667, 675, 679; 로체 **613~6**, 619; 베네케 **417**; 분트 **620**; 브렌타노 695; 페히너 610; 헤겔 303, 312, 340; 헤르바르트 **421~ 24**; 또한 415, 433, 601, 692, 698, 701

19세기 문화(철학) 646f, 681, 684ff

아

E 327 각주 8

O 386 각주 1

아가페와 카리타스: 쇼펜하우어 461

아낙시만드로스(Anximandros c. 610~ c. 546 B.C.) 580

아담 568

아들러(Adler, Alfred 1870~1937) 676

아름다움: 셸링 173, 208; 쇼펜하우어

462, 464; 또한 424, 582, 594, 595 각주 10, 612 각주 3, 699; 헤겔 275, 364, 383, **386**

아리스토텔레스(Aristoteles 384~22 B. C.) 헤겔과 아리스토텔레스 288, 302, 340, 348, 361, 372~3, 405 또한 ☞ 629

아리스토텔레스주의 628

아베나리우스(Avenarius, Richard 1843 ~96) **584f**

아브라함과 이삭 550

아이스퀼로스(Aeschylus 525~456 B. C.) 634, 645

아펠트(Apelt, E. F. 1812~59) 416

아폴로적 정신: 니체 633f, 665

아 프리오리(*a priori*)

앎에서의 아 프리오리 30, 103f

아 프리오리한 방법 51, 604 각주 19, 599, 606f

아 프리오리한 명제 689

아프리카 340

악(evil): 셸링 223, 225, 231; 쇼펜하우어 438, 455, 467, 474, 683; 또한 459, 455, 568

신과 악: 사람 속의 악 231, 225, 455; 도덕적 악: 피히테 122, 138, 144;

또한 343, 649

근본악: 악한 행위: 피히테 122, 139, 144

악마: 피히테 122

악무한 279

안셀무스(Anselmus, St. 1033~1109): 헤겔 38, 399

안티고네 549

안티노미 296

암호해독 691

애타심: 헤겔 571; 쇼펜하우어 462

야스퍼스(Jaspers, Karl 1883~1969) 79, 571, 641, 692ff, 709

야코비(Jacobi, Friedrich Heinrich 1743~1819) 258

양(量)에서 질(質)로의 전환 법칙 517; 헤겔 322

양심: 니체 636, 649, 654; 피히테 61, 110, 119~23; 헤겔 349; 또한 423 각주 3, 428

어둠과 빛: 바아더 225, 249

빛: 피히테 152; 셸링 193, 225

에고이즘: 쇼펜하우어 456, 467, 470; 슈티르너 501; 또한 262, 493, 508, 581, 625

에네르게티크(*Energetik*) 583

에로스 471f

에로틱스 595 각주 10

에르트만(Erdmann, Johann Eduard 1805~92) 410

에를랑겐 72f, 153, 171, 272, 483

에크하르트(Eckhart, Meister Johannes 1260~1327) 249

에포케(*Epoche*) **699ff**; 또한 705

에피쿠로스학파 670

에픽테토스(Epictetus 50~138) 309

엔텔레키(드리쉬) 623, 684

《엘레우시스》 277

엠페도클레스 580

엥겔스(Engels, Friedrich 1820~95) 171, 412, 496, 504f, **510~19, 522~26,** 530~33, 540~44, 736~743

여러 국민에 대한 심판 370, 374

역사: 루게 496; 마르크스 527; 리케르트 595; 딜타이 601, 606

역사주의 606

역사에서의 발전: ☞ 변증법적 발전

역사의 주기: ☞ 영원 회기

역설(逆說, paradox): 볼차노 257

연애(erotics) 595 각주 10

연역: 셸링 51, 199, 219, 232, 238, 547; 칸트 36, 707; 피히테 91, 95, 204;

헤겔 91, 282~3, 299, 333, 336, 340, 432, 497

자연의 연역 : 셸링 189~97 ; 헤겔 283, 329

초월론적 연역 : 페히너 106, 140, 707 ; 또한 196, 707f

영국 510, 538, 619, 702

영국철학 426

영원회귀 : 니체 637, **671**, 679 ; 엥겔스 540

예수 그리스도(Jesus Christ) : 셸링 241 ; 헤겔 275~80, 391, 394, 398 ; 또한 264, 411, 561, 677 각주 36

《예수의 생애》 : 헤겔 275

예술(art) : 낭만주의자들 40, 45 ; 셸링 42, 63, 170, 205~10 ; 쇼펜하우어 461~2, 477 ; 또한 248, 527, 531, 600~606, 613, 625 ; 헤겔 47, 62, 299, 302 각주 19, 314 ; 니체 643

고전적 예술 : 헤겔 384, 391 ; 예술 (fine arts) : 쇼펜하우어 465~6

예술사 : 헤겔 384 ; 예술철학 : 셸링 28, 63, 169, **205~10**, 383 ; 헤겔 273, 383, **386~92**

예술의 유형 : 셸링 209 ; 쇼펜하우어 465~6 ; 헤겔 389

종교와 예술 46, 314, 384, 389, 404

예술론 : ☞ 예술철학

예술가 : 셸링 206, 209 ; 쇼펜하우어 464 ; 또한 387

오류 663

오성 : 분트 622 ; 쇼펜하우어 445 ; 피히 테 100 ; 헤겔 281, 292 ; 또한 622

오스트발트(Ostwald, Wilhelm 1853~ 1932) 582

오스트리아 학파 696

오이켄(Eucken, Rudolf 1846~1926) 624ff

오켄(Oken, Lorenz 1779~1851) 247, 611 각주 1

오토(Otto, Rudolf 1869~1937) 416

외화(外化) 160

요아킴 데 플로리스(Joachim de Floris 1145~1202) 243

요청이론(要請理論) : 파이잉거 597

요테보리(Göteborg) 599

요한복음서 37, 156

욕구(appetition) 412, 453

욕구, 욕망(desire) : 쇼펜하우어 448, 455 ; 피히테 96, 103, 113 ; 헤겔 307 ; 또한 226, 422, 424 각주 3

욕망의 노예 ☞ 의지에의 종속 : E. v.

하르트만 482; 쇼펜하우어 461~7, 469

우연성과 실제: 헤겔 **334**, 347, 357, 400

우주론적 타락 219ff, 237, 244; 또한 249, 334

인간의 타락: 마르크스 541; 셸링 44, 59, 221f, 234f; 헤겔 296~7, 402

우트레히트(Utrecht) 576

워드(Ward, James 1843~1925) 619

원인: ☞ 충족이유율

원인(ground)과 귀결(consequent), 선행하는 것과 귀결되는 것: 셸링 224, 228, 237; 슐라이어마허 244

원자 421, 578, 581, 665

원한(resentment) 650

원형(architype) 462

원환(圓環) 286

유다(Judas Iscariot) 229, 374 각주 62

유대교 276, 394

유물론: 마르크스 516, 527, 542, 545; 엥겔스 510, 516; 포이어바흐 496, 510, 516; 또한 21, 77, 191, 589, 609, 629, 633, 636, 687

유신론: 니체 654, 678; 셸링 174, 221, 244, 432; 쇼펜하우어 474; 포이어바흐 495; 피히테 142, 147, 152,

161ff; 헤겔 274, 302, 328; 헤겔주의 410; 또한 37, 54f, 248, 432

유아론(唯我論) 25, 85, 159, 318

유추로부터의 논의: 페히너 601f, 또한 193

윤리학: 니체 **648~52**; 쇼펜하우어 438f, 448, 471; 슐라이어마허 253, 256ff; 칸트 110, 116, 345, 348, 424; 피히테 59ff, 67, 69, 84, 97, 105, **109~13**, 122f, 158, 205, 253; 헤겔 61, 110~11, 275, 312~3, **345~53**, 375; 또한 40, 204, 409, 416, 423, 426, 488, 538, 559, 580~1, 591f, 594, 595 각주 10, 622, 628~9, 703

의무: 피히테 27, 60, 105, 111, **119~23**, 127, 143~51; 칸트 276, 471; 헤겔 276, 349, 356; 또한 258

의식: 셸링 168, 178, 194, 199, 203, 212; 쇼펜하우어 452, 457, 469; 유물론자들 517~21, 576, 581; 피히테 51, 55, 60, 76, 79~108, 111, 116, 140, 145~54, 159~64, 176; 헤겔 **302~16**; 후설 697; 또한 422, 481, 487, 594, 675

의식의 연역: 피히테 36, 41, 89, 92, **96~108**, 111, 140, 150, 198, 204; 헤겔

282; 후설 700

경험적 의식: 셸링 197, 199, 206; 피히테 98, 101, 105, 143, 176

보편적 의식: 키르케고르 556

불행한 의식: 헤겔 309

사회적 의식: 헤겔 304, 306

스토아적 의식: 헤겔 308

의식의 대상: 헤겔 304

의식의 역사: 셸링 197, 100, 205; 피히테 98; 헤겔 303, 407

의식의 통일: 칸트 82, 140; 피히테 79, 89; 또한 590, 615, 621

의식의 현상학: 피히테 84, 140; 헤겔 **302~16**, 339; 또한 90 각주 22

자기의식: 보편적 자기의식 306, 339; 셸링 183, **197**, 206, 212; 슐라이어마허 256; 피히테 80, 89, 101, 119, 124, 141, 152, 160; 헤겔 304, 306, 319, 327, 339, 380, 407; 또한 54, 339, 432, 556

초월론적 의식 594

회의론적 의식 309

의존감정: 슐라이어마허 **259f**, 262; 포이어바흐 479

《이것이냐-저것이냐》 548, 552, 557

이기성: 마르크스 541; 셸링 222, 226;

헤겔 344

이념: 마르크스주의 515~20, 541; 피히테 153, 158; E. von. 하르트만 481; 헤겔 290, 325, 386, 406, 481, 505, 515, 519, 646; 또한 114, 222

논리학적 이념: 헤겔 290, 321, 326~33, 379, 394, 405, 432, 515

모든 이념은 하나 216

무의식적 이념 481

영원한 이념: 셸링 218; 헤겔 287, 290

이데아, 원형(原型)으로서의 452

이데아로서의 절대자: 셸링 233, 235; 헤겔 235, 321, 325; 또한 432, 678

자연과 이념 331, 334, 379, 495

절대적 이념: 셸링 233, 235; 헤겔 235, 321, 325; 또한 432, 678

칸트의 규정적 이념 186

플라톤적 이데아: 쇼펜하우어 462~5

이반(Abfall): 헤겔 320

이상(理想): 딜타이(역사적 범주) 605

이상 또는 목표: 셸링 200, 202; 또한 488, 676

이상적(관념적)인 것과 현실적(실재적)인 것: 니체 659, 663; 셸링 183

~9, 196, 198, 202~20, 222, 230~1,
286; 쇼펜하우어 443, 449, 457~8,
477; 슐라이어마허 254; 칸트 210,
292, 318, 446, 693; 포이어바흐
488; 헤겔 273, 282, 286, 293, 300,
318, 331, 335; 또한 260, 254, 433,
591, 692, 697

이성(理性): 쇼펜하우어 445, 449, 454,
478; 키르케고르 560; 피히테 101,
150; 헤겔 281, 294, 300, 304, 311,
366, 373, 404, 476, 505; 또한 263,
266, 489, 581

이성의 간지(奸智): 헤겔 374, 373 각
주 62, 481

무한이성: 셸링 222; 피히테 148, 159;
헤겔 26, 290, 300, 330

보편적 이성: 키르케고르 558

실천이성: 칸트 447 각주 16; 피히테
27, 68, 78, 104, 139; 또한 41, 312,
424, 447 각주 16

자기 나타냄: 헤겔 26, 52, 290, 300,
367; 또한 22, 27~34, 50~5

절대적 이성: 셸링 211; 코헨 591; 키
르케고르 555; 헤겔 312, 318, 401;
또한 26, 29, 32, 51, 55

창조적, 생산적 이성: 피히테 76, 148;

또한 26, 50, 52~3

이신론(理神論): 피히테 137

이원론(二元論): 헤겔 283, 335

이원론의 배제 580, 584, 587

이집트 388, 392 각주 8; 397

이타주의(altruism): 쇼펜하우어 472;
헤켈 581

이탈(*Abbrechen*): 셸링 217

이탈리아 629

이해(理解): 딜타이 603

인간: 관념론 철학자들 **58~65**; 니체
652, 669f, 677~8; 마르크스주의
499~ 500, 507, 520, 537, 544, 682;
셸링 177, 183f, 227; 슐라이어마허
262~3; 야스퍼스 692; 피히테 68,
87, 112~6; 하이데거 706; 또한
482, 599f, 685 각주 1, 709

사회적 존재: 마르크스 520f, 528; 포
이어바흐 491~6

신과 인간: 셸링 44, 59, 235~41; 슈티
르너 499; 포이어바흐 490~6, 키르
케고르 548~9, 556, 559; 헤겔 276,
398; 또한 253

역사와 인간: 딜타이 603

유한한 인간: 피히테 71; 하이데거
706

유한과 무한의 종합: 키르케고르 560, 567

인간과학: 딜타이 601; 아스퍼스 692

인간의 본질: 코헨 591f; 포이어바흐 488f; 헤겔주의자들 500

인간의 유형: 니체 648~57, 668, 677, 678f

인간의 통일: 카시러 600; 피히테 113~4

자연과 인간: 딜타이 602; 마르크스 520; 셸링 183; 또한 42, 53 포이어바흐 488; 피히테 112

절대적 인간: 슈티르너 500

인간의 성격: 셸링 228; 쇼펜하우어 442, 466, 469; 또한 424

선택과 성격 228, 424 각주 3, 433(인격성), 469

인간학: 포이어바흐 **447~486**; 헤겔 329; 또한 423, 487, 491~96

인격신: 로체 667; 바이세 432; 셸링 34, 51, 56, 59, 63, 204 각주 28, 225, 233~41, 244, 252; 슐라이어마허 262; 오이켄 626; 키르케고르 559, 566; 피히테 141, 145, 152, 163; 헤겔 314, 327, 398; 헤겔주의 411; 또한 36

인격주의적 관념론 434

인과(因果), 인과성(因果性): 로체 616; 쇼펜하우어 441, 445, 475; 피히테 102, 118;

헤겔 324, 333; 또한 184, 200, 421, 478, 621, 661

내용(implication)과 인과성: 쇼펜하우어 33; 슐라이어마허 333

인력(gravitation): 셸링 190; 쇼펜하우어 452, 462, 465

인력(引力)과 척력(斥力) 192

견인과 반발 452

인류동맹(Menschheitsbund) 250

인륜, 도덕성(morality) 61, 275, 312, **344~51**

인륜적 실체 351, 355, 381

인생관 625

인식론: 카시러 597; 프리스 415; 피히테 69; 헤겔 305; 또한 448, 544, 590, 623 각주 13, 703

일반의지: 루게 497; 피히테 129, 134; 헤겔 313, 357, 363, 497

일상언어의 분석 708

일원론(一元論): 헤겔 579, 688; 또한 164, 265, 420 각주 2

일원론자동맹 582

있음은 지각됨이다: 버클리 444

자

J-S 319 각주 1

자기: ☞ 자아(ego)

  자기확산: 키르케고르 **557**, 552 각주
   2, 557~2

  자기기투(自己企投) **548**, 552 각주 2;
   557~72

  자기 사유적 사유 287~91, 314, 319,
   325, 329, 338, 379, 393

  자기 보존: 니체 660; 피히테 112, 123

  자기 사랑: 피히테 123

  자기실현: 셸링 201; 키르케고르 566

  자기의식: 셸링 183, **197**, 206~7, 213;
   슐라이어마허 256; 피히테 80, 89,
   100, 119, 124, 141, 150, 160; 헤겔
   304, 306, 319, 326~7, 339, 380, 407,
   213

  자기 이익 123

  자기활동 87, 114

  자기희생: 헤겔 391

《자본론》 513f, 517f, 535,

자본주의: 마르크스 514, 530, 532, 535ff

자아(ego): 셸링 167, 173, 197, 204; 비
  관주의 141; 피히테 78~128; 흄
  84; 또한 250, 426, 585 각주 10, 662

  개체적 자아: 피히테 85, 98, 175; 슈
   티르너 499

  경험적 자아: 피히테 120; 셸링 175

  순수자아: 피히테 48, 79~89, 101,
   105, 107, 120, 140, 148; 헤르바르
   트 422; 후설 700

  유한한 자아: 셸링 179, 222; 피히테
   89, 96, 98, 124, 143~51, 159, 161;
   또한 41, 55, 499

  인간 자아 194

  절대 자아: 피히테 26, 31, 56, 59, 79~
   86, 89, 96~107, 119, 124, 130, 141,
   150, 159; 셸링 175, 179

  정신으로서의 자아: 셸링 184; 피히
   테 114; 키르케고르 566; 후설 700;
   또한 585 각주 10

  창조적 자아: 피히테 85; 또한 41

  초월론적 자아: 칸트 26, 82, 106, 140;
   피히테 26, 41, 79~86, 106, 141; 후
   설 700

자연:

  능산적 자연, 소산적 자연 127, 224;
   슐라이어마허 261

셸링 58, 168, 176, 181, 318 ; 포이어바
흐 488, 493 ; 피히테 43, 71, 78, 97,
102, 106, 118, 147, 155, 158, 164,
181~2, 335 ; 헤겔 53, 197, 278, 311,
318 ; 헤켈 580

낭만적 관념 43, 71, 355

의식과 자연 : 셸링 194 ; 포이어바흐
488 ; 피히테 144, 161~2 ; 헤겔
288 ; 후설 700

자연과 신 : 로체 616 ; 셸링 220~1,
231, 236 ; 슐라이어마허 256, 260,
265 ; 헤겔 311 ; 헤켈 581 ; 또한
247, 488f, 564, 612

자연법칙 : 마르크스 512, 514 ; 헤겔
306 ; 헤켈 580 ; 또한 201, 462, 616

자연법증법 520, 523, 524

자연의 세위(勢位) : 셸링 192, 213

자연신학 236, 570

자연의 유기적 통일 : 셸링 186, 192 ; 또
한 43, 147, 612, 616

자연의 재일성(齋一性) 147, 201

자연철학 : 로체 **613~9** ; 마르크스주
의 514, 522 ; 셸링 43, 168, 173,
181, **183~97**, 198, 204, 207, 211,
246, 283, 286 ; 셸링의 영향 247,
251, 480 ; 또한 248, 416, 612, 704 ;

오스트발트 583 ; 피히테 43, 583 ;
헤겔 283, 286, 291, **332~6**, 338

《자연법의 기초》: 피히테 69, 109, 134,
146

자연주의 412, 625, 674

자유 : 셸링 63, 170, 173, 177, 200, 221,
223~32, 243, 251 ; 칸트 59 ; 키르케
고르 558, 568, 571 ; 피히테 59, 76,
83, 90, 96, 112~9, 124, 131, 151 ;
헤겔 61, 215, 340, 371 ; 또한 438,
542, 580, 654, 670

자유방임 : 피히테 131f

자율 도덕 : 피히테 118, 139 ; 헤겔 345

자코뱅당의 공포정치 313

잔혹함 : 니체 450, 474 ; 쇼펜하우어 668

잠재의식 : 헤르바르트 422

재판관(judiciary) 353

전유(專有, appropriation) 342, 500,
521

전쟁 : 니체 656, 675 ; 마르크스 533 ; 바
아더 250 ; 쇼펜하우어 456 ; 헤겔
364 ; 또한 427

《전(全) 지식학의 기초》 69 ; 자주 69~
97, 134~68 ; 또한 176, 199, 681

절대성 : 셸링 186, 217~8

절대 앎 : 피히테 152 ; 헤겔 302, 311,

315, 319, 328, 380, 404 ; 또한 410
과학적 앎: 딜타이 603~7 ; 삶과 앎:
니체 646, 661 ; 순수(절대) 앎, 아
프리오리한 앎: 코헨 591, 410 ; 앎
의 내재: 셸링 198, 208 ; 슐라이어
마허 256 ; 또한 609, 687 ; 앎의 목
적: 니체 662 ; 앎의 문제: 카시러
600 ; 이론적 앎: 피히테 80 ; 칸트
589 ; 키르케고르 565 ; 피히테 80 ;
헤겔 282 ; 또한 625 ; 이성적 앎 448,
622

절대자(Absolute)
자유로운 절대자: 헤겔 316f ; 셸링
177f, 223, 228~9
이념으로서의 절대자: E. v. 하르트만
472f ; 헤겔 275~6f, 280f, **316~22** ;
마르크스주의 322 : ☞ 절대자의 객
관화
동일성으로서의 절대자: ☞ 동일성
알 수 없는 절대자: 피히테 34, 51,
150 ; 헤겔 283, 293, 307 ; 셸링 49,
51, 307
무한한 절대자: 헤겔 22, 276~7, 291f,
300, 319f, 370~71, 381 ; 셸링 190,
200, 205, 209, 216 ; 또한 45, 50, 589
자기 앎: 헤겔 59, 277f, 281, 291f,

304f, 315f, 369ff, 375, 389f, 394f ; 셸
링 185ff, 210~11
사람에서 자기 알기: 헤겔 34, 52, 59,
277f, 281f, 291f, 301f, 305f, 317~20,
366, 369f, 387, 395, 505f ; 셸링 56,
184ff
삶으로서의 절대자: 헤겔 273ff, 281f,
286f, 301ff, 316f, 319f, 369, 373f,
380f, 409f, 또한 ☞ 46, 51~2, 104f
절대자의 한정 93, 190, 197
논리적 절대자 422
절대자의 자기 나타냄 ☞ 절대자의 객
관화
자연과 절대자: 피히테 95f, 99, 102ff,
122f, 139f, 153f, 162 ; 헤겔 278f,
302f, 307f, 317ff, **332~37**, 328,
370~1 ; 셸링 59, 166, 179~80,
184~89, 194~98, 209, 216~221,
240~3, 274ff, 326 ; 또한 ☞ 504f,
667~8
절대자의 객관화: 로체 617 ; 셸링
217, 220~1, 223~4 ; 헤겔 283, 286f,
310ff, 324f, 387
절대자에의 부정적 접근 216, 275
객관으로서의 절대자 ☞ 절대자의 객
관화

과정으로서의 절대자: 헤겔 276f,
290f, 310f, 352, 364ff, 372f, 385f,
409, 505

정신(Spirit)으로서의 절대자: 헤겔
275, 277, 301ff, 319ff, 228ff, 369,
383, 475, 482, 505; 마르크스 505f;
셸링 273

주관과 실체: 헤겔 277

초월적 절대자: 헤겔 278, 281, 308~
9, 320~21, 365~6; 키르케고르
538~9

총체성으로서의 절대자: 헤겔 216ff,
302, 308, 314~5, 319f

무의식: E. v. 하르트만 470; 또한 ☞
무의식적 의지

절대자의 삶(생) 284, 286~302, 335

절대적 단언: 707 각주 11

절대적 작용 205

절대적 정신: 딜타이 604 각주 19; 헤겔
299, 313, 331, 338, **379~85**, 393,
407, 627; 키르케고르 549; 슈티르
너 500

절대적 존재자: 피히테 143, 152, 159~
65, 또한 238

절대적 추상: 피히테 98; 셸링 198

절망: 키르케고르 558

정립-반정립-종합: ☞ 변증법적 방법

정부 353, 369f

정신:

객관적 정신: 딜타이 604; 헤겔 341,
350, 355, 362, 380, 382, 385, 506

민족정신: 헤겔 44, 274, 359, 365,
368, 369, 377, 381

낭만주의와 민족정신 44

세계정신: 헤겔 368~77, 381, 407

시대정신: 헤겔 361, 407; 또한 498,
501

잠자는 정신: 셸링 195, 204, 333

주관적 정신: 헤겔 339, 380

정신과학(*Geisteswissenschaften*): 코헨
501; 딜타이 **601~7**

《정신현상학》 헤겔 271, 273, 285, **303~
16**, 339, 380, 556

정신의 삶(*Geistesleben*): 오이켄 625

정언명법(定言命法, categorical imper-
ative): 칸트 83, 201, 424, 471; 피
히테 83, 104, 112, 150; 또한 580,
648

정열: 니체 644, 652, 670; 쇼펜하우어
466; 헤겔 164, 373; 또한 피히테
139

정의(definition): 볼차노 429

정의(justice): 쇼펜하우어 468, 헤르바
르트 423

정치적 권력: 피히테 131

체제 131; 제도 353, 538

성숙: 헤겔 62, 358 각주 39, 362

정치철학: 마르크스 506; 바아더 249;
피히테 109~10, 126~7, 131; 헤겔
62, 272, **353~60**, 361~2, 506

정책, 정치적 활동: 괴레스 248; 마르크
스 505, 531, 538; 헤겔 385; 또한
255, 428, 494~5

제임스(James, William 1842~1910) 613

젠틸레(Gentile, Giovanni 1875~1944)
412

조로아스터교 397

존재: 니체 662, 673, 677 각주 36; 셸링
180, 233, 237, 240; 야스퍼스 692;
피히테 141, 149~53, 156, 160; 하이
데거 701, 705f; 헤겔 297, 319, 370,
394, 432; 또한 488, 703, 708

절대적 존재: 피히테 143, 152, 159,
65; 또한 238; 생성과 존재 321,
593, 662, 673;

존재의 개념: 헤겔 319; 하이데거
705; 사유와 존재: 피히테 142, 148
~9, 158, 164; 또한 53, 237, 255, 593

존재론: 하르트만 704

존재의 유비 54, 161f

존재의 형이상학: 하이데거 705

종교:

니체 653, 675; 마르크스주의 505,
507, 511, 527, 531, 534, 538, 682;
셸링 36, 56, 63, 170, 235~42, 253,
682; 슐라이어마허 253, 257, 262;
칸트 138, 235, 257, 275; 키르케고
르 570; 포이어바흐 486~92, 494,
500, 506; 피히테 35ff, 72, **138**; 헤
겔 35, 47, 253, **274**, 279, 298, 313,
338, 342, 410; 또한 28, 71, 433,
479, 500, 586, 595 각주 10, 601, 605,
621

계시종교: 셸링 240; 헤겔 274, 401

과학과 종교: 분트 620; 카시러 599; 토
미즘 631; 또한 416, 426, 622, 686,
631

관념론과 종교 35~8, 253, 586

그리스 종교: 헤겔 274, 277, 384, 398

신화의 종교: 셸링 238

앎으로서의 종교: 셸링 235; 슐라이어
마허 258, 261f, 266; 피히테 156~7;
헤겔 253, 274

자연종교: 슐라이어마허 257, 266; 키

르케고르 560；포이어바흐 489；헤
　겔 274, 314

절대적 종교：헤겔 313, 383, 398~9,
　401, 408, 491；또한 410

《종교와 이신론(理神論)에 대한 아포
　리즘》：피히테 137

　종교의 역사：셸링 236, 246；슐라이어
　　마허 264；헤겔 314, 384, 397；또한
　　489

　종교적 언어：헤겔 327, 331, 338

　종교철학：관념론자들 35~8, 44；셸링
　　44, 56, 174, 209, 237, 241, 246,
　　250ff, 431；헤겔 383, **393~9**；또한
　　262, 417 각주 1, 431, 613f

　종교적 의식, 경험：셸링 56, 174, 231,
　　240, 246, 251；슐라이어마허 253,
　　255~62, 266；헤겔 36, 304, 310~
　　6, 384, 393~6, 399；또한 28, 38, 54,
　　410, 416, 487, 538, 553, 701f

　종교적 형태：헤겔 396

　중국종교 397

주관：피히테 76, 99, 141, 154, 164

　객관과 주관：마르크스 520；셸링
　　175, 177ff, 183~9, 197, 203, 211,
　　227, 283；쇼펜하우어 440, 442,
　　458；또한 99, 154, 164；피히테 76,

　　80, 84；하이데거 706；헤겔 281,
　　287, 304, 311, 339；후설 701；또한
　　26, 55, 256, 585, 709

　주관의 동일성으로서의 절대자 211

　유한한 주관：피히테 154, 159, 163

　절대적 주관：셸링 178；또한 25

　도덕적 주관주의：헤겔 350

　주관성：셸링 283；키르케고르 550,
　　562；헤겔 337, 346, 350, 360, 380,
　　382, 387

　주관성-객관성：셸링 181, 185~9,
　　196, 211；헤겔 288, 325, 335, 351,
　　382, 387

주어와 술어：마르크스 506；셸링 224；
　포이어바흐 488；헤겔 506

주의주의(主意主義) 427

주인-노예 관계 307

주체성이 진리다：키르케고르 **562**

죽음：쇼펜하우어 468, 472；키르케고
　르 568

지각 305

지식일치설：셸링 186

지양(止揚) 510, 514

지향성(志向性) 695

직관：낭만주의자들 40, 46；셸링 48,
　204, 217, 317；쇼펜하우어 445,

450, 452, 458, 467 ; 슐라이어마허 257, 265 ; 피히테 99, 149, 161, 164 ; 헤겔 282, 317, 340 ; 후설 699 ; 또한 592

미적 직관: 셸링 28, 45, 48, 63, 173, 204, 210 ; 헤겔 386 ; 또한 463

아 프리오리한 직관: 볼차노 429

지적 직관: 칸트 82, 282 ; 피히테 80, 87, 107, 140, 281 ; 헤겔 282, 317, 340

초월론적 직관: 피히테 80, 87, 107, 140, 284

진리: 니체 641, 655 각주 23, **663** ; 딜타이 606 ; 볼차노 430 ; 엥겔스 525 ; 키르케고르 562 ; 헤겔 280, 287, 296, 311, 326, 387, 405, 408, 419 ; 또한 441, 582, 594, 685 각주 1

영원한 진리: 니체 664 ; 로체 618 ; 마르크스주의 512, 525, 544 ; 키르케고르 563 ; 헤겔 399

절대적 진리: 니체 662 ; 마르크스주의 525, 544 ; 헤겔 399

진리 자체 430

진화론: 니체 648, 666 ; 셸링 191, 194 ; 유물론자들 579 ; 또한 247f, 336, 523~4

창발적 진화 191, 194, 519

질송(Gilson, Étienne 1884~1978) 234 각주 36, 631

집단: 키르케고르 572

차

차라투스트라 637

차이와 절대자: 헤겔 286

차이에서의 동일성: 셸링 212, 227, 286

착취 456, 514, 534

찬성과 불찬성: 헤르바르트 423

창세기(創世記) 74

창조: 셸링 32, 220, 226, 232, 244 ; 피히테 32, 143, 162 ; 헤겔 32, 328, 394 ; 또한 431, 493, 576, 599, 678

인간의 창조적 능력: 니체 636, 643, 645, 653 ; 또한 41, 463

창조적 무(無): 슈티르너 501

책임(imputability): 헤겔 346f

천재(天才): 니체 636, 643, 645 ; 셸링 209 ; 슐라이어마허 264 ; 쇼펜하우어 463, 479, 482

철학: 니체 644, 678 ; 마르크스 505, 508,

525, 531, 534, 542 ; 셸링 169,
175~6, 184, 209, **232~7**, 238~9,
283f, 708f ; 쇼펜하우어 449, 468,
475 ; 키르케고르 549, 555, 561 ; 피
히테 50, 64, **74~9**, 93, 157, 174,
681~6, 685 각주 1 ; 헤겔 34, 60,
271, 286~302, 326, 338 ; 그리고 헤
르바르트 418, 421, 425 ; 또한 29,
32, 249, 593f, 598~9, 681~92, 707f

《법철학 강요》: 헤겔 273, 360

비판철학: 셸링 177f, 211, 236 ; 칸트
24~8, 29, 41, 68, 77~82, 85f, 98~9,
110~11, 117, 140 ; 헤겔 27, 35, 281,
317

사변적(이론) 철학: 신실증주의자들
688 ; 오이켄 626 ; 키르케고르 550,
561 ; 헤겔 280, 282, 294, 383, 400

스콜라철학 218, 232

신화의 철학 228

실존철학 230, 251

역사철학 44, 63, 72, 174, 238, 366,
379, 404

연역적 철학: 피히테 74, 92 ; 헤겔
299 ; 또한 33

예술철학: 셸링 63, 169, 173, **205~
10**, 383 ; 헤겔 272, 383, **386~93** ;

또한 210, 416

자아철학 159, 172

자연철학 180~205, 332~7

절대적 철학 291, 401, 408

정신철학 338~408

정치철학 64, 360~3

존재의 철학 151, 159~65

종교와 철학: 괴셸 410 ; 셸링170,
173, 235 ; 포이어바흐 487, 491ff ;
피히테 156 ; 헤겔 384f, **393~408** ;
또한 249, 436, 591 각주 1, 629ff

철학사: 헤겔 174, 288, 302, **404~8**,
627 ; 또한 34, 486, 591, 709

철학의 철학: 헤겔 383

철학과 과학(경험, 실험과학): 니체 636,
646, 662, 665 ; 딜타이 601, 606 ; 마
르크스주의 636, 526 ; 셸링 168~9,
186, 189, 195 ; 칸트 35, 589 ; 헤겔
290, 337 ; 또한 162, 416, 428, 438,
575, 591, 596, 598 각주 14, 620,
625, 628, 687

볼프 620 ; 카시러 599 ; 토미즘 631 ; 또
한 21, 28, 416, 425, 622, 686, 690f,
708

정신과학: 과학의 본질: 마흐 585 ;
또한 602 ; 윤리의 학 146 ; 인간의

학 591, 601, 601~7; 종교와 과학 403, 579; 학적 이해 271, 299, 517 각주 4

철학과 신학: 관념론자들 35~8; 헤겔 270, 280; 또한 630

철학의 근본명제: 셸링 174; 피히테 74~9, 87~95

철학적 독단론: 셸링 167, 177~80; 피히 테 76f

철학적 신앙: 야스퍼스 693

청년 헤겔학파 485, 505

체계: 마르크스주의 525; 셸링 173, 244, 286; 쇼펜하우어 440, 슐라이어마 허 265; 피히테 69, 74, 174, 686; 헤 겔 48, 271, 277, 282, 286, 296, 405, 628; 또한 19, 32, 622, **681~6**, 692, 702, 707

《도덕의 체계》: 피히테 131

《체계단편》: 헤겔 277

체험 602, 607, 698

첸드-아네스타 611; 페히너 610f

첼러(Zeller, E. 1814~1908) 410

초인: 니체 637, 641, 652, **669**, 674, 679

촐베(Czolbe, Heinrich 1819~73) 576

추상: 피히테 76, 100; 또한 488, 500

  절대적 추상: 셸링 200; 피히테 100

추상적 추리 448, 450

충족이유율: 쇼펜하우어 437, **440~3**, 464, 472

취리히 247, 497, 584, 594 각주 8, 620

친절: 니체 650

카

카루스(Carus, Karl Gustav 1789~1860) 248

카르납(Carnap, Rudolf 1891~1970) 39, 638 각주

카리타스(*caritas*) 471

카시러(Cassirer, Ernst 1874~1945) **599**

카우츠키(Kautsky, Karl Johann 1854~ 1938) 513

카피톨리누스 신전의 쥬피터 398

칸트(Kant, Immanuel 1724~1804)

  비판철학: 셸링 177f, 210, 235; 피히 테 **25~8**, 29, 41, 68, 77~82, 85f, 98~9, 105, 110~11, 117, 140; 헤겔 27, 35, 281, 317; 또한 415, 428f

칼리클레스(Callicles) 374

칼뱅(Calvin, Jean 1509~63): 칼비니즘 231, 530

코레트(Coreth, E.) 707 각주 11

코헨(Cohen, Hermann 1842~1918)
590, 703

코페르니쿠스적 전회 24

코펜하겐 551, 638

콜리지(Coleridge, Samuel Taylor 1772
~1834) 251

콜링우드(Collingwood, Robin G. 1889
~1943) 54

쾨니히스베르크 411, 417

쾰른 505, 623

콩트(Comte, Auguste 1798~1857) 687

크라우스(Kraus, Oskar 1872~1942)
696

크라우제(Krause, K. C. F. 1781~1832)
250, 625 각주 14

크로체(Croce, Benedetto 1866~1952)
403, 412, 464

클로이트겐(Kleutgen, Joseph 1811~
83) 630

키르케고르(Kierkegaard, Søren 1813~
55) 37, 171, 237, 251, **547~572**,
685 각주 1, 743~746
야스퍼스와 키르케고르 642 각주 7,
692f

타

타락:
우주론적 타락: 셸링 219, 237, 244;
또한 249, 334
인간의 타락: 마르크스 541; 셸링 44,
59, 221, 234, 238; 헤겔 402

타이히뮐러(Teichmüller, Gustav 1832
~88) 629

테느(Taine, Hyppolyte 1828~93) 638

토마스 아퀴나스(Thomas Aquinas, St.
1225~74) 629

토미즘 629
토미즘과 마르크스주의 544
토미즘과 초월론적 방법 600, 707

통일 277, 311, 394, 396; 또한 599, 612
각주 3

톰슨(Thomson, J. A. 1861~1933) 624

퇴폐: 니체 654, 657, 667, 675

투쟁: 셸링 226; 쇼펜하우어 455, 467

투키디데스(Thucydides c. 455~395 B.
C.) 366

트렌델렌부르크(Trendelenburg, Adolf
1802~72) 628, 694

특수성: 셸링 220; 헤겔 327, 339, 354,
396

틸리히(Tillich, Paul 1886~1965) 251

티크(Tieck, Ludwig 1773~1853) 72

파

F 74 각주 4

파블로프(Pavlov, M. G. 1773~1840)
251

파르메니데스(Parmenides c. 540~470
B.C.) 405, 432

파스칼(Pascal, Blaise 1623~62) 654

파이잉거(Vaihinger, Hans 1852~1933)
의 [마치 ~인 듯이] (As-If)의 철학
480, 597f

판단 자체 430

팬더(Pfänder, Alexander 1870~1941)
701

페스탈로치(Pestalozzi, Johann Hein-
rich 1746~1827) 417, 425

페히너(Fechner, Gustav Theodor 1801
~87) 610f

포이어바흐(Feuerbach, Ludwig 1804~
72) **486~96**, 511f, 517, 735~6
엥겔스와 포이어바흐 514f, 736~43 ;
마르크스 496, 506f, 516 ; 슈티르너

500 ; 헤겔 486f

포크트(Vogt, Karl 1817~95) 576

폴켈트(Volkelt, Johannes 1848~1930)
599

표상 75, 97, 104, 175, 311, 393, 401, 336

표상으로서의 세계: 쇼펜하우어 440,
444~7, 458, 681

표상 자체: 볼차노 430

프라우엔슈태트(Frauenstädt, Julius
1813~79) 478

프라이부르크(Freiburg im Breisgan)
594 각주 8, 697

프락시텔레스(Praxiteles c. 390~? B.C.)
390

프랑스 477, 513, 629

프랑크푸르트(Frankfurt am Main) 270,
276f, 438, 478

프래그머티즘 627

프러시아국가: 피히테 72 ; 헤겔 358,
361, 365, 497 ; 또한 436, 497

프레게(Frege, Gottlob 1848~1925) 698

프로슈하머(Froschhammer, Jakob 1821
~93) 630

프로이트(Freud, Sigmund 1856~1939)
676 각주 35

프로테스탄티즘 495, 530, 570

프롤레타리아트 독재 536

프루동(Proudhon, Pierre Joseph 1809~
65) 510, 512

프리스(Fries, Jakob Friedrich 1773~
1843) **415f**, 426

플라톤(Platon 427~347 B.C.): 플라톤
주의: 셸링 212; 피히테 152; 헤겔
335

플로티노스(Plotinus 205~69) 160, 218

피셔(Fischer, Kuno 1824~1907) 410

피히테(Fichte, Immanuel Hermann
1796~1879) **433**

피히테(Fichte, Johann Gottlieb 1762~
1814) 24ff, 35~8, 41~5, 47ff, 56,
59~65, **67~165**, 168, 176, 251,
253, 296, 359, 427, 617, 681~5,
710, 720~2

셸링 167, 179, 197, 204, 235, 246; 쇼
펜하우어 436, 495; 슐라이어마허
257f; 헤겔 92, 271, 282f, 405

하

HK 444 각주 13

HS 404 각주 22

하르트만(Hartmann, Eduard von 1842
~1906) 480ff

하르트만(Hartmann, Nicolai 1882~
1950) 703f, 708

하버드 596

하이데거(Heidegger, Martin 1889~
1976) 501 각주 25, 697, 701, 705f,
709

하이든(Haydn, Joseph 1732~1809) 467
각주 7

한정성의 범주: 피히테 95

한정의 자유 118; 자기한정: 셸링 201f;
피히테 117, 118

할레 254

《할레연보》(Hallische Jahrbücher) 497

함부르크 513, 599

해탈 461

《행복한 삶에의 길 또는 종교론》: 피히테
72, 154, 157

행위의 규칙: 피히테 124; ☞ 도덕적 행
위, 도덕법칙

헤겔(Hegel, Georg W. Friedrich 1770~
1831) **269~412**, 22, 26, 31~40,
44~52, 56, 59~63, 196, 250, 253,
410, 419, 432, 478, 485, 488, 492,
517 각주 4, 576, 604 각주 19, 617,

627f, 725~732

니체와 헤겔 646; 마르크스와 헤겔 497, 501, 506f, 514ff, 526, 532; 셸링과 헤겔 171 각주 2, 235, 245f, 270, 282f, 292, 318, 329, 335, 383, 547; 쇼펜하우어와 헤겔 435f, 441 각주 6, 459, 475, 481; 포이어바흐 486f, 493; 피히테와 헤겔 296f, 334, 358; 칸트와 도덕성 346; 키르케고르와 헤겔 547f, 552, 556; 헤겔과 루소 269, 357; 헤겔과 아리스토텔레스 288, 302, 340, 348, 361, 371~2, 405; 또한 628

헤겔주의: 셸링 171; 키르케고르 548~51, 561; 포이어바흐 487, 492; 또한 337

헤겔변증법: ☞ 변증법적 방법, 삼지구조(三肢構造)

헤겔우파 409

헤겔좌파 411, 485, 496, 500, 503, 509

청년 헤겔파 485, 505

헤닝(Henning, Leopold von 1791~1866) 409

헤라클레이토스(Heracleitus c. 535~465 B. C.) 405

헤르더(Herder, Johann Gottfried 1744~1803) 44

헤르메스(Hermes, Georg 1775~1831) 629

헤르바르트(Herbart, Johann Friedrich 1776~1841) **417~25**, 435f, 617, 628

헤이그 513

헤켈(Haeckel, Ernst 1834~1919): 혁명 579ff, 623, 688

현상적 세계 ☞ 표상으로서의 세계

현상주의: 마흐, 아베나리우스 586; 헤르바르트 384

현상학 694~703, 705; 그리고 니체 679; 하이데거 706; 헤겔 303; 후설 697~701

현상학적 환원 710

현실성: 헤겔 323

현존재, 정재(Dasein): 피히테 154, 156, 165; N. 하르트만 704; 하이데거 706; ☞ 실존

형이상학: 드리쉬 624; 랑게 597; 로체 613, 618; 볼차노 431; 분트 622; 빈델반트 594, 599; 셸링 175, 181, 187, 189, 196, 208, 210, 214, 230; 쇼펜하우어 449, 477; 슐라이어마허 257, 266; 야스퍼스 692; 칸트 24, 29~34, 294 각주 18, 589, 609,

681; 피히테 27~8, 38, 67, 85, 105, 159, 258; N. 하르트만 703; 헤겔 295, 317, 331, 367, 394, 488, 604 각주 19; 헤르바르트 417, 418, 421; 후설 700; 또한 21~4, 37, 39 각주 11, 47 각주 17, 54, 488, 607

연역적 형이상학: 셸링 238; 또한 618, 707

배제된 형이상학: 니체 636, 638 각주 4; 릴 598; 실증주의자들 688; 아베나리우스 584

역사와 형이상학 366~7, 607; 관념론자의 형이상학 24, 29~34, 86, 90 각주 22, 105

귀납적 형이상학 477, 610, 633, 684, 709; 형이상학의 부활 609~32; 과학과 형이상학 585, 590~1, 609, 622

토마스주의자의 형이상학 599~600, 707

형이상학적 의지: 쇼펜하우어 451~4, 474, 477

호기심: 피히테 123

화학: 셸링 193, 195

화학적 연관: 헤겔 325

활동: 피히테 50, 58f, 78~90; 활동으로서의 자아(ego); 활동으로서의 신 143; 인간 활동성 ☞ 무한 활동성 59, 84, 86, 158; 도덕 활동성 59, 76, 88, 102, 154; 자기 활동성 85, 112ff

활동주의: 오이켄 617; 쇼펜하우어 442, 456, 459f

회의론 24

횔더린(Hölderlin, Friedrich 1770~ 1843) 43, 167, 269와 각주 1, 277

호메로스(Homer) 466 각주 5

후설(Husserl, Edmund 1859~1938) 431, 696, **697~703**

휴머니즘: 루게 498; 마르크스 538

흄(Hume, David 1711~76) 84

힘(Kraft): 피히테 103

힘에의 의지: 니체 638, 653, 659, 664 각주 12, 665, 666~7, 676, 679, 682